Adolf Noll

Sozio-ökonomischer Strukturwandel des Handwerks in der zweiten Phase der Industrialisierung

Studien
zum Wandel von Gesellschaft und Bildung
im Neunzehnten Jahrhundert

Herausgegeben von
Otto Neuloh
Walter Rüegg

Band 10

Forschungsunternehmen „Neunzehntes Jahrhundert“
der Fritz Thyssen Stiftung

ADOLF NOLL

Sozio-ökonomischer Strukturwandel des Handwerks in der zweiten Phase der Industrialisierung

unter besonderer Berücksichtigung der Regierungsbezirke Arnsberg und Münster

Mit zahlreichen Tabellen und 9 Graphiken

GÖTTINGEN · VANDENHOECK & RUPRECHT · 1975

Für Elf†

D 6

ISBN 3-525-31808-1

Gesamtherstellung: Hubert & Co., Göttingen

Inhalt

Vorbemerkung

In der vorliegenden Arbeit wurde der Versuch unternommen, den mikro-ökonomisch und mikro-sozial gewonnenen „Datenkranz" des Handwerks mit Hilfe alternierender Ansätze und Methoden aufzubereiten und im Rekurs auf die Niedergangsthese zu analysieren. Die These vom Niedergang des Handwerks, teils durch strukturelle und konjunkturelle Entwicklungen gestützt und teils eine sich selbst erfüllende Prophezeihung, beherrschte lange Zeit die gewerbepolitische Diskussion; ökonomisch schien sie die Entwicklungsgesetzlichkeit des Kapitalismus zu verdeutlichen mit dem Kausalnexus vom Untergang der „kleinen Gewerbetreibenden"; sozio-politisch postulierte sie die „Instabilität" von Staat und Gesellschaft, die eine sich als „treueste Stütze von Staat und Thron" definierende Schicht aus dem Systemzusammenhang partiell herauslöste.

Der politisch-ideologisch vorgeformte Sachverhalt „Untergang des Handwerks" erschwerte eine ökonomisch und soziologisch orientierte Analyse; der Mangel an Daten – etwa Kapitalstock, Einkommen, Arbeitsproduktivität – erlaubte nur deduktive Fragestellungen.

Mit dieser Untersuchung sollen in erster Linie aufbereitete Daten zur Verfügung gestellt werden, die eine differenzierte Antwort zulassen auf die Frage nach der Rolle des Handwerks in der zweiten Phase (1870–1914) der Industrialisierung, exemplifiziert an zwei sich unterschiedlich entwickelnden Regionen: den Regierungsbezirken Arnsberg und Münster.

Besonderen Dank schuldet der Verfasser seinem Lehrer, Professor Wolfram Fischer, der mit viel Geduld und Verständnis diese Arbeit betreute. Seine Forschungen haben in entscheidender Weise zur Fragestellung dieser Untersuchung beigetragen, ja, viele Fragen erst aufgeworfen und den Zugang zu ihrer Beantwortung möglich gemacht.

Der Thyssen Stiftung dankt der Verfasser für die großzügige finanzielle Unterstützung, ohne die die ausgedehnte Archivarbeit nicht möglich gewesen wäre. Der Arbeitskreis „Industrielle Gesellschaft im 19. Jahrhundert" gab mir vielfältige Anregungen und die Kollegen des Instituts für Wirtschafts- und Sozialgeschichte leisteten durch die sachdienliche Diskussion mancherlei Hilfe.

Schließlich schuldet der Verfasser den Leitern und Mitarbeitern der Archive, für die stellvertretend die Stadtarchive Dortmund und Siegen genannt seien, Dank für die Unterstützung bei der Durchsicht des umfangreichen Quellenmaterials.

Für die menschliche und wissenschaftliche Hilfe schulde ich Herrn Professor Richard Tilly besonderen Dank, der durch seine wohlwollende Kritik am ökonomischen Teil dieser Untersuchung manche Schwäche in meiner Argumentation aufdeckte.

Münster, im März 1974 Adolf Noll

Abkürzungsverzeichnis

ALR	Allgemeines Landrecht
HGB	Handelsgesetzbuch
RG/Reg. Bez.	Regierungsbezirk
KO	Konkursordnung
BGB	Bürgerliches Gesetzbuch
ZPO	Zivilprozeßordnung
STAM-OP	Staatsarchiv Münster, Oberpräsidium
DO	Stadtarchiv Dortmund

I. Einleitung:
Entwicklung und Stand der handwerksgeschichtlichen Forschung

Die wirtschafts- und sozialgeschichtliche Forschung hat sich – besonders seit Schmollers „Geschichte der deutschen Kleingewerbe im 19. Jahrhundert"[1] in unzähligen Monographien, Aufsätzen und Enqueten dem Wirtschafts- und Sozialbereich „Handwerk" gewidmet. Im Mittelpunkt der meisten Arbeiten stand immer wieder die Frage nach dem Schicksal des Handwerks unter den Bedingungen der Industrialisierung, wobei die Ergebnisse sich weitgehend an die hinreichend bekannte Niedergangstheorie anschlossen und so zumindest eine Fortsetzung bestimmter Lehrmeinungen und Schulen darstellten. Seit Marx und Engels im Kommunistischen Manifest von 1848 konstatierten, daß „die bisherigen kleinen Mittelstände, die kleinen Industriellen, Kaufleute und Rentiers, die Handwerker und Bauern"[2], unabdingbar ins Proletariat hinabfallen würden, erhielt die Diskussion um die Lebensfähigkeit des Handwerks, die seit der Einführung der Gewerbefreiheit unvermindert anhielt, einen neuen Akzent. Die Entwicklungsgesetzlichkeit des Kapitalismus mit dem Kausalnexus der Vernichtung der Kleinbetriebe beherrscht neben – und als Teilaspekt – der „Sozialen Frage" die Diskussion in Wissenschaft und Politik. Die Kausalkette „Gewerbefreiheit – Kapitalismus – Vernichtung des Handwerks" führte unter kaum variierten Forschungsansätzen zu einer permanenten Produktion von Niedergangsmonographien.

Schon Schmoller konnte sich in seiner Geschichte der deutschen Kleingewerbe, der ersten vorwiegend personalstatistischen Studie, und später im „Grundriß der Allgemeinen Volkswirtschaftslehre" der marxistischen Prophezeiung nicht entziehen und billigte dem Handwerk nur noch auf dem Lande und in der Produktion für den individuellen Bedarf eine Existenzchance zu[3].

Nach herrschender Lehre strebte der Kapitalismus, vom Handwerk vielfach mit Großbetrieb und Warenhaus gleichgesetzt, mit naturgesetzlicher Notwendigkeit einer dichotomischen Gesellschaft zu, in der der Handwerker nicht mehr „Mittelpunkt" war, sondern in eine gesellschaftliche und ökonomische Randexistenz herabsinken würde. Die sich an Schmoller anschließenden Forschungen beharrten – mit wenigen Ausnahmen – auf die im Kommunistischen Manifest vorgezeichnete Konzentrations- und Akkumulationstheorie und förderten unwiderlegbar scheinende Beweise für die Niedergangsthese zutage.

---

[1] Halle 1871.

[2] Berlin (0) 1967, S. 51.

[3] Schmoller, G.: Grundriß der Allgemeinen Volkswirtschaftslehre, Bd. 2, Leipzig 1919, S. 477f. ders.; Geschichte der deutschen Kleingewerbe, a.a.O., S. 665: „Es wird die allgemeine Richtung nicht aufhalten, die, wie wir an den vielen Beispielen sahen, dahin geht, fast in allen Zweigen der Industrie die kleinen Geschäfte zu verdrängen, eine geringe Zahl von großen Unternehmungen mit Lohnarbeitern an deren Stelle zu setzen.

Die Auswertungen der Quellen und Statistiken, so verschieden auch ihre Herkunft und Zufälligkeit sein mochte, führten fast immer zu ähnlichen Ergebnissen. Ausgehend von der Gesamtentwicklung des Handwerks wurde z.B. die Zahl der Handwerker jeweils zur Bevölkerungsentwicklung in Beziehung gesetzt[4]. In Regionen mit starker Bevölkerungszunahme nahm die Zahl der Handwerker im Verhältnis zur Bevölkerung ab, so z.B. die Zahl der Schneider, Schuhmacher, Müller, Böttcher, Bäcker und Stellmacher. Die anderen Handwerke nahmen relativ zu, insbesondere die Zahl der Tischler und Korbmacher.

Aus der unterschiedlichen Entwicklung des Handwerks in Relation zur Bevölkerungszunahme wurde dann auf das Wachstum oder auf den Untergang des Handwerks geschlossen. Noch signifikanter wird der Unterschied, wenn die Zahl der Selbständigen auf eine bestimmte Bevölkerungszahl bezogen wird[5].

Im Regierungsbezirk Arnsberg steigt z.B. die Zahl der Schuhmacher von 4806 im Jahre 1882, auf 5235 im Jahre 1895, während auf 10000 Einwohner 1882 genau 43,8 und 1895 34,9 Schuhmacher entfallen. Obwohl die Zahl der Selbständigen zunimmt, wurde dieses Handwerk wegen des Zurückbleibens hinter der Bevölkerungszunahme als besonders bedroht angesehen[6].

Eine andere Entwicklung zeigt der Landkreis Wittgenstein. Im Landkreis Wittgenstein, der innerhalb weniger Jahre seine handwerkliche Bevölkerung an das Ruhrgebiet abgibt, zeigen die Schuhmacher eine relativ geringe Neigung zur Abwanderung. Die Bevölkerung des Landkreises geht rapide zurück, während die Zahl der selbständigen Schuhmacher nur leicht abnimmt[7]. Bezogen auf 10000 Einwohner nimmt aber die Zahl der selbständigen Schuhmacher zu. Nach dem üblichen Interpretationsmuster würde man hier eine Aufwärtsentwicklung des Schuhmacherhandwerks konstatieren müssen.

Diese Einwände gegen die personalstatistische Methode sind auch noch aus anderen Gründen gravierend. Mit der Abnahme der selbständigen Handwerker auf 10000 Einwohner ist wenig über die wirtschaftliche Situation des Handwerks ausgesagt. Generell läßt sich sogar sagen, daß die stärkere Zunahme der Bevölkerung den „potentiellen" Kundenkreis des einzelnen Handwerksbetriebes noch erhöht. Andererseits können viele Alleinmeister ihre Betriebe aufgegeben und/oder die Zahl ihrer Beschäftigten erhöht haben. Die Zahl der selbständigen Handwerker kann sich in Relation zur Bevölkerungsentwicklung auch dadurch erhöhen, daß z.B. in Krisenzeiten viele Handwerker ihre wirtschaftliche Grundlage durch eine „Flucht in die Selbständigkeit" verbessern wollen. Die Problematik der personalstatistischen Metho-

[4] Vgl. z.B. Krause, Eginhardt: Der Niedergang des Stellmacherhandwerks als Produktionsgewerbe, Bleicherode 1936, S. 57.
Gros, Erwin: Der Lebensraum des deutschen Handwerks in seiner geschichtlichen Entwicklung, Würzburg 1931, S. 8, S. 17, 20ff.
Schmoller, Gustav: Zur Geschichte der deutschen Kleingewerbe, a.a.O., S. 302ff.
Thissen, Otto: a.a.O., S. 46ff.

[5] Thissen, O.: Beiträge zur Geschichte des Handwerks in Preussen, Tübingen 1901, S. 197ff.

[6] ebenda. S. 204ff.

[7] Statistische Beschreibung des Kreises Wittgenstein, Berleburg 1875, S. 23f.
Vgl. Thissen, O., a.a.O., S. 197, 221.

de ist besonders von Fischer analysiert worden, der auf die Schwierigkeiten bei der „Aggregation zu Gesamtzahlen" und bei der „räumlichen und branchenmäßigen Aufgliederung" unter Einbeziehung des intertemporalen Vergleichs aufmerksam machte[8].

Diese Forschungsansätze – so unübertroffen sie auch in den Arbeiten von Schmoller[9], Stieda[10] und Thissen[11] zum Ausdruck kommen – haben kaum ein genaues Bild der wirtschaftlichen Verfassung des Handwerks zugelassen.

Fast zu gleichen Zeit als Stieda[12] seine abgewogenere Untersuchung über die Lebensfähigkeit des deutschen Handwerks vorlegte, veröffentlichte der Verein für Socialpolitik den letzten Band seiner großangelegten Untersuchung über „Die Lage des Handwerks in Deutschland mit besonderer Rücksicht auf seine Konkurrenzfähigkeit gegenüber der Großindustrie"[13].

Neben Philippowich, Schmoller und Grandke hat insbesondere Bücher in seinem stark beachteten Referat über „Die Handwerkerfrage" anläßlich der Generalversammlung des Vereins für Socialpolitik auf die differenzierte Diskussion über Bestand und Niedergang des Handwerks hingewiesen[14].

„Es gibt zwei Handwerkerfragen: diejenige der Zeitungen und Parlamente und eine andere. Die zweite Frage ist die nach der Lebensfähigkeit des Handwerks[15].

Bücher glaubte, daß der vielzitierte Konzentrationsprozeß das Handwerk durch die gleichartige Fabrikproduktion verdrängen und/oder sein Produktionsgebiet schmälern und schließlich das Handwerk der Großunternehmung angliedern werde. Die Bedarfsverschiebung und das Magazin bedingen schließlich die Verarmung und Herabdrückung des Handwerks zur Heim- und Schwitzarbeit[16].

Das Handwerk gehe zwar als Betriebsform nicht unter, aber es könne nur noch auf dem Lande, „in den Gegenden, wo es noch jetzt die Existenzbedingungen findet, denen es im Mittelalter entwachsen ist", weiterleben[17].

---

[8] Fischer, W.: Das deutsche Handwerk im Zeitalter der frühen Industrialisierung, in Z.f.d. ges. Staatsw. Bd. 120. Tübingen 1964, S. 697. Angemerkt sei hier, daß der intertemporale Vergleich auch durch die unterschiedliche Erhebungssystematik in den Gewerbezählungen stark beeinträchtigt wird.

Vgl. auch Fischer, W.: Handwerksrecht und Handwerkswirtschaft um 1800, Berlin 1955, S. 11. Auch Wernet sieht diese Problematik. „Der Rückgang des Meisteranteils von 1861 bis 1895 ist bei gleichbleibendem Gesellen- und Lehrlingsanteil aller Wahrscheinlichkeit nach darauf zurückzuführen, daß die größeren Handwerksbetriebe in diesen Jahren stark zugenommen haben"; in: Wernet, W.: Handwerks- und Industriegeschichte, Stuttgart 1963, S. 55.

[9] Schmoller, G.: Geschichte des Kleingewerbes, a.a.O.

[10] Stieda, W.: Die Lebensfähigkeit des deutschen Handwerks, Rostock, 1897.

[11] Thissen, O.: Beiträge zur Geschichte des Handwerks, a.a.O.

[12] Stieda, W.: a.a.O.

[13] Schriften des Vereins für Socialpolitik, Bade. 62–70, Bd. 71 Österreich, Bd. 72 Berichte und Referate über die Generalversammlung des Vereins für Socialpolitik, Köln 1897.

[14] Schriften des V.f.S., Bd. 72, Leipzig 1898.

[15] ebenda, S. 56f.

[16] ebenda, S. 48f.

[17] ebenda, S. 57f.

Auch hier von Bücher die These, daß die gewerbliche Auffüllung des flachen Landes und damit die gewerbliche Entleerung der Städte – ein Vorgang, der sich in genau umgekehrter Richtung vollzogen hat – die Verwitterung des Handwerks aufhalten könne.

Die Untersuchung des Vereins für Socialpolitik, deren Ergebnisse von Zentrumspolitikern und handwerklichen Interessenorganisationen als kaum widerlegbare Argumente für eine handwerkliche Schutzpolitik dankbar aufgegriffen wurden, ist schon von der Fragestellung und der methodischen Durchführung kritisch zu bewerten[18].

Dem Festhalten an der „Konkurrenzfähigkeit des Handwerks gegenüber der Großindustrie" lag ein Handwerksbild zugrunde, das längst nicht mehr mit der wirtschaftlichen und sozialen Wirklichkeit übereinstimmte. Die kleingewerbliche Produktionsstruktur zeigte sich angesichts der rapide steigenden Nachfrage nach Konsumgütern, der strukturellen Veränderung der Märkte und Bedürfnisse und angesichts der höheren Anforderungen an Qualifikation und Quantität der Produktionsfaktoren (Kapital und Arbeit), der neuen Situation nicht mehr gewachsen. Die in anderen Größenordnungen dimensionierte Produktionstechnik stellte weitaus größere Anforderungen an den Produzenten, als dies nach Tradition und Ausbildung im Handwerk der Fall war. Der Durchbruch der Industrialisierung hat sich „auf einem ökonomischen Gelände" vollzogen, das mitnichten im Alleinbesitz des Handwerks gewesen ist. Infolgedessen wurden verschiedene Partner am wirtschaftlichen Geschehen von dem umwälzenden Vorgang der Industrialisierung betroffen; und zwar: einmal das zünftige und nichtzünftige Handwerk, sodann das weitverbreitete Verlagsgewerbe auf handwerklich-technischer Grundlage, ferner die verschiedenen Manufakturzweige und schließlich die „vorindustrielle Industrie" von ebenfalls stark handwerklicher Prägung[19].

Möchte man die mehr politisch-ideologisch konditionierte Fragestellung des Vereins für Socialpolitik nach der Konkurrenzfähigkeit des Handwerks noch ausklammern, so sind die methodischen Schwächen der Untersuchung unverkennbar. Eine über ganz Deutschland sich erstreckende Untersuchung hätte – orientiert an der Gewerbezählung von 1882 – stichprobenweise alle Gebiete des Deutschen Reiches mit einbeziehen müssen. Die Fragestellung nach der Konkurrenzfähigkeit des Handwerks gegenüber der Industrie impliziert doch wohl, daß man die wirtschaftliche und soziale Verfassung des Handwerks auch in jenen Regionen untersucht, die bereits stark industrialisiert waren. Neben anderen weniger bedeutsamen Regionen werden aber gerade das Ruhr- und Saarrevier vom Verein für Socialpolitik nicht berücksichtigt; sich verstärkend industrialisierende Gebiete also, in denen nach herrschender Lehre das Handwerk besonders stark unter dem Konkurrenzdruck der Industrie zu leiden hatte.

Die Interpretation über die Lage des Handwerks stützte sich also vorwiegend auf die Ergebnisse der Landkreise und einiger Städte wie Augsburg, Nürnberg, Breslau,

---

[18] Vgl. auch Oberschall, Anthony: Empirical Social Research in Germany, 1845–1914, Paris 1965, S. 21ff.

[19] Wernet, W.: Handwerks- und Industriegeschichte, a.a.O., S. 53.

Köln, Berlin und Leipzig[20]. Man könnte in diesem Zusammenhang wohl die These formulieren, daß die Ergebnisse des Vereins für Socialpolitik gerade die Lebensfähigkeit des Handwerks auf dem Lande infrage stellen; also eine Umkehrung der Bücherschen Interpretation zulassen. Neben der Kritik an der Gebietsauswahl sind nun einige Anmerkungen zur Erhebungs- und Durchführungsmethodik zu machen. Das vorgeschlagene Erhebungsschema wurde nicht von allen Mitarbeitern der Enquete durchgehalten, so daß eine Zusammenfassung und vergleichende Betrachtung kaum möglich war. Auf diesen Mangel hatten bereits Bücher und Grandke aufmerksam gemacht. Da nur wenige Daten gesammelt wurden, mußte sich die Analyse vorwiegend auf monographische Berichte stützen. Verfolgt man diese Monographien im Detail, dann stellt sich heraus, daß im gesamten Untersuchungsgebiet 162 Betriebe erfaßt wurden. Von diesen Betrieben waren etwa 140 Allein- und Kleinbetriebe. Da die Allein- und Kleinbetriebe in Relation zum gesamten Handwerksbestand unverhältnismäßig hoch vertreten waren, mußte zwangsläufig ein wesentlich ungünstigeres Bild des Handwerks entstehen.

Im Zusammenhang mit der kritischen Würdigung dieser Untersuchung sollte allerdings auf eine Erhebung hingewiesen werden, die bereits einige Jahre vorher in Baden durchgeführt wurde[21].

Die Badische Erhebung über die Lage des Kleingewerbes, die durch eine Eingabe des Mannheimer Handwerkervereins mit Hinweis auf „die unbefriedigende Lage des Kleingewerbes“ induziert wurde, läßt hinsichtlich der Erhebungssystematik und Durchführung weitaus weniger Kritik zu. Die Ergebnisse sind allerdings nicht zufriedenstellend, da die befragten Handwerker, insbesondere die Selbständigen, in Reflektion auf die tatsächliche oder vermeintliche schlechte Lage des Kleingewerbes und im Sinne ihrer Forderungen nach gesetzlichen Maßnahmen zur „Aufhilfe des Handwerkerstandes“ eine Unterbewertung des Einkommens, des Kapitalstocks und der Umsätze vornahmen[22].

Da die badische Untersuchung einige Jahre vor der großen Enquete des Vereins für Socialpolitik durchgeführt wurde, erscheint es heute wenig verständlich, wenn die methodischen Erfahrungen nicht berücksichtigt wurden. Im mehr systemtheoretischen Zusammenhang hat dann Sombart unter dem Eindruck der Entwicklungsgesetzlichkeit des Kapitalismus das Handwerk als ein „vorkapitalistisches System eigener Prägung“ verstanden[23]. Später, in der letzten Fassung seines „Modernen Kapitalismus“, korrigierte er seine ursprüngliche Auffassung. „Das für viele (unter denen ich mich selbst befinde) erstaunliche Ergebnis ist immerhin dieses: am Ende des hochkapitalistischen Zeitalters ist noch beinahe die Hälfte sämtlicher Erwerbstätigen – ohne die Landwirtschaft – handwerksmäßig beschäftigt“[24].

---

[20] Auch die Hansestädte blieben bei der Untersuchung unberücksichtigt.

[21] Erhebungen über die Lage des Kleingewerbes, Karlsruhe 1887, Bd. 1–3.

[22] Die angegebenen Verluste der Selbständigen übersteigen z.T. den Gebrauchswert des vorhandenen Eigentums. Gleichzeitig werden aber die Gesellen weiterbeschäftigt und entlohnt. Außerdem wird die Frage nach der Verschuldung verneint.

[23] Sombart, W.: Moderner Kapitalismus, 1. Aufl. Berlin 1902. S. 206.

[24] ders. Moderner Kapitalismus, Berlin 1928, 3. Bd. S. 963.

Aber schon einige Jahre nach der Untersuchung des Vereins für Socialpolitik setzt sich eine wesentlich differenziertere Betrachtung des Handwerks durch. So hat Thissen in seiner Untersuchung des Handwerks nach Wachstumstypen unterschieden, d.h. die stagnierenden, schrumpfenden und expandierenden Handwerke genauer untersucht, und damit eigentlich die handwerksgeschichtliche Forschung in neue Bahnen gelenkt[25].

Während Thissen auf der Grundlage der Gewerbezählungen und Steuerstatistik eine sehr differenzierte Entwicklungsanalyse vornahm, wurde die Frage nach dem Schicksal des Handwerks auf politischer Ebene in einem neuen Zusammenhang gesehen. In der insbesondere durch Schmollers[26] Referat auf dem evangelisch-sozialen Kongreß induzierten Diskussion um die sozio-ökonomische und sozio-politische Funktion des alten Mittelstandes, versuchte das Handwerk als Ersatz für die Reduzierung der ökonomischen Funktion eine Aufwertung des gesellschaftlichen Status. Das Handwerk begriff sich als Stand der gesellschaftlichen Spannungszufuhr zwischen Kapitalismus und Proletariat; als Stand, der den zerstörenden Kampf zwischen Kapital und Arbeit aufhalten und ausgleichen sollte und damit den Staat funktionsfähig hielt. Aus der „vorweggeforderten Sozialfunktion" des Ausgleichs wurde zugleich auf eine staatliche Schutzpolitik insistiert.

Die unter immer neuen Akzenten geführte Mittelstandsdiskussion ist durch zahlreiche Publikationen belegt, die aber hinsichtlich der handwerksgeschichtlichen Forschung wenig neue Ansätze brachte[27]. Nach dem 1. Weltkrieg wurde die Forschung durch zahlreiche Dissertationen und insbesondere durch die Enquete des „Ausschusses zur Untersuchung der Erzeugungs- und Absatzbedingungen der deutschen Wirtschaft" wieder intensiviert[28]. Unter dem Eindruck der nicht ganz zufriedenstellenden Untersuchung des Vereins für Socialpolitik erstellte die 8. Arbeitsgruppe des Enqueteausschusses einen Erhebungsbogen, der insbesondere die wirtschaftliche Verfassung des Handwerks zu erfassen suchte. Die betriebswirtschaftlichen Vernehmungsergebnisse, die in den Sonderuntersuchungen über einzelne Handwerke tabellarisch zusammengefaßt wurden, stellen die erste umfassende Bestandsaufnahme des Handwerks unter gesamtwirtschaftlichem Aspekt dar[29]. Die Grundkonzeption dieser Untersuchung bezog sich gegenüber der Enquete des Vereins für Socialpolitik nicht mehr auf die Problematik nach der Lebens- und Konkur-

---

[25] Thissen, O.: a.a.O. S. 68ff.

[26] Schmoller, Gustav: „Was verstehen wir unter dem Mittelstande?" Hat er im 19. Jahrhundert zu oder abgenommen? in: Die Verhandlungen des achten evangelisch-sozialen Kongresses, abgehalten in Leipzig, am 10. und 11. Juni 1897, Göttingen 1897, S. 132ff.

[27] Vgl. Krisam, R.: Der Mittelstand im hochindustrialisierten Wirtschaftsraum, Köln 1965, S. 25f.

[28] Der „Ausschuß zur Untersuchung der Erzeugungs- und Absatzbedingungen der deutschen Wirtschaft" ist auf Grund des Reichsgesetzes vom 15. April 1926 eingesetzt worden. Der III. Unterausschuß für Gewerbe (Industrie, Handel, Handwerk) beauftragte dann eine Arbeitsgruppe mit der Erfassung der wirtschaftlichen Veränderungen im Handwerk während der Kriegs- und Nachkriegszeit. Die Ergebnisse sind in 4 Bänden 1930 publiziert worden.

[29] Vgl. insbesondere Bd. 3. und 4.

renzfähigkeit des Handwerks unter Einbeziehung der Niedergangstheorie, sondern auf die Frage nach den wirtschaftlichen Veränderungen des Handwerks während der Kriegs- und Nachkriegszeit.

Trotz mancher Mängel in der Art der Vernehmung der Selbständigen und Gesellen, in der Vollständigkeit und Anordnung der Daten, bringt diese Enquete umfassenderes Material für eine Analyse des Handwerks in der Gesamtwirtschaft. Da die Daten an vielen Stellen bis auf 1913 zurückgehen, also unmittelbar an unsere Untersuchung anschließen, erhält man ein relativ genaues Bild über die strukturelle Entwicklung des Handwerks. Ausgehend von den Ergebnissen dieser Enquete hat dann Wernet unter Einschaltung der Handwerkskammern eine umfassende statistische Erhebung über den Betriebs- und Personalbestand des Handwerks durchgeführt[30]. Die sehr differenzierende personal- und betriebsstatistische Analyse zeigt zwar relativ gut die Bestandsveränderungen im Handwerk auf, gibt allerdings kaum Hinweise auf die Entwicklung der Einkommen, des Kapitals und der Umsätze. Insofern ist diese Untersuchung keine Fortsetzung der Enquete von 1926, da die wirtschaftliche Verfassung des Handwerks nicht hinreichend erkennbar wird.

In den 30er Jahren wurde die handwerksgeschichtliche Forschung durch die von der volkswirtschaftlichen Fachschaft der Universität Jena gegründete Arbeitsgemeinschaft und durch die Jahn-Schule in Halle weiter intensiviert. Die „Studentische Landschaftsarbeit" der Jenaer Arbeitsgemeinschaft fand ihren Niederschlag in den Untersuchungen über „das Büchsenmacherhandwerk und Kleineisengewerbe im Thüringer Wald"[31] und über „das Schirrmachergewerbe im Thüringer Holzland"[32]. Die nach einem einheitlichen Erhebungsbogen angefertigten Arbeiten versuchen das jeweilige Handwerk von möglichst vielen Seiten zu erfassen. Die Unterschiedlichkeit der vorgelegten Berichte und Analysen erschwerten allerdings eine Zusammenfassung und verdrängten die gesamtwirtschaftlichen Aspekte.

Auch die zahlreichen Dissertationen aus der Jahn-Schule in Halle, die ebenfalls die einzelfachliche Methode zugrunde legten, brachten keine neuen Forschungsansätze. Diese nach einem einheitlichen Schema angefertigten Dissertationen setzten vielmehr die Niedergangsdiskussion fort. Schon im einheitlichen Titel der Arbeiten – z.B. „Der Niedergang des Stellmacherhandwerks als Produktionsgewerbe"[33], erfolgte eine Anknüpfung an traditionale Lehrmeinungen. Neben der statistischen Analyse wurden jeweils die Niedergangsprozesse in Verlauf und Kausalität dargestellt, um dann in einem prognostischen Kapitel über die Zukunft des jeweiligen Handwerks zu enden. Die aus dieser Zeit vorliegenden Arbeiten sind in erster Linie Monographien, d.h. deskriptive Handwerksgeschichte. Im Zusammenhang mit den Untersuchungen über die Organisationsbestrebungen der selbständigen und unselbständigen Handwerker – letztere Arbeiten wurden hauptsächlich

---

[30] Wernet, W.: Statistik des Handwerks 1931, Stuttgart 1934.

[31] Hrsg. v. d. Volkswirtschaftlichen Fachschaft der Universität Jena, Weimar 1938.

[32] ders. Weimar 1939.

[33] Krause, E.: Der Niedergang des Stellmacherhandwerks als Produktionsgewerbe, Bleicherode/Harz 1936.

auf Veranlassung der Gewerkschaften angefertigt – erhält man ein monographisches und kaum übersehbares Totalgemälde des Handwerks[34].

Erst die Arbeiten von Reiner[35] und Weise[36] versuchen unter Hinzuziehung der Reichssteuerstatistik und Einkommensdaten ein genaueres Bild von der wirtschaftlichen Verfassung des Handwerks zu bekommen. Die vorgelegten Daten sind eine wertvolle Ergänzung zu den betriebswirtschaftlichen Vernehmungsergebnissen des Enquete-Ausschusses. Für die 20er Jahre des 20. Jahrhunderts kann man also einen relativ guten Einblick in die wirtschaftliche und soziale Verfassung des Handwerks erhalten. Bis zum Ende des 2. Weltkrieges werden mit Ausnahme einiger Veränderungen in der Reichsstatistik kaum neue Ergebnisse und Forschungsansätze sichtbar.

Die jüngere handwerksgeschichtliche Forschung in Deutschland, die mit den Namen Bucerius, Rössle, Beckmann, Piet, Beckermann, Wernet und Voigt verbunden ist, weist sich in erster Linie durch empirische und systemtheoretische Arbeiten aus. Die empirischen Untersuchungen sind mit wenigen Ausnahmen gegenwartsbezogen und häufig interessenorientiert. Soweit historische Aspekte berücksichtigt wurden, bedeuten sie eine Neuauflage bereits bekannter Fakten und Zusammenhänge. Lediglich Beckermann und Wernet haben in ihren Arbeiten strukturelle Probleme und Periodisierungsfragen stärker angesprochen. Der systemtheoretische Beitrag von Wernet[37] ist als ein Versuch anzusehen, die Besonderheit des Handwerks gegenüber allen anderen Wirtschaftsbereichen nachzuweisen. In vieler Hinsicht wird hier die jahrzehntealte Diskussion um die unterschiedliche Stellung von „Fabrik und Handwerk“ fortgesetzt.

Die handwerksgeschichtliche Forschung erhielt nach dem 2. Weltkrieg neue Impulse von ganz anderer Seite. Das Eindringen soziologischer und nationalökonomischer Fragestellungen läßt sich besonders an zwei Arbeiten verdeutlichen.

Der soziologische Aufriß[38] zu Stadelmanns und Fischers Arbeit über „Die Bildungswelt des deutschen Handwerkers um 1800“, zunächst ausgehend von den „großen historischen Erscheinungen der Stände und Klassen“, versucht unter Einbeziehung der sozio-ökonomischen und sozio-kulturellen Veränderungen den Prozeß der sozialen Differenzierung mit seinen Auswirkungen auf Denken und Handeln der einzelnen Schichten in einer Synthese von geistesgeschichtlichen, historischen und soziologischen Denkansätzen darzustellen. Der Versuch, die komplexen Gesellschaftsstruk-

---

34 Vgl. Brodmeier, B.: Literaturführer durch das Handwerksschrifttum 1900–1945, Münster 1965, S. 62.

35 Reiner, H.: Das deutsche Handwerk in der Reichssteuerstatistik, Hannover 1932.

36 Weise, W.: Der Haushalt der Handwerkswirtschaft Einnahmen und Ausgaben des deutschen Handwerks in den Jahren von 1928 bis 1933, Hannover 1935.

37 Wernet, W.: Handwerk in moderner Sicht, in: Forschungsberichte aus dem Handwerk, Bd. 13, Münster 1965, S. 11ff.

38 Stadelmann, R. und Fischer W.: Die Bildungswelt des deutschen Handwerks um 1800, Berlin 1955, S. 38ff. Dieser und die weiteren Abschnitte sowie fünf der Gestalten aus dem Handwerkerstand stammen von W. Fischer. Interessant ist in diesem Zusammenhang, daß Schelskys Arbeit über die Bedeutung des Schichtungs- und Klassenbegriffs für soziologische Analysen später entstand, als der im Herbst 1953 konzipierte soziologische Aufriß.

turen einer Zeit, mit einem modernen wissenschaftlichen Begriffsgerüst sozialgeschichtlich darzustellen, geht dabei weit über Brunners[39] Arbeiten hinaus. Auch die Heranziehung von zentralen Begriffen historischer Konvergenz (z.B. Bürgertum und Bürger) als Indikatoren zur Aufstellung historischer Strukturen, erweist sich in der historisch-soziologischen Interpretation als besonders wirksam. Dieser methodische Ansatz führte folgerichtig zu der Forderung, die wirtschafts- und sozialgeschichtliche Forschung durch konkurrierende Methoden weiterzuführen[40].

Der entscheidende Beitrag für die handwerksgeschichtliche Forschung ist wohl darin zu sehen, daß die retrospektive Betrachtung des Handwerks nicht in einer gesellschaftlichen Partialanalyse – Handwerk als Gruppe oder Stand – stecken bleibt, sondern den gesamtgesellschaftlichen Stellenwert des Handwerks besonders heraushebt, d.h. die sozio-ökonomischen und sozio-kulturellen Einflußgrößen, ihre verändernde oder restitutive Wirkung auf das Handwerk, werden im Gesamtzusammenhang betrachtet.

Diese Maximalforderungen an eine „neue" Handwerksgeschichte, die eine gesamtgesellschaftliche und gesamtwirtschaftliche Darstellung des Handwerks beinhalten, können in dieser Arbeit nicht erfüllt werden. Eine Gesamtdarstellung des Handwerks, die über die Interpretation der personalstatistischen Angaben aus den Gewerbe- und Berufszählungen hinausgehen möchte, wird sich stärker auf eine quantitative Erfassung des handwerklichen Produktionspotentials und Betriebserfolges konzentrieren müssen. Die quantitative Erfassung der ökonomischen Variablen, wie Zahl der Betriebe und Beschäftigten, Kapitalstock, Einkommen, Umsatz und Arbeitsproduktivität, ist angesichts des vorhandenen Datenmaterials außerordentlich schwierig und bestenfalls für eine Region zu leisten.

Wir müssen uns daher mit einem wesentlich bescheideneren Ansatz begnügen. Die sozio-ökonomische und sozio-kulturelle Situation des Handwerks möchten wir mit folgenden Variablen, die wir regional auf die beiden Regierungsbezirke Arnsberg und Münster beschränken, erfassen[41]:

sozio-ökonomisch	sozio-kulturell
– Betriebe – Beschäftigte – Kapitalstock – Kapitalintensität – Einkommen – Umsatz – Arbeitsproduktivität – Konkurse – Zwangsversteigerungen	– Einschätzung der Selbständigkeit – vom Bildungs- und Leistungswissen – Entwicklung der gewerblichen Fortbildungsschule – Inhalte beruflicher Sozialisation – Sprache des Handwerks – sozio-politisches Ordnungsbild

[39] Brunner, O.: Land und Herrschaft, Brünn 1943.
ders. Adeliges Landleben und Europäischer Geist, Salzburg 1949.

[40] Vgl. Fischer, W.: Ökonomische und soziologische Aspekte der frühen Industrialisierung; in: Wirtschafts- und sozialgeschichtliche Probleme der frühen Industrialisierung, Berlin 1968, S. 20.

[41] Selbst unter regionalen Einschränkungen wird eine umfangreiche Datensammlung erforderlich; ggf. müssen die Datenlücken durch methodisch abgesicherte Schätzungen ergänzt werden.

Unter Zugrundelegung des Korrespondenzprinzips sollen die Veränderungen und Wechselwirkungen zwischen der ökonomischen Basis und dem geistigen, juristischen und ideologischen Überbau in ihren wesentlichsten Ansätzen dargestellt und interpretiert werden[42].

---

[42] Zum „Korrespondenzprinzip" vgl. S. 35.

II. Umfang und Abgrenzung der Untersuchung

1. Die zeitliche und regionale Abgrenzung

Bei der Beurteilung der volkswirtschaftlichen Bedeutung und inneren Struktur des Handwerks im Industriezeitalter ist im Rahmen dieser Untersuchungen die Frage der Methode und der Abgrenzung zu stellen.

Der Versuch der Wissenschaft den sozial- und wirtschaftsgeschichtlichen Datenkranz des Handwerks in eine phasenspezifische – und damit zeitlich abgrenzbare – Betrachtungsweise einzuordnen, hatte bisher wenig Erfolgt[1].

Die zeitliche Abgrenzung ist deshalb schon schwierig, weil Strukturveränderungen langfristige Wandlungen des inneren und äußeren Gefüges eines Wirtschafts- und Sozialbereiches darstellen und nur sehr schwer in ihren Ansätzen zu identifizieren und zu erfassen sind.

Während Wernet[2] die wirtschaftlichen und sozialen Trendverschiebungen des Handwerks in drei Phasen:

a Das Handwerk verharrt im Herkommen (1780–1840)
b Das Handwerk gerät in Gefahr (1840–1900)
c Das Handwerk vollzieht seine Anpassung (1900–1960)

einteilt, kommt Gros[3] auf Grund der ökonomischen und rechtlichen Entwicklung zu einer Akzentverlagerung und zwar von

1800–1850 – Das Handwerk entwickelt sich neben der Fabrik
1850–1881 – Das Handwerk kämpft um seine Existenz
1881–1914 – Das Handwerk konsolidiert sich

Für die vorliegende Untersuchung ist die Frage nach dem zeitlichen Einsatz von erheblicher Bedeutung, da die Beurteilung ökonomischer und sozialer Fakten die Trendansätze etwaiger Veränderungen mit einbeziehen muß.

Nach den neueren Untersuchungen über den prozessualen Verlauf der ersten Phase der Industrialisierung erscheint es sinnvoll, die Untersuchung über die volkswirtschaftliche Bedeutung und innere Struktur des Handwerks um 1875 einsetzen zu lassen. In seinem Aufsatz über „Das deutsche Handwerk in den Frühphasen der Industrialisierung" kommt Fischer zu dem Ergebnis, daß die erste Phase der frühen Industrialisierung „im Kern bis 1850" abgeschlossen ist[4]. Die sich anschließende

---

[1] Vgl. auch S. 25.

[2] Wernet, W.: Handwerks- und Industriegeschichte, Sammlung Pöeschel, Bd. 24, Reihe III, Betriebslehren, Stuttgart 1963, S. 14ff.

[3] Gros, E.: Der Lebensraum des deutschen Handwerks in seiner geschichtlichen Entwicklung, Dissertation Würzburg 1931, S. 4ff.

[4] Fischer, Wolfram: Das deutsche Handwerk in den Frühphasen der Industrialisierung; in: Z.f. d. ges. Staatsw., Bd. 120, 1964, S. 686f.

zweite Phase des Industrialisierungsprozesses stellt aber – wie noch weiter unten zu zeigen sein wird – die Weichen für die weitere Entwicklung von Wirtschaft und Gesellschaft, insbesondere von Industrie und Handwerk. Allerdings ist dabei zu berücksichtigen, daß exakte zeitliche Abgrenzungen nicht immer möglich sind, da sich die Strukturen dynamischer, stagnierender und schrumpfender Prozesse überlagern und die für die weitere Entwicklung wichtigen Faktoren werden erst sehr viel später in ihren genaueren Umrissen erkennbar. Die Periode von der Reichsgründung bis zum Vorabend des 1. Weltkrieges kann aus mehreren Gründen als eine sinnvolle Abgrenzung angesehen werden.

In der Zeit von 1871 bis zum 1. Weltkrieg – politisch die Epoche des Kaiserreiches – kommt es zu bedeutenden strukturellen Veränderungen in Wirtschaft und Gesellschaft[5].

Die rapide Bevölkerungsentwicklung und Binnenwanderung verändert im Zeitablauf grundlegend die Relation zwischen Stadt- und Landbevölkerung. Noch 1871 wohnten rund zwei Drittel der deutschen Bevölkerung in ländlichen Gemeinden, während 40 Jahre später fast zwei Drittel der Bevölkerung in den Städten lebten. Die starke regionale Mobilität und die hohe Regenerationsrate der Bevölkerung sind das besondere Kennzeichen dieses Urbanisierungsprozesses; sie verändern nachhaltig die sozioökonomischen Strukturen einer Region.

Von 1873 bis 1896 haben wir es mit einer 22 Jahre lang währenden Trendperiode, der Großen Depression, zu tun, die nach „wachstumstheoretischen und wirtschaftsstatistischen Kriterien" als „krisenhafte Entwicklungsphase" bezeichnet werden kann[6]. Die zweite Weltwirtschaftskrise, die Große Depression, hatte in der Zeit von 1873 bis 1896 eine „Verlangsamung des Wirtschaftswachstums namentlich im Bereich der Sachgütererzeugung, dauerhafte qualitative Schwergewichtsverlagerungen und damit strukturelle Relationsverschiebungen im Gefolge, die das Gefüge der Gesamtwirtschaft grundlegend veränderten"[7]. In dieser Trendperiode gingen die Warenpreise, Unternehmergewinne und die Kapitalverzinsung zurück, während seit 1880 von einer „Aufwärtsbewegung der Nominallöhne und erst recht der Reallöhne" gesprochen werden kann[8]. Die Große Depression wurde durch eine Prosperitätsperiode, 1897–1913, abgelöst, in der die Warenpreise und Unternehmergewinne stiegen, ein „beschleunigtes Wachstum der Gütererzeugung und produktiven Investitionen" stattfand[9]. Die Reallöhne stagnierten in dieser Periode, während die Nominallöhne „von 1897 bis 1904 um 13% und von 1905 bis 1913 um 25% zunahmen"[10].

Insgesamt wird diese zweite Phase der deutschen Industrialisierung von Nationalökonomen und Wirtschaftshistorikern als „eine Zeit stetiger wirtschaftlicher Auf-

---

[5] Vgl. Born, Karl, E.: Der soziale und wirtschaftliche Strukturwandel Deutschlands am Ende des 19. Jahrhunderts, in: Moderne deutsche Sozialgeschichte (Hrsg. von H.-U. Wehler) Köln 1966, S. 271ff.

[6] Wehler, H.-U.: Bismarck und der Imperialismus, Köln–Berlin 1969, S. 42.

[7] Rosenberg, H.: Große Depression und Bismarckzeit, Berlin 1967, S. 38.

[8] ebenda, a.a.O., S. 47.

[9] Rosenberg, H.: Große Depression; a.a.O., S. 48.

[10] ebenda, a.a.O., S. 48.

wärtsentwicklung" angesehen[11]. Auch „die engere Reichsgründungszeit fiel im ganzen mit einer Zeit allgemeiner günstiger Konjunkturlage zusammen, und zwar mit einer guten Industriekonjunktur und einer günstigen Lage der Landwirtschaft"[12]. Spiethoff meint allerdings, daß der „Wechsellagenablauf" von 1874 bis 1894 durch eine „Stockungsspanne" und von 1895 bis 1913 durch eine „Aufschwungsspanne" gekennzeichnet ist[13].

Eine detaillierte Analyse zeigt folgenden Konjunkturverlauf[14]:

1875–1878	Niedergang
1879–1881	Anstieg
1882–1883	Kapitalmangel und Niedergang
1884–1889	Anstieg
1890–1893	Niedergang
1894–1899	Anstieg und Hochschwung
1900–1901	Niedergang
1902–1906	Anstieg und Hochschwung
1907–1908	Niedergang
1909–1912	Anstieg und Hochschwung

Das Nettoinlandsprodukt in Preisen von 1913 stieg ab 1872 jährlich um 2,8% und entsprach damit der englischen Wachstumsrate[15]. Auch das Volkseinkommen pro Kopf der Bevölkerung stieg von 364 Mark (1871) auf 635 RM im Jahre 1910[16]. Generell läßt sich also sagen, daß das Sozialprodukt nominal und real – auch in Relation zur Bevölkerungsentwicklung – ständig gewachsen ist[17]. Die vielzitierte Frage nach dem Schicksal des Handwerks unter den Bedingungen der Industrialisierung ist in diesem Zusammenhang eine Frage nach dem Anteil des Handwerks am gesamtwirtschaftlichen Wachstumsprozeß. Ist das Handwerk „im Gleichschritt mit der übrigen Wirtschaft gewachsen oder erkennbar über- oder unterproportional, war seine Entwicklung gar gegenläufig zum allgemeinen Trend, also negativ?"[18]

Aus den wirtschaftlichen Veränderungen von 1871 bis 1913 resultiert also die ökonomische Fragestellung. Aber die zweite Phase der deutschen Industrialisierung

[11] Hoffmann, W. G.: a.a.O., S. 87.

Vgl. auch Rostow, W. W.: Stadien wirtschaftlichen Wachstums, der den wirtschaftlichen Aufstieg Deutschlands ab 1870 einsetzen läßt.

Tilly, R.: Financial Institutions in the Rhineland, Madison–London 1966, S. 16.

[12] Zorn, W.: Wirtschafts- und sozialgeschichtliche Zusammenhänge der deutschen Reichsgründungszeit (1850–1879); in: Moderne deutsche Sozialgeschichte a.a.O., S. 258.

[13] Spiethoff, Arthur: Die wirtschaftlichen Wechsellagen, Tübingen 1955, Bd. I, S. 123f., S. 130f.

[14] ders. a.a.O., Bd. II, Tafel, Leitmerkmale der deutschen wirtschaftlichen Wechsellagen 1837–1937.

[15] Hoffmann, W. G.: a.a.O., S. 13.

[16] Hoffmann, W. G. u. Müller, J. H.: Das deutsche Volkseinkommen 1851–1957, Tübingen 1959, S. 20.

[17] Vgl. auch Fischer, W.: Die Rolle des Kleingewerbes . . ., a.a.O., S. 132.

[18] Fischer, W.: Die Rolle des Kleingewerbes, a.a.O., S. 132.

ist nicht allein durch wirtschaftliches Wachstum skizzierbar, sondern auch durch die Herausbildung eines auf der Grundlage der Interessenadaption sich bildenden Korporationsgefüges. Handwerker, Kaufleute, Arbeiter und Unternehmer gründen – z.T. an alte Organisationsformen anknüpfend – neue Organisationen, die im intermediären und parlamentarischen Raum „ihre berechtigten" Interessen vertreten sollen. Die „Repräsentation organisierter Interessen" wird zum Signum der Zeit, auch wenn Sozialistengesetze und Vereinsverbote die Organisierung der Interessen verhindern sollen.

Die sich organisierenden Arbeiter streben nach politischer Gleichberechtigung und größerer Teilhabe am Sozialprodukt. Die Unternehmer, die sich lange Zeit als die eigentlichen Pioniere dieser Epoche verstehen, organisieren sich ihrerseits, um den Kampf mit der Arbeiterklasse erfolgreich zu bestehen. Zwischen diesen Fronten aus „Kapital" und „Arbeit" fühlt sich das Handwerk bedroht und aufgerieben. Die Handwerker führen deshalb einen erbitterten Kampf um staatliche Schutzmaßnahmen, um die Einführung der Zwangsinnung und des Befähigungsnachweises.

Bei der räumlichen Abgrenzung eines Untersuchungsgebietes erhebt sich die Frage nach den Abgrenzungskriterien. Sollen die sozio-ökonomischen, sozio-politischen und/oder sozio-ökonomischen Faktoren und deren Gewichtung als Abgrenzungskriterien herangezogen werden, oder ist es wegen der Struktur der Daten sinnvoller auf Verwaltungseinheiten zurückzugreifen. Auf Grund der Ergebnisse der Voruntersuchung erschien es ratsam auf die Verwaltungseinheiten – Regierungsbezirke – Münster und Arnsberg zurückzugreifen.

Der Regierungsbezirk Münster ist durch die vorherrschende Agrarstruktur gekennzeichnet; zudem entwickelt sich die Bevölkerung analog der des Deutschen Reiches. Der Industrialisierungsprozeß setzt im Regierungsbezirk Münster erst sehr viel später und dann an den Verwaltungsgrenzen zum Regierungsbezirk Arnsberg ein. Im Ganzen also eine Region, die ihren mehr oder weniger frühindustriellen Charakter weitgehend erhalten hatte.

Der Regierungsbezirk Arnsberg zeigt ab 1850 eine rapide Bevölkerungszunahme und einen starken Aufschwung der Industrie. Die Voraussetzungen für den Industrialisierungsprozeß scheinen hier günstiger gewesen zu sein als im RG Münster. Im RG Arnsberg gab es bereits Jahrzehnte vor dem Einsetzen der Industrialisierung eine durchgebildete Gewerbestruktur (z.B. Bergbau im Siegerland, Messerschmiede und Lampenfabrikation in Hagen und Iserlohn, aber auch Kleineisenindustrie in Altena), die allein vom Produktionsfaktor „Arbeit" bessere Voraussetzungen ergaben. Diese Region ist also vorwiegend durch eine industrielle Erwerbsstruktur gekennzeichnet.

Eine komparative Analyse des Handwerks unter den je verschiedenen wirtschaftlichen und gesellschaftlichen Bedingungen und Entwicklungen in den beiden Regionen dürfte deshalb anhand dieser Gebietsauswahl möglich und sinnvoll sein[19].

---

[19] Vgl. Büschges, G.: Die Gebietsauswahl als Auswahlmethode in der empirischen Sozialforschung, Krefeld 1961, S. 46f.

2. Der rechtliche und institutionelle Rahmen der Handwerkswirtschaft

Bevor wir auf die je verschiedenen wirtschaftlichen und gesellschaftlichen Bedingungen und Entwicklungen des Handwerks in den ausgewählten Regionen eingehen, soll auf den rechtlichen und institutionellen Rahmen der Handwerkswirtschaft, soweit er das gesamte soziale System betrifft, näher eingegangen werden.

Die Gewerbeverfassung, wie sie sich bis in die Mitte des 19. Jahrhunderts noch repräsentiert, ist letztlich das Ergebnis zweier Entwicklungsprozesse, die mittelalterliche Gewerbepolitik einer wenig dynamischen städtischen Wirtschaft, die ihre prägnante Ausgestaltung in der Zukunftsverfassung fand, und die durch die neue Wirtschafts- und Sozialstruktur entstandene staatliche Gewerbepolitik, die unter dem Einfluß der merkantilistischen und später kapitalistisch-liberalistischen Ideen die die gewerberechtlichen Grundlagen den Erfordernissen der modernen Volkswirtschaft anzupassen versuchte. Diese Doppelbödigkeit der Gewerbeverfassung hat bis in die Gegenwart zu heftigen politischen Diskussionen der handwerklichen Interessengruppen und der Gegner einer besonders gestalteten handwerklichen Schutzpolitik geführt.

Der entscheidende Konflikt, der mit der „Entzauberung der Welt“ endet, ist dadurch gekennzeichnet, daß die religiöse und berufsständische Ordnung nicht mehr zu einem kapitalistisch-rationalen System paßt. Die Ablösung dieser ständischen Ordnung, die vielfach als ein bedauernswerter Zersetzungsprozeß angesehen wird, beginnt ja nicht erst mit der Gewerbefreiheit, sondern setzt ein, als die Mechanisierung der Produktionsstätten, als die Technik ihre Eigengesetzlichkeit entwickelte, die mit der überkommenen Ordnung unvereinbar schien.

In der Wissenschaft ist die Wirkung der Gewerbefreiheit auf die Entwicklung des Handwerks und Kleingewerbes unterschiedlich beurteilt worden.

Ministerialbeamter Becher wies schon 1851 darauf hin, daß „weder das System der Gewerbefreiheit noch jenes des Gewerbezwanges die damaligen Zustände selbst bei noch so consequenter Durchführung zu verbessern vermögen“[20].

Später haben Schmoller[21] und Skalweit[22] auf Grund eigener Untersuchungen auf die relative Unwirklichkeit der Einführung der Gewerbefreiheit hingewiesen. Die Ordnung der handwerklichen Wirtschaft hat sich auch noch Jahre nach der Einführung der Gewerbefreiheit in den überlieferten Formen erhalten.

Vom stationären Wertbild der ständischen Ordnungsidee der Handwerker mußte die Einführung der Gewerbefreiheit als ein Versuch angesehen werden, die traditionellen Arbeits- und Wirtschaftsformen aufzulösen. Tatsächlich haben sich in den ersten Jahren nach Einführung der Gewerbefreiheit mehr Handwerker selbständig gemacht als vorher, doch zeigte sich sehr bald, daß die Zuwachsrate auf ihren normalen Trend zurückging.

---

[20] Becher, S.: Die Organisation des Gewerbewesens, Wien 1851, S. 6.

[21] Schmoller, G.: Zur Geschichte der deutschen Kleingewerbe im 19. Jahrhundert, Halle 1870.

[22] Skalweit, A.: Das Dorfhandwerk vor Aufhebung des Städtezwanges, Frankfurt/Main, o. J., S. 70.

Die Neugründungen lagen übrigens in Depressionszeiten wesentlich höher, als viel arbeitslose Handwerker durch eine „Flucht in die Selbständigkeit" ihre wirtschaftliche Situation verbessern wollten. Die „Übersetzung des Handwerks", von der immer wieder gesprochen wurde, ist keine Folge des freien Marktzutritts. Bei einer marktwirtschaftlichen Gewerbepolitik ist die „strukturelle Übersetzung ein Reibungswiderstand, der in Kauf genommen werden muß, und bei einer erhaltungsinterventionistischen Mittelstandspolitik kann sie mit nachhaltiger Wirkung nur auf Kosten der übrigen Sektoren beseitigt werden"[23].

In formaler Hinsicht vollzog sich die Einführung der Gewerbefreiheit hauptsächlich in der ersten Hälfte des 19. Jahrhunderts.

Preußen verfügt die Gewerbefreiheit 1810, während sie in Bayern schon 1804 grundsätzlich anerkannt wurde, aber durch Konzessionen stark einschränkend wirkte. Noch 1866 kann Viebahn[24] für das Gebiet des Zollvereins feststellen, daß volle Gewerbefreiheit in 17 Ländern anerkannt ist, darunter Preußen mit 72% der Gesamtbevölkerung. Vier Länder, darunter Bayern und Baden, befinden sich im Übergangsstadium, während in 8 Ländern die Zunftordnung noch weitgehend Gültigkeit hat. In dieser Phase der rechtlichen Veränderung der Gewerbeverfassung führen die Innungen einen erbitterten Kampf um die Erhaltung ihrer „Exklusivrechte".

Das Handwerk sollte durch die Zwangsinnung vor seinem „unvermeidlichen Niedergang" bewahrt werden. Die Einführung der Gewerbefreiheit, die 1869 für den Norddeutschen Bund in der Gewerbeordnung durchgesetzt und später vom Deutschen Reich übernommen wurde, hat nicht die Erwartungen der Handwerker erfüllt.

Auf der einen Seite hielten die Handwerker an der Interpretation fest, daß sie „als die unverrückbare tragende Schicht einer gesunden auf Eigentum ruhenden Gesellschaftsordnung anzusehen seien"[25], auf der anderen Seite veränderte sich die Wirtschafts- und Sozialordnung unter dem Einfluß der Industrialisierung ständig.

Das Handwerk geriet nach und nach in eine hoffnungslose Isolierung, da die Handwerker selbst ihre Anpassungsmöglichkeiten durch das unerlöste Traditionsbewußtsein komplizierten.

Unter dem Eindruck der politischen Potenz der Handwerker und einiger Übergangskrisen im Handwerk erfuhr die Gewerbefreiheit eine ständige Einschränkung, die schließlich zu Handwerkerschutzgesetzen und zur Bildung neuer Innungen führte[26].

---

[23] Tuchtfeld, E.: Gewerbefreiheit als wirtschaftspolitisches Problem, Berlin 1955, S. 97.

[24] Viebahn, G.: Statistik des nördlichen und zollvereinten Deutschland, Teil III, Berlin 1868, S. 518.

[25] Bötticher, K. W.: Die Aussichten des Mittelstandes in einer industriellen Gesellschaft, in: Sammlung Politeia, Heidelberg 1959, S. 32.

[26] Vgl.: Ankündigung der uneingeschränkten Gewerbefreiheit durch die Verfassung des Norddeutschen Bundes vom 26. Juli 1867, Gewerbeordnung von 1869, Gewerbenovelle vom 17. Juni 1878, Gesetz betr. die Abänderung der Gewerbeordnung vom 18. Juli 1881, Reichsgesetz betr. die Änderung der Gewerbeordnung vom 26. Juli 1897, Revision der Gewerbeordnung, Überarbeitung vom 26. Juli 1900, Gesetz betr. die Abänderung der Gewerbeordnung vom 30. Mai 1908.

Dieser Prozeß der Einschränkung der Gewerbefreiheit findet sein Äquivalent in dem Abgrenzungsstreit zwischen „Handwerk“ und „Fabrik“.

Da die Durchführung einer Untersuchung über das Handwerk gleichzeitig die Frage nach der definitiorischen Begriffsbestimmung aufwirft, soll an dieser Stelle näher darauf eingegangen werden. Die begriffsanalytische Auseinandersetzung stößt allerdings auf erhebliche Schwierigkeiten, da sich die „babylonische Verwirrung“ über die Bedeutung und Gewichtung der Abgrenzungs- und Definitionskriterien nicht nur in einer unübersehbaren Literatur niedergeschlagen hat, sondern bis heute auch zu keiner einigermaßen brauchbaren Definition führte.

Der Begriff „Handwerk“ ist im Verlauf der historischen Diskussion um die Existenzfähigkeit und Zukunftschancen des Handwerks weitgehend mit ideologischen Aussagen und standespolitischen Überzeugungen aufgeladen worden. Die Verwendung dieses Begriffes nach der einen oder anderen Seite schloß dann zugleich ein Werturteil über Bestand und Zukunft des Handwerks ein. Die Verzahnung sozi-kultureller und sozio-ökonomischer Aspekte in der begriffsanalytischen Auseinandersetzung über das Handwerk führte dann schließlich zum Abgrenzungsstreit zwischen Handwerk und Nichthandwerk und später in der öffentlichen Diskussion zwischen Handwerk und Fabrik.

Der moderne Abgrenzungsstreit zwischen Handwerk und Nichthandwerk ist in der Hauptsache auf die Gewerbeordnung für das deutsche Reich von 1869, das Handelsgesetzbuch von 1897, den einzelstaatlichen Gesetzen über die Handelskammern und den Strafbestimmungen der Konkursordnung von 1879 zurückzuführen[27].

Im Handelsrecht nehmen die Handwerker eine Sonderstellung ein, da sie nach § 4 HGB als Minderkaufleute anzusehen sind, d.h. die nachfolgenden Bestimmungen finden „auf Handwerker sowie auf Personen, deren Gewerbebetrieb nicht über den Umfang des Kleingewerbes hinausgeht“ keine Anwendung. Diese Bestimmung des HGB, wonach dem Begriff Handwerk das Merkmal des geringen Umfangs zukommt, hat in der Rechtssprechung und politischen Diskussion erhebliche Spannung verursacht. Der preußische Minister für Handel und Gewerbe sah sich gezwungen in einem Erlaß vom 6. März 1901 daraufhinzuweisen, daß „Wortlaut und Entstehungsgeschichte dieser Gesetzesstelle dafür sprechen, daß für den Begriff Handwerk nicht nur der Umfang, sondern die gesamten Betriebsverhältnisse maßgebend“ seien“[28].

Die in dem Erlaß zum Ausdruck gebrachte Auffassung wurde später auch vom preußischen Oberverwaltungsgericht und Kammergericht übernommen[29]. Auch die Vorschriften der §§ 17 bis 37 HGB über die Handelsfirma und die damit verbundenen §§ 8 bis 16 HGB über das Handelsregister[30] finden auf Handwerker keine Anwen-

[27] Auf die Bedeutung der Einführung der Gewerbefreiheit und der Stellung des Handwerks im HGB und die Konkursordnung wird w.u. eingegangen.

[28] Ministerialblatt der Handels- und Gewerbeverwaltung 1901, S. 28.

[29] Vgl. Entscheidungen des Oberverwaltungsgerichts, 3. Senat, vom 8. Dez. 1904, in: Ministerialblatt a.a.O., 1906, S. 292. Beschlüsse des Kammergerichtes vom 14. Nov. u. 12. Dez. 1907, in: Ministerialblatt a.a.O., 1908, S. 69ff.

[30] Vgl. auch das Preußische Gesetz über die Industrie- und Handelskammern vom 24. 2. 1871 hinsichtlich der Eintragung in das Handelsregister. Nach § 3 Abs. 2 ist der Mitgliederkreis ausdrücklich auf Kaufleute beschränkt.

dung. Die Bestimmungen des HGB (§§ 38 bis 58) über Handelsbücher und Prokura können ebenso wenig auf die selbständigen Handwerker angewandt werden, wie die nach §§ 348 bis 351 HGB zu gewährenden Ausnahmen von der Schriftform und Vertragsstrafe. Die Rechtsform der offenen Handelsgesellschaft ist für Handwerker nicht zugänglich"[31]. Auch das Reichshaftpflichtgesetz vom 7. Juni 1871 räumt den Handwerkern eine Sonderstellung ein, da die Haftung (für Unfall) nach § 2 des Reichshaftpflichtgesetzes nur auf Fabriken Anwendung findet. In der Konkursordnung von 1879 finden sich ebenfalls einige Besonderheiten. Wegen der Verletzung von Buchführungsvorschriften nach §§ 238 Ziff. 3,4; 240 Ziff. 3 und 4 der KO können die Handwerker nicht konkursstrafrechtlich belangt werden, da sie nach § 4 HGB Minderkaufleute und damit nicht buchführungspflichtig sind. Aus dem rechtlichen Status als Minderkaufleute resultiert auch die Veranlagung zur Einkommenssteuer. Nach § 12 des Gesetzes wird der steuerpflichtige Gewinn „nach dem Überschuß des Betriebsvermögens am Ende des Jahres gegenüber dem am Anfang des Jahres berechnet"[32]. Die Handwerker wurden also nach § 12 des Gesetzes veranlagt.

Eine „negative" Abgrenzung versucht die Reichsversicherungsordnung in § 538:

„Als Fabriken im Sinne des § 537 Nr. 2 gelten Betriebe, die

1. gewerbsmäßige Gegenstände bearbeiten oder verarbeiten und hierzu mindestens 10 Arbeiter regelmäßig beschäftigen,
2. gewerbsmäßige Sprengstoffe oder explodierende Gegenstände erzeugen oder verarbeiten oder elektrische Kraft erzeugen oder weitergeben,
3. nicht bloß vorübergehend Dampfkessel oder von elementarer oder tierischer Kraft bewegte Triebwerke verwenden,

3a. Röntgen-Einrichtungen verwenden,

4. vom Reichsversicherungsamt den Fabriken gleichgestellt werden".

Neben dem Hinweis auf die Mindestbetriebsgröße – 10 Arbeiter – ist noch interessant, daß das Reichsversicherungsamt eine Entscheidungsbefugnis über „Fabrik" oder „Handwerk" hat.

In den Kommissionsverhandlungen des Reichstages[33] zu einer Novelle der Gewerbeordnung (G.O.) wurde vorgeschlagen, daß als Fabriken „Gewerbeunternehmen anzusehen sind, welche in geschlossenen Etablissements unter Verwendung von mehr als 10 Arbeitern mit Hilfe elementarer Betriebskräfte oder nach dem Prinzip der Arbeitsteilung betrieben werden, ferner Hüttenwerke, Bauhöfe und Werften".

Der Zentralverband Deutscher Industrieller insistierte bei den Kommissionsverhandlungen auf die Regelungen des schweizerischen Gesetzbuches, nach dem „alle industriellen Anstalten, in welchen gleichzeitig und regelmäßig eine Mehrzahl von Arbeitern außerhalb ihrer Wohnung in geschlossenen Räumen beschäftigt" werden, als Fabriken anzusehen sind"[34].

---

[31] Vgl. Weinbrenner, E.: Die Abgrenzung des Handwerkes vom Nichthandwerk im Rechte der Berufsvertretungen, Hamm 1934, S. 21.

[32] Weinbrenner, E.: a.a.O., S. 22.

[33] R.T.V. 1878, Drucksache Nr. 177, S. 34.

[34] R.T.V. 1895/97, Drucksache Nr. 713, S. 3792.

Beide Vorschläge wurden von der Kommission abgelehnt. In der Begründung zum Handwerkergesetz von 1897 wurde davon ausgegangen, daß eine brauchbare gesetzliche Bestimmung für den Begriff „Handwerk" nicht erstellt werden kann, so daß bei Rechtsstreitigkeiten auf die Rechtsprechung des Reichsgerichtes zurückgegriffen werden könne"[35].

Die Entscheidungskriterien des Reichsgerichtes – an konkreten Fällen überprüft – beziehen sich auf realtypische Merkmale des Fabrik- und Handwerksbetriebes. Für den handwerklichen und/oder fabrikmäßigen Charakter eines Betriebes ist der Grad der Arbeitsteilung – z.B. kaufmännische Leitung durch den Inhaber und technische Ausführung durch Gehilfen und Arbeiter –, die Produktionsmethode und die daraus resultierende mechanische oder handwerkliche Arbeitsleistung und die Verwendung von Maschinen – z.B. Dampfmaschinen –, konstituierend. Nach den Entscheidungen des Reichsgerichts in Strafsachen sollte über folgende Betriebe entschieden werden:

„Zur Entscheidung steht ein Druckereibetrieb, der 3 Etagen eines Gebäudes umfaßt und aus einem Setzersaal, einem Raum für Buchbinderei, einem Dampfkesselraum, Lokalitäten für Papier usw. besteht. 5 durch Dampfkraft bewegte Schnellpressen sind vorhanden. Es werden beschäftigt: 21 Setzer, 9–10 Lehrlinge, 4 Maschinenmeister, 2 Heizer, 2 Buchdrucker und 7 Einlegerinnen. Täglich werden 7500 Expl. einer periodischen Zeitschrift, wöchentlich sechsmal 170–200 Theaterkarten gedruckt.

Auf Grund der angeführten Merkmale wird dieses Unternehmen als Fabrik bezeichnet"[36].

Ein Unternehmen, das Herren- und Damenkonfektion herstellt, steht hier zur Entscheidung: „Der Jahresumsatz beträgt 4–500000 Mark. Es wird nur nach Maß auf Bestellung gearbeitet. Arbeit auf Vorrat für Lager findet nicht statt. 100 Hilfskräfte, $^{9}/_{10}$ davon Frauen, werden beschäftigt. 6–8 große zusammenhängende Räume sind vorhanden. Nähmaschinen mit Fußantrieb werden benutzt. Je 20–25 Arbeiterinnen sind unter einer Direktrice zusammengefaßt. Arbeitsteilung nach Rock-, Ärmel und Taillenarbeit. Kaufmännische und technische Oberleitung sind in der Hand des Inhabers vereinigt. Dazu werden einige kaufmännische Hilfskräfte beschäftigt. Das Unternehmen wird als Fabrik angesehen"[37].

Das sächsische Oberverwaltungsgericht entschied am 3. 12. 1904 offenbar anders[38]:

„Die Firma betreibt die Herstellung und den Verkauf von Luxus-, Sport- und Geschäftswagen und beschäftigt hierbei 26–28 Arbeiter verschiedener Gewerbezweige: Stellmacher, Schmiede, Sattler und Lackierer, deren Lohn jährlich insgesamt 28000–39000 RM beträgt. Zur Ausübung des Gewerbes werden, abgesehen vom Kontor, vier Arbeitsräume, Schmiede, Stellmacherei, Sattlerei und Lackiererei be-

---

[35] ebenda, S. 3792.
[36] RGST, 8, 127.
[37] RGST, 36/37.
[38] Gewerbearchiv, a.a.O., S. 323f.

nutzt, die eine Fläche von insgesamt 325 qm einnehmen; außerdem sind drei Wagenremisen vorhanden. An Maschinen werden verwendet: 2 Bohrmaschinen, 1 Staumaschine, 1 Biegemaschine, 1 Leitspindeldrehbank, 1 Universal-Wagnerdrehbank, 1 Nähmaschine und 1 Farbmühle. Der Verkaufswert der jährlich hergestellten Wagen und Wagenteile beläuft sich auf etwa 100000 RM, der jährliche Bezug von Rohstoffen auf 40000 RM. Von den Wagen, die jährlich gebaut werden, sind etwa $^2/_3$ bestellt, während $^1/_3$ auf Vorrat angefertigt werden.

Der Betrieb kann nicht als Fabrik angesehen werden. Die dort bestehende Organisation der Arbeit ist nicht als Arbeitsteilung im eigentlichen Sinne des Wortes aufzufassen. Es wird der angeführte Satz aufgestellt und gesagt, die Verwendung ganz verschiedenartiger Arbeitskräfte sei nicht das Ergebnis einer diesem Betriebe eigentümlichen, planmäßig durchgeführten Arbeitsorganisation, sondern die notwendige und natürliche Folge davon, daß weder der Stellmacher noch der Schmied oder der Sattler und Lackierer für sich allein im Stande sind, einen Wagen zu bauen. Der Umstand, daß das nur durch das Zusammenwirken aller dieser einzelnen Arbeitskräfte erreicht werden kann, bietet daher allein noch keinen Anhalt für die Annahme, daß es sich um eine Fabrik handele".

In der Rechtssprechung der Württembergischen Zentralstelle für Gewerbe und Handel wurde neben den bereits erwähnten Kriterien besonders auf die Kapitalbasis und Marktverflechtung der Betriebe hingewiesen.

„In dem Betriebe werden Mauersteine und Dachziegel von Ton hergestellt. An Maschinen sind vorhanden: 1 20 PS Lokomobile, 2 Ziegelpressen und 1 Kugelmühle. Die Betriebsräume befinden sich in einem 4- und einem 3 stöckigen Ziegelei- und Trokkengebäude mit einem Flächeninhalt von zusammen 900 qm. Durchschnittlich werden 16–17 Hilfskräfte beschäftigt. Das Gewerbesteuerkapital beläuft sich auf 3875 RM. Die Jahresproduktion beträgt etwa 1–1,5 Mill. Ziegelsteine und Dachziegel im Werte von 40–60000 RM. Nach Ansicht der entscheidenden Stelle sind die Zahl der beschäftigten Arbeiter, die Höhe des Gewerbesteuerkapitals und die Jahresproduktion im Verhältnis zu den großen Ziegelbetrieben des Landes nicht so, daß sie über die Verhältnisse eines mittleren Ziegelbetriebes hinausgehen. Es wird darum ohne Rücksicht auf die gute maschinelle Ausstattung und die ausschließliche Verwendung von ungelernten Arbeitern der Betrieb dem Handwerk zugerechnet"[39].

„Bei dem Umstand, daß in dem Betrieb der Beschwerdeführerin auch bei der jetzigen rückläufigen Geschäftslage in dem Bijouteriegewerbe neben der ständigen Ausnützung der vorhandenen maschinellen Einrichtung noch durchschnittlich über 20 Arbeiter beschäftigt werden und ein Jahresumsatz von 80000 RM erzielt wird, ... ist der Betrieb als Großbetrieb anzusehen. Auf Großbetriebsverhältnisse weist auch die außerordentlich entwickelte Organisation des Warenabsatzes hin, der sich auch auf die überseeischen Länder erstreckt und sich ganz in den Formen des Großhandels vollzieht. Auch die Veranlagung des Betriebes mit einem Gewerbesteuerkapital von 5975 RM steht hiermit noch in Einklang. Der Betrieb wird darum als Fabrik angesehen"[40]. Neben dem Reichswirtschaftsgericht hatten sich insbesondere

---

[39] 100 Entscheidungen, a.a.O., S. 21.

[40] ebenda, S. 121.

das Reichsarbeitsgericht – z.B. wegen der Durchführung von Tarifverträgen in Handwerksbetrieben –, das preußische Kammergericht und die Oberverwaltungsgerichte mit Abgrenzungsfragen zu beschäftigen.

Aus den zahlreichen Urteilen ergeben sich für Handwerk und Fabrik folgende konstituierende Kriterien:

Handwerk

1. Neuanfertigung, Änderung oder Reparatur von Erzeugnissen erfolgt auf Grund besonderer Fachausbildung und Geschicklichkeit.
2. Einsatz von gelernten Handwerkern.
3. Die Erzeugnisse werden vom Rohstoff bis zum fertigen Produkt im gleichen Betrieb und durch dieselben Handwerker hergestellt.
4. Der Inhaber und seine Familie sind mit dem Betriebsgeschehen besonders vertraut.
5. Der Handwerksbetrieb umfaßt nicht mehr als 10 Arbeiter (bis 1909).
6. Der Handwerksbetrieb arbeitet auf Bestellung und für den örtlichen Bedarf.

Fabrik

1. Arbeitsvorgang nicht mehr handwerksmäßig, da
   a) ungelernte Arbeiter,
   b) Handarbeit wird durch Maschinen ersetzt,
   c) umfangreicher und vielfältiger Maschinenbestand, daher kapitalintensiver
   d) tiefergehenden Arbeitsteilung
2. Betriebsgrundlage ist theoretisch-konstruktiver Natur, bei detaillierter Planung.
3. Der kaufmännische Bereich ist ebenfalls aufgegliedert – z.B. Einkauf und Verkauf – und durchgehend organisiert.
4. Der Betrieb arbeitet hauptsächlich für den „Markt".

Die aus der Rechtssprechung abgeleiteten Abgrenzungs- und Unterscheidungskriterien sind z.T. betriebs- und volkswirtschaftlicher Natur.

Der moderne Abgrenzungsstreit ist in der Tat nicht nur mit rechtlichen und politischen, sondern in entscheidender Weise auch mit sozio-ökonomischen Argumenten geführt worden.

Wissenschaft und Forschung – aber auch die handwerklichen Standesorganisationen – bemühten sich mit unterschiedlichem Erfolg – um eine verbindliche Definition des Wirtschaftsbereichs „Handwerk". Die Ergebnisse derartiger Bemühungen lassen sich anhand einiger Definitionen zusammenfassen.

1. Das Handwerk ist „diejenige Form der tauschwirtschaftlichen Organisation der Unterhaltsfürsorge, bei welcher die Wirtschaftssubjekte rechtlich und ökonomisch selbständige, von der Idee der Nahrung beherrschte, traditionalistisch handelnde im Dienste einer Gesamtorganisation stehende gewerbliche Arbeiter sind"[41].

[41] Sombart, Werner: Der Moderne Kapitalismus, Leipzig 1928, Bd. 1, Teil 1, S. 188.

2. Das Handwerk ist jenes Betriebssystem, bei dem „der Produzent als Eigentümer sämtlicher Betriebsmittel Tauschwerte für nicht seinem Haushalte angehörende Konsumenten erzeugt. Es ist immer Kundenproduktion“[42].
3. Der Handwerksbetrieb ist „das kleine, mit der Familienwirtschaft des Inhabers verbundene Geschäft eines durch irgendeine besondere technisch-gewerbliche Geschicklichkeit sich auszeichnenden Meisters, der allein oder mit seiner Familie oder mit wenigen Gehilfen für Kunden arbeitet, an sie seine Arbeit oder seine Produkte verkauft“[43].
4. „Das Handwerk basiert technisch auf der Handarbeit, die Industrie auf dem Einsatz von Maschinen, für das Handwerk ist die Werkstatt, für die Industrie die Fabrik die Produktionsstätte“[44].

Betriebs- und volkswirtschaftlich ist noch auf einen anderen Aspekt der unterschiedlichen Struktur zwischen Handwerk und Fabrik hinzuweisen. Für den hier zu untersuchenden Zeitabschnitt läßt sich die These formulieren, daß die Kombination von Kapital und Arbeit zwischen Handwerk und Fabrik grundlegend unterschiedlich ist. Das im Industriebetrieb eingesetzte Kapital übersteigt dem Werte nach die verwendete Arbeit, während der „Handwerksbetrieb die beiden Produktionsfaktoren im umgekehrten Verhältnis beansprucht“[45].

Neben der unterschiedlichen Einsatzmenge von Kapital und Arbeit ist auch auf die Struktur des Kapitals hinzuweisen. Da der Produktionsfaktor „Kapital“ weniger teilbar ist – z.B. infolge der größeren Dimensionierung der Maschinen –, sind Fabrikbetriebe in der Regel nicht nur kapitalintensiver, sondern auch größer als Handwerksbetriebe.

In dieser Untersuchung wird also ein Handwerksbegriff verwendet, der die sozialen, rechtlichen und ökonomischen Aspekte entsprechend berücksichtigt. Wegen der wenig befriedigenden Definitionen von Sombart, Schmoller, Bücher u.a. wird der Begriff „Handwerk“ in dieser Untersuchung mehr im Sinne des “Small Business” verwendet.

3. Zur Quellenlage und Quellenkritik[46]

a) Anmerkungen zur Methode und Quellenauswertung

Die Forderungen der Historiker nach subtiler Quellenforschung und deren kritische Beurteilung; des Nationalökonomen nach Quantifizierung der Ergebnisse wirtschaftlicher Aktivitäten in partieller und umfassender Analyse und schließlich die Forderungen der Soziologen nach Aufdeckung sozialer Prozesse und ihrer Im-

---

[42] Bücher, Karl: Die Entstehung der Volkswirtschaft, Tübingen 1911, S. 64, S. 183.
[43] Schmoller, Gustav: Grundriß der allgemeinen Volkswirtschaftslehre, Leipzig 1919, Bd. 1, S. 472.
[44] Wessels, Theodor: Art. „Gewerbepolitik“ in HdSW, Göttingen 1965, Bd. 4, S. 512.
[45] Wessels, Theodor: a.a.O., S. 512.
[46] Die Anmerkungen zur Quellenlage beziehen sich auf den ökonomischen und soziologischen Teil der Untersuchung.

plikationen bilden den methodischen Rahmen der Quellenauswertung[47]. Nur wenn es gelingt, die ungeordnete Vielzahl der Quellen im retrospektiven Blick nach ihrer soziologischen, ökonomischen und politischen Relevanz zu ordnen; gewissermaßen ihren Stellenwert im vieldimensionierten Prozeß der Geschichte zu ermitteln, nur dann kann der Ertrag der wissenschaftlichen Forschung einigermaßen zufriedenstellen.

Die daraus resultierende Forderung nach der „fachlich getreuen Interpretation" dieser Quellen ist verständlich und wünschenswert, läßt aber die Frage nach den Interpretationskriterien weitgehend offen.

Die Interpretationskriterien, wie sie am Schluß der Einleitung zu dieser Arbeit vorgestellt wurden, beziehen sich explizit auf wachstumstheoretische Ansätze und Theorien „Sozialen Wandels"[48].

An dieser Stelle ist auf Rosenbergs Ansatz hinzuweisen, der am Beispiel der Großen Depression die Hypothese überprüfen möchte, nach der „die langen Wechsellagen sinnvolle Epocheabschnitte und fruchtbare Untersuchungseinheiten nicht etwa nur für die empirische Erforschung des Wirtschaftsablaufs und -wachstums sind, sondern auch für das Studium nichtökonomischer Entwicklungsphasen und struktureller Zusammengehörigkeiten und Querverbindungen"[49]. Die relativ starke Hervorhebung der ökonomischen Faktoren als Erklärungs- und Einordnungsvariablen für soziale, ideologische und politische Bewegungstendenzen ist im Sinne Rosenbergs zwar nicht als „Primat ökonomischer Kausalitäten in der Geschichte" zu verstehen, wohl aber als „heuristisches Erkenntniswerkzeug und Periodisierungsmittel"[50].

Das „heuristische Erkenntniswerkzeug und Periodisierungsmittel – in diesem Falle die langen Schwingungen der Wirtschaft" – verweist auf eine explizit darzulegende Methode. Explizit verweist Rosenberg auf die Grundkategorien und Fragestellungen der Wirtschaftskonjunkturforschung", während ein theoretischer Ansatz zur Analyse des sozio-politischen Systems implizit vorzufinden ist. Methodisch und inhaltlich geht es um die Darstellung der Wechselbeziehungen zwischen ökonomischen und nichtökonomischen Variablen.

Wir möchten diesen Ansatz mit dem Begriff „Korrespondenzprinzip" umschreiben, weil diese Methode uns geeignet erscheint, die wechselseitigen Einflußbeziehungen zwischen den in der Einleitung genannten Variablen aufzudecken. Für unsere Arbeit läßt sich dieses Korrespondenzprinzip anhand einiger Fragestellungen konkretisieren. Wir fragen nach den exogenen und endogenen Ursachen der wirtschaftlichen Veränderungen, von denen das Handwerk getroffen wird und nach deren sozialen, politischen und ideologischen Auswirkungen auf das Handwerk. Diese Wechselbeziehungen zwischen wirtschaftlicher Lage und Bewußtsein der Handwer-

---

[47] Vgl. Conze, Werner: Artikel: Sozialgeschichte, in: Moderne deutsche Sozialgeschichte, – Hrsg. von H. U. Wehler – Köln 1966, S. 19. Wir vermögen der Auffächerung von Wirtschafts- und Sozialgeschichte nicht zu folgen, da die historisch-analytische Perspektive verengt wird.

[48] Vgl. Zapf, W.: Theorien Sozialen Wandels, Köln 1969.

[49] Rosenberg, H.: Große Depression und Bismarckzeit, Berlin 1967, S. 19.

[50] Rosenberg, H.: Große Depression, a.a.O., S. 19.

ker sollen zumindest exemplarisch aufgezeigt werden. Die wirtschaftliche Situation des Handwerks soll anhand explikativer ökonomischer Grundkategorien und Fragestellungen, mit denen wachstumstheoretische Ansätze verbunden sind, interpretiert werden. Die sozio-politische Situation des Handwerks, seine Beziehungen zu Staat und Thron, Kapitalismus und Sozialdemokratie, möchten wir mit einem systemtheoretischen Ansatz erfassen.

Beide Ansätze – theoretisch wie methodisch – sollen nach dem Korrespondenzprinzip die Einflußbeziehungen zwischen „ökonomischer Basis" und „ideologischen Überbau" verdeutlichen.

Bei der Erfassung und Quantifizierung der nichtökonomischen Variablen ergaben sich noch einige generelle Schwierigkeiten, die in diesem Zusammenhang noch aufgeführt werden sollen.

Bei der detaillierten Quellenauswertung zeigte sich, daß die Inhalte der nichtökonomischen Kategorien – z.B. das Verhältnis des Handwerks zu Staat und Thron, Kapitalismus und Sozialdemokratie – im Zeitablauf Veränderungen unterliegen, die nur sehr schwer erfaßbar sind.

Daraus resultierte der Versuch, die analytischen Kategorien zu dynamisieren um die out-line der geschichtlichen Entwicklung möglichst feinkonturig zu erfassen.

Ein kurzes Beispiel soll diese Problematik verdeutlichen. Das 19. Jahrhundert ist reich an Sozialen Protesten, die 1830 und 1848 eruptiven Charakter angenommen hatten"[51].

Im interaktionalen Spannungszustand verlangten die etablierten Herrschaftsgruppen die Einhaltung von „Ruhe, Sicherheit und Ordnung". „Ruhe, Sicherheit und Ordnung" bieten sich hier als analytische Kategorie an, da diese Kategorie zugleich eine institutionalisierte Norm darstellt. Der rechtssoziologische Ansatz wäre also eine institutionalisierte Norm und zugleich eine analytische Kategorie. In der jeweiligen historischen Dimension wird der Inhalt dieser Norm verschiedentlich umfunktioniert. Für den Forscher kommt es nun darauf an, diese Umfunktionierung durch eine dynamisch gleitende analytische Kategorie einzufangen"[52].

Trotz dieser Bemühungen wird man allerdings nicht immer vermeiden können, daß der Prozeßablauf komparativ-statisch dargestellt werden muß, da die Datenlücken häufig sehr groß sind. Die Empirie darf aber nicht in einer Jour-à-jour Beschreibung stecken bleiben, sondern muß mit Hilfe der analytischen Kategorien die historischen Tatsachen in einen übergeordneten Zusammenhang stellen. Es kommt darauf an, „die oft zufälligen Angaben, die die Quellen liefern, so zu durchdringen, daß die kausalen Zusammenhänge deutlich werden"[53].

---

[51] Tilly, R.: Popular Disorders in Germany, 1806–1914, unveröffentl. Manuskript, S. 1.

[52] Andere in unserer Untersuchung verwendete analytische Kategorien sind z.B. Betriebsgröße, Realeinkommen, Kapitalstock, Selbständigkeit, Ausbildung etc.

[53] Fischer Wolfram: Handwerksrecht und Handwerkswirtschaft, a.a.O., S. 10.

b) Quellenlage und Bewertung der Quellen

Zunächst einige Überlegungen zur Auswertung und Vergleichbarkeit der Statistiken.

Die Vergleichbarkeit der reichsstatistischen Erhebungen von 1875, 1895 und 1907 ist immer wieder infrage gestellt und selten gründlich überprüft worden.

Für die Darstellung der zahlenmäßigen Entwicklung der Betriebe und Beschäftigten im Handwerk ist es notwendig, „die Möglichkeiten und Grenzen eines Vergleichs der gewerblichen Betriebszählungen in Deutschland aufzuzeigen, wie sie sich von der Methodik der Erhebung und Aufbereitung dieser Zählungen her ergeben“[54].

„Konnte noch in den Handwerksstatistiken die Zahl der Meister als Zahl der Betriebe gelten, weil die wirtschaftlichen Verhältnisse in ihrer Einfachheit und Überschaubarkeit aus sich selbst heraus eine Zähleinheit entbehrlich machten, so forderte die fortschreitende Differenzierung des gewerblichen Lebens bald die Erwägung erhebungstechnischer Fragen“[55].

Die starke Differenzierung der Gewerbestruktur fand in den methodischen Überlegungen der von Engel geleiteten „Kommission für die weitere Ausbildung der Statistik des Zollvereins betreffend die Gewerbestatistik“ ihren Niederschlag. Die personalstatistische Methode, die den älteren Handwerksstatistiken noch zugrunde lag, reichte für die Erfassung und Bestandsaufnahme nicht mehr aus[56].

Die 1875 durch die Revisionskommission geprüften neuen methodischen Ansätze fanden erstmals in der im gleichen Jahr veranstalteten Gewerbezählung Anwendung.

Der entscheidende Fortschritt gegenüber den vorangegangenen Zählungen lag in der Festlegung der neuen technischen Erhebungseinheit „Betrieb“. Die technische Erhebungseinheit „Betrieb“ als statistisches Erhebungsmerkmal wurde zum entscheidenden Kriterium der gewerblichen Betriebszählungen. In den Durchführungserläuterungen zur Gewerbezählung von 1875 wurde festgelegt, daß „jeder selbständige Gewerbebetrieb dergestalt zu zählen ist, daß von verschiedenen Gewerbebetrieben desselben Inhabers, gleichviel, ob sie räumlich vereint oder getrennt sind, und von gleichartigen Gewerbebetrieben desselben Inhabers, welche räumlich voneinander bestehen, jeder besonders, ein mehreren Inhabern gehöriger Betrieb aber nur einmal gezählt wurde“[57].

Die statistische Erhebungseinheit „Betrieb“ wurde – wenn auch in differenzierter Form – in den Zählungen 1882, 1895, 1907, 1925 und 1939 beibehalten. Die für uns sehr wichtigen Zählungen von 1875, 1895,und 1907 sind also in der technischen Erhebungseinheit „Betrieb“ trotz einiger Mängel vergleichbar“[58]. Unabhängig von der verwirrenden Definition des „selbständigen Gewerbebetriebes“ waren die

---

[54] Schreiber, H. E.: Die Methodik der gewerblichen Betriebszählungen in Deutschland, Diss. (MS) München 1953, S. 13.

[55] ebenda, S. 15.

[56] Beiträge zur Statistik des Königreichs Bayern, München 1911, Heft 82, S. 1.

[57] Beiträge zur Statistik des Königreiches Bayern, München 1879, Heft 39, S. VII.

[58] Vgl. Statistik des Deutschen Reiches, Berlin 1942, Bd. 566, S. 7.

Erhebungen in der regionalen Abgrenzung äußerst unterschiedlich, da die Anweisungen des statistischen Reichsamtes einen zu großen Interpretationsspielraum hatten. Von den einzelnen Statistischen Landesämtern und Oberpräsidien wurden unterschiedliche Anweisungen erteilt, so daß die überregionale Vergleichbarkeit erheblich eingeschränkt wurde. Bei der Überprüfung der Vergleichbarkeit der gewerblichen Betriebszählungen von 1875, 1895 und 1907 in den Regierungsbezirken Münster und Arnsberg, als regionale Untersuchungseinheiten dieser Arbeit, erwies sich der vorhandene Aufbau der Verwaltungsorganisation als äußerst nützlich.

Das Oberpräsidium Münster erteilte den Regierungspräsidenten von Münster, Arnsberg und Minden gleichlautende Anweisungen zu den jeweiligen Gewerbezählungen. Aus den entsprechenden Akten des STAM ist ersichtlich, wie die Gewerbezählungen auf Regierungsbezirksebene durchgeführt wurden.

In bezug auf die technische Erhebungseinheit „Betrieb“ ist die Vergleichbarkeit in den Regierungsbezirken gegeben. Damit ist allerdings die entscheidende Frage noch nicht beantwortet, wie wir die Zahl der Betriebe und Beschäftigten aus den erstellten Statistiken ermitteln.

Die im Zuge der reichsstatistischen Erhebungen erstellten regionalen Ergebnisse wurden als vorläufige Grundlage angenommen. Außerhalb der Reichsstatistik fanden aber zahlreiche statistische Erhebungen in den einzelnen Landkreisen statt[59]. Die Landräte erstellten, teils nach Anweisung, teils aus eigener Intention, umfangreiche Erhebungen über Bevölkerungswachstum, Binnenwanderung, Geburten- und Sterberate, Wohnplätze, Landwirtschaft, Industrie, Handwerk etc. Innerhalb der Gewerbetabellen und den entsprechenden Erläuterungen wurden die Handwerksbetriebe gesondert geführt. In der Aggregation der Kreisdaten fanden wir einen relativ guten Maßstab zur Überprüfung der Reichsstatistik. Ein erheblicher Mangel dieser Landkreisstatistiken liegt aber in den unterschiedlichen Erhebungsjahren, die manchmal 2 bis 3 Jahre von denen der Reichsstatistik abweichen. Allerdings ist dieser Mangel insofern noch vertretbar, da die unterschiedlichen Zeitpunkte der Erhebung die Entwicklung der Betriebe und Beschäftigten im Handwerk verdeutlichen. Zunächst erwiesen sich diese Daten für eine auf Landkreisebene durchzuführende regionale Untersuchung als ziemlich brauchbar.

Für unsere Untersuchung erschien aber eine Beschränkung auf Betriebe und Beschäftigten wenig sinnvoll, zumal die regionalen Unterschiede fast nur ein personalstatistisches aber kein ökonomisches Bild ergeben.

Außerdem fanden wir in den einzelnen Orts- und Kreisarchiven in der Anzahl recht unterschiedliche Angaben über Einkommen, Kapitalstock, Umsatz etc., so daß kein auf die Landkreise bezogene Sample gebildet werden konnte. Wir mußten also unsere Untersuchungen auf die größere regionale Einheit – Regierungsbezirk – abstellen. Dieses Vorgehen erwies sich auch noch in einem anderen Zusammenhang als sinnvoll.

Im Verlauf der langwierigen Auseinandersetzungen über die Gründung und Einführung von Zwangsinnungen und Handwerkskammern erfolgten ziemlich detail-

[59] Vgl. Bibliographischen Anhang, S. 187f.

lierte Erhebungen über die Zahl der Betriebe und Beschäftigten. Die diesen Erhebungen zugrunde liegende Abgrenzung stimmte allerdings nicht immer mit den Verwaltungsgrenzen überein, so daß ebenfalls auf die größere regionale Einheit ausgewichen werden mußte. Die gefundenen statistischen Angaben dienten zur Kontrolle der Erhebungen der Landräte und Reichsstatistik.

Es bleibt festzuhalten, daß das hier verwendete statistische Material, soweit es die Betriebe und Beschäftigten betrifft, erstellt wurde aus:

a) der Reichsstatistik
b) der Landkreisstatistik
c) den Innungs- und Handwerkskammerstatistiken.

Dabei erwies sich die Reichsstatistik trotz einiger Korrekturen als relativ genau, wenn man einmal von den unterschiedlichen Jahreszeiten der Erhebung absieht[60].

Trotz dieser mehrfachen Kontrolle kann über die Genauigkeit der einzelnen Erhebungen nur anhand der Fragebogen und der lokalen Durchführung entschieden werden, da das Urmaterial nicht mehr vorhanden ist. Aber gerade auf lokaler Ebene waren die Schwierigkeiten nicht ganz unerheblich. Die zentrale Problematik bestand in der Abgrenzung zwischen Industrie und Handwerk. Die örtlichen Behörden versuchten in langwierigen Exkursen die Zahl der Beschäftigten und die Art der Produktion als Unterscheidungs- bzw. Abgrenzungskriterien herauszuarbeiten.

Ein Betrieb der Kleineisenindustrie mit 8–10 Beschäftigten gehörte in diesem Fall nicht mehr zum Handwerk, während Bauunternehmungen mit 20–30 Beschäftigten noch als Handwerksbetrieb erfaßt wurden. Die Art der Erhebung und Struktur der Quellen mußte deshalb weitgehend übernommen werden.

Bleibt noch zu erwähnen, daß anhand der Innungsakten, der Berichte und Protokolle über das gewerbliche Fortbildungswesen und der Steuerstatistiken die jeweiligen Angaben auf ihre Genauigkeit überprüft werden konnten.

Wesentlich schwieriger und mühevoller war die Sammlung der Daten über Einkommen, Kapitalstock und Umsätze. Einen ersten Ansatz hofften wir in der Auswertung der Steuerstatistiken zu finden. Art und Aufbau der Steuerstatistik geben aber nur grobe Gliederungen der einzelnen Wirtschaftsbereiche. Industrie und Handwerk sind jeweils zusammengefaßt. Die Wirtschaftsdaten für die steuerfreien Handwerker sind aus der Steuerstatistik nicht zu entnehmen.

Wesentlich ergiebiger und zur Verdeutlichung der einzelnen Positionen der Steuerstatististik besonders geeignet waren die Revisionsakten und Steuerbescheide. Die Revisionsakten und Steuerbescheide enthalten jeweils die Art des Betriebes und die Höhe der zu zahlenden Steuern.

Diese Angaben finden sich hauptsächlich in den einzelnen Ortsarchiven und den Landratsamtakten im STAM. Aus diesen Archivalien wurden die Einkommens-, Kapitalstock- und Umsatzdaten erfaßt. Angaben über den Wert der Betriebsaus-

---

[60] Die Zählung von 1875 erfolgte im Dezember, während die anderen Zählungen im Sommer durchgeführt wurden. Die Ungenauigkeit liegt nicht so sehr in der Zahl der Betriebe, sondern wegen der saisonalen Abhängigkeit einzelner Handwerke in der Zahl der Beschäftigten.

rüstung und über die Höhe der Umsätze fanden sich hauptsächlich in den Revisionsakten, da die sich beschwerenden Handwerker durch entsprechende Daten auf ihre wirtschaftliche Lage aufmerksam machten. Diese Daten sind unter dem Gesichtspunkt zu verwenden, daß in einer Steuerbeschwerde relativ genaue und nachprüfbare Angaben mit der Tendenz zur Unterbewertung der Einkommen und Umsätze und Überbewertung der getätigten Investitionen gemacht werden[61].

Wegen des Umfanges der gesammelten Daten und Quellen kann nicht jede einzelne Angabe über Einkommen, Kapitalstock und Umsätze mit einem entsprechenden Quellenhinweis versehen werden, da die Darstellung und tabellarische Zusammenfassung vollkommen unübersichtlich würde. Die Vielgestaltigkeit der Quellen läßt natürlich die Frage nach ihrer Genauigkeit und Vergleichbarkeit entstehen. Wir meinen, daß gerade die Vielgestaltigkeit der Quellen bei kritischer Beurteilung eine genauere Bewertung hinsichtlich ihres jeweiligen Stellenwertes zuläßt. Die Tendenzen der Unter- und Überbewertung des Erfolges oder Mißerfolges wirtschaftlicher Aktivität sind so genauer zu erfassen, da immer andere Personen über das Handwerk berichten.

Im Vergleich zu der bisher betriebenen handwerksgeschichtlichen Forschung wird hier besonderer Wert auf die quantitative Erfassung des Wirtschaftsbereichs „Handwerk" gelegt. Die vorgelegten Daten und ihre analytische Auswertung können letztlich nur einen Trend der Entwicklung des Handwerks unter den Bedingungen fortschreitender Industrialisierung vermitteln, da die genauen Implikationen der wirtschaftlichen Betätigung des Handwerks nicht mehr nachvollzogen werden können. Die getreue im historischen Kontext vorzunehmende Bewertung der Quellen kann sich schließlich nur an dem „Vorfindbaren" bewähren.

---

[61] Strümpel, B.: Steuermoral und Steuerwiderstand der deutschen Selbständigen, Köln 1966, S. 25ff., S. 32ff.

III. Die sozio-ökonomische Struktur des Handwerks in den Regierungsbezirken Münster und Arnsberg

1. Demographischer Aufriß

Die Analyse des handwerklichen Produktionspotentials setzt einige Bemerkungen über die räumliche Differenzierung zwischen den Regierungsbezirken Arnsberg und Münster voraus.

Die ökonomischen Faktoren der regionalen Differenzierung sind in erster Linie die internen und externen Ersparnisse, die Höhe der Transportkosten und die Fungibilität des Produktionsfaktors Boden[1]. In erster Linie interessieren uns hier die externen Ersparnisse der gewerblichen Betriebe. Nach Ohlin und Hoover werden die externen Ersparnisse in localization und urbanization economies eingeteilt[2].

„Die localization economies sind die (positiven oder negativen) Ersparnisse, die auf das Vorhandensein mehrerer Betriebe derselben Branche am selben Ort zurückzuführen sind. Die urbanization economies sind dagegen die Folge der Ausdehnung der Beschäftigung und der Produktion von Unternehmen verschiedener Branchen am selben Standort[3].

Die localization und urbanization economies können – nach Alfred Weber – auch als die Agglomerationsvor- und -nachteile einer Region definiert werden[4].

Die Agglomerationstendenzen einer Region sind zuerst in der Bevölkerungsentwicklung erkennbar, wobei der Saldo der Bewegungsbilanz die quantitative Entwicklung des Bedarfs an Gütern und Dienstleistungen und je nach berufs- und altersmäßiger Zusammensetzung der Wanderungsgewinne bzw. -verluste die Quantität und Qualität des Arbeitskräfteangebots indikativ verdeutlicht[5].

Die strukturellen Unterschiede verschiedener Regionen sind in gesamtstatistischen Bestandsaufnahmen nur sehr schwer zu erkennen. Aus der prozentualen Veränderung der Bevölkerung in den beiden Regierungsbezirken ist ersichtlich, daß die Bevölkerung im Reg. Bez. Arnsberg von 1875 bis 1895 wesentlich stärker zunimmt, als im Reg. Bez. Münster.

---

[1] Isard, Walter: Location and Space-Economy, New York–London 1956, S. 172.

[2] zit. nach Isard, W.: a.a.O., S. 172.

[3] Böventer, Ed. von: a.a.O., S. 80.

Unter methodischen Gesichtspunkten vergleiche auch: Uebe, Wolfgang, „Industriestruktur und Standort"; in: Prognos-Studien Nr. 1, Stuttgart 1967, S. 8f. Auch Uebe findet zunächst keinen andern Vergleichsmaßstab.

[4] Vgl. Isard, W.: a.a.O., S. 172. Friedrich, C. J.: Alfred Weber's Theory of Location Industries, University of Chicago Press, Chicago 1919, S. 18f.

[5] Die Salden der Bewegungsbilanzen als quantifizierter Datenkranz der möglichen Nachfrage nach Gütern und Dienstleistungen werden hier nicht als der entscheidende Impuls regionaler Industrialisierung aufgefaßt, sondern als regionale Strukturkomponente.

Tab. I: Entwicklung der Bevölkerung[6]

Jahr	Reg. Bez. Münster	Reg. Bez. Arnsberg	Deutsches Reich[7]
1875	443 344	981 741	42 727 372
1895	594 501	1 520 789	52 279 901
1907	818 054	2 112 952	60 641 489

Tab. II: Prozentuale Veränderung der Bevölkerung[8]

Zeitraum	Deutsches Reich %	Regierungsbezirk Arnsberg[9]		Regierungsbezirk Münster[9]	
		%	%-Abweichung vom Reichsdurchschnitt	%	%-Abweichung vom Reichsdurchschnitt
1875–1895	22,35	54,90	154,4	34,09	52,4
1895–1907	15,99	38,93	143,3	37,60	135,0
1875–1907	41,92	152,22	262,2	84,51	101,1

Die Ursachen dieser unterschiedlichen Bevölkerungsentwicklung sind aus der Deutung wirtschaftlicher und demographischer Vorgänge erkennbar. Die vieldiskutierte Abhängigkeit von Bevölkerungs- und Wirtschaftswachstum, auf deren Implikationen hier nicht weiter eingegangen werden kann, weist auf zwei Hauptfaktoren hin: Wanderungssaldo und Regenerationsrate.

Der Saldo der Wanderungsbilanz des Reg. Bez. Münster ist in bezug auf den Reg. Bez. Arnsberg von ca. 1858 bis 1907 negativ[10].

In dieser Zeit wandern viele Arbeiter und Handwerker in den Reg. Bez. Arnsberg ab. Die hohe Fluktuation der Bevölkerung in den Industriestädten kann auch als ein Hinweis auf die interregionale Wanderung angesehen werden. Von 1858 bis 1880 zeigen fast alle Landgemeinden des Reg. Bez. Münster negative Wanderungssalden[11]. Auch die im Süden und Westen des Reg. Bez. Arnsberg gelegenen Landkreise haben z.T. erhebliche Wanderungsverluste.

Das Bevölkerungswachstum im Reg. Bez. Münster, d.h. der positive Saldo der Bewegungsbilanz, ist eine Folge der Zuwanderung aus den nord-, mittel- und ostdeut-

---

6 Quelle: Statistik des Deutschen Reiches, Berlin 1875, Bd. XXV, S. 2ff.
ebenda, Berlin 1897, Bd. 150, Heft 1.
ebenda, Berlin 1910, Bd. 240.

7 Zählung von 1905. 8 Quellen, vgl. Tabelle Nr. 1.

9 Prozentuale Abweichung vom Reichsdurchschnitt.

10 Reekers, Stephanie, Schulz, Johanna: Die Bevölkerung in den Gemeinden Westfalens 1818–1950, Dortmund 1952, S. 11f.

11 ebenda, S. 143f.

schen Regionen. Die Wanderung zum Reg. Bez. Arnsberg ist auch weiterhin stark. Die Städte und Gemeinden des Reg. Bez. Arnsberg wachsen in der Zeit von 1875 bis 1887 hauptsächlich durch den starken Zuzug, während danach das Bevölkerungswachstum auf einen relativ hohen Geburtenüberschuß zurückzuführen ist.

Die Binnenwanderung hat, abgesehen von politischen Gründen, hauptsächlich ökonomische Ursachen, die im „großen Maße im Ungleichgewicht zwischen regionalem Arbeitskräftepotential und Arbeitskräftebedarf zu suchen“ sind[12].

Die ständig steigenden Belegschaftsziffern der gewerblichen Betriebe – besonders in der Eisen- und Hüttenindustrie – deuten darauf hin, daß der Arbeitskräftebedarf schneller wächst als das Arbeitskräftepotential aus der natürlichen Bevölkerungsentwicklung[13].

Um entsprechende Arbeitskräfte anzuwerben, müssen attraktivere Arbeitsbedingungen und Lohnverhältnisse geschaffen werden. Das Lohngefälle zwischen den beiden Regierungsbezirken weist auf diesen Zusammenhang hin[14]. Regionen mit rapidem wirtschaftlichem Wachstum üben einen Sog nach Arbeitskräften aus und fördern damit die Mobilität der Arbeiter und deren Familien.

Da für die beiden Regierungsbezirke noch keine entsprechende Mobilitätsstudie vorliegt, möchten wir auf einige Fallstudien aufmerksam machen, die den Prozeß der Binnenwanderung in Herkunft und Alter und Beruf verdeutlichen.

Die Stadt Lüdenscheid bekommt von 1880 bis 1884 etwa 2158 Zuwanderer, von denen 785 Ungelernte, 775 Handwerker, 118 Facharbeiter, 55 Beamte, 46 Angestellte, 81 Lehrlinge, 45 Geschäftsleute, 41 Freie Berufe, 10 Rentner, 52 Knechte, 245 Mägde, 4 Pfarrer und 1 Schüler sind[15].

Die berufliche Struktur der Zuwanderer ist für die ortsansässige Industrie durchaus interessant, da die Zuwanderung von qualifizierten Arbeitskräften die arbeitsmäßige Eingliederung sehr erleichtert. Die Handelskammern des Regierungsbezirkes Arnsberg beklagen sich, ähnlich wie die württembergischen Handelskammern, über den schlechten Ausbildungsstand der Arbeiter. Fast 50% der Zuwanderer sind gelernte Kräfte; etwa $^1/_3$ Handwerker[16].

Schließlich ist darauf hinzuweisen, daß fast $^2/_3$ der Zuwanderer der Altergruppe 10–29 Jahre angehören[17]. Der Verjüngung der Altersstruktur der Bevölkerung in

---

[12] Uebe, Wolfg.: a.a.O., S. 26.

[13] Jahresberichte der Handelskammer Dortmund von 1875 bis 1907, insbesondere die Berichte von 1881–1887.

[14] Vgl. Kap. III,2, S. 66ff.

[15] Hostert, W.: Die Entwicklung der Lüdenscheider Industrie vornehmlich im 19. Jahrhundert, Lüdenscheider Geschichtsquellen und Forschungen, Große Reihe – Bd. I. Lüdenscheid 1960, S. 151. Die genaue Zahl der Zuwanderer wurde nicht angegeben, sondern nur die Zuwanderer, von denen sich Herkunft, Alter und Beruf ermitteln ließen.

[16] Von 1931 Zuwanderern konnte die Herkunft ermittelt werden: Danach kommen aus: Amt Lüdenscheid 282, Kreis Altena 424, Westfalen 452, Rheinland 285, Hessen 221, Norddeutschland 40, Süddeutschland 81, Mittel- und Ostdeutschland 79, Ausland 10 und Militär und Wanderschaft 58. (Vgl. Hostert, W., a.a.O., S. 151).

[17] ebenda, S. 150.

den Zuwanderungsgebieten steht eine umgekehrte Entwicklung in den Abwanderungsgebieten gegenüber. So berichtet Landrat v. Schrötter: „Bemerkenswerth ist die verhältnißmäßig geringe Zahl der in den arbeitsfähigen Altersklassen befindlichen Personen. Verhältnißmäßig zahlreich und namentlich stärker als in der ganzen Monarchie sind dagegen die höheren Lebensalter vertreten“[18].

Die hier für den Landkreis Wittgenstein (Reg. Bez. Arnsberg) charakteristische Altersstruktur der Bevölkerung wird auf die starke Abwanderung zurückgeführt[19].

Aus den Randgebieten der sich industrialisierenden Regierungsbezirke wandern die jungen Leute in die Industriezentren ab, um sich hier eine neue Existenz aufzubauen. Viele Handwerker, die in den ländlichen Bereichen kaum noch Arbeit finden, bekommen in der Industrie einen relativ gesicherten Arbeitplatz oder machen sich in den Städten selbständig.

In einer umfangreichen Befragung hat Donay festgestellt, daß aus der Stichprobe von 2550 Handwerkern, die um 1880 nach Dortmund einwanderten, 747 aus Westfalen und 592 aus Ostdeutschland kamen[20]. Generell läßt sich sagen, daß aus den Nahwanderungsgebieten im Verlauf tiefgreifender Umstrukturierungsprozesse in Relation zur Gesamtabwanderungsquote vornehmlich gelernte Kräfte in die Industriezentren abwanderten[21].

Im Regierungsbezirk Arnsberg gilt dies für den gesamten Beobachtungszeitraum und für die Abwanderungsgebiete Wittgenstein, Lippstadt und Soest[22].

Beinahe umgekehrt sieht es im Reg. Bez. Münster aus. In der Zeit von 1875–1895 ist eigentlich nur der Kreis Recklinghausen Zuwanderungsgebiet, wenn man von der relativ geringen Zuwanderung in den Kreisen Steinfurt, Ahaus, Borken und Beckum absieht.

Erst nach 1895 ist die Zuwanderung in's nordwestliche Ruhrgebiet (z.B. Gelsenkirchen, Bottrop, Gladbeck etc.) stärker[23].

---

[18] Schrötter, v.: Statistische Beschreibung des Kreises Wittgenstein, Berleburg 1875, S. 18.

[19] Charakteristisch für diesen Binnenwanderungsprozeß ist auch der Männerüberschuß in den Zuwanderungsgebieten und der Frauenüberschuß in den Abwanderungsgebieten.

Vgl. dazu auch: Graafen, R.: Die Aus- und Abwanderung aus der Eifel in den Jahren 1815 bis 1955, Godesberg 1961, S. 55ff. Die Überalterung der Bevölkerung in den Abwanderungsgebieten wird auch für die Eifel festgestellt. Für Westfalen und Lippe hat außerdem auch Uekötter, H.: Die Bevölkerungsbewegung in Westfalen und Lippe, 1818–1933, Münster 1941, S. 54ff., auf diesen Zusammenhang hingewiesen.

[20] Donay, E.: Die Beziehungen zwischen Herkunft und Beruf, Essen 1941, S. 122. (Die dort angegebenen Zahlen wurden auf 1880 umgerechnet.)

[21] Vgl. Donay, E.: a.a.O., S. 122.

Haas, U.: Wandlungen der wirtschafts- und sozialgeographischen Struktur des Siegerlandes im zweiten Viertel des 20. Jahrhunderts, Remagen 1958, S. 5ff.

Degen, K.: Die Herkunft der Arbeiter in den Industrien Rheinland-Westfalens bis zur Gründerzeit, Essen 1916, S. 34 über die Zuwanderung nach Dortmund.

[22] jeweils Landkreise.

[23] Vgl. Handelskammerberichte Münster 1871–1907.

Brockmann, H.: Die Gliederung und Entwicklung der Hauptberufe des Regierungsbezirkes Münster in den letzten drei Jahrzehnten des 19. Jahrhunderts, Leipzig 1910, S. 87f.

Waterkamp[24] und Horst[25] haben für Duisburg und für das niederrheinisch-westfälische Industriegebiet eine ähnliche Entwicklung festgestellt. Die Fernwanderer – hauptsächlich aus Ostdeutschland – finden als ungelernte Kräfte im Bergbau (18,47%), Eisen- u. Hüttenindustrie (16,36%) und in der Landwirtschaft (36,08%) Beschäftigung[26].

Die Wanderungsanalyse zeigt jedenfalls, daß die Industriezentren viele Handwerker aufnehmen. Die kräftige Entwicklung der Betriebs- und Beschäftigtenzahlen des Handwerks im Reg. Bez. Arnsberg dürfte ein schlüssiger Indikator dafür sein.

Schließlich soll noch kurz auf die natürliche Bevölkerungsentwicklung eingegangen werden. Der Geburtenüberschuß macht bis 1887 ungefähr die Hälfte des Wanderungsgewinnes aus. Danach beginnt sich diese Relation umzukehren. Etwa ab 1890 ist in den großen Zuwanderungsgebieten der Geburtenüberschuß höher als die Zuwanderung. In den Abwanderungsgebieten ist der Geburtenüberschuß, wegen der Abwanderung der jungen Leute, relativ konstant.

„Hiernach hat die Zahl der Geburten bis zum Anfang der vierziger Jahre stetig zugenommen, um sich von da ab ziemlich gleich zu bleiben. Die Bewegung der Ziffern der Geburten geht Hand in Hand mit der oben geschilderten Ab- und Zunahder Bevölkerung“[27]. Dieser demographische Aufriß, der die für uns wichtigsten Aspekte der Binnenwanderung aufzeigen sollte, leitet über zu einer kurzen Betrachtung der regionalen Wirtschaftsstruktur.

Der demographische und regional-strukturelle Aufriß hat gezeigt, daß der Industrialisierungsprozeß in den beiden Regierungsbezirken recht unterschiedlich verläuft.

Der Reg. Bez. Arnsberg ist im Vergleich zum Reg. Bez. Münster bereits „hochindustrialisiert“, während sich die Industrialisierung im Reg. Bez. Münster noch in der Anfangsphase befindet. Die These vom Untergang des Handwerks kann – ceteris paribus – an zwei regional unterschiedlichen Industrialisierungsprozessen überprüft werden:

a) Das Handwerk unter den Bedingungen der bereits etablierten aber sich verstärkenden Industrialisierung – Reg. Bez. Arnsberg –
b) Das Handwerk unter den Bedingungen der einsetzenden Industrialisierung – Reg. Bez. Münster –.

Diese regionale Unterscheidung verschiedener Industrialisierungsprozesse ist naturgemäß nicht sehr genau, da der süd-westliche Teil des Reg. Bez. Münster zum Ruhrgebiet gehört und damit in der Industriestruktur dem nordwestlichen Teil des Reg. Bez. Arnsberg verwandt ist. Allerdings setzt im Reg. Bez. Münster die Industrialisierung sehr viel später ein. Der konzipierte strukturelle Unterschied zwischen den

---

[24] Waterkamp, H.: Die Bevölkerung von Duisburg, Essen 1941, S. 29.

[25] Horst, W.: Studien über die Zusammenhänge zwischen Bevölkerungsbewegung und Industrieentwicklung im niederrheinisch-westfälischen Industriegebiet, Essen 1937, S. 40. Auch Horst weist daraufhin, daß in den Zuwanderungsgebieten erheblicher Männerüberschuß vorhanden war (S. 48).

[26] Donay, E.: a.a.O., S. 122 – Umrechnung –

[27] Schrötter, v.: a.a.O., S. 16, S. 18, S. 31.

beiden Regierungsbezirken kann – auch aus heuristischen Gründen – als realistisch angenommen werden.

2. Das Produktionspotential des Handwerks

Die hier vorzunehmende Analyse bezieht sich zunächst auf die technisch-ökonomischen Einheiten, auf die handwerklichen Betriebe, da hier das Produktionspotential des Handwerks zusammengefaßt ist. Die Wirtschaftsstatistik bedient sich zur Messung des Produktionspotentials verschiedener Mengen- und Wertmaßstäbe. Als Zeitpunktgrößen werden in Ansatz gebracht[28]:

- Beschäftigte
- Maschinenaggregate
- in Sachanlagen investiertes Kapital

Zeitraumgrößen sind:

- Arbeitsstungen
- Rohstoffverbrauch
- Energieverbrauch

Die für unsere Untersuchung verfügbaren aus den statistischen und archivalischen Quellen gewonnenen Daten entsprechen nicht den o.g. Anforderungen. Eine spezielle Handwerksstatistik mit den geforderten Zeitpunkt- und Zeitraumgrößen ist bis heute nicht erstellt worden.

In den vorhandenen Handwerksstatistiken sind hauptsächlich zwei Zeitpunktgrößen – Zahl der Betriebe und Zahl der Beschäftigten – erfaßt worden. Die Handwerksstatistik ist bis zu den ersten umfassenderen Erhebungen 1916/30 durchweg eine reine Personalstatistik gewesen, so daß zunächst auf Grund der Beschäftigtenzahl eine entsprechende Betriebsgrößenanalyse vorgenommen werden kann.

Die personalstatistische Analyse reicht allerdings nicht aus, um das handwerkliche Produktionspotential hinreichend zu erklären. Die vorhandenen Statistiken geben kaum Hinweise auf das in Sachanlagen investierte Kapital und auf die technische Ausrüstung der Handwerksbetriebe[29].

Durch eine umfangreiche mikro-soziale und mikro-ökonomische Datensammlung über das in Sachanlagen investierte Kapital in Verbindung mit der Zahl der Betriebe und Beschäftigten läßt sich das Produktionspotential des Handwerks etwas genauer erfassen. Angaben über Zeitraumgrößen, wie geleistete Arbeitsstunden, Rohstoff- und Energieverbrauch, die in eine Input-Output-Tabelle eingesetzt werden können und differenziertere Aussagen über die Effektivität des handwerklichen Produktions-

---

[28] Vgl. Nellessen, W. und Nold, K.: Unterlagen der deutschen amtlichen Statistik für eine quantitative Abgrenzung der Mittelschichten, Köln–Opladen 1963, S. 2f. Fürst, G.: Unternehmen, fachliche Unternehmensteile und örtliche Einheiten als Grundlage für die statistische Darstellung wirtschaftlicher Tatbestände, in: Wirtschaft und Statistik, N.F. Bd. 9. Stuttgart 1957, S. 643–670.

[29] Ders. a.a.O. S. 2f.

potentials ermöglichen, sind nur vereinzelt in den Quellen aufzufinden. Die Effektivität des handwerklichen Produktionspotentials soll deshalb durch die handwerklichen Einkommen indikativ erfaßt werden.

Der Produktionseinsatz – hier gekennzeichnet durch Beschäftigtenzahl und investiertes Kapital – muß in Beziehung gesetzt werden zum Produktionsergebnis. Dieses Produktionsergebnis läßt sich ausdrücken durch[30]:

1. Umsatz
2. Bruttoproduktionswert
3. Nettoproduktionswert bzw. Wertschöpfung

Die für den Untersuchungszeitraum heranzuziehenden Statistiken geben keinerlei Hinweise auf die Effektivität der handwerklichen Produktion. Das Produktions- bzw. Betriebsergebnis der technisch-ökonomischen Einheiten müssen wir deshalb am redidual- und kontraktbestimmten Einkommen ablesen; denn der Betriebserfolg schlägt sich unmittelbar im Einkommen für die eingesetzte Arbeitskraft nieder. Mit den Einkommensgrößen erhalten wir zunächst einen Hinweis auf die Zeitraumgröße „Arbeitsstunde", denn die geleisteten Arbeitsstunden lassen sich im Einkommen verdeutlichen. Unabhängig davon, erscheinen die Einkommen aber auch in der handwerklichen Bilanz[31].

a) Betriebe und Beschäftigte

Die Entwicklung des Handwerks – gemessen an der Zahl der Selbständigen und bezogen auf die Regierungsbezirke Münster und Arnsberg – erfüllt in der Periode von 1875 bis 1895 die Erwartungen der Niedergangstheoretiker[32].

Der Betriebsbestand verringert sich im Reg. Bez. Arnsberg um 11% – von 29763 auf 26428 – und in der Vergleichsregion (Reg. Bez. Münster) um 9% von 15065 auf 13687 Betriebe. Der Saldo zwischen Neugründungen und Abgängen weist im Reg. Bez. Arnsberg ein Minus von rd. 3000 Betrieben und im Reg. Bez. Münster von 1500 Betrieben auf.

---

[30] Vgl. Nellessen–Nold, a.a.O., S. 7.

[31] Auf die Problematik und Implikationen dieses Vorgehens sei hier nur kurz eingegangen. Die sich u.U. im Einkommen niederschlagenden Vorleistungen anderer Betriebe lassen sich nur schwer eliminieren. Man könnte die Relation zwischen Vorleistungen und Umlaufkapital $\frac{VL}{UK}$ als Konstante einsetzen und so für die Vergleichszeitpunkte entsprechende Größen erhalten. Außerdem müssen die Abschreibungen berücksichtigt werden. Da sich der Trend der Kapitalintensität – Veränderungen des Kapitalstocks – berechnen läßt – andererseits durchaus angenommen werden kann, daß mit steigender Kapitalintensität die Abschreibungen ebenfalls steigen – wird der Trend der Kapitalintensität als Korrekturfaktor für das Wachstum der Abschreibungen genommen.

Vgl. Uebe, Wolfgang: Industriestruktur und Standort, Prognose-Studien, Bd. 1, Köln 1967, S. 7f. Auch hier das Zugeständnis, daß eine „bereichsspezifische Berechnung an der großen Lückenhaftigkeit der Amtlichen Statistik" scheitert.

[32] Vgl. Tabelle Nr. 3, S. 53ff.

Dem Negativsaldo von 4500 Betrieben (1875–95) in beiden Regionen steht ein Positivsaldo von 70000 abhängig Beschäftigten gegenüber.

Im Reg. Bez. Arnsberg steigt die Zahl der abhängig Beschäftigten um 136% – von 38432 auf 90556 – und im Reg. Bez. Münster um 306% – von 8602 auf 26302 – in der Zeit von 1875 bis 1895.

In der zweiten Vergleichsperiode – 1895 bis 1907 – nimmt die Zahl der Selbständigen in beiden Regionen wieder zu. So beträgt die Zunahme im Reg. Bez. Arnsberg 30% – von 26428 auf 34293 – und im Reg. Bez. Münster 10% – von 13687 auf 15083 –, während im gleichen Zeitraum die Zahl der Unselbständigen weiter zunimmt. Die Zunahme beträgt im Reg. Bez. Arnsberg 54% – von 90556 auf 151806 – und im Reg. Bez. Münster 66% – von 26302 auf 43597 –.

Diese Analyse läßt sich noch etwas verfeinern, wenn man die Bestandsgrößen der beiden Regionen in Relation zueinander sieht.

Der Reg. Bez. Münster hat 1875 in Relation zum Reg. Bez. Arnsberg rd. 51% des Bestandes an Betrieben (15065 zu 29763), 1895 rd. 52% (13687 zu 26428) und 1907 rd. 44% (34293 zu 15083). An diesen Relationen ist interessant, daß während der Großen Depression im Reg. Bez. Arnsberg die Zahl der Betriebe relativ stärker zurückging als im Reg. Bez. Münster. Umgekehrt sieht es in der Aufschwungsphase aus. Der Betriebsbestand wächst von 1895 bis 1907 im Reg. Bez. Arnsberg relativ stärker als im Reg. Bez. Münster. Nicht ganz so deutlich wird diese Entwicklung in den Bestandsveränderungen der Unselbständigen.

1875 hatte der Reg. Bez. Münster rd. 22% des Bestandes an Unselbständigen der Vergleichsregion (8602 zu 38432), 1895 rd. 29% (26302 zu 90556) und 1907 ebenfalls 29% (43597 zu 151806). Bei diesem Vergleich ist interessant, daß während der „Zweiten Weltwirtschaftskrise“ die Zahl der Unselbständigen im Reg. Bez. Münster stärker ansteigt als im Reg. Bez. Arnsberg. In der zweiten Phase – 1895 bis 1907 – verändern sich die Relationen nicht.

Insgesamt läßt sich eine starke Zunahme der Beschäftigung im Handwerk während des gesamten Beobachtungszeitraums feststellen[33].

Berücksichtigt man noch den durchschnittlichen Besatz – abhängig Beschäftigte pro Betrieb –, dann wird eine relativ starke Betriebsgrößenprogression sichtbar[34].

Untersucht man nun die Fluktuation der Betriebe im Wirtschaftsbereich „Handwerk“ dann sind es vorwiegend zwei Gründe, die in der ersten Beobachtungsphase (1875–95) zu einem Rückgang der Betriebe geführt haben. Einmal ist festzustellen, daß das Handwerk im Reg. Bez. Arnsberg hauptsächlich die Alleinbetriebe verliert. Es sind die Einmannbetriebe der Flickhandwerker, die im Verlauf der Entwicklung zu Grenzbetrieben geworden sind – häufig schon Grenzbetriebe waren – und aus dem Markt verschwinden. So sind z.B. von 314 Maurer- und Zimmerhandwerker

[33] Beschäftigung bezieht sich hier auf die Zunahme der im Handwerk Beschäftigten, während die Besatzziffern auf den durchschnittlichen Beschäftigtenbesatz pro Betrieb hinweisen.
[34] Vgl. Tabelle Nr. III, S. 53f.

im Stadtkreis Hamm zu Beginn unserer Beobachtung (1870–75) 244 sogenannte Flickhandwerker[35].

Der Anteil der Alleinbetriebe am gesamthandwerklichen Betriebsbestand ist allerdings regional sehr unterschiedlich. In den Landkreisen Wittgenstein, Lippstadt und auch Hamm ist der Anteil relativ hoch, während er in den Industriebezirken verhältnismäßig niedrig ist.

Der Rückgang dieser kleinen Betriebe ist in erster Linie auf ihre Marktschwäche zurückzuführen. Die Flickhandwerker sind nicht in der Lage größere Aufträge der Kunden auszuführen und andererseits werden diese Betriebe auch von den Kunden gemieden[36]. So klagen die Dorstfelder Handwerker, daß die ortsansässigen Bürger ihre großen Aufträge nach Dortmund vergeben[37]. Das kleine Angebot entspricht im Umfang nicht der konzentrierten Nachfrage. Auf den Rückkoppelungseffekt der konzentrierten Nachfrage wird weiter unten eingegangen.

Schließlich ist auf die Veränderungen der Produktionsstruktur in Handwerk und Industrie hinzuweisen, insbesondere auf die Übernahme der handwerklichen Produktion durch die Industrie, wodurch einige Handwerke ganz oder teilweise ihr Produktionsgebiet verloren. Im Reg. Bez. Arnsberg gehen die Betriebszahlen der Posamentierer, Gerber, Töpfer, Hufschmiede, Böttcher, Korbmacher, Drechsler u.a. zurück. Die „klassischen" Niedergangshandwerke – z.B. Schneider, Schuhmacher, Weber u.a. – zeigen deutliche Zunahmen in der Zahl der Betriebe. Inwieweit zudem die unterschiedliche Einkommensentwicklung im Handwerk und in der Industrie zur Aufgabe der „proletaroiden" Selbständigkeit geführt hat, ist nur sehr schwer nachzuweisen.

Aus den Belegschaftslisten einiger Industriebetriebe kann man unter vorsichtiger Abwägung des Einzelfalles etwa folgende Zu- bzw. Abwanderungsstruktur ablesen[38]:

a) Huf-, Kesselschmiede und Böttcher wandern vornehmlich in die Dampfkesselfabriken ab; Schmiede finden sich allerdings in fast allen Eisengießereien und

[35] Vgl. Statistik des Kreises Hamm, a.a.O., S. 65.

[36] Akten des Amtes Dorstfeld, Protokollbuch der Baudeputation.

[37] ebenda. Vgl. auch die Stellungnahme der Handwerker aus anderen Gemeinden, die ebenfalls auf diese Auftragsvergabe nach außerhalb hinweisen. Diese Feststellungen sind auch für den Reg. Bez. Münster relevant, wenn auch nicht in dem Ausmaße.

Vgl. 50 Jahre Amt Wanne, Wanne 1925, S. 19. „Der Bedarf der geringen Bevölkerung wurde in den umliegenden Städten gedeckt".

Vgl. Mertes, P. H.: Das Werden der Dortmunder Wirtschaft, Dortmund 1940.

S. 15. „Für die weitere Entwicklung blieb es kennzeichnend, daß die Textilindustrie, in der sich die westfälische Flachsrichtung auswirkte, mit der Intensivierung der industriellen Betätigung völlig abgestorben ist. Das ist wesentlich eine Folge der lohnpolitischen Lage gewesen, die mit dem Verschwinden landwirtschaftlicher Betätigung in der Stadt, die bis 1850 noch sehr verbreitet war, zusammenhängt.
Mit dem Eindringen der Schwerindustrie wurde es für die Textilindustrie, die stark von billigen Arbeitskräften abhängig war, immer schwieriger, Arbeitskräfte zu bekommen".

[38] Akten des Stadtarchivs Dortmund, Do k 64, 66: Gewerbliche Anlagen und Dampfkessel 1846–1887, Inspektionsberichte. STAM, Akten der Landratsämter Bochum, Siegen, Hamm.

Maschinenfabriken. In den Reparaturkolonnen der Bergwerke sind ebenfalls Metallhandwerker vertreten.

b) In den Formereien der Metall- und Eisengießereien finden die Drechsler aber auch Tischler und Schreiner neue Arbeitsfelder, da die Formen für Maschinenteile und gehäuse aus Holz angefertigt werden.

c) Die Korbmacher finden z.T. entsprechende Arbeit in den Kinderwagenfabriken, da der Korb des Kinderwagens häufig aus Weide geflochten wird.

d) Die Töpfer finden sich in den Steingut- und Porzellanfabriken, in den Ziegeleien und bei den Ofensetzern.

e) Die Gerber wandern meistens in die Lederfabriken ab.

Soweit der Hinweis auf den Verbleib der Handwerker. In der zweiten Beobachtungsphase von 1895 bis 1907 verläuft die Entwicklung im Reg. Bez. Arnsberg etwas anders. Die Betriebe werden gemessen an den Besatzziffern noch größer, während die Alleinbetriebe weiter verschwinden.

Auch der Betriebsbestand der Kupferschmiede, Feilenhauer, Mühlenbauer, Stellmacher, Tuchmacher, Weber, Gerber, Böttcher und Schuhmacher geht zurück. In systematischer Anordnung läßt sich der strukturveränderte Prozeß, bezogen auf die Region Arnsberg, wie folgt darstellen:

– Beobachtungsphase von 1875 bis 1895 –
– Abnahme der Betriebe und Zunahme der Beschäftigten
– Abnahme des Anteils der Betriebe und Beschäftigten am Gesamtbestand
– Zunahme des durchschnittlichen Besatzes
– Beobachtungsphase von 1895 bis 1907 –
– Zunahme der Betriebe und Beschäftigten
– Relative Konstanz des Anteils der Betriebe und Beschäftigten am Gesamtbestand
– Zunahme des durchschnittlichen Besatzes

Im Reg. Bez. Münster geht die Zahl der Selbständigen bei den Böttchern, Bürstenmachern, Drechslern, Glasern, Goldschmieden, Graveuren, Korbmachern, Mechanikern, Schmieden, Stellmachern, Tischlern und Zimmerern in der Zeit von 1875 bis 1907 z.T. stark zurück. Die Zahl der Selbständigen bleibt im Vergleich 1907 zu 1875 fast konstant.

Die stärkste Bestandszunahme bei den Selbständigen weisen die Bäcker, Maler und Schneider auf. Im Reg. Bez. Arnsberg sind es die Bäcker, Barbiere, Fleischer, Klempner, Maler und Schneider, deren Betriebszahl sich von 1875 bis 1907 beträchtlich vergrößert.

Bei vergleichbarer systematischer Anordnung ergibt sich für den Reg. Bez. Münster folgendes Strukturschema:

– Beobachtungsphase von 1875 bis 1895 –
– Abnahme der Betriebe und Zunahme der Beschäftigten
– Abnahme des Anteils der Betriebe und Beschäftigten am Gesamtbestand
– Zunahme des durchschnittlichen Besatzes
– Beobachtungsphase von 1895 bis 1907 –

- Zunahme der Betriebe und Beschäftigten
- Zunahme der Betriebe und Beschäftigten gemessen am Gesamtbestand
- Zunahme des durchschnittlichen Besatzes

Für die generelle Problematik der Entwicklung des Handwerks unter dem Einfluß der Industrialisierung ist zunächst bemerkenswert, daß das Handwerk im schwächer industrialisierten Reg. Bez. Münster von 1875 bis 1895 weniger stark zurückgeht und danach auch nur sehr langsam wieder wächst.

Im stärker industrialisierten Reg. Bez. Arnsberg ist die Entwicklung genau „umgekehrt". Hier nehmen die Betriebe relativ stärker ab, und von 1895 bis 1907 relativ stark zu.

Da außerdem der durchschnittliche Besatz des handwerklichen Betriebes im Reg. Bez. Arnsberg größer ist als im Reg. Bez. Münster, kann zur weiteren Überprüfung die These formuliert werden, daß das Handwerk die industriellen incentives offenbar aufnimmt und sich in der Betriebsgröße bzw. Kapazität der „gebündelten" Nachfrage der Industrie und agglomerierten Bevölkerung anpaßt.

Die vom Verein für Socialpolitik formulierte These „Das Handwerk findet vornehmlich auf dem Lande noch ausreichende Arbeit" läßt sich offenbar nicht mehr halten. In diesem Zusammenhang sind einige Bemerkungen über die Beschäftigungsstruktur des Handwerks in beiden Regierungsbezirken anzufügen, da die Veränderung der Beschäftigtenzahl bestimmte Implikationen zum Kapitalstock (Investitionen pro Arbeitsplatz) zum Einkommen bzw. Umsatz aufzeigen kann[39].

Die Veränderungen der Beschäftigungsstruktur im „Handwerk" können nachhaltig verursacht worden sein durch:

a) Änderung des Produktionsverfahrens auf Grund technischen Fortschritts
b) Änderung des Produktionsverfahrens auf Grund von strukturellen Veränderungen innerhalb und zwischen verschiedenen Branchen (z.B. Handwerk und Industrie)
c) Änderung des Produktionsverfahrens als Ursache der horizontalen und vertikalen Kapazitätsausweitung.

Die strukturelle Veränderung drückt sich im Handwerk zunächst in einem veränderten Einsatz des Faktors „Arbeit" aus[40].

In beiden Regierungsbezirken nimmt die Zahl der Unselbständigen und der durchschnittliche Besatz pro Handwerksbetrieb ständig zu. Wenn damit also der Fak-

---

[39] Die generelle Problematik der Messung und des Vergleichs von Betriebsgrößen kann hier nicht erörtert werden. Vgl. dazu: Fettel, Joh.: Die Betriebsgröße, in: Betriebsgröße und Unternehmungskonzentration, Berlin 1959, S. 69f. Betriebsgröße wird hier definiert als „Umfang des Gesamteinsatzes an kombinierten Produktionsmitteln".

Vgl. Lücke, Wolfg.: Betriebs- und Unternehmungsgröße, Stuttgart 1967, S. 19. Über weitere Maßgrößen vgl. Lücke, Wolfg., a.a.O., S. 22. Wir beschränken uns hier auf die Messung der „repräsentativen" Produktionsfaktoren, wie sie das handwerkliche Produktionspotential kennzeichnen – nämlich Zahl der Beschäftigten und Höhe des Kapitalstocks.

[40] Hier wird unterstellt, daß die Handwerker sich an verändernde Auftragslagen durch Variation des Faktors „Arbeit" anpassen. Der arbeitssparende technische Fortschritt fällt nicht so sehr in's Gewicht.

toreinsatz erhöht wird, so ist – ceteris – paribus – auch eine Erhöhung des Produktionsausstoßes anzunehmen. Da andererseits der durchschnittliche Kundenkreis je Handwerksbetrieb sich wesentlich erhöht hat, kann gesagt werden, daß die erhöhte Produktion auf eine erhöhte Nachfrage zurückzuführen ist[41].

Bezieht man den technischen Fortschritt in diese Betrachtung mit ein, dann kann von vier möglichen Strukturveränderungen gesprochen werden:

a) durch nachfragebedingte Freisetzung von Arbeit in bezug auf bestimmte Verfahren höherer Ordnung,
b) durch nachfragebedingten Einsatz von Arbeit in bezug auf bestimmte Verfahren höherer Ordnung,
c) durch produktionsbedingte Freisetzung von Arbeit in bezug auf bestimmte Verfahren höherer Ordnung,
d) durch produktionsbedingten Einsatz von Arbeit in bezug auf bestimmte Verfahren höherer Ordnung[42].

Diese Vorklärung führt uns zu einem wichtigen Gesichtspunkt hinsichtlich der Qualität des Faktors „Arbeit".

Wenn neue Verfahren höherer Ordnung eingeführt werden, dann muß sich der Faktor „Arbeit" den Anforderungen dieses neuen Verfahrens anpassen. Die verfahrensbedingte Anpassung des Faktors „Arbeit" setzt aber voraus, daß die erforderlichen „Qualifikationen" der Arbeiter in der gewünschten Weise aktivierbar sind. Bei höheren Anforderungen muß also eine entsprechend bessere Ausbildung einhergehen; wie umgekehrt mehr ungelernte und anzulernende Arbeiter eingestellt werden können[43]. Beide Vorgänge lassen sich mit Hilfe der Betriebs- und Personalstatistik nur indikativ andeuten. Unter der Voraussetzung eines höheren Leistungsanspruchs sind – wenigstens in den entsprechend zugeordneten Handwerken – hauptsächlich gelernte Arbeitskräfte vorzufinden, während eine Reduzierung des Anspruchsniveaus zu einem Anwachsen der un- bzw. angelernten Arbeitskräfte führt. Die personalstatistischen Angaben weisen beide Strukturen auf. Die Verfahren „höherer Ordnung" – z.B. Einführung der Setz- und Heftmaschinen bei den Buchdruckern, der Drehbänke und Werkzeugmaschinen bei den Schlossern etc. – verlangen für bestimmte Arbeitsablaufphasen höhere Qualifikationen (z.B. Einrichten der Maschinen) und für andere Phasen „niedrigere" (z.B. Belieferung der Maschinen) Fertigkeiten. Entsprechend dieser Beobachtung kann in den Betrieben sowohl die Zahl der Gelernten als auch die der Ungelernten zunehmen. Ein Vergleich der Beschäftigtenzahlen in verschiedenen Handwerken (z.B. Buchdrucker, Zimmerer, Maurer, Schlosser etc.) verdeutlicht diese Entwicklung.

---

41 Der durchschnittliche Kundenkreis errechnet sich aus Gesamtbevölkerung des Regierungsbezirks dividiert durch die Zahl der Betriebe.

42 Eder, R.: Volkswirtschaftliche Theorie des technischen Fortschritts, Berlin 1967, S. 127.

43 Hinsichtlich des Ausbildungsstandes vgl. „Vom Bildungswesen zum Leistungswissen", S. 191.

Tab. III: Entwicklung des Handwerksbestandes in beiden Regierungsbezirken

HANDWERK	JAHR	RG. ARNSBERG SELBST.	UNSELB.	BESATZ	RG. MUENSTER SELBST.	UNSELB.	BESATZ
BAECKER	1875	2551	1624	0.64	959	600	0.63
	1895	2906	4061	1.40	965	1488	1.54
	1907	3844	6348	1.65	1308	2357	1.80
BARBIERE	1875	290	101	0.35	181	27	0.15
	1895	631	648	1.03	225	162	0.72
	1907	1247	1318	1.06	404	420	1.04
BOETTCHER	1875	372	208	0.56	498	164	0.33
	1895	207	642	3.10	281	176	0.63
	1907	133	608	4.57	174	153	0.88
BUCHBINDER	1875	324	183	0.56	152	67	0.44
	1895	296	640	2.16	128	288	2.25
	1907	309	1040	3.37	140	308	2.20
BUCHDRUCKER	1875	99	539	5.44	35	220	6.29
	1895	138	1185	8.59	38	402	10.58
	1907	266	2166	8.14	61	693	11.36
BUERSTENMACHER	1875	73	71	0.97	48	47	0.98
	1895	77	186	2.42	31	48	1.55
	1907	75	258	3.44	26	30	1.15
DACHDECKER	1875	434	281	0.65	54	23	0.43
	1895	443	760	1.72	80	165	2.06
	1907	491	1194	2.43	116	300	2.59
DRECHSLER	1875	466	220	0.47	378	174	0.46
	1895	305	472	1.55	185	136	0.74
	1907	244	555	2.27	136	195	1.43

		RG. ARNSBERG			RG. MUENSTER		
HANDWERK	JAHR	SELBST.	UNSELB.	BESATZ	SELBST.	UNSELB.	BESATZ
FLEISCHER	1875	1156	654	0.57	637	236	0.37
	1895	1493	2156	1.44	505	593	1.17
	1907	1923	3368	1.75	677	1008	1.49
GLASER	1875	90	60	0.67	121	81	0.67
	1895	17	17	1.00	9	23	2.56
	1907	31	85	2.74	13	24	1.85
GOLDSCHMIEDE	1875	62	62	1.00	77	45	0.58
	1895	59	114	1.93	60	48	0.80
	1907	39	111	2.85	36	46	1.28
GRAVEURE	1875	66	105	1.59	40	101	2.52
	1895	207	614	2.97	22	34	1.55
	1907	235	830	3.53	23	52	2.26
INSTRUMENTENMACHER	1875	18	2	0.11	3	4	1.33
	1895	78	115	1.47	28	33	1.18
	1907	45	203	4.51	25	58	2.32
KLEMPNER	1875	394	406	1.03	113	168	1.49
	1895	543	1481	2.73	158	283	1.79
	1907	687	2486	3.62	233	593	2.55
KORBMACHER	1875	240	22	0.09	205	99	0.48
	1895	199	90	0.45	86	45	0.52
	1907	143	114	0.80	69	51	0.74
KUERSCHNER	1875	77	84	1.09	20	13	0.65
	1895	88	86	0.98	32	26	0.81
	1907	81	123	1.52	35	47	1.34

HANDWERK	JAHR	RG. ARNSBERG SELBST.	RG. ARNSBERG UNSELB.	RG. ARNSBERG BESATZ	RG. MUENSTER SELBST.	RG. MUENSTER UNSELB.	RG. MUENSTER BESATZ
MALER	1875	918	834	0.91	416	168	0.40
	1895	1534	3383	2.21	700	1196	1.71
	1907	2138	[illegible]	2.95	1011	2297	2.27
MAURER	1875	2584	4132	1.60	1372	738	0.54
	1895	2156	24825	11.51	1284	9090	7.08
	1907	2626	46463	17.69	1309	16045	12.26
MECHANIKER	1875	305	5562	18.24	104	604	5.81
	1895	250	4165	16.66	57	233	4.09
	1907	537	18508	34.47	98	1564	15.96
METALLGIESSER	1875	221	5243	23.72	11	15	1.36
	1895	85	1237	14.55	15	20	1.33
	1907	57	651	11.42	10	20	2.00
OFENSETZER	1875	4	0	0.0	6	1	0.17
	1895	14	28	2.00	14	7	0.50
	1907	11	59	5.36	20	16	0.80
PHOTOGRAPHEN	1875	52	19	0.37	16	12	0.75
	1895	81	79	0.98	23	30	1.30
	1907	148	141	0.95	55	45	0.82
SATTLER	1875	500	341	0.68	200	121	0.60
	1895	615	965	1.57	247	229	0.93
	1907	672	1282	1.91	293	333	1.14
SCHLOSSER	1875	1349	2583	1.91	114	152	1.33
	1895	1014	16755	16.52	170	1281	7.54
	1907	985	23512	23.87	206	2890	14.03
SCHMIEDE	1875	1797	5110	2.84	904	755	0.84
	1895	1379	5967	4.33	743	1498	2.02
	1907	1219	7300	5.99	653	2036	3.12

HANDWERK	JAHR	RG. ARNSBERG SELBST.	RG. ARNSBERG UNSELB.	RG. ARNSBERG BESATZ	RG. MUENSTER SELBST.	RG. MUENSTER UNSELB.	RG. MUENSTER BESATZ
SCHNEIDER	1875	3907	1721	0.44	2352	903	0.38
	1895	4470	4610	1.03	2403	2345	0.98
	1907	6413	7627	1.19	3122	3230	1.03
SCHORNSTEINFEGER	1875	88	39	0.44	68	16	0.24
	1895	103	106	1.03	58	54	0.93
	1907	115	125	1.09	70	56	0.80
SCHUHMACHER	1875	4851	2346	0.48	1946	988	0.51
	1895	5235	3790	0.72	1908	1597	0.84
	1907	4759	3325	0.70	1950	1639	0.84
STELLMACHER	1875	861	1770	2.06	331	200	0.60
	1895	809	841	1.04	237	232	0.98
	1907	690	1396	2.02	201	269	1.34
TAPEZIERER	1875	55	115	2.09	23	30	1.30
	1895	74	238	3.22	19	52	2.74
	1907	197	627	3.18	55	122	2.22
TISCHLER	1875	3908	2647	0.68	1903	1101	0.58
	1895	3199	7490	2.34	1926	3008	1.56
	1907	2952	10172	3.45	1731	4804	2.78
UHRMACHER	1875	297	188	0.63	155	70	0.45
	1895	390	305	0.78	211	121	0.57
	1907	465	350	0.75	245	162	0.66
XYLOGRAPHEN	1875	2	2	1.00	1	2	2.00
	1895	1	5	5.00	1	4	4.00
	1907	3	3	1.00	2	3	1.50
ZIMMERER	1875	1352	1158	0.86	1622	657	0.41
	1895	698	2500	4.11	838	1355	1.62
	1907	513	3152	6.14	576	1731	3.01

Anmerkung zu der vorangestellten Tabelle:

Die Auswahl dieser „strategischen" Handwerke erfolgte vornehmlich unter dem Gesichtspunkt der Quellenlage. Neben der Betriebs- und Beschäftigtenstatistik mußten entsprechende Daten für den Kapitalstock, Umsatz, Einkommen der Selbständigen und Abhängigen mobilisierbar sein. Nur wenn die Quellenlage diese Daten hergab, wurden die Handwerke in diese Auswahlliste aufgenommen. Andererseits sollen die ausgewählten Handwerke möglichst genau den Trend der Entwicklung aufzeigen. Die alte auf Grund personalstatistischer Analyse getroffene Unterscheidung nach wachsenden, schrumpfenden und stagnierenden Handwerken reicht für eine differenzierte Betrachtung nicht mehr aus, da die Zahl der Betriebe und Beschäftigten keine genauen Hinweise auf das Einkommen, den Kapitalstock und den Umsatz zuläßt. Wünschenswert wäre allerdings noch die Einbeziehung der Gerber, Elektriker, Seifensieder, Weber u.a. gewesen. Man kann vielleicht insofern darauf verzichten, da die Entwicklung der Gerber, Seifensieder und Weber durch die Entwicklung der Böttcher, Sattler, Drechsler, Stellmacher und Schneider verdeutlicht wird. Die Entwicklung des Elektrohandwerks wird annähernd durch die Entwicklung der Schlosser, Graveure, Klempner und Mechaniker aufgezeigt. Schließlich wollten wir auf das konditionierte Handwerk (z.B. Apotheker und Schornsteinfeger) nicht verzichten, indem wir die Schornsteinfeger mit einbezogen.

Es darf aber auch darauf hingewiesen werden, daß die Erfassung sämtlicher Handwerksbranchen die Übersichtlichkeit der Arbeit stark beeinträchtigt hätte.

b) Veränderung des handwerklichen Kapitalstocks[44]

Für die Beurteilung der wirtschaftlichen Verfassung des Handwerks und des handwerklichen Produktionspotentials erscheint es uns sinnvoll und notwendig, auch auf die Entwicklung des Kapitalstocks einzugehen. Die handwerksgeschichtliche Forschung sah sich bisher aber außerstande, Kapitalstockdaten zu mobilisieren, die ein genaueres Bild über die wirtschaftliche Entwicklung des Handwerks abgegeben hätten. Hinzu kommt noch, daß die statistischen Erhebungen jeweils „Handwerk und

---

[44] Der hier verwendete Kapitalstockbegriff ist definiert als Bestand an produzierten Produktionsmitteln, d.h. daß das Bodenkapital hier nicht zum Kapitalstock gerechnet wird.

Vgl. auch Klement, D.: Strukturwandlungen des Kapitalstocks nach Anlagearten seit der Mitte des 19. Jahrhunderts, Tübingen 1967, S. 3.

Zur Problematik der Sachkapitalbildung im 19. Jahrhundert siehe auch: Borchardt, K.: Zur Frage des Kapitalmangels in der ersten Hälfte des 19. Jahrhunderts in Deutschland, in: Jahrbuch für Nationalökonomie und Statistik, Band 173 (1961), S. 409ff. Hoffmann, W. G. und Mitarbeiter: Wachstum der deutschen Wirtschaft ..., a.a.O., S. 215ff.

Tilly, R.: Kapitalbildung und Finanzierungsprobleme in Deutschland, 1815–1913, Vortrag im Rahmen des Schwerpunktprogramms Bochum vom 20. November 1967.

Fischer, W.: Industrialisierung in Baden, a.a.O., S. 285, S. 302ff.

Pollard, S.: Fixed Capital in the Industrial Revolution, in: Yearbook of Economic History, Band XXIV, 1964.

Industrie“ als eine Erhebungseinheit auffaßten, so daß beide Bereiche sehr schwer voneinander zu trennen waren.

Mit Hilfe der mikroökonomischen Daten sollen die langfristigen Veränderungen des handwerklichen Kapitalstocks dargestellt werden.

Die aus den Quellen gewonnenen und kritisch überprüften Daten werden auf Durchschnittswerte – durchschnittlicher Kapitalstock je Betrieb und Branche – umgerechnet.

Dieses Verfahren ist nicht ganz unproblematisch, da die zufällige Streuung der Daten das zu quantifizierende Bild erheblich beeinträchtigen kann. Wir haben deshalb versucht aus möglichst allen Landkreisen und Städten Daten zu bekommen um die regionale Zufälligkeit etwas auszuschalten.

Gleichzeitig konnten einige Daten aus den Zwangsversteigerungsakten und Konkursmitteilungen übernommen und andere Daten daran überprüft werden. Zu den verschiedenen Wertansätzen, die man gemeinhin zur Berechnung des Kapitalstocks anwendet, sind im Hinblick auf den handwerklichen Kapitalstock einige Anmerkungen zu machen:

- Der Kapitalstock zu Anschaffungspreisen enthält die einzelnen Kapitalgüter zu dem Preis, zu dem sie ursprünglich angeschafft wurden.
- Beim Kapitalstock zu laufenden Preisen werden die Kapitalgüter zu den Preisen bewertet, die sie in dem Zeitpunkt haben, auf den sich die Schätzung bezieht.
- Den Kapitalstock zu konstanten Preisen erhält man, wenn man die Kapitalgüter mit den Preisen eines Basisjahres multipliziert[45].

Insgesamt gesehen wird es darauf hinauslaufen, daß die Anlagen zu Anschaffungspreisen, korrigiert um die Abnutzungen, und die Vorräte zu laufenden Preisen, vielleicht auch mit dem Durchschnittspreis der letzten zwei oder gar drei Jahre, bewertet werden[46].

Um die Vergleichbarkeit der Kapitalstockdaten einigermaßen zu gewährleisten, war es notwendig, die handwerklichen Kapitalgüter in Preise von 1907 umzurechnen. Die enormen methodologischen Schwierigkeiten wurden dadurch gemildert, daß wir von den wichtigsten Handwerksmaschinen die Anschaffungspreise ermittelten und zu einem Preisindex umrechneten.

Dieser Preisindex wurde dann mit dem Hoffmann-Index verglichen. Dabei stellte sich heraus, daß unser Preisindex mit dem Preisindex für gewerbliche Anlagen und Vorräte nicht übereinstimmte[47].

Auch mit dem Index der abgeleiteten Dampfmaschinenpreise fand sich keine Übereinstimmung[48].

Wohl aber stimmte unser Index mit dem Index der Eisenpreise überein, den Hoffmann nach den Angaben von Jacobs und Richter berechnete. Bei diesen Berech-

---

[45] Vgl. Hoffmann, W. G., Wachstum der deutschen Wirtschaft, a.a.O., S. 215.

[46] ebenda, a.a.O., S. 240.

[47] ebenda, a.a.O., S. 569. [48] ebenda, a.a.O., S. 572.

nungen konnte festgestellt werden, daß die Preise für Handwerkszeug und Handwerksmaschinen sich fast parallel den Eisenpreisen bewegten.

Die gewünschte Aufteilung des Kapitalstocks nach Anlagearten war nicht möglich, da z.B. nur wenige Angaben über die Vorräte vorliegen.

Unter Berücksichtigung der kritischen Einwände können einige generelle Trendbewegungen des Kapitalstocks nachgezeichnet werden[49].

Der durchschnittliche Kapitalstock der ausgewählten Handwerke weist um 1875 kaum regionale Unterschiede auf[50].

Im Regierungsbezirk Arnsberg sind im Durchschnitt der 34 Handwerke etwa 1529,– Mark und im Regierungsbezirk Münster 1425, – Mark Sachkapital vorhanden. Im Jahre 1895 sind durchschnittlich im Regierungsbezirk Arnsberg 3228,– Mark und im Regierungsbezirk Münster 2716,– Mark in handwerklichen Betrieben investiert. Auch hier ist der Unterschied zwischen den beiden Regionen nicht sehr groß. Erst von 1895 bis 1907 werden die Unterschiede bedeutsamer.

Im Regierungsbezirk Arnsberg steigt der Kapitalstock auf 7184,– Mark und im Regierungsbezirk Münster auf 5214,– Mark im Durchschnitt aller strategischen Handwerke.

Der Kapitalstock nimmt in der Mehrzahl der Branchen im Regierungsbezirk Arnsberg stärker zu als im Regierungsbezirk Münster.

Von 1875 bis 1895 zeigen nur die Drechsler und Ofensetzer und von 1895 bis 1907 die Barbiere, Böttcher und Bürstenmacher im Regierungsbezirk Münster höhere Wachstumsraten.

Der höhere Kapitalstock und die größeren Wachstumsraten weisen daraufhin, daß die Anlagen der Handwerker im Regierungsbezirk Arnsberg im Durchschnitt jünger sind. Der im Durchschnitt jüngere Kapitalstock dürfte damit stärker technischen Fortschritt realisieren und zugleich eine höhere Kapitalproduktivität haben.

---

[49] Bei der weiteren Interpretation der mikroökonomischen Daten stellt sich zwangsläufig die Frage nach der Einbeziehung der Abschreibungen.

Unter Berücksichtigung des unterschiedlichen technischen Fortschritts wird man mindestens eine lineare Abschreibung berücksichtigen müssen. Wenn hier trotzdem auf eine entsprechende „Korrektur" durch einen irgendwie der Realität angenäherten Abschreibungsfaktor verzichtet wird, so hat dies folgende Gründe:

a) Die hier angegebenen Daten sind größtenteils durch Selbsteinschätzungen der Handwerker und durch Einschätzung der Steuerbehörden und Revisionskommissionen entstanden.
b) Bei der Verwendung der badischen Steuerstatistik unterstellt Hoffmann das sogenannte Teilwertprinzip (ebenda, S. 239f.). Dieses Teilwertprinzip gilt auch für die beiden Regierungsbezirke.
c) Die jeweils durch Einschätzung gewonnenen Daten stellen also den Kapitalstock zu Anschaffunspreisen dar, der um die jeweilige Abnutzung korrigiert wurde.
d) Auf diese Weise erhalten wir weiterhin die Möglichkeit, die von Hoffmann und uns erstellten Werte zu vergleichen. Wir schließen uns dabei der Hoffmannschen Aussage an, „daß die Ermittlung des Wertes der gewerblichen Anlagen in der angegebenen Art problematisch bleibt und niemals mehr als eine Darstellung der ungefähren Entwicklung sein kann". (ebenda, S. 240).

[50] Der durchschnittliche Kapitalstock bezieht sich hier auf die strategischen Handwerke insgesamt. Vgl. Tabelle Nr. 4.

Tab. IV: Die Entwicklung des Kapitalstocks in den Regierungsbezirken Münster und Arnsberg[51]

Die Entwicklung des Kapitalstocks im Regierungsbezirk Arnsberg von 1875 - 1907

Handwerk	1875	1895	1907	Zahl der Nennungen p.a.[52]	Bemerkungen
Bäcker	2900,-	4316,-	14103,-	24	
Barbiere	256.-	1090,	1186,-	16	
Böttcher	200,-	490,-	1360,-	8	Industriezulieferung
Buchbinder	1490,-	5109.-	11000,-	9	
Buchdrucker	3960,-	7350,-	23890,-	36	
Bürstenmacher	409,-	1104,-	11673,-	14	Zulieferer f. Handwerk und Industrie
Dachdecker	840,-	3040,-	4190,-	7	
Drechsler	500,-	940.-	1106,-	5	
Fleischer	7240,-	9310,-	17850,-	6	
Glaser	710,-	905,-	2360,-	11	
Goldschmiede	956,-	1406,-	2940,-	10	
Graveure	1140,-	2090,-	3111,-	5	
Instrumentenmacher	910,-	2500,-	3640,-	8	
Klempner	905,-	2640,-	4002,-	15	
Korbmacher	190.-	906,-	3401,-	12	
Kürschner	400,-	802,-	1250,-	5	
Maler	400,-	710.-	1236,-	27	
Maurer	6000,-	9460,-	22813,-	36	
Mechaniker	970.-	3116,-	11536,-	12	Zulieferer
Metallgießer	1130,-	1610,-	3005,-	4	
Ofensetzer	412,-	1516,-	1829,-	4	
Photographen	700,-	960,-	1310,-	10	
Sattler	850.-	3300,-	9940,-	10	
Schlosser	4210,-	9000,-	23816,-	12	
Schmiede	2040,-	3160,-	9510,-	26	
Schneider	130,-	290,-	510,-	48	
Schornsteinfeger	120,_	210,-	350,-	5	
Schuhmacher	120,-	900,-	2630,-	38	
Stellmacher	960,-	1560,-	4210,-	20	
Tapezierer	160 -	320,-	540,-	10	
Tischler	2905 -	6310,-	15890,-	22	
Uhrmacher	890,-	1200,-	2410,-	10	
Xylographen	800,-	1360,-	2720,-	5	
Zimmerer	6310,-	20800,-	22950,-	14	

[51] Die angegebenen Daten sind Durchschnittswerte (in Mark) pro Betrieb.

[52] per anno.

Die Entwicklung des Kapitalstocks im Regierungsbezirk Münster von 1875 - 1907

Handwerk	1875	1885[53]	1907	Zahl der Nennungen p.a.[52]	Bemerkungen
Bäcker	2880,-	3933,-	9002,-	18	incl. Konditoren
Barbiere	280,-	976,-	998,-	12	
Böttcher	190,-	450,-	690,-	7	
Buchbinder	1560,-	4340,-	8188,-	5	
Buchdrucker	4380,-	9272,-	22470,-	58	
Bürstenmacher	360,-	810,-	2050,-	6	
Dachdecker	620,-	2510,-	3160,-	5	
Drechsler	430,-	623,-	914,-	7	
Fleischer	7288,-	8805,-	15569,-	26	
Glaser	690,-	893,-	1960,-	14	
Goldschmiede	956,-	1312,-	2109,-	7	
Graveure	930,-	1260,-	1653,-	4	
Instrumentenmacher	895,-	2420,-	3115,-	3	
Klempner	860,-	2140,-	3209,-	17	
Korbmacher	210,-	986,-	2540,-	7	Aufstieg zur Fabrik
Kürschner	309,-	786,-	1244,-	5	
Maler	422,-	690,-	986,-	12	
Maurer	2890,-	6930,-	12412,-	17	
Mechaniker	986,-	2511,-	7314,-	8	später mechan. Werkstätt.
Metallgießer	940,-	1211,-	2336,-	4	
Ofensetzer	360,-	714,-	1203,-	5	
Photographen	690,-	877,-	1306,-	7	
Sattler	673,-	1800,-	6373,-	15	
Schlosser	4200,-	8700,-	17963,-	14	incl. Bauschlosserei
Schmiede	2080,-	4250,-	7623,-	11	
Schneider	150,-	300,-	480,-	26	
Schornsteinfeger	120,-	210,-	346,-	5	
Schuhmacher	110,-	800,-	1316,-	33	
Stellmacher	890,-	1376,-	3460,-	14	Wagenbau
Tapezierer	150,-	316,-	512,-	7	
Tischler	2890,-	5000,-	12300,-	14	
Uhrmacher	950,-	1360,-	1945,-	10	
Xylographen	814,-	1511,-	1923,-	4	
Zimmerer	6311,-	12300,-	18639,-	10	

[53] Corrigenda: 1895.

Auf die funktionsbedingten Wachstumsbegrenzungen der handwerklichen Betriebe – z.B. bedingt durch die begrenzten Absatz- und Investitionsmöglichkeiten, durch die geringeren Substitutionsmöglichkeiten der Produktionsfaktoren – wird weiter unten eingegangen.

c) Entwicklung der Kapitalintensität und Auslastungsgrad des handwerklichen Kapitalstocks

Die Kapitalintensität drückt aus, wieviel Kapital pro Beschäftigten in der jeweiligen Handwerksbranche investiert worden ist. Tabelle 5 gibt darüber Aufschluß. Die durchschnittliche Kapitalintensität aller 34 Handwerke liegt 1875 im Reg. Bez. Münster bei 804,– Mark (im Reg. Bez. Arnsberg bei 736,– Mark) und 1895 bei 887,– Mark (im Reg. Bez. Arnsberg bei 817,– Mark) und damit zu den beiden Vergleichszeitpunkten über dem Durchschnitt des stärker industrialisierten Reg. Bez. Arnsberg. 1907 ist die durchschnittliche Kapitalintensität im Reg. Bez. Arnsberg auf 1463,– Mark und im Reg. Bez. Münster auf 1334,– Mark gestiegen. Während die durchschnittliche Kapitalintensität in beiden Reg. Bez. in der ersten Periode von 1875 bis 1895 jeweils um 11% stieg, ist in der zweiten Periode von 1895 bis 1907 im Reg. Bez. Münster ein Anstieg von 50% und im Reg. Bez. Arnsberg von 79% festzustellen.

Insgesamt weisen die Handwerksbetriebe im Reg. Bez. Münster 1875 und 1895 eine durchschnittlich höhere Kapitalintensität auf, während 1907 die Kapitalintensität im Reg. Bez. Arnsberg im Durchschnitt höher liegt.

Diese unterschiedliche Entwicklung soll hier auf drei Faktoren zurückgeführt werden:
- technisches Wissen und unterschiedlicher Technisierungsgrad in den Betrieben,
- unterschiedlicher Arbeitseinsatz,
- unterschiedliche Ausnutzung des Kapitalstocks.

Da die Regierungsbezirke aneinandergrenzen, kann man davon ausgehen, daß das technische Wissen in beiden Regierungsbezirken annähernd gleich ist. Die Realisierung des technischen Wissens und die damit verbundene Anhebung des Technisierungsgrades kann sich jedoch unterschiedlich entwickeln. Trotz schneller wachsendem Kapitalstock im Regierungsbezirk Arnsberg ist die Kapitalintensität in der Mehrzahl der Branchen im Regierungsbezirk Münster höher.

Diese Entwicklung läßt sich ausschließlich auf den unterschiedlichen Einsatz des Produktionsfaktors „Arbeit“ pro Kapitaleinheit zurückführen.

Die geringere Zunahme des Arbeitseinsatzes im Regierungsbezirk Münster bei stärker zunehmender Kapitalintensität bedeutet entweder Realisierung arbeitssparenden technischen Fortschritts oder nicht vollausgelasteten Kapitalstock (Leer- oder Überkapazitäten).

Die Realisierung von arbeitssparendem technischen Fortschritts hätte im Regierungsbezirk Münster einen stärkeren Anstieg des Kapitalstocks zur Folge gehabt. Diese

Tab. V

KAPITALINTENSITAET						
	RG. ARNSBERG			RG. MUENSTER		
HANDWERK	1875	1895	1907	1875	1895	1907
BAECKER	1772.	1800.	5319.	1772.	1547.	3213.
BARBIERE	190.	538.	574.	244.	562.	489.
BOETTCHER	128.	119.	244.	143.	277.	367.
BUCHBINDER	952.	1616.	2520.	1083.	1335.	2559.
BUCHDRUCKER	614.	767.	2613.	601.	801.	1818.
BUERSTENMACHER	207.	323.	2629.	182.	318.	952.
DACHDECKER	510.	1119.	1221.	435.	820.	881.
DRECHSLER	340.	369.	338.	294.	359.	376.
FLEISCHER	4624.	3809.	6488.	5318.	4050.	6255.
GLASER	426.	452.	631.	413.	251.	689.
GOLDSCHMIEDE	478.	480.	764.	603.	729.	926.
GRAVEURE	440.	527.	686.	264.	495.	507.
INSTRUMENTENMACHER	819.	1010.	660.	384.	1111.	938.
KLEMPNER	446.	708.	866.	346.	767.	905.
KORBMACHER	174.	624.	1892.	142.	647.	1460.
KUERSCHNER	191.	406.	496.	187.	434.	531.
MALER	210.	222.	313.	301.	255.	301.
MAURER	2309.	756.	1220.	1879.	858.	936.
MECHANIKER	50.	176.	325.	145.	494.	431.
METALLGIESSER	46.	104.	242.	398.	519.	779.
OFENSETZER	412.	505.	287.	309.	476.	668.
PHOTOGRAPHEN	513.	486.	671.	394.	381.	718.
SATTLER	505.	1284.	3418.	419.	934.	2983.
SCHLOSSER	1444.	514.	958.	1800.	1019.	1195.
SCHMIEDE	531.	593.	1361.	1133.	1409.	1851.
SCHNEIDER	90.	143.	233.	108.	152.	236.
SCHORNSTEINFEGER	83.	103.	168.	97.	109.	192.
SCHUHMACHER	81.	522.	1548.	73.	435.	715.
STELLMACHER	314.	765.	1393.	555.	695.	1480.
TAPEZIERER	52.	76.	129.	65.	85.	159.
TISCHLER	1732.	1888.	3574.	1831.	1952.	3258.
UHRMACHER	545.	673.	1375.	654.	864.	1171.
XYLOGRAPHEN	400.	227.	1360.	271.	302.	769.
ZIMMERER	3399.	4069.	3212.	4492.	4700.	4654.

Möglichkeit wird aber durch die Entwicklung der Kapitalstockdaten im Regierungsbezirk Münster widerlegt.

Der höhere Kapitaleinsatz pro Arbeitseinheit und die damit verbundene relativ höhere Kapitalintensität läßt auf nicht voll ausgelastete Kapazitäten im Regierungsbezirk Münster schließen. Der Hauptgrund für diese Entwicklung liegt in dem kleineren durchschnittlichen Kundenkreis pro Betrieb und der daraus resultierenden geringeren Nachfrage. Die regional differierende wirtschaftliche Entwicklung deutet ebenfalls auf diesen Zusammenhang hin.

Das Wachstums der Handwerke – auch vom durchschnittlichen Besatz her – war im Regierungsbezirk Arnsberg ausgeprägter als im Regierungsbezirk Münster. Dieser stärker fortschreitende Industrialisierungsprozeß ist eine Folge der funktionalen Beziehung zwischen der Zunahme der Nachfrage – hier durch steigende Umsätze verdeutlicht – und den hierdurch induzierten Investitionen, die den Kapitalstock erhöhen[54].

Die Nachfragesteigerung und die damit zusammenhängenden wachsenden Einkommen der Handwerker lassen sich teilweise auch auf die stärkere Bevölkerungszunahme im Regierungsbezirk Arnsberg zurückführen. Im Regierungsbezirk Münster dagegen sind die Zukunftserwartungen der Handwerker auf Grund der geringeren Nachfrage und der geringeren Umsätze pessimistischer. Damit ist aber die unterschiedliche Höhe des Kapitalkoeffizienten in den beiden Regierungsbezirken noch nicht hinreichend erklärt[55].

Wir müssen hier auf einen Zusammenhang aufmerksam machen, der sich auf die Struktur des Realkapitals bezieht. Die in der Regel kleinbetrieblich organisierte Leistungserstellung des Handwerks verlangt entsprechend dimensionierte Maschinen. Die nicht immer für den kleinbetrieblichen Zweck mögliche Teilbarkeit des Kapitals – die Handwerker klagen zum Beispiel häufig über die zu große Kapazität der Maschinen – führt besonders bei der geringeren Nachfrage im Regierungsbezirk Münster zu den schon oben erwähnten nicht voll ausgelasteten handwerklichen Anlagen. Ungenutzte Kapazitäten erhöhen aber den Kapitalkoeffizienten bzw. verringern die Kapitalproduktivität[56]. Die vorliegenden Daten bestätigen diese Ergebnisse. In der Mehrzahl der münsterschen Handwerksbetriebe läßt sich ein höherer Kapitalkoeffizient feststellen, insbesondere im Jahre 1907.

Das oben angedeutete „Schwellenproblem" der handwerklichen Anlagen soll hier an einigen Beispielen erläutert werden.

„Solange man nur Spezialmaschinen zur Überwindung irgendwelcher gigantischer Abmessungen baute, war zwischen Handwerk und Industrie ein eigentlicher Wettbewerb nicht vorhanden, erst als Spezialmaschinen für Massenartikel konstruiert

---

[54] Harrod hat diese „verhaltungsmäßige Beziehung zwischen dem Wachstum der Nachfrage und damit auch der laufenden Produktion einerseits und der Kapitalbildung andererseits" herausgestellt. Vgl. Hirschmann, A.O.: a.a.O., S. 28.

[55] Vgl. Quellenanhang S. 232. Tab. Nr. 3.

[56] Vgl.: Hoffmann, W. G.: Wachstum der deutschen Wirtschaft, a.a.O., S. 48f.

wurden, trat die erschreckende Tatsache zutage, daß das Handwerk der Industrie nachhinkte"[57].

Diese Klagen des Handwerks wegen zu großer Dimensionierung der Maschinen beziehen sich in erster Linie auf die Antriebs- und später auf die Werkzeugmaschinen.

Die erfolgreiche Verwendung der Dampfmaschinen als Antriebskraft konzentrierte sich auf Betriebe, die nach Art ihrer technischen Ausstattungen kaum mit dem Handwerk vergleichbar sind[58]. Für das Handwerk war aber diese Antriebskraft wegen der zu großen Kapazität nicht geeignet. Erst mit der Einführung des elektrischen Kleinmotors erhielt das Handwerk ein Antriebsaggregat, das dem Rahmen des Handwerks entsprach. Die dem Handwerk adäquate Antriebskraft konnte zunächst nicht verwendet werden, da die geeigneten Werkzeugmaschinen fehlten. Der Handwerker „begnügte sich einfach damit, die für industrielle Zwecke gebauten Maschinen in Handwerksstätten aufzustellen. Der Handwerker kaufte die zu schwere Drehbank, die weniger geeignete „Spezialmaschine" und damit auch den zu starken Motor"[59]. Der Kapazitätseffekt maschineller Anlagen übersteigt den handwerklichen Produktionsumfang erheblich.

„Unter Zugrundelegung einer auf das Notwendigste beschränkten maschinellen Einrichtung sind die Maschinen in der Bauschreinerei erst bei 20, in der Möbelschreinerei gar erst bei 70 Arbeitern bis zum Sättigungspunkt beschäftigt"[60]. Die durchschnittliche Zahl der Beschäftigten (Besatz) pro Schreinerei bzw. Tischlereibetrieb

---

[57] Herig, F.: Das deutsche Handwerk, Leipzig 1925, S. 79.

[58] Eine mit Dampfkraft betriebene Tischlerei mit folgenden Anlagen:

	Preis M.	Maximaler Kraftbedarf
1 Pendelsäge	250	3
1 Bandsäge	550	3
1 Kreissäge	550	3
1 Universalabrichtmaschine	850	3
1 Walzenhobelmaschine	1000	4
1 Vierseitige Kehlmaschine	2000	8
1 Langlochbohrmaschine	450	2
1 Tischfräse	750	3
1 Hobelmesserschleifapparat	350	2
2 Kehlmesser	250	1
1 Lötapparat für Bandsäge	20	–
1 Gehrungssäge	80	–
Transmission, Riemen und Montage	2000	–
30 PS Dampfmaschinenanlage	18000	–
Zusammen:	27050	32

müßte zur vollen Ausnutzung 11 Maschinenarbeiter und 40 Tischler einstellen.

Vgl. dazu Bauer, K.: Die sozialpolitische Bedeutung der Kleinkraftmaschinen, Altena 1907, S. 76.

[59] Herig, F.: Die Entwicklung der Handwerkstechnik, a.a.O., S. 79.

[60] Bauer, K.: Die sozialpolitische Bedeutung der Kleinkraftmaschinen, a.a.O., S. 76.

betrug 1907 im Regierungsbezirk Arnsberg 3,45 und im Regierungsbezirk Münster 2,78.

Die Investitionen der Handwerker mußten bei dem vorgegebenen Leistungsquerschnitt der Maschinen zumindest zu partiellen Überkapazitäten führen. Die Kapitalintensität der Betriebe wurde damit beträchtlich erhöht, während andererseits die entsprechende Nachfrage nach handwerklichen Leistungen fehlte. Der Auslastungsgrad des Kapitalstocks ist demnach im Regierungsbezirk Münster niedriger gewesen, da die Kapitalintensität und der Kapitalkoeffizient höher sind als im Regierungsbezirk Arnsberg.

d) Die Entwicklung des kontrakt- und residualbestimmten Einkommens

In der vorangegangenen Analyse über die Entwicklung der Betriebs- und Beschäftigtenzahlen, des Kapitalstocks und der Kapitalintensität haben wir in erster Linie ‚Zeitpunktgrößen' zur Messung des handwerklichen Produktionspotentials eingesetzt. Das Ergebnis des wirtschaftlichen Entscheidungshandelns der Handwerker schlägt sich aber nicht nur in der Gründung neuer Betriebe, in der Veränderung des Kapitalstocks als Resultat von Investitionsentscheidungen und der Einstellung weiterer Arbeitskräfte (Anwachsen der abhängig Beschäftigten) nieder, sondern auch im kontrakt- und residualbestimmten Einkommen. Es ist deshalb sinnvoll, diese Einkommensdaten für die Verdeutlichung der wirtschaftlichen Verfassung des Handwerks mit heranzuziehen, zumal das Einkommen ein soziales Kriterium ist, das die Schichtung des Handwerks verdeutlicht.

Aus den in der Quellenkritik genannten Quellen wurden alle Einkommensdaten gesammelt und nach Branchen und Einkommensgruppen geordnet. Die Einkommensgruppen ergaben sich aus den Regulativen für die Einkommenssteuer[61].

Aus möglichst allen Land- und Stadtkreisen wurden die Einkommensdaten dann zur Berechnung des durchschnittlichen Jahreseinkommens je Branche und Zeitpunkt herangezogen[62].

Die in den nachfolgenden Schaubildern angegebenen Einkommen sind also durchschnittliche Jahreseinkommen.

1. Die Jahreseinkommen der selbständigen Handwerker[63]

Die Realeinkommen der selbständigen Handwerker entwickeln sich von 1875 bis 1907 regional sehr unterschiedlich[64].

---

[61] Vgl. Amtsblätter der königlichen Regierungen zu Münster und Arnsberg von 1875 bis 1907, z. B. Regulativ für die Gemeinde-Einkommensteuer im Stadtbezirk Rheine, 11. 2. 1878, S. 83 – Beilage.

[62] Zur Berechnung der Jahreseinkommen der Selbständigen und Unselbständigen vgl. Quellenanhang S. 233 Tab. 4.1–4.6 und S. 239 Tab. Nr. 5.

[63] Vgl. Schaubild Nr. 1 + 2, u. Quellenanhang S. 240ff.

[64] Zur Erstellung dieser Daten sind aber noch einige Anmerkungen erforderlich. Die durchschnittlichen Jahreseinkommen der selbständigen Handwerker beziehen sich nur auf die Regie-

Die jährlichen Wachstumsraten der Realeinkommen liegen im Regierungsbezirk Arnsberg bei folgenden Branchen während des gesamten Untersuchungszeitraums höher als im Regierungsbezirk Münster:

Bäcker, Buchbinder, Buchdrucker, Dachdecker, Instrumentenmacher, Metallgießer, Mechaniker und Ofensetzer.

Bis 1895 haben die Klempner, Photographen und Tapezierer höhere Wachstumsraten als im Regierungsbezirk Münster.

Die Goldschmiede, Kürschner, Maler, Maurer, Sattler, Schlosser, Schmiede, Schornsteinfeger, Schuhmacher, Stellmacher, Tapezierer, Tischler, Uhrmacher, Xylographen und Zimmerer erzielen ab 1895 höhere Realeinkommenszuwächse als die entsprechenden Branchen im Regierungsbezirk Münster.

Die Langzeitreihen über die Realeinkommen der Selbständigen weisen noch auf einen anderen Zusammenhang hin[65]. Im stärker industrialisierten Regierungsbezirk Arnsberg gehen die Realeinkommenszuwächse in Rezessionen prozentual langsamer zurück als im Regierungsbezirk Münster. Umgekehrt nehmen die Realeinkommen in Aufschwungphasen prozentual stärker zu als im Regierungsbezirk Münster.

Die wirtschaftliche Lage gestaltet sich für die Handwerker im stärker industrialisierten Regierungsbezirk Arnsberg in jeder wirtschaftlichen Situation günstiger als im Regierungsbezirk Münster.

Wie ist nun die wirtschaftliche Lage des Handwerks im gesamtwirtschaftlichen Zusammenhang zu beurteilen? Die Beantwortung dieser Frage ist außerordentlich schwierig, da keine gesamtwirtschaftlichen Vergleichsgrößen, speziell für das Handwerk, zur Verfügung stehen. Wir haben trotz einiger Bedenken auf die Berechnungen von Hoffmann zurückgegriffen und die Arbeitseinkommen der Selbständigen in „Industrie und Handwerk" als Vergleichsgrößen herangezogen[66].

Hoffmann versucht durch „grobe Schätzungen" das Arbeitseinkommen der Selbständigen in „Industrie und Handwerk" zu ermitteln, wobei er einen „entsprechenden Zuschlag" zum Arbeitseinkommen der Unselbständigen addiert[67].

Nach diesen Berechnungen beträgt das durchschnittliche jährliche Arbeitseinkommen in „Industrie und Handwerk":

1875 – 696 Mark, 1895 – 768 Mark, 1907 – 1059 Mar[68]. In diesen Arbeitseinkommen der Selbständigen sind die Kapitaleinkommen nicht enthalten.

Ein Vergleich mit den Arbeitseinkommen der Selbständigen in „Industrie und Handwerk" erscheint uns sinnvoll, da das Einkommen der selbständigen Handwerker fast ausschließlich Arbeitseinkommen darstellt.

---

rungsbezirke Arnsberg und Münster. Sie wurden auf Grund der Einzelangaben in den Quellen mikro-ökonomisch gewonnen und dann aggregiert.

[65] Vgl. Quellenanhang S. 240ff., Tab. Nr. 6.

[66] Hoffmann, W. O.: Wachstum der deutschen Wirtschaft, a.a.O., S. 492ff.

[67] ebenda, a.a.O., S. 456, S. 491.

[68] ebenda, a.a.O., S. 492ff.

Abb. 1

JAHRESEINKOMMEN DER SELBSTÄNDIGEN REGIERUNGSBEZIRK ARNSBERG

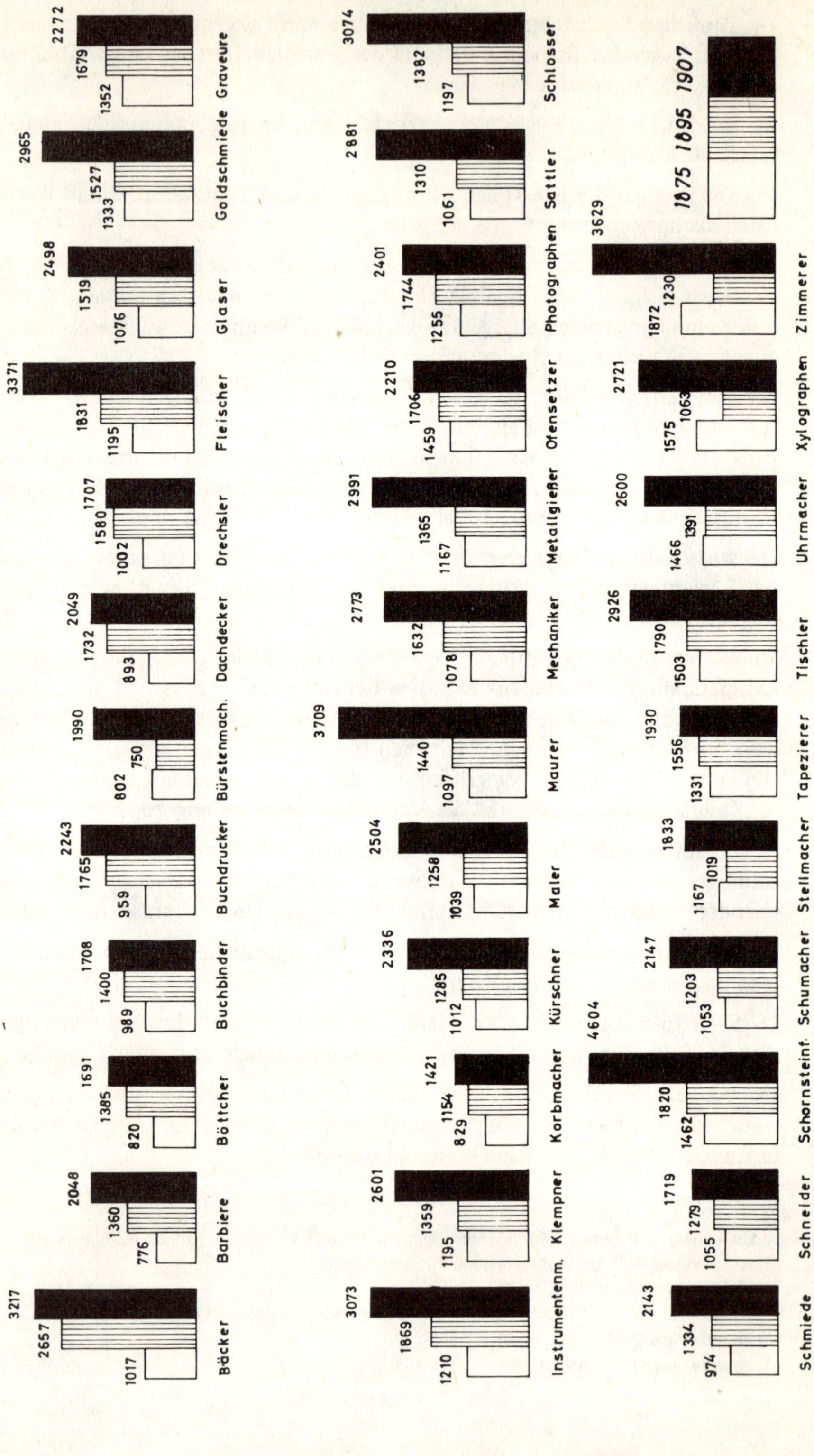

Abb. 2

JAHRESEINKOMMEN DER SELBSTÄNDIGEN
REGIERUNGSBEZIRK MÜNSTER

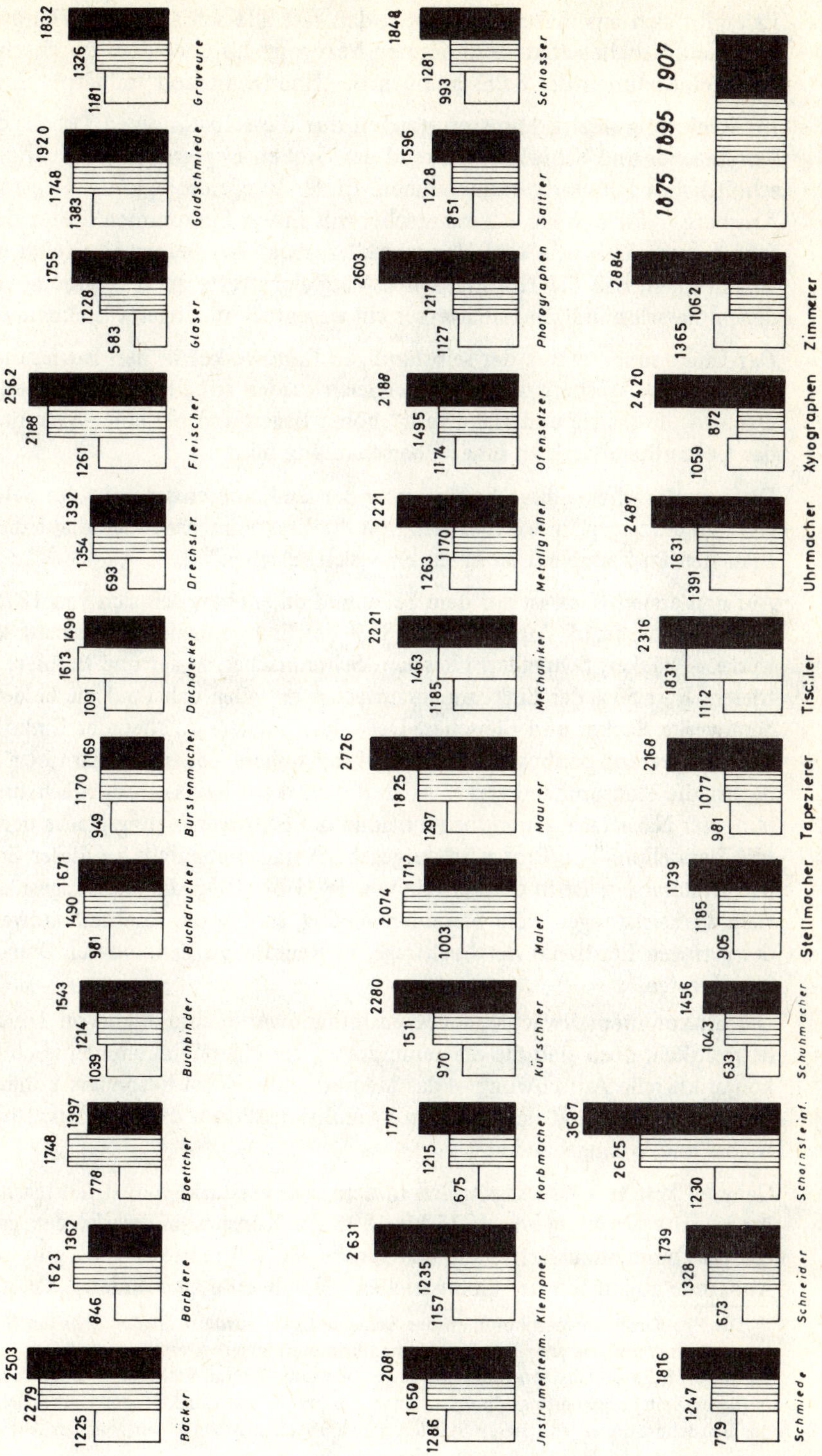

Es ergibt sich aus diesem Vergleich, daß fast alle selbständigen Handwerker ein durchschnittliches Jahreseinkommen bezogen, das über dem durchschnittlichen Jahreseinkommen der Selbständigen in „Handwerk und Industrie" lag.

Im Regierungsbezirk Münster erzielen nur die selbständigen Drechsler, Glaser, Korbmacher und Schneider während der Großen Depression ein niedrigeres durchschnittliches Jahresarbeitseinkommen. In der Vergleichsregion – Regierungsbezirk Arnsberg – bleiben die Bürstenmacher mit ihrem Einkommen hinter dem Durchschnitt aus „Industrie und Handwerk" zurück. Zu diesem Vergleich ist kritisch anzumerken, daß die Hoffmanschen Vergleichswerte auch Regionen erfassen, in denen die selbständigen Handwerker ein wesentlich niedrigeres Einkommen erzielen.

Der Einkommensstatus der selbständigen Handwerker in den Regierungsbezirken Münster und Arnsberg dürfte im Vergleich zu den Arbeitseinkommen der Selbständigen in „Industrie und Handwerk" höher liegen und bei einer Extrapolation auf das Gesamthandwerk zu einer Überschätzung führen.

Die interbranchenmäßige Entwicklung der Einkommensstruktur der Selbständigen soll nun aufzeigen, in welcher Relation die Einkommenszuwächse auf die einzelnen Branchen im Zeitablauf entfallen bzw. sich verteilen[69].

Auf den ersten Blick ist aus dem Schaubild erkennbar, daß sich von 1875 bis 1895 im Regierungsbezirk Arnsberg rund 82% der Einkommenszuwächse auf sechs Handwerke – Bäcker, Schneider, Fleischer, Schuhmacher, Maler und Barbiere – konzentrieren. Fast 50% der Einkommenszuwächse entfallen dabei auf die beiden Konsumhandwerke Bäcker und Fleischer. Der relativ steilere Anstieg der Einkommen und daraus – ceteris paribus – resultierend der höhere Lebensstandard begünstigen zunächst die Konsumhandwerke. Auch das stärkere Bevölkerungswachstum – Erhöhung der Nachfrage – und die Abnahme des Selbstversorgungsgrades der Haushalte (die Herstellung von Brot wird aufgegeben) tragen ebenfalls zu dieser Entwicklung bei. Andererseits ist in der Periode von 1875 bis 1895 die Nachfrage nach anderen Handwerksleistungen wohl besonders niedrig, so daß die Konsumhandwerke, wegen der geringen Elastizität der Nachfrage, in Relation zu den anderen Branchen, stark hervortreten.

Die Einkommenszuwächse der Konsumhandwerke sind auch von 1895 bis 1907 beträchtlich, doch sind die Steigerungsraten der Maurereinkommen noch höher. Der konjunkturelle Aufschwung – das Maurerhandwerk ist besonders konjunkturempfindlich – begünstigt den Bau von Produktionsstätten und die Errichtung von Betriebs- und Wohngebäuden[70].

Generell läßt sich also sagen, daß in dem sich verstärkt industrialisierenden Regierungsbezirk Arnsberg von 1875 bis 1895 die Konsumhandwerke den größten Teil der Einkommenszuwächse auf sich vereinigen, während bis 1907 eine strukturelle Änderung zugunsten der „industriellen" Handwerke stattfindet.

[69] Die Pro-Kopf-Jahreseinkommen der Selbständigen wurden mit der Zahl der Selbständigen multipliziert, um das jeweilige Brancheneinkommen zu erhalten.

[70] In den Städten Castrop-Rauxel, Herne, Bochum, Wanne-Eickel und Dortmund entstehen in dieser Zeit Bergarbeitersiedlungen. Auch die private Bautätigkeit steigt erheblich. Die Akten der Baudeputationen aus diesen Städten geben über die Bautätigkeit genauen Aufschluß.

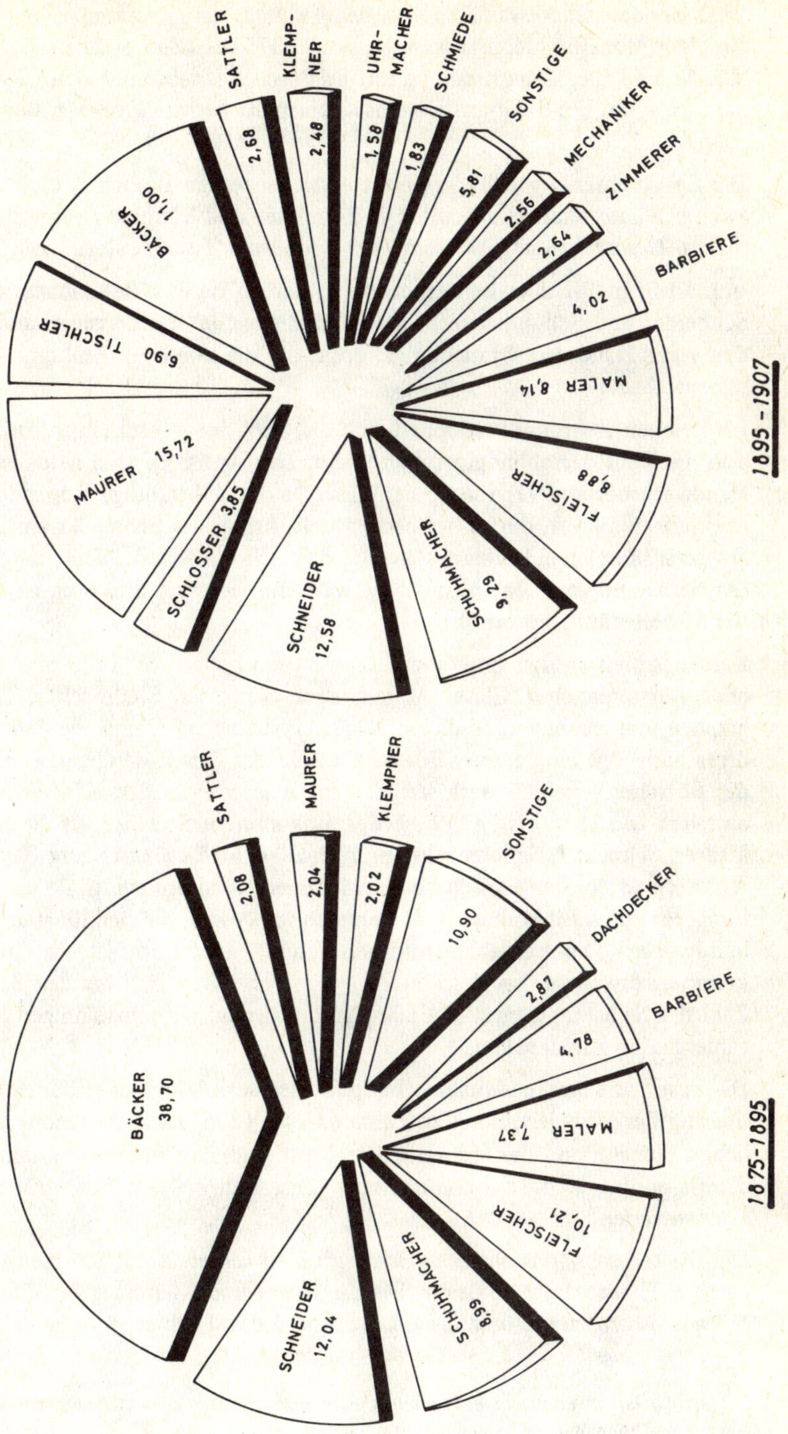

Abb. 3

DIE INTERBRANCHENMÄSSIGE ENTWICKLUNG DER EINKOMMENSSTRUKTUR DER SELBSTÄNDIGEN REGIERUNGSBEZIRK ARNSBERG

Die besonders starke Zunahme bei den Tischlern hängt offenbar mit der Herausbildung der Möbeltischlerei zusammen. Von 1875 bis 1895 etabliert sich im östlichen Münsterland die Möbeltischlerei mit größeren Betriebseinheiten, so daß – ceteris paribus – die Einkommenszuwächse sich mehr auf die größeren Betriebe konzentrieren.

Die Einkommensverteilung zwischen den einzelnen Branchen bleibt auch in der zweiten Phase relativ konstant. Die Zimmerer und Klempner vergrößern ihren Anteil am Gesamtzuwachs, während der Anteil der Tischler stark zurückgeht.

Immerhin bleibt aber bemerkenswert, daß in beiden Beobachtungsphasen die Schneider und Schuhmacher – zwei „traditionelle" Niedergangshandwerker – zu den sechs Handwerksbranchen gehören, die die höchsten Einkommenszuwächse haben.

Im gleichen Zeitraum verdoppelt sich die Zahl der selbständigen und vervierfacht sich die Zahl der abhängigen Schneider. Der Anteil der Schneider am gesamten Handwerksbestand vergrößert sich also. Da das selbständige Schneidereinkommen ebenfalls zunimmt, dürfte der prozentuale Anteil der Schneider am Einkommenszuwachs hinreichend erklärt sein. Bei den Schuhmachern bleibt dagegen die Zahl der Selbständigen relativ konstant, während sich das Einkommen und die Zahl der Unselbständigen erhöht.

Keinen Anteil an den Einkommenszuwächsen haben von 1875 bis 1895 die Böttcher, Bürstenmacher, Glaser, Metallgießer, Schlosser, Stellmacher, Tischler, Xylographen und Zimmerer. In diesen Handwerksbranchen nimmt die Zahl der Selbständigen zum Teil rapide ab, während die Zahl der Unselbständigen – mit Ausnahme der Böttcher – relativ stark steigt[71]. Im Regierungsbezirk Münster (s. Schaubild) entfallen von 1875 bis 1895 80% der Einkommenszuwächse auf die Bäcker, Maler, Maurer, Schneider, Schuhmacher und Tischler. Im Gegensatz zum Regierungsbezirk Arnsberg ist bei den Fleischern als wichtigem Konsumhandwerk nur eine geringe Steigerung des Einkommens zu verzeichnen. Aber die vielzitierten Niedergangshandwerke – Schuhmacher und Schneider – erzielten fast ein Drittel der Einkommenszuwächse. Im gleichen Zeitraum vergrößert sich bei den Schneidern die Zahl der Selbständigen und Abhängigen, während die selbständigen Schuhmacher zahlenmäßig zurückgehen.

Die besonders starke Zunahme bei den Tischlern hängt offenbar mit der Herausbildung der Möbeltischlerei zusammen. Von 1875 bis 1895 etabliert sich im östlichen Münsterland die Möbeltischlerei mit größeren Betriebseinheiten, so daß – ceteris paribus – die Einkommenszuwächse sich mehr auf die größeren Betriebe konzentrieren.

Die Einkommensverteilung zwischen den einzelnen Branchen bleibt auch in der zweiten Phase relativ konstant. Die Zimmerer und Klempner vergrößern ihren Anteil am Gesamtzuwachs, während der Anteil der Tischler stark zurückgeht.

---

[71] Auf die Ursachen dieser Entwicklung wird insbesondere bei der Analyse des Kapitalstocks, der Kapitalintensität und Umsätze eingegangen.

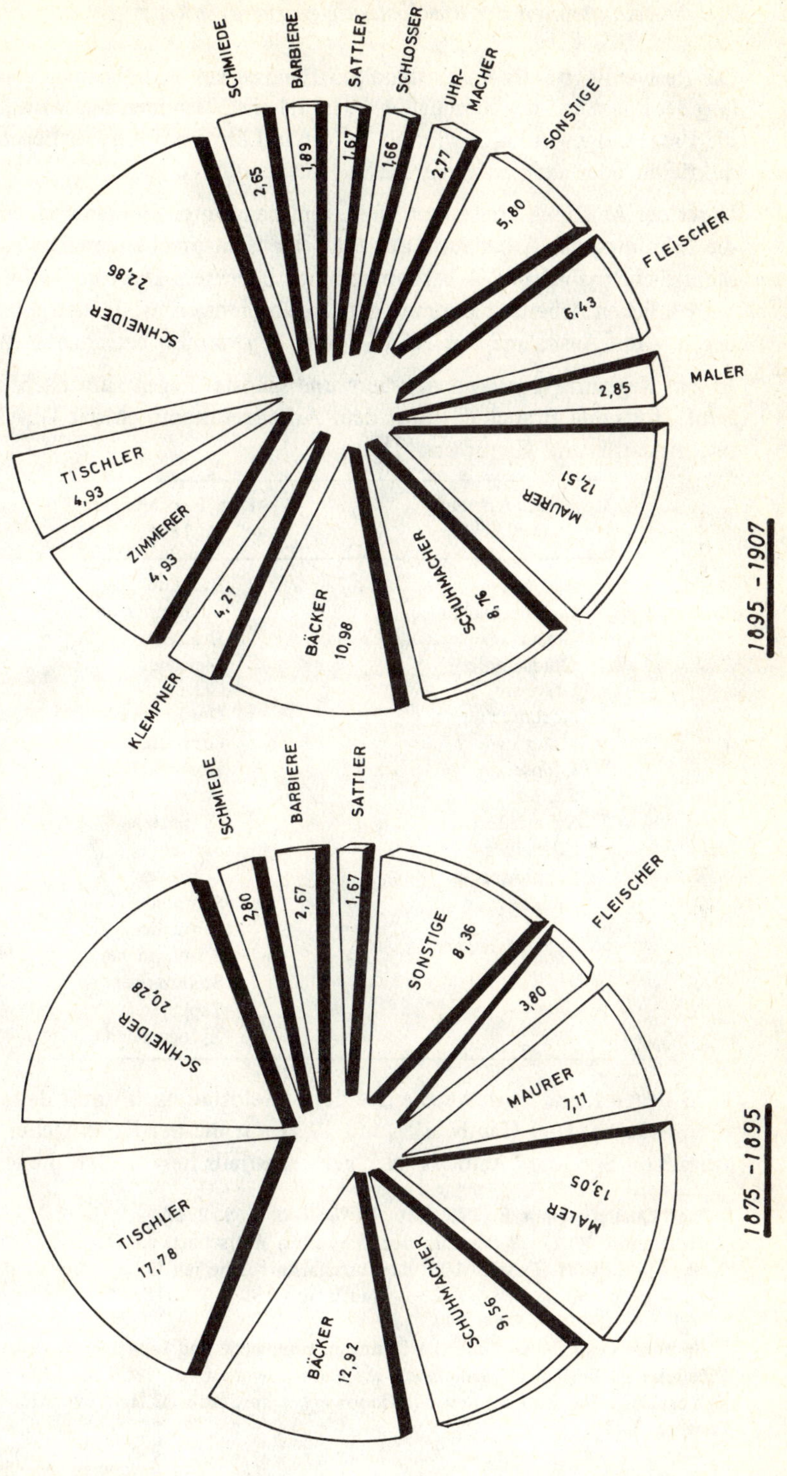

Abb. 4

DIE INTERBRANCHENMÄSSIGE ENTWICKLUNG DER EINKOMMENSSTRUKTUR DER SELBSTÄNDIGEN

REGIERUNGSBEZIRK MÜNSTER

2. *Jahreseinkommen der unselbständigen Handwerker*[72]

Die Realverdienste der unselbständigen Handwerker sind abhängig von der Entwicklung der Preise und der Nominallöhne. In diesem Zusammenhang wird „immer wieder die Frage aufgeworfen, inwieweit steigende Löhne auf eine gestiegene Arbeitsproduktivität oder auf gestiegene Preise zurückzuführen sind“[73].

Unter der Annahme konstanter Preise und konstanter Einkommensverteilung würde die Erhöhung der Arbeitsproduktivität einen entsprechenden Zuwachs der durchschnittlichen jährlichen Arbeitseinkommen bedeuten. Die von Hoffmann berechneten jährlichen Arbeitseinkommen der Unselbständigen in „Industrie und Handwerk“ liegen – mit Ausnahme von 1875 – unter den von uns berechneten Werten[74].

In den Regierungsbezirken Arnsberg und Münster liegen zum nachfolgenden Zeitpunkt folgende Branchen unter dem Arbeitseinkommen der Unselbständigen u in „Industrie und Handwerk“[75]:

Reg. Bez. Arnsberg 1875	Reg. Bez. Münster 1875
Barbiere	Barbiere
Bürstenmacher	Bürstenmacher
Glaser	Drechsler
Goldschmiede	Fleischer
Graveure	Glaser
Korbmacher	Goldschmiede
Maler	Graveure
Ofensetzer	Korbmacher
Sattler	Maler
Schmiede	Ofensetzer
Schneider	Sattler
Schuhmacher	Schlosser
Stellmacher	Schmiede
	Schneider
	Schuhmacher
	Stellmacher
	Tapezierer
	Xylographen

1895 liegen keine Jahresverdienste der Unselbständigen unter dem Durchschnitt von „Industrie und Handwerk“ und 1907 nur die der Korbmacher. Aus den Angaben von Sperling[76] und Vogel[77] geht ebenfalls hervor, daß die Arbeitseinkom-

[72] Vgl. Quellenanhang S. 275, Tab. Nr. 8, Tab. 9, S. 276f.

[73] Hoffmann, W. G.: Wachstum der deutschen Wirtschaft, a.a.O., S. 92.

[74] ebenda S. 468f. Tabelle 108; das durchschnittliche jährliche Arbeitseinkommen betrug 1875 – 669,– Mark, 1895 – 738,– Mark und 1907 – 1018,– Mark.

[75] Vgl. Schaubild Nr. 5 + 6.

[76] Sperling, E.: Arbeitslohn-Entwicklung in Handwerk und Industrie, Rostock 1907, S. 31ff. Tabellen 6–10 mit den Verdiensten der Bauhandwerker von 1850 bis 1904.

[77] Vogel, C.: Die Einkommen der Handwerker im Stadkreis Hannover, Jena 1912, S. 17ff. Tabellen 2–45.

Abb. 5

JAHRESEINKOMMEN DER UNSELBSTÄNDIGEN
REGIERUNGSBEZIRK ARNSBERG

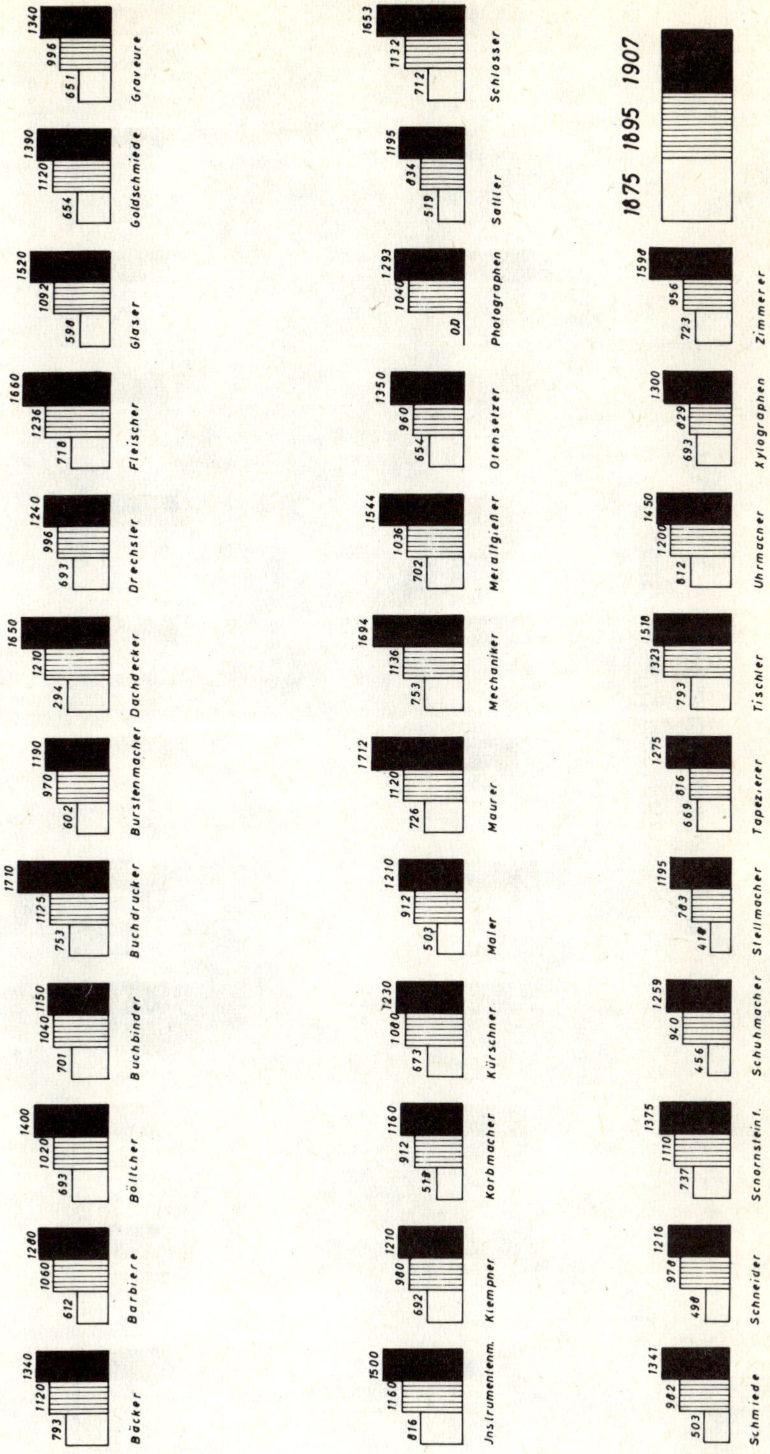

Abb. 6

JAHRESEINKOMMEN DER UNSELBSTÄNDIGEN
REGIERUNGSBEZIRK MÜNSTER

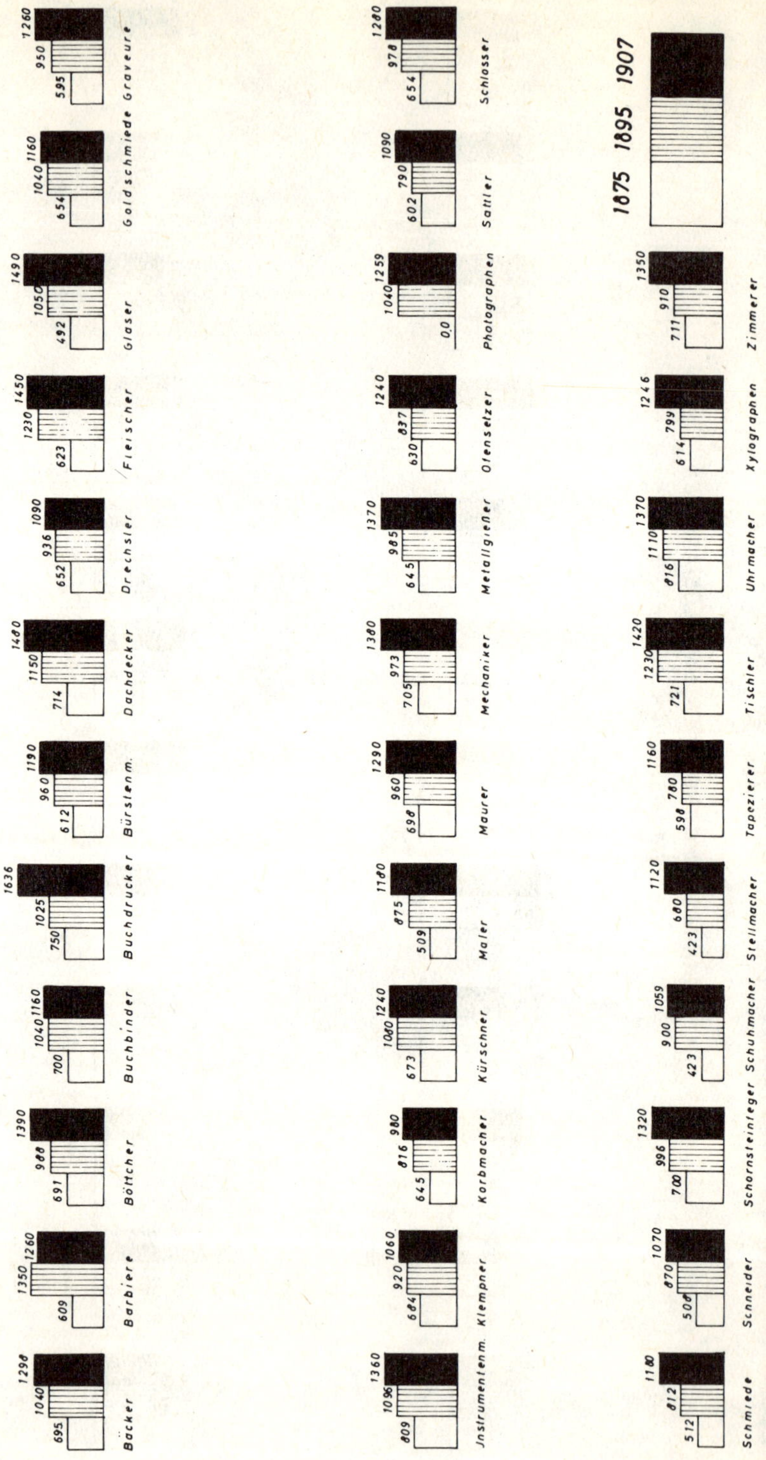

men der unselbständigen Handwerker höher liegen als in „Industrie und Handwerk". In der gesamtwirtschaftlichen Entwicklung hat sich gezeigt, daß langfristig das Arbeitseinkommen je Beschäftigten weniger zunimmt als die Arbeitsproduktivität, d.h. daß der Anteil des Arbeitseinkommens am Volkseinkommen – wenn auch geringfügig – gesunken ist[78].

In den einzelnen Wirtschaftsbereichen und besonders in den Branchen ergeben sich recht unterschiedliche Entwicklungen.

Im Regierungsbezirk Arnsberg steigt z.B. die Arbeitsproduktivität des Bäckerhandwerks in der ersten Beobachtungsphase – 1875 bis 1895 – um 92%, während das durchschnittliche reale Arbeitseinkommen um 82% zunimmt. Von 1895 bis 1907 läßt sich ein Produktivitätsanstieg von 16% und eine durchschnittliche reale Arbeitseinkommenssteigerung von 6% feststellen.

Bei den Bürstenmachern und Schlossern ergeben sich folgende Werte:

	Bürstenmacher		Schlosser	
	1875–1895	1895–1907	1875–1895	1895–1907
Produktivitätssteigerung	28,9%	50,1%	30%	49,2%
Zunahme d. Arbeitseink.	107,7%	8,6%	105%	29 %

Im Bäckerhandwerk des Reg. Bez. Münster steigt die Arbeitsproduktivität von 1875 bis 1895 um 49,4%, während die Arbeitseinkommen um 92% zunehmen. Von 1895 bis 1907 steigt die Arbeitsproduktivität um 13,1% an und das Arbeitseinkommen nimmt um 10% zu.

Vergleichsweise ergeben sich für die Bürstenmacher und Schlosser folgende Steigerungsraten:

	Bürstenmacher		Schlosser	
	1875–1895	1895–1907	1875–1895	1895–1907
Produktivitätssteigerung	33,2%	13,2%	26,7%	30,1%
Zunahme d. Arbeitseink.	102 %	9 %	92 %	16 %

Unter den genannten Prämissen kann festgestellt werden, daß innerhalb der Branchen eine ständige Änderung der Einkommensverteilung vor sich geht. Ein direkter Zusammenhang zwischen der Entwicklung der Arbeitsproduktivität und der Zunahme der realen durchschnittlichen Arbeitseinkommen wird hier nicht sichtbar[79].

Die nominale und reale Entwicklung der Jahreseinkommen der Selbständigen und Abhängigen wurde bisher unabhängig voneinander analysiert.

[78] Vgl. Hoffmann, W. G.: Wachstum der deutschen Wirtschaft, a.a.O., S. 94.
[79] Vgl. Hoffmann, W. G.: Wachstum der deutschen Wirtschaft, a.a.O., S. 98f.

Tab. VI: Der relative Abstand der Einkommen der Selbständigen und Abhängigen

	Reg. Arnsberg			Reg. Münster		
Handwerk	1875	1895	1907	1875	1895	1907
BÄCKER	22.03	57.85	58.35	43.02	54.37	48.14
BARBIERE	21.13	22.06	37.50	28.01	16.82	7.49
BOETTICHER	15.49	26.35	17.21	11.18	43.48	o.50
BUCHBINDER	29.12	25.71	32.67	32.63	14.33	24.82
BUCHDRUCKER	21.48	36.26	23.76	23.55	31.21	2.09
BUERSTENMACHER	24.94	29.33	40.20	35.51	17.95	1.80
DACHDECKER	11.09	30.14	19.47	34.56	28.70	1.20
DRECHSLER	30.84	36.96	27.36	5.63	30.87	21.70
FLEISCHER	39.92	32.50	51.35	50.59	43.78	43.40
GLASER	44.42	28.11	39.15	15.61	14.5o	15.10
GOLDSCHMIEDE	50.94	26.65	53.12	52.71	40.50	39.58
GRAVEURE	51.85	41.04	41.02	49.62	28.36	31.22
INSTRUMENTEN-MACHER	32.56	37.93	51.19	37.09	33.58	34.65
KLEMPNER	42.09	27.89	53.48	40.88	25.51	59.71
KORBMACHER	38.12	20.97	18.37	26.67	32.84	44.85
KUERSCHNER	33.50	15.95	46.49	30.62	28.52	45.61
MALER	51.59	27.50	51.77	49.25	57.81	31.07
MAURER	33.82	22.22	53.84	46.18	47.40	52.68
MECHANIKER	30.15	30.39	38.91	40.51	33.49	37.87
METALLGIESSER	39.85	24.10	48.38	44.97	15.81	38.32
OFENSETZER	55.17	43.73	38.91	46.34	44.01	43.17
PHOTOGRAPHEN	100.00	40.37	46.15	100.00	14.54	51.63
SATTLER	51.08	36.34	58.52	29.26	35.67	31.70
SCHLOSSER	40.52	18.09	46.23	34.14	23.65	30.74
SCHMIEDE	48.36	26.24	38.82	34.27	34.88	35.02
SCHNEIDER	52.80	23.53	29.26	24.52	34.49	38.47
SCHNORNSTEIN-FEGER	49.59	39.01	70.14	43.09	62.06	64.20
SCHUHMACHER	56.70	21.86	41.36	33.18	13.71	27.61
STELLMACHER	64.18	23.16	34.81	53.26	42.62	35.60
TAPEZIERER	49.74	47.56	33.94	39.25	27.58	46.49
TISCHLER	47.24	26.09	48.12	35.16	32.82	38.69
UHRMACHER	44.61	13.73	44.23	41.34	31.94	44.91
XYLOGRAPHEN	56.00	22.01	52.22	42.02	8.83	48.76
ZIMMERER	61.38	22.28	55.97	47.91	14.31	53.19

Wir möchten allerdings gerne wissen, wie sich die Einkommensstruktur zwischen den Abhängigen und Selbständigen entwickelt hat. Tabelle 6 verdeutlicht den relativen Abstand der Einkommen der Selbständigen und Abhängigen[80].

Der durchschnittliche relative Abstand beider Einkommensgruppen belief sich im Regierungsbezirk Arnsberg 1875 auf 41%, 1895 auf 29% und 1907 auf 42%. Von den 34 Handwerkszweigen blieben 1875 16, 1895 18 und 1907 17 unter dem Gesamtdurchschnitt. Zu allen drei Zeitpunkten blieben die Barbiere, Böttcher, Buchbinder und Korbmacher unter dem Durchschnittsabstand der 34 Branchen[81]. Besonders interessant ist die Veränderung der Einkommensstruktur zwischen den Selbständigen und Abhängigen von 1875 bis 1895. Die Einkommenszuwachsraten der Selbständigen bleiben hinter denen der Abhängigen zurück, so daß deutlich eine Nivellierungstendenz zwischen kontrak- und residualbestimmten Einkommen festgestellt werden kann.

Die Verringerung der Einkommensdistanz zwischen Selbständigen und Abhängigen, die von 1875 bis 1895 im Regierungsbezirk Arnsberg besonders sichtbar wird, läßt sich allerdings nicht monokausal erklären.

Zunächst ist zu berücksichtigen, daß im Zuge tarifvertraglicher Lohnregelungen die Löhne der Abhängigen nach unten hin relativ unnachgiebig sind. Die fixe Lohnuntergrenze führt in konjunkturellen Schwankungen dazu, daß in Abschwungphasen die Löhne der Abhängigen zwar nach unten hin relativ konstant sind, die Einkommen der Selbständigen aber nachgeben. Die Einkommensunterschiede, sind also in Rezessionszeiten geringer als in der Hochkonjunktur. Aus den Einkommensreihen der Selbständigen und Abhängigen ist aber erkennbar, daß die Realeinkommen in beiden Einkommensgruppen von 1893–96 um etwa 2% zurückgehen. Diese Erklärung trifft also offenbar nicht ganz den Sachverhalt.

Wichtiger und statistisch nachprüfbar ist demgegenüber der deutliche Trend, der sich bei der Entwicklung der Einkommen zeigt. Die jährlichen Zuwachsraten der kontraktbestimmten Einkommen sind in Relation zum Residualeinkommen um durchschnittlich 0,7% höher, so daß langfristig eine Nivellierungstendenz unvermeidbar ist. Diese Entwicklung hält allerdings nur bis 1895 an. Von diesem Zeitpunkt steigen die Einkommen der Selbständigen wesentlich stärker als die der Abhängigen. Die Einkommensdistanz zwischen den beiden Gruppen nimmt wieder zu.

Im Kontext dieser Analyse ist noch auf eine Entwicklung hinzuweisen, die nicht aus der angeführten Tabelle ersichtlich ist. Wir meinen die Veränderung der Be-

---

80 Berechnet nach der Formel:

$$\frac{1}{K} = \sum_{1}^{K} \frac{\text{Einkommen d. Selbst.} - \text{Eink. d. Abh.}}{\text{Einkommen der Selbständigen}} \cdot 100$$

81 Berechnet nach der Formel:

$$\frac{1}{K} = \sum_{1}^{K} \frac{\text{Einkommen der Selbständigen minus Einkommen der Abhängigen}}{\text{Einkommen der Selbständigen}} \times 100.$$

schäftigungsstruktur. Aus der branchenmäßigen Veränderung der Beschäftigtenzahlen geht eindeutig hervor, daß von 1875 bis 1907 eine Abwanderung der Beschäftigten aus den Branchen mit niedrigerem Lohnniveau in Branchen mit höherem Lohnniveau stattfindet. Die interbranchenmäßige Lohnstruktur wird dadurch nachhaltig verändert, so daß bestimmte Nivellierungstendenzen auch auf den größeren Anteil der Abhängigen in höheren Lohnstufen zurückzuführen sind. Im Regierungsbezirk Münster kann man in den genannten Jahren von einer relativen Konstanz der Einkommensunterschiede zwischen den Selbständigen und den Abhängigen sprechen. Der durchschnittliche relative Abstand belief sich 1875 auf 36%, 1895 auf 31% und 1907 auf 34%. In diesen drei Perioden lagen die Barbiere, Böttcher, Buchbinder, Bürstenmacher, Dachdecker, Drechsler, Glaser, Schlosser und Schuhmacher unter dem Gesamtdurchschnitt. Insgesamt sind die Einkommensunterschiede zwischen den Selbständigen und den Abhängigen im Regierungsbezirk Münster nicht so groß wie im Regierungsbezirk Arnsberg. Unter Berücksichtigung der konjukturellen Einflüsse, die im Regierungsbezirk Arnsberg stärker waren, kann gesagt werden, daß sich die kontrakt- und residualbestimmten Einkommen im Regierungsbezirk Münster fast parallel entwickelt haben. Die Zuwachsraten in den beiden Einkommensgruppen sind nicht sehr unterschiedlich.

Wie sind nun diese regionalen Unterschiede zu bewerten?

Im stärker industrialisierten Regierungsbezirk Arnsberg verläuft der Differenzierungsprozeß zwischen Selbständigen und Abhängigen intensiver als im Regierungsbezirk Münster, obwohl während der Großen Depression eine deutliche Nivellierungstendenz zugunsten der Unselbständigen festzustellen ist.

Die selbständige Existenz – sie mag wegen der stärkeren Konjunkturempfindlichkeit im Regierungsbezirk Arnsberg risikoreicher sein – hat im Regierungsbezirk Arnsberg insgesamt einen höheren Einkommensstatus als im Regierungsbezirk Münster.

Risiko und Chancen der Selbständigen, ein von den Abhängigen deutlich abgesetztes Einkommen zu erzielen, sind im Regierungsbezirk Arnsberg offenbar größer. Die regionalen Einkommensunterschiede bei den Selbständigen und den Abhängigen gestatten – ceteris paribus – die Annahme, daß in einer Region mit höheren Einkommen auch die Gewinne größer sind. Diese Aussage wird noch dadurch gestützt, daß die Umsätze, der Kapitalstock und der Besatz der Handwerksbetriebe im Regierungsbezirk Arnsberg größer sind.

Das regionale Einkommensgefälle dürfte in diesem Zusammenhang für die Frage nach den Ursachen der interregionalen Mobilität von großer Bedeutung sein.

Ein weiterer Aspekt kommt noch hinzu.

Vergleicht man die durchschnittlichen Jahresverdienste der Abhängigen beider Regierungsbezirke, so wird deutlich, daß die Durchschnittsverdienste in den Branchen höher sind, in denen auch die intensivere Betriebsgrößenprogression stattgefunden hat, d.h. mit zunehmender Betriebsgröße nehmen die Löhne relativ stärker zu als in kleineren Betrieben. Hier zeigt sich aber ein eindeutiger Unterschied zwischen den beiden Regionen.

Es bleibt festzuhalten, daß die Realeinkommen, der Kapitalstock, Umsatz, die Einkommenswirksamkeit des Kapitals, der relative Abstand zwischen den beiden Einkommensgruppen und die durchschnittlichen Betriebsgrößen im Regierungsbezirk Arnsberg vergleichsweise größer sind als im Regierungsbezirk Münster.

Diese ökonomischen „Vorteile" des Regierungsbezirks Arnsberg deuten darauf hin, daß die interregionale Mobilität mit der starken Zuwanderung von Handwerkern aus dem Regierungsbezirk Münster den regionalen Differenzierungsprozeß noch verstärkt haben.

Diese komparative Analyse zwischen dem Einkommen der Selbständigen und dem Einkommen der Abhängigen läßt allerdings nur bedingt Vergleiche zu anderen Lohnstrukturerhebungen zu, da es sich in der Regel um eine gesamtwirtschaftliche Analyse der Lohnstruktur der Abhängigen handelt[82].

Der gemeinsame Impetus der bisherigen Untersuchung besteht in der Feststellung von Nivellierungstendenzen während der Großen Depression, die im Regierungsbezirk Arnsberg stärker ausfallen, und Differenzierungstendenzen im Verlauf von Aufschwungsphasen, die im Regierungsbezirk Münster weniger stark hervortreten. Der intertemporale Vergleich der Lohnstruktur, den Hoffmann von 1888 bis 1913 auf Grund von zwölf ausgewählten Branchen durchführt, weist von 1890–1896 ebenfalls eine deutliche Nivellierungstendenz auf, während bis 1915 eine trendmäßige Konstanz der Lohnstruktur festgestellt wird[83].

Dieses Ergebnis stimmt mit unserem interregionalen Vergleich nicht ganz überein, da von 1895 bis 1907 – wenigstens für den Regierungsbezirk Arnsberg – ein deutlicher Differenzierungsprozeß zwischen den beiden Einkommensgruppen stattfindet.

Eine trendmäßige Konstanz der Einkommensstruktur ist dagegen für den Regierungsbezirk Münster nachweisbar, auch wenn man die geringfügige Nivellierungstendenz der Einkommen von 1875 bis 1895 entsprechend berücksichtigt.

e) Die Entwicklung von Umsatz und Arbeitsproduktivität im Handwerk

Das Produktionsergebnis der handwerklichen Unternehmer läßt sich u.a. erfassen durch die Wertschöpfung, den Bruttoproduktionswert und/oder durch den Umsatz.

Der Nettoproduktionswert bzw. die Wertschöpfung der handwerklichen Betriebe konnte infolge der unzureichenden Datenlage nicht ermittelt werden. Wir hatten deshalb das residual- und kontraktbestimmte Einkommen als ‚Ersatzgröße' herangezogen, um die Effektivität der handwerklichen Produktion zu erfassen.

Da aber angenommen werden kann, daß die Veränderungen der kontrakt- und residualbestimmten Einkommen – ceteris paribus – den relativen Veränderungen der Umsätze entsprechen, dürfte eine Berechnung der Umsätze anhand der Relation zwischen Einkommen und Umsatz möglich und sinnvoll sein[84].

---

[82] Hoffmann, W. G.: Die branchenmäßige Lohnstruktur der Industrie, Tübingen 1961.
[83] Hoffmann, W. G.: Branchenmäßige Lohnstruktur, a.a.O., S. 38.
[84] Für die kontraktbestimmten Einkommen gilt diese Umsatzabhängigkeit nur bei nach allen Seiten flexiblen Lohnsätzen.

Die Berechnung der Umsätze soll an einem Beispiel erläutert werden:

Der Barbier Schlober aus Iserlohn gibt an, daß er im Jahre 1875 einen Umsatz von 2200 Mark gehabt habe.

Neben den Lohnkosten für die Gesellen sind die übrigen Kosten (Steuern, Kapitaldienst, Vorleistungen etc.) in Höhe von 1100 Mark abzuziehen. Aus dem Beispiel ergibt sich eine Relation zwischen Arbeitseinkommen und Umsatz von 50 : 50, d.h. das Arbeitseinkommen des selbständigen Barbiers aus Iserlohn beträgt 50% des Umsatzes.

Entsprechende Relation zwischen Arbeitseinkommen der Selbständigen und Umsatz wurden für alle ausgewählten Handwerke berechnet.

Das Ergebnis dieser Berechnungen ist in Tabelle 7 zusammengefaßt.

Die Umsätze der einzelnen Branchen unterliegen im Konjunkturablauf differierenden Schwankungen, so daß hier auf die unterschiedliche Konjunkturempfindlichkeit der Handwerke hinzuweisen ist.

So ist z.B. das Bäckerhandwerk relativ konjunkturunempfindlich, da die Nachfrageelastizität nach Brot sehr gering ist, während das Bauhandwerk Konjunkturschwankungen wesentlich deutlicher zu spüren bekommt[85].

Der im Durchschnitt höhere Umsatz pro Beschäftigten im Regierungsbezirk Arnsberg läßt auf eine höhere Arbeitsproduktivität schließen.

Die höhere Arbeitsproduktivität hängt – ceteris paribus – ursächlich zusammen mit der Qualitätsverbesserung des Faktors „Arbeit“[86], sowie mit dem qualitativ besseren Kapitalstock. Auf die regional unterschiedliche Qualität des Kapitalstocks ist bereits hingewiesen worden.

Unter Ausschaltung einiger theoretischer Implikationen – z.B. Auslastungsschwankungen des Produktionspotentials – läßt sich sagen, daß „der technische Wandel sowohl die Arbeitsproduktivität als auch die Kapitalproduktivität erhöht, während die Substitution von L und K (gemeint ist Arbeit durch Kapital – d. Verf.) die Arbeitsproduktivität erhöht (allerdings nur entsprechend der Produktionselastizität der Arbeit), die Kapitalproduktivität dagegen (entsprechend der Produktionselastizität des Kapitals) ermäßigt[87].

Die Entwicklung der Arbeitsproduktivität in den strategischen Handwerksbranchen soll nun zur gesamtwirtschaftlichen Arbeitsproduktivität in Beziehung gesetzt werden.

---

[85] Vgl.: Umsatz pro Beschäftigen, Tabelle S. 84.

[86] Die qualitative bessere Ausbildung im Reg. Bez. Arnsberg läßt sich nicht genau nachweisen. Allerdings deutet die stärkere Betonung der technisch-instrumentellen Fächer im Reg. Bez. Arnsberg darauf hin.

[87] Krengel, R.: Einige Anmerkungen zur Brauchbarkeit von Arbeitsproduktivität und Kapitalproduktivität als Instrumente der langfristigen Wirtschaftsprognose. In: Quantitative Aspekte der Wirtschaftsgeschichte, Festschrift für W. G. Hoffmann, auch erschienen in: Zeitschrift für die gesamte Staatswissenschaft, Band 124, Heft 1, Tübingen 1968, S. 91ff.

Tab. VII

UMSATZ PRO BETRIEB

	RG. ARNSBERG			RG. MUENSTER		
HANDWERK	1875	1895	1907	1875	1895	1907
BAECKER	2818.	9383.	16454.	3077.	8628.	14673.
BARBIERE	1137.	2881.	4305.	1077.	3053.	3382.
BOETTCHER	1509.	6147.	11559.	1257.	3198.	3742.
BUCHBINDER	1924.	5366.	9145.	1872.	5226.	6713.
BUCHDRUCKER	8431.	25390.	48992.	9492.	27408.	61385.
BUERSTENMACHER	1779.	4356.	9359.	1985.	3741.	3911.
DACHDECKER	2269.	7466.	15154.	2250.	7813.	13314.
DRECHSLER	1846.	5202.	9240.	1381.	3403.	6030.
FLEISCHER	3268.	8409.	19510.	3045.	8447.	14753.
GLASER	2107.	4352.	14491.	1303.	6519.	9795.
GOLDSCHMIEDE	4055.	9713.	23071.	3602.	6789.	11341.
GRAVEURE	3914.	9231.	17512.	4399.	5588.	11702.
INSTRUMENTENMACHER	2168.	7305.	25894.	3941.	6003.	13779.
KLEMPNER	3816.	9834.	23265.	4348.	7031.	17763.
KORBMACHER	1095.	2117.	3723.	1143.	2219.	3970.
KUERSCHNER	2960.	4681.	10857.	2386.	4777.	10116.
MALER	2137.	5449.	10853.	1727.	5948.	7845.
MAURER	4032.	31858.	100000.	2987.	19158.	54524.
MECHANIKER	29039.	47809.	197282.	10352.	12652.	78209.
METALLGIESSER	29702.	33555.	64453.	3685.	5068.	15503.
OFENSETZER	2353.	8058.	26253.	2063.	4252.	8817.
PHOTOGRAPHEN	2092.	5517.	8861.	1878.	5147.	8861.
SATTLER	2398.	5135.	12002.	2060.	3844.	6593.
SCHLOSSER	5225.	50217.	141771.	3806.	21626.	66018.
SCHMIEDE	3942.	11897.	24985.	1978.	6136.	13738.
SCHNEIDER	2499.	4766.	8116.	1702.	4535.	7297.
SCHORNSTEINFEGER	2010.	-3405.	7261.	1567.	4083.	5646.
SCHUHMACHER	2274.	3924.	7567.	1514.	3742.	5855.
STELLMACHER	2854.	-3055.	9446.	1635.	3084.	7195.
TAPEZIERER	3956.	7208.	12740.	2548.	5537.	10087.
TISCHLER	3517.	10183.	19894.	2636.	7817.	15261.
UHRMACHER	3300.	4568.	9465.	2933.	4446.	8700.
XYLOGRAPHEN	0.0	10015.	-10052.	0.0	7792.	10700.
ZIMMERER	4449.	11469.	38421.	2952.	5630.	19832.

Tab. VIII: Umsatz pro Beschäftigten

	RG. Arnsberg			RG. Münster		
Handwerk	1875	1895	1907	1875	1895	1907
BÄCKER	1721.98	3913.54	6205.83	1892.92	3394.26	5236.51
BARBIERE	843.26	1421.19	2092.87	937.05	1774.96	1658.24
BOETTICHER	968.07	1498.64	2074.61	945.56	1966.63	1991.03
BUCHBINDER	1229.23	1696.83	2094.78	1299.01	1608.14	2097.85
BUCHDRUCKER	1308.28	2648.35	5358.47	1302.84	2367.02	4966.15
BUERSTENMACHER	901.78	1275.48	2107.97	1002.91	1468.18	1815.77
DACHDECKER	1377.57	2749.46	4415.66	1578.05	2551.34	3712.55
DRECHSLER	1254.04	2042.07	2821.66	945.42	1961.51	2477.72
FLEISCHER	2087.03	3440.57	7091.02	2221.49	3885.14	5927.43
GLASER	1264.00	2175.83	3872.52	780.73	1833.44	3441.54
GOLDSCHMIEDE	2027.55	3312.64	5998.33	2273.68	3771.93	4978.86
GRAVEURE	1510.75	2327.44	3864.13	1247.93	2195.43	3588.53
INSTRUMENTEN-MACHER	1951.00	2952.12	4698.47	1689.05	2755.70	4150.44
KLEMPNER	1879.45	2638.24	5037.23	1748.42	2519.16	5010.50
KORBMACHER	1003.08	1457.62	2071.79	770.48	1456.68	2282.97
KUERSCHNER	1415.48	2367.35	4310.78	1445.76	2635.59	4317.70
MALER	1119.78	1699.91	2748.04	1229.84	2196.11	2397.48
MAURER	1551.33	2545.71	5349.49	1941.95	2371.25	4112.69
MECHANIKER	1509.60	2707.18	5562.65	1520.60	2486.77	4611.57
METALLGIESSER	1201.34	2157.46	5189.04	1558.85	2172.01	5167.70
OFENSETZER	2353.23	2685.92	4125.39	1768.20	2834.81	4898.14
PHOTOGRAPHEN	1531.93	2792.80	4537.60	1073.33	2233.62	4873.66
SATTLER	1425.82	1998.58	4127.51	1283.29	1994.67	3085.66
SCHLOSSER	1792.64	2865.66	5700.45	1631.19	2533.75	4392.64
SCHMIEDE	1025.48	2233.41	3575.13	1077.85	2034.52	3336.12
SCHNEIDER	1734.65	2346.20	3707.06	1229.85	2295.40	3586.70
SCHORNSTEINFEGER	1392.54	1678.05	3479.41	1268.59	2114.47	3136.91
SCHUHMACHER	1532.85	2276.15	4454.39	1004.08	2037.17	3181.04
STELLMACHER	933.96	1497.85	3124.52	1018.95	1558.65	3077.16
TAPEZIERER	1279.97	1709.50	3045.95	1105.90	1481.86	3134.51
TISCHLER	2097.05	3047.42	4474.88	1670.16	3051.25	4042.27
UHRMACHER	2020.82	2563.09	5400.34	2020.19	2825.71	5236.91
XYLOGRAPHEN	0.0	1669.23	5026.25	0.0	1558.46	4280.00
ZIMMERER	2396.25	2243.55	5377.95	2100.83	2151.29	4951.43

Durchschnittliche Arbeitsproduktivität[88]
(in Mark je Beschäftigten)

Jahr	P/A	Reg. Bez. Arnsberg	Reg. Bez. Münster
1875	763	924	857
1895	917	1187	1192
1907	1355	1712	1550

P = Nettoinlandsprodukt
A = Anzahl der Beschäftigten

Von den 34 ausgewählten Branchen ist im Regierungsbezirk Arnsberg 1875 die durchschnittliche Arbeitsproduktivität bei den Barbieren, Bürstenmachern, Metallgießern, Schmieden und Stellmachern niedriger als die gesamtwirtschaftliche Arbeitsproduktivität. Die Ursachen sind in erster Linie auf die Produktionsfaktoren „Kapital" und „Arbeit" zurückzuführen. Der Kapitalstock dieser Handwerke ist im allgemeinen veraltet und die Qualifikation der Arbeitskräfte gering.

Im Vergleichsjahr 1895 blieb die Arbeitsproduktivität bei den Bürstenmachern, Stellmachern und Xylographen hinter der gesamtwirtschaftlichen zurück.

Im Buchbinder- und Korbmacherhandwerk lag 1907 die durchschnittliche Arbeitsproduktivität unter dem gesamtwirtschaftlichen Durchschnitt.

Die Entwicklung der Arbeitsproduktivität bei den Handwerkern des Regierungsbezirkes Münster verlief recht unterschiedlich. Bei folgenden Branchen lag die Arbeitsproduktivität unter dem gesamtwirtschaftlichen Durchschnitt:

1875: Boettcher, Drechsler, Glaser, Graveure, Korbmacher, Photographen, Schmiede, Schneider, Schuhmacher, Stellmacher, Xylographen.

1895: Tapezierer und Xylographen.

1907: Barbiere, Buchbinder, Bürstenmacher, Drechsler, Maler Sattler, Schlosser, Schmiede, Schuhmacher.

Im interregionalen und gesamtwirtschaftlichen Bereich entwickelt sich die Arbeitsproduktivität wie folgt:

Zunahme der Arbeitsproduktivität in %

	Gesamtwirtschaftlich	Regierungsbezirke	
		Arnsberg	Münster
1875–1895	20,1	28,4	39,0
1895–1907	47,7	44,2	30,0

Im Regierungsbezirk Münster steigt die Arbeitsproduktivität der Handwerke von 1875–1895 im Vergleich zum Regierungsbezirk Arnsberg und zur Gesamtwirtschaft überproportional, um dann hinter der gesamtwirtschaftlichen Entwicklung – auch der des Reg. Bez. Arnsberg – zurückzubleiben.

[88] Vgl. Hoffmann, W. G.: Wachstum ..., a.a.O., S. 205, Tabelle 20, S. 506ff., Tabelle 122.

Abb. 7

ARBEITSPRODUKTIVITÄT REGIERUNGSBEZIRK ARNSBERG

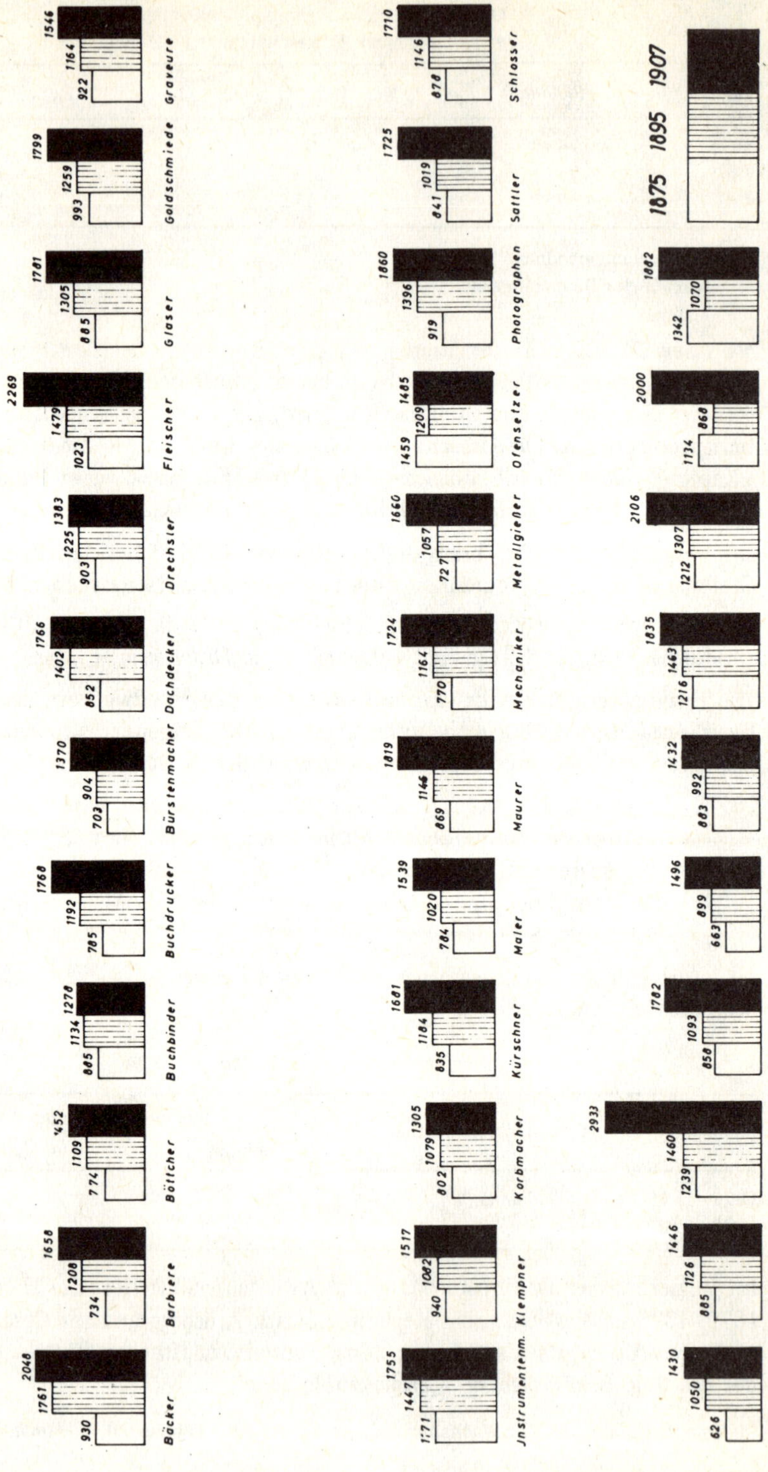

Abb. 8

ARBEITSPRODUKTIVITÄT REGIERUNSBEZIRK MÜNSTER

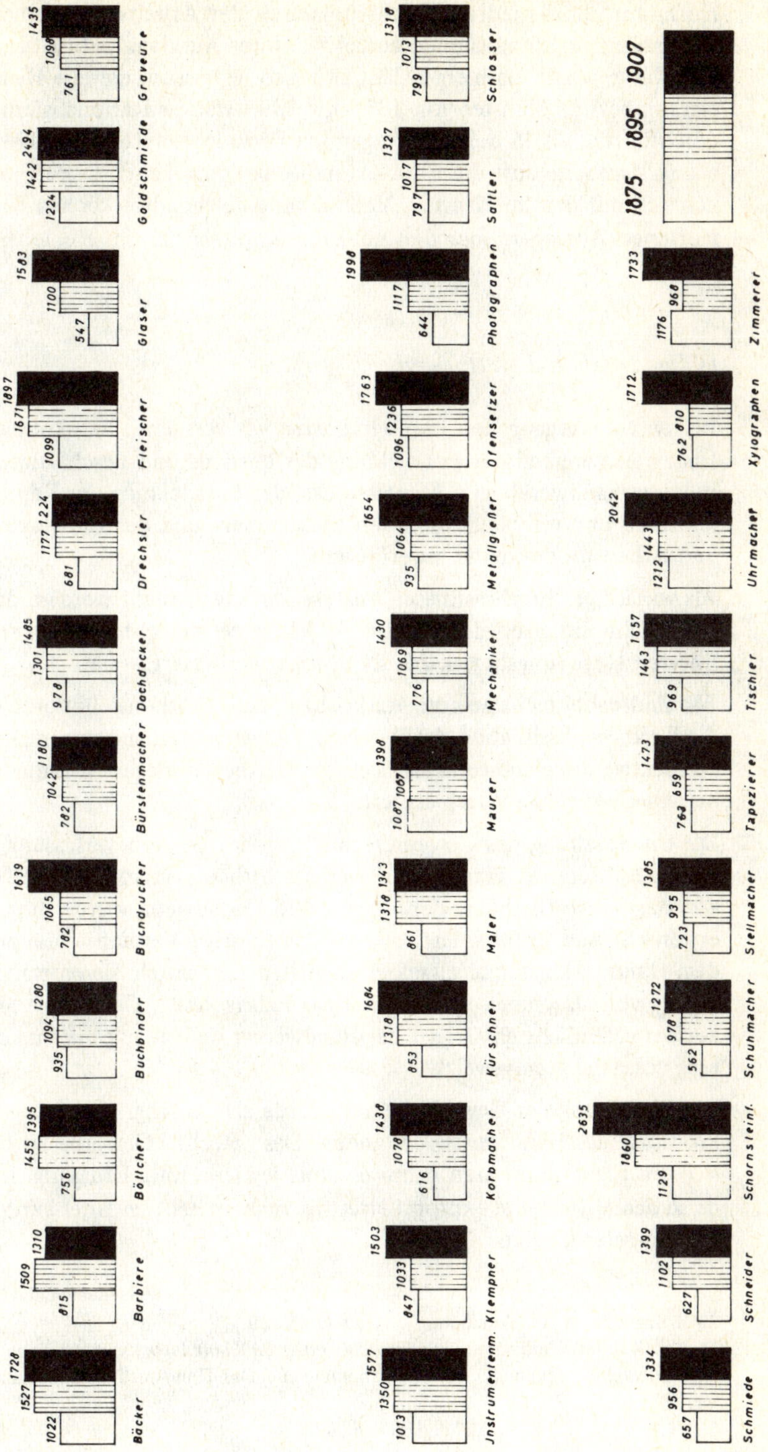

Hoffmann führt niedrige Wachstumsraten der Arbeitsproduktivität auf geringe Rationalisierungsmaßnahmen zurück[89]. Unter Ausklammerung der Dienstleistungshandwerke – z.B. Barbiere – läßt sich also feststellen, daß die Handwerker des Regierungsbezirks Münster von 1875 bis 1895 stärker Rationalisierungsmaßnahmen durchführten als in der nachfolgenden Periode von 1895–1907. Im Regierungsbezirk Arnsberg läuft die Entwicklung genau umgekehrt. Diese Feststellungen dekken sich mit den im Kapitel „Veränderung des handwerklichen Kapitalstocks" getroffenen Aussagen über den jüngeren Kapitalstock im Regierungsbezirk Arnsberg[90].

f) Handwerk und Wettbewerb

In den vorangegangenen Kapiteln hatten wir versucht, die ökonomische Lage des Handwerks anhand der Entwicklung der Betriebe und Beschäftigten, der Veränderung des handwerklichen Kapitalstocks, der Entwicklung der Kapitalintensität, des kontrakt- und residualbestimmten Einkommens und der Entwicklung von Umsatz und Arbeitsproduktivität zu erfassen.

Als vorläufiges Ergebnis dieser Analyse kann festgestellt werden, daß sich die wirtschaftliche Situation des Handwerks kaum verschlechtert – im stärker industrialisierten Regierungsbezirk Arnsberg sogar verbessert – hat.

Wir sind dabei nicht auf die Markt- bzw. Angebotskonstellation eingegangen, d.h. die Wettbewerbssituation des Handwerks blieb weitgehend unberücksichtigt. Aus der Perspektive des Handwerks hat sich die Wettbewerbslage seit Einführung der Gewerbefreiheit erheblich verschlechtert.

Die Umgestaltung des Gewerberechts bzw. der Gewerbeverfassung wird ursächlich für die „Misere des Handwerks" verantwortlich gemacht. „Unter dem Vorwande von der Vortrefflichkeit der allgemeinen Concurrenz wurde die Gewerbefreiheit erwünscht und proklamiert. Sie hat das traurige Verdienst, die größten Schäden dem Handwerkerstande zugefügt zu haben und durch sie entstand mit der Vereinigung von Maschinen und Kapital das Fabrikwesen. Gerade die Maschine war einer der gefährlichsten Gegner der Handwerker und sie hat die Einkommens-Vertheilung vollständig umgewälzt"[91].

Die Einführung der Gewerbefreiheit wurde als ein Angriff auf die „naturrechtliche Position" des Handwerks verstanden. Das „Recht" Gewerbe zu betreiben, ist an sich ein Eigenthum. Man nahm es ohne jegliche Entschädigung, indem man gerade so den Mittelstand expropriierte, wie man früher den Adel expropriiert und die Kirchengüter säcularisiert hat"[92].

---

[89] Hoffmann, W. G.: Wachstum ..., a.a.O., S. 39.
[90] Vgl. Kapital: Veränderung des handwerklichen Kapitalstocks, S. 57ff.
[91] Stadtarchiv Siegen, S. 2041, Schneider, H.: Das Handwerk und wie kann ihm geholfen werden? a.a.O., S. 7.
[92] STAM, OP, 2774,II, 1879–1885, S. 82.

Bei der Gewerbefreiheit ist zu unterscheiden zwischen einem quasi metaökonomischen menschlichen Grundrecht, das sich geistesgeschichtlich allmählich entwickelte und in politischen Deklarationen aktualisiert wurde und verfassungsmäßig garantiert wird und dem für das ökonomische und darüber hinaus ganze System notwendigen Regulierungsmechanismus, der dieses Grundrecht, den Freiheitsraum ökonomischer Gestaltungsmöglichkeiten, auf ein funktionales, d.h. auf die Funktionsfähigkeit des Systems abzielendes Maß reduziert. Dieser Rückzug eines relativ abstrakten Grundsatzes auf einen konkreten Realisierungsbereich wurde u.a. notwendig durch einen Indentitätsverlust von Freiheit und liberaler Konkurrenz, die im klassischen liberalen Denken und auch wohl in historischer Wirklichkeit einmal zwei Seiten einer Sache darstellten. Es mag wesentlich mit der Ausgliederung und Autonomsetzung und damit verbunden der Stärkung eines Staates, d.h. des politischen Systems, verbunden sein, daß die liberale Selbstregulierung – wobei das Zunftwesen wohl auch als Instrument der Selbstregulierung von Interessen und nicht als von außen aufgesetzte Institution verstanden werden muß – abgelöst wird durch eine wirtschaftspolitische Zielsetzungstendenz, die, und das scheint wichtig, sich durch ihre spezielle Funktion innerhalb des sozialen Systems, Erstellung verbindlicher Entscheidungen, allgemeine Zielsetzung (goal attainement) von Systemzielen, über die partikularischen Individual- und Gruppeninteressen hinausgehen muß. Die Entwicklung von wirtschaftspolitischen Zielen für den ganzen Systembereich ist also zu verstehen als Prozeß der Generalisierung von Interessen, als Entwicklung von partikularistischen zu universalistischen Zielkriterien, oder auch als Zunahme von Kollektivorientierungen gegenüber Selbstorientierungen. Für die Gewerbefreiheit heißt das, daß sie stets als Instrument innerhalb eines Rahmens der Gewerbeverfassung aufzufassen ist – also prinzipiell reguliert – und als unbegrenzter Freiheitsraum des ökonomischen Systems[93].

Die Tendenz der Gewerbepolitik bis zum Weltkrieg war bestimmt durch „die allmähliche Lösung vom „laissez-faire" – Dogma und das Streben nach einem optimalen Freiheitsgrad. In den zahlreichen Novellen zur Gewerbeordnung, die das 1869 konstituierte Quantum an gewerblicher Betätigungsfreiheit langsam wieder verringerten, kam zum Ausdruck, daß der Gesetzgeber das Maß an realisierbarer Freiheit immer besser erkannte"[94].

Der zu weite Rahmen der 69er Gewerbeordnung, ihr Mangel an Schutz- und Ordnungsinstrumenten in ihrer wirtschafts-liberalistischen Akzentuierung äußerte sich besonders stark im Problem der Lehrlingsausbildung, das in dem Gutachten des Vereins für Sozialpolitik sowie in seinem Bericht über die gewerblichen Fortbildungsschulen (1875, 1879) aktualisiert wurde. „Den Höhepunkt und zugleich Abschluß der zahlreichen ausbildungstechnischen Beschränkungen, die in dieser Phase der

---

[93] Zur differenzierten Ausprägung des Handwerksrechts. Vgl. Fischer, W.: Handwerksrecht und Handwerkswirtschaft, a.a.O., S. 61ff.

[94] Tuchtfeldt, E.: Gewerbefreiheit ... a.a.O., S. 42. Zur Vielzahl der Abänderungen der Gewerbeordnung (GO) vgl. Landmann–Rohmer, Kommentar zur GO, 10. Auflage, Bd. 1, München und Berlin 1952, S. 6ff.

Gewerbepolitik eingeführt wurden, bildete die Beschränkung der Lehrlingsausbildung auf Handwerksmeister im Jahre 1908. (sog. kleiner Befähigungsnachweis)"[95].

1881 wurden die Innungen durch eine Novelle zur Gewerbeordnung wieder zu öffentlich-rechtlichen Korporationen. Eine zentrale Funktion war die Übertragung der Aufsicht über das Lehrlingswesen.

An anderer Stelle ist hingewiesen worden auf eine breite Enttäuschung des Handwerks bezüglich des Charakters der neuen Innungen, welche sie hauptsächlich als ein Instrument zur schnellen wirtschaftlichen Gesundung verstanden, in Unkenntnis der elementaren Bedeutung des Faktors ‚Ausbildung' in einer leistungsorientierten Wettbewerbsgesellschaft. Die Bemühungen waren in der Folgezeit auf die Schaffung einer straffen Berufsorganisation gelegt, die eine optimale Selbstregulierung interner Belange gewährleisten sollte; also eine Autonomsetzung gegenüber staatlichen Verwaltungsbehörden, denen nach der GO etwa die Aufsicht über die Innungen oblag[96]. Es wäre zu fragen, welche Folgen diese Grenzsetzung und Selbstdefinition von Problemen für gesamtgesellschaftliche Bedürfnisse, etwa der Lehrlingsausbildung, haben könnte. Diese Frage scheint deshalb legitim, weil es zweifelhaft ist, ob die wesentliche Motivation des Handwerks zur Gründung von Handwerkskammern und Zwangsinnungen mit umfangreicher Selbstverwaltung aus Anpassungsbestrebungen an die komplexere Umwelt oder aus Erhaltungsabsichten eines überholten und stark an Selbstinteressen der Meister orientierten Gesellschaftsmusters bestand.

Die Zwangsinnung, die man in bestimmten Kreisen des Handwerks konsequent und mit intensiven propagandistischen Mitteln forderte – als Institution der Einschränkung des Marktzutrittes durch den Befähigungsnachweis – hatte in ihrer radikalen Artikulation bewußte Erhaltungsfunktion.

„So sollten die Innungen an die Stelle der früheren Zünfte treten und deren Funktionen hauptsächlich insoweit erfüllen, als sie wirtschaftlicher Natur waren. Die Regelung der Konkurrenz würde sich dann so gestalten, daß dem Handwerker durch die Überwachung der Innungen stabile und auskömmliche Preise gesichert wären. Es sollte also vor allem die Preisunterbietung und der unlautere Wettbewerb der Pfuscher verhindert werden"[97].

Die Bemühungen der Handwerker zur Gründung von freiwilligen Innungen waren wenig erfolgreich.

„Es sei bemerkens- und zugleich bedauernswerth, daß die Handwerker von dieser ihnen gesetzlich garantierten Befugnis, die vorhandenen Innungen mit dem Geiste

[95] Tuchtfeldt, E.: Gewerbefreiheit ..., a.a.O., S. 43f.

[96] Vgl. Hannemann, L.: Entwicklung der neueren korporativen Bindungen, a.a.O., S. 40.

1884: Den höheren Verwaltungsbehörden wird die Möglichkeit gegeben, die Lehrlingshaltung in Gewerbebetrieben auf Innungsmitglieder zu beschränken.

1887: Den Innungen wird das Recht verliehen, auch nichtorganisierte Außenseiter zu Beiträgen für Schiedsgerichte, berufliche Fachschulen und zur Förderung des Herbergswesens heranzuziehen.

[97] Hannemann, L.: Die Entwicklung der neuen korporativen Bindungen im deutschen Handwerk, Diss. Frankfurt, 1936, S. 38/39.

der neuen Gesetzgebung zu beleben oder aus diesem Geiste heraus neue Innungen zu schaffen, bis jetzt nur einen sehr beschränkten Gebrauch gemacht hätten.

Offenbar sei noch kein genügendes Verständnis darüber erwacht und die Vorstellung von der Unzulänglichkeit der vielfach in veralteter Form fortbestehenden Zunftverbindungen noch überwiegend. Der Handwerkerstand habe aber auch in sich noch nicht die Thatkraft wieder gefunden, um aus eigener Initiative die bessernde Hand an unverkennbare Schäden und Nothstände zu legen und habe sich in den Gedanken hineingelebt, daß Heilung nur durch Staatshülfe zu erreichen sei"[98].

Eine radikale Minderheit versucht in der Folgezeit die Gesetzgebung des Reichstages zu beeinflussen, um über eine mit Sanktionsmöglichkeiten ausgestattete Institution die weniger innungsfreundlichen Handwerker zum Beitritt zu zwingen.

„Nie und nimmer werden wir uns dieses gefallen lassen und werden Jeden, der für eine solche Vorlage stimmt als unseren ärgsten Feind betrachten. Auf den Wortlaut der Vorlage (Entwurf zur Handwerkernovelle – d. Verf.) verbietet uns unsere „Standes-Ehre"; aber protestieren wollen wir feierlich, denn einer solchen Vorlage, die unser bischen Standesbewußtsein ganz untergräbt und in Folge dessen nur dem Umsturz in die Hände arbeitet, in dem sie uns dem Kapital rettungslos übergiebt, müssen wir Handwerker mit aller Macht entgegenarbeiten"[99].

Schließlich wird 1897 die sog. „Handwerkernovelle" zur Gewerbeordnung verabschiedet, mit fakultativem Innungszwang, d.h. die Mitgliedschaft bei einer Innung konnte Zwang werden, wenn die Mehrheit der Handwerker des betreffenden Gewerbezweiges in einem Gebiet sich dafür entschied und die höhere Verwaltungsbehörde die Genehmigung dazu erteilte. „Entscheidend für die Milderung (gegenüber der obligatorischen Zwangsinnung) war neben dem süddeutschen Widerstand vor allem die Tatsache, daß damals nur rund zehn Prozent aller Handwerker den freiwilligen Innungen angehörten. Damit waren die Erfolge um so beachtlicher, die von dieser kleinen Minderheit dank ihrer Realität errungen werden konnte. Die liberale Kritik wies schon damals daraufhin, daß mit dem Gesetz von 1897 den Handwerkern praktisch der Weg zur Durchsetzung ihrer noch unerfüllten Forderungen (Befähigungsnachweis und obligatorische Zwangsinnung) geebnet war"[100].

Zwar setzten sich in der Folgezeit die gemäßigten Kräfte im Handwerk durch, gleichwohl war und blieb das Handwerk, der gewerbliche Mittelstand aus einer verschiedentlich erläuterten Tradition heraus, durch die lange Verquickung von außerökonomischen Variablen und irrationalen Motivationen mit wirtschaftlichen Handlungen jener Gesellschaftsteil, der am schwersten mit den Kriterien des rationalen Wettbewerbsprozesses des Marktsystems fertig wurde. Die Fähigkeit zu marktwirtschaftlichem Denken muß in einem langen Bildungsprozeß erworben werden; von daher war die Gewerbeordnung von 1869 ein formaler Akt, der inhaltlich erst ausgefüllt werden mußte, ein wesentlicher Grund für die handwerkliche Misere,

---

98 STAM, OP, Bd. 2774, II.
99 Stellungnahme der Handwerker in: STAM, OP, Bd. 2800[1] 1893–94.
Vgl. auch Westfälische Volkszeitung vom 4. Sept. 1893, Nr. 202.
100 Tuchtfeldt, E.: Gewerbefreiheit ..., a.a.O., S. 47.

weil diese „Füllung“ nur zögernd und gegen Widerstände der Betroffenen geleistet werden konnte[101]. Die Chance des freien Marktzutrittes ohne Zunftregulierung, das Motiv zum „selbständig werden“ ohne Qualifikation bilden den strukturellen Hintergrund der Gewerbefreiheit, aus der heraus sich der Druck der Anbieter entwickelte und deren Frontstellung gegen die Gewerbefreiheit. Der Kampf des selbständigen Handwerks richtete sich gegen zwei Erscheinungsformen der Gewerbefreiheit, in denen sich der „Notstand des Handwerks“ nach Ansicht der Betroffenen manifestiert: „gegen die ‚Übersetzung‘ und gegen die ruinöse Konkurrenz“[102].

„Der Tatbestand, der als Übersetzung eines Gewerbes bezeichnet wird, ist daher immer schon aus der mittelständischen Perspektive gesehen. Allgemein versteht man in diesem Sinne unter Übersetzung, daß in einem Gewerbe mehr Anbieter miteinander konkurrieren, als erforderlich sind, um jedem ein standesgemäßes Einkommen zu sichern. Damit wird im Prinzip das Ausscheiden leistungsschwacher Anbieter aus dem Markt negativ bewertet“[103].

Die Übersetzung eines Handwerks, d.h. das Ausscheiden leistungsschwacher Anbieter aus dem Markt dürfte sich – wenn die Klagen der Handwerker berechtigt sind – in der Zahl der Konkurse und Zwangsversteigerungen niederschlagen. Bevor wir diese Anregung Fischers[104] aufgreifen, soll darauf verwiesen werden, daß sich die Zahl der Selbständigen und Abhängigen in beiden Regierungsbezirken von 1875–1907 erhöht. Die Neugründungen von handwerklichen Betrieben – d.h. die Erhöhung der Zahl der Selbständigen – läßt darauf schließen, daß in den betroffenen Branchen erhöhte Gewinne erzielt werden. Die Handwerker, die sich selbständig machen, glauben also ebenfalls entsprechende Gewinne realisieren zu können.

Durch die erhöhte Zahl der Anbieter kommt aber ein zusätzliches Angebot auf den Markt, das bei konstanter Nachfrage zu einem Preisrückgang führt. Die Gewinnsituation in den Betrieben verschlechtert sich, wobei sich nur wirtschaftlich gesunde und leistungsstarke Betriebe auf dem Markt behaupten können. In diesem, auf ein Marktgleichgewicht hin tendierenden, den Angebotsüberhang beseitigenden Prozeß geraten leistungsschwache Betriebe in wirtschaftliche Schwierigkeiten, die unter anderem in der Zahl der Konkurse und Zwangsversteigerungen sichtbar werden können.

Inwieweit konjunkturelle Schwankungen zum Ausscheiden strukturell schwacher Betriebe beitragen, wäre ebenfalls zu prüfen.

In einigen Branchen – z.B. Schneider und Schuhmacher – kann zeitweilig ein umgekehrtes Verhalten festgestellt werden. In dem Augenblick, in dem die größeren Betriebe auf einen starken Nachfragerückgang mit der Entlassung von Arbeitkräften reagieren, versuchen die entlassenen Handwerker durch eine selbständige Tätigkeit – d.h. durch eine Flucht in die Selbständigkeit – Einkommen zu erhalten. Dies gilt aber nur für jene Branchen, in denen das Gründungskapital besonders niedrig ist. Im Kontext dieser Analyse ist aber noch auf einen anderen Zusammenhang hinzu-

---

101 Vgl. Fischer, W.: Handwerksrecht und Handwerkswirtschaft, a.a.O., S. 65.
102 Vgl. Tuchtfeldt, E.: Gewerbefreiheit, a.a.O., S. 93.
103 ebenda S. 93.
104 Fischer, W.: Handwerksrecht und Handwerkswirtschaft, a.a.O., S. 70.

weisen. Die Auftragsstruktur handwerklicher Betriebe verändert sich in einigen Branchen beträchtlich. Dieser Zusammenhang soll an einem Beispiel erläutert werden. Die Gelsenkirchener Handwerker beklagen sich darüber, daß „die Industrie ihre Aufträge an auswärtige Handwerker" vergibt[105]. Die Industrie rechtfertigt sich und stellt fest, daß „das vorwiegend kleinbetrieblich" strukturierte Gelsenkirchener Handwerk „nicht in der Lage" sei, „diese Aufträge auszuführen"[106].

Die Bündelung der Nachfrage, die Größe des jeweiligen Auftrages stützt nicht nur die leistungsfähigeren Handwerker, sondern löst offenbar eine Konzentrations- und Wachstumsbewegung im Handwerk aus. Innerhalb weniger Jahre verringert sich zum Beispiel die Zahl der Kleinbetriebe mit 1 bis 2 Beschäftigten, bei den Maurern und Zimmerern um 80%[107].

Damit paßt sich der Handwerker der spezifischen Nachfrage der Industrie an. Bei den bisherigen Überlegungen waren wir davon ausgegangen, daß der nach Selbständigkeit strebende Handwerker ausschließlich ökonomisch agiert. Die Gründung eines Betriebes setzt demnach – neben den betriebswirtschaftlichen Kenntnissen – auch ausreichende Information über die Marktkonstellation der betreffenden Branche voraus. Fehlende Kenntnis der Marktaufnahmefähigkeit und als Folge davon ein möglicher Angebotsüberhang in Verbindung mit unzureichenden unternehmerischen, kaufmännischen Fähigkeiten, erhöhen die Gefahr von Fehlgründungen. Die spezifische Wirtschaftsgesinnung, „nämlich das Streben nach „standesgemäßem" Lebensunterhalt gibt" dem Marktverhalten der mittelständischen Anbieter andere Impulse als das reine Erwerbsprinzip, das der Konkurrenzvorstellung zugrunde liegt"[108].

Ausgehend von diesen Implikationen wirtschaftlichen Handelns kann unterstellt werden, daß sich die wirtschaftlichen Schwierigkeiten des Handwerks mit den Konkursen und Zwangsversteigerungen indikativ erfassen lassen.

Konkurs und Zwangsversteigerung werden vorläufig definiert als Ergebnis eines Sanktionsprozesses für strukturell disfunktionales Verhalten im Teilsystem „Wirtschaft".

Konkurse und Zwangsversteigerung kennzeichnen einen Tatbestand, der als Folge eines Verhaltens und dessen Motivation zu verstehen ist, das den strukturellen Eigengesetzlichkeiten und Ansprüchen des Wirtschaftssystems nicht genügt. Konkurs ist darüber hinaus ein Mechanismus der Ausselektierung von Fehlverhalten, Fehlorientierung und Fehlanpassung innerhalb eines im wesentlichen durch die Preis – Markt-Beziehung sich selbst regulierenden Wirtschaftssystems. Diesem System stand als funktionales Äquivalent in der traditionellen Wirtschaftsordnung bezüglich des Regulierungscharakters von Marktchancen ein vorbeugender, durch Selek-

---

[105] Vgl. Verwaltungsberichte der Stadt Gelsenkirchen, 1878, S. 9ff.
[106] ebenda Jg. 1880, S. 24; 1881, S. 26f. und 1885/86, S. 11.
[107] ebenda Jg. 1904–1920, S. 14ff. und S. 55f. Nach der Anzahl der erteilten Baugenehmigungen werden – soweit aus den Akten ersichtlich – im Jahresdurchschnitt 230 Wohn- und Geschäftshäuser und 45 Fabrikanlagen gebaut.
[108] Tuchtfeldt, E.: Gewerbefreiheit ..., a.a.O., S. 111.

tion von Eintrittschancen in das System gekennzeichneter Stabilisierungsapparat – Innung – Zunft – gegenüber, der durch „strenge“ Definitionen von Eintrittsbedingungen und Auswahlkriterien den Marktzutritt begrenzte; dadurch Fehlanpassung auf ein Minimum reduzierte und zur Stabilität und Konsistenz des Systems beitrug. Konkurs als struktur-funktionales Element der Ausselektierung – im Gegensatz zur Vorselektierung etwa durch Leistungsnachweis – von leistungsschwachen Systemeinheiten aus dem ökonomischen Prozeß ist in dieser Weise in einem traditionellen Wirtschaftsmodell kein Strukturelement. Das Ausscheiden aus dem Bereich des selbständigen Handwerks war wesentlich durch außerökonomische, nicht so sehr durch systembedingte und im System eingeplante Variablen verursacht. Durch den umfassenden Anspruch der Zunft und der damit verbundenen relativ autonomen Sicherungsmechanismen wurden diese Probleme als „Interne“ abgeleistet. Die durch die Eintrittsbeschränkungen und andere Bedingungen erhaltene Stabilität wurde durch den Zuwachs an interner und Umweltkomplexität – Ursachen und Folgen der Industrialisierung – zu einem Problem, das die Möglichkeiten der ständischen Eigenleistungen überstieg.

Konkurs ist durch einen doppelten Funktionsaspekt gekennzeichnet:

a) Selektionsmechanismus zur Ausgliederung leistungsschwacher Anbieter,
b) Dysfunktionalität bezüglich der persönlichen und sozio-ökonomischen Implikationen, wie mangelnde Vorbereitung auf Selbständigkeit, Fehlanpassung an sich verändernde Wirtschaftsdaten und Imperfektionen des Wirtschaftssystem, die sich u. U. in Krisen äußern.

Die Beziehung zwischen sozialem Wandel und Konkurs ist ebenfalls doppelseitig:

a) Konkurs als Symptom strukturellen Wandels,
b) struktureller Wandel kann durch Konkurse verstärkt werden, wenn deren Umfang zum Stabilitätsproblem wird und nicht mehr mit traditionellen Lösungen abgeleistet werden kann“[109].

Konkurs und Zwangsversteigerung lassen sich soziologisch auch als strukturell bedingte Anomie, als Divergenz von gesellschaftlichem Wertsystem und normativer Realisationschance beschreiben.

Anders ausgedrückt:

Konkurse und Zwangsversteigerungen verdeutlichen die Divergenz zwischen den Prämissen kapitalistischem Wirtschaftsverhalten und dem Mangel an entsprechenden Ausbildungsinstitutionen und -inhalten, die erst die grundlegenden Chancen für adäquates Verhalten legen könnten[110].

Die theoretische Konzeption, daß Konkurse und Zwangsversteigerungen typischerweise Ausdruck struktureller ökonomischer Instabilität sind, läßt sich durch die Daten für die ausgewählten Gewerbe im Regierungsbezirk Arnsberg und Münster nun in sehr differenzierter Weise belegen.

---

[109] Die vielzitierte „Instabilität der Gewerbestruktur“ findet hier ihre Erklärung.

Vgl. Tuchtfeldt, E.: Gewerbefreiheit, a.a.O., S. 87f.

[110] Vgl. S. 151ff.

Zur Analyse der ausgewählten Handwerke:

1. Die Bäcker sind in beiden Bezirken durch eine einheitlich positive Tendenz bezüglich der Betriebs-, Beschäftigten- und Einkommensentwicklung gekennzeichnet. Es zeigt sich, daß der Betriebszuwachs in den Jahren 1895 bis 1907 erheblich höher ist als in der Periode von 1875 bis 1895 und daß die Zuwächse im Regierungsbezirk Arnsberg erheblich über denen im Regierungsbezirk Münster liegen. Da es hierfür keine monokausale Erklärung geben kann, soll an dieser Stelle nur auf das starke Bevölkerungswachstum und auf die Ausgliederung der Brotherstellung aus der Subsistenzwirtschaft hingewiesen werden.

Die Konkursraten sind für Arnsberg in der zweiten Periode niedriger, in Münster ansteigend. Die Zwangsversteigerungen steigen im Regierungsbezirk Münster leicht an, während sie im Regierungsbezirk Arnsberg leicht zurückgehen. Während die Konkursquoten im Rahmen einer „natürlichen“ Selektion betrachtet werden könnten und nicht unbedingt Ausdruck wirtschaftlicher Instabilität sein müssen oder von Funktionsverlust und Niedergang zeugen, liegen die Zwangsversteigerungen – wie bei den anderen Gewerben – recht hoch, was auf einige Schwierigkeiten unterhalb einer Schwelle des Ausscheidungsprozesses hinweist, also mehr konjunkturelle und personale Gründe haben dürfte.

2. Die Buchbinder haben für beide Bezirke zunächst negative und von 1895 bis 1907 positive Betriebsentwicklungen aufzuweisen. Der Betriebsrückgang wird jedoch durch Zunahme der Beschäftigtenzahlen kompensiert und drückt nur bedingt eine wirtschaftliche Negativphase aus. Vielmehr läßt sich die Expansion der Betriebe und deren Anzahl (1895–1907) interpretieren als wirtschaftlicher Aufschwung, der im Regierungsbezirk Arnsberg auch begleitet wird von abnehmenden Konkursen und Zwangsversteigerungen, während im Regierungsbezirk Münster die Konkurse erheblich ansteigen.

3. Die Buchdrucker zeichnen sich durch erhebliche Betriebs- und Beschäftigtenzunahmen bei gleichzeitiger Steigerung der Einkommen aus. Die Entwicklung ist für dieses Gewerbe besonders günstig, zumal die Anzahl der Konkurse und „Zwänge“ sehr gering bzw. kaum relevant sind.

4. Ebenso unbedeutend sind die entsprechenden Werte für das Fleischergewerbe, wobei für den Regierungsbezirk Arnsberg erhebliche Betriebszuwächse festzustellen sind, während für den Regierungsbezirk Münster zunächst ein Betriebsrückgang eintritt, bei Zunahme der Unselbständigen und Wachstum des Gesamteinkommens.

5. Im Klempnerhandwerk sind die Konkurs- und Zwangsversteigerungsraten regional sehr unterschiedlich. Im Regierungsbezirk Münster steigt die Konkursrate noch an, während sie im Regierungsbezirk Arnsberg zurückgeht. Die Zahl der Selbständigen und Unabhängigen und die Einkommen steigen aber in beiden Regierungsbezirken.

6. Bei einem leichten Anstieg der Zahl der Betriebe und Beschäftigten im Sattlerhandwerk der beiden Regierungsbezirke, liegen in der ersten Phase die Konkurse und Zwangsversteigerungen im Regierungsbezirk Arnsberg relativ hoch. Die Zahl der Unselbständigen stieg aber in der gleichen Zeit um 183%, d.h. die Betriebe ha-

ben sich – gemessen an der Zahl der Unselbständigen – vergrößert. Ausgeschieden sind in erster Linie die „Ein-Mann-Betriebe".

7. Das Korbmacherhandwerk geht in beiden Regierungsbezirken eindeutig zurück. Die Konkurse und Zwangsversteigerungen liegen im Regierungsbezirk Arnsberg bei 2,9% bzw. 3% (1875 bis 1895). Der starke Rückgang dieses Gewerbes drückt sich nur bedingt in Konkursen und Zwangsversteigerungen aus, wenn man die entsprechenden Werte (von 1875 bis 1895 7 Konkurse und 8 Zwangsversteigerungen) als „natürliche" Auslese definiert. Der Ausscheidungsprozeß ist trotz seiner Radikalität unproblematisch, da die Korbmacher in den Korbwaren- und Kinderwagenfabriken höhere Einkommen erzielen als aus selbständiger Tätigkeit[111].

8. Der konjunkturelle und strukturelle Einfluß macht sich bei den Maurern besonders bemerkbar. In der ersten Phase (Regierungsbezirk Arnsberg) geht die Zahl der Selbständigen zurück, während die Zahl der Unselbständigen um über 50% zunimmt. Der Trend zum Großbetrieb ist unverkennbar. Der konjunkturelle Einfluß zeigt sich in der ersten Phase in der Zahl der Zwangsversteigerungen und ab 1895 im Ansteigen der Konkurse. Diese Aussagen sind auch für den Regierungsbezirk Münster gültig.

9. Die unterschiedliche Entwicklung der Schlosser in beiden Regierungsbezirken ist interessant, weil die Zahl der Selbständigen im Regierungsbezirk Arnsberg ständig zurückgeht, während sie im Regierungsbezirk Münster ständig steigt. Da die Betriebszugehörigkeit im Regierungsbezirk Arnsberg mit erheblichen Zuwächsen an Beschäftigten einhergehen, erklärt sich der Konzentrationsprozeß als Entwicklung zu größeren Betrieben mit durchschnittlich 16 bzw. 23 Beschäftigten, die das alte Handwerk übersteigt. Die Schlosser entwickeln sich zur „Klein-Industrie" und haben sowohl im Bausektor als auch als Zuliefer zu Industriebetrieben gute Marktchancen. Die „Industrialisierung" dieses Handwerks geht im Regierungsbezirk Münster nur sehr langsam voran. Die Konkurs- und Zwangsversteigerungsraten sind angesichts dieser Entwicklung kaum relevant, obwohl die Konzentrationsbewegung im Regierungsbezirk Arnsberg von 1875 bis 1895 mit einer Zwangsversteigerungsrate von 4,7% begleitet wird.

10. Die positive Entwicklung der Betriebs- und Beschäftigtenzahlen der Schneider in beiden Regierungsbezirken wird durch hohe Konkurs- und Zwangsversteigerungsraten eingeschränkt. Auch bei den Schneidern zeigt sich wieder die Interdependenz von hoher Zwangsversteigerungsrate in der ersten und hohen Konkursen in der zweiten Periode. Gleichzeitig nehmen die Betriebszahlen um 30% (Regierungsbezirk Münster) und 43% (Regierungsbezirk Arnsberg) zu.

11. Das Schuhmachergewerbe entwickelt sich in Arnsberg und Münster genau umgekehrt. Im Regierungsbezirk Arnsberg steigen zunächst die Betriebszahlen um 8% um dann fast 10% abzunehmen. Im Regierungsbezirk Münster verläuft dieser Pro-

[111] Stadtarchiv Münster, Semester-Berichte über die Lage der Industrie von 1883–1900, Fach 137, Nr. 74.

Die Korbmacher erhielten in der Korbwarenfabrik 932,– Mark Jahreslohn; als Selbständige kamen sie auf 675,– Mark jährlich (1875).

zeß umgekehrt. Die Konkurse und Zwangsversteigerungen liegen zu allen Zeitpunkten im Regierungsbezirk Arnsberg höher. Diese Entwicklung hat einen doppelseitigen Aspekt: In der ersten Periode wandern sehr viele Schuhmacher aus dem Regierungsbezirk Münster in den sich stärker industrialisierenden Regierungsbezirk Arnsberg. Auch unter den Fernwanderern sind viele Schuhmacher. Eine rückläufige Wanderungsbewegung setzt ein, als sich der Bergbau in den Städten Recklinghausen, Gelsenkirchen, Gladbeck und Bottrop stärker entwickelt. Der Anteil der Schuhmacher an der Handwerksbevölkerung ist auffallend hoch.

12. Das Zimmererhandwerk als ein von der Baukonjunktur besonders abhängigen Gewerbe, tendiert ebenfalls zur Betriebsvergrößerung. So nimmt die Zahl der Betriebe in beiden Regierungsbezirken stark ab. Die Zwangsversteigerungsraten liegen bei 5,6% im Regierungsbezirk Münster und 10% im Regierungsbezirk Arnsberg. In der ersten Periode gehen auch die Einkommen der selbständigen Handwerker in beiden Bezirken zurück.

Die struktur-konjunkturelle Analyse der einzelnen Handwerke läßt folgende allgemeine Aussagen zu: In der „Großen Depression" geraten einige Handwerksbranchen in wirtschaftliche Schwierigkeiten, die sich insbesondere in der Höhe der Zwangsversteigerungen äußern.

Die ausgewählten Branchen zeigen von 1875 bis 1895 – bezogen auf den Regierungsbezirk Arnsberg – 242 Konkurse und 2582 Zwangsversteigerungen gegenüber 89 Konkursen und 315 Zwangsversteigerungen von 1895 bis 1907. Entsprechend für Münster von 1875 bis 1895 29 Konkurse und 912 Zwangsversteigerungen und von 1895 bis 1907 85 Konkurse und 625 Zwangsversteigerungen"[112].

Jahresdurchschnitte von Konkursen und Zwangsversteigerungen[113]

Reg. Bez. Arnsberg	Konkurse	Zwangsversteigerungen
1875–1895	12,1	129,1
1895–1907	7,4	26,2
Reg. Bez. Münster		
1875–1895	1,4	45,6
1895–1907	7,0	52,0

Die einfache Umrechnung zeigt deutlich, daß der ökonomische Selektionsprozeß im Regierungsbezirk Arnsberg von 1875 bis 1895 wesentlich schärfer gewesen sein muß als im Regierungsbezirk Münster. Umgekehrt verläuft dann die Entwicklung im Regierungsbezirk Münster. Die strukturellen Änderungen treten offenbar mit einem gewissen time-lag im Regierungsbezirk Münster erst ab 1895 auf.

[112] Die Datenreihen für die Regierungsbezirke Arnsberg und Münster sind in der zweiten Periode nicht ganz vollständig, so daß sich die Zahl der Konkurse und Zwangsversteigerungen noch erhöhen dürfte.

[113] Die Gesamtzahl der Konkurse und Zwangsversteigerungen wurde auf die jeweiligen Beobachtungszeiträume in Jahresdurchschnitten umgerechnet, d.h. z.B. daß im Reg. Bez. Arnsberg von 1875–1895 im Durchschnitt 12 Konkurse pro Jahr angemeldet wurden.

Tab. IXa: Konkurse und Zwangsversteigerungen im Regierungsbezirk Münster in % 1875 bis 1907[a]

	1875–1895	1895–1907	1875–1895		1895–1907	
	Betriebe[b]	Betriebe[c]	Konkurse[d]	Zwangsverst.[e]	Konkurse[f]	Zwangsverst.[g]
Bäcker	+ 0,9	+ 13,5	0,7	5,5	1,9	5,9
Buchbinder	– 15,8	+ 9,3	0	2,4	4,7	1,2
Buchdrucker	+ 8,5	+ 60,5	0	0	0	0
Fleischer	– 20,7	+ 34,0	0,3	5,1	0,6	3,7
Klempner	+ 39,8	+ 47,4	0	4,2	3,1	2,0
Korbmacher	– 68,0	– 19,8	0	0	0	0
Maurer	– 6,5	+ 1,9	0,1	6,5	0,4	1,1
Sattler	+ 23,5	+ 18,6	0	7,1	1,2	3,5
Schlosser	+ 49,1	+ 21,1	0,9	7,1	0,7	0,9
Schneider	+ 2,1	+ 29,9	0,3	16,8	5,8	16,2
Schuhmacher	– 2,0	+ 2,2	0	4,6	0	0
Zimmerer	– 48,4	– 31,3	0,2	5,6	0,8	0

a Die absoluten und relativen Zahlen für 1875 bzw. 1907 sind Werte von 1876 bzw. 1909, da nur diese vorlagen. Die absoluten Werte wurden entnommen den Amtsblättern der königlichen Regierung zu Münster von 1875–1910.

b Berechnet auf das Basisjahr 1875.

c Berechnet auf das Basisjahr 1895.

d Prozentualer Anteil an den Betrieben von 1875.

e Da Zwangsversteigerungen auch gegen unselbständige Handwerker vollzogen wurden, erfolgte die Umrechnung auf die Summe aus der Zahl der Betriebe und Beschäftigten von 1875.

f Prozentualer Anteil an den Betrieben von 1895.

g Prozentualer Anteil an Summe aus der Zahl der Beschäftigten und Betriebe.

Tab. IXb: Konkurse und Zwangsversteigerungen im Regierungsbezirk Arnsberg in % 1875 bis 1907[a]

	1875–1895	1895–1907	1875–1895		1895–1907	
	Betriebe	Betriebe	Konkurse	Zwangsverst.	Konkurse	Zwangsverst.
Bäcker	+ 13,9	+ 32,2	2,0	10,15	0,7	9,5
Buchbinder	– 8,6	+ 4,4	2,5	1,2	1,0	0
Buchdrucker	+ 39,4	+ 92,7	1,0	0	0,7	0,3
Fleischer	+ 29,1	+ 28,8	1,1	0,6	0,1	0,5
Klempner	+ 37,8	+ 26,5	2,8	4,7	0	0,4
Korbmacher	– 17,1	– 28,2	2,9	3,0	1,0	0,4
Maurer	– 16,6	+ 21,8	0,2	5,2	0,1	0,2
Sattler	+ 23,0	+ 9,2	2,6	6,6	0	0,6
Schlosser	– 24,9	– 2,9	0,9	4,7	0,2	0,03
Schneider	+ 14,4	+ 43,4	0,9	2,8	0,4	0,2
Schuhmacher	+ 7,9	– 9,1	0,6	5,5	0,3	3,8
Zimmerer	– 55,1	– 15,7	0,4	10,0	0,8	0,9

a Die absoluten und relativen Zahlen für 1875 bzw. 1907 sind Werte von 1876 bzw. 1906. Die absoluten Werte wurden entnommen den Amtsblättern der königlichen Regierung zu Arnsberg von 1875–1910. Zur Berechnung der Daten vergleiche die Fußnoten b–g Tab. 9a.

Auffallend ist dabei, daß in fast allen Handwerken, in denen von 1875 bis 1895 erhebliche Zwangsversteigerungen durchgeführt wurden, in der zweiten Periode auch höhere Konkurse zu verzeichnen sind.

Wie ist nun diese Entwicklung zu erklären? In der Abschwungsphase, die fast die gesamte Periode (1875–1895) umfaßt, treten unverkennbar wirtschaftliche Schwierigkeiten auf. Um den Betrieb aufrechtzuerhalten werden Kredite aufgenommen, die aber nur gegen entsprechende Sicherheiten (Gebäude, Grundstücke etc.) zu erhalten sind. Kurzfristig wird die Liquidität der Betriebe verbessert. Da die fixen Kosten der Handwerksbetriebe nicht sehr hoch sind und während der Krise auch kein hohes Umlaufkapital notwendig ist, kann angenommen werden, daß die Kredite mehr konsumptiven Charakter haben. Mit Beginn der Aufschwungphase steigt auch die Nachfrage nach handwerklichen Leistungen. Bei den materialintensiven Handwerken – dies trifft auf die meisten o.a. Handwerke zu – hängt die Ausführung der Aufträge von der Rohstoffbeschaffung ab, d.h. der selbständige Handwerker muß so liquide sein, daß er bis zur Ablieferung und Bezahlung der hergestellten Produkte kreditieren kann. Der Kreditspielraum bei den von der Zwangsversteigerung betroffenen Handwerken dürfte aber sehr gering sein. Eine Rohstoffbeschaffung auf Kredit scheidet weitgehend aus. Die Folge davon ist, daß derartige Betriebe zu Beginn der Aufschwungphase nicht mehr „arbeitsfähig" sind und ausscheiden. Die vorangestellte Interpretation wird allerdings ein wenig durch folgende Überlegungen eingeschränkt: In Aufschwungphasen sind – mit wenigen Ausnahmen – die Betriebsgründungen besonders hoch.

Hierbei kommt es zwangsläufig zu einer Erhöhung des Angebots. Zwei Typen von Neugründungen schlagen dabei besonders auf die Entwicklung der Konkurse und Zwangsversteigerungen durch.

a) Es treten leistungsstärkere Anbieter auf, wodurch jene alten Betriebe, welche hart an der Rentabilitätsgrenze arbeiten, besonders getroffen und aus dem Markt gedrängt werden.

b) Leistungsschwächere Anbieter können nicht den Marktanteil erobern, welcher für ihre Existenz notwendig wäre. Sie schmälern jedoch den Marktanteil ebenfalls schwacher, bereits vorhandener Anbieter, wodurch der Selektionsprozeß noch verschärft wird.

Konkurse und Zwangsversteigerungen lassen sich als Divergenz von gesellschaftlichem Wertsystem und normativer Realisationschance beschreiben. Gesellschaftliche Wertsysteme sind gemeinhin auch als institutionalisierte Normen in der Gesetzgebung verankert. Im nachfolgenden Exkurs über die Stellung des Handwerks im Wirtschaftsrecht wollen wir deshalb der Frage nachgehen, ob das HGB und die KO handwerkerfreundlich oder handwerkerfeindlich ist. Die Realisationschancen der handwerklichen Existenz sind wenigstens z.T. von der Wirtschaftsgesetzgebung abhängig.

Exkurs: Die Stellung des Handwerks im Wirtschaftsrecht – HGB und KO

Nach § 4, Abs. 1 des HGB sind die Handwerker und Kleingewerbetreibenden „Kaufleute minderen Rechts" – auch Minderkaufleute genannt –. Diesen Minderkaufleuten „sind einige Rechtsinstitute des Handels, welche sich nur für den Großbetrieb oder wenigstens nicht für den kleinen und den handwerksmäßigen Betrieb eignen, verschlossen. Der Kreis der Personen, denen die den übrigen Kaufleuten vorbehaltenen Handelsrechtsinstitute verschlossen sind", umfassen folgende Kategorien[114]:

a) Handwerker
b) Kleingewerbetreibende.

Handwerkern und Kleingewerbetreibenden werden folgende Rechtsinstitute versagt:

a) das Firmenrecht, d.h. eine Eintragung in das Handelsregister ist nicht möglich;
b) sie können keine Prokuristen bestellen;
c) sie besitzen nicht das Recht der Handelsbücher, d.h. sie sind von der Verpflichtung zur Buchführung, Inventuraufnahme und Bilanzierung befreit;
d) „das Recht der offenen Handelsgesellschaft und das der Kommanditgesellschaft" ist ihnen verwehrt[115].

Die rechtliche Einschränkung der Unternehmensform – wie Versagung des Firmenrechts, der OHG und KG – limitiert in mancher Beziehung den ökonomischen Handlungsspielraum des Handwerks. Zunächst wird der Handwerksbetrieb als Unternehmerform „minderen Rechts" betrachtet und damit in seiner wirtschaftlichen Leistungs- und Vertrauenswürdigkeit niedriger eingestuft.[116]

Die Versagung des Rechtsinstituts der Firma betrifft die Anmeldung und Eintragung in das Handelsregister[117].

Die Eintragung in das Firmenregister ist vom Gesetzgeber „zu einem Formalakt mit materieller Wirkung" erhoben worden, um die ökonomisch bedeutsameren Erwerbsschichten hervorzuheben[118].

Das konstitutive Element der Eintragung in das Handelsregister und das damit verbundene Recht, sich als Firma – möglicherweise mit Firmenzeichen – zu etablieren, wird von den Handwerkern als Statussymbol angesehen.

Die Handelsfirma – d.h. die Firma überhaupt – stellt sich den Handwerkern als Prototyp einer modernen und erfolgreichen Unternehmensform dar; eine Aufnahme in diesen Kreis der Firma bedeutete deshalb nicht nur ein Prestigegewinn, sondern auch eine Aufnahme in den Kreis anderer Wirtschaftsbeziehungen. Die zahlreichen Prozesse der Handwerker um Aufnahme in's Handelsregister weisen auf diese Zusammenhänge hin[119].

---

[114] Vgl. Bäcker, Buchbinder, Buchdrucker, Fleischer, Klempner, Schneider etc.
[115] Gareis, K.: Handelsgesetzbuch (HGB) vom 10. Mai 1897, München 1909, S. 22.
[116] Gareis, K.: HGB, a.a.O., S. 22.
[117] Vgl. § 29 HGB.
[118] Gareis, K.: HGB, a.a.O., S. 26.
[119] Vgl. Kap. Der rechtliche und institutionelle Rahmen der Handwerkswirtschaft, S. 27f.

Die Handwerker besitzen nach § 4 HGB nicht das „Recht der Handelsbücher", d.h. sie sind im Sinne der § 38–47 von der Verpflichtung zur Buchführung, Inventuraufnahme und Bilanzierung befreit. Dagegen ist „Jeder Kaufmann verpflichtet, Bücher zu führen und in diesen seine Handelsgeschäfte und die Lage seines Vermögens nach den Grundsätzen ordnungsgemäßiger Buchführung ersichtlich zu machen"[120].

Noch während der Verhandlungen über das Allgemeine Deutsche Handelsgesetzbuch von 1861 intervenierten die Handwerker, um eine Befreiung von der Buchführungspflicht zu erreichen. Die Buchführungspflicht wurde als ein Eingriff in das selbständige Wirtschaften des Handwerkers angesehen und scharf verurteilt. Das konstituierende Element des quantitativen Denkens wurde damit abgelehnt.

Nach § 39 HGB hat „jeder Kaufmann bei Beginne seines Handelsgewerbes seine Grundstücke, seine Forderungen und Schulden, den Betrag seines baren Geldes und seine sonstigen Vermögensgegenstände anzugeben und einen das Verhältnis des Vermögens und der Schulden darstellenden Abschluß zu machen"[121].

Die rechtlich fixierten Grundsätze ordnungsmäßiger Buchführung (§ 38 HGB) in Verbindung mit dem Nachweis der Vermögenswerte und Schulden sicherte die Wirtschaftsbeziehungen der Marktparteien in hohem Grade ab. Das für eine kapitalistische Wirtschaft notwendige Vertrauen konnte sich vor dem Hintergrund der rechtlich normierten Sanktionsmöglichkeiten wesentlich unproblematischer entwickeln[122]. Die Vertrauenswürdigkeit der Wirtschaftssubjekte konnte im Falle der gegenseitigen Kreditgewährung oder bei der Inanspruchnahme von Bankkrediten wesentlich gesicherter nachgewiesen werden. In diese Kreditketten, die man auch als wirtschaftliche Bezugsgruppen ansehen kann, vermochte das Handwerk nicht einzudringen.

Die Befreiung von der Buchführungspflicht führte nach und nach zu einer Distanzierung von bestimmten wirtschaftlichen Bezugsgruppen und erschwerte den Zugang zu bestimmten ökonomischen Ressourcen. Es erschwerte sich damit die Möglichkeiten der günstigen Krediterlangung.

Außerdem darf nicht vergessen werden, daß die Einhaltung bestimmter Usancen – z.B. in der Gewährung gegenseitiger Kredite – durch die Kontrollfunktion der Buchführung wesentlich erleichtert wird.

Der Status des Handwerkers als Minderkaufmann reduzierte nicht nur die Kreditmöglichkeiten, sondern war zugleich Ausdruck der wirtschaftlichen Entwicklungsstufe.

---

[120] Vgl. dazu Behrend, Fr.: Lehrbuch des Handeslrechts Bd. I. Leipzig 1886, S. 193 Anm. 12, 13. – Über die geschichtliche Entwicklung der kaufmännischen Buchhaltung vgl. Ricker, M.: Beiträge zur älteren Geschichte der Buchhaltung in Deutschland, in: Nürnberger Abhandlungen zu den Wirtschafts- und Sozialwissenschaften, Heft 25, Berlin 1967, S. 111ff.

[121] Gareis, K.: HGB, a.a.O., S. 62.

[122] Die Korruptionswelle des 19. Jahrh. ist u.a. ein Indiz für das fehlende Vertrauen und für die Unzugänglichkeit der Wirtschaftsgesetzgebung.

„Wohin es führt, daß das Gesetz nicht allen Kredit in Anspruch nehmenden Handelstreibenden Buchführung allgemein zur Pflicht macht, soll nun in folgenden Sätzen näher beleuchtet werden.

Infolge fehlender oder mangelhafter Buchführung verliert jeder Handelstreibende naturgemäß die Übersicht über seine Verhältnisse.

Um solchen abzuwenden oder aufzuhalten, greift der durch schlechte Disposition, infolge Fehlens der Buchführung in Geldverlegenheit und Not Geratene zu dem verzweifelten Mittel, die ihm auf Kredit zur ordnungsmäßigen Führung seines Geschäfts verkauften, daher anvertrauten Waren unter dem Einkaufspreis zu verschleudern.

Das Schlimme bei der Sache ist weiter der Umstand, daß durch die sich ihnen damit bietende Gelegenheit viele Schuldner unehrlich werden und Gelder oder sonstigen Werte zum Schaden der Gläubiger bei Seite schaffen können und dies vielfach auch tun, ohne daß diesen Betrügern für eine Bestrafung der Nachweis erbracht werden kann, weil bei der Nichtbuchführung jede Aufklärung unmöglich ist.

Verschlimmernd kommt noch hinzu, daß die bisher ohne Grund zur Buchführung Nichtverpflichteten damit gleichzeitig keine Pflicht haben, ihre Skripturen, als Briefe, Rechnungen, Quittungen, Wechsel etc. aufzubewahren. Mittels solcher Belege ließe sich in vielen Fällen auch ohne Buchführung noch eine Aufklärung über den Verbleib der Aktiv-Bestände verschaffen, aber es wird, weil das Gesetz zur Buchführung und zur Skripturen-Aufbewahrung nicht verpflichtet, dies in den meisten Fällen auch unterlassen“[123].

Den Handwerkern ist – wie oben bereits angedeutet – auch das Rechtsinstitut der „Offenen Handelsgesellschaft“ und der „Kommanditgesellschaft“ versagt. Die Umwandlung eines Unternehmens in die angeführten Unternehmensformen kann u.a. als eine bestimmte Finanzierungsart angesehen werden, weil die eintretenden Gesellschaften und Kommanditisten in der Regel Kapital- und/oder Vermögenswerte mit einbringen. Dieser Finanzierungsmodus ist daher für die Handwerker nicht relevant, sofern sie ihren Betrieb nicht „umgründen“ wollen[124]. Die Handwerker können allerdings einen „stillen Gesellschafter“ nach §§ 335–342 HGB haben. Erschwerend kommt noch hinzu, daß „auf die Kaufleute minderen Rechts auch § 351 HGB die Vorschriften über die Unzulässigkeit richterlicher Ermäßigung einer Konventionalstrafe (§ 348), über den Ausschluß der Einrede der Vorausklage (§ 349) und über die Gültigkeit formlos geleisteter Bürgschaften, Schuldversprechen und Schuldanerkenntnisse (§ 350) keine Anwendung finden“[125].

---

[123] Joseph, S.: Die Buchführungspflicht der Minderkaufleute und Handwerker. Eine Denkschrift zur Abänderung der unzeitgemäßen und schädlichen Bestimmungen im Handelsgesetzbuch. Hamburg 1900, S. 7f.

[124] Die Kommanditgesellschaften spielen mit Ausnahme einiger Möbelfabriken im westlichen Münsterland kaum eine nennenswerte Rolle in den untersuchten Regierungsbezirken. Dagegen sind über 50% der Pforzheimer Bijouteriebetriebe in der Form der Kommanditgesellschaft gegründet bzw. später umgegründet worden. Vgl. dazu Gerstner, P.: Die Entwicklung der Pforzheimer Bijouterieindustrie von 1767 bis 1907, Tübingen 1908, S. 278f.

[125] Gareis, K.: HGB, a.a.O., S. 23.

Die Einrede der Vorausklage wird gemäß § 349 HGB für Vollkaufleute ausgeschlossen, d.h. „dem Bürgen steht, wenn die Bürgschaft für ihn ein Handelsgeschäft ist, die Einrede der Vorausklage nicht zu. Das Gleiche gilt unter der bezeichneten Voraussetzung für denjenigen, welcher aus einem Kreditauftrag als Bürge haftet“[126].

In Verbindung von § 349 HGB und § 771 BGB ist zu beachten, daß der Bürge „die Befriedigung des Gläubigers verweigern“ kann, „solange nicht der Gläubiger eine Zwangsvollstreckung gegen den Hauptschuldner ohne Erfolg versucht hat“[127].

Welche Konsequenzen ergeben sich nun für den Handwerker aus den zitierten Rechtsvorschriften?

a) Konventionalstrafe

„Eine Vertragsstrafe, die von einem Kaufmann im Betriebe seines Handelsgewerbes versprochen ist, kann nicht auf Grund der Vorschriften des § 343 des Bürgerlichen Gesetzbuches herabgesetzt werden“[128].

Konventionalstrafen sind in der Regel nur bei besonders wichtigen Geschäften vorgesehen, um die Sicherheit der Vertragserfüllung zu erhöhen und um im Falle der zeitlichen Verschiebung der Vertragserfüllung etwaige Gewinn- bzw. Geschäftsausfälle auszugleichen.

Derartige Vertragsstrafen können im Geschäftsverkehr zwischen Marktparteien, die dem HGB unterliegen, nicht herabgesetzt werden. Da diese Regelungen für Kaufleute minderen Rechts, zu denen auch die Handwerker gehören, nicht zutreffen, können Konventionalstrafen gegenüber den Handwerkern herabgesetzt werden.

Der Vertragspartner des Handwerkers kann zwar auf Erfüllung der versprochenen Leistungen klagen, die vereinbarte Konventionalstrafe als Entschädigung für entgangene Gewinne bleibt in ihrer Höhe dem Richterspruch überlassen. Der auf Vertragserfüllung angewiesene Geschäftspartner gerät damit in eine etwas unsichere Situation, so daß möglicherweise derartige Verträge nur mit rechtlich gleichstehenden Partnern abgeschlossen werden.

b) Einrede der Vorausklage

Der Ausschluß von § 771 BGB macht deutlich, daß bei den unter das HGB fallenden Wirtschaftssubjekten die Gläubiger stärker geschützt werden. Da die Minderkaufleute nicht unter diese Bestimmungen fallen, werden konsequenterweise dem Bürgen bestimmte „Vorrechte“ eingeräumt. Nach dieser Analyse müßte man annehmen, daß den Handwerkern die Aufnahme von Bürgschaftskrediten besonders leicht gemacht wurde.

Der Bürgschaftskredit hat zwar – wie w.u. zu zeigen sein wird – eine besondere Bedeutung, doch ist die Gläubigerposition des Kreditgebers gegenüber dem Handwerker schwächer als gegenüber dem Kaufmann.

---

[126] ebenda, a.a.O., S. 328.

[127] BGB, 74. Auflage, Berlin 1959, S. 193.

[128] Gareis, K.: HGB, a.a.O., S. 328.

Es ist daher wahrscheinlicher, daß der Kreditgeber lieber einem Kaufmann als einem Handwerker Kredit gibt.

c) Formvorschriften der Bürgschaft

Nach § 350 HGB finden die Formvorschriften des BGB (§ 766 – Schriftform der Bürgschaftserklärung) auf Handelsgeschäfte unter Vollkaufleuten keine Anwendung. Bei den Minderkaufleuten müssen die Formvorschriften auch bei Handelsgeschäften etc. eingehalten werden. Die ökonomische Austauschbeziehung innerhalb des Handwerks und zwischen Handwerk und Vollkaufleuten werden durch diese Vorschriften erschwert, obwohl andererseits durch das „schriftliche Versprechen bzw. die schriftliche Form der Schuldanerkenntnisse" das Sicherheitsmoment stärker berücksichtigt wird"[129].

Die Kreditfähigkeit des Handwerkers wird noch durch einen anderen – auf die Konkursordnung (KO) bezogenen – Zusammenhang bestimmt. Zunächst ist zu unterstellen, daß es bestimmte Unterschiede in den Modalitäten des Konkursverfahrens für Minderkaufleute (§ 4 HGB) und Vollkaufleute im Falle der Zahlungsunfähigkeit (§ 102 KO) an Gemeinschuldner nicht gibt, sofern der Gemeinschuldner oder einer der Konkursgläubiger den entsprechenden Antrag stellen.

Ein faktischer Unterschied besteht insoweit, als es bei einem Minderkaufmann in aller Regel genügen wird, im Wege der Einzelzwangsvollstreckung nach dem 8. Buch der ZPO vorzugehen, während das Konkursverfahren vornehmlich einer größeren Gläubigerzahl zur Verfügung stehen wird, die durch die Konkursmasse gemeinschaftlich befriedigt werden soll. Andererseits kann nach § 811, Ziffer 5 ZPO das Handwerkszeug des Handwerkers nicht gepfändet werden. Sofern keine Vermögenswerte – Grundstücke oder Gebäude – vorhanden sind, ist der Handwerker nicht in der Lage, dem Sicherheitsbedürfnis der Kreditgeber nachzukommen. Daraus folgt aber auch, daß mangels Masse der Eröffnungsantrag zu einem Konkursverfahren abgewiesen werden kann[130].

Der Betrieb scheidet dann aus, ohne daß der Auslektierungsprozeß in Form des Konkurses oder der Zwangsversteigerung sichtbar wird. Vereinzelt gibt es Gläubigervereinbarungen zur Aufrechterhaltung der Betriebe, um nach und nach die Forderungen einziehen zu können.

In diesem Zusammenhang wird immer wieder die Frage gestellt, ob die KO gläubiger- oder schuldnerfreundlich ist"[131].

---

[129] Vgl. BGB, a.a.O., S. 196.

[130] Vgl. § 107 KO: „Abweisung des Eröffnungsantrages mangels Masse. Die Abweisung des Eröffnungsantrags kann erfolgen, wenn nach dem Ermessen des Gerichts eine den Kosten des Verfahrens entsprechende Konkursmasse nicht vorhanden ist".

[131] Die Bestimmungen des HGB sind hinsichtlich der Stellung des Handwerkers doppelseitig: Die Handwerker sollen im allgemeinen an den Verkehrserleichterungen teilhaben können, jedoch bei Zahlungsschwierigkeiten nicht mit den schweren Folgen wie bei Vollkaufleuten; so wird z.B. durch das Firmenrecht, die Buchführungspflicht und Prokuraerteilung die Haftung des Kaufmanns erheblich erweitert.

Die KO ist in ihrer gesamten Ratio nach zum Schutz der Gläubiger bestimmt, behandelt aber einzelne Gruppen von Konkursgläubigern durchaus unterschiedlich. So genießen etwa diejenigen, die Waren be- und verarbeiten (§ 1, Z. 2 HGB) als Voll- oder als Minderkaufleute dann besonderen Schutz, wenn sie ihre Forderungen aus einem Werkvertrag, ein gesetzliches Pfandrecht an der bestellten Sache des Gemeinschuldners erworben haben (etwa nach § 467 BGB). In diesem Falle können ihre Forderungen aus den betreffenden Gegenständen vorab, d.h. außerhalb des Konkursverfahrens, befriedigt werden. Sie bleiben also unberührt von der allgemeinen quotenmäßigen Aufteilung der Konkursforderungen (§ 49 I. Z. 2–4 KO).

Aus dieser mehr juristischen Analyse folgt, daß die Zwangsversteigerung als ökonomischer Sanktionsmechanismus mit in die Betrachtung einbezogen wird. Dies gilt insbesondere für das Handwerk.

g) Anpassungserfordernisse und strukturelle Veränderungen handwerklicher Betriebe

Im Anschluß an die Erörterungen über den Auslastungsgrad des handwerklichen Kapitalstocks soll nun auf den strukturellen Wandel des Handwerks unter dem Einfluß der technischen Entwicklung eingegangen werden. Die Entwicklung des Handwerks als „Modellfall" des sozio-ökonomischen Wandels manifestiert sich in Prozessen sozio-struktureller Differenzierung. Zentrales Charakteristikum eines Prozesses struktureller Differenzierung ist die Tatsache, daß ein bis dahin homogener Komplex von Rollen und Funktionen sich auffächert, wobei die neuentstandenen Rollen bzw. die neuentstandenen sozialen Einheiten auf einer höheren Ebene der Komplexität in bezug auf die überkommene soziale Einheit ein funktionales Äquivalent darstellt.

Das funktionale Äquivalent ist die Fabrik, die aus dem auf familialer Basis organisierten Handwerksbetrieb die Herstellung bestimmter Güter übernimmt und den traditionellen Handwerksbetrieb strukturell verändert.

Der Handwerksbetrieb im 19. Jahrhundert ist u.a. gekennzeichnet durch:

– Entsprechung von familialen- und Berufsrollen, d.h. die Handlungsmuster im ökonomischen Kontext entsprechen weitgehend denen im allgemeinen, familialen Bereich. Daher ist es typisch, daß Lehrlinge und Gesellen als „Quasi-Kinder" in die Meisterfamilie integriert sind. Ihre Rollenverpflichtungen als Mitglieder einer wirtschaftlichen Einheit sind direkt ableitbar aus ihrer Position als Mitglieder im sozialen System Familie.

– Multi-Funktionalität des handwerklichen Meisterbetriebes, d.h. über die Funktion der Güterproduktion hinaus ist dieser Träger diffuser, allgemeinerer Funktionen, wie z.B. der der Sozialisierung und des tension-mangement.

– Askriptiv bestimmte Autoritätsverhältnisse, d.h. daß z.B. Subordination unter die Autorität des Meisters typisch nicht so sehr unter dem Gesichtspunkt fachlicher

Qualifikation, sachbezogener und aufgabenspezifischer Befähigungsnachweise erfolgt, sondern durch Fixierung auf dessen diffuse Vaterrolle gerechtfertigt wird.

– Diffusität von Rollenfunktionen und -tätigkeiten.

a) Die Tätigkeiten der Produktion sind in sich wenig oder gar nicht arbeitsteilig differenziert, d.h. z.B., daß von der Behandlung des Rohmaterials bis zur Vollendung des Endprodukts alle notwendigen Arbeitsprozesse in „einer Hand", in einer einzigen Arbeitsrolle, vereinigt werden können.

b) die verschiedenen funktional notwendigen Rollentätigkeiten im sozialen System der handwerklichen Unternehmung, z.B. Produktion und Kontrolle, Kapitalmobilisierung, sind nicht ausdifferenziert und jeweils personell besetzt, sondern in der Meisterrolle zusammengefaßt.

In dem so charakterisierten pseudo-familialen Betrieb hinein werden Anstöße sozial-strukturellen Wandels wirksam. Die in diesem Zusammenhang interessierenden Faktoren sind insbesondere die technischen Innovationen.

– Die Entwicklung von Maschinen für relativ begrenzte Aufgaben setzt voraus, daß der gradlinige eindimensionale Weg von der Behandlung des Rohmaterials bis zur Endfertigung des zu verkaufenden Produkts in ‚bestimmte Produktionsabschnitte segmentiert wird. Es erfolgt also eine Differenzierung des bis dahin eindimensionalen Arbeitsvorganges in mehrere relativ autonome Tätigkeitsfelder, der Produktionsprozeß wird aufgefächert.

– Damit ist die Grundlage für die Bildung von differenzierten Berufsrollen gegeben. Auf der Basis eines segmentierten Arbeitsvorganges entsteht eine Mehrzahl von spezifischen sachbezogenen Erwartungen und Verhaltensaufforderungen, die sich zu spezifischen Rollen verdichten, d.h. es tritt eine starke Differenzierung eines homogenen diffusen Rollenkomplexes auf, die sich in einem Anwachsen der Zahl von Berufen ausdrückt. Während einige neue Berufe direkt aus den Rollen alter Handwerke ableitbar sind – z.B. aus dem Buchdruckerhandwerk: Drucker, Setzer etc. –, differenzieren sich auch neue Berufsrollen heraus, denen der Bezug zum traditionellen Handwerk weitgehend fehlt und bei denen die Orientierung an durch die Maschinen bestimmten Handlungsmustern im Vordergrund steht. Hier ist nicht die Herstellung eines Endproduktes von Bedeutung, sondern die Bedienung einer Maschine, d.h. die aus der Rolle ableitbaren Verhaltensaufforderungen sind expliziter, spezifischer; in sie geht nicht mehr so sehr eine zu existentieller Bedeutung hochstilisierte individuelle Fähigkeit ein, sondern vielmehr eine betriebswirtschaftlich weitgehend kalkulierbare Größe „Arbeitskraft", die so generalisierbar ist, daß sie in einer Vielzahl von Berufsrollen eingebracht werden kann[132].

– Eine große Zahl der neuen Maschinen war für den Einsatz im relativ kleinen handwerklichen Betrieb ungeeignet[133]. Der hohe Leistungsquerschnitt der Maschinen, ihre hohen Anschaffungs- und Betriebskosten überfordern den handwerklichen

[132] Das in sich einzigartige unverwechselbare Produkt wird zugunsten homogener Güter „zurückgedrängt". Das künstlerische Moment des Handwerks tritt im Widerspruch zur Forderung nach Effizienz.

[133] Vgl. Ausführungen über das Schwellenproblem, S. 64f.

Betrieb. Die begrenzten „menschlichen“ Ressourcen, die unzureichend rationalisierte Organisation, die mangelnde kaufmännische Orientierung und die typische Absenz eines Marktbewußtseins prägen die familiale Struktur eines Handwerksbetriebes[134].

Es erweist sich, daß der „Impact“ technischer Innovationen den überkommenen handwerklichen Betrieb strukturell überfordert, daß dieser von sich aus keine adäquaten betrieblichen Organisationstypen schaffen kann, die die veränderten Gegebenheiten auf systemgerechte Art und Weise integrieren können. Ein solcher Typus entwickelt sich losgelöst vom traditionalen Handwerk und übernimmt weitgehend dessen Funktionen: die Fabrik.

Die strukturellen Unterschiede zwischen Fabrik und handwerklichem Familienbetrieb lassen sich wie folgt zusammenfassen.

– Die Produktion in der Fabrik verläuft nach Maßstäben optimaler Effizienz unter dezidierter Betonung des Marktzusammenhangs, arbeitsteilig stark differenziert.

Dies bezieht sich einmal auf die weitgehende Segmentation des Herstellungsprozesses, zum anderen auf die Segmentation von Rollenkomplexen, von relativ autonomen Tätigkeitsbereichen, wie Management, Kapitalschöpfung, Kapitaleinsatz, der eigentlichen Produktion und Produktionskontrolle. In demselben Maß, wie die entsprechenden Rollen an Spezifität zunehmen, wächst der Personalbestand.

– Die Fabrik ist typisch außenorientiert, d.h. ihr primäres Ziel der Gewinnmaximierung drängt auf eine Stabilisierung der Systemumweltverhältnisse. Die relevante Umwelt ist in diesem Zusammenhang der Markt. Er gibt für die Fabrik den Bezugsrahmen für die Orientierung und zum Handeln ab. Der handwerkliche Betrieb ist typisch innenorientiert. Hier steht die Stabilisierung der systeminternen Wechselbeziehungen im Vordergrund. Beherrschend ist nicht so sehr eine extrem objektiv vorgegebene Marktsituation, sondern vielmehr das Bemühen um ein regelmäßiges qualitativ und quantitativ begrenztes Angebot an Gütern.

– Die Fabrikarbeit ist versachlichte Arbeit. In die Beziehung Hersteller – Endprodukt wird die Maschine zwischengeschaltet und damit die Herstellung von Gütern „entindividualisiert“.

– Die patri-linealen Autoritätsmuster des handwerklichen Betriebes werden in der Fabrik abgelöst durch funktionale Autoritätsmuster, d.h. nicht diffuse personalgetragene Qualitäten legitimieren Herrschaftspositionen, sondern Erwägungen fachlichen, sachorientierten, von der Person abstrahierten Könnens.

– An die Stelle der weitgehenden Sozialisierung der Lehrlinge im handwerklichen Betrieb tritt in der Fabrik der Aspekt der fachbezogenen Ausbildung, und zwar für eine spezielle fachbezogene Berufsrolle. An die Stelle einer Kultivierung der Gesamtpersönlichkeit inklusive der Vorbereitung auf das Handwerk tritt die Konditionierung von Arbeitskraft und die Schaffung von Leistungsmotivation in einem begrenzten ökonomischen Kontext. Historisch erweist sich, daß der neue Organisationstypus Fabrik das Handwerk existentiell bedroht. Es ist gezwungen, durch Strukturwandel seine Existenzfähigkeit zu sichern. Dabei liegt auf der Hand, daß der Wand-

---

[134] s. Kapitel IV, S. 124f.

lungsprozeß des Handwerks typisch reaktiv ist, daß das Hauptproblem das der Anpassung an vorgegebene Bedingungen ist.

Auf längere Sicht gesehen muß der strukturelle Wandlungsprozeß des Handwerks durch weitgehende Adaption von Handlungsmustern und Wertvorstellungen aus dem Fabriksystem gekennzeichnet sein. Das wenn auch zögernde Einfließen betriebswirtschaftlich-kaufmännischer Gesichtspunkte ist hierfür typisch. Ebenso die besondere Betonung der Notwendigkeit einer eingehenden fachbezogenen Ausbildung des Nachwuchses. Zentrales Merkmal ist jedoch eine Umorientierung des Handwerks auf dem „performance“-Aspekt, d.h. das Einbeziehen einer „objektiven Marktlage als Implikat einer dezidierten Leistungsideologie[135].

Die Übernahme von leistungsorientierten Handlungsmustern bedeutet einmal, daß die Mechanisierung des Handwerks vorangetrieben wird, und zum anderen, daß die Spezialisierung, d.h. die Auffüllung von Angebotslücken intensiver, systematischer erfolgt.

Der Wandel des handwerklichen Betriebs von einer diffusen, askriptiv-partikularistisch bestimmten zu einer spezifisch sachorientierten Einheit ermöglicht seinen Weiterbestand. In bezug auf das soziale System „Handwerk“ ist der Prozeß der strukturellen Differenzierung in dem Moment abgeschlossen, wenn sich die neu herausgebildeten strukturell gewandelten Subsysteme Fabrik – „moderner Handwerksbetrieb“ in ein gleichgewichtiges Zuordnungsmuster integriert haben.

Dieser Wandel des handwerklichen Betriebes soll an Hand von zwei realtypischen Fällen vertieft werden. Wir haben zwei sich unterschiedlich entwickelnde Handwerke herausgenommen, in denen sich der Impact technischer und organisatorischer Innovationen strukturell unterschiedlich auswirkt: das Schuhmacher- und das Buchdruckerhandwerk.

– Schuhmacherhandwerk: Als erste bedeutsame Entwicklung, abgesehen von Verbesserungen der Werkzeuge, auf dem Wege zur Technisierung des Arbeitsprozesses wird die Erfindung der Schaftnähmaschine angesehen, die etwa 1850 in Deutschland Verbreitung fand. Mit der Einführung verband sich:

a) ein beschleunigter Arbeitsprozeß,
b) Arbeits- und Lohnersparnis,
c) Bedienung durch weniger qualifizierte Personen.

„Während früher die Schaftarbeit nur von den geschultesten und zuverlässigsten Gesellen, meist jedoch vom Meister selbst gemacht wurde, wurde es jetzt umgekehrt“[136], d.h. die üblich qualitativ anspruchsvollen Rollenerwartungen werden durch den Gebrauch einer präzisen Maschine auf ein „Minimum“ an technischer Handhabung reduziert. Hierdurch wird das Problem der sachgerechten Besetzung dieses Teilvollzugs gelöst, da die Anforderungen auf einige Handgriffe reduziert werden, die ohne handwerkliche Ausbildung geleistet werden können.

---

135 Vgl. auch Kap. IV, S. 128f., S. 132f.

136 Behr, F.: Die volkswirtschaftliche Bedeutung der technischen Entwicklung in der Schuhindustrie. Leipzig 1909, S. 9.

Diese im Rahmen des handwerklichen Kleinbetriebes durch die Einführung der Schaftnähmaschine stattfindende Rollendifferenzierung zwischen weithin bestehender manueller Kunstfertigkeit und angelerntem Routinevollzug hat auf der zweiten betrachteten Ebene der zwischenbetrieblichen Arbeitsteilung weitere Konsequenzen, die sich in der Trennung von Boden- und Schaftarbeit manifestiert.

Aus dem handwerklichen, das ganze Produkt umfassenden Arbeitsvollzug entwickelt sich die spezialisierte Schaftstepperei[137]. In der Verselbständigung dieses Teilprozesses – Schaftstepperei – wird der Schuhmacher zum „Bodenarbeiter".

Die Auswirkungen dieser zwischenbetrieblichen Arbeitsteilung sind unter zwei Aspekten zu sehen:

a) Die gegenüber der Haltung eines teuren, qualifizierten Gesellen für die Schaftnäherei billigere „Lohnarbeit" der Stepperei trug dazu bei, daß „in den fünfziger und sechziger Jahren die Lage des Handwerks, wenn auch nicht besser, so doch auch nicht viel schlechter" wurde[138].

b) Die Inanspruchnahme der Schaftstepperei durch die Schuhmacher verstärkte die Entwicklung in Richtung „Fabrik". Aus den Schaftsteppereien entwickelten sich Schäftefabriken, die sowohl hinsichtlich ihrer technisch-maschinellen Ausstattung als auch bezüglich der „maschinengebundenen" spezifischen Berufsrollen den Rahmen des Handwerksbetriebes eindeutig überschritten.

In der Schäftefabrik entwickeln sich folgende Berufsrollen, die nach ihrem Qualifikationsanspruch geordnet wurden:

Modellschneider,
Zuschneider,
Vorrichter,
Stepper.

Schon hier beginnt ein Prozeß der Arbeitsteilung, der in der Herausbildung neuer Leistungsmuster kaum noch einen Rückgriff auf die traditionelle Berufsrolle des Schuhmachers erlaubte.

Eine noch bedeutendere Neuerung für die Entwicklung zur fabrikmäßigen Schuhproduktion war die Sohlennähmaschine, die Ende 1860 in Deutschland zur Verwendung kam. Sie „beseitigte" die Diskrepanz zwischen maschineller Schäfteproduktion und manueller Bodenarbeit. „Die Schaftnähmaschine wurde auch vom Handwerker freudig begrüßt und ist heute ein fast unentbehrlicher Bestandteil auch des kleinsten Zwergbetriebes. Die Sohlennähmaschine dagegen war schon infolge ihres hohen Preises, dann aber wegen ihrer Massenleistung von Anfang an nur für den Großbetrieb geeignet"[139].

---

[137] Für die Schaftstepperei sind zwei Unternehmertypen charakteristisch: a) Der mit etwas Kapital ausgestattete Schuhmachermeister kaufte sich eine Schaftnähmaschine und arbeitete als Lohnwerker. Die Schuhmacher brachten die zugeschnittenen Oberteile, und der spezialisierte Meister besorgte die Stepparbeit. b) Die Unternehmer der vorwiegend Handel treibenden Lederausschnittgeschäfte stellen Schaftnähmaschinen auf und belieferten die Schuhmacher mit fertigen Schäften.

[138] Behr, F.: Entwicklung in der Schuhindustrie, a.a.O., S. 21.

[139] Behr, F.: Entwicklung ..., a.a.O., S. 10.

Hier wird deutlich, daß der handwerkliche Kleinbetrieb diese Kapazitäten weder strukturell-innerbetrieblich noch absatzmäßig ausschöpfen konnte, zumal das Problem der „Produktivitätsdiskrepanz" zwischen diesen Leistungen und den noch manuell zu tätigenden Arbeiten auch auf die großbetriebliche Ebene übertragen wird.

Die Diskrepanz zwischen der enormen Leistungssteigerung innerhalb der Arbeitsbereiche „Schaft" und „Sohle" und den noch verbleibenden wichtigen Teilen handwerksmäßiger Technik – Annähen der Sohle an den Schaft – wird mit der Entwicklung der Zwickmaschine die das „Aufzwicken" des Schaftes auf den Leisten erledigte, aufgehoben.

Die spezifische Rollendifferenzierung innerhalb der Schuhfabrikation läßt sich an den funktional aufeinander abgestimmten Arbeitsvollzügen – Herstellung eines Herrenschnürstiefels – verdeutlichen[140]:

1 Stanzerei	11 verschiedene Tätigkeiten	9 teils gleichartige Maschinen wurden durchlaufen
2 Zuschneiderei	7 verschiedene Tätigkeiten	12 teils gleichartige Maschinen wurden durchlaufen
3 Stepperei	22 verschiedene Tätigkeiten	12 teils gleichartige Maschinen wurden durchlaufen
4 Zwickerei	11 verschiedene Tätigkeiten	6 verschiedene Maschinen wurden durchlaufen
5 Bodenarbeit	19 verschiedene Tätigkeiten	14 verschiedene Maschinen wurden durchlaufen
6 Ausputzerei und Fertigmacherei	26 verschiedene Tätigkeiten	14 verschiedene Maschinen wurden durchlaufen
	96 verschiedene Tätigkeiten	55 Maschinen

Die innerbetriebliche Sozialstruktur ist dem Arbeitsvollzug ebenfalls funktional zugeordnet:

I	II *Schaftarbeiter*	III *Bodenarbeiter*
Werkmeister	1 Zuschneider (Stanzer)	1 Stanzer
	2 Vorrichter (Bügler)	2 Absatzbauer
Modellschneider	3 Stepperinnen	3 Zwickler
		4 Näher
		5 Sohlenglätter
		6 Absatzaufsetzer
		7 Absatz- und Schnittfräser
		8 Absatz- und Schnittraspler
		9 Absatz- und Schnittabglaser
		10 Absatz- und Schnittpolierer
		11 Sohlen- und Gelenkausglaser

Diese Stufe der Schuhproduktion mit umfassender Rollendifferenzierung und einem lückenlosen System von Maschine trifft das traditionelle Schuhmacherhandwerk in der Weise, daß ihm die Schuhherstellung fast völlig entzogen sind.

[140] Nachfolgende Beispiele wurden zusammengestellt an Hand der Lohn- und Kalkulationslisten aus der Arbeit von Schöne, M.: Die moderne Entwicklung des Schuhmachergewerbes. Jena 1888. S. 88.

Die Reduktion des traditionellen Tätigkeitsfeldes – in der Diktion des Handwerks als „kapitalistischer Saugrüssel" apostrophiert – verändert die Struktur des Handwerksbetriebes auf drei Ebenen:

a) Die relativ homogenen Güter der Fabrikproduktion lassen Marktlücken entstehen, die die Fabrik nicht ausfüllen kann. Inhaltlich bedeutet dies für das Handwerk die Spezialisierung auf Maßanfertigung, die über das universalistische Marktprinzip nicht geleistet wird.

b) Die Übernahme der Reparaturfunktion.

c) Die Übernahme der Handelsfunktion.

Diese Funktionen verleihen dem Handwerk eine gewisse Autonomie, da die Beziehungen zum Fabriksystem nicht mehr unter dem Aspekt der Konkurrenzfähigkeit, sondern als integrierende Zuordnung zu betrachten sind.

– Buchdruckerhandwerk: Auch die Entwicklung des Buchdruckergewerbes ist gekennzeichnet durch technische und organisatorische Innovationen bzw. deren strukturellen und funktionalen Implikationen.

Es erscheint jedoch notwendig, einige wesentliche Unterschiede zwischen dem Schuhmacher- und dem Buchdruckergewerbe aufzuzeigen, sowohl hinsichtlich der Konsequenzen des Innovationsprozesses als auch bezüglich der historischen Entwicklung. Schon vor dem uns hier interessierenden Zeitraum waren maschinelle, technische Elemente in den Produktionsgang des Buchdruckergewerbes eingegliedert; die Trennung von Tätigkeitsbereichen „Setzer und Drucker" war bereits vorhanden[141].

Damit hängt zusammen, daß sich schon früh komplexe Betriebsformen entwickelten, die nach Art und Struktur der Produktion dem Bedarf an Büchern und Periodika gerecht wurden. Das manuelle Element der Produktion – die Erstellung von Schrifttypen – wird schon zu Beginn des 19. Jahrhunderts durch ein einheitliches Schriftmaß und Schriftsystem ersetzt. Die Verselbständigung dieses Produktionsprozesses in Form der Schriftgießereien löste die für den Eigenbedarf in der Drukkerei bestehende Gießerei ab. Diese zwischenbetriebliche Arbeitsteilung ermöglichte den Schriftgießereien eine „Massenproduktion" von uniformen Schrifttypen und den Druckereien den billigeren Bezug des Setzmaterials.

Dieser Rückgriff auf eine „historisch vorgezogene Massenproduktion" soll verdeutlichen, daß sowohl hinsichtlich der Spezialisierung von Berufsrollen wie der zwischenbetrieblichen Arbeitsteilung und Marktorientierung eine funktionale Tendenz schon vor der zweiten Phase der Industrialisierung gegeben war. Die Verbreitung der Schnellpresse – gegenüber der Handpresse – stellte mehr als die Einführung der Schaftnähmaschine einen quantitativen Leistungsgewinn dar und konnte relativ problemlos in die bestehenden Produktionssysteme aufgenommen werden. Gleichwohl ist zu konstatieren, daß die Verbreitung der Schnellpresse und später die Einführung der Zeilengießmaschine und Rotationspresse erhebliche „Folgen" für den Handwerksbetrieb hatte, da diese Innovationsimpulse die Differenzierung von Be-

---

[141] Vgl. die unorthodoxe Darstellung von M. Mc. Luhan: Die Gutenberg-Galaxis, Stuttgart–Wien 1968.

rufsrollen und die funktionale Arbeitsteilung tendenziell verstärkten. Die Übernahme der einzelnen speziellen Tätigkeitsmuster – wesentlich Setzen und Drucken – durch Spezialmaschinen verdichtete diese Muster zu ausschließlichen, rollenspezifischen und maschinenorientierten Handlungsvollzügen, die kaum noch auf der Ebene des „Ein-Mann-Betriebes" umfaßt werden konnten.

„Die Maschinerie des Betriebes paßte sich immer mehr den Eigenarten des besonders herzustellenden Produktes an und die Folge war, daß diese Spezialisierung" der Maschinen auf die Druckereien übergriff[142].

Auf der Ebene der Rollendifferenzierung äußerte sich diese Entwicklung in der Herausbildung von quasi zwei relativ selbständigen Subsystemen, denen die Berufsrollen „Setzer" und „Drucker" zugeordnet waren. Der handwerkliche Betrieb differenzierte seine das ganze Produkt umfassenden Arbeitsvollzüge funktional, d.h. die verschiedenen Tätigkeiten wurden – ähnlich wie im Fabrikbetrieb – zu speziellen Berufsrollen.

„Sobald sich das Buchdruckergewerbe über die allerkleinste Stufe, dem Alleinbetrieb, erhebt, tritt regelmäßig eine Arbeitsteilung ein, die zwischen Setzer und Drucker"[143].

Die Entwicklung auf der „zweiten Ebene" – die Herausbildung neuer betrieblicher Organisationsformen und ihre funktionale Spezialisierung – ist insbesondere bedingt durch die Einführung der Setzmaschine. Die Setzmaschine verkürzte den störenden time-lag des manuellen Setzens gegenüber den maschinellen Druckleistungen.

Die gleichgewichtige Zuordnung der beiden Subsysteme „Setzerei" und „Druckerei" führt zu hochgradig technisierten und kapitalintensiven Betriebesformen. Der Rückgriff auf die traditionelle Berufsrolle des Buchdruckers scheint angesichts der nachfolgenden auf mehreren Ebenen sich vollziehenden funktionalen Differenzierung kaum möglich[144]:

a) *Setzerei*	b) *Druckerei* Faktor	c) *kaufm. Abteilung*
Akzidenzabteilung Werkabteilung Zeitungsabteilung Inseratenabteilung (mit jeweils verschiedenen Rollen)	Maschinenmeister Hilfsarbeiter (Anlegerinnen, Auslegerin)	mit verschiedenen Rollenmustern

d) *Korrektorenabteilung*

e) *Stereotypie*

f) *Buchbinderei*

[142] Heller, A.: Das Buchdruckergewerbe, München 1911, S. 28.

[143] Heller, A.: a.a.O., S. 28f.

Wie weit diese Arbeitsteilung und Rollenspezialisierung fortgeschritten war, zeigt die Statistik des Tarifamtes der Deutschen Buchdrucker aus dem Jahre 1806. Von 56 302 = 90% aller Gehilfen sind 1803 = 3,2% Schweizerdegen. Schweizerdegen sind Gehilfen, die sowohl „setzen als auch drucken".

[144] Nachfolgende Beispiele wurden zusammengestellt nach: Statistik des Tarifamtes der Deutschen Buchdrucker, Berlin 1908.

In der Entwicklung des Buchdruckerhandwerks zeigen sich zwei Aspekte:

a) Die erwähnte Ausbildung eines zumindest doppelseitigen Arbeitssystems, das durch differenzierte typische Rollenmuster – „Setzer" und „Drucker" – gekennzeichnet ist, deren Integration prozessual-funktional auf der Rollenebene geleistet wird und nicht durch personale Verbindung der „Rollenbereiche" in einer Person. Von daher wird das traditionelle Bild des Buchdruckers in sachspezifische Berufsrollen überführt.

b) zum anderen wird – ähnlich den Entwicklungstendenzen des Schuhmacherhandwerks – deutlich, daß eine Funktionsverlagerung im Sinne der zwischenbetrieblichen Arbeitsteilung zu neuen bzw. strukturell veränderten sozialen Systemen führt: „Fabrik" und „strukturell verändertem Handwerk".

h) Selbständigkeit und Abhängigkeit im Bewußtsein der Handwerker

Die strukturellen Veränderungen des Handwerks, der Wandel des handwerklichen Betriebes von einer diffusen, askriptiv-partikularistisch bestimmten zu einer sachorientierten Einheit, lassen vermuten, daß auch in der Selbsteinschätzung der selbständigen Handwerksexistenz Veränderungen von der Standes- zur Leistungsorientierung stattgefunden haben.

Der Begriff der Selbständigkeit ist inhaltlich außerordentlich vielschichtig. Er umfaßt einerseits traditional bestimmte sozio-kulturelle und andererseits leistungsorientierte Handlungsmuster. Selbständigkeit ist gekennzeichnet durch „eine fast gleichmäßige Einstreuung unter alle Bevölkerungsgruppen (Handwerksdichte"; durch „die starke Verflechtung mit anderen Wirtschaftsteilen"; durch „die große Spannweite handwerklicher Berufstätigkeit von kümmerlicher Flickarbeit bis zu schöpferischem Kunstschaffen und zu ausgeprägter Unternehmerleistung"; durch „die enge und meist dauerhafte Bindung an Heimat, Volkstum, Familie und Überlieferung"; durch „die Verfügung über erarbeitetes und erspartes Eigentum"; durch „die Pflege der Selbstverantwortung", durch Berufsethos und Standesbewußtsein; durch starken politischen Ordnungssinn" und durch eine konservative Haltung"[145].

Die um die Jahrhundertwende einsetzende Mittelstandsdebatte brachte darüberhinaus zahlreiche andere Merkmale und Kennzeichen selbständiger Existenzen[146]. So sei der Handwerker vom Willen einzelner dritter unabhängig, habe jene erwünschte Selbständigkeit des Handelns, repräsentiere höhere Charakterfestigkeit und politische Stabilität und hebe den Handwerker durch seine Eigenverantwortlichkeit über die gesellschaftliche Unterschicht hinaus. Vielfach wurde auch die Selbständigkeit von der Besitzposition her beurteilt; der konkrete Besitz eines Gutes, eines Geldvermögens, einer Fabrik, eines Sparguthabens ist ein sichtbares Zeichen dieser Selb-

---

[145] Wernet, W.: Handwerks- und Industriegeschichte, a.a.O., S. 86.

[146] Schmoller, G.: Was verstehen wir unter dem Mittelstande? hat er im 19. Jahrhundert zu- oder abgenommen? in: Die Verhandlungen des achten evangelisch-sozialen Kongresses abgehalten zu Leipzig am 10. und 11. Juni 1897, Göttingen 1897, S. 132ff.

ständigkeit. Hier wird also die wirtschaftliche Besitzposition zum Statusmerkmal der Selbständigkeit.

Die Vielschichtigkeit des Begriffes „Selbständigkeit" wird dadurch noch erhöht, daß die abhängig Beschäftigten den Begriff Selbständigkeit häufig synonym mit dem Begriff „Meister" verwenden.

„Der Titel Meister tut garnichts zur Sache; seine Erwerbung hängt lediglich davon ab, ob ein Handwerker bemittelt genug ist, einen selbständigen Betrieb einrichten zu können, kann er das, so wird er sich Meister nennen, und zwar nicht zur Bezeichnung größerer handwerklicher Geschicklichkeit, sondern zwecks Dokumentierung seiner gewerblichen Selbständigkeit"[147].

Die Interpretationsbreite des Begriffes Selbständigkeit reicht offenbar von der Bezeichnung eines wirtschaftlichen Erfolges oder einer Leistung bis zur Adaption standes- und staatspolitischer Stabilisierungsfunktionen.

Für diese Untersuchung ist es daher sinnvoll jene Veränderungen des Selbständigkeitsbewußtseins anhand der Selbstzeugnisse der Handwerker aufzuzeigen. Nehmen wir hier noch einmal kurz die Ergebnisse auf, die bei der Einkommensanalyse des selbständigen Handwerks sichtbar geworden sind. Es zeigte sich, daß neben der Eigenverantwortlichkeit und Dispositionschance gleichzeitig auch der ökonomische Bezug von besonderer Wichtigkeit war. Die selbständigen Handwerker rechnen damit, daß sie ihren wirtschaftlichen Erfolg durch eigene Kombination der Produktionsfaktoren und durch eine eigene Marktpolitik über vergleichbare Einkommen anderer Berufsgruppen hinaus dokumentieren können. Das Einkommen der selbständigen Handwerker ist also hier eine Meßgröße um die Selbständigkeit im wirtschaftlichen Raum abschätzen zu können. Dieser gewissermaßen interne Selbständigkeitsbegriff der selbständigen Handwerker verlagert sich, sobald man nach außen hin argumentieren muß.

Das erzielte Einkommen soll hier offenbar durch ideologische Grundsätze untermauert werden und eine Rechtfertigung gegenüber der Öffentlichkeit finden. Das Selbständigsein führt zu einer typischen berufständischen Haltung, die sich nicht nur in wirtschaftlichen, sondern auch in ideologischen Bereichen bewegt. Dies trifft insbesondere dann zu, wenn die Geschlossenheit des Standes nicht abgesichert ist.

„Der Tüchtigkeit" und „dem Ansehen des Standes" gereicht es nicht zum „Vorteil", wenn „ein großer Teil des Nachwuchses nicht aus den Handwerkerkreisen" hervorgeht"[148].

Die erfolgreichen Handwerker, die die limitierenden Standesgrenzen überschreiten und damit das traditionale Selbstverständnis des handwerklichen Selbständigseins infragestellen, unterliegen der besonderen Kritik ihrer Standeskollegen. Schlossermeister Röper aus Hamm weist auf einer Handwerkerversammlung daraufhin, „daß namentlich die besser gestellten Kollegen für die minder günstig situierten eintre-

[147] STAM, OP 282/43.
[148] STAM, OP, Bd. 2800a, Vgl. Wittener Tagesblatt vom 4. Sept. 1893.

ten müßten. Auch wenn man nicht mehr Handwerker sei, dürfe man nicht der Sache untreu werden"[149].

Es wird „an das Ehrgefühl und an die Standesehre der Handwerksmeister, namentlich der Bessersituierten, appelliert", den „Brüdern in kleinen Verhältnissen" zu helfen"[150].

In der Tat sind es vor allem die erfolgreichen Handwerker, die durch entsprechende Innovationen wirtschaftlichen Erfolg hatten, die den Berufsstand Handwerk auch gegenüber der Öffentlichkeit in ein ganz neues Licht setzen.

Die divergente Einschätzung der Selbständigkeit durch die selbständigen Handwerker soll durch die nachfolgende Tabelle noch einmal deutlich gemacht werden. Aus den Selbstzeugnissen der Handwerker in den beiden Regierungsbezirken Münster und Arnsberg wählten wir jene Item aus, die eine positive, negative und unsichere Beurteilung der Selbständigkeit verdeutlichen[151].

Tab. X: Selbsteinschätzung der Selbständigkeit[152]

	Hat goldenen Boden in %		Teils – teils in %		Niedergang in %	
Jahr	Reg. Bez. Münster	Reg. Bez. Arnsberg	Reg. Bez. Münster	Reg. Bez. Arnsberg	Reg. Bez. Münster	Reg. Bez. Arnsberg
1875	22	31	48	25	30	44
1895	29	43	50	32	21	25
1907	34	53	51	41	15	6

Zunächst ist festzustellen, daß die handwerkliche Selbständigkeit um 1875 pessimistischer und vorsichtiger beurteilt wird als in den nachfolgenden Jahren. Diese Beurteilung scheint sinnvoll zu sein, denn bis 1875 sind in einigen Handwerken die „Niedergangstendenzen" verstärkt aufgetreten, sodaß der restriktive Sprachgebrauch überwiegt. Neben der optimistischen Betrachtung der Selbständigkeit, die hier durch das Item „Das Handwerk hat goldenen Boden" festgestellt werden sollte, ist auffallend, daß die Befragung der Quellen eine relativ große Kategorie der Meinungsäußerungen wiedergibt, die sich durch eine hohe Unsicherheit auszeichnen. Diese hohe Unsicherheit ist allerdings im Regierungsbezirk Münster wesentlich stärker ausgeprägt. Im Regierungsbezirk Arnsberg stellt man dagegen fest, daß die Meinungsbildung über Bestand oder Erschütterung des Handwerks offenbar wesentlich polari-

---

149 Versammlungsbericht der Handwerkerversammlung am 28. April 1901 in Witten, Stadtarchiv Witten, 3642.

150 Handwerkerfreund, 2. Jg. 1901, a.a.O., S. 74.

151 Quelle: a. Akten der Landratsämter
b. Versammlungsberichte der Handwerker
c. Petitionen und Zeitungen.

152 Aus dem o.g. Quellenmaterial wurde eine Stichprobe von 135 Items pro Vergleichsjahr entnommen und in die jeweils relevanten Kategorien eingesetzt und in aufgerundeten Prozentsätzen umgerechnet.

sierter ist, denn hier sind die Extremgruppen „Das Handwerk hat goldenen Boden" oder „das Handwerk ist vom Niedergang betroffen" wesentlich stärker ausgebildet. Die Beurteilung der Selbständigkeit verändert sich im Regierungsbezirk Münster von 1875–1907 nicht entscheidend, denn sowohl die positiven als auch die unentschiedenen Meinungsbilder verändern sich nur sehr langsam. Im Regierungsbezirk Arnsberg ist diese Veränderung wesentlich rascher und signifikanter. Die positive Beurteilung der Selbständigkeit nimmt sehr stark zu aber auch die Kategorie der Unentschiedenen, während die Kategorie der pessimistischen Betrachtung sehr stark zurückgeht.

Aus modernen Untersuchungen wissen wir, daß die positive Beurteilung der Selbständigkeit mit der Betriebsgröße korreliert, d.h. mit wachsender Betriebsgröße nimmt die positive Beurteilung der Selbständigkeit zu. Betrachten wir diesen Entwicklungsprozeß im Regierungsbezirk Arnsberg, so wird man sagen müssen, daß von 1875–1907 eine relativ starke Betriebsgrößenprogression stattgefunden hat und die Allein- und Kleinstbetriebe stark reduziert wurden. Unterstellt man diesem Vorgang die in modernen Untersuchungen gemachten Erfahrungen von der Beurteilung der Selbständigkeit je nach Betriebsgröße, so ist hier der Schluß möglich, daß durch die starke Reduzierung der Allein- und Kleinstbetriebe die negative Beurteilung der Selbständigkeit entsprechend abgenommen hat. Diese Feststellung zeigt sich auch an den Ergebnissen des Regierungsbezirks Münster. Die Kategorie „teils – teils" bleibt hier relativ hoch, sodaß bei der weniger starken Betriebsgrößenprogression ein gewisser Unsicherheitsfaktor im Bewußtsein der selbständigen Handwerker unverkennbar ist.

Es wäre interessant zu wissen, wie die im Handwerk abhängig Beschäftigten über die Selbständigkeit bzw. über das Selbstständigsein urteilen. Welche Klagen, welche Gesichtspunkte, welche Argumente werden vorgebracht um die Selbständigkeit zu bejahen, abzulehnen oder eine unterschiedliche Stellungnahme abzugeben.

Die nachstehende Tabelle ist aufgrund der Quellenbefragung entstanden und soll nur einen Anhaltspunkt bieten für den Beurteilungsraum, den die Abhängigen bei der Beobachtung der Selbständigen gemacht haben[153].

Die Kategorien „Kapital", „Schlechte Zeiten" und „Man kann gut leben" verweisen auf die Stellungnahmen der unselbständigen Handwerker, die in ihrem Bestreben nach Selbständigkeit auf das fehlende Gründungskapital, die schlechten Zeiten und auf die einkommensmäßig relativ gut abgesicherte selbständige Existenz aufmerksam machen.

Die Aufteilung nach Regierungsbezirken ist hier relativ unbedeutend, obwohl einige Unterschiede unverkennbar sind. Für beide Regierungsbezirke ist ein Merkmal besonders signifikant. Von 1875 bis 1907 werden von den abhängig Beschäftigten die Schwierigkeiten des Selbständigmachens aufgrund mangelnder Kapitalien offenbar sehr deutlich gesehen. Die Beurteilung der Selbständigkeit, bzw. die Möglichkeit sich selbständig zu machen, wird allerdings nicht nur vom Vorhandensein des Grün-

---

[153] Zum Auswahlverfahren vgl. Tabelle „Selbsteinschätzung der Selbständigkeit" und dortige Anmerkung, S. 115.

Tab. XI: Einschätzung der Selbständigkeit durch die Abhängigen

Jahr	Kapital in %		Schlechte Zeiten in %		Man kann gut leben in %	
	Reg. Bez. Münster	Reg. Bez. Arnsberg	Reg. Bez. Münster	Reg. Bez. Arnsberg	Reg. Bez. Münster	Reg. Bez. Arnsberg
1875	29	30	36	44	35	26
1895	41	42	38	32	21	24
1907	50	54	23	11	27	35

dungskapitals abhängig gemacht. Die Gesellen kalkulieren auch offenbar die wirtschaftliche Situation mit ein, denn sie sind der Ansicht, daß es sich in schlechten Zeiten nicht lohne, einen Betrieb aufzubauen. Die Beurteilung der Zeitumstände erfolgt hier allerdings nicht nur nach wirtschaftlichen, sondern auch nach politischen Gesichtspunkten. Die Kapitalargumente sind im Regierungsbezirk Arnsberg stärker ausgeprägt, zumal die durchschnittliche Betriebsgröße in diesem Regierungsbezirk größer ist und von daher zu Betriebsgründungen auch mehr Kapital pro Arbeitsplatz benötigt wird. Auf die Frage, ob man nun als selbständiger Handwerker gut leben kann oder nicht, gaben die Quellen in beiden Regierungsbezirken kaum unterschiedliche Antworten.

Die Gesamtbeurteilung fällt zwischen 1875 und 1895 etwas ungünstiger aus als von 1895 bis 1907. Signifikant ist natürlich hier die Tatsache, daß im Regierungsbezirk Arnsberg die Beurteilung des Selbständigseins relativ gut ausgeprägt ist. Auf der einen Seite wird das hohe Gründungskapital als Barriere des Selbständigmacherns angesehen und zum anderen wird die wirtschaftliche Existenzchance des selbständigen Betriebes hoch eingeschätzt. Diese Ergebnisse führen uns zu der Überlegung, daß offenbar bedeutende Strukturveränderungen hinsichtlich des Selbständigseins und Selbständigwerdens zu verzeichnen sind. Während man spätestens seit Einführung der Gewerbefreiheit den freien Marktzutritt stark erleichtert hat und damit auch größere Möglichkeiten des Selbständigmachens eröffnete, wird die Möglichkeit sich selbständig zu machen im letzten Drittel des 19. Jahrhunderts durch das ständige Steigen des erforderlichen Gründungskapitals sehr erschwert[154]. Andererseits kann unter vorsichtiger Beurteilung der hier herangezogenen Quellen gesagt werden, daß die wirtschaftliche Sicherung der selbständigen Existenzen etwas leichter wird. „Die Position der Selbständigkeit und des Selbständigwerdens wurde durch die liberale Marktwirtschaft denkbar erleichtert. Während das Selbständigsein ungebührlich leicht gemacht wurde, ist das Selbständigwerden mit allen Kunstmitteln der Wirtschaftslenkung erschwert, wenn nicht gar unmöglich gemacht worden. Einschränkungen der Gewerbefreiheit bildeten nur die kleinste dieser Hemmungen. Dem maximalen Vordringen selbständiger Kräfte steht eine zurückdämmende Kraft des Marktmechanismus gegenüber, die insbesondere durch das Vordringen

[154] Das höhere Gründungskapital bzw. dessen Mobilisierung erschweren die traditionelle Betriebsgründung, da der Geselle oder Meister nun viel länger warten muß, bis er das erforderliche Gründungskapital gespart hat.

des Großbetriebes die Möglichkeiten des Selbständigwerdens wesentlich einschränkten. Vorhandene Selbständigkeit findet durchweg einen besseren Schutz, während die Chance des Selbständigwerdenkönnens durch Zulassungen usw. schwindet"[155].

Die Sicherheit oder Unsicherheit des Handwerksbetriebes läßt sich auch danach beurteilen, ob die Lehrlinge und Handwerksgesellen lieber in einem kleineren oder in einem größeren Betrieb arbeiten. Bei den wenigen Stellungnahmen der Lehrlinge und Gesellen wird häufig davon gesprochen, daß der Großbetrieb sicherer sei als der Kleinbetrieb. Man muß allerdings hinzufügen, daß neben der Sicherheit des Arbeitsplatzes auch die Arbeitsbedingungen in kleinen, mittleren und großen Betrieben recht unterschiedlich sein können.

Exkurs: Die Rolle des Handwerks im wirtschaftlichen Wachstum

Die Rolle des Handwerks im wirtschaftlichen Wachstumsprozeß ist mit den verschiedensten Ansätzen immer wieder neu untersucht worden[156].

Aus den vorwiegend personalstatistischen Analysen – Zahl der Selbständigen und Abhängigen – konnte „der Anteil des Handwerks am Wachstumsprozeß nicht zutreffend" gekennzeichnet werden[157].

„Für eine endgültige Bewertung der Rolle des Kleingewerbes im Wachstumsprozeß" kommt es darauf an, „mit Hilfe repräsentativer mikroökonomischer Untersuchungen", deren Größen aggregiert werden, die konjunkturelle und strukturelle Entwicklung des Handwerks in der Gesamtwirtschaft dezidierter nachzuweisen[158].

An dieser Stelle greifen wir deshalb die Ergebnisse aus der vorangestellten Untersuchung noch einmal auf. Wir hatten festgestellt, daß die durchschnittlichen jährlichen realen Arbeitseinkommen der Selbständigen und Abhängigen zu den jeweiligen Vergleichszeitpunkten in der Mehrzahl der Branchen über dem entsprechenden von Hoffmann berechneten Realeinkommen in „Industrie und Handwerk" lagen[159].

Der auf regionaler Ebene ermittelte Kapitalstock der ausgewählten Handwerke wurde auf das Deutsche Reich extrapoliert. Er entwickelte sich in Relation zum gewerblichen Kapitalstock wie folgt:

1875 betrug der Anteil 16,2%, 1895 fiel der Anteil auf 8,8% zurück, um bis 1907 auf 10,4% anzusteigen[160].

Der handwerkliche Kapitalstock nimmt also von 1895 bis 1907 relativ stärker zu als der des Gesamtgewerbes. Insbesondere im stärker industrialisierten Reg.-

---

[155] Müller-Armack, A.: Genealogie der Wirtschaftsstile, a.a.O., S. 146.

[156] Vgl. Fischer, W.: Rolle des Kleingewerbes, a.a.O., S. 131ff.

Abel, W.: Zur Ortsbestimmung des Handwerks vor dem Hintergrund seiner Geschichte, in: Das Handwerk in der modernen Wirtschaft und Gesellschaft, a.a.O., S. 48ff.

[157] Fischer, W.: ebenda, S. 139.

[158] Fischer, W.: Rolle des Kleingewerbes, a.a.O., S. 139.

[159] Vgl. Abb. Nr. 1. [160] Vgl. Tabelle Nr. XI.

Bez. Arnsberg erhöht sich der Kapitalstock in dieser Periode beträchtlich. Diese Entwicklung von Einkommen und Kapitalstock läßt darauf schließen, daß die Wachstumsmöglichkeiten des Handwerks in dieser konjunkturellen Aufschwungphase noch nicht erschöpft waren. Wachstumsgrenzen liegen allerdings an den begrenzten Substitutionsmöglichkeiten zwischen „Arbeit und Kapital", die wiederum von Branche zu Branche variieren.

„Innerhalb des Handwerks hängt die noch vertretbare Grenzrelation der Produktionsfaktoren eines Unternehmens mit ihren Auswirkungen auf Leistung und Kosten in erster Linie ab von der Branche und hier wiederum vom jeweiligen Auftragsstrukturtypus. Nahezu starre Komplementaritätsbindungen zeigen sich im Dienstleistungsbereich (Friseure, Schornsteinfeger), während in anderen Handwerksbereichen, wie beispielsweise im Nahrungsmittelhandwerk, in mehr oder weniger eng begrenztem Rahmen Substitutionsmöglichkeiten gegeben sind"[161].

Infolge der relativ starren Komplementaritätsbindungen der Produktionsfaktoren „stellt der Arbeitskräfteengpaß" – aber auch die Qualifikation des Handwerkers – „eine besonders starke Expansionsbegrenzung dar"[162]. Neben der durch die Substitutionselastizität der Produktionsfaktoren „Kapital und Arbeit" begrenzten Wachstumsmöglichkeiten kommen noch funktionsbedingte Wachstumsbegrenzungen. So ist der Absatzradius – die Entfernung vom Betrieb zum Kunden – für bestimmte Handwerke entscheidend (z.B. für Konsum- und Dienstleistungshandwerke)[163]. Einigen anderen Branchen – z.B. Schneider, Goldschmiede und Kürschner – steht die Notwendigkeit einer ständigen Anpassung an die differenzierten Kundenwünsche vor Augen. Die Vergrößerung derartiger Betriebe führte ab einer bestimmten Schwelle zu stärkerer Arbeitsteilung. Mit zunehmender Arbeitsteilung und Spezialisierung wird die notwendige Anpassung infolge der Betriebsumstellungserfordernisse schwieriger.

Für weiterhin günstige Expansionsmöglichkeiten und Einkommenssteigerungen sprechen dagegen die Werte über die Arbeitsproduktivität. Sie blieben – zumindest im Reg.-Bez. Arnsberg – nicht hinter der gesamtwirtschaftlichen Arbeitsproduktivität zurück[164].

In der ersten Untersuchungsperiode von 1875 bis 1895, in der gewisse wirtschaftliche Schwierigkeiten im Handwerk unverkennbar waren – kumulieren offenbar die Wirkungen struktureller und konjunktureller Faktoren. Der marktwirtschaftliche Ausleseprozeß – verdeutlicht durch die Zahl der Konkurse und Zwangsversteigerungen – kann im Sinne Schumpeters als „Prozeß der schöpferischen Zerstörung" definiert werden, „der unaufhörlich die Wirtschaftsstruktur von innen heraus revolutioniert, unaufhörlich die alte Struktur zerstört und unaufhörlich eine neue schafft"[165].

---

[161] Laub, K.: Entfaltungsmöglichkeiten handwerklicher Unternehmen, in: Das Handwerk in der modernen Wirtschaft, a.a.O., S. 97f.

[162] ebenda S. 97.

[163] Dies gilt natürlich auch für industrielle Unternehmen, doch ist z.B. der Absatzradius einer Konditorei wesentlich kleiner als der einer Brotfabrik.

[164] Vgl. S. 81.

Die vielzitierte Krise des Handwerks ist in erster Linie eine Strukturkrise gewesen, da im gleichen Zeitabschnitt der Kapitalstock und die Arbeitsproduktivität zunehmen. Aufgrund dieser Entwicklung kann man annehmen, daß produktivere Anbieter in den Markt eingetreten sind. In der zweiten Phase von 1895 bis 1907 zeigt sich dann ein im Ganzen leistungsfähiges Handwerk, wobei der Reg.-Bez. Arnsberg besonders hervortritt. Insgesamt bestätigen diese Ergebnisse nicht die These vom Niedergang des Handwerks.

[165] Schumpeter, J. A.: Kapitalismus, Sozialismus und Demokratie, Bern 1946, S. 137f.

Tab. XII: Jahreseinkommen der Selbständigen in Mark

Deutsches Reich			
Handwerk	1875	1895	19o7
Bäcker	97 o83 7oo	192 814 795	264 91o o11
Barbiere	17 534 196	47 471 127	61 849 782
Böttcher	32 171 856	4o 476 688	23 929 213
Buchbinder	11 689 789	14 o99 396	2o 284 478
Buchdrucker	5 147 3o7	8 431 91o	14 6o9 553
Bürstenmacher	5 677 867	5 426 46o	6 313 769
Dachdecker	13 845 881	21 517 42o	18 725 ooo
Drechsler	15 23o o61	16 145 o96	17 661 696
Fleischer	97 635 447	151 578 o76	2o4 475 782
Glaser	8 754 328	12 821 548	18 453 825
Goldschmiede	7 753 o98	11 736 o72	11 917 44o
Graveure	-	3 1o9 47o	4 297 872
Klempner	18 o36 473	25 474 345	58 452 927
Korbmacher	15 284 o25	26 83o 845	34 871 848
Kürschner	6 817 16o	9 12o 396	11 769 36o
Maler	28 256 516	83 144 586	89 999 84o
Maurer	125 o77 492	1o6 138 35o	116 263 9oo
Mechaniker	3 5o2 86o	12 823 77o	29 294 99o
Metallgießer	4 615 oo2	2 668 77o	12 248 76o
Photographen	3 262 665	5 437 556	17 o7o 474
Sattler	27 572 4oo	35 334 472	47 8oo 2oo
Schlosser	25 134 816	31 599 7o8	46 o11 5o4
Schmiede	63 477 594	78 214 334	1o6 929 712
Schneider	144 384 747	346 795 248	533 676 493
Schuhmacher	158 247 468	245 447 1o4	286 434 512
Stellmacher	47 431 o5o	37 742 465	62 4o5 754
Tischler	136 891 648	2o1 428 31o	247 235 316
Uhrmacher	18 4o9 885	26 1o2 524	39 961 116
Zimmerer	85 627 815	38 152 35o	82 638 136

Tab. XIII: Jahreseinkommen der Unselbständigen in Mark

Deutsches Reich			
Handwerk	1875	1895	1907
Bäcker	47 524 028	167 693 760	278 972 650
Barbiere	4 866 519	41 856 750	61 545 960
Böttcher	13 382 597	31 281 068	38 483 540
Buchbinder	14 469 000	48 449 440	84 764 680
Buchdrucker	30 637 500	67 874 475	18[illegible] 277 384
Bürstenmacher	4 588 164	11 875 200	21 318 850
Dachdecker	3 902 010	25 189 600	42 988 080
Drechsler	13 225 842	19 019 520	38 312 410
Fleischer	27 299 237	130 670 280	198 515 150
Glaser	3 473 028	11 652 900	23 494 320
Goldschmiede	11 383 524	33 150 000	51 130 480
Graveure	–	9 050 650	15 477 840
Klempner	15 292 872	42 670 520	69 851 880
Korbmacher	4 509 450	12 968 688	17 719 380
Kürschner	23 955 221	8 393 650	13 396 960
Maler	11 141 501	82 613 250	173 030 480
Maurer	51 980 060	402 648 960	700 743 480
Mechaniker	4 867 320	112 653 940	525 875 220
Metallgießer	12 465 520	31 621 455	131 721 390
Photographen	–	7 382 960	13 079 751
Sattler	17 021 550	32 762 880	56 238 550
Schlosser	29 488 860	262 594 956	441 364 480
Schmiede	28 016 640	106 848 644	180 783 080
Schneider	44 069 000	169 951 020	318 710 200
Schuhmacher	54 144 423	147 789 000	179 172 622
Stellmacher	18 826 038	31 728 120	76 307 840
Tischler	78 878 842	300 127 380	487 020 240
Uhrmacher	8 377 056	19 301 790	33 180 030
Zimmerer	44 998 479	146 103 230	247 811 400

Tab. XIV: Kapitalstock der Handwerksbetriebe in Mark

Deutsches Reich			
Handwerk	1875	1895	1907
Bäcker	228 245 760	332 751 465	952 744 674
Barbiere	5 803 280	28 283 783	45 320 178
Böttcher	7 856 880	10 420 200	11 819 010
Buchbinder	17 551 560	50 404 760	107 639 448
Buchdrücker	22 981 860	52 470 248	196 455 210
Bürstenmacher	2 153 880	3 756 780	11 072 050
Dachdecker	7 868 420	33 483 400	39 500 000
Drechsler	9 450 110	7 428 652	11 596 832
Fleischer	564 287 976	609 983 985	1 242 577 459
Glaser	10 361 040	9 323 813	20 609 400
Goldschmiede	5 359 336	8 808 768	13 090 563
Graveure	–	2 954 700	3 877 938
Klempner	13 406 540	44 141 780	71 294 353
Korbmacher	4 755 030	21 773 838	49 844 960
Kürschner	2 187 102	4 744 296	6 421 528
Maler	11 888 584	27 661 410	51 834 020
Maurer	278 700 040	403 034 940	529 371 800
Mechaniker	2 914 616	22 008 915	96 471 660
Metallgießer	3 434 760	2 762 291	12 988 160
Photographen	1 997 550	3 918 436	8 564 748
Sattler	21 805 200	51 793 200	190 871 350
Schlosser	106 310 400	214 611 600	429 279 774
Schmiede	169 490 880	166 568 500	445 446 474
Schneider	32 180 850	78 342 300	147 305 760
Schuhmacher	27 499 560	188 262 400	258 892 732
Stellmacher	46 644 900	55 437 664	124 165 560
Tischler	355 770 560	550 050 000	1 313 037 300
Uhrmacher	12 573 250	21 765 440	31 252 260
Zimmerer	395 895 341	441 877 500	534 156 462

IV. Die soziale Struktur des Handwerks

Vorbemerkung

In den vorhergehenden Abschnitten unserer Untersuchung hatten wir versucht, die Rolle des Handwerks im Subsystem „Wirtschaft“ anhand ökonomisch-explikativer Kategorien zu analysieren.

In der nachfolgenden Analyse geht es uns zunächst um die sozio-kulturellen und sozio-politischen Aspekte der Legitimation und Identifikation im Wirtschafts- und Sozialbereich „Handwerk“[1].

Es stellt sich heraus, daß die traditionellen Formen der Legitimation und Identifikation im Industrialisierungsprozeß angetastet werden; ihre Verbindlichkeit wird infragegestellt durch Prinzipien der Rationalität und Effizienz.

Im Rekurs auf die Niedergangsthese soll nun gefragt werden, wie das Handwerk auf diese Veränderungen reagiert, welche Anpassungs- und/oder Restitutionsmechanismen bereitgestellt werden. Weiterhin interessiert uns die Frage, wie die traditionellen Verhaltensmuster und Wissensinhalte zugunsten adäquater und zeitgerechterer Handlungsdirektiven und Ausbildungsformen aufgegeben werden.

Schließlich möchten wir gerne wissen, welche Rolle die Fortbildungsschule in diesem Wandlungsprozeß spielt und welche Anpassungsalternativen sie bereitstellt, institutionell und inhaltlich. Wir werden deshalb die Entstehung der gewerblichen Ausbildungsformen zeitlich bis ins 18. Jahrhundert verfolgen und ihre strukturellen Veränderungen vom rezeptiv-partikularistischen Charakter zum technisch-propädeutischen Aspekt genauer aufzeigen. Die Darstellung wird deshalb auf längere Quellenzitate nicht verzichten können, zumal die soziale Topik der Zeit einfließt in unsere Sprachanalyse.

1. Sozio-kulturelle und sozio-ökonomische Aspekte der Legitimation und Identifikation im Wirtschafts- und Sozialbereich „Handwerk“

Das Problem der Legitimation verdeutlicht sich – überspitzt formuliert – in der starken religiösen und dogmatischen Absicherung vor abweichendem Verhalten; dokumentiert in einer starken Festigkeit von Erwartungen, von Einstellungen, selbstverständlichen Notwendigkeiten, Rechten und Pflichten. Die Identität der Legitimation für verschiedene Teilsysteme – Wirtschaft, Politik, Wissenschaft – stabilisiert diese in einem Maße, daß Abweichung nicht in der Verschiedenartigkeit von Wer-

[1] Vgl. Strukturschema der sozio-ökonomischen und sozio-kulturellen Variablen, S. 21.

ten und deren normative Realisation gesehen, sondern leicht in den Bereich des Krankhaften, Unnatürlichen, Magischen verwiesen wird[2].

Kennzeichen dieser Gesellschaften ist die Stabilität der Legitimitätsgrundlage. Gesellschaftliche und technisch-wissenschaftliche Fortschritte sind nicht ausgeschlossen, erreichen jedoch nicht den Grad der Bedrohung der „Autorität der herrschaftslegitimierenden kulturellen Überlieferungen“[3].

Eine schwer überschaubare Vielfalt standes- und gruppengebundener Rechte, Wertvorstellungen, Verhaltenserwartungen, Ehrbegriffe und sozio-kulturelle Leitbilder determinierte die wirtschaftlich produktiven Möglichkeiten der Handwerker[4].

So weist Wissell darauf hin, daß es in der Zunftzeit viele Vorschriften gegeben hat, „die die weitere Entwicklung des Handwerks hemmen mußten, indem sie den technischen Fortschritt“ unterbanden[5].

Die Verwendung neuer Werkzeuge und die Durchsetzung neuer Produktionsverfahren bedurften der Genehmigung durch die Zunft. Ausgehend von der „Idee der Nahrung“ sollte jedem Zunftgenossen eine ökonomische Vollstelle gesichert werden, so daß eine individuelle Ausdehnung der Produktion und Verbesserung der Technik den „Nahrungsspielraum“ der anderen Zunftgenossen eingeengt hätte[6].

Der Anspruch auf eine ökonomische Vollstelle manifestierte sich bei den Handwerkern des 19. Jahrhunderts in den Forderungen nach Einengung der Gewerbefreiheit und Einführung der Zwangsinnung. Der institutionelle Rahmen – die vermittelte Interaktion – wird zum stabilisierenden Imperativ gegenüber anderen gesellschaftlichen Teilbereichen, wie etwa Industrie, die nach Kriterien der Zweckhaftigkeit organisiert werden.

Von dieser Interpretation her wird die Bedeutung der Industrialisierung mit ihren vielfältigen Implikationen deutlich. Ihr historischer „Schwellencharakter“ liegt in der Tatsache, daß dieser Prozeß der Rationalisierung und Säkularisierung die Grenzen legitimierender Wirksamkeit von kulturellen Überlieferungen überschritt. Die Form traditioneller Legitimation wurde ersetzt durch eine Eigenlegitimation der Produktivität, des Wachstums, der Neuerung, der Wissenschaft, der Rationalität als Prinzip einer durchdachten und geplanten abgewogenen Zweck-Mittel-Beziehung, deren Kriterien der Erfolg, die Relation zwischen Aufwand und Leistung und nicht die Stabilität überkommener Interaktionsmuster waren. Rationalisierung auch als Ausdehnung der gesellschaftlichen Bereiche, deren Maßstäbe rationaler Entscheidung unterworfen werden, greift also traditionelle Weltinter-

---

[2] Die Kriterien der vorindustriellen Gesellschaft sollen hier nicht ausführlich wiederholt werden; sie ergeben sich auch teilweise aus der weiteren Darstellung des Handwerks und lassen sich vielleicht zusammenfassen durch eine multifunktionale Rollenstruktur, durch die Eindeutigkeit des Legitimationsproblems, durch Verhaltens- und Erwartungssicherheit auf Grund eines eindeutig institutionalisierten gesellschaftlichen Rahmens.

[3] Habermas, J.: Technik und Wissenschaft als „Ideologie“, Frankfurt 1968, S. 67.

[4] Braun, R.: Unternehmerverhalten, a.a.O., S. 251f.

[5] Wissell, R.: Des alten Handwerks Recht und Gewohnheit, Berlin 1929, Bd. I, S. 331f.

[6] Die verschiedenen Funktionen der Zünfte sind eingehend bewertet worden in: Fischer, W.: Handwerksrecht und Handwerkswirtschaft um 1800, a.a.O., S. 14ff.

pretationen und damit Herrschaftslegitimationen an und gliedert deren alle Systeme durchdringende Wirksamkeit aus in spezifische Teilsysteme und starker Autonomie auch auf der Wert- und Verständnisebene. Exemplarisch für den Bereich der Wirtschaft wird diese Umdeutung von Sinn als Motivationselement etwa darin, daß ein durch sozialethische Kollektivvorstellungen fundierter Eigenwert der Arbeit, in traditionellen Handwerksordnungen vorherrschend, und daran angeschlossen die Forderung nach standesgemäßer Lebensführung reduziert wurde auf einen „abstrakten" Mechanismus von Angebot und Nachfrage und der daraus resultierenden Wertbestimmung der Arbeit auf dem Markt[7].

Der „kapitalistische Erwerbsgeist" als Ausdruck eines neuen Leistungsethos bringt für die hauswirtschaftlichen und handwerklichen Kleinbetriebe wenig Verständnis auf. Das Verständnis geht zurück zugunsten von Fabriken und Organisationen mit streng zweckgebundener Regelung; deren Bestand hängt nicht von der Stabilität eines institutionellen Rahmens ab, d.h. von Normenkonformität und ihren Sanktionsmöglichkeiten, sondern von Prinzipien wirtschaftlicher Effizienz – z.B. von Erwägungen über die Verfügung von Produktionsmitteln, ihren Einsatz und Ausnutzungsgrad, ihre Organisation und über die Marktlage. Arbeit wird in diesem Modell nicht mehr als zentrale Lebensäußerung gesehen, sondern als wirtschaftlicher Faktor, der nach Prinzipien formalrechtlicher Vertragsfreiheit geregelt wird. Inwieweit die Positionen des Handwerks den skizzierten Tendenzen widersprechen, soll später angeschnitten werden (Handwerk – Staat – Krone). In dem Maße wie die Handwerker als Repräsentanten des gewerblichen Mittelstandes in ihrer gesellschaftlichen Position und Bedeutung bedrängt werden, beschwören sie ihre alte Rolle als Rückgrat von Staat und Krone, als „Moralische Instanz" für die Gesellschaft, versuchen sie die Verbindung von Kirche, Staat und Krone zu stabilisieren.

In welchem starken Maß das Handwerk von dem traditionellen Gesellschaftsbild und dessen religiösem Legitimationsprinzip geprägt ist, zeigt sich daneben in den Begriffen, die sie als notwendig ansehen, um ihre wirtschaftliche Lage zu verbessern. Es sind: Standesehre, Treue, Glauben, Ehrlichkeit, goldener Boden, Gemeingeist, das Wort des alten, braven deutschen Mannes wieder zur Geltung bringen, Autorität, Männer von altem Schrot und Korn, Moral, Sittlichkeit, Pflichtgefühl, die alte, gute deutsche Handwerkskunst, Mannestugend, Ordnung, Sparsamkeit, Krone, Religiosität.

Diese Begriffe sind deutlich abgeleitet aus einem Gesellschafts- und Weltbild traditioneller Prägung, aus einem Wertsystem, das in religiösen Ordnungen mündet, das den Menschen in ein unbefragtes, durch Gewohnheit, Glaube, Tradition geheiligtes Dasein eingliedert und dessen Interaktion auf einem allgemein akzeptierten Weltverständnis und einem Maximum an Verhaltens- und Erwartungssicherheit beruht.

Durch die Ausdehnung des industriellen Systems und ihren Implikationen – etwa das Entstehen eines neuen proletarischen Standes und besonders mit dessen Ge-

---

[7] Vgl. Fischer, W.: Das Ethos des Handwerksstandes, Stadelmann, R. u. Fischer, W. Ä.: Bildungswelt des Handwerkers, a.a.O., S. 85f.

winn an Klassencharakter, an bewußtem Interesse und sozialpolitischen Ansprüchen – wird das bürgerliche Wertsystem mit seinen einseitigen, imperativen Charakteren in der Gültigkeit problematisch. Einmal wird der Herrschaftsanspruch hinter diesem Wertsystem in Frage gestellt, d.h. man verweigert die Identifizierung mit Staat und Thron zugunsten eines anderen Gesellschaftsmodells. Zum anderen fordert die Logik der Industrialisierung, Rationalisierung, Technisierung, Verwissenschaftlichung, andere Mechanismen der Integration und Erwartungssicherheit als Autorität von Kirche und Staat und persönlicher Integrität. Drittens wird auch im konservativen „Lager" dieses Wertsystem in dem Maße fragwürdig, als ihre wirtschaftliche und soziale Lage sich verschlechtert und der Staat ihnen keine unmittelbare Hilfe zu geben vermag. Der umfassende Anspruch der bürgerlichen Moral, der Komplex verinnerlichter Werte, die als Handlungsdirektiven absolute Gültigkeit besaßen ohne Rücksicht auf den sozialen Bezugsrahmen, reduziert sich zugunsten der Rationalität. Es ist klar, daß dieser Anspruch nicht durchgehalten werden kann:

zeitlich – die strukturellen Entwicklungen im Gefolge der Industrialisierung haben den historischen Charakter des Weltbildes und seines Wertsystems längst deutlich gemacht.

sachlich – auf der Ebene eines Funktionsanspruches an Teilsysteme wie Politik, Wirtschaft kann das Wertsystem mit seiner Orientierung an Obrigkeit, Gehorsam, Person (statt Rolle) diesen Anspruch nur bedingt leisten; andere Regulative wie Markt, Produktivität, Nachfrage u.a. treten wenigstens teilweise an die Stelle. Diese Einschränkung bedeutet, daß sehr wohl scheinbar antagonistische Strukturen wie Handwerkssystem und Industrie sich produktiv verbinden können.

sozial – durch das Entstehen einer neuen Unterschicht und die Auflösung einer relativ stabilen Schichtung der Gesellschaft, durch einen Zuwachs an Mobilität verliert das Wertsystem seinen Radius an Legitimation; besonders kann bei einer Unterschicht, deren Kennzeichen oft eine soziale Entwurzelung ist, und an der keine bürgerliche Erziehung und deren Standards herangeführt werden, der Anspruch der Gültigkeit nicht hochgehalten werden.

Systemtheoretisch läßt sich das Problem des Wertsystems etwa folgendermaßen angehen:

Die Funktion des Wertsystems liegt in der letzten Legitimation von gesellschaftlicher Ordnung, Herrschaft, Normen und Sanktionen. Im Wertsystem dokumentiert sich letztes Weltverständnis einer Gesellschaft[8].

Soll der Funktionsanspruch erfüllt werden, so muß ein hoher Grad an Identifikation mit dem Wertsystem herrschen. Der ist solange vorhanden gewesen, als die Legitimation der Weltinterpretation, der Religion, der fraglosen Tradition ihre Macht und Geltung behielt, als die gesellschaftliche Struktur nach göttlicher Ordnung interpretiert wurde, oder aber nach philosophischen Kriterien des Naturrechts.

[8] Es ist klar, daß die angeführten items keine „letzten Werte" darstellen, wohl aber sind sie Deduktionen aus einem weithin religiös beeinflußten Gesellschaftsmodell.

Auf jeden Fall ist das Wertsystem charakteristisch für eine homogenere Sozialordnung als die, die sich mit der Industrialisierung entwickelt. Aus der funktionalen und sozialen Differenzierung (Schichtung) entwickeln sich Ansprüche sachlicher und sozialer Art, die nicht immer der traditionellen Legitimationsgrundlage zu entnehmen sind. Das monistische Wertsystem verliert zunehmend seine Gültigkeit, eine pluralistische Wertordnung tritt in den Vordergrund; das alte Wertsystem wird dysfunktional im Hinblick auf eine Blockierung möglichen Strukturwandels und gewinnt den Charakter einer Ideologie als moralische Rechtfertigung von Ordnungen oder als Angriff auf bestehende Ordnungen. Sie sind dann Ausdruck von Situationen des Auseinanderklaffens allgemein anerkannter Leitbilder. Mit der Auflösung der Zünfte war eine Institution aufgegeben worden, deren Funktion wesentlich darin bestand, Probleme der Lehrlingsausbildung, der Beziehungen Meister – Geselle – Lehrling, der Konkurrenz, des Selbstverständnisses, der Sicherheit abzuleiten. Ohne den Rahmen der Zünfte traten die Probleme einer gewandelten Umwelt nun unmittelbarer dem Handwerk entgegen. Als funktionales Äquivalent wurde nach und nach ein neuer institutioneller Rahmen in Form der Handwerkerschutzgesetzgebung und der Innungen geschaffen.

Die wirtschaftliche Entwicklung in der 2. Phase der Industrialisierung ist gekennzeichnet durch einen langfristigen Strukturwandel, durch das Auftreten qualitativ neuer Rollen- und Organsiationsgefüge, beispielsweise durch Trennung von Produktion und Vertrieb, durch Trennung von Eigentumsrecht und Verfügungsmacht, durch den Organisationstypus „Kapitalgesellschaft".

Das besagt, daß Strukturwandel etwas anderes ist als die Prozesse, die sich auch in den vorindustriellen Gesellschaftstypen abspielten. Sie brachten weniger qualitative Änderungen hervor, sondern wandelten sich innerhalb eines festen sozialen Rahmens, wesentlich quantitativ durch Segmentation, d.h. Vermehrung der vorhandenen Struktureinheiten durch qualitativ gleichartige Einheiten.

Diese Art Wandel unterlag im Bereich des Handwerks dem Regulativ der Zunft, wurde also nicht Problem, da die quantitative Vermehrung von Handwerksbetrieben nur unter strengen Bedingungen und nach Maßgabe handwerklicher Eigeninteressen möglich war, ein qualitativer Wandel des Rollen- und Organisationsprinzips etwa durch Bereitstellung von Wissen und Technologie nur wenig bedeutungsvoll war und unter der Toleranzschwelle eines Legitimationsanspruches lag[9]. Die weitgehende Gründung des Kleinbetriebes auf der Familie und die Regulierung der wirtschaftlichen Beziehungen durch die Zunft vermittelte eine bedeutende Sta-

---

[9] Es soll hier nicht ausdrücklich auf den empirischen Charakter der vorindustriellen Technik eingegangen werden.

Vgl. dazu Freyer, H.: Die weltgeschichtliche Bedeutung des 19. Jahrhunderts, Kiel 1951, in: Kieler Universitätsreden, Heft 4, S. 12. „Die ganze alte Technik (einschließlich des 18. Jahrhunderts) war 'techne' d.h. ein spezifisches Können. Sie ging geistig nach der klaren und einfachen Formel vor sich: ich will etwas, ich habe bestimmte Zwecke, aber anstatt diese Zwecke unbedacht und mit ungenügender Ausrüstung anzulaufen, sorge ich zunächst dafür, daß ich das, was ich will, auch kann, und zwar gut, sicher, präzis, spezifisch kann; jede Technik ist ein Erfolg in dem Bemühen, daß ich kann, was ich will".

bilität der Verhaltensmuster gerade durch die Autonomie gegenüber der Umwelt und durch die unspezialisierte Rollenstruktur[10].

Diese Autonomie zeigte sich beispielsweise darin, daß die Sozialisierung der Jugendlichen (Lehrlinge) sich zum guten Teil innerhalb des Handwerksbetriebes abspielte, d.h. die Handwerkslehre war zugleich Erziehungs- und Ausbildungsverhältnis[11].

Andererseits trug das institutionaliserte Normensystem als vermittelte Interaktion zur Lösung interner Schwierigkeiten und Auseinandersetzungen bei. Die relative Autonomie des Handwerks wird im Verlauf des 19. Jahrhunderts mehr und mehr aufgebrochen, so z.B. durch die Verselbständigung des Ausbildungssystems – autonome Erziehungsinstitutionen wie gewerbliche Fortbildungsschule übernehmen die berufsbegleitende Ausbildung – und damit Ausgliederung bestimmter Erziehungsfunktionen aus dem Familien- und Betriebsbereich des Handwerks[12].

Weiterhin ist anzunehmen, – die Klagen der Handwerker, sie bekämen Lehrlinge nur noch aus den untersten Klassen, deuten darauf hin –, daß das Handwerk sich in starkem Maße aus sich selbst rekrutierte und von daher eine Kontinuität von Tradition und Sittlichkeit garantiert wurde. „Auf das Lehrlingswesen eingehend, bemerkt Redner, daß sich die heutigen Lehrlinge nur aus den Schichten der unteren Bevölkerung rekrutierten, aus dem einfachen Grunde, weil der Handwerksstand von der oberen Bevölkerungsklasse als minderwertig angesehen werde. Die Herren Söhne müßten unbedingt studieren und, wenn sie erst verschiedentlich durchgerasselt seien, ließen sich die Eltern herab, dieselben dem Handwerkerstande zuzuführen. Solche Elemente, die zu anderem nicht taugten, müßten auch für den Handwerkerstand nicht gut genug sein“[13].

Von hierher erklärt sich das Interesse des Handwerks, den Lehrling wieder wie früher in die Familie, „an den Tisch“ des Meisters zu nehmen und ihn so quasi als Mitglied in das Selbstverständnis des Standes einzuführen, geleitet von der väterlich-strengen Autorität des Meisters.

Demgegenüber sind die Prozesse, die mit der Industrialisierung und dem Wirtschaftswachstum einhergehen, auf der soziologischen Ebene des Strukturwandels gekennzeichnet durch strukturelle Differenzierung, d.h. durch die Entwicklung spezialisierter, relativ autonomer Struktureinheiten und durch deren Neu-Integration, d.h. den Aufbau neuer koordinierender Strukturen wie Recht, Politik, Verbandswesen, die an die Stelle alter Sozialordnungen (Ständewesen, Zunft) treten, und durch soziale Unruhen; politische, wirtschaftliche, gesellschaftliche Bewegungen, in denen Spannungen zum Ausdruck kommen, die durch die Prozesse der Differenzierung ausgelöst werden und die sich zu Ideologien entwickeln können. Die strukturelle Dif-

---

[10] Der „Rückgriff“ auf die Zunft erscheint in diesem Zusammenhang sinnvoll, da trotz der formalrechtlichen Auflösung der Zünfte die Zunftusancen weiter praktiziert werden. Dies gilt insbesondere für die agrarischen Regionen im RG Münster.

[11] Vgl. Kap. IV/2, S. 134, 151. V/2, S. 191, 226.

[12] Vgl. Kob, J.: Die Rollenproblematik des Lehrberufes, in: Soziologie der Schule, 4. Sonderheft der Kölner Zeitschrift für Soziologie und Sozialpsychologie, 6. Auflage, Köln 1969, S. 92.

[13] Versammlungsbericht des Innungsausschusses Herne vom 17. Juni 1901, abgedruckt in: Handwerkerfreund, Jg. 1901, S. 103.

ferenzierung als zusammenfassende Charakterisierung vieler Strukturwandlungen, die den Übergang von der vorindustriellen zur industriellen Gesellschaft kennzeichnet, läßt sich deuten als Entwicklung von multifunktionaler Rollenstruktur zu spezialisierten Rollenstrukturen. Sie äußert sich auf allen „Problemebenen" des sozialen Systems:

a) Im Bereich der Wirtschaft als Übergang von der Haus- zur Fabrikproduktion;

b) Im politischen Bereich durch die Entwicklung eines relativ autonomen Sektors (differenzierte Verwaltung, politische Entscheidungsrollen), der nicht identisch ist mit den traditionellen Herrschaftsformen von Kirche und Krone. Die neue Legitimation beruht auf der im Demokratisierungsprozeß freigesetzten Delegation und auf der funktionalen Autoritätsgrundlage des „neuen Systems";

c) Die soziale Integrationsebene, die traditionell durch sakrosankte Autoritätsansprüche von Kirche und Staatsordnung geformt wurde, wird besetzt durch eine Verstärkung des formalen Rechtssystems, durch Interessengruppen, Gewerkschaften, Öffentlichkeit u.a.;

d) Der Bereich des kulturellen Selbstverständnisses wird ebenfalls durch den Verlust allgemeingültiger Wertbindungen in funktional spezialisierten Institutionen eingefangen wie Kirche (nicht mehr allgemeine Religiosität als alle Bereiche durchziehende Grundhaltung), Wissenschaft, Ausbildung, Familie.

Dieser Prozeß der funktionalen Differenzierung, der sich nun entsprechend in den Teilsystemen fortsetzt, soll für den Bereich Wirtschaft noch kurz erläutert werden; dabei wird die Position des Handwerks entsprechend dargestellt.

Der vorindustrielle Typus der Wirtschaft wird allgemein gekennzeichnet durch eine weitgehende Identität von Familie und Wirtschaft, Familie und Beruf. Die Integration von verschiedenen Interessen war in dieser „Lebensgemeinschaft" kaum problematisch, denn sie war unmittelbar durch die Heiligkeit von Sitte, Tradition und Autorität gegeben. Der Vorteil der Stabilität wurde jedoch aufgewogen durch den Nachteil der Unbeweglichkeit und der Unfähigkeit, geistige, technische und wirtschaftliche Neuansätze durchzuspielen.

Die Möglichkeit einer Ausdifferenzierung auf der Ebene der Person – Person als volle Identität wird einem Teilsystem zugewiesen – war der überholte Gedanke des Handwerks, wie er in Begriffe wie Standesehre, Mannestugend usw. zum Ausdruck kommt[14].

Geiger weist auf diese Mentalität des Ständedenkens und der ständischen Lebensauffassung als charakteristisch für den deutschen Mittelstand hin; auf das Wunschbild von Familien- und Heimdasein, auf das Gebanntsein an einer alten Wirtschaftsromantik kleiner Unternehmer und dem Hangen an einem bürgerlichen Begriff von Eigentum und Selbstverantwortung[15]. Dieses Wunschbild ist ein typisches

[14] Ausdifferenzierung auf der Ebene der Person entspricht in etwa den Prozessen der Segmentierung in einem „geschlossenen" traditionsgebundenen Sozialsystem. Siehe dazu: Niklas Luhmann: Soziologie des politischen Systems, in: Kölner Zeitschrift für Soziologie und Sozialpsychologie, Heft 4, 1968, S. 706.

[15] Geiger, Th.: Soziale Schichtung des deutschen Volkes, Stuttgart 1967.

Kennzeichen wenig differenzierter und somit in ihrem Potential an Problembewältigung schwachen Gesellschaften. Für sie ist Person ein strukturtragendes Element, da sich in ihrer Identität der internalisierte Schatz an Werten, Normen, Sitten usw. spiegelt und von daher Erwartungssicherheit gewährleistet. Derartige Gesellschaften beruhten auf personaler Rollenkombination, d.h. das Verhalten des Handwerksmeisters im Betrieb wird als typisch erwartet, auch in der Familie, in der Zunftorganisation, im Verhalten gegenüber Staat und Krone. Die handwerkliche Meisterfamilie mit ihrem multifunktionalen Beziehungsfeld war zugleich Ausbildungs- und Erziehungsinstitution, soziales Schutzgehäuse und soziale Kontrollinstanz. Der totale Sozialisationsanspruch der Meisterfamilie machte sie zu einer zentralen Sanktionierungsinstanz für Lehrlinge und Gesellen.

In der Meisterfamilie wurde die Verquickung von Familie und Beruf besonders deutlich. Demgegenüber beruht die funktionale Differenzierung als Kennzeichen moderner Gesellschaften mit ihrer größeren Leistungsfähigkeit auf der Ausdifferenzierung von Rollen, Zwecken, Programmen und Normen. In diesen Gesellschaften ist das Verbleiben eines Rollenpartners in einer spezifischen Situation lediglich Ausfluß eines Teiles seiner Persönlichkeit und relativ unabhängig von seinen anderen Rollen. Das Verhalten wird nun geregelt durch systemspezifische Erwartungen und Erfordernisse, d.h. z.B. im Hinblick auf die Klagen der Meister über die mangelnde Folgsamkeit und den Respektverlust der Lehrlinge, daß sie einen Anspruch stellen, der personal und nicht nach Zweck und generellen Rollenanforderungen motiviert ist. Überhaupt wird in den häufig beschworenen Begriffen des Handwerks eine Einstellung deutlich, die durch die "pattern variables" als diffus – auf allgemeine traditionelle Maßstäbe rekrutierend – gekennzeichnet ist. Die Einstellungsmuster sind weniger auf zweckhafte, spezifische und zugleich universelle Erwartungschancen und Werte wie Leistung, Eignung, Rationalität etc. bezogen.

Letzteres sind aber gerade Kriterien, die durch den Verlust traditioneller Orientierungshilfen der persönlichen Identität sich innerhalb ausdifferenzierter Teilsysteme entwickeln. Sie gehen nicht ausschließlich zurück auf religiöse, kulturelle politische Zusammenhänge, obwohl natürlich Wechselwirkungen bestehen, sondern die funktionale Spezifikation des Wirtschaftssystems erlaubt eine relative Eigengesetzlichkeit des Systems und eine eigene Ratio, etwa Kriterien der Produktivität, der Leistung, der Sanktionen, des Verdienstes u.ä.

Durch die neuen Kriterien des Leistungs- und Belohnungssystems eröffnete sich dem Handwerk ein größeres Rekrutierungsfeld, während es vorher auf die Ergänzung aus sich selbst heraus verwiesen war. Die größere Unverbindlichkeit und Sachlichkeit der Sanktionsmöglichkeiten des industriellen Betriebes und der relativ lose Mitgliedscharakter, der auf Vertrag mit eindeutiger Rollenerwartung beruhte, verstärkte die Mobilitätsbewegung vom Handwerk zur Industrie, ein Umstand, den das Handwerk eindeutig der Industrie zur Last legt, zumal hierzu der sittlich-moralische Verfall sich beschleunigend auswirken sollte.

Demgegenüber tritt das Handwerk auf mit einem Anspruch an den Lehrling, der weit über die Ausbildung hinausgeht und ihm eine Vielzahl von Rollenerwartungen auferlegt. Der Anspruch einer umfassenden Prägung des Lehrlings zu sittlicher, geistiger, religiöser Reife wird unter den vorherrschenden Prinzipien des industriellen Wirtschaftssystems irrelevant.

Gegen die Marktlogik von Angebot und Nachfrage nach Arbeit und der damit verbundenen individuellen Möglichkeit der beruflichen Mobilität wird im Handwerk eine Standes-Ideologie von Ehre, Anstand, Sitte, Treue gepredigt. Der Ideologie-Charakter liegt darin, daß hier Kriterien eines traditionellen normativen Rahmens in ein System „Wirtschaft" eingebracht werden, das mit seiner Ausdifferenzierung und funktionalen Spezifikation die Ebene gesamtgesellschaftlicher Verbindlichkeit von alten Ansprüchen und Forderungen an den Menschen verlassen und sich auf systemkonforme Strukturmöglichkeiten der Orientierungsmuster, der Organisation von Rollen und Normen und Sanktionen eingespielt hat.

In einem Gewinn an Autonomie, d.h. der Fähigkeit, eigene Kriterien für den Umgang mit der Umwelt, für die Lösung von Problemen, einzusetzen, liegt gerade ein Plus an Leistungsfähigkeit gegenüber einem Gesellschaftsmodell der weitgehenden Identität von Einzelbereichen, denen ein umfassendes Dogma tradierter Weltinterpretation, eine Berufung auf kulturelle Überlieferung zugrunde lag.

2. Vom Bildungswissen zum Leistungswissen

a) Die Funktion der gewerblichen Ausbildung im Industrialisierungsprozeß

Die zentrale Bedeutung des Erziehungssystems in modernen Industriegesellschaften wird heute weitgehend anerkannt. Mit der Durchsetzung des Leistungsprinzips, mit der dominanten Vermittlung des Leistungswissens, wurden die Erziehungsinstitutionen mehr und mehr zu einer Meß- und Steuerungsinstanz der sozialen Lage und des sozialen Aufstieges. „Bei der Aufteilung und Zuordnung ökonomischer Funktionen und Rollen" ist also nicht mehr das Prinzip der Zuordnung (ascription) dominant, sondern das Prinzip der Leistung (achievement)[16].

Anders ausgedrückt: „Während das „Bildungs- und Erlösungswissen" – um mit Max Schelers Terminologie zu sprechen – an Bedeutung und Anziehungskraft verlor, stieg die gesamtgesellschaftliche Anerkennung jener Bildung, die sich in wirtschaftlich produktiven Bereichen verwenden ließ – das Leistungswissen"[17].

Für die gewerbliche Ausbildung gilt nun, daß „in der Gegenwartsgesellschaft die Berufswelt wegen der Anforderungen an die Berufsvorbildung die Auslese der Bewerber für eine Berufsausbildung nicht mehr selbst übernehmen kann und daß diese daher in der Schule erfolgen muß"[18].

Das Schulsystem wird damit zu einer sozialen Dirigierungsstelle; zu einer Institution der „Verteilung von Lebenschancen".

Die gewünschte bzw. mögliche Berufsbildung hängt zunächst einmal von der „Berufsvorbildung" ab, d.h. „je mehr Berufspositionen in einer Gesellschaft voll- oder

[16] Braun, R.: Unternehmerverhalten, a.a.O., S. 256.
[17] ebenda, a.a.O., S. 280.
[18] Daheim, H.-J.: Der Beruf in der modernen Gesellschaft, Köln–Berlin 1967, S. 76.

halbprofessionalisiert werden, desto mehr hat das Schulsystem die Funktion der an universalistischen Leistungskriterien orientierten Vorauswahl unter den potentiellen Bewerbern um eine Berufsausbildung und eine Berufsposition"[19].

Die „allgemeinbildenden" Schulen und das damit verbundene Berechtigungssystem als der Berufsausbildung vorgelagert, haben im Prozeß der Zuweisung bzw. des Erwerbs von Berufspositionen eine entscheidende Funktion übernommen. Das Eindringen der Idee des Leistungsprinzips in die Gesellschaft und damit auch in die Arbeitswelt veränderte nachhaltig die Funktion der Ausbildung.

Die Ausbildung durch die Schule ist nicht mehr standesgebunden, sie stattet die Bürger nicht mehr nur mit dem „standesgemäßen Wissen" aus, sondern mit den Kriterien der Leistung, die als soziale Innovationen die alten ständisch residuierten Schranken aufbrechen. „Der Wandel in der Richtung einer leistungsorientierten Gesellschaft manifestiert sich in dem Auflösungsprozeß herkömmlich statusgebundener Elemente. Dazu gehören ökonomische, soziale und politische Funktionen; ferner Grad und Form der Bildung, Quantität und Qualität des Besitzes, Lebensstil, Aufwandsnormen, Möglichkeiten sozialen Kontaktes ... und so fort. All diese Elemente, die vorher weitgehend statusgebunden, d.h. herkommens- und geburtsmäßig fixiert waren, werden zu statusbildenden Faktoren"[20].

Damit kommen wir auf ein Modell zurück, daß unter den Bedingungen der Veränderung des Status-Systems die Schule als Klasseninstitution zu interpretieren versucht[21]. In der Tat hat sich die ständische Zuordnung des Schulsystems bis zum Ende des 19. Jahrhunderts weitgehend erhalten. So vermittelte die Volksschule dem „Volk" neben den primären Kulturtechniken auch die standesgemäße (untertänige) Gesinnung[22]. Das Gymnasium, dem Bürgertum zugeordnet, unterstützte den Emanzipationskampf des Bürgertums. Die Berechtigung zum Eintritt in weiterführende Ausbildungswege, die mit dem erfolgreichen Besuch des Gymnasiums verbunden war, stellte zugleich das Aufstiegssubstrat für bestimmte Karrieren dar[23].

In dem Augenblick, in dem „schulisch entwickelte Fähigkeiten immer stärker Voraussetzung für volle Berufstüchtigkeit sind", wird das Schulsystem – ceteris paribus – zunehmend Leistungswissen statt Bildungswissen vermitteln[24].

Die zu überprüfende These lautet nun, daß im 19. Jahrhundert das Bildungs- und Erlösungswissen mehr und mehr durch das Leistungswissen ersetzt wird[25]. Es stellt sich nun die Frage, wie diese sozio-strukturelle Veränderung empirisch belegt werden soll. Die analytische Kategorie „Bildungs- versus Leistungswissen" läßt sich

[19] ebenda, S. 77.
[20] Braun, R.: Unternehmerverhalten, a.a.O., S. 267.
[21] Schelsky, H.: Soziologische Bemerkung zur Rolle der Schule in unserer Gesellschaftsverfassung; in: Auf der Suche nach Wirklichkeit, Köln, 1965, S. 132.
[22] Vgl. nachfolgenden Abschnitt über die Entstehung der gewerblichen Fortbildungsschule.
[23] Vgl. Daheim, H.-J.: a.a.O., S. 77.
Fürstenberg, Fr.: Aufstiegsprobleme, a.a.O., S. 84.
[24] Daheim, H.-J.: a.a.O., S. 78.
[25] Fischer, W.: Bildungswelt des Handwerkers, a.a.O., S. 40 und 43.

nach unserer Auffassung nur dadurch operationalisieren, daß man die Zielprojektion des Unterrichts und die Ausgestaltung der Lehrpläne näher untersucht. Wir werden deshalb im Verlauf unserer Untersuchung die Lehrpläne der gewerblichen Fortbildungsschulen, die an diesen Schulen verwendeten Lehrbücher und die Prüfungsaufgaben für angehende Gesellen und Meister als Indikatoren für Bildungs- bzw. Leistungswissen heranziehen[26].

Die Analyse über Funktion und Rolle des gewerblichen Ausbildungssystems hat außerdem folgende sozio-strukturelle Implikationen zu berücksichtigen:

a) Die Veränderung des sozialen Status-Systems – z.B. Veränderung der Schichtenstrukturen
b) Die sich wandelnde Produktionsstruktur und deren nachhaltigen Einfluß auf die Berufs- und Arbeitswelt
c) Die Wandlung der Bedürfnisstruktur der Gesellschaft
d) Die sich verändernde innere Struktur und Funktion der Familie
e) Die von diesen sozio-strukturellen Veränderungen ausgehenden Einflüsse auf das gewerbliche Ausbildungssystem und dessen Rückkoppelungseffekte.

Bevor wir näher auf die verschiedenen Wissensformen handwerklicher Ausbildung eingehen, erscheint es uns notwendig, den institutionellen Rahmen der gewerblichen Ausbildung – aus der Sicht des Staates, der Gemeinden und der Lehrenden – voranzustellen.

b) Historisch-institutionelle Aspekte der gewerblichen Fortbildungsschule

Die gewerbliche Fortbildungsschule – in ihrer differenzierten Form erst gegen Ende des 19. Jahrhunderts entstanden – entwickelte sich hauptsächlich aus zwei Schultypen: aus der Volksschule und den Industrieschulen[27].

Von der Volksschule übernahm die gewerbliche Fortbildungsschule den Schulpflichtgedanken und den allgemeinbildenden Charakter, während die Industrieschule in Verbindung mit den Heckerschen Realklassen den Gedanken der berufsbezogenen Bildung zur Ausgestaltung der gewerblichen Fortbildungsschule beisteuerte.

Die Volksschule – auch „Deutsche Schule" und – da sie in den Städten meistens von Handwerkern besucht wurde – vielfach „Handwerksschule" genannt – diente in erster Linie der religiösen Ertüchtigung. Es „sollte hauptsächlich darauf gesehen werden, daß der Jugend die Furcht des Herrn, als der Weisheit Anfang, beigebracht werde, daß sie vor allen Dingen Gott lieben lerne, dem Gebet fleißig abwarte, auch

---

[26] Vgl. dazu Kap. IV, 2, d. „Zur Analyse von Sozialstruktur und Inhalten beruflicher Sozialisation", S. 151.

[27] Das Ergebnis des Instituts für Berufserziehung im Handwerk an der Universität Köln, wonach die gewerbliche Fortbildungsschule aus der Sonntags- und Handwerker-Zeichenschule entstanden sein soll, können wir hier nicht bestätigen. Vgl. die Bedeutung Georg Kerschensteiners für die Beurfserziehung im Handwerk in: Berufserziehung im Handwerk, III. Folge, Köln 1957, S. 196.

in den Gründen des Christenthums und nach Anleitung des Heidelbergischen Katechismus, fleißig unterrichtet werde“[28].

„Die Furcht des Herrn als der Weisheit Anfang“ ist der inhaltliche Anspruch an das Erlösungs- und Heilswissen, das mit Fächern wie Bibelkunde, Choralgesang, Missionsgeschichte, Bibelerklärung etc. vermittelt wird.

Das preußische „General-Landschul-Reglement“ von 1763, das bis zu den Erlassen in den 60er Jahren des 19. Jahrhunderts gesetzlich fixierter Interpretationsrahmen für die preußische Schulpolitik war, geht davon aus, daß die Erziehungsberechtigten ihre Kinder vom 5. bis „in's Dreyzehnte und Vierzehnte Jahr continuieren und sie so lange zur Schule halten sollen, bis sie nicht nur das Nöthigste vom Christenthum gefasset haben und fertig lesen und schreiben, sondern auch von demjenigen Red' und Antwort geben können, was ihnen nach den von Unsern Consistoriis verordneten und approbierten Lehrbüchern beygebracht werden soll“[29].

Soweit entsprach die Volksschule durchaus den herkömmlichen Vorstellungen. Für Schüler, die vom Schuldienst befreit werden konnten und für die „noch unverheiratheten Personen“ bestand allerdings die Verpflichtung „der Wiederholungs-Stunde des Sonntags nicht nur bey dem Prediger in der Kirche, sondern auch bei dem Schulmeister in der Schule fleissig beyzuwohnen. Des Sonntags soll außer der Catechisations- oder Wiederholungs-Stunde des Predigers in der Kirche, auch vom Schulmeister eine Wiederholungsstunde in der Schule mit den noch unverheiratheten Personen im Dorf gehalten werden. In diesem Sonntags-Unterricht sollten sich die jungen Leute theils im Lesen, theils im Schreiben üben“[30].

Die Sonntagsschule, die sich aus den sonntäglichen Wiederholungsstunden der Volksschule abspaltete, wurde später durch Hinzunahme der Fächer Rechnen und Zeichnen ausgebaut. Die gewerbliche Fortbildungsschule übernahm von der Sonntagsschule den Schulpflichtgedanken und den allgemeinbildenden Charakter. Die spezifisch fachbezogene Berufsausbildung hatte aber einen anderen Ursprung, den wir in seiner historischen Verflechtung kurz skizzieren wollen.

Im Anschluß an den Erlaß des General-Landschul-Reglement versuchte Hecker Schulen zu errichten, die den allgemeinbildenden und technischen Unterricht koordiniert durchführten. Diese Grundidee institutionalisierte sich später in den Realklassen, die Hecker bereits im December 1747 in Berlin errichtete. Der Lehrplan wies neben der Vermittlung der Kulturtechnik Fächer wie Botanik, Anato-

---

[28] Vgl. Evangelisch-Reformierten Inspections-Presbyterial-Classical-Gymnasien und Schulordnung vom 24. October 1713.

[29] Dieses Reglement kam insbesondere unter der Mitwirkung J. J. Heckers, dem Berater Friedrich d. Großen, zustande.

[30] General-Landschul-Reglement, a.a.O.

Ergänzt wurde das Reglement im Laufe der Zeit durch

a) das katholische Schul-Reglement für Schlesien vom 3. November 1765,

b) das Reglement für die deutschen Reformierten Schulen des Herzogthums Cleve und der Grafschaft Mark vom 10. Mai 1782.

mie, Naturlehre, Ökonomie, Zeichnen, Astrognosie, Mechanik usw. auf; wobei bestimmte Fächer in sog. Manufakturklassen unterrichtet wurden[31].

Damit war die schulische Entwicklung einer berufsbegleitenden Ausbildung schon sehr nahe gekommen. Ein entscheidender Impuls sollte von den Industrieschulen ausgehen. Die Industrieschulen – auch Arbeits- und Erwerbsschulen genannt – entstanden aus der Armen- und Waisenpflege. In diesen Schulen sollten den Kindern nicht nur die elementarsten Kenntnisse in Lesen, Schreiben und Rechnen vermittelt werden, sondern diese Kinder sollten durch die Erlernung eines Handwerks möglichst schnell ihren eigenen Lebensunterhalt verdienen. Dabei ging man von der Überlegung aus, daß die Kinder bereits in der Schule einer „sinnvollen" Beschäftigung nachzugehen hätten[32]. Der Demonstrationseffekt der Heckerschen Realklassen – später entwickelt sich daraus die Realschule – und der Industrieschule bildete den eigentlichen Anstoß einer berufsbegleitenden Ausbildung.

Die berufsbegleitende Ausbildung konnte sich in der Folgezeit nur nach und nach durchsetzen, da die allgemeinen Voraussetzungen – z.B. Qualifikation der Lehrer und Elementarbildung der Schüler – fehlten.

„Wenn etwa angenommen werden möchte, daß die Fortbildungsschulen für Handwerkerlehrlinge und die in den Fabriken arbeitende Jugend sich die Aufgabe stellen, ihren Zöglingen die für den Betrieb des Gewerbes erforderliche technische Ausbildung zu gewähren; so würde diese Voraussetzung durch die tatsächlichen Verhältnisse nicht begründet sein"[33].

Die gewerblichen Fortbildungsschulen vermitteln in erster Linie „die Lehrgegenstände der Elementarschulen"; „überall ist es der nächste Zweck, elementare Bildung zu verbreiten, insbesondere das in der Volksschule Erlernte zu rekapitulieren und zu befestigen"[34].

---

[31] Nicolai, Fr.: Über meine gelehrte Bildung, über meine Kenntnis der britischen Philosophie und meine Schriften dieselben betreffend und über die Herren Kant, J. B. Erhard und Fichte, Berlin und Stettin 1799, S. 15ff.

[32] Die Berliner Erwerbsschulen wurden als Armen-Unterrichts-Anstalten gegründet; gehörten also dem Armen- und Schulwesen an. Die Beziehung zur Industrie zeigt sich in den Verdienstlisten der „Erwerbsschülerinnen":

1834–1709 Thlr.	1839–2808 Thlr.
1835–1901 Thlr.	1840–2792 Thlr.
1836–2120 Thlr.	1841–1645 Thlr.
1837–2240 Thlr.	1842–2565 Thlr.
1838–2580 Thlr.	

Die westfälische „Schulindustrie" wurde nach folgenden Arten unterschieden:

a) weibliche Handarbeit

b) Gartenindustrie

c) Lokalindustrie – dazu gehörte das „Körbe- und Bienenkörbeflechten, Besenbinden, Winterschuhmachen, Knopfformdrechseln, Schneiden von hölzernen Löffeln, Zapfen, Spulen, Dreschflegelherstellung, Holzschlittenherstellung, Zubereitung von Schwefelfäden und Zunder". (StAM, III, IV Nr. 47) – Vgl. auch Quellenanhang und Literaturhinweise.

[33] Schreiben des Ministers für Handel, Gewerbe und öffentliche Arbeiten vom 22. Oktober 1859, No. IV, 9412.

[34] ebenda, No. IV, 9412.

Unter diesen Voraussetzungen wurden die Fortbildungsschulen zu einem Appendix der Volksschulen und daher „entbehrlich, wenn der Volksschulunterricht überall ein so gründlicher wäre, daß die in der Schule erworbenen Kenntnisse dauerndes Eigentum der Zöglinge blieben“[35].

Eine berufsbezogene Ausbildung, die über die in der Elementarschule vermittelten Kenntnissen hinausgeht, wird als „wünschenswert“ angesehen, zumal „durch die Fortschritte der Gewerbe und des Handels, durch die Vermehrung und Erleichterung der Kommunikationsmittel sich nicht nur das Bedürfnis der Bildung intensiv gesteigert hat, sondern daß sich auch die Kreise erweitert haben, welche ihrer bedürfen“[36].

Da die Elementarbildung als Voraussetzung beruflicher Sozialisation angesehen werden muß, berufliche Weiterbildung erst ermöglicht, wird ein gewerbliches Fortbildungssystem konzipiert, daß elementare und berufliche Bildung umfaßt. Funktionen, die primär der Volksschule zugedacht sind, werden als erste Stufe mit in das gewerbliche Fortbildungssystem übernommen.

„Die gewerblichen Fortbildungsschulen haben die Aufgabe, die Volksschulbildung ihrer Zöglinge zu befestigen, zu ergänzen und mit der Richtung auf die Erhöhung ihrer Erwerbsfähigkeit und Erwerbstüchtigkeit zu erweitern“[37].

Die Erhöhung der „Erwerbsfähigkeit und Erwerbstüchtigkeit“ soll in einem zweigliedrigen Stufensystem erreicht werden. Dabei hat die Unterstufe die Aufgabe, die allgemeine Bildung des Zöglings im Hinblick auf seinen Beruf zu fördern; sie umfaßt demnach tunlichst sämtliche Lehrgegenstände der Oberklassen gehobener Volksschulen[38].

„Die Aufgabe der oberen Stufen ist die Erhöhung der Gewerbetüchtigkeit des Zöglings. Die Auswahl der Lehrgegenstände für diese Stufe bestimmt sich nach den gewerblichen Verhältnissen des Ortes, an welchem sich die Schule befindet, insofern nämlich, daß an dem einen Ort mehr die Ausbildung für das gewerbliche Leben im weiteren Sinne und an einem anderen die Ausbildung für den geschickten Betrieb eines Handwerks im Bedürfnisse der Schulen liegen kann“[39].

Während die Unterstufen der gewerblichen Fortbildungsschulen die „Lehrgegenstände der Oberklassen gehobener Volksschulen“ umfassen, werden „auf der Oberstufe namentlich Physik und Chemie, bürgerliches und kaufmännisches Rechnen, Buchführung und Handelskorrespondenz“ gelehrt[40].

Schließlich können „auch fremde Sprachen als fakultativer Lehrgegenstand in den Lehrplan“ aufgenommen werden[41].

---

[35] ebenda, No. IV, 9412.

[36] Erlaß des Ministers der geistlichen usw. Angelegenheiten vom 18. Dezember 1863 M.U. 22145.

[37] ebenda, M.U. 22145.

[38] Grundzüge für die Einrichtung gewerblicher Fortbildungsschulen vom 17. Juni 1874 (9) als Anlage zum „Erlaß des Ministers der geistlichen Unterrichts- und Medicinalangelegenheiten, betreffend die Einrichtung der gewerblichen Fortbildungsschulen vom 17. Juni 1874“.

[39] ebenda, Anlage 9.

[40] ebenda, Anlage 9. [41] ebenda, Anlage 9.

In der Oberstufe soll außerdem „auch diejenige Festigkeit der Zöglinge im mündlichen und schriftlichen Gebrauch der Sprache" angestrebt werden, „welche für den Geschäftsverkehr notwendig ist"[42].

Die Handwerker-Fortbildungsschulen sind inhaltlich von den mittleren und höheren Gewerbeschulen zu trennen. Während in letzteren die naturwissenschaftlichen und technischen Fächer – zumindest in den Oberstufen – überwiegen, „bildet der Zeichenunterricht den Hauptlehrgegenstand" bei den Handwerker-Fortbildungsschulen[43].

In den eigentlichen Handwerker-Fortbildungsschulen bildet der Zeichenunterricht „den Hauptlehrgegenstand und sollen auf denselben möglichst acht wöchentliche Lehrstunden verwendet werden. Wo dies ausführbar ist und der Unterricht in mindestens zweijährigem Kursus fortgeführt werden kann, ist als Ziel anzusehen: im Freihandzeichnen, Sicherheit und Fertigkeit in der Darstellung von Flachornamenten, Blattformen, einfachen Körpern, Gefäßen und Geräten nach der Natur; im Zirkelzeichnen, nach Einübung des Zeichnens einfacher Flächenmuster und wichtiger geometrischer Konstruktionen, Fertigkeit in der Darstellung von einfachen Körpern, Holzverbindungen und Maschinenteilen"[44].

Daneben erhalten die Schüler noch Unterweisungen in den Fächern Rechnen, Deutsch und „Volksliteratur des Vaterlandes". Die berufsbezogene Ausbildung „der Zöglinge" wird durch allgemeinbildende Fächer überhöht, um „die Befestigung seiner sittlichen Tüchtigkeit" zu erreichen.

Dieser Erlaß dokumentiert sehr deutlich den strukturellen Wandel der Fortbildungsschule vom Initationscharakter zum technischen propädeutischen Aspekt. Bei Beginn waren die Fortbildungsschulen reine Initionsschulen, d.h. sie wiederholten das in der Volksschule Gelernte.

Die Unterstufe der neu konzipierten Fortbildungsschule hat noch den initiativen Charakter beibehalten, da sie „sämtliche Lehrgegenstände der Oberklassen gehobener Volksschulen" umfaßt.

Die „Erhöhung der Gewerbstüchtigkeit des Zöglings" und die „Auswahl der Lehrgegenstände nach den gewerblichen Verhältnissen des Ortes" als Unterrichtsziel der Oberstufe weist auf den technisch-propädeutischen Aspekt der Fortbildungsschule hin. „Die Unterstufe ist also eine Art Oberklasse der Volksschule, Ergänzungs- und Wiederholungsschule, die Oberstufe eine eigentliche Fortbildungsschule mit einem gewerblichen und einem kaufmännischen Lehrgang". Man rechnete mit einer wöchentlichen Normzahl von 16 Unterrichtsstunden, die, wie die Praxis bald ergab, viel zu hoch gegriffen war[45].

Es sei hier in extenso eingefügt, daß die Veranschlagung dieser hohen Stundenzahl erhebliche Widerstände bei den Gewerbetreibenden und Gemeinden ausgelöst hat.

---

[42] ebenda, Anlage 9.
[43] ebenda, Anlage 9.
[44] ebenda, Anlage 9.
[45] Verwaltungsbericht des Landesgewerbeamtes, a.a.O., 1905, S. 13.

Vielfach wurde die Gründung von Fortbildungsschulen – wegen der Finanzlage der Gemeinden und des Widerstandes von Handwerk und Industrie – unterlassen, da die staatlichen Zuschüsse von der vorgeschlagenen Unterrichtsstundenzahl abhängig waren.

Schließlich mußte der Minister der geistlichen, Unterrichts- und Medicinalangelegenheiten seine „Grundzüge für die Einrichtung gewerblicher Fortbildungsschulen" mit einem Erlaß vom 14. Januar 1884 modifizieren.

In der Praxis hatte sich herausgestellt, daß im Durchschnitt statt der 16 geforderten Unterrichtsstunden nur 6 Stunden zur Verfügung standen.

„In dieser Beziehung bedarf es einer Modifikation der „Grundzüge für die Einrichtung gewerblicher Fortbildungsschulen", welche als „Anlage" zu dem diesseitigen Erlaß vom 17. Juni 1874 der Königlichen Regierung seiner Zeit zugegangen sind. Die gedachte Anlage ging von der Voraussetzung einer ausgedehnteren Unterrichtszeit aus, als sie sich nach den seitherigen Erfahrungen als vorhanden oder als in Zukunft wahrscheinlich herausgestellt hat. Daher wurde einer normal eingerichteten Fortbildungsschule auf der unteren Stufe die Aufgabe gestellt, tunlichst sämtliche Lehrgegenstände der Oberklassen gehobener Volksschulen zu umfassen, und auf der oberen Stufe diesen Lehrgegenständen teils eine Anzahl anderer Unterrichtsfächer hinzugefügt, teils neben den ersteren ein Zeichenunterricht von möglichst 8 Wochenstunden in Aussicht genommen.

Da die Voraussetzung für die Anwendung dieser Grundsätze nicht eintrat, so sind sie allerdings nicht zur Durchführung gekommen"[46].

Die Modifikation erstreckte sich auf eine Reduzierung der wöchentlichen Unterrichtsstunden und der eindringlichen Betonung des gewerblichen Unterrichts.

„Die Tatsache, daß an den gewerblichen Fortbildungsschulen die Unterrichtszeit im Durchschnitt nur 6 Stunden wöchentlich beträgt, wird bei der Aufstellung der Lehrpläne für dieselben nicht übersehen werden dürfen. Je beschränkter die zum Lernen verfügbare Zeit ist, desto mehr ist es geboten, unter den vielen an sich nützlichen Unterrichtsgegenständen eine Auswahl zu treffen und das für das gewerbliche Leben Notwendigste voranzustellen"[47].

Die Idee der Berufsbildung hat sich allerdings in der Folgezeit nicht nur in den Handwerkersonntagsschulen, sondern auch in den mittleren und höheren Gewerbeschulen manifestiert, bevor der endgültige Durchbruch auch im Bereich der Lehrlingsausbildung sichtbar wurde.

Die Handwerkerfortbildungsschulen entstanden vornehmlich in größeren Städten und in den industriell fortgeschrittenen Gegenden des Westens, in denen besonders das Zeichnen, daneben Deutsch und Rechnen, gepflegt wurde.

---

[46] Erlaß des Ministers der geistliche, Unterrichts- und Medicinalangelegenheiten, betreffend die Einrichtung, Ziele und Lehrpläne der gewerblichen Fortbildungsschulen vom 14. Januar 1884. Zu diesem Zeitpunkt gab es in Preußen 1661 gewerbliche Fortbildungsschulen, „und zwar 644 gewerbliche und 617 ländliche, und wobei die ersteren 58317 und die letzteren 10395 Schüler unterrichteten".

[47] ebenda, Runderlaß.

„Daß der Unterricht in den beiden letztgenannten Fächern bei dem damaligen Stande der Volksschule, über den manchmal Klage geführt wurde, meist den Charakter des Ergänzungs- und Wiederholungsunterrichtes trug, ist natürlich"; aber die Tendenz dieser Schulen ging auf Erweiterung der Volksschulbildung in der Richtung auf gewerbliche Ertüchtigung hinaus. Sie waren Fortbildungsschulen im engeren Sinne des Wortes, oder wollten es wenigstens sein[48].

Im weiteren Verlauf dieser Entwicklung stellten sich zunächst Kompetenzkonflikte zwischen dem Handels- und Kultusministerium ein; der Kultusminister sah in den Fortbildungsschulen in erster Linie einen Erziehungsfaktor, durch den er auf das religiöse Empfinden und sittliche Leben der heranwachsenden Jugend Einfluß ausüben wollte. Er wandte sich dabei vor allem auch an die Geistlichkeit[49]. 1884 ging die administrative Kompetenz für das gewerbliche Fortbildungsschulwesen auf das Handelsministerium über.

Die ersten sichtbaren Akzente setzte der Handelsminister in der Einführung neuer Zeichenmethoden[50] und mit den „Vorschriften für die Aufstellung von Lehrplänen und das Lehrverfahren im Deutschen und Rechnen an den vom Staate unterstützten gewerblichen Fortbildungsschulen"[51].

c) Die Entwicklung der gewerblichen Fortbildungsschule in den Regierungsbezirken Münster und Arnsberg

Die sozio-funktionale Einschätzung der Schule bzw. des Erziehungssystems resultiert – wie ausgeführt – aus den Analysen industrieller Gesellschaften. Damit ist aber über die strukturelle Entwicklung der Handwerkerschule von 1875 bis 1907 wenig gesagt. Die Situation des gewerblichen Ausbildungswesens um 1870 in den beiden Regierungsbezirken soll zunächst durch zwei Berichte der Regierungspräsidenten verdeutlicht werden.

„In den Städten bestehen schon seit längerer Zeit Sonntagsschulen für Handwerkslehrlinge, Gesellen und überhaupt junge Leute, die der Elementarschule entwachsen sind, in denen im Schreiben, Rechnen, Zeichnen, Anfertigen kleiner Aufsätze unterrichtet wird und die sehr zahlreich besucht sind. Die Kosten werden theils durch Zuschüsse aus Kommunal-Fonds, theils durch ein mäßiges Schulgeld aufgebracht. Ferner halten viele Elementarlehrer in den Städten und größeren Landgemeinden sogenannte Abendschulen, gewöhnlich in den Stunden von 5–7 Uhr, die von solchen besucht werden, die aus der Elementarschule entlassen sind oder alle Stunden der Tagesschule wegen häuslicher Abhaltung nicht regelmäßig besuchen können oder auch durch den Besuch der Abendschule sich um so schneller befähigen zu wollen aus der Elementarschule entlassen zu werden. In den Berichten der Unterbehörden wird die Nützlichkeit der Sache anerkannt, versprochen,

---

48 Verwaltungsbericht des Landesgewerbeamtes, a.a.O., 1905, S. 5.

49 ebenda, a.a.O., 1905, S. 5.

50 Auf die Bedeutung des Zeichenunterrichtes wird weiter unten eingegangen.

51 Vgl. Analyse der Lehrpläne, Kap. IV., S. 151.

daß man sich die Ausführung angelegen sein lassen wolle, aber auch auf die Schwierigkeiten (Überbelastung der Lehrer, Unlust der Schüler, Mangel an Mitteln zur Deckung der Kosten usw.) hingewiesen"[52].

Der entsprechende Bericht aus dem Regierungsbezirk Münster weist darauf hin, daß „mehrere früher eingerichtete Anstalten keinen Bestand gehabt" haben. „Die Regierung zweifelt bei den großen Schwierigkeiten, die der Durchführung des Planes entgegenstehen, an einem nachhaltigen Erfolge, ist übrigens der Ansicht, daß die Fortbildung der Mädchen in gewisser Beziehung notwendiger ist, als die der Knaben, weil sie nachher in der Familie auf die Erziehung der Kinder einen großen Einfluß haben, diese auf den Schulunterricht vorbereiten, ihnen Nachhilfe leisten und im Hause zur Erweckung und zur Erhaltung eines guten Geistes viel beitragen können"[53]. Der Dirigent der städtischen Gewerkschule in Siegen Carl Schröder und der Gewerkschullehrer Paul Schwarz geben von 1872 bis in die 90er Jahre hinein ausführliche Berichte über den Fortgang der Fortbildungsschulen im Kreise Siegen und im Arnsberger Raum[54]. Carl Schröder scheint für das gewerbliche Fortbildungswesen im Regierungsbezirk Arnsberg offenbar eine Ausnahmeerscheinung gewesen zu sein, denn durch seine Bemühungen konnte sich in Siegen neben der städtischen Gewerbeschule eine Hüttenschule etablieren, die zunächst von Handwerkern besucht wurde, aber dann zu einer Schule für industrielle Führungskräfte wurde[55].

Erfolgreiche Unternehmer unterstützen diese Bemühungen und setzen sich für die Ausweitung und Verbesserung des Fortbildungsschulwesens ein.

„Als vor einigen Jahren die Firma Funcke & Hueck in Hagen das Jubiläum ihres 25-jährigen Bestehens feierte, vermachte Herr Wilhelm Funcke ein Capital von vorläufig 12000 Thalern zur Gründung einer gewerblichen Fortbildungs- oder sogenannten Meisterschule. Im Mai vorigen Jahres erließ Herr W. Funcke in der Elberfelder Zeitung ein Preisausschreiben, in welchem er befähigte und erfahrene Männer aufforderte, ihre Ansichten über die zweckmäßigste Einrichtung und Fortführung einer solchen Schule bis ins Einzelnste detailliert in einer besonderen Schrift niederzulegen. Für die praktischste, vollständigste und gründlichste Arbeit setzte er einen Preis von 50 Friedrichsd'or, für die zweitbeste einen Preis von 20 Friedrichsd'or aus.

In Folge dieses Ausschreibens liefen 26 Concurrenzarbeiten ein, darunter das Manuskript des vorliegenden Werkchens. Die von der Handelskammer zu Hagen ernannte Preisrichter-Commission erklärte drei von den 26 Arbeiten für die besten, darunter die des Herausgebers. Da nach dem Urtheile der Herren Preisrichter diese drei Schriften „alle den gleichen Werth und darum gleichen

---

[52] STAM, OF – 1800 I, Regierungsbezirk Arnsberg, S. 143. Vgl. Simon, O.: Die Fachbildung . . ., a.a.O., S. 845f.

[53] STAM – OP, 2800 I, S. 96. Vgl. Simon, O.: a.a.O., S. 846.

[54] Stadtarchiv Siegen 7016, Akten des Landratsamtes Siegen Nr. 1200 – I.

[55] Berichte über die gewerblichen Fortbildungsschulen in Siegen 1818–1914. Die Schülerlisten geben Hinweise über Herkunft und späteren Beruf der Schüler. Fast alle Schüler gelangen in die Führungspositionen der Industrie.

Anspruch auf Anerkennung“ hatten, machte die Commission dem Herrn W. Funkke den Vorschlag, „die für die beiden besten Schriften zusammen ausgesetzten Preise zu gleichen Theilen an die Verfasser zu vertheilen“. Herr W. Funcke ging darauf ein und ließ sowohl dem Herausgeber, als auch den Verfassern der beiden anderen Preisschriften eine Prämie von 150 Thalern auszahlen“[56].

Aus den von C. Schröder vorgelegten Berichten über die Sonntags- und Handwerkerinnungsschulen soll nun im folgenden versucht werden, eine mehr deskriptive Analyse der gewerblichen Ausbildung im Handwerk zu erstellen. „Die Sonntagsschulen, die in manchen Gegenden von Lehrlingen und Gesellen recht zahlreich und mit anerkennenswertem Eifer besucht werden, sind überall mit den selben Hindernissen und Hemmschuhen belastet, welche die Erfolge sehr herabdrücken müssen. Die Zahl der Unterrichtsstunden an einem Sonntage beträgt höchstens drei, die Anzahl der notwendigen Lehrgegenstände aber 6–7, nämlich:

1. deutsche Sprache, 2. gewerbliche Buchführung, 3. Rechnen, 4. Geometrie, 5. Freihandzeichnen, 6. Linearzeichnen und 7. Naturkunde, respektive Technologie. Man mag nun diese Disziplinen nebeneinander betreiben und auf jede eine halbe Stunde verwenden, oder auf mehrere Jahreskurse verteilen, und jedem Fache wöchentlich eine Stunde widmen, der Fortschritt kann immer nur ein äußerst langsamer, in vielen Fällen ein kaum bemerkbarer sein, weil nur die wenigsten Zöglinge Ausdauer, Zeit und Gelegenheit haben, das des Sonntags Gelernte an den Werktagen zu wiederholen, zu festigen und zu üben. Wer des Abends mit zitternden Händen, erschöpft und abgespannt aus der Werkstatt oder von der Feldarbeit nach Hause kommt, ist wahrlich nicht in der geeigneten Verfassung, mit Erfolg an seiner Weiterbildung arbeiten zu können. Daß die Volks- und Sonntagsschulen, die für den Geschäftsmann notwendigen Kenntnisse und Fertigkeiten nicht in hinreichendem Maße lehren und darbieten, hat mancher einsichtsvolle Gewerbetreibende schon erkannt und auch dadurch in unzweideutiger Weise ausgesprochen und erkannt, daß er seinen Söhnen, die sich einmal demselben Berufe widmen sollen, in höheren Unterrichtsanstalten (Gymnasien, Realschulen, höheren Bürgerschulen) ausbilden ließ“[57].

Die Aufzählung der Lehrfächer weist die Siegener Fortbildungsschule als eine der modernsten Institutionen in Westfalen aus.

„Die Sonntagsschule in Siegen gehört somit unbestritten zu den größten Fortbildungsschulen in Rheinland-Westfalen, und der große Zugang von den lernbegierigen jungen Leuten, von denen mehrere bereits das 20. Lebensjahr überschritten, ist gewiß ein erfreulicher Beweis von dem gesunden, praktischen und strebsamen Sinne des Siegerländers Handwerker- und Arbeiterstandes“[58].

Die Hervorhebung von Buchführung, Geometrie und Technologie als technisch-instrumentelle Fächer charakterisiert den Strukturwandel der gewerblichen Fort-

---

[56] Schröder, C.: Die gewerbliche Fortbildungsschule, in ihrer Nothwendigkeit, zweckmäßigen Organisation und gedeihlichen Wirksamkeit, Berlin 1872, S. IV.

[57] Schröder, C.: Gewerbliche Fortbildungsschule, a.a.O., S. 13f.

[58] Siegener Zeitung vom 13. October 1874.

bildungsschule vom initiativen Charakter zum technisch-propädeutischen Aspekt. Dieser inhaltliche (Struktur-)wandel der gewerblichen Ausbildung führt in vielen Städten zu einer institutionellen Veränderung der Schule. So beauftragt der Magistrat von Hörde den Rektor der Handwerkerfortbildungsschule, I. Hahn, ein Gutachten „betreffend die Umwandlung der hiesigen Handwerker-Fortbildungsschule in eine gewerbliche Fortbildungsschule“ zu erstellen. Neben der veränderten Arbeitsstruktur in den Betrieben und der daraus resultierenden Anforderungen an die gewerbliche Fortbildungsschule weist Rektor Hahn mehr auf die sozio-politische Bedeutung der neuen Schule hin. „Ich erlaube mir gleich in mediam rem zu gehen und diejenige Frage zu erörtern, welche mir die wichtigste zu sein scheint, nämlich, ob der Schulbesuch ein obligatorischer oder fakultativer sein soll. Ich für meine Person bin im Prinzip für den obligatorischen Besuch.

Für den obligatorischen Schulbesuch sprechen ideale und praktische Gründe.

Das Ideal der gewerblichen Fortbildungsschule muß es bleiben, ihre Segnungen möglichst allen jungen Leuten, welche die Volksschule mit dem 14. Lebensjahr verlassen, zu Theil werden zu lassen. Der obligatorische Schulbesuch für die Schüler der gewerblichen Fortbildungsschulen ist eigentlich eine *sociale Nothwendigkeit*[59].

Fertigkeiten insonderheit können nur durch wiederkehrende Übung erhalten und gesteigert werden. Fehlt dieselbe, dann ist auf die Schule kein Stein zu werfen, wenn die Militäraushebung Burschen vorfindet, die nur leidlich addieren können und in ihrer Schreibfertigkeit in der Nähe der drei Kreuze angekommen sind.

Somit wächst, wenn keine fernere Gelegenheit zur Schulung der Gedanken und des Verstandes geboten wird, ein unmündiges, unselbständiges Geschlecht heraus, welches schließlich alles glaubt, was es schwarz auf weiß sieht, und auf das Wort jedes ersten besten Agitators schwört.

Wir sind aber außerdem der festen Überzeugung, daß nur die mangelhafte Bildung in den Handwerkerkreisen es ermöglicht hat, daß die *sozial-demokratischen Agitatoren* für ihre ebenso thörichten als staatsgefährlichen Lehren ein so gut zu beackerndes Feld unter den Arbeitsnehmern gefunden haben. Zweifellos würde eine bessere Schulbildung in jenen Kreisen das bisher stattgefundene Überwuchern des sozialdemokratischen Unkrauts verhütet haben. Nach unserer unmaßgeblichen Meinung kann es auf diesem Gebiete eine Besserung erst dann geben, wenn die von uns geforderte Einrichtung (der obligatorischen Fortbildungsschule) segensreich gewirkt hat.

Das einzige wesentliche Hindernis scheint mir in der sogenannten Nachtschichtarbeit zu liegen, welcher eine große Zahl von Lehrlingen oder „Gehülfen“ auf der Hütte und den Hochöfen unterworfen sind“[60]. Rektor Hahn macht in seinem Gutachten auf die langumstrittene Frage aufmerksam, ob ein Schulzwang (obligatorischer Unterricht) eingeführt oder ob der fakultative Schulbesuch bestehen bleiben soll. Nach § 120 der Reichsgewerbeordnung „sind alle selbständigen Gewerbe-

[59] Unterstreichungen vom Gutachter.

[60] Hök 22/3 Das Gutachten wurde am 20. Januar 1875 erstattet.

treibenden einschließlich der Kaufleute verpflichtet, ihren Arbeitern (Gesellen, Gehilfen, Lehrlinge, Fabrikarbeiter oder in ähnlichen Stellungen beschäftigten Personen) unter 18 Jahren, welche eine von der Gemeindebehörde oder vom Staate als Fortbildungsschule anerkannte Unterrichtsanstalt besuchen, hierzu die erforderlichenfalls festzusetzende Zeit zu gewähren. Auf den Sonntag darf der Unterricht nur so gelegt werden, daß der Besuch des Gottesdienstes nicht gehindert wird. Durch statuarische Bestimmung einer Gemeinde oder eines weiteren Kommunalverbandes kann für männliche Arbeiter unter 18 Jahren die Verpflichtung zum Besuch einer Fortbildungsschule werden"[61].

Die im Wesentlichen aus der GewO von 1869 entlehnten Vorschriften – in verschiedenen Novellen ergänzt und verbessert – betrafen in erster Linie die Lehrherren, die den Lehrlingen die zum Schulbesuch notwendige Zeit einräumen mußten. Die erlassenen Strafvorschriften boten allerdings keine Möglichkeit die Schüler wegen der Schulversäumnisse zu bestrafen. Infolge dieser rechtlichen Situation hatten die Schulen keine Handhabe den bis dahin unregelmäßigen Schulbesuch und die hohe Fluktuation der Schüler zu beseitigen.

„Die preußischen Gemeinden gründeten deshalb ihre Ortsstatute nicht nur auf die GewO, sondern auch auf das Gesetz über die Polizeiverordnung von 1850"[62]. Das preußische Kammergericht erklärte dann in einem Urteil von 1890, daß eine derartige Strafbestimmung des Ortsstatuts hinsichtlich der Bestrafung der Schulversäumnisse nicht aus der Polizeiverordnung von 1850 abgeleitet werden könne. Der Besuch der gewerblichen Fortbildungsschulen nahm nach diesem Urteil rapide ab. Während in Preußen die Berufsschulpflicht erst 1923 eingeführt wurde, kannten die meisten anderen deutschen Länder bereits ab 1870 die allgemeine Fortbildungsschulpflicht. Im Kontext dieser Entwicklung bleibt noch nachzutragen, daß 1910 in Preußen von 650000 in Industrie, Handwerk und Handel beschäftigten Jugendlichen im Alter von 14–18 Jahren nur 400000 – also 60% – die Fortbildungsschule besuchten[63]. Eine entsprechende Gesetzesvorlage, die 1911 vom Landesgewerbeamt vorgelegt wurde, „scheiterte am Widerstand der Parteien, die den Religionsunterricht eingeführt sehen wollten, und dafür die Unterstellung der Fortbildungsschulen unter das Kultusministerium neben dem Handelsministerium verlangten"[64].

Die unteren staatlichen Behörden und Schuldeputationen der Städte bemühen sich diese „Gesetzeslücke" zu schließen. In Rescripten und Denkschriften werden die politischen Vertretungen der Städte, die Handwerksmeister und Principale aufgefordert, für den obligatorischen Unterricht einzutreten.

„Die Königliche Regierung zu Arnsberg hat bereits seit längerer Zeit und wiederholendlich gedrängt, die hiesige Handwerker-Fortbildungsschule (sogenannte Sonntagsschule) durch Erweiterung ihres Lehrplans und Einführung des obligatorischen Unterrichts in Bezug auf Intensivität und Umfang ihre Leistungsfähigkeit zu heben.

---

[61] Kretzschmar, Fr.: Handbuch des preußischen Schulrechts, Leipzig 1899, S. 141f.
[62] Hoffmann, E.: Zur Geschichte der Berufsausbildung in Deutschland, Bielefeld 1962, S. 77.
[63] Vgl. Peters, W.: Gewerbe-Förderung in Preußen, Jena 1916, S. 13.
[64] Hoffmann, E.: Geschichte der Berufsausbildung, a.a.O., S. 77.

In einem Rescipte vom 25. October 1875 wird wörtlich folgendes gesagt: Von der Mehrzahl der Gemeinden des diesseitigen Regierungsbezirkes wird den gewerblichen Fortbildungsschulen das der Wichtigkeit des Gegenstandes entsprechende Interesse noch keineswegs zugewandt. Je berechtigter die Klagen sind, welche über die Zunahme der Verwilderung und über das Zurückgehen der Leistungen unter Lehrlingen, Gesellen und sonstigen gewerblichen Arbeitern jugendlichen Alters erhoben werden, um so dringendere Pflicht der Gemeinden wird es, dem Uebel mit Energie entgegenzutreten und von den Mitteln zur geistigen und sittlichen Hebung des Gewerbestandes Gebrauch zu machen, welche die Gesetzgebung in ihre Hand gelegt hat.

In der Reihe dieser Mittel nimmt die Fortbildungsschule der Natur der Sache nach die erste Stelle ein. Ihre Errichtung, Förderung und Hebung erscheint deshalb von ganz besonderer Wichtigkeit und wir halten uns für berechtigt, in dieser Beziehung die energischste Thätigkeit der Gemeindebehörden in Anspruch zu nehmen"[65].

Im Ortsstatut der städtischen Fortbildungsschule wird aber dann erklärt, daß „eine Verpflichtung zum Besuche der Schule vorläufig nicht ausgesprochen werden soll. Die Arbeits- und Lehrherren sind verpflichtet, ihren Gesellen, Gehülfen und Lehrlingen auf deren oder ihrer Eltern oder Vormünder Verlangen die erforderliche Zeit für den Schulbesuch zu gewähren[66].

Der unregelmäßige Schulbesuch und die vielzitierten Klagen „über die Zunahme der Verwilderung und über das Zurückgehen der Leistungen unter den Lehrlingen", veranlaßt die städtischen Behörden zu ausgefeilten Schulordnungen mit einem differenzierten Sanktionsmechanismus.

Die ideologische Begründung für die Disziplinierung nach innen bezieht die gewerbliche Fortbildungsschule aus dem gesamtgesellschaftlichen Wertesystem, d.h. im Rekurs auf dominante Wertvorstellungen; mit Hilfe einer spezifischen Normativität versucht die gewerbliche Fortbildungsschule sich abzusichern.

„Der Wohlstand eines Volkes wächst mit seiner Arbeitsfähigkeit. Je geschickter sich ein Volk in der Behandlung der ihm gestellten Aufgaben zeigt, je tüchtiger und schneller es arbeitet, desto mehr tritt es auf dem Weltmarkt hervor. Hat die Konkurrenz Einfluß gewonnen, entbrennt auch der Kampf um möglichst hohen Gewinn, und kämpfen heißt im großen Haushalte der Natur die Ausrottung des unbrauchbar Gewordenen, die Stärkung des Bessern. Daher tritt die Forderung nach wirtschaftlicher Erziehung, nach Fachbildung um so stärker auf, je heftiger der Kampf um das Dasein wütet, je mehr die Konkurrenz von der Fessel entbunden wird, je leichter sich das Erzeugnis jeder Arbeit anbieten kann"[67].

Die ideologische Grundlage bildete eine sozial-darwinistisch bestimmte Einstellung; es geht um die Existenzsicherung in einem „Kampf", der mit der „Ausrottung

[65] Denkschrift betreffend die Reorganisierte städtische Fortbildungsschule, Dortmund 1877, S. 2.

[66] Ortsstatut für die städtische Fortbildungsschule zu Dortmund vom 29. Juni 1877, § 3 und § 4.

[67] Stadtarchiv Dortmund, Do K 77.

des unbrauchbar Gewordenen", mit der „Stärkung des Besseren" endet. Der Bezugsrahmen der Eigen- und Fremdeinschätzung ist das „Volk, das „geschickt", „tüchtig" und „schnell" arbeiten muß, um bestehen zu können.

Die ideologisch fixierte primäre Zielsetzung liegt also in einer Bestandssicherung nach außen, in einer als feindlich verstandenen Umwelt. In diesem Kontext liefert die gewerbliche Fortbildungsschule ihren spezifischen Beitrag, indem sie die „Arbeitsfähigkeit" eines Volkes erhöht; indem sie die Grundlage zur späteren „gewerblichen Tüchtigkeit" legt, trägt sie zum positiven Ausgang des o.a. Kampfes bei.

Die oben hypostasierte primäre Zielsetzung der Bestandssicherung nach außen, die einen (Konkurrenz-) „Kampf" erfordert, bedingt die Notwendigkeit zur strikten Disziplinierung nach innen, d.h. der Systemzusammenhalt muß durch eine zwangshaft bestimmte Normativität so abgesichert werden, daß der „geistige und leibliche Wohlstand der Nation in einer Auseinandersetzung mit dem Feind"-(Konkurrenten) gewährleistet werden kann.

„Jeder Fortbildungsschüler hat sich sowohl in der Schule, als auch außerhalb derselben gegen jedermann, besonders aber gegen seine Lehrer eines wohlgesitteten Verhaltens zu befleißigen, durch Gehorsam und Fleiß sich auszuzeichnen, um dadurch ein gutes Zeugnis zu erwerben, das ihm zu seinem weiteren Fortkommen förderlich ist"[68]. Der erste Satz der „Schulordnung für Fortbildungsschüler" definiert als oberste Norm die Erziehung zu einem „wohlgesitteten Verhalten", zu „Gehorsam und Fleiß", d.h. der fachliche Aspekt – die sachgemäße, aufgabenorientierte aus der Rationalität der Technik entspringende Unterweisung – tritt zurück zugunsten einer Kultivierung allgemeiner „sittlicher Moral".

Die Internalisierung sozio-kultureller Werte mit Hilfe des institutionalisierten Sanktionsmechanismus illustrieren nachfolgende Auszüge aus verschiedenen Schulordnungen[69]:

Kommen einzelne Schüler unreinlich zur Schule, so sind sie zu veranlassen, sich sofort zu Hause zu reinigen, bzw. anständig anzukleiden.

Vor dem Weggange der Schüler ist genau nachzusehen, ob die Plätze derselben reinlich sind, und ob von ihnen etwas zurückgelassen worden ist. Beim Weggange begleitet der Lehrer die Schüler bis zur Hausthür und hat darauf zu achten, daß sie sich ruhig und anständig entfernen.

Alle Schüler erheben sich von ihren Plätzen, wenn Lehrer oder andere die Schule besuchende Personen in die Klasse treten, dasselbe geschieht auch, wenn diese das Lehrzimmer wieder verlassen.

Außerdem sind jeden Schultag alle Abweichungen von der Schulordnung und alle störenden Vorkommnisse in der betreffenden Rubrik des Schultagebuches sorgfältig aufzuzeichnen; die Verstöße einzelner Schüler gegen die Schulordnung sind in das

---

[68] Pache, O.: Handbuch des deutschen Fortbildungsschulwesens, Wittenberg 1900, 5. Teil, S. 33.

[69] Zusammengestellt aus den Schulordnungen der „städtischen gewerblichen Fortbildungsschulen" in Hamm, Siegen, Dortmund, Gelsenkirchen und Münster. Derartige Schulordnungen befinden sich abschriftlich in den Akten der Landratsämter und Bezirksregierungen.

Sittenbuch der Klasse einzutragen, und wenn sie gröberer Art sind, unter Zurückhaltung der betreffenden Schüler dem Direktor zu melden.

Die etwa aufgegebenen häuslichen Arbeiten müssen sorgfältig angefertigt und pünktlich abgegeben werden. Die Schüler haben den Weisungen ihres Lehrers sofort und unverweigerlich Folge zu leisten, auch demselben außerhalb der Schulzeit anständig zu begegnen. Wie beim Kommen, so hat auch beim Fortgehen der Fortbildungsschüler jede Verunreinigung, starkes Auftreten oder überlautes Sprechen innerhalb des Schulhauses, ein Stehenbleiben in oder vor demselben, sowie Rennen, Pfeifen und alle sonstigen Ungehörigkeiten auf dem Schulwege zu unterlassen.

Das Verhalten der Fortbildungsschüler gegeneinander sei jederzeit ein freundliches und zuvorkommendes. Etwaige Streitigkeiten unter denselben sind, wenn eine gegenseitige gütliche Ausgleichung nicht erfolgt, dem Lehrer bzw. Direktor zur Entscheidung vorzulegen. Der Besuch von Schanklokalen ist den Fortbildungsschülern nur in Begleitung von Eltern, Lehrherren oder Arbeitgebern gestattet.

Die Teilnahme an öffentlichen Tanzvergnügungen, sowie das Tabakrauchen sind streng verboten"[70].

Erst wenn eine grundsätzliche, durch allgemeine Normen gesicherte Disziplinierung zu einer quasi „nationalen Moral" – „Kampf gegen die Konkurrenz und Schutz vor Ausrottung" – erreicht ist, kann an die Entwicklung fachlicher Qualifikation herangegangen werden. Der fachliche Aspekt ist in den Schulordnungen nicht auffindbar, vielmehr geht es um die Erziehung zu unreflektierbarer Konformität.

Die strikten Verhaltenserwartungen und -aufforderungen bedingen entsprechend strikte Sanktionen und Sanktionsandrohungen.

„Gegen einen unwürdigen Schüler, der sich durchaus nicht in die Ordnung der Schule fügen mag, trotz aller Ermahnungen und Warnungen von Seiten des Lehrers, wird mit aller Strenge eingeschritten werden.

Nach Befinden wird in derartigen Fällen Anzeige an die Eltern und Arbeitgeber erstattet, Arrest verfügt oder Geldstrafe auferlegt.

Als Strafmittel sind Erinnerungen und Verweise durch den Lehrer, Aufstehen vom Platze, Heraustreten aus der Bank, Aufgabe einer angemessenen häuslichen Strafarbeit, wo die Verhältnisse dazu geeignet sind, Erinnerungen und Verweise durch den Direktor, schriftliche Anzeige an die Eltern, Lehrherren oder Arbeitgeber, Erinnerungen und Verweise im Beisein des Vater, Lehrherren oder Arbeitgebers und das Dableiben nach den Unterrichtsstunden anzuwenden. Die in letzterer Weise zu strafenden Schüler der einzelnen Klassen sind nach Schluß der Stunden gemeinschaftlich in einem besonderen Klassenzimmer unter abwechselnder Aufsicht eines Lehrers noch eine Stunde zu beschäftigen. Will ein Lehrer mehr als zwei Schüler auf einmal dabehalten, so hat er die Aufsicht über dieselben in seinem Klassenzimmer selbst zu führen. Der Antrag auf Karzerstrafe für diejenigen Schüler, welche die Schulordnung in gröblicher Weise verletzt oder sich durch vorausgegangene

---

[70] Vgl. Fußnote 69.

andere Strafen nicht gebessert haben, ist schriftlich zu stellen. Körperliche Züchtigung ist in der Fortbildungsschule ausgeschlossen“ [71].

Die ideologische Konditionierung institutionalisierter Sanktionsmechanismen erfüllen ihre Disziplinierungsfunktion.

„Der Schulbesuch in den Sonntagsschulklassen war durchschnittlich sehr regelmäßig; nur an einigen Sonntagen im Februar und März konnten viele auswärtige Schüler wegen der außergewöhnlichen Schneemassen die Schule nicht besuchen. Das Verhalten der Sonntagsschüler war wie in den Vorjahren, stets musterhaft. Auch in den Werktagsschulklassen wird der Schulbesuch immer regelmäßiger und pünktlicher; in einigen Klassen kamen im Laufe mehrerer Monate gar keine unentschuldigten Versäumnisse mehr vor. Es sind jetzt nur noch sehr wenige Arbeitgeber, welche für den so dringend nöthigen und höchst nützlichen fortbildenden Unterricht ihren Lehrlingen die erforderliche Zeit nicht gönnen. Die mit unerschütterlicher Konsequenz fortgesetzten Belehrungen und Ermahnungen und – wo diese nichts fruchten – Bestrafungen werden sicher die unerläßliche Regelmäßigkeit des Schulbesuches in nicht ferner Zeit herbeiführen. Das Benehmen der Fortbildungsschüler in der Schule und auf dem Schulwege hat sich in sehr auffälliger und erfreulicher Weise gebessert“ [72].

Die Disziplinierung richtet sich allerdings nicht nur gegen die Schüler, sondern auch gegen den Arbeitgeber bzw. Lehrherrn. „Der Zimmermeister Herr Blanke von Brakel hat seinen bei ihm wohnenden Lehrling Feldmann am Sonntage dem 25ten September 1 Mal nicht zum Besuche der hiesigen Fortbildungsschule angehalten, wodurch es gekommen ist, daß derselbe solche gedachte Zeit ohne genügende Entschuldigung verabsäumt hat. Es wird deshalb gegen Blanke auf Grund der Lokal-Polizeiverordnung eine hier zu erledigende Geldstrafe von 10 sgr., an deren Stelle, wenn sie nicht beizutreiben ist, eine Gefängnisstrafe von 1 Tage tritt, festgesetzt“ [73].

Damit kommen wir zu einem weiteren Aspekt unserer Analyse. Der institutionelle Rahmen der Handwerkerschule, ihre „standesgemäße“ auf das Wertsystem des Handwerks bezogene Erziehungsfunktion, gerät in Widerspruch zu den Ausbildungsansprüchen der Industrie. Der spezifische Charakter der Handwerkerschule soll erhalten und durch ein informelles Kontrollsystem abgesichert werden. So wird „der in einer Fabrik tätige Schlossergeselle Engert zu dem nächsten Meisterkursus nicht zugelassen“ [74].

„Von einigen Vertretern des Handwerks wurde die Befürchtung ausgesprochen, daß verschiedene Handwerker, die durch Teilnahme an dem Meisterkurs weiter ausgebildet seien, demnächst in Betriebe der Großindustrie als Werkmeister usw.

---

71 Vgl. Fußnote 69.

72 Bericht über die städtische gewerbliche Fortbildungsschule in Siegen pro Schuljahr 1888/1889, Stadtarchiv Siegen, Nr. 7031, S. 9.

73 StaDo, Hök 13/2 Protokollbuch der Fortbildungsschule. Vgl. Akten der Polizeiverwaltung HO/12–5.

74 Protokollbuch der Handwerkerfortbildungsschule Dortmund, Protokoll vom 4. Nov. 1905, Stadtarchiv Dortmund, Dok 167.

eintreten würden und die Meisterkurse, die doch zum Theil aus Mitteln des Handwerks unterhalten werden, zur Förderung der Konkurrenz dienen könnten. Von Maßregeln, um solche eventuell eintretenden Mißstände zu verhüten, soll einstweilen abgesehen, doch die Angelegenheit aber im Auge behalten werden“ [75].

Zwei Monate später beschließt das Kuratorium „mit 9 gegen zwei Stimmen, für die Schneiderkurse einen Werkmeister beizubehalten, und für die Schuhmacherkurse einen solchen einzustellen“ [76].

Die Anmeldung zu den Meisterkursen wird von der politischen Gesinnung abhängig gemacht. „Herr Direktor Regling wird die Meldungen umgehend dem Büreau des Herrn Vorsitzenden des Kuratoriums zur Notiznahme auf kluge Zeit vorlegen, damit dort die Feststellung über die politische Gesinnung der Gesuchsteller veranlaßt wird“ [77].

Die Industrie versagt dieser Schule jegliche Unterstützung und ist nicht bereit, Maschinen für Lehrzwecke zur Verfügung zu stellen. In den Städten, in denen der Magistrat und die Vertreter der Fabrikanten in Verhandlungen mit den Handwerkern eine Reform dieser Schulen durchsetzten, entwickelte sich diese Schule schon frühzeitig zu einer Institution der berufsbegleitenden Ausbildung.

In Hörde z.B. wird die Handwerkerschule in eine allgemein gewerbliche Fortbildungsschule umgewandelt. Im Kuratorium sitzen jetzt Handwerksmeister und Fabrikanten nebeneinander“ [78].

Die richtige Erkenntnis, daß die vorherrschenden Industrie- und Handwerkszweige einer besonderen schulischen Organisation und einer entsprechenden Lehrplangestaltung bedürfen, hat sich offenbar nur in den Industriestädten durchgesetzt [79].

In den schnell gewachsenen Industriestädten, wie z.B. Wanne-Eickel, Herne, Gelsenkirchen, Bottrop, Gladbeck, Recklinghausen, den Vororten von Dortmund etc., werden in den 70er Jahren viele gewerbliche Fortbildungsschulen gegründet, die von jugendlichen Arbeitern und Lehrlingen der Industrie und des Handwerks besucht werden.

Die Errichtung neuer Fachschulen bzw. die Umwandlung von Handwerkerschulen in gewerbliche Fortbildungsschulen hat einen doppelseitigen Aspekt:

a) Die gewerbliche Fortbildungsschule definiert die „Bildungsweite“ des Handwerkers. Es kann vor diesem Hintergrund angenommen werden, daß die primäre Ziel-

---

[75] Dok 167.

[76] Dok 167.

[77] Dok 167.

[78] Protokollbuch des Kuratoriums der Handwerker-Fortbildungsschule zu Hörde ab 1873, in: StaDo, Hök 13/2 und Hök 4/1/2 von 1889–1928.

Schreinermeister Schoof, Maurermeister Jähnen und Sattlermeister Daschmann erklären: „Wir halten dafür, daß die Einrichtung einer den örtlichen Verhältnissen Rechnung tragenden, obligatorischen Fortbildungsschule für Gesellen, Gehilfen und Lehrlinge, welche in einem Handwerks- oder fabrikmäßig betriebenem Gewerbe beschäftigt sind und welche das 17. Lebensjahr noch nicht überschritten haben, für ein dringendes Bedürfnis unserer Stadt“.

[79] Vgl. Tabellen Nr. 15 und Nr. 16 über den Umfang des gewerblichen Fortbildungsschulwesens in den Regierungsbezirken Arnsberg und Münster. Quellenanhang S. 381ff.

setzung der Fachschulen nicht eine „Kultivierung“ der fachlichen Qualitäten, sondern die Erziehung zur Konformität mit ideologisch getragenen Wertvorstellungen ist. Erst wenn diese auf dem Wege über methodische Disziplinierung erreicht ist, kann die Vermittlung sachbezogener Verhaltenstechniken besorgt werden. Der ideologische Aspekt ist dem spezifisch fachlichen Aspekt zwangshaft vorgeschaltet. Diese Annahme wird gestützt durch die Hinweise auf die möglichen „Gefahren“ eines „Zuviel“ an Bildung, d.h. die Errichtung von Fachschulen ist nicht zurückzuführen auf einen humanistischen Bildungs-Impetus. „Aber auch ein Zuviel in der Begünstigung der allgemeinen Bildung kann schaden. Was über das Notwendige hinausgeht, ist ein Luxus, welcher, in richtige Grenzen gebannt nützen, ins Uebermass getrieben, schaden, ja geradezu ein Hemmschuh für den Wohlstand der Nation werden kann“[80].

Die in den gewerblichen Fortbildungsschulen vermittelte Erziehung erhält ihre funktionale Bedeutung im Rahmen einer gesellschaftlich definierten Notwendigkeit zu fachlicher Qualifikation. Diese wird instrumentell als Beitrag zum Systemerhalt – „zur Sicherung des Volkswohls“ – verstanden.

In dem Moment, in dem die gewerbliche Fortbildungsschule zu einem Werkzeug der Kultivierung der Einzelpersönlichkeit wird, ist sie strukturfeindlich und wird durch Klassengrenzen konditioniert. „Die besten Schüler sind für die Wissenschaft begeistert; die rein geistige Thätigkeit geht ihnen über Alles; höchst ungern nur treten sie in die Werkstatt, in das Geschäftslocal, worin sie sich auch später niemals recht wohl und heimisch fühlen. Die weniger strebsamen Schüler aber, die es mit dem Arbeiten und Studieren nie recht ernstlich nehmen, weil sie glauben, daß sie die meisten der ‚gelehrten Sachen‘ in ihrem späteren Berufe doch nicht verwerthen können, – sie bekommen durch den mehrjährigen Umgang mit den vornehmeren Schulkameraden einen Vorgeschmack von dem bequemen, angenehmen Leben ‚der höheren Stände‘ und glauben schließlich ebenso fest wie jene daran, zu etwas Besserem als zum Arbeiten geboren zu sein. Kurz, die meisten von denen, die eine höhere Unterrichts-Anstalt durch alle Klassen hindurch besuchen, werden für den Beruf eines Handwerkers oder sonstigen kleineren Geschäftsmannes nicht gründlich und zweckmäßig vorgebildet, ja sie werden diesem Berufe sogar innerlich entfremdet“[81].

b) Das politische und das administrative Subsystem fixierte die gewerbliche Fortbildungsschule auf die Erfüllung fachlicher und politisch-kultureller Erfordernisse.

„Bevor wir unsere Genehmigung zur Einrichtung der in Rede stehenden Schule (Einrichtung einer Fachschule für Maler und Anstreicher – d. Verf.) ertheilen, veranlassen wir Euer Hochwohlgeboren, uns unter Vorlegung eines Lehrplans noch Näheres über die Einrichtung dieser Schule zu berichten sowie ferner zu erörtern, ob und in welcher Weise die zur Erfüllung der Versprechungen des Programms erforderlichen Räume, Lehrkräfte und Lehrmittel beschafft werden sol-

---

80 Dok 77.

81 Stadtarchiv Siegen, II, C: b. 23. Schröder, C.: Die gewerbliche Fortbildungsschule, a.a.O., S. 15.

len, sowie ob die zur Ausfüllung des Programms erforderlichen Geldmittel vorhanden sind resp.: in welcher Weise dieselben zusammengebracht werden sollen. Endlich erwarten wir auch darüber Euer Hochwohlgeboren Aeußerung, ob Veranlassung zu der Befürchtung vorliegt, daß die projectierte Fachschule der Verbreitung destructiver Tendenzen auf politischem, socialem oder moralischem Gebiete Vorschub leisten wird"[82].

Die zitierte Quelle kann als Indiz für die interne Beschaffenheit und das Selbstverständnis zweier zentraler gesellschaftlicher Subsysteme der damaligen Zeit gelten: der Politik einerseits – verkörpert durch die Rolle des Oberbürgermeisters – und der staatlichen Administration andererseits – Regierungsbehörde in Arnsberg.

Es läßt sich annehmen, daß die Rezeptionsfähigkeit der kommunalen Politik gegenüber sachlich-funktionalen Anforderungen – Einrichtung einer Fachschule – größer ist als die der staatlichen Verwaltung. Während sich das politische (Sub-) System gegenüber den realen Interessenlagen der Industrie und des Handwerks aufgeschlossen zeigt und Impulse aus diesen Bereichen übernimmt, verstärkt und institutionelle Regelmechanismen in eigener Regie zur Lösung einer objektiv vorgegebenen Problematik ansetzt, ist im Verhalten der Verwaltung eine als „administratives Mißtrauen" zu bezeichnende Einstellung erkennbar. Ihr geht es offensichtlich mehr um den Bestand und die Durchsetzung des traditionellen Wertesystems als um die „Nutzung" von Initiativen im technisch-edukativen Bereich. Die gewerbliche Fortbildungsschule ist in diesem Kontext ein Steuerungsinstrument zur Stabilerhaltung des politischen Systems, weshalb die Verwaltung als Vertreterin des Staates das kommunal-politische System „abfragt".

d) Zur Analyse von Sozialstruktur und Inhalten beruflicher Sozialisation

Im Kontext der hier vorzutragenden Analyse über die Verbindung von Sozialstruktur und Inhalten beruflicher Sozialisation knüpfen wir an die oben ausgeführte These „Bildungswissen versus Leistungswissen" wieder an. Die von den soziostrukturellen Veränderungen ausgehenden Einflüsse auf die Wissensformen handwerklicher Ausbildung sind dabei vor dem Hintergrund des Teilsystems „Schule" zu sehen[83].

Bei der Analyse der Lehrpläne gilt es darauf hinzuweisen, wie der strukturelle Wandel in Wirtschaft und Gesellschaft zur Neuorientierung von Ausbildungsformen und -inhalte führt bzw. welche sozio-kulturelle Barrieren überwunden werden müssen[84].

---

[82] Dok 77.

[83] Vgl. „Historisch-institutionelle Aspekte der gewerblichen Fortbildungsschule" und „Die Entwicklung der gewerblichen Fortbildungsschule in den Regierungsbezirken Münster und Arnsberg".

[84] Vgl. dazu die Ausführungen über die sozio-kulturellen und sozio-ökonomischen Aspekte der Legitimation und Identifikation im Wirtschafts- und Sozialbereich „Handwerk". Innerhalb dieses theoretischen Rahmens wird nur auf die berufliche Sozialisation eingegangen.

Die berufliche Sozialisation mit ihren jeweils empirisch erfaßbaren Inhalten charakterisiert eine Beziehung zwischen der „Notwendigkeit" einer Positionsbesetzung innerhalb eines sozialen Systems und den daraus resultierenden Ausbildungs- und Wissensinhalten[85].

Systemtheoretisch läßt sich nun sagen, daß industrielle Gesellschaften durch den Prozeß der Ausdifferenzierung von funktionalen Teilsystemen gekennzeichnet sind, d.h., daß das Teilsystem „Schule" im Verlauf der zweiten Phase der Industrialisierung stärker ausdifferenziert wurde. Dieser Prozeß müßte dann auch in der Ausdifferenzierung der Lehrpläne sichtbar werden.

Im Unterschied zur vertikalen Differenzierung traditioneller Gesellschaften (Schichtung) ist die funktionale Differenzierung ein umfassenderer Prozeß, an den Kriterien von „oben" und „unten" nicht angelegt werden können. Die Teilnahme an funktionalen Teilsystemen vollzieht sich rollenhaft und bezieht nicht das ganze Individuum in die systemnotwendigen Rollenerwartungen ein. Demgegenüber ist die traditionelle Gesellschaft auf der Grundlage von „Personen" konzipiert, deren Handlungen in ihrer Ganzheit durch ein entsprechendes Wert- und Normensystem bestimmt werden. Der Lebensgemeinschaftscharakter des Handwerks, die ständige Durchdringung der Berufstätigkeit von Religion, Familie, Sitte und Brauchtum sind die unlösbare Verbindung aller Elemente im handwerklichen Tun und Leben. Die Rollenerwartung, die an den einzelnen gestellt werden, ergeben sich nicht aus dem funktionalen Zusammenhang, in dem der einzelne gerade handelt (etwa als Handwerker, Gemeindemitglied etc.), sondern aus einem prinzipiellen Status innerhalb eines tradionalen Gefüges. Der „ehrbare" Handwerker handelt in einer „vorgegebenen" Welt; sein Festhalten an vererbten Lebensformen ist eng verbunden mit der Angst vor „magischen" Nachteilen, die bei einer Veränderung auftreten können. Dieser – als Tendenz überall vorhandene – „Handlungsunterzug" versteift die alten Gesellschaften, sorgt für eine „unumstößliche Festigkeit von Erwartungen"[86]. Die Stabilität und Enttäuschungsfestigkeit der Erwartungen resultiert aus dieser festen Placierung in der vorgegebenen, fest legitimierten, kulturellen Welt. Das Lebensgefühl des Handwerkers ist mit diesen Rollenerwartungen eng verbunden. Das kaum reflektive Sanktionsgefüge läuft im „positiven" Sinne darauf hinaus nicht aufzufallen, d.h. „keiner Bestrafung zu unterliegen. Das „sitzende", das „passende", das „richtige" Rollenverhalten ist die Belohnung seiner selbst"[87].

Vor diesem Hintergrund von Rollenverständnis aus „der Seins-Eingebundenheit der sozialen Rolle (in einem nichthinterfragbaren Gesellschafts-Kultur-Zusammenhang)" gewinnt unsere Analyse wieder Anschluß an den Inhalt beruflicher Sozialisation[88]. In traditionellen Gesellschaften besteht eine weitgehende Identität von beruflicher

---

[85] In diesem Zusammenhang wird auf die „handwerkliche Berufsideologie" zurückgegriffen um die induktiv (items) und deduktiv (Systemanalyse) gewonnenen Aussagen zu verbinden bzw. zu überprüfen.

[86] Claessens, D.: Rolle und Macht, München 1968, S. 46. Vgl. auch Mannheim, Karl: Das konservative Denken, in: Wissenssoziologie, hg. v. K. H. Wolff, Neuwied 1964, S. 412.

[87] ebenda, S. 47.

[88] ebenda, S. 54.

und sozio-kultureller Sozialisation, deren besondere Ausprägung in der Meisterlehre sichtbar wird[89].

Der Charakter handwerklicher Ausbildungstradition als Gesamtorientierung innerhalb einer vorgegebenen Ordnung entwickelt sich mit den strukturellen Veränderungen und ihren differenzierten Anforderungen in Richtung speziellerer Berufsausbildung. Es zeigt sich, daß die Lehrzeit, die Zeit der fundamentalen Berufs- und Lebenserfahrung und der äußersten sozialen Abhängigkeit auf neue, durch die Industrialisierung bestimmt Realitäten trifft.

„Im schnellen Wechsel der Arbeitsziele und Arbeitsmethoden geht der Wert konkreter Erfahrung rasch zurück.

Solange sie nicht lediglich als Denkanstöße verwendet, sondern festgehalten werden in ursprünglicher Gestalt, wirken sie oft geradezu als Hindernisse der Anpassung an veränderte Bedingungen. Es wird fraglich, ob es grundlegende Erfahrungen im traditionellen Sinne noch geben kann“[90].

Hier wird nun vollends deutlich, daß die Industrie gegenüber dem Handwerk nicht nur ein bloßes Äquivalent in der Produktionsweise darstellt, sondern ein strukturänderndes und – bestimmendes Handlungs- und Denkprinzip inkorporiert, das in der Form des zweckrationalen Handelns, in der Konzipierung von Handlungsplänen und -strategien transparent wird. Der Prozeß der „Rationalisierung des gesamten Verhaltens gestattet und verlangt die Rationalisierung auch des berufspädagogischen Tuns. Auch in dieser Hinsicht wird Erfahrung alter Prägung problematisch, tritt Ausbildung – als theoretischer Unterricht und als planmäßige Unterweisung – ... immer mehr an ihre Stelle“[91].

In der Trennung der Lebenssphären – wie Familie und Beruf – geht zugleich die Identität von beruflicher und sozio-kultureller Sozialisation verloren, d.h., die Gesamtorientierung des Lehrlings durch die betriebliche Lehre (Meisterlehre) wird zu einer partiellen auf das Subsystem „Wirtschaft“ gerichteten Orientierung.

Für die berufliche Ausbildung und dem damit verbundenen Rollenerwerb ergibt sich der Vorrang des Lernens von Fertigkeiten und Qualifikationen gegenüber der Internalisierung von Normen gesamtgesellschaftlicher Observanz.

Die berufliche Sozialisation wird damit als Einführung in eine Berufsposition und gegenüber der „kulturellen“ Sozialisation gekennzeichnet durch eine strenge Zielausrichtung. Die berufliche Sozialisation umfaßt prinzipiell zweierlei: Die Vermittlung technischer (instrumenteller) Kenntnisse und normativer Orientierungen, die nötig sind, um den verschiedenen Rollen einer Position (Beruf) gerecht zu werden. Diese normative Erziehung verändert sich von einer traditionell-handwerklichen „Gesamtorientierung“ zu einer Internalisierung von spezifischen Systemnormen und -anforderungen. „Berufliche Tüchtigkeit erfordert nicht nur eine bestimmte Quali-

[89] Vgl. dazu Kap. IV., S. 132ff.
[90] Lempert, W. und Ebel, H.: Lehrzeitdauer, Ausbildungssystem und Ausbildungserfolg, Freiburg i. Brsg. 1965, S. 18.
[91] ebenda, S. 18.

fikation, sondern auch die Motivation, diese Qualifikation im Sinne der Berufsaufgabe einzusetzen"[92]. Der Doppelcharakter der Berufsausbildung – instrumentelle und normative Beziehung – kann nun verschiedene Inhalte und Formen annehmen:

- die klassische Berufslehre durch den Meister, der gleichzeitig den Zielberuf innehat, erfolgt in realistischen Situationen, sowohl technisch als auch normativ. Der empirische Charakter dieser Berufsausbildung hat erhebliche Mängel hinsichtlich der Systematik der Aneignung der Fertigkeiten und des Wissens. Von dieser Seite wird deutlich, daß eine Distanz von konkreten Situationen und Rollen, eine Reflextion über mögliche andere Interpretationen des Arbeitsvollzugs, die Möglichkeit eines Spielraumes freier Ausgestaltung der Rollen kaum innerhalb des Arbeitsprozesses erfolgen kann.
- die Schulbildung durch den Lehrer rückt den Zielberuf in eine Distanz zur Situation; es fehlt die „Lebensnähe", die unmittelbare Kombinationsmöglichkeit von instrumentellem Wissen und normativem Handeln, da sich die „schulgebundene Berufserziehung innerhalb eines pädagogischen Zweckgebildes vollzieht"[93].

„Das Lernen komplexer Handlungsorientierungen bedingt sowohl eine Einsicht in die reale Situation wie auch die Fähigkeit, auf abstrakte Weise neue Elemente der Handlungsorientierung zu erarbeiten; denn Positionen enthalten einen Spielraum zu freier Ausgestaltung und sind bisweilen in völlig neuen Situationen zu verwirklichen"[94].

Im Anschluß an die Analyse des beruflichen Sozialisierungsprozesses soll nun versucht werden, einige Unterrichtsfächer im Hinblick auf ihre Funktion für eine erfolgreiche Rollenaneignung zu befragen; aber auch im Hinblick auf eine Distanzierung von den Rollen als Bedingung für strukturnotwendige berufliche und geistige Mobilität.

Die an den gewerblichen Fortbildungsschulen hauptsächlich praktizierten Fächer sind Religion, Deutsch, Rechnen, Zeichnen und Buchführung[95].

---

[92] Claessens, D.: Rolle und Macht, a.a.O., S. 106.

[93] Lempert, Ebel, a.a.O., S. 69.

[94] Lüscher, K.: Der Prozeß der beruflichen Sozialisation, Stuttgart 1968, S. 59.

[95] Aus den Lehrplänen der gewerblichen Fortbildungsschulen ergibt sich ein bundes Kaleidoskop an „Unterrichtsfächern":

Religionsunterricht, Bibelkunde, biblische Geschichte, Bibelerklärung, Bibellesen, Religions-, Reformationsgeschichte, Vorträge zur Erbauung, Choralgesang, liturgischer Gesang, Volkslieder, Schreiben, deutsche Sprache, Aufsätze, besonders für das gewöhnliche Geschäftsleben, Vorlesen klassischer Stellen, Lesen von Jugendschriften, Vorlesen gemeinnütziger Schriften, Rechnen, Flächen- und Körperbauberechnung, Formenlehre, Mathematik, Naturbeschreibung, Naturlehre, Technologie, Geographie, statistische Geographie, vaterländische Geographie, Geschichte, vaterländische Geschichte, gemeinnützige Kenntnisse, Geographie von Palästina, Preussen vor 1806 und jetzt, über Auswanderungen, Separationen, Dorfsachen, wirthschaftliche Gegenstände, Zeichnen, Wiederholung der Predigt, neuere Erfindungen, Einführung in das rechte Lesen und Verstehen populärer Schriften, Missionssachen, Missionsgeschichte, Unterredungen über christliche Gegenstände, Besprechung über Zeitungsartikel, Licht, Luft, Elektricität, Dampf, Magnetismus.

Deutschunterricht:

Der Deutschunterricht hat prinzipiell einen ambivalenten Charakter, weil er die mehr instrumentelle, pragmatische Ebene der Berufsausbildung überschreitet; selbst, wenn im Unterricht Berufsanforderungen – wie Schreiben von Geschäftsaufsätzen etc. – gestellt werden.

„Das Deutsch hat die Aufgabe, den mündlichen und schriftlichen Gedankenausdruck der Schüler zu fördern, ihr nationales Denken und ethisches Fühlen zu kräftigen"[96].

Der Deutschunterricht umfaßt „die Lektüre ausgesuchter Stücke aus dem Lesebuch ... der Berufs-, Gewerbe- resp. Heimatkunde" und die Anfertigung von allgemeinen und Geschäftsaufsätzen. Die allgemeinen Themen werden aus der Berufs-, Gewerbe- und Heimatkunde entnommen[97].

Als Geschäftsaufsätze werden die wichtigsten geschäftlichen Schriftstücke angefertigt, welche im Verkehr des betreffenden Berufes oder im sonstigen Leben mit dem Publikum, den Kunden, den Lieferanten, dem Personal und den Behörden vorkommen[98].

In aller Regel geht also der Deutschunterricht über die Ebene des grammatikalischen Trainings hinaus und behandelt Probleme der Werte- und Normendimension; des geistigen Selbstverständnisses in Kultur und Gesellschaft.

Der Deutschunterricht wird zur Unterweisung in „nationalem Denken und ethischem Fühlen", zur nationalen Lebenskunde. „Der Schüler soll seine Heimat liebgewinnen, die Tätigkeit seiner Mitmenschen verstehen lernen und sich selbst im Leben zurecht finden. Den Krystallisationspunkt für das Geschichtliche bildet die Wiederaufrichtung des Deutschen Reiches"[99].

Die Stabilisierungsfunktion des Deutschunterrichtes wird leicht zur Ideologie, etwa durch Besprechung von nationalen und traditionellen Tugenden, Idealen und Vorbildern, die diese Eigenschaften optimal verwirklichen. Die Problematisierung von Normativität und Rolle erweist sich in der konkreten Auseinandersetzung als dysfunktional. Allerdings kann durch die Verbalisierung – im Gegensatz zum reinen, konkreten Vollzug – von Rollennormen ein Prozeß der Besinnung über eben diese Normen angeregt werden. „Erst durch die volle Verbalisierung werden verinnerlichte Rollennormen gedanklich disponibel, werden sie zu Objekten möglicher Auseinandersetzungen des Individuums mit seinen sozialen Pflichten"[100].

An einem Lesebeispiel soll die Stabilisierungsfunktion des Deutschunterrichts noch einmal verdeutlicht werden.

„Wenn von Johanns Berufswahl die Rede war, galt es als ausgemacht, daß er Maler würde. Diese Entscheidung war getroffen, weil im Handwerk noch die Gewohnheit

---

[96] Pache, O.: Handbuch des Fortbildungsschulwesens, a.a.O., S. 94f.
[97] ebenda, S. 95.
[98] ebenda, S. 94f.
[99] ebenda, a.a.O., S. 94.
[100] Claessens, D.: Rolle und Macht, a.a.O., S. 11.

herrschte, das Geschäft des Vaters auf einen Sohn zu vererben, weil Johann nicht widersprach und weil angenommen wurde, er hätte ein gewisses Talent zum Zeichnen. Er ließ es geschehen, daß von seinem Malerberuf als von einer abgemachten Sache gesprochen wurde, und wußte nicht anders, als daß die Zukunft etwa aussehen würde wie das Leben des Vaters. Nicht daß es sich verlohnt hätte, das kleine Geschäft zu vererben. Daran dachte auch der Vater nicht; aber Johann glaubte doch, seine Zukunft sei die eines Malermeisters irgendwo in der Vaterstadt oder im Reich. Darum fand er auch nichts einzuwenden, als ihm der Vater kurz vor der Konfirmation sagte, er hätte mit Onkel Jochen einen Vertrag gemacht, worin der Sohn verpflichtet wurde, vier Jahre Lehrling zu sein. Er sollte zu Hause schlafen, beim Onkel Jochen aber essen, und im übrigen sollte er während der vier Jahre nichts geben und nichts erhalten. Der Vater hatte sein Programm bereits fertig. Du lernst nun, sagte er, vier Jahre bei Onkel Jochen. Dann gehst du auf die Wanderschaft. Nach einigen Jahren heiratest du irgendwo die Tochter deines Meisters, übernimmst dessen Geschäft, und ich komme dann zu dir, um dir zu helfen. Johann sagte zu alledem treuherzig ja“[101].

Technisches Zeichnen:

Der Unterricht im technischen Zeichnen hatte im wesentlichen zwei Sozialisationsfunktionen: Die Vorwegnahme von Handlung, bedingt durch die Einführung einer gedanklich konstruierten Wirklichkeit, die die Funktion hat, einen Rahmen für Handlungsabläufe und -möglichkeiten zu fixieren; und die manuelle Berufseinübung des Vor- und Nachmachens tradierter Stilelemente mit normativer Fixierung auf das „Schöne und Erhabene“.

Diese Sozialisationseffekte sollten durch den Unterricht in Linearzeichnen und freiem Handzeichnen erreicht werden.

Das Linearzeichnen, das z.B. das geometrische, projektive und perspektivische Zeichnen umfaßt, ist gewissermaßen eine spielerische Vorwegnahme von konkreter Objektarbeit; bei gegebenem Ziel und Zweck soll sich zukünftige Handlung rational unter Abwägung optimaler Möglichkeiten realisieren.

Die gedanklich konstruierten Handlungsmöglichkeiten bringen nicht nur Vorteile in der späteren Ausführung der Arbeit – etwa hinsichtlich der Genauigkeit, Sauberkeit und des logischen Arbeitsablaufes –, sondern erlauben dem handwerklichen Unternehmer vor allem die Möglichkeit der konkreten Stellungnahme und Flexibilität gegenüber einem üblichen, durch Nachahmung andauerndem Stilempfinden. In manchen Branchen wird die Zeichnung als Vorwegnahme einer auszuführenden „Wirklichkeit“ zu einem bindenden Element zwischen Unternehmung und Markt. Die Bauhandwerke fixieren ihre Arbeiten auf der Grundlage der Zeichnung, die auch dem Kunden die Möglichkeit der Stellungnahme offen läßt.

Beim „Linearzeichnen“ kommt es hauptsächlich darauf an, daß die Schüler einen Bauriß in allen seinen Theilen und in seiner ganzen Construction recht verstehen

[101] Scheffler, K.: Der junge Tobias, „Wie Johann ein Stubenmaler wurde“ – ein autobiographischer Lebensbericht; in: Lesebuch aus dem Handwerk, Berlin 1946, S. 264ff.

und ausführen, aber auch selbst einen regelrechten Bauriß, den Angaben gemäß, anfertigen lernen. Die dazu erforderlichen Kenntnisse sind ihnen also während ihrer Übungen im Zeichnen nach und nach mitzutheilen"[102].

Diese zeichnerische Elastizität als Alternativmöglichkeit wird existenzsichernd, wenn das Interesse an spezifischen Produkten steigt und wirtschaftlicher Erfolg wesentlich von der Bereitstellung interessanter Produkte abhängt.

In dieser Hinsicht ist das technische Zeichnen – insbesondere das Linearzeichnen – mehr als eine rein konstruktive, instrumentelle Operation.

Der Zeichenunterricht an den Handwerkerschulen bestand allerdings vorwiegend aus Freihandzeichnen, im Nachzeichnen „geschmackvoller Vorlagen". Der Unterricht im freien Handzeichnen „bezweckt hauptsächlich Fertigkeit in allen gradlinnigen und krummlinnigen Zügen mit freier Hand, ohne alle Beihülfe, Lineals oder Zirkels, nach dem bloßen Augenmaße, dann Kenntniß angemeßener Verzierungen und Geschicklichkeit; endlich auch die Kunst, etwas nach der Natur richtig aufzunehmen. Die Grundregeln der Symmetrie sind den Schülern nach und nach mitzuteilen, und nur geschmackvolle Vorzeichnungen ihnen zum Nachzeichnen zu geben. Wird Ihnen Geschmackloses vorgelegt, so muß es nur geschehen, um zu zeigen, worin die Geschmacklosigkeit liege, und was also zu vermeiden sei"[103].

Die „geschmackvollen Vorzeichnungen" bestanden in der Regel aus Ornamenten.

Durch diesen Zeichenunterricht „soll der Verstand der Schüler immer mehr aufgeklärt, und ihr Gemüth an Auffaßung und Festhaltung des Richtigen und Schönen gewöhnt werden. Nie aber werde über das Gewerbe hinausgegangen; vielmehr sind die Schüler in der Regel mit Zeichnungen von den gewöhnlichsten und brauchbarsten Gegenständen ihres Gewerbes zu beschäftigen"[104].

Schließlich hat der Lehrer „jederzeit auf die äußerste Genauigkeit, Nettigkeit, Sauberkeit und Ordnung" zu achten"[105].

Der normative Sozialisationseffekt des Zeichenunterrichts – insbesondere im Freihandzeichnen – manifestiert sich in der Internalisierung traditionalen Stilempfindens, in der system- und standesgerechten Bewertung der Kultur und in der Respektierung überkommener Tätigkeitsfelder des jeweiligen Gewerbes.

Diese Einstimmung auf einen nicht infragezustellenden Bezugs- und Handlungsrahmen verhindert tendenziell antizipatorische Interaktionen und damit auch die Bereitschaft für mögliche und notwendig werdende Kooperation zwischen komplementären Gewerben, insbesondere zwischen Handwerk und Industrie.

Dieser restingente Effekt des Zeichenunterrichts wird in den 80er Jahren des 19. Jahrhunderts durch die stärkere Betonung der „Konstruktionslehre" partiell aufgehoben. Das konstruktive Zeichnen kann – durch die Überwindung des bloßen Abzeichnens – als ein phantasiehaftes, emanzipatorisches, mobiles Element im ge-

---

[102] Statut der Handwerkerfortbildungsschule in Hamm Stadtarchiv Hamm, Schulsachen.

[103] Statut der Handwerkerfortbildungsschule Hamm, a.a.O.

[104] ebenda, a.a.O.

[105] ebenda, a.a.O.

werblichen Unterricht angesehen werden. Dieser konstruktiv-mobile Faktor gibt den Schülern die Chance, rein manuelle Berufseinübung des Vor- und Nachmachens mit der Gefahr der späteren beruflichen Unbeweglichkeit abzulösen durch eine antizipatorische Sozialisation, d.h. durch Vorwegnahme vorhandener und möglicher Handlungsmuster.

Der Imitationscharakter des Zeichenunterrichts, insbesondere das Nachzeichnen von klassischen Ornamenten, wird zugunsten des „praktischen Zeichnens" verändert. „In allen Fällen aber muß der Zeichenlehrer als obersten Grundsatz betrachten: alles, was gezeichnet wird, soll einen unmittelbaren praktischen Wert haben. Darum ist das Zeichnen von griechischen und römischen Mustern weniger von Belang, man wähle solche Motive, welche unser Handwerk jetzt gebraucht. Würde den Schülern nicht das Verständnis aller Zeichnungen eröffnet, lernen sie nicht deren praktische Anwendung für ihr Gewerbe, so hat der Zeichenunterricht seinen Zweck verfehlt. Bloßes Kopieren, auch der besten Vorlagen, hat keinen Wert. Jedes Handwerk erfordert eigene Zeichnungen, darum müssen die einzelnen Handwerke im Fachzeichnen besonders berücksichtigt werden"[106].

Da der Zeichenunterricht „für die verschiedenen Handwerke der wichtigste Unterrichtszweig"[107] darstellte, sind in den meisten Statuten der Handwerkerfortbildungsschulen auch Stoffverteilungspläne"[108] und Durchführungsbestimmungen enthalten. Entsprechend den Durchführungsbestimmungen wurden die Schüler „nach Maaßgabe ihres Gewerbes in zwei verschiedene Abteilungen" eingeteilt, „wovon die eine nur in Linearzeichnen, die andere nur im freien Handzeichnen, jede durch einen besonderen Lehrer geübt wird"[109].

---

[106] ebenda, a.a.O.

[107] ebenda, a.a.O.

[108] Die Stoffverteilungspläne für Linear- und Freihandzeichnen verdeutlichen noch einmal den emanzipatorischen und vestingenten Sozialisationseffekt. Freihandzeichnen für die Bekleidungsgewerbe (1 Stunde wöchentlich): Die verschiedenen Arten der Linien, Winkel etc. Verschiedene Figuren, Umrisse von Schnittmustern etc. Anfangs werden alle Zeichnungen mit der Bleifeder, später auch mit Tinte oder Tusche ausgeführt. Die Handhabung der Schiene und des Zirkels soll auf dieser Stufe erlernt werden. Fachzeichnen (wöchentlich 1 Stunde): Nach den „stigmographischen Zeichenvorlagen für das Bekleidungsgewerbe von Klemm u. Hockenholz", sowie nach den „Vorlagen für das Fachzeichnen der Schuhmacher von Emmanuel Gerhart". Letzterem Werke ist ein Leitfaden beigegeben, auf den zur genaueren Orientierung hiermit verwiesen wird. Zeichnen von Ornamenten nach Vorlagen und Modellen.

Zeichenunterricht für die Bauhandwerker: Erstes Jahr: Geometrisches Zeichnen: u.a. Linie und Winkel, Dreieck, Viereck, symmetrische Figuren, Kreis mit Hilfslinien, kon- und excentrische Kreise, Bordüren, Rosetten und Sterne, Profile architektonischer Glieder.

Zweites Jahr: Zeichnen von Ornamenten, Konstruktion verschiedener Bogenlinien, Konstruktion auf Grund des pythagoräischen Lehrsatzes.

Drittes Jahr: Projektives Zeichnen: u.a. Grund-, Aufriß- und Seitenansicht von verschiedenen Gegenständen hauptsächlich Werkstücken (Tisch, Schrank etc.) und Gebäuden, selbständige Skizzen von Werkstücken und Gebäuden. Perspektivisches Zeichnen: Praktische Perspektive nach Drahtmodellen und Vollkörpern, Schattenlehre, selbständige Aufnahme von Werkstücken und Gebäuden etc.

[109] ebenda, a.a.O.

Für jede dieser Abteilungen wurden Klassen für Anfänger und Fortgeschrittene eingerichtet. Der Zeichenunterricht umfaßte drei Jahreskurse mit durchschnittlich zwei Stunden pro Woche.

Im Anschluß an die Analyse des Technischen Zeichnens soll noch kurz auf den Geometrieunterricht eingegangen werden. Die Geometrie hat – ähnlich wie Physik und Chemie – neben der rein praktischen und instrumentellen Bedeutung für den Beruf noch einen emanzipatorischen Effekt. Derartige Fächer verlangen eine große Selbständigkeit des logischen Denkens, der logischen Deduktion, die latent einen geistigen Untergrund für prinzipielle Fragestellung an Natur und Gesellschaft, Tradition und Stand schafft. Das deduktive Denken gefährdet u.U. bestehende Selbstverständnisse und Überzeugungen und läßt traditionelle Normen und Werte fragwürdig werden. Diese Aussagen dürften auch eine gewisse Gültigkeit in Hinblick auf das Technische Zeichnen und auf das Fach „Constructionslehre" haben. Diese prinzipiellere Fragestellung zeigt sich sehr deutlich im Natur- und Weltverständnis der Techniker und Ingenieure. Für sie ist die Welt nicht mehr unbedingt „Schicksal und Erfüllung", sondern eine Maschine und damit machbar[110].

Buchführung:

Die Buchführung wird zu den analytischen Fächern gerechnet, d.h. sie stellt einen aufspaltenden, klassifizierenden Prozeß dar. Elemente, analytische Teile eines ganzheitlichen Geschehens der Beschaffung, Produktion und des Verkaufs werden sichtbar gemacht, ihre Beziehungen und Abhängigkeiten aufgezeigt. Mit der Buchführung wird deutlich, daß der Preis für eine produzierte Ware eine abhängige Variable ist; von Variablen wie Vorleistungen, Löhne und Arbeitszeit, Rohstoffkosten etc.; seine Festsetzung ergibt sich nach generellen Prinzipien ohne Rücksicht auf den besonderen Kunden.

Die Kenntnis der Variablen, bzw. ihre bewußte, zweckhafte Einsetzung in die Überlegungen des Wirtschaftens steckt somit den Bereich der realisierbaren Möglichkeiten ab.

„Die Buchführung soll den Schüler befähigen, in seinem späteren Leben die eigenen Geschäfte auf Grund der gesetzlichen Bestimmungen ordnungsmäßig zu führen und klar und übersichtlich den Gang derselben darzustellen.

Die Kostenberechnungen oder Kalkulationen sind besonders wichtig für den Geschäftsmann. In jedem Jahre gehen viele ehrliche geschickte Handwerker zu Grunde, weil sie nicht kalkulieren können. Darum müssen die Lehrlinge gerade hierin geübt werden"[111].

---

[110] Vgl. dazu Klages, H. und Hortleder, G.: Gesellschaftsbild und soziales Selbstverständnis des Ingenieurs. Thesen zum Wandel einer sozialen Existenzform in Deutschland. In: Schmollers Jahrbuch für Gesetzgebung, Verwaltung und Volkswirtschaft, 85. Jg., Berlin 1965, Heft 6.

[111] Vgl. Lehrpläne der städtischen Fortbildungsschulen von Dortmund, Münster, Bochum, Recklinghausen, Siegen. Abgedruckt in: Zeitschrift für gewerblichen Unterricht, 1. Jg., Heft 7, Hildesheim 1886, S. 182f.

Das klassifizierende Denken bereitet offenbar den Handwerkern erhebliche Schwierigkeiten. Die Lehrer führen Klage darüber, daß sich die Handwerker „schwer an die richtige Anwendung der Wörtchen „Soll" und „Haben" gewöhnen können"[112].

Von den zahlreichen Lehrplänen der Fortbildungsschulen zeigt der Stoffverteilungsplan der Siegener Fortbildungsschule die detaillierteste pädagogisch-didaktische Aufteilung im Sinne des klassifizierenden Denkens:

Anfertigung eines Inventariums, Einrichtung und Führung eines Journals, Einrichtung des Haupt- und Cassabuches, Bedingungen ihrer gesetzlichen Gültigkeit, Eintragen der Posten des Journals in das Haupt- und Cassabuch. Einrichtungen der wichtigsten Nebenbücher (Bestellungs-, Waaren-, Lohn-, Haushaltungs-, Copirbuch), Hauptbuchabschluß und Gewinnermittlung, Anfertigungen von Rechnungen und Quittungen, Anfertigung von Kaufcontracten, Pachtcontracten. Mietcontracten, Arbeits- und Dienstcontracten, Gesellschaftsverträgen bei geschäftlichen Associationen, Anfertigung von Baucontracten, Lehrcontracten. Schulscheine (Obligationen) und Bürgschaftsscheine (Cautionsdokumente), Vollmachten (Mandate), Cessions- und Amortisationsscheine, Verzichtscheine (Reverse), Empfangs- und Depositenscheine.

Übung in der geschäftlichen Correspondenz; Belehrung über das Wechselwesen und die wichtigsten Förderungsmittel des Verkehrs. Anfertigung von geschäftlichen Anzeigen und Circularen, von Bestellungsschreiben nebst Antworten, Mahnbriefen nebst Antworten, Klagen und Executionsgesuche, Bittschreiben an Behörden. Belehrung über telegraphische Depeschen, die wesentlichen Bestandteile des eigentlichen Wechsels, über die Selbsthilfe und das Genossenschaftswesen. (Credit-, Rohproduktvereine) Wesen, Bedeutung und Eintheilung des Handels, das Bank- und Versicherungswesen, Anleitung zur Calculation gefertigter Waaren und zu Kostenanschlägen. Neben der analytisch-klassifizierenden Funktion wird die Buchführung auch als Mittel der Disziplinierung „benutzt, um die Schüler an peinliche Sorgfalt, Sauberkeit und Pünktlichkeit zu gewöhnen"[113].

Die traditionelle Orientierung des Handwerks zum monetären Bereich des Wirtschaftens war relativ diffus und partikularistisch, d.h. der Preis wurde situational und im Bezug zum Gegenüber jeweils spontan festgesetzt.

Die nachfolgenden items zeigen relativ deutlich, daß der Preis mehr eine Größe ist, welche eher erfahrungs- und gefühlsmäßig als rechnerisch-kalkulatorisch festgesetzt wird[114].

„Ich berechne mir die Preise aus Erfahrung; man weiß ungefähr was man aufschlagen muß".

---

112 Bergmann, Aug.: Die einfache gewerbliche Buchführung, Leipzig 1902, S. 5.

113 ebenda, S. 182f.

114 Soweit nicht anders vermerkt sind die items folgenden Quellen entnommen:

a) Preisliste der Stellmachermeister-Vereinigung „Siegerland", Stadtarchiv Siegen, Abtlg. V.

b) Mindeste Preisnotierung für die freie wirtschaftliche Vereinigung der Maurermeister der Ämter Ferndorf, Hilchenbach und Stadt Hilchenbach, Stadtarchiv Siegen, Abtlg. V.

„Ich nehme die Materialkosten, schlage 11% als Gesamtunkosten darauf und dann 10% Reinverdienst".

„Ich erkundige mich nach den Preisen meiner Konkurrenten und setze dann meine Preise fest, um dann etwas niedriger zu liegen".

„Wenn der Kunde zahlungsfähiger und anspruchsvoller ist, nehme ich einen höheren Aufschlag!"

„Ein Kollege unterbietet den anderen. Die eigene Arbeitszeit des Meisters wird oft nicht mitgerechnet".

„Die älteren Kleinmeister setzen die Preise ohne Berechnung viel zu niedrig an".

„Das ist so eine Sache. Jeder sucht zu arbeiten, damit er leben kann, deshalb wird auch billiger gearbeitet".

„Kalkulationen waren in der Vorkriegszeit den Schmieden böhmische Dörfer. Die Mehrzahl hat nie gerechnet"[115].

„Den Hufbeschlag konnte der Kunde jedoch nachprüfen. Fand er ihn billig, wurden auch die anderen Arbeiten von ihm als billig empfunden. Das war aber nicht der Fall. Heute beruht der Preis für Hufbeschlag dagegen auf einer ehrlichen Berechnung"[116].

„Die Preise werden nach Herkommen und Konkurrenzlage bestimmt".

„Unsere alten Meister haben damals ihre Kalkulationen mehr gefühls- oder erfahrungsgemäß aufgestellt"[117].

Noch im Jahre 1877 wird, wie aus der „Denkschrift betreffend die organisierte Fortbildungsschule Dortmund" ersichtlich ist, kein Buchführungsunterricht an der Handwerkerfortbildungsschule erteilt. Nur „für Gewerbetreibende im weiteren Sinne; angehende Kaufleute usw." wird neben Technologie, Deutsch, Geschichte, Französisch und Zeichnen auch „einfache und doppelte Buchführung, Correspondenz, kaufmännisches Rechnen, genaue Kenntnis der Maß-, Münz- und Gewichtsysteme der Haupthandelsvölker der Erde und Waarenkunde" unterrichtet[118].

In den Handwerkerklassen werden zunächst – neben den Erbauungsfächern Religion und Deutsch – die technisch-instrumentellen Fächer wie Zeichnen, Naturlehre, Rechnen und Geometrie bevorzugt.

Diese Fächerkombinationen bestehen fast an allen Handwerkerfortbildungsschulen Westfalens[119]. Auch die Schulberichte und Akten über die Handwerkerfortbildungsschulen in Aachen, Remscheid, Essen, Mühlheim, Barmen, Elberfeld und Bonn weisen keine gravierenden Unterschiede auf, wenn man von der „Bauconstructionslehre" in diesen Schulen absieht[120].

---

115 Das deutsche Handbuch, a.a.O., Bd. 4, S. 111.
116 ebenda, S. 113.
117 ebenda, S. 113.
118 Denkschrift Dortmund 1877 Acc. 2, a.a.O., S. 12.
119 Stadtarchiv Lüdenscheid, Spezialaufnahme Nr. 1200.
120 Stadtarchiv Koblenz, Nr. 404/8306–8311.

Nur zögernd wird das Fach „Buchführung" im Lehrplan der gewerblichen Fortbildungsschulen aufgenommen, 1895 gibt es nach den Verwaltungsberichten der Städte und Gemeinden im Reg.-Bez. Münster nur in 3 von 37 Schulen – Recklinghausen, Münster und Herbern – Buchführung als selbständiges Lehrfach[121].

Im gleichen Zeitraum haben 13 von 73 Fortbildungsschulen des Reg.-Bez. Arnsberg Buchführung bzw. Fachunterricht eingeführt[122].

Die Aufnahme der Buchführung in die Lehrpläne der Fortbildungsschulen wurde von ganz anderer Seite – wenn man einmal von den Dirigenten der Schulen absieht – gefordert und interessenspezifisch motiviert:

a) Im Zusammenhang mit der Steuergesetzgebung erhofften sich die staatlichen und städtischen Behörden eine größere Steuerehrlichkeit. In den Steuerrevisionsakten nimmt die Zahl der Handwerker ständig zu, die mit detaillierten Angaben gegen die Steuereinschätzung Einspruch erheben.

b) Die städtischen Behörden – insbesondere die Bauämter – führen erbitterte Klagen über die unzulänglichen, häufig unrichtigen Abrechnungen und Kostenvoranschläge.

c) Einige weitsichtige Schulmänner – wie Karl Schröder aus Siegen oder Behse aus Dortmund – und erfolgreiche Handwerker erkennen in der Buchführung eine wesentliche innerbetriebliche Organisations- und Kalkulationshilfe.

Soweit uns detaillierte Daten zu Verfügung stehen, neigen die buchführenden Handwerker zu einer besseren Ausnutzung des Marktes (z.B. Rohstoffeinkäufe in größeren Mengen, um Rabatte zu erzielen). Die Größenordnungen der Rohstoffeinkäufe und Materialvorschläge sind auf die jeweilige Branche abgestimmt[123]:

Branche	Wert der Vorräte
Maurer	M. 1334,35
Zimmerleute	M. 1395,80
Schlosser	M. 1546,45
Blechner	M. 1538,45
Schneider und Wagner	M. 1344,80
Installateure	M. 1442,90
Maler und Tüncher	M. 1446,45
Steinhauer	M. 1341,60
Sattler	M. 1289,55
Schuhmacher	M. 1296,40
Schreiner	M. 1430,90
Glaser	M. 1349,50
Küfer	M. 1462,80

Neben der organisatorisch-analytischen Wirkung der Buchführung ist noch auf die unterschiedliche Rezeption in den Branchen hinzuweisen. Fast alle Handwerker,

[121] Vgl. Tabelle Nr. 15 im Quellenanhang, S. 381.
[122] Vgl. Tabelle Nr. 16 im Quellenanhang, S. 385.
[123] Vgl. Bergmann, A.: Gewerbliche Buchführung, a.a.O., S. 21.

die sich um öffentliche Aufträge bemühen und auch ausführen, sind an der Abhaltung von Buchführungskursen interessiert.

Die standardisierten Kostenvoranschläge bei der Einreichung von Angeboten und die spezifizierten Abrechnungen mit den Behörden sind notwendige Voraussetzungen, um auf diesem Markt bestehen zu können. Es ist deshalb nicht verwunderlich, daß die Bauhandwerker in der Regel auch die Buchführung rezipiert haben. An den gewerblichen Fortbildungsschulen entstehen Fachklassen für Bauhandwerker, Schlosser und Maschinenbauer, die spezifischen Fachunterricht nebst Kalkulation und Unterweisung in der Erstellung von Kostenvoranschlägen erhalten[124].

Zur Analyse der Prüfungsaufgaben

Die Beispiele aus den Prüfungsaufgaben für Gesellen und Meister konkretisieren noch einmal einen Aspekt, den wir in der Diskussion über die verschiedensten Wissensinhalte bzw. deren zugrundeliegenden manifesten und latenten Funktionen näher ausgeführt haben. Wir hatten den Charakter der traditionellen Ausbildung bezüglich der manuellen Anforderungen als rezeptiv-partikularistisch bezeichnet und die soziokulturelle, d.h. die latente, unterschwellige Funktion der Ausbildung als Versuch der problemlosen System- und Kulturintegrierung angesehen.

Ein Überblick über einige Aufgaben der Gesellen- und Meisterprüfung läßt schon erkennen, daß diese sich in einem traditionellen Kontext des dezidierten Nachvollzugs, als Ausdruck fleißiger Aneignung und Internalisierung von stabilen Rollenmustern verstehen.

Bäcker: Zum Meisterstück hat der Geselle „den Teig zu einem Ofen voll Schwarzbrod gehörig zu verarbeiten, dem Ofen die erforderliche Hitze zu geben, die Brode einzuschieben und untadelhaft" zu backen[125].

Außerdem hat der Geselle „ein Theil Kleinroggenbrod, Weißbrod, einen Theil Zwieback und einen Theil Krengel tadellos" zu backen[126].

Das Gesellenstück besteht aus „der Anfertigung der Brodteige zu den verschiedenen Gebäcken unter Anleitung des Meisters", in der Ermittlung des Gewichts „für die in den einzelnen Fällen erforderlichen Teigmassen", im Einschießen und Bakken von „Kleinbrod"[127].

Der theoretische Teil der Gesellenprüfung umfaßt die „Berechnung der Back- und Brodtaxen, Darstellung einer *richtigen* Backprobe, Kenntniß von den Eigenschaften und der Aufbewahrung des Mehls und der Getreidearten"[128].

Im Gegensatz zur Gesellenprüfung ist in den Prüfungsbestimmungen für die Meisterprüfung kein theoretischer Teil ausgewiesen.

---

[124] Stadtarchiv Siegen, 7031, Bericht über die städtische gewerbliche Fortbildungsschule 1888/89, S. 8.

[125] Die nachfolgenden Prüfungsaufgaben wurden zusammengestellt nach den Protokollbüchern der Handwerkerfortbildungsschulen in Lippstadt, Dortmund, Münster, Gelsenkirchen, Bochum. 1872–1876, 27/22; Dok. 77, AC 66, H – 2, 3.

[126] ebenda, a.a.O. [127] ebenda, a.a.O. [128] ebenda, a.a.O.

Ein zweites Beispiel aus den Prüfungsaufgaben soll noch einmal auf die Leistungskriterien des Handwerks aufmerksam machen.

Schlosser: Zum Meisterstück fertigt der Geselle wahlweise ein Zimmertürschloß, ein Türschloß mit Pasquill, ein Schrankschloß oder ein eingestecktes Türschloß mit Falle, Riegel und Nachtriegel an. „Zu dem ausgewählten Stück hat der zu Prüfende die Zeichnung zu entwerfen.

Sämmtliche Schlösser sind mit geschmiedeten Umschweifen zum Aufschrauben. Die Schraubenöffnungen dürfen weder angenietet, noch angelöthet, sondern müssen aus einem Stück geschmiedet sein. Die Eingerichte sind ebenfalls zum Aufschrauben und mit einem Stern- oder Windelbohrer, oder einem Krückreif zu besetzen, alle aber kreisförmig auszuführen. Der Schlüssel mit durchbrochenen Ringen. Die Hauptheile der Schlösser werden mit einem Stempel der Kreis- oder Innungs-Prüfungs-Commission bezeichnet“[129].

Auch die Gesellenprüfung besteht aus der Anfertigung eines „gewöhnlichen Zimmerthür- oder Schrankschloßes, oder eines Commoden- oder Pultschloßes“[130].

„Die einzelnen Theile sind von dem zu Prüfenden selbst abzuschmieden; die Eingerichte mit einem schrägen Kreuz oder einem doppelten Kreuz zu besetzen und kreisförmig auszuführen“[131].

Die theoretische Prüfung – für angehende Meister und Gesellen – besteht aus dem Freihand- und Linearzeichnen und dem Modellieren.

Institutionell wird diese Leistungsdefinition durch die Innungen gesichert; aus deren Selbstverständnis und Funktion verständlich wird, daß die Ansprüche sich aus den traditionellen Ausbildungsprozessen rekurrieren und nur marginal die „theoretischen“ Vermittlungen der Schulausbildung mit einbeziehen[132].

---

[129] ebenda, a.a.O.

[130] ebenda, a.a.O.

[131] ebenda, a.a.O.

[132] Vgl. dazu

Prüfungsanforderungen für Tischler:

Zu dem Meisterstück.

a) Einen Secretair.
b) Einen Kleiderschrank.
c) Einen Ausziehtisch.
d) Einen Eckschrank mit Aufsatz, mit Anwendung der dritten Säulenordnung.
e) Eine Commode, deren obere Schieblade zum Schreiben dient.
f) Eine Hausthür mit corinthischer Säulenordnung und Füllungen, welche längliche Vierecke bilden, nach dem neuesten Geschmack in gefälliger Symetrie ausgeführt.
g) Ein vierflügelichtes Fenster mit doppelter und conischer Ueberfalzung, Kehlstoß in der Nuthe, und eine Zimmerthür von 6 Füllungen, mit aufgelegten Kehlstößen.

   Zu dem hiervon ausgewählten Probestück hat der Candidat die Zeichnung unter Aufsicht der Prüfungsmeister zu entwerfen.

Zu dem Gesellenstück.

a) Eine einfache Commode.
b) Ein zweiflügelichtes Fenster mit Kreuzsprossen.
c) Einen gewöhnlichen Tisch mit Schieblade.
d) Eine Bettlade.

So übersteigen die nur teilweise geforderten theoretischen Prüfungen kaum den Rahmen unmittelbarer, sachbezogener „Muß"-Erwartungen der Berufsrollen, da sie sich auf Zeichnen und Rechnen für die entsprechenden Handwerke beschränken.

Was für die Führung eines Betriebes nicht verlangt wird, ist jener Bereich, der die betriebliche Arbeit fundiert nach Kriterien der Wirtschaftlichkeit, wie allgemeine Geschäftsführung, Kalkulation, Buchführung u.a.

Die strenge Einengung der Leistungsanforderungen drückt sich auch „in den unentbehrlichen Kenntnissen" aus: Niederschreibung eines Lehrcontractes, einer Quittung und Rechnung; Rechnen der vier Species und der einfachen Brüche für die Meisterprüfung; – Lesen, Schreiben, Rechnen der vier Species" für die Gesellenprüfung[133].

Die Minimalanforderungen zu den Meisterprüfungen lassen das Insistieren der Handwerker auf den „Befähigungsnachweis" als Vorbeugungsmechanismus gegen Pfuschertum und Übersetzung als illusorisch erscheinen.

Detailliertere Leistungsansprüche werden in den Prüfungsaufgaben der nachfolgenden Jahre sichtbar. Das Meister- und Gesellenstück ist nicht mehr so sehr traditional hochstilisierte Kunst, sondern erhält einen funktionellen Wert, indem es sich auf Gegenstände des täglichen Bedarfs konzentriert. Neben der Verstärkung des technisch-instrumentellen Aspektes – es werden Kenntnisse über Maschinen verlangt – tritt nun auch der ökonomische.

Die traditionale Innenorientierung des Handwerksbetriebes wird aufgebrochen zugunsten der (markt-) wirtschaftlichen Beziehungen.

„Die Prüfung ist ferner darauf zu erstrecken, ob der Prüfling sich einige Fertigkeit im Zeichnen und die nöthigsten für die Buch- und Rechnungsführung, sowie die sonstige Geschäftsführung grundlegenden allgemeinen Kenntnisse angeeignet hat. Die Prüfung in den letzteren erfolgt theils mündlich, theils schriftlich und umfaßt namentlich folgende Gegenstände: Lesen, gewerblichen Aufsatz (z.B. Geschäfts-

---

e) Einen Doppelhobel und eine Raubank.
Die Zeichnung von dem gewählten Stücke ist selbst zu entwerfen.

Theoretische Prüfung.
Liniar- und freies Handzeichnen, Modellieren, Körper- und Flächenmessung.

Prüfungsanforderungen für Buchbinder:
Zu dem Meisterstück.
1) Eine Octav-Bibel oder Mitteldruck eines Gesangbuches mit Decken- und Rückenverzierungen, mit reicher Goldverzierung auf tiefem Falz, und
2) Ein Folio-Schreibbuch von 10 Buch Papier mit Sprungrücken, Leinewand-Ueberzug und gesprengtem Schnitt, nebst einem Herrenhut-Futteral, oder einer Nähchatuille.

Zu dem Gesellenstück.
Ein Pappband mit Titel und ein Gesangbuch mit Goldschnitt und einfacher Vergoldung.

Theoretische Prüfung.
Freies Hand- und Liniarzeichnen, Flächenmessung.
Quelle: Vgl. Fußnote 125, S. 163.
[133] ebenda, a.a.O.

empfehlungen, Arbeits- oder Preisangebote, Quittungen, Arbeitsbescheinigungen, Rechnen (Bekanntschaft mit Maß, Gewicht und Geld und den gewöhnlichen Rechnungsarten) und einfache Buchführung“[134].

Die stärkere Betonung des Leistungsaspektes, das Eindringen analytischen, technisch-instrumentellen Denkens eröffnet dem Handwerk die Möglichkeit, den “impact” technischer Innovationen für sich fruchtbar zu machen.

3. Die Sprache des Handwerks als Anpassungs- und Restitutionsmechanismus

Im Anschluß an die Analyse über verschiedene Wissensformen handwerklicher Ausbildung – Inhalte beruflicher Sozialisation – sollen hier nun die handwerklichen Sprachmuster im Sinne verfestigter Sprachfähigkeiten näher untersucht werden.

Zunächst werden einige methodische Bemerkungen vorausgeschickt. Bei der Bearbeitung der zahlreichen Quellen in den verschiedensten Archiven fanden sich umfangreiche Korrespondenzen der Handwerker. In Eingaben, Petitionen, Flugschriften und in den standesgebundenen Zeitungen[135] kristallisierte sich eine soziale Topik heraus, die nun dargestellt werden soll. Das verwendete Material bestand aus Einzelschriften von Handwerksmeistern, Versammlungsberichten der Handwerksorganisationen und aus den oben erwähnten Petitionen, Flugschriften und Zeitungen[136].

Da wegen des Umfangs nicht alle Quellen ausgewertet werden konnten, mußte ein spezielles Auswahlverfahren angewendet werden. Bei der Heterogenität der Quellen bot sich in erster Linie das Stichprobenverfahren an. Die zufallsgesteuerte Stichprobe (Randomverfahren) mußte allerdings ausgeklammert werden, da nicht jedes Element der Grundgesamtheit – wegen der Heterogenität der Quellen – die gleiche Chance besaß, in die Stichprobe hereinzukommen. Für die Quellenauswertung wurde deshalb ein geschichtetes Stichprobenverfahren entwickelt.

Das heterogene Quellenmaterial wurde in folgende relativ homogene Schichten eingeteilt:

1. Selbständige Veröffentlichung der Handwerker[137]
2. Eingaben der Handwerker[138]

---

134 Stadtarchiv Münster, Fach Nr. 27/22, Prüfungsaufgaben aus dem Jahre 1901.

135 Es soll hier ausdrücklich darauf aufmerksam gemacht werden, daß diese Auswertung mehr Experimentiercharakter hat, um möglicherweise zu neuen Methoden der Quellenauswertung zu kommen. Die Sprachanalyse bezieht sich auf beide Regierungsbezirke. Die Eingaben, Petitionen, Flugschriften etc. wurden nur dann als Quelle benutzt, wenn nachgewiesen werden konnte, daß sie von Handwerkern angefertigt waren.

136 Vgl. Zeitschriftenverzeichnis, Anhang, S. 215.

137 Vgl. z.B. Beielstein, W.: Standesehre des Handwerks, a.a.O.

Schneider, O.: Das Handwerk und wie kann ihm geholfen werden, a.a.O.

138 Vgl. Schreiben des Färbereibesitzers H. Tumbült vom 27. 1. 1879 an den Oberpräsidenten in Münster, STAM. – OP. Bd. 2774 II.

3. Petitionen der Handwerksorganisationen[139]
4. Flugschriften und Zeitungen[140]
5. Versammlungsberichte der Handwerksorganisationen und Rundschreiben an die Mitglieder[141].

Die ersten vier Quellenschichten umfassen den Problemkreis „Handwerk – Staat – Öffentlichkeit". Die selbständigen Veröffentlichungen der Handwerksmeister und die Eingaben der Handwerker stellen Interaktionen außerhalb der organisierten Interessen dar und sind nicht unbedingt an die Sprachregelung der Organisationen gebunden. Der Unterschied zwischen den Interaktionen liegt offenbar im Aktionsziel. Einmal soll die Öffentlichkeit über die Probleme des Handwerks informiert werden, während die Eingaben an die Behörden und Institutionen ein bestimmtes Handeln induzieren soll.

Die Aktivitäten der Handwerkerorganisationen richten sich einmal nach außen (Staat und Öffentlichkeit) und zum anderen nach innen (Mitglieder).

Die Quellen wurden entsprechend dieser Aktivitäten aufgeteilt. Die Schwierigkeit bei diesem Verfahren lag nun in der Gewichtung der einzelnen Schichten[142]. Da eine genaue Gewichtung durch Berechnung des Anteils der jeweiligen Aktivitäten (Schicht) an der Gesamtaktivität nicht einmal annähernd vorgenommen werden konnte, wurden die Schichten nach der auffindbaren Anzahl der Quellen gewichtet. Etwa 40% der Quellen entfielen auf die Schichten 3 und 4, 20% auf die Schichten 1, 2 und 5. Die Stichprobe umfaßte jeweils 2000 Items.

Ausgewertet wurden zu den im Schaubild verdeutlichten Zeitpunkten 200 Briefe, 12 Petitionen, 4 Flugschriften, jeweils drei Einzelveröffentlichungen und die ersten beiden Seiten der Handwerkerzeitungen pro Ausgabe.

Die Begriffe bzw. analytischen Kategorien, an denen die Sprachleistung gemessen werden kann, wurden in Anlehnung an Bernstein und Lempert konzipiert und für die vorzunehmende Auszählung operationalisiert[143].

Eine Definition der Begriffe kann hier weniger sprachlogisch, inhaltlich geleistet werden, als vielmehr unter dem Gesichtspunkt von Strukturentsprechung und Funktion:

restriktiv	im Sinne bzw. als Funktion der Erhaltung und/oder Wiedereinführung handwerklicher Schutzeinrichtungen;
analytisch	im Sinne der Analyse, der Erkenntnis gegenwärtiger Zustände;
konstruktiv	im Sinne der aus der Analyse resultierenden Anpassungsmaßnahmen bzw. Verbesserungen.

---

[139] Vgl. z.B. Petitionen der Deutschen Baugewerbsvereine an Reichsamt des Innern, Bundesrat und Reichstag. Elberfeld 1880.

[140] Vgl. z.B. Berichte über die Verhandlungen der Verbandstage der Bäckerinnungen des Zweigverbandes Westfalen von 1880–1907, Schreiben des Vorstandes des rhein.-westf. Innungsverbandes für das Schneidergewerbe – an alle Vorstände und Mitglieder – von 1875–1910 – STAM. OP, 2774 II.

[141] Siehe Zeitschriftenverzeichnis im Anhang.

[142] Hier wurden die Überlegungen auf das Quotenverfahren ausgedehnt.

[143] Vgl. Claessens, D.: Rolle und Macht, a.a.O., S. 109.

Diese analytischen Kategorien weisen nochmals auf die Beziehungen zwischen Sprachfähigkeit und Wissensinhalten hin, sowie deren Interdependenz zur Chance der Innovation, der konstruktiven Anpassung an Strukturerfordernisse und Strukturmöglichkeiten[144].

Im Sinne der analytischen Kategorien wurden nun die in den Quellen vorkommenden Begriffe und Items aufgeteilt[145].

Für die Beurteilung der restriktiven Sprache ist zunächst von Bedeutung, daß man zu dieser besonderen Qualität und zu ihren entsprechenden Implikationen erst in einer bestimmten wirtschaftlichen und gesellschaftlichen Entwicklung gelangt. Die im Handwerk vorherrschende restriktive Sprache ist nicht per se als strukturell unzureichend bis ideologisch zu betrachten, sondern diese Negativqualität erhält sie erst dann, wenn die Gesellschaft sich grundlegend, d.h. von den strukturtragenden Elementen her wandelt bzw. eine neue Entwicklungsstufe erreicht, die nicht durch Erweiterung alter Beziehungsmuster entsteht, aus diesen abgeleitet wird, sondern eine qualitative andere Stufe einnimmt.

Die restriktive Sprache weist sich in ihren zentralen Begriffen –

wie Standesehre
Standesbewußtsein
Sittenverderbnis
Pfuschertum
Rauschbasare
Rücksichtslosigkeit
abschüssige Bahn
Ruin des Handwerkers
Untergang des Handwerkerstandes –

als ein Kommunikationsinstrument eines weitgehend geschlossenen Systems aus, mit stabilen Verhaltenserwartungen und funktionsfähigen Selektions- und Sanktionsmechanismen. Die Geschlossenheit des Systems – die Bewertung des gegenwärtigen Zustandes wird daraus abgeleitet – liegt in kulturell definierten Berufsrollen mit spezifischen, enttäuschungsfesten Erwartungen, sowie in dem hierarchischen Herrschaftssystem mit entsprechender Sanktionsgewalt. Die Verbindung von Rolle mit Status, die schichtenspezifischen „Sozialfiguren", die wiederum in einer Hierarchie der Bedürfnisse und Machtvollkommenheiten voneinander abhängen", machen das System so enttäuschungsfest[146]. In einem solchen System reicht die restriktive Sprache als stabilisierendes Verständigungselement aus, weil sie Strukturen und deren Beziehungen nachvollziehend festigen kann, diese jedoch nicht kri-

---

[144] In der Analyse der Lehrpläne ist auf diesen Zusammenhang bereits hingewiesen worden. Der restriktive Sprachgebrauch geht einher und zwar als Voraussetzung und als Folge mit den Alternativmöglichkeiten der Ausbildung; mit einer Ausbildungsform, die sich wesentlich in der Art des Vor- und Nachmachens erschöpft und deren Resultat sich wiederum in einem bestimmten Strukturkontext als ausreichend bzw. wünschenswert darstellt.

[145] Eine Auswahl von Begriffen und Items wurden 5 judges vorgelegt, die diese in die drei Kategorien aufteilten. Da keine Abweichungen auftraten, erschienen uns die Kategorien praktikabel.

[146] Claessen, D.: Rolle und Macht, a.a.O., S. 130.

tisch befragt nach Ursprung, Sinn und Legitimation. Eine analytische oder gar konstruktive Sprache – würde sie in ein derartiges System eingebracht – müßte den strukturellen und normativen Rahmen transzendieren und problematisieren, im Extremfall sogar zerstören. Die restriktive Sprache kann diesen emanzipatorischen Effekt nicht einbringen, da sie sich im Strukturkontext entwickelt, diesem weitgehend adäquat ist und sich als symbolisch vermittelte Interaktion nach obligatorisch geltenden Normen richtet.

Als „intersubjektiv geteilte Umgangssprache“[147], erworben über Rolleninternalisierung in einem Prozeß der Anpassung an sprachliche und handwerkliche Vorgaben unter Vermeidung des Erwerbs weitergehender Fähigkeiten[148], ist die restriktive Sprache Ausdruck einer relativ konfliktfreien, integrierten Gesellschaft als auch funktionales Element zur Erhaltung ihrer sozialen Muster.

Solange ein technischer, wirtschaftlicher und politischer Wandel den durch die restriktive Sprache vermittelten institutionellen Rahmen der Gesellschaft nicht zerstört, prinzipielle Offenheit nicht Systemcharakteristikum wird, ist diese Sprache durchaus in der Lage, der relativ geringen Komplexität der zu bezeichnenden Wirklichkeit gerecht zu werden[149].

Da die restriktive Sprache sich hauptsächlich im Nachvollzug entwickelt – ähnlich wie die Meisterlehre –, genügt sie besonders für einfache Operationen mit einem Minimum an Wandel.

Im Bereich sozialer Interaktion ist sie angewiesen auf ein starkes normatives, verinnerlichtes Rollenmuster, auf eine starre Rollenidentifikation, die die Möglichkeiten von Alternativen beschränken und deren Durchdenkung die restriktive Sprache mit ihrer Verharrung in Analogien und Stereotypen nicht leisten kann.

Aus den angeführten Beispielen der restriktiven Sprache kann sprachanalytisch gezeigt werden, daß die Handwerker – konfrontiert mit sich verändernden Strukturelementen – auf ein derartiges Modell zurückgreifen. Diese Sprache ist dann Ausdruck eines spezifischen Selbst- und Wirklichkeitsverständnisses. Die soziale Topik als verfestigtes Sprachmuster hat eine zentrale Bedeutung für die Bewältigung der komplizierten ökonomischen und politischen Vorgänge. Die hemmende und Einsicht versperrende Wirkung der restriktiven Sprache verschließt notwendige analytische und konstruktive Alternativen. Die Sprache übernimmt dann eine Ideologiefunktion, d.h. sie täuscht über Gegebenheiten hinweg zugunsten überholter Vorstellungen. Die Sprache wird unfähig Komplexität zu erkennen und zu bewältigen.

---

[147] Habermas, J.: Technik und Wissenschaft, a.a.O., S. 76.

[148] Fischer, W.: Kap. Bildungsweite in: Stadelmann, R. und Fischer, W.: Die Bildungswelt des deutschen Handwerkers um 1800, a.a.O., S. 185. „Es liegt nahe, beim Handwerker Interesse für Fortbildung auf den Gebieten zu vermuten, die mit seiner Arbeit in Zusammenhang stehen. Der Rechtsinstitution der Zunft, der Geschichte und geographische Verbreitung der Gewerbe und der Arbeitstechnik seines Handwerkszweiges müßte seine besondere Aufmerksamkeit gelten. Aber gerade hier steht er so fest in der Tradition, daß er weithin gegen Aufklärung und Neuerungen immun ist. Ein Aufgeklärter ist im Grunde kein ehrbarer Handwerker mehr“.

[149] Vgl. Neuloh, O. u. Kurucz, J.: Vom Kirchdorf zur Industriegemeinde, Köln 1967, S. 67. „Wir sehen hier wieder einen Übergang von der geschlossenen Wertordnung, wie sie in dem kirchdörflichen Gesellschaftsbild herrschte, zur offenen Wertordnung der Industriegesellschaft“.

Da die neuen Tendenzen für die alte Ordnung auflösende Wirkungen haben, belegt die Sprache sie mit Begriffen der Zerstörung, des Bösen. In den Begriffen wie Sittenverderbnis, Zerstörung, Verfall, Rücksichtslosigkeit, schwere Wunden, Krebsschaden, großes Übel etc. wird dieser Restitutionsmechanismus sehr deutlich.

Der Abwehrcharakter der Sprache gegenüber neuen Wertorientierungen wird im Falle des Handwerks noch um die Mobilisierungsfunktion erweitert. Diese Funktion besteht in der Stärkung eines Gruppen-Identifikationsgefühls. In dem nachfolgenden Zitat wird diese Aufforderungsqualität deutlich:

„Gott segne das ehrbare Handwerk. Mit diesem Gruß, lieber College, überreiche ich Dir dieses Büchlein in der Voraussetzung, daß Du noch von einem Standesbewußtsein durchdrungen bist und mitzuhelfen gedenkst an der Lösung der Handwerkerfrage. Ja, wer könnte mir widersprechen, wenn ich behaupte, daß durch das sinn- und planlose Unterbieten die meisten Existencen zu Grunde gehen. Der Pfuscher im Handwerk, der nichts gelernt hat bildet einen Hauptursacher in dem Unterbieten, andererseits aber auch der „geschickte Geldmann", oder richtiger gesagt der „Wucherer".

Und deshalb heißt es: Sammelt Euch; Schaaret Euch zusammen, damit man Euch nicht wieder mit „Sächelchen" kommt, welche Euch schaden könnten. Und nochmal zum Schluß, lieber College, bleibe nicht fern, wenn es gilt mitzurufen:

Mit Gott für Kaiser und Reich und unser heiliges Recht"[150].

In dieser Sprache äußert sich der geistige (sprachliche) lag des Handwerks gegenüber einer dynamischen und komplexen Umwelt. Die soziale Distanz zwischen dem Handwerk und dem neuen Subsystem „Wirtschaft" wird dann sichtbar in den verschiedenen Identifikationsfeldern. Der Mangel an verbalen Differenzierungsmöglichkeiten des Selbst- und Wirklichkeitsverständnisses mit einer nicht darauf angelegten Sprache, läßt das Handwerk in einer Befangenheit und Abhängigkeit von seiner sozialen Topik verharren. In der diffusen Haltung des Handwerks gegenüber Markt und Preis, Geld und Buchführung wird die hemmende Wirkung der restriktiven Handwerkersprache deutlich. Von daher wird der Sprechende gezwungen, wenn die Formulierungsmöglichkeit den zu bezeichnenden Gegenstand nicht zu treffen vermag oder – ideologisch – nicht treffen will, Analogien aus der unmittelbaren Erfahrung, aus seiner begrenzten erlebten Wirklichkeit zu generalisieren oder auf Stereotypen kollektiver Erfahrung zurückzugreifen[151].

Der restriktiven Sprache fehlt ein antizipatorisches, auf Alternativen angelegtes Element. In dieser Einseitigkeit verhindert sie analytisches und konstruktives Denken, deduziert sie Innovationsbereitschaft.

---

[150] Stadtarchiv Siegen, S. 2041. Aus diesem Zitat (Auszug aus der von H. Schneider im Auftrage des Siegener Handwerker-Vereins herausgegebenen Schrift) lassen sich im Kontext unserer Sprachanalyse folgende Begriffe und Items aufnehmen: ehrbares Handwerk, Standesbewußtsein, Handwerkerfrage, das sinn- und planlose Unterbieten, zu Grunde gehen, Pfuscher, „geschickte Geldmann", Wucherer, heiliges Recht.

[151] Vgl. Negt, O.: Soziologische Phantasie und exemplarisches Lernen, Frankfurt, 1968, S. 48.

Der Gebrauch von stereotypen Modellen hat eine doppelte Funktion[152]:

a) Die sozialpsychologische Funktion der Bestätigung einer historisch bedingten Gruppensolidarität, die im Bewußtsein einer kollektiven Leistung und eines gemeinsamen Schicksals zum Ausdruck kommt. „Handwerk hat goldenen Boden. Wäre das Sprichwort nicht vorhanden, die Gegenwart würde es nicht ausmünzen. Denn wenn heutzutage von dem schwerringenden Mittelstande die Rede ist, wer dächte da nicht mit in erster Linie an den deutschen Handwerksmeister? Einen niedergehenden, einen absteigenden Stand nennt man vielfach das Handwerk. Und es ist wahr; sehen wir in die Blätter der Geschichte hinein und wenden uns dann dem Spiegelbild der Gegenwart zu: die eingetretene Wandlung kann niemandem gefallen. Der einst so stolze und geachtete Stand ist in Zersetzung begriffen. Wen die Welle des Glücks emporträgt, der wird Fabrikbesitzer; wen die Wogen des Unglücks fortspülen, der sinkt zum Fabrikarbeiter hinab. Der Handwerker, dessen Vorfahren vielleicht zu den vornehmen Geschlechtern der Stadt zählten, die im Rat Sitz und Stimme hatten und Sorgen um des Lebens Nahrung und Nothdurft überhaupt nicht kannten, fristet nicht selten in einem luft- und lichtlosen Hinterstübchen ein freudloses Dasein, welches ihm in manchen Fällen leider nur die Wahl läßt zu darben oder zum Betrüger zu werden. Nebenan wohnt in stolzen Räumen seine Konkurrentin, die Fabrikindustrie, welche mit ihren großen Kapitalien und neuesten Maschinen weit billiger produzieren kann und so die Kundschaft an sich reißt, den Markt beherrscht und mit ihrem lärmenden Großbetriebe dem Kleingewerbe das Sterbelied singt“[153].

b) Die kognitive Funktion der Erschließung der Wirklichkeit durch eine ordnende (gut – schlecht) Selektion der Wahrnehmungen und Information.

„Es ist nicht zu leugnen, daß heute ein bitteres Gefühl durch unseren Mittelstand geht. Die Großindustrie hat ihn zurückgedrängt, entzieht ihm die besten Fachkräfte, die Ausbildung der Meister ist schlechter geworden durch die Concurrenz. Der Handwerker fühlt sich verlassen, und das ist gefährlich in einer von revolutionären Bewegungen erschütterten Zeit, wie die Gegenwart.

Schon aus bloßem Staatsinteresse ist es geboten, Beruhigung zu bringen.

Auf dem Handwerkerstande beruht die Kraft des Staates[154].

Die analytische und konstruktive Sprache erfaßt soziale Wirklichkeit von einer ganz anderen Seite.

Sie konstituiert sich wenn nicht gegen so doch auch nicht in Übereinstimmung mit dem sanktionierten stereotypen Wirklichkeitsmodell. Analytische und konstruktive Sprache inkorporieren das Prinzip der Aufspaltung von Gesamtzusammenhängen, der Zerlegung in Elemente, die man isoliert betrachten und in ihrer Bedeutung gewichten kann. Die Befragung der Wirklichkeit nach Ursachen und Wirkun-

---

[152] Vgl. Negt, O.: a.a.O., S. 48f.

[153] Des Handswerks Not und Hilfe, Hok 22/3.

[154] STAM. OP. Bd. 2774 II. Vgl. Westfälische Zeitung, 32. Jahrgang, Nr. 48, 29. Januar 879.

gen – gegenüber den unhinterfragbaren Erklärungen – realisiert andere Interaktionsmuster.

Von der relativen Distanz zu den sozialen Interaktionsgefügen ist es der analytischen und konstruktiven nach Zusammenhängen suchenden Sprache möglich, soziale Wirklichkeit relativ vorurteilsfrei anzugehen und auch sich selbst zum Gegenstand zu machen[155].

Beispiele sozio-analytischer Topik:

Gewerbefreiheit nicht alleine Schuld, Mißstände im Handwerk, Durchschnittsleistungen gesunken, Befähigungsnachweis eine Erziehungs- und keine Existenzfrage, Handwerker muß auch Kaufmann sein.

Beispiele sozio-konstruktiver Topik:

Erleichterung des Personalkredits, Einführung der Buchführung, Einrichtung fachlicher Unterrichtskurse, Reform des technischen Zeichnens.

Im Gegensatz zum restriktiven Wissen von konstitutionell-irrationaler Wirklichkeit ist die analytische Sprache durch ihren Aufschlüsselungscharakter und ihrer Fähigkeit zu diagnostizieren gekennzeichnet.

Die konstruktive Sprache und das konstruktive Wissen ist in der Lage Wirklichkeit neu zu finden und zu gestalten; Wissen emanzipativ auszunützen für die Gestaltung der Umwelt.

Die Konkretheit der analytischen und konstruktiven Sprache beruht auf ihrer empirischen Fundierung im Gegensatz zur emotionalen, imulsiven, unexakten, wertbezogenen restriktiven Sprache mit ihren festen Schablonen für positive und negative Erscheinungen (Sittenverderbnis anstatt Wandel von Sitten und Normen).

Der Rückgriff der analytischen und konstruktiven Sprache auf empirisch feststellbaren Gegebenheiten weist sie als kontextfreie Sprachen aus, d.h. sie sind nicht unbedingt identisch mit dem gesellschaftlich-institutionellen Rahmen. Im Gegensatz zur restriktiven Sprache erlauben sie Prognosen bzw. Konstruktionen von Wirklichkeit, die sich als richtig bzw. erfolgreich erweisen können.

Konstruktion und Prognose verlangen aber ein offenes Wertsystem und sind damit zugänglicher für Innovationen. Dies zeigt sich schon im Beziehungsfeld von analytisch und konstruktiv:

schlechte Ausbildung	–	sorgfältige Ausbildung der Lehrlinge
Durchschnittsleistung verschlechtert	–	Einführung von Arbeitsmaschinen
Handwerkern fehlt das kaufmännische Denken	–	Einführung der Kalkulation und Buchführung

Die Analyse der restriktiven, analytisch und konstruktiven Sprache charakterisiert vor dem Hintergrund sich verändernder Sozialstrukturen den Anpassungsprozeß des Handwerks.

155 Hier ist die Verbindung zur Rollendistanz bzw. flexiblen Rollenidentifikation.

Abb. 9

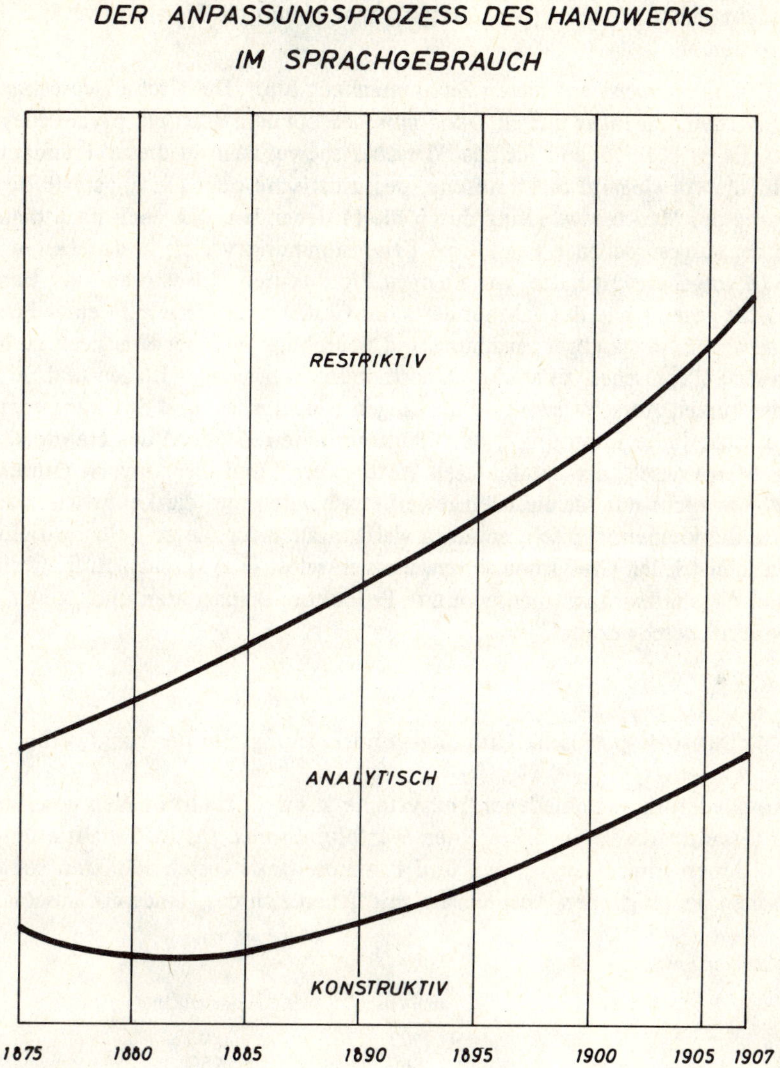

Anmerkung: Das Sample umfaßt zu jedem Zeitpunkt 2000 Worte; d.h. auf der Ordinate sind jeweils 2000 Worte abgetragen.

Das Schaubild verdeutlicht den generellen Trend dieses Anpassungsprozesses nach Auszählung von 16000 Begriffen und Items[156].

Interessant ist der „Rückgang" der konstruktiven Sprache von 1875–1882. Auch die restriktive Sprache geht nicht mehr so stark zurück. Inwieweit sich die wirtschaftliche Krise (Gründerkrise) mit einem time-lag auf die soziale Topik auswirkt, kann nicht genau hinterfragt werden. Offenbar nimmt die konstruktive Sprache in Krisenzeiten ab.

Auch Rosenberg weist auf diesen Zusammenhang hin: „Die Große Depression von 1873 bis 1896 war nicht nur ein ökonomisches, sondern auch ein psychisches Phänomen. Es ist bezeichnend für das Wirtschaftsbewußtsein in dieser Trendperiode und für die vorwiegend mißtrauische, pessimistische oder gar angsterfüllte Einschätzung der Marktentwicklung durch die Mitlebenden, daß auch nach dem Abflauen der ausgesprochenen Panik- und Krisenstimmung, wie sie in den Jahren 1873 bis 1878 vorgeherrscht hatte, vor allem in Produzenten-, Investoren- und Handelskreisen bis gegen Ende des Jahrhunderts das Gefühl dominierte, „in einer Flaute", im Ungewissen, in ständiger Spannung und Bedrohung, in einer Krisenzeit zu leben. Ein nahezu chronisches, zu starken Übertreibungen neigendes Klagen und Stöhnen über die kurzen Aufschwünge und die langen Niedergangs- und Stockungsspannen, die „geschäftliche Lähmung", den „jämmerlichen Zustand des Handels", die „schlechten Preise", den „unlauteren Wettbewerb" und die „unverschämten Arbeiter" war nicht nur für die Kleingewerbetreibenden und die Landwirte, die großen wie die kleinen, typisch, sondern vielfach auch für die zu Selbstmitleid neigenden industriellen Großproduzenten, die sich selbst in zyklischen Aufschwungjahren über Geschäftsdruck, unausgenutzte Produktionskapazitäten und „gewinnlose Prosperität" beschwerten"[157].

4. Das sozio-politische Ordnungs- und Leistungsbild des Handwerks

Die Ausgliederung verschiedener Teilsysteme aus dem traditionellen gesellschaftlichen Gesamtverband bewirkte einen Wertpluralismus, Institutionalisierung von verschiedenen Interessengruppen und Prinzipien mit verschiedensten sozialen, politischen, ideologischen Ansprüchen, mit denen sich das Handwerk auseinander-

[156] Auszählungsergebnis:

Jahr	restriktiv	analytisch	konstruktiv
1875	1396	402	202
1880	1290	560	150
1885	1181	659	160
1890	993	729	208
1895	892	812	296
1900	710	880	410
1905	501	963	536
1907	409	981	610

[157] Rosenberg, H.: Große Depression und Bismarckzeit, a.a.O., S. 51.

zusetzen hatte. Als charakteristische Beispiele sollen betrachtet werden die Beziehungen des Handwerks zu Staat und Krone, zum Kapitalismus und Proletariat.

a) Handwerk – Staat – Krone

Wenn man von der These ausgeht, die Industrialisierung Deutschlands sei gegen die Institutionen, gegen den Staat und gegen die Geisteshaltungen der Gesellschaft, gegen eine weitgehend traditionelle Ordnung mit tradierten Denkgewohnheiten und Ordnungsvorstellungen durchgesetzt worden und habe sich gegen oder mit Hilfe dieser Strukturen entwickelt, so läßt sich diese merkwürdige Verbindung anscheinend unvereinbarer Prinzipien im Bereich des Handwerks und seiner Rolle in der Industrialisierung sehr deutlich belegen.

Auf die Rolle des Staates im Industrialisierungsprozeß hat insbesondere Tilly aufmerksam gemacht.

Nach seiner Ansicht „war der preußische Staat – insgesamt gesehen – ein negativer Faktor bei der preußischen Industrialisierung. Im allgemeinen bot die Industrialisierung den preußischen Aristokraten wenige Vorteile und bedrohte ihre politischen Vorrechte und ihr soziales Ansehen. Dennoch blieb die Aristokratie ein bedeutender Faktor in Preußen im Zeitalter der Industrialisierung. Da ihre Vertreter führende Stellungen in der preußischen Bürokratie einnahmen, konnten sie ihre Abneigung gegen die Industrieförderung zur Geltung bringen, obwohl viele mittlere und hohe Beamte tatsächlich echte Freunde der Industrieförderung waren. Daher ist es nicht überraschend, daß bis in die zweite Hälfte des 19. Jahrhunderts die Industrieförderung einen verhältnismäßig unbedeutenden Platz in der Regierungspolitik einnahm“[158].

Während sich aber die Verbindung Industrie – Kapital – Wirtschaftsbürgertum durchaus als leistungsstark erwies, was Tempo, Intensität und Umfang der Industrialisierung anbelangt, wurde die Bedeutung des Handwerks für die wirtschaftliche und staatliche Ordnung problematischer, obgleich die traditionelle Ideologie zwischen Handwerk und Staat ungleich ähnlicher war – bezüglich des Welt- und Wertbildes – als zwischen Staat und Industrie. In dem Maße, in dem der Staat in den Industrialisierungsprozeß eingriff, hier seine Prämissen setzte, in dem Maße sah sich das Handwerk ökonomisch und politisch vernachlässigt[159].

Vor diesem Hintergrund versteht sich die beinahe zwangshafte Betonung der Staatstreue des Handwerks als ein Versuch, die ökonomisch-strukturellen Folgen der Industrialisierung mit politischen Motiven zu aktualisieren. Die politische Motivation ökonomischer Interessen soll dem Handwerk im Umweg über den Staat die „Systemzugehörigkeit“ sichern[160].

„Der Handwerker ist eines der wertvollsten Glieder des modernen Staates“[161].

---

[158] Tilly, R.: Finanzielle Aspekte der preußischen Industrialisierung, a.a.O., S. 478.
[159] Vgl. Kap. Handwerk und Wettbewerb, S. 88f.
[160] Die vorgelegten Quellen beziehen sich auf beide Regierungsbezirke.
[161] Westphälischer Merkur, Münster 1875, S. 235.

„Der Handwerker, dessen Interessen wir zu vertreten haben, hat sich stets und gern als eine der festesten Stützen der staatlichen Ordnung bezeichnet“[162].

Der Handwerkerstand ist es, der „die ideellen Güter der Nation gegen den Ansturm der Vaterlandslosen und religionslosen Sozialdemokraten“ zu verteidigen hat[163].

Der Handwerkerstand wird dabei in der Selbsteinschätzung als ein „konservativer, wichtiger Bestandteil des wirtschaftlichen und nationalen Lebensgeschehens“ angesehen[164].

Diesem Ordnungsmodell, das in den 1920er Jahren zu der bekannten Puffertheorie ausgebaut wurde, entspricht dann die These von der Stabilität des Staates unter den Bedingungen des Schutzes der selbständigen Mittelschichten[165].

Folglich kann es nur „im Staatsinteresse liegen Maßregeln zu ergreifen, die vielleicht in der kurzsichtigen Menge nicht populär, im Interesse des selbständigen Mittelstandes aber dringend geboten sind“[166], denn „der Handwerkerstand, der Mittelstand ist es, jener Stand, der bis jetzt stets auf Seiten der von Gott eingesetzten Autorität gestanden“[167]. Sinnbild dieser Ordnung, die durch Stabilität, Harmonie, Tradition und Religiosität, Autorität und Gehorsam gekennzeichnet ist, ist der Thron.

Die Inkorporation des vom Handwerk reflektierten paternalistisch-loyalen Sozialgefüges ist der Kaiser. „Namentlich der Handwerkerstand – als eine der treuesten Stützen des Throns seine Ehre darin erblickt, treu und monarchisch zu sein bis ins innerste Mark“[168].

Im Kontext dieser Entwicklung gelangt das Handwerk zu einem politisch durchaus wirksamen Ordnungsmodell der Gesellschaft.

„In allen Fällen bildet der Mittelstand einen notwendigen Ausgleich zwischen Aristokratie und Proletariat“[169]. Das Handwerk konzipierte damit eine „vorweg geforderte Sozialfunktion“ und zwar die Funktion des Ausgleichs zwischen extremen Klassen[170].

Das Handwerk begreift sich als Stabilisator, „als sozialen Ort der aurea mediocritas“, eine Funktion, die im Rückgriff auf eine „Gemeinschaft“ konzipiert wird[171]. Diese Gemeinschaft als Sozialform des organisch Naturhaften, des gemeinsamen Glaubens und Brauchtums, der Harmonie und des Pflichtgefühls motiviert, entpuppt sich als „rückwärts-utopische Unvernunft“, indem sie das Handwerk in eine antagonistische Position zur Gesellschaft bringt.

---

[162] Westfälicher Handwerkerfreund, Hamm, 1907, S. 36.

[163] ebenda, S. 68. [164] ebenda, S. 69.

[165] Zur „Mittelstandsdiskussion“ vgl. insbesondere Geiger, Th.: Die soziale Schichtung des deutschen Volkes, Stuttgart 1967, S. 122ff.

[166] Westf. Handwerkerfreund, a.a.O., Jg. 1907, S. 70.

[167] STAM. OP. Bd. 2775 – 1886–1906.

[168] Westf. Handwerkerfreund, a.a.O., Jg. 1907, S. 112.

[169] ebenda, Hamm 1905, S. 127.

[170] Krisam, R.: a.a.O., S. 40, vgl. Geiger, Th.: Die soziale Schichtung des deutschen Volkes, Stuttgart 1932, S. 126.

[171] Vgl. Geiger, Th.: Soziale Schichtung des deutschen Volkes, a.a.O., S. 123.

Diese vom Handwerk vertretene Integrationsfunktion zwischen verschiedenen antagonistischen Elementen der Gesellschaft läßt sich – zumindest teilweise – als dysfunktional beschreiben, da das Handwerk gegenüber den Prämissen einer industriellen und urbanisierten Gesellschaft einem traditionellen Muster ideologische Kraft verleihen will und von daher den Prozessen des Überganges keine neuen, adäquaten Assoziationsformen und Mechanismen der Regulierung und Kontrolle aufprägen kann. In dieser Rückorientierung erfüllt das Handwerk eine Ideologiefunktion. Die Reorientierung wird – infolge der verbreiteten Unsicherheit und dem Mangel an Lösungsmöglichkeiten für die Probleme der Industriegesellschaft – als funktionale Möglichkeit einer Verhaltensstabilisierung angesehen.

„Ruhe, Sicherheit und Ordnung" wird als das Leitmotiv der Bemühungen des Mittelstandes interpretiert. Dieser aus der Verfassung abgeleitete Grundsatz stellt nicht nur eine Okupierung des Staatsinteresses dar, sondern bedeutet in seiner Konsequenz eine quasi öffentlich-rechtliche Beleihung der selbständigen Mittelschichten.

Die Interessenadaption ist damit zugleich die Legitimation im Bewußtsein der Handwerker. Der These vom Niedergang des Mittelstandes wird die Forderung von der Konstanz des Mittelstandes gegenübergestellt und damit die staatliche Schutzfunktion im Sinne der Erhaltung der staatlichen und gesellschaftlichen Stabilität für sich in Anspruch genommen.

Unter dem Einfluß der politischen Aktionen der Handwerker und der sich mit ihnen identifizierenden Politiker hat der Staat in der Folgezeit viele seiner im Modell der Gewerbefreiheit verdeutlichten wirtschaftspolitischen Vorstellungen zugunsten der Handwerker abgeändert[172].

Auf den unteren Ebenen der staatlichen Administration – aber auch in den aufstrebenden Industriestädten – hatte man schon frühzeitig erkannt, daß die notwendige Anpassung des Handwerks an die veränderte Wirtschaftsverfassung durch die Interessenadaption von „Handwerk und Staat" zu retadierenden Strukturen, zu einer „Kontrakultur" führen würde.

Das Handwerk sollte – mehr als bisher – den Prozeß der Angleichung an die Bedingungen des Industriestaates aus sich heraus leisten, ohne besondere, als notwendig empfundene Unterstützung des Staates.

„Und diese Forderungen gipfeln in dem Verlangen, den Bestand des Handwerks der Großindustrie gegenüber – und zwar weniger durch Selbsthilfe als durch Staatshilfe gehütet zu wissen.

Daß alle aus den Kreisen des Handwerks vorgebrachten Klagen berechtigt sind, wird schwerlich behauptet werden können, insbesondere kann von einem Untergange des Handwerks und dessen völligem Aufgehen in die Großindustrie nicht die Rede sein. Mag letztere auch noch so sehr erstarken, das Handwerk wird immer – wenn auch in einem anderen Umfange, in anderen Grenzen als früher – bestehen bleiben. Wenn auch einzelne Zweige des Handwerkes durch die Großindustrie nahezu vernichtet sind, so sind doch andere wieder von ihr wenig beeinträchtigt, und wieder bei anderen ist eine vollkommene Garantie für deren Fortdauer vorhanden. Dazu

[172] Vgl. Kap. „Handwerk und Wettbewerb", S. 88f.

kommt, daß auch mehrere Gebiete des Handwerks noch sehr ausbildungsfähig sind, und daß daher auch immer ein reiches Arbeitsfeld für die vom Handwerk betheiligten Kreise besteht und dauernd bestehen wird.

Wenn trotzdem aus dem Handwerkerstande unberichtigte Klagen laut werden, so kann ihm der Vorwurf nicht erspart bleiben, daß er der Kulturentwicklung nicht genügend gefolgt ist und daß er sich den Forderungen gegenüber, welche die veränderten gewerblichen Verhältnisse an ihn stellen, vielfach ablehnend verhält.

Es ist entschieden verfehlt, wenn jener Stand – welcher übrigens mehr wie ein anderer Stand an die Bevormundung des Staates gewöhnt ist – für alle Unzuträglichkeit allein den Staat verantwortlich macht"[173].

Der notwendige Anpassungsprozeß wurde durch die unterschiedliche Politik des Staates wesentlich erschwert. Erst 1893 findet sich ein „vertraulich gehaltener Brief des Ministers für Handel und Gewerbe an den Oberpräsidenten von Münster" mit dem Hinweis, daß „das anerkennenswerthe Bestreben der Antragsteller (Handwerker – d. Verf.), ihr Gewerbe durch Förderung der Rechtschaffenheit, der Ordnung, des Gemeingeistes und der Standesehre von unsauberen Elementen zu reinigen und dauernd rein zu erhalten, wird sein Ziel besser erreichen, wenn bei der zu diesem Zweck gewählten Organisation alles vermieden wird, was einer irrigen Auffassung ihres Berufes Vorschub leisten könnte"[174].

Durch die differenzierte Haltung des Staates wächst bei den Handwerkern die Überzeugung, daß der wirtschaftliche Erfolg großbetrieblicher Produktionseinheiten nicht mehr zugunsten einer kleinbetrieblichen Produktionsstruktur aufgegeben wird.

Die der Industrie vor- und nachgelagerten Handwerke zeigen eine auffällige Kooperationsbereitschaft mit der Industrie und sind in der Regel wirtschaftlich durchaus erfolgreich.

Die für die Industrie notwendigen Komplementärhandwerke treten deutlich hervor; ihre Vertreter weigern sich in die Zwangsinnungen einzutreten und führen z.T. langwierige Prozesse um Aufnahme in die Industrie- und Handelskammern[175].

Die politischen Gremien und Interessenvertretungen des Handwerks setzen sich fortan hauptsächlich aus Vertretern der Substitutionshandwerke zusammen[176]. In den Vorständen finden sich auffallend viele Stellmacher, Schneider, Schmiede, Korbmacher, Buchbinder und Drechsler.

Die administrativen Instanzen und politischen Vertretungskörperschaften der Gemeinden und Städte nehmen je nachdem ob in ihrem Bereich substitutionelle oder komplementäre Handwerke vorhanden sind – eine unterschiedliche Haltung ein.

---

173 STAM. OP. 2 800, Berichte der Regierungspräsidenten von Münster, Arnsberg und Minden an den Oberpräsidenten vom 30. 11. 1893 bzw. 7. 12. 1893. Die Regierungspräsidenten wurden in Zusammenhang mit der Frage nach einer zweckmäßigen Abgrenzung zwischen „Industrie und Handwerk" aufgefordert, über die in ihrem Regierungsbezirk vorherrschende Betriebsstruktur zu berichten.

174 STAM. OP. 2774 II, S. 99, Brief vom 10. 1. 1884.

175 Vgl. Kap. „Der rechtliche und institutionelle Rahmen der Handwerkswirtschaft". S. 27ff.

176 Substitutionshandwerke sind: Schneider, Schuhmacher, Bäcker, Fleischer, Buchbinder, Korbmacher, etc.

Die durch Bergbau- und Hüttenwesen geprägten Städte weisen vor 1875 kaum einen nennenswerten Handwerkerbestand auf. Die wenigen Handwerker der ehemaligen Ackerbaustädte sind überdies nicht in der Lage die von der Industrie geforderten Handwerkerleistungen aufzubringen. Die von der Industrie an das Handwerk zu vergebenden Aufträge – insbesondere Bauleistungen – werden an leistungsfähige Betriebe aus den benachbarten Städten vergeben. Aus den Baugenehmigungsakten der Städte Dorstfeld, Castop-Rauxel, Wanne-Eickel, Herne, Bottrop, Gelsenkirchen etc. geht eindeutig hervor, daß die Aufträge wegen der geringen Leistungsfähigkeit des ortsansässigen Handwerks nach auswärts vergeben werden müssen.

Während man so die auswärtigen Handwerksbetriebe stärkt, schafft man andererseits Leistungsanreize für die ansässigen und für die neu hinzuziehenden Handwerke.

b) Handwerk – Kapitalismus

Die auf Resonanz und Einflußnahme zielenden Verlautbarungen des Handwerks geben uns die Möglichkeit, auf das Kapitalismusbild näher einzugehen.

Das Handwerk verwendet dabei populärwissenschaftliche Orientierungsmuster, die es aus der wissenschaftlichen und politischen Kapitalismusdiskussion bezieht.

Hier sei deshalb der Hinweis gestattet, daß die Bemühungen des Handwerks auf Durchsetzung langfristiger Strukturmodelle eine spezifische Stützung durch die Wissenschaft fand[177].

Die Untersuchungen des Vereins für Socialpolitik sind Symptom und Höhepunkt der Kapitalismusdiskussion unter dem Aspekt der ökonomischen Gesetzmäßigkeit mit dem Kausalnexus vom Untergang des selbständigen Mittelstandes.

Die unter dem Gesichtspunkt der „Konkurrenzfähigkeit des Handwerks gegenüber der Industrie“ veranlaßte Untersuchung bestätigte die Niedergangstheorie und verstärkte den Druck des Handwerks auf erhaltungsinterventionistische Maßnahmen des Staates. Die beinahe mystische Interpretation „der Objektivität ökonomischer Gesetze“ näherte sich dem „historischen Materialismus, demzufolge die fundamentalen Entwicklungsgesetze aus der Produktionsweise hervorgehen[178].

„Wenn ein Kapitalist, gleichgültig ob Tischler oder nicht, es unternimmt, Tischlerwaren fabrikmäßig und unter dem allein noch geltenden Gesichtspunkt des Gelderwerbes herzustellen, ohne Rücksicht zu tragen, daß die Regeln der Handwerkerkunst dabei gewahrt werden und ohne Pflichtgefühl, die Handwerkskunst zu fördern, so nenne ich das kapitalistische Produktionsmethode“[179].

Die Begriffe „Kapitalismus“ und/oder „Industrialismus“ wurden in ihrer synonymen Verwendung gleichgesetzt mit „Warenhäuser“, „Großkapital“, „Spezialgeschäfte“, „Ramschbasare“, „Konsumvereine“, „Gefängnisarbeit“, „Behördenhandwerk“ und „Manipulationskapital“.

---

[177] Vgl. Bibliographischen Anhang, S. 187.

[178] Dopp. Maurice: Organisierter Kapitalismus, Frankfrut 1966, S. 28–29.

[179] Handwerkerfreund, a.a.O., Jahrgang 1907, S. 178ff. Versammlungsberichte der Tischlerinnung Gelsenkirchen, Recklinghausen und Dortmund vom 3. Mai 1907, 18. März 1908 und 26. April 1908.

Entsprechend wurden die Unternehmer als „Großkapitalisten", „Warenhausintelligenz" und „kapitalistische Saugrüssel" bezeichnet.

Der Obermeister der Gelsenkirchener Schreinerinnung richtete in der Innungsversammlung vom 1. Mai 1901 eine „dringliche Mahnung" an die Handwerker, „niemals in Warenhäusern und Großgeschäften" zu kaufen, da diese „nur an dem Ruin und Niedergang des ehrbaren Handwerks arbeiten"[180].

„Es darf kein Schreiner Kleider und Schuhe dort kaufen und ebenso kein Schuhmacher und Schneider darf Möbel und andere Handwerkserzeugnisse einem solchen Geschäfte entnehmen. Wenn auch Arbeiter durch das Geschrei und billigen Schein sich blenden lassen, wir Handwerker sind einsichtiger und wissen besser, daß man nur Schundware für sein gutes Geld bekommt, die immer zu teuer ist"[181].

Das Handwerk gewinnt also in seinem Bemühen Ursachen für seine schlechte Lage zu finden konkrete Anhaltspunkte in den Produkten der Industrie und deren Vertriebsformen. Die Qualität wird dann mit Begriffen wie Ramsch, Pfuscherei u.a. abgetan.

Dieser kompromißlosen und radikalen Frontstellung, die keine Zwischenstriche duldet, und ad hoc zwischen ehrbarer Handwerksarbeit und schundhafter, unehrlicher Arbeit der Großorganisationen unterscheidet, liegt wohl die Erkenntnis zugrunde, daß die Industrialisierung nicht nur für die mittelständischen Gewerbe ein wirtschaftliches Problem schafft, sondern noch tiefer geht und alte selbstverständlich geglaubte Bedeutungseinbußen im gesellschaftlichen Gefüge bewirkt.

Es ist die Angst, die in der Rückschau glorifizierte – als dominant und wertsetzend angesehene – Stellung in Staat und Wirtschaft abtreten zu müssen an Kräfte, die das Kleingewerbe als entbehrlich oder zumindest als nur eine Kraft u.a. betrachten, die dem Wertsystem, welches auf den Pfeilern Religion, Thron, Autorität, Gehorsam ... beruht, ein neues entgegensetzten.

c) Handwerk – Proletariat

In der Auseinandersetzung zwischen Handwerk und Proletariat bzw. Sozialdemokratie manifestiert sich noch einmal das sozio-politische Ordnungsbild. „In allen Fällen bildet der Mittelstand einen notwendigen Ausgleich zwischen Aristokratie und Proletariat. Eine starke, breite Mittelschicht ist für die soziale Struktur, für die nationale Wohlfahrt unentbehrlich. Der Mittelstand bildet im Volkskörper das Rückgrat, und wenn der Mittelstand schwindet, so führt das zu einer sozialen Volkskrankheit, zu einer Art Rückenmarkschwindsucht"[182].

---

180 Bericht der Schreinerinnungsversammlung am 1. Mai 1901 in Gelsenkirchen.

181 ebenda, a.a.O.

182 Handwerkerfreund, a.a.O., Jg. 1901, S. 75. In den Jahren zwischen 1870 und 1880 taucht der Begriff des „selbständigen Mittelstandes" nur selten und dann nur in der Auseinandersetzung mit der marxistischen Prophezeiung vom Untergang des Mittelstandes auf. In dieser Zeit glauben die Handwerker noch auf den Beistand anderer mittelständischer Existenzen verzichten zu können.

Das Festhalten an „überkommenen Werten seiner ökonomischen, sozialen und kulturellen Mission", die rein negative Position, zwischen Industrie und Proletariat, deren beidseitige Ablehnung, ließ das Handwerk schwer zu einer eigenständigen, selbstbewußten Parteinahme kommen.

„Der Industrialismus mit seinem kapitalistischen Saugrüssel verzehrt die Mittel- und Kleinbetriebe. Von oben und von unten droht der Umsturz, die Sozialdemokratie fühlt sich schon als lachende Erbin am Totenbett des Mittelstandes ... Nein, die Natur tut's mit ihren Gesetzen dem Mittelstand nicht an, sondern die Menschen, manchesterliche Menschen, haben mit hyperliberalen Gesetzen ... dem Handwerk tödliche Wunden beigebracht"[183]. Der ideologische Anspruch äußert sich gegenüber der Sozialdemokratie in einer Weise, die die grundlegende Akzeptierung eines demokratischen Prinzips durch das Handwerk als fragwürdig erscheinen läßt.

Von daher gewinnt auch die Auseinandersetzung mit der Sozialdemokratischen Partei einen absoluten Charakter; der Begriff „Zerstörung" hat mehr Gewicht als „Auseinandersetzung"; die Möglichkeit einer gesellschaftlichen Umformung mit der funktionalen Freisetzung des Handwerks aus seiner traditionellen Position führt zu einem umfassenden Konflikt. Der Anspruch auf Ausschließlichkeit, auf traditionelle, überlieferte und legitimierte Position im Sozialgefüge läßt keinen Raum für Alternativen.

Die Interaktion zwischen Handwerk und Proletariat wird durch das Element der „Aggression" gekennzeichnet. Aggression in einem strukturellen Kontext lenkt eigene, nicht zu bewältigende Probleme auf eine Fremdgruppe ab, erhebt ggfs. diese zu Verantwortlichen für eigene Schwierigkeiten und liefert damit ein Hilfsmittel, pressante Problemlösungen und notwendige Anpassungsprozesse zumindest, zeitweilig aufzuschieben und stattdessen nach Schutz zu rufen.

„Das deutsche Handwerk in Stadt und Land braucht tatkräftigen Schutz gegen die Erdrückung durch die rücksichtslose Anwendung des Großkapitals einerseits und auf der anderen Seite gegen die alles zersetzenden Bestrebungen der Sozialdemokratie"[184].

Unter dem Eindruck der politischen Erfolge der Sozialdemokratie und dem Arrangement zwischen „Kapital und Arbeit" – z.B. durch Tarifverträge – sieht sich das Handwerk nun veranlaßt, auch die anderen mittelständischen Existenzen in ihr „Kampfbündnis" einzuschließen. Der Begriff „Mittelstand" wird nun häufiger als Umschreibung dieses „Kampfbündnisses" verwendet.

[183] ebenda, S. 78.

[184] s. Handwerkerfreund, a.a.O., S. 79. Die ambivalente Haltung des Handwerks wird deutlich darin, daß man einerseits staatlichen Schutz im wirtschaftlichen Wettbewerb fordert, andererseits jedoch nicht bereit ist, den Anspruch eines überholten Selbständigkeits- und Selbstverantwortungsdenkens aufzugeben. So verfaßt eine Münsteraner Handwerker-Versammlung 1894 folgende Resolution bezüglich eines Unfallversicherungsgesetzes: „Das Kleingewerbe verwahrt sich gegen die Ausdehnung des Unfallversicherungsgesetzes, soweit ein Maschinenbetrieb nicht vorliegt; denn bei der kleinen Hausindustrie kommen höchst selten Unfälle vor, welche durch den Betrieb des Geschäfts bedingt sein könnten. Außerdem ist das Kleingewerbe schon derart belastet, daß es keine größere Bedrückung ertragen kann". (Münsterischer Anzeiger vom 22. Nov. 1894).

Dieses "scapegoating" ist ein Resultat der eigenen Systemstarrheit, die es nicht nur unmöglich macht, äußeren Veränderungen durch internen Wandel nachzukommen, sondern die auch die Erkenntnis möglicher paralleler, ähnlicher oder gleichartiger Interessenlagen (Anti-Kapitalismus) verhindert und durch die Kennzeichnung einer Fremdgruppe als „Feind" mit Attitüden wie „Verwilderung", „Entsittlichung" eine mögliche Solidarisierung und dadurch evtl. eine Bewahrung des alten Status ausschließt.

Durch die deterministische Festsetzung des proletarischen Charakters konzipiert das Handwerk ein „düsteres Schreckensbild", das zugleich eine integrative Funktion nach innen hat.

„Warum sollten die Ordnungsparteien – und dazu zählen die Handwerker sich doch – sich nicht an das Beispiel der Partei des Umsturzes halten, wenn sie etwas von ihr lernen könnten? Die Arbeiter haben nicht so lange gebraucht, bis sie eingesehen haben, daß sie als Stützpunkt ihrer Organisation in erster Linie einer eigenen Presse bedürfen; und es ist gewiß, daß sie ihre jetzige Macht nicht zuletzt der intensiven Pflege verdanken, jawohl der intensiven Pflege, denn der kleinste Arbeiter läßt es sich nicht nehmen, oft unter den schwersten persönlichen Opfern sich sein Parteiblatt zu halten, weil er weiß und davon überzeugt ist, daß er dadurch der großen Gesamtheit seiner Berufs- und Standesbrüder dient, weil er Gemeinsinn besitzt. Und das ist eben der wunde Punkt. Daran fehlt es eben so sehr im Handwerkerstande"[185].

Ebenso wird eine „Ausdehnung des Alters- und Invaliditätsgesetzes" 1903 von einem Unterverbandstag westfälischer Schuhmacherinnungen abgelehnt.

„Der Hinweis auf andere Berufsstände, die durch Bezug von Pensionen etc. im Alter geschützt seien, ist keineswegs stichhaltig, da alle diese Stände niemals selbständige Existenzen im Sinne des Handwerks begründen.

Der Handwerkerstand muß frei und unabhängig bleiben, er hat das Recht auf eine Gesetzgebung, die ihm die Organisation gibt, nach Maßgabe der erworbenen Kenntnisse soviel erwerben zu können, um auch im Alter sein Auskommen zu haben". (STAM. OP-Akta betr. des Unterverbandstages der Schuhmacherinnung im August 1903, Bd. 2800[1].

[185] Handwerkerfreund, Jg. 1901, a.a.O., S. 74.

V. Das Handwerk in der zweiten Phase der Industrialisierung

Die Frage nach dem „Schicksal des Handwerks" unter den Bedingungen der Industrialisierung ist in der vorliegenden Untersuchung unter verschiedenen Aspekten mit alternierenden Ansätzen und Methoden immer wieder neu formuliert worden. Die sozio-ökonomischen und sozio-kulturellen Wirkungen der Industrialisierung wurden – bezogen auf die traditionale Position des Handwerks – von den Historikern überwiegend „negativ" – bewertet[1].

Es wurde mehrfach darauf hingewiesen, daß das Handwerk in der vorindustriellen Phase ein multifunktionaler Gesellschaftsteil war, der innerhalb eines „Ständesystems" relativ „abgesichert" existierte, eine umfassende Lebensgemeinschaft bildete und den dominanten Organisationstypus der gewerblichen Produktion darstellte. Die produktive Funktion war im Familiensystem eingebettet und sozio-kulturell konditioniert.

Die vielfach als relativ „statisch" angesehene Sozialstruktur war „durch das Vorhandensein zahlreicher kleiner und mittlerer selbständiger Existenzen gekennzeichnet, die als Eigentümer nicht im Sinne einer freien Verfügungsmacht, aber im Sinne gesellschaftlich geregelter Anrechte (Dorfverband, Zünfte, Gilden)" über ihre Produktionsmittel verfügen[2].

Die Entsprechung von familialen und Berufsrollen, die Multi-Funktionalität und die askriptiv bestimmten Autoritätsverhältnisse charakterisieren den handwerklichen Meisterbetrieb vor dem Hintergrund sozialer und ökonomischer Veränderungen.

In diese – in der Rückschau glorifizierte – „heile Welt", voll „Harmonie und Ordnung", getragen durch ein paternalistisch-loyales Sozialgefüge, bricht die Industrialisierung herein, „schubweise, expansiv und unkoordiniert"[3].

Unter dem Eindruck dieses expansiven und wenig koordinierten Industrialisierungsprozesses entwickelt das Handwerk durchaus wirksame reaktive Verhaltensmuster, die durch die Bezugssysteme Staat und Thron, Kapitalismus und Proletariat umschrieben werden können[4]. Im politischen System interpretiert sich das Handwerk als Vermittler zwischen den ökonomisch-politischen Fronten „Kapital und Arbeit" und stellt dem Modell der Klassengesellschaft – Zweiklassentheorie – eine unformulierte, wenig reflektierte Dreiklassentheorie gegenüber. Die Mittelklasse wird de-

---

[1] Vgl.: Fischer, W.: Ökonomische und soziologische Aspekte der frühen Industrialisierung, a.a.O., S. 4.

[2] Sund, O.: Die Sozialpolitik für Selbständige, in: Sozialpolitik und Sozialreform. Hrsg. v. E. Boettcher, Tübingen 1957, S. 169.

[3] ebenda, S. 170.

[4] Vgl. Kap. „Das sozio-politische und sozio-kulturelle Ordnungs- und Leistungsbild der Handwerker", S. 174.

finiert als Hort von Gerechtigkeit, Sitte, Moral und Staatstreue gegenüber dem „kapitalistischen Saugrüssel“ und den „vaterlandslosen Gesellen“.

Im konkreten politischen Handeln scheint das Handwerk wesentlich nur zu „reagieren“; nach „oben“ zielt sein Anspruch auf erhaltungsinterventionistischen Maßnahmen des Staates und Stärkung von Kirche und Thron; nach „unten“ richtet sich die Kampfansage gegen die Emanzipationsansprüche des vierten Standes, der die Position des Handwerks in Frage stellt.

Der Impact technologischer und organisatorischer Innovationen verändert – nicht als monokausaler Faktor – die kleinbetriebliche Organisationsstruktur der Wirtschaft und schafft das neue Sozialsystem „Fabrik“. Der historische Schwellencharakter dieser technologischen und organisatorischen Innovationen manifestiert sich in der „Entzauberung der Welt“, im Rationalisierungs- und Säkularisierungsprozeß, die die legitimierenden Grenzen kultureller Überlieferungen sichtbar werden läßt und sie durch eine eigene Legitimation ersetzt.

Mit der Fabrik entsteht eine Kontrarstruktur, die durch Arbeitsteilung, differenzierte Berufsrollen, Betonung der Leistung im Sinne der ökonomischen Prinzipien von „Aufwand und Ertrag“ und bewußter Marktorientierung gekennzeichnet ist[5]. Die pratimonialen Autoritätsmuster des Handwerksbetriebes werden weitgehend zugunsten funktionaler Muster aufgegeben.

Fabrik und Handwerk stehen aber nicht beziehungslos nebeneinander. Am Beispiel des Schuhmacherhandwerks läßt sich zeigen, wie sich aus der Verselbständigung bestimmter Teilprozesse – z.B. Schaftstepperei – nach und nach die Schuhfabrik entwickelt. In diesem Prozeß ist die Fabrik funktional dem Handwerk zugeordnet, da bestimmte Teilprozesse noch im Handwerksbetrieb verbleiben, z.B. „Bodenarbeit“ und Annähen des Schaftes an die Sohle. Indem das Handwerk die verbleibenden, noch nicht maschinell auszuführenden Arbeitsvollzüge übernimmt, leistet es einen wichtigen Beitrag zur Herausbildung der Fabrik und damit zur Industrialisierung. Das traditionelle Tätigkeitsfeld des Handwerks – die Herstellung von Schuhen – geht zwar an die Fabrik über, doch in der Produktion für den individuellen Bedarf (Maßanfertigung), durch die stärkere Betonung der Reparatur und Handelsfunktion und das Schließen von Marktlücken konsolidiert sich das strukturell veränderte Schuhmacherhandwerk[6].

In anderen Handwerken, z.B. Buchdrucker, Schlosser, wird der Impetus des Industrialisierungsprozesses „intern“ verarbeitet, d.h. auf der Basis der bestehenden Betriebseinheit – etwa durch Spezialisierung, Arbeitsteilung und strukturelle Differenzierung. Am Beispiel des Buchdruckerhandwerks wird deutlich, daß das relativ diffuse Rollensystem zunächst in zwei funktional orientierte Subsysteme „Setzer“ und „Drucker“ aufgespalten wurde und schließlich zu einer „industriellen“ Organisationsstruktur führte[7].

---

[5] Die hier angedeuteten Definitionen der Fabrik ist unter dem spezifischen Aspekt unserer Analyse zu sehen.

[6] Vgl. Kap. „Anpassungserfordernisse und strukturelle Veränderungen handwerklicher Betriebe“, S. 105.

[7] Vgl. ebenda, S. 111f.

Der realtypische Strukturvergleich zwischen Schuhmacher- und Buchdruckerhandwerk weist auf einen unterschiedlichen Stand der Arbeitsteilung hin, d.h. im Schuhmacherhandwerk sind weniger Berufsrollen ausgebildet als im Buchdruckerhandwerk.

Dieses Ergebnis unserer Untersuchung könnte die üblichen deskriptiven Klassifikationen – z.B. Konsum-, Dienstleistungs- und Anbringungshandwerkte etc. – durch analytische – d.h. explikative – Kategorien erweitern; in unseren Beispielen durch die Variable der innerbetrieblichen Rollendifferenzierung. Nun kann man in gewisser Vereinfachung sagen, daß der Grad der Industrialisierung in mancher Hinsicht durch die Variable der innerbetrieblichen Rollendifferenzierung verdeutlicht wird. Nach dieser Überlegung würde das Buchdruckerhandwerk durch einen höheren „Industrialisierungsgrad" ausgezeichnet sein als das Schuhmacherhandwerk.

Die Rezeption des Rationalisierungsgedankens, die Übernahme kapitalistisch-industrieller Prinzipien und Methoden – z.B. Buchführung und Kalkulation – erfolgt zunächst zögernd, mit mangelndem Vertrauen und latenter Unsicherheit. Und doch deutet sich hier an, daß die Anpassung des Handwerks an das kapitalistische Wirtschaftssystem nur über die Adaption bestimmter „kapitalistischer" Prinzipien erfolgen kann. Aber nicht nur Buchführung, kaufmännisches Rechnen und Kalkulation finden Eingang in den Handwerksbetrieb, sondern auch neue, dem handwerklichen Produktionstypus adäquate Maschinen[8].

Der „goldene Boden" des Handwerks ist nicht mehr die durch Institutionen abgesicherte „ökonomische Vollstelle", sondern der Sachkapitalbestand, die Ertragsrechnung und die Marktorientierung. Die ideologisch verklärte Existenz des Handwerks wird „aufgeklärt" durch steigende Umsätze und Gewinne.

Die vielgestellte Frage nach dem Anteil des Handwerks am gesamtwirtschaftlichen Wachstumsprozeß, oder die Frage: Ist das Handwerk „im Gleichschritt mit der übrigen Wirtschaft gewachsen oder erkennbar über- oder unterproportional" läßt sich an Hand der detaillierten Ergebnisse unserer Untersuchung beantworten:

a) Die Arbeitseinkommen der selbständigen und unselbständigen Handwerker liegen über dem entsprechenden Arbeitseinkommen der Industrie[9].

b) Die Arbeitsproduktivität des Handwerks bleibt insgesamt nicht hinter der gesamtwirtschaftlichen Arbeitsproduktivität zurück.

c) Der Sachkapitalbestand des Handwerks nimmt von 1895 bis 1907 stärker zu als der gesamtwirtschaftliche.

c) Die Zahl der Selbständigen und Abhängigen nimmt – mit wenigen Ausnahmen – ebenfalls zu.

Dieser Wandel von der alten ideologischen Denkweise zu einer mehr an den Möglichkeiten der Zeit ausgerichteten Orientierung, dieser Gewinn an Sachlichkeit und

---

[8] Vgl. Kap. „Zur Analyse von Sozialstruktur und Inhalten beruflicher Sozialisation", S. 151.

[9] Vgl. Kap. „Die Rolle des Handwerks im wirtschaftlichen Wachstumsprozeß", S. 118.

rationalität im Sinne eines Abwägens von Möglichkeiten im Rahmen konkreter Anforderungen, erlaubt eine sach- und zeitgerechte Anpassung als der radikale Rückgriff auf antagonistische Strukturelemente, wesentlich unter der Motivation von Selbstinteresse, das ideologisch als Gesamtinteresse definiert wird[10].

Dieser Gewinn an Sachlichkeit, an analytisch-konstruktivem Denken zeigte sich auch in der Analyse der Wissensinhalte beruflicher Ausbildung[11].

Während das Handwerk sich im ökonomischen Bereich erfolgreich anpaßt, werden die sozio-kulturellen Leitbilder „zeremoniell weitergeschleppt und restauriert"[12].

Die Ideologisierung der eigenen Position – staatstragend und zwischen den antagonistischen Klassen vermittelnd –, die Hinwendung zu einem paternalistisch-loyalen Sozialgefüge mit Kaiser und Thron stehen in einem merkwürdigen Gegensatz zur Realität.

Die Ursache für das Festhalten am alten Prestigebild scheint uns darin zu liegen, daß die Dynamik industrieller Gesellschaft die vom Handwerk reflektierten „sozialen Sicherheits- und Geltungsvorstellungen" als „systemfremd" abweist und zu einer „konstitutionellen Irrealität des sozialen Selbstbewußtseins" führt[13]. „Dem phantastisch aus der Wirklichkeit entfernten Ideal entspricht im Verhalten das Ressentiment, das noch einmal verhindert, Erreichbares zu erreichen"[14].

---

10 Vgl. Kap. „Die Sprache des Handwerks als Anpassungs- und Restitutionsmechanismus", S. 166.

Die Sprachanalyse zeigte eine deutliche Zunahme des analytischen und konstruktiven Denkens.

11 Vgl. Kap. „Zur Analyse von Sozialstruktur und Inhalten beruflicher Sozialisation", S. 151.

12 Schelsky, H.: Auf der Suche nach Wirklichkeit, Köln 1965, S. 344.

13 Schelsky, H.: Auf der Suche nach Wirklichkeit, a.a.O., S. 344.

14 Mitscherlich, A.: Auf dem Weg zur vaterlosen Gesellschaft, München 1967, S. 163.

VI. Quellen- und Literaturverzeichnis

1. Quellen

Ungedruckte Quellen:

Archivalische Quellen wurden in folgenden Archiven eingesehen:

1. Staatsarchiv Münster
   a) Akten des Oberpräsidiums
   b) Akten der Regierung zu Arnsberg
      1. Akten der Landratsämter
      2. Akten der Kreise
   c) Akten der Regierung zu Münster
      1. Akten der Landratsämter
      2. Akten der Kreise
2. Staatsarchiv Koblenz
3. Archive der Städte
4. Rheinisch-Westfälisches Wirtschaftsarchiv Dortmund

Gedruckte Quellen:

Verwaltungsberichte der Städte und Gemeinden

Ahaus	1888ff.
Altena	1887ff.
Attendorn	1881ff.
Beckum	1887ff.
Bocholt	1881ff.
Bochum	1879ff.
Brilon	1887ff.
Burgsteinfurt	1880ff.
Castrop-Rauxel	1902ff.
Coesfeld	1887ff.
Dortmund	1875ff.
Gelsenkirchen	1877ff.
Hattingen	1881ff.
Hilchenbach	1881ff.
Iserlohn	1877ff.
Meschede	1888ff.
Lippstadt	1887ff.
Lüdinghausen	1887ff.
Lünen	1897ff.
Münster	1876ff.
Olpe	1881ff.
Recklinghausen	1889ff.
Schwelm	1888ff.
Siegen	1873ff.
Soest	1887ff.
Unna	1881ff.
Witten	1879ff.

Gewerbeinspektionsberichte Regierungsbezirk Münster, 1875ff.

Kreise:

Münster-Stadt
Münster-Land
Warendorf
Beckum
Tecklenburg
Steinfurt
Ahaus
Lüdinghausen
Borken
Coesfeld
Recklinghausen

Gewerbeinspektionsberichte Regierungsbezirk Arnsberg, 1875ff.

Inspektionsbezirke:

1. Iserlohn
   Altena
   Arnsberg
   Brilon
   Meschede
2. Siegen
   Berleburg
   Wittgenstein
   Olpe
3. Hagen-Stadt
   Hagen-Land
   Schwelm
   Hattingen
4. Dortmund-Stadt
   Dortmund-Land
   Hörde
5. Bochum-Stadt
   Bochum-Land
   Gelsenkirchen
6. Unna
   Soest
   Hamm
   Lippstadt

Berichte der Handwerkskammer Dortmund, 1901ff.
Berichte der Handwerkskammer Münster, 1901ff.

2. Lehrbuchverzeichnis* für die gewerblichen Fortbildungsschulen

Arbeiten der Mechaniker und Schlosser. Herausgegeben von der Kommission für gewerbliche Fortbildungsschulen. Stuttgart o.J.

Aufgaben zur Buchführung eines Gewerbetreibenden. Zum Gebrauche für die Hand der Schüler in Fortbildungs- und Gewerbeschulen. Wittenberg o.J.

---

* Die hier angeführten Lehrbücher für gewerbliche Fortbildungsschulen konnten nicht immer bibliographisch ermittelt werden, da in den Lehrbüchern Angaben über den Verfasser (Vor- u. Zuname) häufig unvollständig waren.

Aufgaben zur Buchführung eines Gastwirtes. Verein Leipziger Gastwirte. Leipzig o.J.
Aufgaben zur Buchführung eines Gewerbetreibenden. Tischlerlehrgang, Steinmetzlehrgang, Schlosserlehrgang. Wittenberg 1893, 1894.
Bachmann, E.: Anleitung und Geschäftsvorfälle der doppelten Buchführung. 3. Auflage. Berlin 1893.
–, Anleitung und Geschäftsvorfälle zur einfachen Buchführung. 2. Auflage. Berlin 1893.
–, Bäckerkalender, Deutscher. Jahrgänge 1899, 1900. Leipzig.
Behrens, W.: Flachornamente für den Zeichenunterricht. Kassel o.J.
Behse, W. H.: Die praktischen Arbeiten und Baukonstruktionen des Zimmermanns in allen ihren Teilen. Ein Handbuch für Zimmerleute sowie für bautechnische Lehranstalten. 9. Auflage. Weimar o.J.
Beielstein, W.: Die Standeslehre des Handwerkers. Ein Mahnwort an den deutschen Handwerkerstand, seine Freunde und seine Feinde. Bochum 1900.
Bergerhoff, H.: Der praktische Tapezierer und Dekorateur. Leipzig o.J.
Bergmann, Aug.: Die einfache gewerbliche Buchführung. Leipzig 1902.
Birkiegt, Aug.: Der Maler- und Lackiererlehrling. Leipzig 1891.
Böklen: Projektionslehre. Stuttgart o.J.
Böttger und Gräf: Die Arbeiten des Schlossers. I. Folge. Der Kunstschlosser. II. Folge. Weimar o.J.
Bonn: Neue Vorlagen für Torten- und Randverzierungen. Weimar o.J.
Cnyrim: Das Bäckergewerbe der Neuzeit. 6. Auflage. Weimar o.J.
Delabar: Die Elemente der darstellenden Geometrie, als Lehrmittel für Lehrer und Schüler. Freiburg i. Br. o.J.
Deschner, C.: Anfangsgründe im Ornamentzeichnen. Heilbronn o.J.
Detitius, C.: Zwanzig farbige Vorlageblätter. Leipzig o.J.
Dirlam, J. K.: Elemente der Bau- und Möbeltischlerei. Wien 1895.
Eckardt, J.: Gewerbliche Rechenaufgaben für Fortbildungs-, Fach- und Feiertagsschulen sowie zum Gebrauch für angehende Gewerbetreibende. Ausgabe B. Ausgabe C. Nürnberg 1895.
Edert, R.: Geschäftsaufsätze. Belehrungen, Muster, Redewendungen und 430 Aufgaben. 2. Auflage. Hannover 1899.
Emele, J.: Die einfache Buchführung in Form eines Vortrages mit 22 Beispielen und das Kostenberechnen für Gewerbetreibende mit 27 ausführlichen Beispielen. 2. Auflage. Karlsruhe o.J.
Eschner, M.: Der Buchbinder. Ein Lehr- und Lernbuch für Fachschulen, Fortbildungsschulen und zum Selbstunterricht. Stuttgart 1898.
–, Illustrierte Gewerbekunde für Schulen und zur Selbstbelehrung.
1. Teil: Das Nahrungsgewerbe.
2. Teil: Das Bekleidungsgewerbe.
3. Teil: Das Baugewerbe.
4. Teil: Das Buchgewerbe.
Stuttgart 1899.
Fachfibel für Bautischlerarbeit. Essen 1912.
Feller: Die Schmiedekunst. Düsseldorf o.J.
Fink, F.: Die Arbeiten des Maurers. Darmstadt o.J.
Fischer, H.: Wegweiser für die gewerbliche Jugend. Worms 1894.
Franke, C. A.: Handbuch der Buchdruckerkunst. 5. Auflage. Weimar o.J.
Freter, J.: Projektionslehre für Handwerkerschulen, gewerbliche Fortbildungsschulen sowie zum Selbstunterricht. Kiel 1897.
Fried, C.: Übungsbuch für ornamentales Freihandzeichnen zum Gebrauche an technischen und humanistischen Mittelschulen, Lehrerbildungsanstalten, Fortbildungsschulen und für den Selbstunterricht. 4 Hefte. Leipzig o.J.
Funk, G.: Wechselkunde. Leipzig 1899.
Gehrhardt, E.: Vorlagewerk für das Fachzeichnen der Herrenkleidermacher an den gewerblichen Fortbildungsschulen und verwandte Anstalten sowie zum Selbstunterricht. Reichenberg 1896.

Gerhart: Vorlagewerk für das Fachzeichnen der Frauen-Kleidermacher. Wien o.J.
–, Vorlagen für Schuhmacher. Wien o.J.
Godron, R.: Moderne farbige Flachornamente. München 1895.
Graef, A. und M.: Werkzeichnungen für Glaser und Bautischler, insbesondere jede Art von Fenstern und alle damit verwandten Arbeiten zum Zwecke der inneren und äußeren Ergänzung und Ausstattung der Wohnhäuser und anderer Gebäude. Leipzig o.J.
Grellmann: Lehrbuch der praktischen Zimmerkunst. Leipzig o.J.
Grosse, K.: Die Kalkulation. Berlin 1894.
Gruner: Die gewerbliche Buchführung. Stuttgart 1891.
Güttinger, G.: Der Handwerker als Kaufmann. Praktisches Lehr- und Handbuch für den Handwerkerstand. Weimar 1894.
Hagdorns, Chr.: Chr. Hagdorns Anstreicher. Ein Leitfaden für den Zimmer- und Dekorationsmaler, den Wagen-, Möbel- und Metall-Lackierer sowie für den Anstreicher und Tüncher. 6. Auflage. Weimar o.J.
Harnies und Andermann: Buchführung für Handwerker. Hannover 1898.
Heinze, F.: Geschäftskunde für die Fachklasse der Tischler und verwandter Berufe. Wittenberg 1899.
–, Lehrgang des Zeichenunterrichts für Holzarbeiter. Wittenberg 1899.
Heis, E.: Rechenbuch für Gewerbe und Handwerkerschulen. Köln 1870.
Herdtle, E.: Elementarornamente. Stuttgart o.J.
–, Geometrische Ornamente. Stuttgart o.J.
Herrenberger, H.: Arbeiten der Mechaniker und Schlosser. Stuttgart o.J.
Hertter: Aufgaben für den Unterschied im Fachzeichnen für Klempner. Stade o.J.
Heyd, G.: Buchführung über ein Kurzwaren-Geschäft für Fortbildungs- und Frauenarbeitsschulen. Eßlingen/Neckar 1896.
–, Geschäftsnotizen des Küfers (Böttchers). Eßlingen/Neckar 1893.
Dazu: Beigaben zu den Geschäftsnotizen des Küfers für die Hand des Lehrers.
–, Geschäftsnotizen des Schreiners. Eßlingen/Neckar 1892.
Dazu: Beigaben zu den Geschäftsnotizen des Schreiners für die Hand des Lehrers.
–, Geschäftsnotizen des Schuhmachers. Eßlingen/Neckar 1894.
Dazu: Beigaben zu den Geschäftsnotizen des Schuhmachers für die Hand des Lehrers.
–, Die gewerbliche Buchführung. 2. Auflage. Eßlingen/Neckar 1897.
–, Inventuren und Geschäftsnotizen des Schlossers für die Hand der Schüler. Eßlingen/Neckar 1897.
Hoch, J.: Elemente des kunstgewerblichen Zeichnens für Schlosser. Zittau 1898.
Hoch, J.: Technologie der Schlosserei. Leipzig 1899.
–, Schloßkonstruktionen. Leipzig o.J.
–, Vorlagen für Bauschlosser. Dresden o.J.
Hölder, O.: Arbeiten der Schlosser, Schmiede und Kupferschmiede. Stuttgart o.J.
–, Schlüsselschilder. Vorlagen für Schlosser beim Unterricht im technischen Freihandzeichnen an gewerblichen Fortbildungsschulen. Stuttgart o.J.
–, Vorlagen für Metallarbeiter. Stuttgart o.J.
Hutzelmann: Buchführung. Geschäftsgang für einen Monat als Grundlage für den Unterricht im Winterkurs des Technikums Fürth. Fürth i. B. o.J.
Jaeger, H.: Die gewerbliche Buchführung. 3. Auflage. Wittenberg 1897.
Kachel, G.: Kunstgewerbliche Vorbilder. Darstellungen ausgewählter Arbeiten der antiken Kunstindustrie, der Kunst des Orients und der Renaissance sowie des modernen Kunsthandwerkes. Karlsruhe o.J.
Kajetan: Die Projektionslehre. 2. Auflage. Wien o.J.
Ketter, O.: Das ABC des Zimmermanns. 2. Auflage. Weimar o.J.
Kick: Der praktische Schlosser. o.O., o.J.
–, Musterbuch für Schlosser. Stuttgart o.J.
Kirchner: Schlosserarbeiten. Leipzig o.J.
Kleiber, M.: Das projektive Zeichnen nebst den für das Zeichnen wichtigsten Aufgaben aus der ebenen Geometrie. Stuttgart o.J.

Klinge, A.: Die gewerbliche Buchführung. Wittenberg o.J.
Koch, A.: Schriftliche Arbeiten in der Fortbildungsschule. 4 Hefte. Gardelegen o.J.
Kolb und Högg: Vorbilder für das Ornamentzeichnen. Stuttgart o.J.
Kramer, Th. v. und Behrens: Ornamentale Fragmente für das Kunstgewerbe. Berlin o.J.
Krauth und Meyer: Der Schlosser der Neuzeit, 4 Hefte. Ravenburg o.J.
Kretschmar, Fr.: Handbuch des Preußischen Schulrechts. Leipzig 1899.
Krusewitz, J.: Ornamentale Skizzenblätter. Halle/Saale 1888.
Kurzreuter, B.: Die Gewerbekunde in der Bäckerfachklasse. Leipzig 1897.
Lachner, C.: Lehrhefte für den Einzelunterricht an Gewerbe- und Handwerkerschulen. 30 Hefte. Leipzig 1900.
Lange, W.: Das Fachzeichnen. Eine Sammlung von Vorlagen aus allen Gebieten für Fortbildungs-, Gewerbe-, Fachhochschulen. 17 Hefte. Dresden o.J.
Lebrun, M.: Vollständiges Handbuch für Klempner, Metallwarenfabrikanten und Werkstätten von Gas- und Wasserleitungsanlagen. 8. Auflage. Weimar o.J.
Lehrgänge für den Unterricht in der Fortbildungsschule. Leipzig 1879.
Leitfaden zum Gebrauch für die Meister zur Vorbereitung der Lehrlinge für die theoretische Gesellen-Prüfung. Unterverband Schlesien der Deutschen Bäckerinnungen. Breslau 1899.
Linn, J. von der: Lehrbuch des Projektionszeichnen. Stuttgart o.J.
–, Vorlegeblätter für den Unterricht im Linear- und Projektionszeichnen. Stuttgart o.J.
Lößl, V. und Moller, J.: Aufgaben zur gewerblichen Buchführung für Sattler, Gerber, Buchbinder, Tischler, Schlosser, Metzger. Einzelhefte für die genannten Berufe. München o.J.
Lohner, C.: Die Buchführung. In Heften für Tischler, Schlosser, Schuhmacher, Bäcker, Schneider, Maschinenbauer, Buchbinder, Schlachter, Sattler, Tapezierer, Galanterie-, Kurz- und Spielwarengeschäfte, Wirte. Leipzig o.J.
Loose, E.: Praktisches Unterrichtsbuch für Klempner. Halle/Saale 1897.
–, Praktisches Unterrichtsbuch für Schlosser. Halle/Saale 1897.
Lüdicke: Der Schlosser. Praktisches Handbuch für Schlosser aller Zweige. Weimar o.J.
Martens: Lehrgang für das Projektionszeichnen. Schwerin o.J.
Mauch, J. M.: Klassische Verzierungen als Vorlageblätter. Berlin o.J.
–, Ornamente für das Freihandzeichnen. Berlin o.J.
Metzger: Schablonenzeichnen. Leipzig o.J.
Meyer: Musterbuch moderner Schmiedearbeiten. Kassel o.J.
Meyer, F.: Handbuch der Ornamentik. Leipzig 1898.
–, Ornamentale Formenlehre. Leipzig o.J.
Möller, E.: Anleitung zur Anfertigung von Geschäftsaufsätzen, Briefen und Eingaben an Behörden, sowie zur gewerblichen Buchführung. 11. Auflage. Langensalza 1900.
Moellmann: Die theoretische Meisterprüfung. Iserlohn 1911.
Moritz: Modelle für Maurer. Leipzig o.J.
–, Bauhandwerker, Vorlagen für. Leipzig o.J.
Moser, F.: Handbuch der Pflanzenornamentik. Leipzig 1892.
–, Ornamentale Pflanzenstücke aus dem Gebiet der heimischen Flora. Berlin 1888.
–, Ornamentvorlage für Gewerbe-, Fach- und Fortbildungsschulen. Leipzig o.J.
Moser und Stomal: Ornamentenvorlagen für gewerbliche Fortbildungsschulen. Leipzig o.J.
Musterbuch für Kunst-Schlosser. Stuttgart o.J.
Ortwein: Vorlagen für Kunstschlosser. Wien o.J.
Otto, E.: Das deutsche Handwerk in seiner kulturgeschichtlichen Entwicklung. Leipzig 1900.
Ott, O. und Ziegler, A.: Rechenbuch für gewerbliche Fortbildungsschulen und verwandte Anstalten. 11 Hefte. Emmendingen 1895.
Panlik, H.: Lehrbuch für Fortbildungs-, Fach- und Gewerbeschulen, Handwerkerschulen und Lehrwerkstätten, zugleich Handbuch für die theoretische und praktische Weiterbildung Gewerbetreibender und Industrieller. Dresden 1893.
Raetz, Th.: Geometrie für Künstler und Handwerker. Berlin 1873.
–, Praktische Anleitung zur Projektionslehre. Straßburg o.J.
Rasche, E.: Der Geschäftsaufsatz und die Buchführung in der Fortbildungsschule. Meißen 1896.

–, Der Wechsel. Eine praktische Anleitung zur Einführung in die Grundbegriffe der Wechsellehre. Leipzig 1890.
Rauschenbach: Allgemeines Musterbuch für Schlosser. Berlin o.J.
Rechner, der praktische. Ein Rechenbuch für Lehrlings- und Gesellenvereine und handwerkliche Fortbildungsschulen. Aachen 1886.
Reichenau, L.: Der Zimmer-Dekorateur. Leipzig o.J.
Reichhold, K.: Geometrisches Ornament. 4 Hefte. Würzburg 1894.
Reuter: Atlas für Tapezierer mit Textheft. Weimar o.J.
Richter, H.: Aufgaben aus dem bürgerlichen Geschäftsleben, insbesondere der einfachen Buchführung. 4. Auflage. Döbeln o.J.
Röttinger: Vorlagen über Herde. Wien 1897.
Romberg, F.: Die Bedeutung der Meisterkurse für die Gewerbeförderung und die Aufgaben der im Jahre 1907 in Köln zu eröffnenden Gewerbeförderungsanstalt für die Rheinprovinz. Köln 1906.
Rosenkranz, E.: Der Wechsel. Seifheimersdorf 1894.
Rückerat, P.: Lehrhefte für den Unterricht an Fortbildungs-, Gewerk- und Handwerkerschulen. 1. Heft: Die Vorübungen zur gewerblichen Buchführung und die wichtigsten Bestimmungen der Gewerbeordnung. Stuttgart o.J.
Scheffers, O.: 12 Aufgaben für das Fachzeichnen der Möbelschreiner. Stade 1894.
Scheven, P.: Die Lehrwerkstätte. 1. Band. Tübingen 1895.
Schiebe, A.: Universal-Lexikon der Handelswissenschaft. 3 Bände. Leipzig und Zwickau 1837–1839.
Schiele, K.: Praktische Aufgaben aus dem Gewerbsleben zur Erlernung der einfachen Buchführung nebst Bemerkungen über Buchführung und Wechsel. 7. Auflage. Augsburg 1898.
Schmidt, C. W. O.: Die Werkzeichnung für Bauausführungen. 2. Auflage. Berlin o.J.
Schmidt, O.: Die Anfertigung der Dachrinnen in Werkzeichnungen. Weimar o.J.
–, Die Buchführung des Gewerbetreibenden. Leipzig o.J.
Schmidt, Ph.: Lehrhefte für gewerbliches Zeichnen. 2 Hefte. Hannover 1892.
Schmidt: Wechselkunde, nebst einer Sammlung von Aufgaben als Anleitung zur Ausfertigung von Wechseln. Leipzig 1898.
Schneider, A.: Vorstufe des Ornamentenzeichnens im Anschluß an natürliche Pflanzenformen. Dresden 1894.
Schneider, Ed.: Die allgemeinen Vorkenntnisse des Schneiders. Dresden o.J.
Schneider, O.: Die neuen Lehrgänge für den Zeichenunterricht. Hagen 1904.
Schönlaub: Musterblätter für technische Schulen. München o.J.
Schröder, C.: Die gewerbliche Fortbildungsschule in ihrer Notwendigkeit, zweckmäßigen Organisation und gedeihlichen Wirksamkeit. Prämiierte Preisschrift. Berlin 1872.
Schubert: Die Kombinations- und Sicherheitsschlösser der Neuzeit. Weimar o.J.
Schubert, Ritter von Soldern: Das Stilisieren von Pflanzen. Zürich und Leipzig o.J.
Schuberth: Eiserne Thore und Geländer. Leipzig o.J.
Schuster: Die Buchführung des Handwerkers und Landwirts nebst dem wichtigsten aus der Lehre vom Wechsel. Stuttgart 1897.
Schwertner, F.: Einführung in das Ornamentzeichnen. Wien und Leipzig o.J.
Seyffert, J. A.: Materialien für den Unterricht in Fortbildungsschulen. 2 Hefte. Nürnberg o.J.
Seyfert, R.: Die Arbeitskunde in der Volks- und Fortbildungsschule. Leipzig 1898.
Spetzler: Lehrhefte für den Unterricht in Fortbildungs-, Gewerk- und Handwerkerschulen. 2 Hefte. Stuttgart 1897.
Sprengel, W.: Flachornament-Vorlagen für den Unterricht und praktischen Gebrauch. Düsseldorf o.J.
Steigl, F.: Neue Zeichenvorlagen. Wien o.J.
Tapla: Leitfaden für geometrisches und Projektionszeichnen. Wien 1898.
Thiel, A.: Die Zuschneidekunst für Herrenschneider. Praktisches Handbuch zum Selbstunterricht. Leipzig o.J.
Wald: Gewerbliche und landwirtschaftliche Buchführung. Berlin o.J.

Wallies, G.: Lehrbuch der einfachen und doppelten Buchführung. Berlin 1900.
–, Sammlung von Vorfällen aus dem praktischen Geschäftsleben zur Übung in der doppelten Buchführung. 2 Hefte. Berlin 1893.
Walter: Schlossermeister: Kastenschlösser. Dresden o.J.
Wassermann, L.: Das Meisterstück. Einsiedeln 1885.
Wegener, H.: Lehrbuch für gewerbliche Fortbildungsschulen. Hannover 1887.
Weitbrecht, C.: Ornamenten-Zeichenschule. Stuttgart o.J.
Wenzel, K.: Die gewerbliche Buchführung für Schlosser. Leipzig 1895.
Wewer, J.: Übungsheft für die schriftlichen Arbeiten der Gewerbetreibenden. 4 Hefte. 3. Auflage. Dortmund 1898.
Winkler, R.: Wechsellehre und Buchführung für Fortbildungs- und Gewerbeschüler. 3. Auflage. Leipzig o.J.
Ziegenbalg und Schmidt: Zeichenvorlagen für Schuhmacher. Dresden o.J.
Zieger, B.: Literatur über das gesamte kaufmännische Unterrichtswesen sowie über die seit 1895 erschienenen Lehrbücher und Lehrmittel für kaufmännische Unterrichtsanstalten. Braunschweig 1900.
Zipfel, E. A.: Handbuch für Fortbildungsschüler. Eine Anleitung zu den schriftlichen Arbeiten der Gewerbe. Dresden 1889.

3. Literaturverzeichnis

Abelsdorf, W.: Beiträge zur Sozialstatistik der deutschen Buchdrucker. *In:* Volkswirtschaftliche Abhandlungen der badischen Hochschulen IV,4, Tübingen 1900.
–: Gewerbsmäßige Kinderarbeit *In:* Kultur und Fortschritt, Leipzig 1913.
Abhängigkeit und Selbständigkeit im sozialen Leben, Köln, Opladen 1951.
Abraham, K.: Der Betrieb als Erziehungsfaktor, Köln 1953 und Freiburg 1957.
–: Der Strukturwandel im Handwerk in der 1. Hälfte des 19. Jahrhunderts. *In:* Berufserziehung im Handwerk, Heft 9, Köln 1955.
–: Wie hat das beginnende 19. Jahrhundert die gewerbliche Berufserziehung gesehen? *In:* Die Deutsche Berufs- und Fachschule, 52. Jahrgang, Heft 5, Wiesbaden 1956.
Achenbach, H.: Geschichte der Stadt Siegen, Siegen 1894.
Adam, K.: Finanzierung handwerklicher Betriebe, Dissertation Frankfurt a.M. 1928.
Adelmann, G.: Der gewerblich-industrielle Zustand der Rheinprovinz im Jahre 1836, Bonn 1967.
Adler, G.: Über die Epoche der deutschen Handwerkerpolitik, Jena 1903.
Adler, P.: Die Lage der Handlungsgehilfen, Stuttgart 1900.
Aengenendt-Papesch, R.: Die Funktionen der Klein- und Mittelbetriebe in der wettbewerblichen Marktwirtschaft. *In:* Abhandlungen zur Mittelstandsforschung Nr. 2, Köln 1962.
Afheldt, H.: Infrastrukturbedarf bis 1980. *In:* Prognosestudien, Heft 2, Stuttgart, Berlin, Köln, Mainz 1967.
Ahrens, H.: Die Bedeutung der Betriebsgröße für Kosten und Ertrag, Dissertation Münster 1961.
Albrecht, K.: Entwicklungstendenzen im westdeutschen Dorfhandwerk. Die Marktsituation des Handwerks auf dem Lande. *In:* Studien und Berichte des Instituts für Handwerkswirtschaft an der Universität Frankfurt, Studie Nr. 32, Februar 1957.
Allmann, O.: Geschichte der deutschen Bäcker- und Konditorbewegung. 2. Band, Hamburg 1910.
Altenrath, J.: Berufswahl und Lehrstellenvermittlung, Mönchengladbach 1911.
Ammon, A.: Eliten und Entscheidungen in Stadtgemeinden – Die amerikanische "Community Power"-Forschung und das Problem ihrer Rezeption in Deutschland, Berlin 1967.
Anderson, E. N.: Nationalism and the cultural crisis in Prussia 1806–1815, New York 1966.
Anton, K.: Geschichte der preußischen Fabrikgesetzgebung bis zur Aufnahme durch die Reichsgewerbeordnung, Berlin 1953.

Zur Arbeiterversicherung. Geschichte und Wirken eines deutschen Gewerkvereins, 1866–1881, hrsgg. vom Vorstand des Gehilfenverbandes, Leipzig und Stuttgart 1882.

Archiv der politischen Oekonomie und Polizeiwissenschaft, Heidelberg 1837.

Arndt, o. A.: Die wirtschaftliche und soziale Bedeutung der Heimarbeit, Jena 1932.

Arnold, P.: Das Münchener Bäckergewerbe. *In:* Münchener volkswirtschaftliche Studien, Stuttgart 1895.

Aron, R.: Die deutsche Soziologie der Gegenwart, Stuttgart 1965.

Asemissen, O.: Kleinstädte und Kleinstaaten auf industriellem und gewerblichem Gebiet, Bielefeld 1885.

Atteslander, P. M.: Probleme der sozialen Anpassung. Eine soziologische Untersuchung über den Zuzug nach der Stadt Zürich, Köln und Opladen 1956.

Deutscher Ausschuß für technisches Schulwesen. Abhandlungen und Berichte. Band 1–4, Berlin 1912.

Auslese und Anpassung der Arbeiterschaft der geschlossenen Großindustrie. *In:* Schriften des Vereins für Sozialpolitik, Band 133, 134, 135 I, II und III.

Bab, J.: Die deutsche Revolutionslyrik, Leipzig 1919.

Badow, K.: Struktur und wirtschaftliche Lage des Frankfurter Herrenschneiderhandwerks. *In:* Beiträge zur Wirtschaftslehre des Handwerks, Heft 3, Stuttgart 1940.

Badtke, W.: Zur Entwicklung des deutschen Bäckergewerbes, Jena 1906.

Bähren, E.: Strukturwandlungen der Wirtschaft des Siegerlandes im 19. Jahrhundert, Dissertation Köln 1931.

Bäumer, G.: Die soziale Idee in den Weltanschauungen des 19. Jahrhunderts, Heilbronn 1910.

Baensch, E.: Die Neuerungen in der Tarifgemeinschaft der deutschen Buchdrucker. *In:* Volkswirtschaftliche Abhandlungen der badischen Hochschulen, IX Band, Heft 7, Karlsruhe 1908.

Bahrdt, H. P.: Industriebürokratie, Stuttgart 1958.

Ballin, P.: Der Haushalt der arbeitenden Klassen, Berlin 1883.

Balzer, E. D.: Entwicklungstendenzen, Daseinsformen und Verhaltensweisen im ländlichen Handwerk Schleswig-Holsteins, Dissertation Kiel 1955.

Barnes, E. H.: Soziologie der Geschichte, Wien 1951.

Barth, P.: Die Philosophie der Geschichte als Soziologie, Leipzig 1897.

Barthelme, G.: Das deutsche, insbesondere das preußische Sparkassen- und das Scherlsche Prämiensparsystem, Berlin 1908.

Bauer, K.: Die sozialpolitische Bedeutung der Kleinkraftmaschinen, Dissertation Berlin 1907.

Baum, A.: Die Entstehung und Entwicklung der privaten Kölner Versicherungswirtschaft im 19. Jahrhundert, Dissertation Köln 1948.

–: 100 Jahre Bauschule Siegen, Siegen 1953.

Bausinger, H.: Volkskultur in der technischen Welt, Stuttgart 1961.

Bebel, A.: Zur Lage der Arbeiter in den Bäckereien, Stuttgart 1890.

Bechtel, H.: „Wirtschaftsgeschichte Deutschland" im 19. und 20. Jahrhundert, München 1956.

Beckermann, Th.: Auslese, Wachstum und Differenzierung im modernen Handwerk. *In:* Schriftenreihe des Rheinisch-Westfälischen Instituts für Wirtschaftsforschung, Nr. 17, Essen 1960.

–: Das Handwerk – Gestern und heute, Essen 1959. *In* Schriftenreihe des Rheinisch-Westfälischen Instituts für Wirtschaftsforschung, Neue Folge Nr. 15.

–: Das Handwerk im Ruhrgebiet, Essen 1950.

–: Das Handwerk in der modernen Gesellschaft und Wirtschaft, München und Münster 1966.

–: Das Ruhrgebiet. Struktur seiner Wirtschaft, Düsseldorf 1960.

Beckermann, Th.: Die Handwerkswirtschaft, Essen 1965.

–: Die wirtschaftliche Entwicklung des Handwerks seit Ende des 19. Jahrhunderts. *In:* Beiträge zur Wirtschaftsforschung – Festgabe für Walter Däbritz, Essen 1951.

Beer, W.: Bemerkungen über Zettelbanken und Papiergeld, Berlin 1845.

Behr, Fr.: Die volkswirtschaftliche Bedeutung der technischen Entwicklung in der Schuhindustrie, Leipzig 1909.

Behre, O.: Geschichte der Statistik in Brandenburg–Preußen, Berlin 1905.

Beielstein, W.: Die Standesehre des Handwerks, Bochum 1900.
Beier, G.: Schwarze Kunst und Klassenkampf, 1820–1890; Frankfurt 1967.
Beiträge zur Wissenschaftslehre des Handwerks, Stuttgart 1938.
Below, G. v.: Das älteste deutsche Städtewesen und Bürgertum, Leipzig 1905.
Bendix, R.: Herrschaft und Industriearbeit, Frankfurt a.M., 1960.
Bensen, H. W.: Die Proletarier. Eine historische Denkschrift. Stuttgart 1847.
Benzinger, P.: Die Lebensbedingungen des Landhandwerksbetriebes – Ursachen und Wirkung der handwerklichen Landflucht, Dissertation München 1941.
Bergmann, K.: Die wirtschaftliche Entwicklung des Ruhrkohlenbergbaues seit Anfang des 19. Jahrhunderts, Dissertation Köln, Kettwig 1937.
Bernsdorf, W. (Hrsg.): Wörterbuch der Soziologie, Stuttgart 1969.
Bernstein, E.: Geschichte der deutschen Schneiderbewegung, Berlin 1913.
Untersuchungen des Instituts für Berufserziehung im Handwerk an der Universität Köln. *Daraus:* Berufserziehung im Handwerk, Köln 1954ff.
Beseler, o. A.: System des gemeinen deutschen Privatrechts, Berlin 1885.
Beschreibung der Bergreviere Siegen I, Siege II, Burbach und Müsen, Bonn 1887.
Bestimmungen über die Organisation, Wahl, Zuständigkeit und Geschäftsführung des ständigen Arbeitsausschusses des Eisenerzbergwerks Brüderbund bei Eiserfeld, Dortmund 1910.
Betriebsstruktur und Besteuerung im Einzelhandel und im Handwerk. Einzelschriften zur Statistik des Deutschen Reiches, Nr. 30, Berlin 1935; Nr. 34, Berlin 1937; Nr. 38, Berlin 1938; Nr. 41, Berlin 1941.
Beutin, L.: Einführung in die Wirtschaftsgeschichte, Köln, Graz 1958.
Beyer, L. F. C.: Die volkswirtschaftliche und sozialpolitische Bedeutung der Einführung der Setzmaschine im Buchdruckergewerbe, Karlsruhe i.B. 1910.
Beyer, W.: Die Entwicklung der Lehrverhältnisse, Weimar 1938.
Bibliothek des Handwerks, 14 Bände, Regensburg 1914.
Biedermann, K.: Dreißig Jahre deutscher Geschichte 1840–1870, 2 Bände, Breslau 1881.
Biermer, M.: Lehrlingswesen. *In:* Wörterbuch der Volkswirtschaft, II. Band, Jena 1911.
Biller, C.: Der Rückgang der Handleinwandindustrie des Münsterlandes, Münster 1906, Inaugural-Dissertation.
Blaustein, A.: Die Entstehung der gewerkschaftlichen Arbeiterbewegung im Deutschen Sattlergewerbe, Tübingen, Leipzig 1902.
Blümer, o. A.: Das Handwerk in Gesellschaft, Staat und Wirtschaft, Dortmund o. A..
Blumberg, H.: Die deutsche Textilindustrie in der industriellen Revolution, Berlin-Karlshorst, Band 3, 1965.
Böckh, R.: Statistik der öffentlichen Sparkassen in der Provinz Brandenburg o. A. 1858.
Böhme, H.: Prolegomena zu einer Sozial- und Wirtschaftsgeschichte Deutschlands im 19. Jahrhundert, Frankfurt a.M. 1968.
Böhmert, V.: Die Gewinnbeteiligung, Leipzig 1878.
Bömer, A. und Deyering, H.: Westfälische Bibliographie zur Geschichte, Landeskunde und Volkskunde, 2 Bände, Münster 1955–1966.
Boettcher, E.: Sozialpolitik und Sozialreform, Tübingen 1957.
Böttger, H.: Auf den Hütten, Siegen 1949.
–: Geschichte und Kritik des neuen Handwerkergesetzes vom 26. Juli 1897, Leipzig 1898.
Boetticher, K.-W.: Die Aussichten des Mittelstandes in einer industriellen Gesellschaft. *In:* Utz, A. F., (Hrsg.) Der Mittelstand in der Wirtschaftsordnung heute, Heidelberg und Loewen 1959.
Böventer, E. v.: Die Struktur der Landschaft. *In:* Schriften des Vereins für Socialpolitik, Neue Folge Band 27.
Bohn, Fr.: Die Handelswissenschaft für angehende Kaufleute, Leipzig 1875.
Bolte, K. M.: Deutsche Gesellschaft im Wandel. *In:* Veröffentlichung der Akademie für Wirtschaft und Politik Hamburg, Opladen 1966.
Bona-Meyer, o. A.: Die Fortbildungsschule in unserer Zeit. *In:* Deutsche Zeit- und Streitfragen, Jahrgang II, Heft 19.

Bonsmann, K.: Die Kapitalbeschaffung in der Solinger Stahlwaren-Industrie, Dissertation Heidelberg 1909.

Bopp, H.: Die Entwicklung des deutschen Handwerksgesellentums im 19. Jahrhundert unter dem Einfluß der Zeitströmungen, Paderborn 1932. *In:* Görres-Gesellschaft zur Pflege der Wissenschaft im katholischen Deutschland. Veröffentlichungen der Sektion für Sozial- und Wirtschaftswissenschaft, Heft 4, Paderborn 1932.

Borchardt, K.: Europas Wirtschaftsgeschichte – Ein Modell für Entwicklungsländer? Stuttgart 1967.

–: Zum Problem der Erziehungs- und Ausbildungsinvestition im 19. Jahrhundert. *In:* Beiträge zur Wirtschafts- und Stadtgeschichte, Wiesbaden 1965.

Borght, R. van der: Beruf, gesellschaftliche Gliederung im Deutschen Reich. Vorträge der Gehe-Stiftung zu Dresden, 2. Band 1910, Leipzig und Dresden 1910.

–: Statistische Studien über die Bewährung der Aktiengesellschaften. *In:* Sammlung nationalökonomischer und statistischer Abhandlungen, 3 Bände, Jena 1883–84.

Bork, F. W.: Die Kraftmaschinen des Kleingewerbes, Berlin 1880.

Bork, K.: Die sozialen Wandlungen in der Stadt Duisburg in den ersten Jahrzehnten der Industrialisierung, 1850–1880. *In:* Duisburger Forschungen Band 8.

Born, K. E.: Moderne deutsche Wirtschaftsgeschichte, Köln, Berlin 1966.

–: Staat und Sozialpolitik seit Bismarcks Sturz. *In:* Historische Forschungen, Band I, Wiesbaden 1957.

Bornkamm, H.: Die Staatsidee im Kulturkampf. *In:* Historische Zeitschrift, Band 170, München 1950.

Bosenick, A.: Über die Arbeitsleistung beim Steinkohlenbergbau in Preußen, *In:* Münchener volkswirtschaftliche Studien, Stuttgart, Berlin 1906.

Bosselmann, O.: Die Entlöhnungsmethoden in der südwestdeutsch-luxemburgischen Eisenindustrie, Berlin 1906.

Brandt, O. und Most, O. (Hrsg.): Heimat- und Wirtschaftskunde für Rheinland und Westfalen, Essen 1914.

Brakelmann, G.: Die soziale Frage des 19. Jahrhunderts, 2 Bände, Witten 1962.

Braun, H.-H.: Der Niedergang des Korbmacherhandwerks als Produktionsgewerbe, Dissertation Barna, Leipzig 1937.

Braun, R.: Industrialisierung und Volksleben, Zürich 1960.

–: Sozialer und kultureller Wandel in einem ländlichen Industriegebiet im 19. und 20. Jahrhundert, o. A. 1965.

Brauns, H.: Der Übergang der Handweberei zum Fabrikbetrieb. *In:* Staats- und Sozialwissenschaftliche Forschungen, Band 25, Heft 4, Leipzig o. A.

Bredenbeck, A.: Die erste Erhebung der Bergarbeiter, 1889, Dortmund 1909.

Brentano, L.: Der Arbeiter-Versicherungszwang, seine Voraussetzungen und seine Folgen. *In:* Deutsche Zeit- und Streit-Fragen, Band X, Berlin 1881.

Brepohl, W.: Der Aufbau des Ruhrvolkes im Zuge der Ost-Westwanderung, Recklinghausen 1948.

–: Industrievolk im Wandel von der agraren zur industriellen Daseinsform, dargestellt am Ruhrgebiet, Tübingen 1957.

Briefs, G.: Revierbildung und provinzielle Steuerung der Industrie. *In:* Archiv für Sozialwissenschaft und Sozialpolitik, 67. Band, 1. Heft, Tübingen 1932.

Brinkmann, C.: Soziologische Theorie der Revolution, Göttingen 1949.

Brinkmann, G.: Berufsausbildung und Arbeitseinkommen, Berlin 1967.

Brockmann, H.: Die Gliederung und Entwicklung der Hauptberufe des Regierungsbezirks Münster in den letzten drei Jahrzehnten des 19. Jahrhunderts, Inaugural-Dissertation Münster, Leipzig 1910.

Brodmeier, B.: Literaturschriftführer durch das Handwerksschrifttum 1900–1945. *In:* Forschungsberichte aus dem Handwerk, Band 12, Münster 1965.

Broesicke, M.: Die Binnenwanderungen im preußischen Staate. *In:* Zeitschrift des Königlichen preußischen statistischen Landesamtes, 1902 und 1907.

Brück, H.: Geschichte der katholischen Kirche Deutschlands im 19. Jahrhundert, Mainz 1887–1901.

Brunner, O.: Neue Wege der Sozialgeschichte, Göttingen 1956.

Bruns, A.: Die Arbeitsverhältnisse der Lehrlinge und Gesellen im städtischen Handwerk in Westdeutschland bis 1800, Disseration Köln 1938.

Bry, G.: Wages in Germany, Princetown 1960.

Bucher, B.: Mit Gunst. Aus Vergangenheit und Gegenwart des Handwerks, Leipzig 1866.

Buchholz, E. W.: Ländliche Bevölkerung an der Schwelle des Industriezeitalters, Stuttgart 1966.

Buckingham, W.: Automation und Gesellschaft, Hamburg 1967.

Bücher, K.: Artikel über Gewerbe, *In:* Handwörterbuch der Sozialwissenschaften, a.a.O.

–: Die Bildungsfrage und der industrielle Rückgang, Eisenach 1877.

–: Lehrlingsfrage und gewerbliche Bildung in Frankreich, Eisenach 1878.

–: Niedergang des Handwerks. *In:* Die Entstehung der Volkswirtschaft, Tübingen 1920.

Bühler, M.: Die Stellung Württembergs zum Umschwung in der Bismarck'schen Handelspolitik 1878/79, Inaugrualdissertation Tübingen 1939.

Bünte, P.: Produktionstechnik, Kapital und Fortschritt, Berlin 1961.

Büschges, G.: Die Gebietsauswahl als Auswahlmethode in der empirischen Sozialforschung, Dissertation Köln 1961.

Buff, S.: Das Kontokorrentgeschäft im deutschen Bankgewerbe, Stuttgart, Berlin 1904.

Burkhard, W.: Die Wandlungen in der inneren Struktur des Handwerks seit dem Ende des 18. Jahrhunderts, Dissertation Bonn 1954.

Burns, L. S.: Cost-Benefit Analysis of Improved Housing. *In:* UNRISD, Cost-Benefit Analysis of Social Projects (Report of a Meeting of Experts held in Rennes, France, October 1965).

Busch, A.: Die Geschichte des Privatdozenten, Stuttgart 1959.

Busch, E.: Archiv für Theorie und Praxis des allgemeinen Handelsrechts 1888–1890, 3 Bände, Berlin 1890.

Chesi, V.: Struktur und Funktionen der Handwerksorganisation in Deutschland seit 1933. *In:* Untersuchungen über Gruppen und Verbände, hrsgg. von G. Weippert, Band 4, Berlin 1966.

Clapham, J. H.: The economic development of France and Germany 1815–1914, Cambridge 1921.

Claessens, D.: Angst, Furcht und gesellschaftlicher Druck und andere Aufsätze, Dortmund 1966.

–: Rolle und Macht, München 1968.

Clelland, D. C. Mc.: Die Leistungsgesellschaft, Stuttgart 1966.

Coelsch, H.: Deutsche Lehrlingspolitik im Handwerk, Berlin 1910.

Conrad, J.: Das Universitätsstudium in Deutschland während der letzten 50 Jahre. Statistische Untersuchungen unter besonderer Berücksichtigung Preußens. *In:* Sammlung nationalökonomischer Schriften und statistischer Abhandlungen, 3 Bände, Jena 1883–1884.

Conradi, H.: Die Abwanderung der Handwerker in die Industrie. *In:* Studien und Berichte des Forschungsinstituts für Handwerkswirtschaft an der Universität Frankfurt, Studie Nr. 59, 1962.

Conrad, J.: Conrad's Jahrbuch für Nationalökonomie und Statistik, Band XIX, 1872.

Conradt, W.: Die Zähleinheit der gewerblichen Betriebsstatistik. *In:* Allgemeines Statistisches Archiv, Band 12, München 1920.

Conze, W.: Die Strukturgeschichte des technisch-industriellen Zeitalters als Aufgabe für Forschung und Unterricht, Köln, Opladen 1957.

Cordys, B.: Das deutsche Photographengewerbe, Dissertation Köln 1932.

Coser, L. A.: Internal violence as a mechanism for conflict resolution, 6. Weltkongreß für Soziologie, Evian 1966.

Creamer, D.: Capital and Output Trends Manufacturing Industries 1880–1948. *In:* Studies in Capital Formation and Financing, Occasional Paper 41, New York 1954.

Croon, H.: Die gesellschaftlichen Auswirkungen des Gemeindewahlrechtes in den Gemeinden und Kreisen des Rheinlandes und Westfalens im 19. Jahrhundert, Köln, Opladen 1960.

Crouzet, Francois: Angleterre et France au XVIIIe siècle, Essai d'analyse comparée de deux croissances Economiques. *In:* Annales, Economies Sociétés Civilisations, Nr. 2, 1966.

Crüger, H.: Grundlehren und Erfahrungen der Handwerkergenossenschaften, Berlin 1910.

–: Vorschuß und Kreditvereine als Volksbanken, Berlin 1915, 8. Auflage.

Daheim, H.-J.: Der Beruf in der modernen Gesellschaft, Köln/Berlin 1967.

Dahrendorf, R.: Demokratie und Sozialstruktur in Deutschland. *In:* Archives Europennes de Sociologie, 1960.

–: Gesellschaft und Freiheit, München 1962.

–: Pfade aus Utopia, München 1967.

–: Über einige Probleme der soziologischen Theorie der Revolution. *In:* Europäisches Archiv für Soziologie, 1961, Nr. 1.

Dannenberg, F. H.: Das deutsche Handwerk und die soziale Frage, Leipzig 1872.

Davis, K. und Moore, W. E.: Some Principles of Stratification. *In:* American Sociological Review, Band 10, Albany 1945.

Debus, W.: Der Begriff Handwerk entwickelt an der Erscheinungsform des heutigen deutschen Handwerksbetriebes, Dissertation Frankfurt 1940.

Decken, H. von: Das älteste deutsche Bergwerksbuch, Bonn 1885.

Degen, K.: Die Herkunft der Arbeiter in den Industrien Rheinland-Westfalens bis zur Gründerzeit, Dissertation Bonn, Essen 1916.

Delsa, L.: Beiträge zur Steuerreform, Berlin 1881. *In:* Deutsche Zeit- und Streitfragen, Band X, Heft 145–160.

Denison, E. F.: The Sources of Economic Growth in the United States and the Alternatives Before Us, Committee for Economic Development, New York 1962.

Denkschrift der Volksschullehrer des Münsterlandes in der Lehrerbesoldungsfrage, Bielefeld 1891.

Denkschrift über den Stand der Gewerbeförderung in Preußen, Berlin 1902.

Denkschrift über die Entwicklung der Fortbildungsschulen und der gewerblichen Fachschulen in Preußen, soweit dieselben zum Ressort des Ministeriums für Handel und Gewerbe gehören, jedoch mit Ausschluß der Navigationsschulen und der Unterrichtsanstalten für das Bergfach, während der Jahre 1883 bis 1890 mit Genehmigung des Herrn Ministers für Handel und Gewerbe den Mitgliedern der ständigen Kommission für das technische Unterrichtswesen vorgelegt im April 1891.

Denkschrift über die Fortbildungsschulen in Preußen, Berlin 1883, 1891 und 1896.

Dennukat, G.: Die Struktur der Arbeitsstätten nach der Zahl der Beschäftigten und der Höhe des Umsatzes. *In:* Wirtschaft und Statistik, Neue Folge Band 8, Stuttgart 1956.

Deutsch, K.-W.: Soziale Mobilisierung und politische Entwicklung. *In:* Politische Vierteljahresschrift, Band 2, Berlin 1960–61.

Dickel, W.: Wirtschaftsstruktur und Siedlungstypen im Münsterland. *In:* Band 26 der Materialiensammlung der Forschungsstelle für Siedlungs- und Wohnungswesen an der Universität Münster, Münster 1937.

Dieterici, C. F. W.: Der Volkswohlstand im Preußischen Staate, Berlin 1846.

Dissmann, W.: Siedlungen und Volksdichte im Siegerlande, Inaugural-Dissertation Marburg an der Lahn 1907.

Dörner, M.: Kommunale Submissionspolitik. Die Vergebung öffentlicher Arbeiten in Mannheim, Stuttgart, Berlin 1908.

Donay, E.: Die Beziehungen zwischen Herkunft und Beruf, Essen 1941.

Dreitzel, H.-P.: Sozialer Wandel. Zivilisation und Fortschritt als Kategorien der soziologischen Theorie, Neuwied und Berlin 1967.

Dresbach, E.: Geschichte der Grafschaft Mark im Abriß, Witten 1920.

Drucksachen der Kommission für Arbeiterstatistik. Verlag Heymanns, Berlin 1894.

Dufty, N. F.: Occupational Status, Job Satisfaction, and Levels of Aspiration. *In:* British Journal of Sociology, Band 11, 1960.

Ebel, H.: Die Konzentration der Berufe und ihre Bedeutung für die Berufspädagogik, Köln und Opladen 1962.

Edelmann, W.: Die Betriebsgröße. Entwicklung und Stand der Forschung, Dissertation Nürnberg 1955.

Eder, Rudolf: Volkswirtschaftliche Theorie des technischen Fortschritts, Berlin 1967.

Eickelberg, E.: Städtische Sparkasse zu Unna. Gegr. 1839, Unna 1930.

Eisenstadt, S. N.: „Von Generation zu Generation“. Altersgruppen und Sozialstruktur, München 1966.

Die Elektromotoren im Kleingewerbe. Hrsg. vom Elektrizitätswerk „Berggeist“ für die Landkreise Köln, Bonn, Sieg und Rheinbach, Cöln 1905.

Elfert, G.: Die Sparkasse des Kreises Münster, Münster 1908.

Elsas, M. J.: Umriß einer Geschichte der Preise und Löhne in Deutschland, Leiden 1936.

Elsner, F.: Die soziale und wirtschaftliche Lage der konditionierenden Apotheker, Halle 1914.

Emminghaus, A.: Allgemeine Gewerkslehre, Berlin 1868.

Engel, A.: Die westfälische Gemeinde Eversberg, Stuttgart und Berlin 1902.

Engel, A.: Handwerkerfragen. *In:* Soziale Tagesfragen, Zwangslose Hefte, hrsg. vom Volksverein für das katholische Deutschland, M.-Gladbach 1907.

Zur Psychologie des Handwerks. *In:* Soziale Kultur, M.-Gladbach 1906.

Engel, E.: Die deutsche Industrie 1875 und 1861. Statistische Darstellung, Berlin 1880.

Engelsing, R.: Massenpublikum und Journalistentum im 19. Jahrhundert in Nordwestdeutschland, Berlin 1966.

Die Entstehung und Entwicklung der gewerblichen Fortbildungsschulen in Württemberg. Herausgegeben auf Veranlassung der K. Commission für die gewerblichen Fortbildungsschulen, Stuttgart 1873.

Entwicklung der Leipziger Buchdruckerlöhne im letzten Jahrhundert. *In:* Zeitschrift für Sozialwissenschaft, Neue Folge, Band 2, Leipzig 1911.

Ergang, C.: Untersuchungen zum Maschinenproblem. *In:* Freiburger volkswirtschaftliche Abhandlungen. I. Band, 2. Ergänzungsheft, Karlsruhe 1911.

Ergebnis der statistischen Erhebungen im Bäckereigewerbe Münchens, nebst einem kleinen Anhang über die Lage der Konditoren, München 1890.

Ergebnisse der über die Verhältnisse der Lehrlinge, Gesellen und Fabrikarbeiter auf Beschluß des Bundesraths angestellten Erhebungen, zusammengestellt im Reichskanzler-Amt, Berlin 1877.

Erhebung über die Wirkungen des Handwerkergesetzes vom 26. Juli 1897, Berlin 1908.

Erhebungen über die Lage des Kleingewerbes, veranstaltet 1885 durch das Grossh. Ministerium des Innern in Baden, 3 Bände, Karlsruhe 1887.

Exner, N. und Pfaff, N.: Werkzeuge und Maschinen der Holzbearbeitung, Weimar 1878.

Eyll, K. van: Die Geschichte einer Handelskammer, dargestellt am Beispiel der Handelskammer Essen 1840–1910, Köln 1964.

Fallet-Scheurer: Geschichte der Uhrmacherkunst, 1917.

Fischer, A.: Grundriß der Sozialen Hygiene, Berlin 1913.

Fischer, W.: Das deutsche Handwerk in den Frühphasen der Industrialisierung. *In:* Zeitschrift für die gesamte Staatswissenschaft, Tübingen 1964.

–: Der Staat und die Anfänge der Industrialisierung in Baden 1800–1850. Band I: Die staatliche Gewerbepolitik, Berlin 1962.

–: Die Bedeutung der preußischen Bergrechtsreform für den industriellen Ausbau des Ruhrgebiets. *In:* Vortragsreihe der Gesellschaft für Westfälische Wirtschaftsgeschichte. V. Dortmund, Heft 9, Dortmund 1961.

Fischer, W. (Hrsg.): Wirtschafts- und sozialgeschichtliche Probleme der frühen Industrialisierung. *Beiträge: Fischer, W.:* Ökonomische und soziologische Aspekte der frühen Industrialisierung. Stand und Aufgaben der Forschung. *Gerschenkron, A.:* Die Vorbedingungen der Europäischen Industrialisierung im 19. Jahrhundert. *Bendix, R.:* Modernisierung und soziale Ungleichheit. *Braun, R.:* Zur Einwirkung sozio-kultureller Umweltbedingungen auf das Unternehmerpotential und das Unternehmerverhalten. Berlin 1968.

Fischer, W./Bajor G.: Die soziale Frage, Stuttgart 1967.

–: Handwerksrecht und Handwerkswirtschaft um 1800, Dissertation Berlin 1955.

Föhl, C.: Kreislaufanalytische Untersuchung der Vermögensbildung und der Beeinflußbarkeit ihrer Verteilung. *In:* Schriftenreihe des Instituts für angewandte Wirtschaftsforschung Tübingen, Band 2, Tübingen 1964.

Die Fortbildungsschul-Korrespondenz, Blatt des Deutschen Vereins für das Fortbildungsschulwesen, Leipzig 1903.

Die Gewerblichen Fortbildungsschulen in den Regierungsbezirken von Rheinland und Westfalen sowie im Staat 1909 und 1910. *In:* Statistisches Jahrbuch für den preußischen Staat, 9. Jahrgang 1911.

Über die Entwicklung des Fortbildungs- und Fachschulwesens in den Handwerkskammerbezirken Arnsberg, Bielefeld, Dortmund, Münster, Saarbrücken und Wiesbaden, Düsseldorf 1902.

Die Entstehungsentwicklung der gewerblichen Fortbildungsschulen in Württemberg, Stuttgart 1873.

Francke, E.: Die Schuhmacherei in Bayern, Stuttgart 1893.

Frankenstein, K.: Bevölkerung und Hausindustrie im Kreise Schmalkalden seit Anfang dieses Jahrhunderts, Tübingen 1887.

–: Zur Organisation der amtlichen Lohnstatistik im deutschen Reich, Leipzig 1889.

Freyer, H.: Die weltgeschichtliche Bedeutung des 19. Jahrhunderts. *In:* Kieler Universitätsreden, Heft 4, Kiel 1951.

Frings, J.: Die Einkommens- und Vermögensverhältnisse im Regierungsbezirk Arnsberg, Dissertation Münster 1913.

Fromm, L.: Die Genossenschaften im Schuhmacherhandwerk, Osnabrück 1904.

Fürst, G.: Zur Methode der deutschen Berufsstatistik. *In:* Allgemeines Statistisches Archiv, hrsgg. von Fr. Zahn, 19. Band, Jena 1929.

Fürstenberg, Fr.: Das Aufstiegsproblem in der modernen Gesellschaft, Stuttgart 1962.

Fürstenberg, F.: Wirtschaftssoziologie, Sammlung Göschen, Band 1193, Berlin 1961.

Fürth, H.: Mindesteinkommen, Lebensmittelpreise und Lebenshaltung. *In:* Kultur und Fortschritt, Nr. 421, Leipzig 1912.

Galbraith, J. K.: Die moderne Industriegesellschaft, München und Zürich 1968.

Gantzel, K.-J.: Wesen und Begriff der mittelständischen Unternehmung, Köln und Opladen 1962.

Garbe, R.: Der zeitgemäße Ausbau des gesamten Lehrlingswesens für Industrie und Gewerbe, Berlin 1888.

Gareis-Fuchsberger: Das Allgemeine Deutsche Handelsgesetzbuch, Berlin 1890.

Gassert, G.: Die berufliche Struktur der deutschen Großstädte nach der Berufszählung von 1907, Greifswald 1917.

Gatz, K.: Das unverlorene Tagewerk, München 1950.

–: Zwischen Auftrag und Vollendung, München o.J.

Geiger, Th.: Die soziale Schichtung des Deutschen Volkes, Stuttgart 1967.

Geisenheimer: Die preußischen Fachschulen etwa 1877. *In:* Schriften des Vereins für Socialpolitik, Band XV.

Gerstenberg, A.: Die neuere Entwicklung des deutschen Buchdruck-Gewerbes in statistischer und sozialer Beziehung. *In:* Sammlung nationalökonomischer und statistischer Abhandlungen, Jena 1892.

Gewerbliche Fachschulen in Preußen. Ihre Einrichtung und örtliche Verteilung. Hrsgg. vom Königlichen Landesgewerbeamt, Berlin 1909.

Giersch, H. und Sauermann, H. (Hrsg.): Quantitative Aspekte der Wirtschaftsgeschichte. Walther G. Hoffmann zum 65. Geburtstag, Tübingen 1968.

Glass, D. W. und König, R. (Hrsg.): Soziale Schichtung und soziale Mobilität, 2. Auflage 1965. *In:* Kölner Zeitschrift für Soziologie und Sozialpsychologie. 1961, Sonderheft 5. Köln und Opladen 1965.

Goldschmidt, C.: Bäckereigewerbe und Konsumvereine, Stuttgart und Berlin 1910.

Golze, E.: Siedlung und Handwerk, Würzburg 1939.

Goode, W.: Mobilität und Revolution. *In:* Kölner Zeitschrift für Soziologie und Sozialpsychologie 1966.

Graafen, R.: Die Aus- und Abwanderung aus der Eifel in den Jahren 1815–1955. *In:* Forschungen zur Landeskunde, Band 127, Bad Godesberg 1961.

Die Grafschaft Mark. 2 Bände, hrsgg. von A. Meister, Dortmund 1909.

Granderath, A.: Die berufsständische Bewegung im Handwerk, dargetan an der berufsfachlichen Selbstverwaltung im rheinisch-westfälischen Tischlergewerbe 1904–1923, Karlsruhe 1925.

Grandke, H.: Zusammenfassende Darstellung der vom Verein für Sozialpolitik durchgeführten Untersuchung über die Lage des Handwerks in Deutschland. *In:* Paul Voigt: Die Hauptergebnisse der neuesten Handwerkerstatistik von 1895, Leipzig 1897.

Gronau, E.: Die verschiedenen Betriebsgrößen im Malerhandwerk und ihr Einfluß auf Kalkulation und Preispolitik, Stuttgart 1932.

Gronau, H.: Die soziologische Rollenanalyse als betriebsorganisatorisches und berufspädagogisches Instrument, Stuttgart 1965.

Gros, E.: Der Lebensraum des deutschen Handwerks in seiner geschichtlichen Entwicklung. Dissertation Köln 1931.

Gross, H.: Small Business im großen Markt, Düsseldorf 1958.

Gruber, I.: Die Haushaltung der arbeitenden Klasse, Jena 1888.

Grünberg, E.: Der Mittelstand in der Kapitalistischen Gesellschaft, Leipzig 1932.

Grüning, E.: Die Existenzfähigkeit des Handwerks in der gegenwärtigen Kapitalistischen Wirtschaft, Dissertation Königsberg 1934.

Günther, K.-H. u.a.: Geschichte der Erziehung, Berlin 1967.

Guhl, A.: Schule und Heer. *In:* Deutsche Zeit- und Streitfragen, Berlin 1881.

Gutersohn, A.: Das Gewerbe in der freien Marktwirtschaft. Band I, Zürich und St. Gallen 1954.

–: Grundlagen und Aufgaben der Gewerbeforschung. *In:* Handwerk und Kleinhandel in der modernen Volkswirtschaft, Bern und St. Gallen 1947.

–: Small Business in den USA, St. Gallen 1957.

Gutersohn, A.: Stellung und Bedeutung der Klein- und Mittelbetriebe in Handwerk und Einzelhandel. *In:* Betriebsgröße und Unternehmungskonzentration, Berlin 1959.

Haas, U.: Wandlungen der wirtschafts- und sozialgeographischen Struktur des Siegerlandes im 2. Viertel des 20. Jahrhunderts. *In:* Forschungen zur deutschen Landeskunde, Band 108. Bad Godesberg 1958.

Haase, C.: Die Entstehung der westfälischen Städte, Münster 1965.

Habermas, J.: Theorie und Praxis, Berlin 1963.

Hähnsen, F.: Die Entwicklung der ländlichen Handwerke in Schleswig-Holstein, Leipzig 1923.

150 Jahre Landkreis Halle/Westf. 1816–1966, Halle/Westf. 1966.

Hampke, Th.: Die Innungsentwicklung in Preußen, eine statistische Studie. *In:* Jahrbuch für Gesetzgebung, Verwaltung und Volkswirtschaft im Deutschen Reich. 18. Jahrgang, Neue Folge von G. Schmoller, Leipzig 1894.

Das Handwerk in der modernen Wirtschaft und Gesellschaft. Hrsgg. vom Deutschen Handwerksinstitut e.V. München. Beiträge: *Wernet, W.:* Grundzüge der Handwerkswirtschaft. *Abel, W.:* Zur Ortsbestimmung des Handwerks vor dem Hintergrund seiner Geschichte. *Beckermann, Th.:* Konjunktur und Konjunkturbeobachtung. *Laub, K.:* Entfaltungsmöglichkeiten handwerklicher Unternehmen. München 1966.

–: Das Deutsche Handwerk. Eine Enzyklopädie. Kopfband, Leipzig 1925.

–: Das deutsche Handwerk. Generalbericht. Verhandlungen und Berichte des Unterausschusses für Gewerbe. 4 Bände, Berlin 1930.

–: Handwerkskammer Münster 1900–1950, Münster 1950.

–: Handwörterbuch der Sozialwissenschaften, Band 6. Beiträge: *Wagner, V. F.:* Geschichte der Kredittheorie. *Föhl, C.:* Theorie. *Loest, J.:* Kreditgenossenschaften. Stuttgart, Tübingen und Göttingen 1959.

Hanefeld, W., Stähler, O.: Der Regierungsbezirk Arnsberg, Dortmund 1905.

Hannemann, L.: Die Entwicklung der neueren korporativen Bindungen im deutschen Handwerk. Disseration Frankfurt a.M. 1936.

Harms, B.: Die Entwicklung der Buchbinderei, o.O. 1900.

Harnisch, F.: Der Rückgang des Handwerks auf dem Lande. *In:* Das Deutsche Handwerksblatt, 12. Jahrgang, Heft: 15. Januar 1918.

Harrod, E. D.: Dynamische Wirtschaft, Wien und Stuttgart 1949.

Hartfiel, G.: Wirtschaftliche und Soziale Rationalität, Stuttgart 1968.

Hartig, S.: Terminologie der Gewerbepolitik, zugleich ein Beitrag zur gewerblichen Mittelstandsfrage, Leipzig 1908.

Hartmann, H.: Moderne amerikanische Soziologie, Stuttgart 1967.

Hausherr, H.: Wirtschaftsgeschichte der Neuzeit, Köln und Graz 1960.

Hecht, F.: Die Rheinische Hypothekenbank, 3. Auflage, Mannheim 1874.

Heideloff, H.: Wandlung und Struktur der ländlichen Handwerkswirtschaft in Niedersachsen, Oldenburg 1938.

Heimat- und Wirtschaftskunde für Rheinland und Westfalen. Hrsgg. von Brandt, Otto, und Most, Otto. 3 Bände, Essen 1914.

Heintz, P.: Soziologie der Schule. 6. Auflage. *In:* Kölner Zeitschrift für Soziologie und Sozialpsychologie, Sonderheft 4, 1959, Köln und Opladen 1969.

–: Soziale Vorurteile. Ein Problem der Persönlichkeit, der Kultur und der Gesellschaft. Köln 1957.

Heinzig, A.: Das Handwerk im Zeitalter der Unternehmung, Hannover 1920.

Hell, E.: Jugendliche Schneiderinnen und Näherinnen in München, Stuttgart und Berlin 1911.

Heller, A.: Das Buchdruckgewerbe. Die wirtschaftliche Bedeutung seiner technischen Entwicklung, München 1911.

Helmrich, W.: Die Industrialisierung und wirtschaftliche Verflechtung des Münsterlandes, Münster 1937.

Heppe, H.: Geschichte des deutschen Volksschulwesens, Gotha 1858.

Herbold, R.: Die Abwanderung aus dem Handwerk, ihre Struktur, ihre Ursachen und Grenzen. *In:* Studien und Berichte des Instituts für Handwerkswirtschaft an der Universität Frankfurt, Studie Nr. 36, November 1957.

Herlau, F.: Der Standort des Kleinhandels, Dissertation Köln 1936.

Herzberg, G.: Das Schneidergewerbe in München. Stuttgart 1894.

Herzfelder, E.: Das Problem der Kreditversicherung mit besonderer Berücksichtigung der berufsmäßigen Auskunfterteilung und des außergerichtlichen Vergleiches, Berlin 1905.

Hesse, H.-A.: Berufe im Wandel. Ein Beitrag zum Problem der Professionalisierung, Stuttgart 1968.

Hilgert, Anton: Die Ausgabenwirtschaft der Stadt Münster, 1816–1908, Leipzig 1910.

–: Die Finanzen der Stadt Münster von 1816–1908. *In:* Abhandlungen aus dem staatsw. Seminar in Münster, Heft 9.

Hirsch, E. E. und Rehbinder, M. (Hrsg.): Studien und Materialien zur Rechtssoziologie. *In:* Kölner Zeitschrift für Soziologie und Sozialpsychologie, Sonderheft 11, Köln und Opladen 1967.

Hobsbawm, E.: Industrie und Empire, Band I und II, Edition Suhrkamp, Frankfurt a.M. 1969.

Hoffmann, E.: Zur Geschichte der Berufsausbildung in Deutschland, Bielefeld 1962.

Hoffmann, F.: Die Organisation des Handwerks und die Regelung des Lehrlingswesens auf Grund des Reichsgesetzes vom 26. Juli 1897. Berlin 1897.

Hoffmann, W. G.: Die branchenmäßige Lohnstruktur der Industrie, Tübingen 1961.

–: Die Produktivitätsstruktur der Industrie in verschiedenen Entwicklungsstadien. *In:* Zeitschrift für die gesamte Staatswissenschaft, Band 115, Tübingen 1959.

–: Die unverteilten Gewinne der Kapitalgesellschaften in Deutschland 1871–1957. *In:* Zeitschrift für die gesamte Staatswissenschaft, Band 115, Tübingen 1959.

–: Wirtschaftliche und soziologische Probleme des technischen Fortschritts. Veröffentlichung der Arbeitsgemeinschaft des Landes Nordrhein-Westfalen, Heft 8, 1952.

–: Das Wachstum der deutschen Wirtschaft seit der Mitte des 19. Jahrhunderts, Berlin und Heidelberg 1965.

Hoffmann, W. G. und Müller, J. H.: Das deutsche Volkseinkommen 1851–1957, Tübingen 1959.

Hofmann, W.: Ideengeschichte der sozialen Bewegung des 19. und 20. Jahrhunderts. Sammlung Göschen, Band 1205/1205 a. Berlin 1968.

Horn, A.: Betriebsgröße und Kapitalbedarf, Frankfurt a.M. 1957.

Horst, W.: Studien über die Zusammenhänge zwischen Bevölkerungsbewegung und Industrieentwicklung im niederrheinisch-westfälischen Industriegebiet. Münster 1936. Inauguraldissertation, Essen 1937.

Hostert, W.: Die Entwicklung der Lüdenscheider Industrie, vornehmlich im 19. Jahrhundert. Lüdenscheid 1960.

Hugenberg, A.: Bank- und Kreditwirtschaft des deutschen Mittelstandes, München 1906.

Huth, A.: Begabungsstruktur und Wirtschaftsstruktur. Psychologie und Praxis, Heft 3, 1956.

Hymmen, R. v.: Geschichtlich-statistische Beschreibung des früheren Kreises Hagen, jetzt Stadt- und Landkreis Hagen sowie Kreis Schwelm. Hagen i.W. 1889.

Irle, M.: Soziale Systeme. Eine kritische Analyse der Theorie von formalen und informalen Organisationen, Göttingen 1963.

Isard, W.: Location and Space-Economy. New York und London 1956.

Jacobs, A. und Richter H.: Die Großhandelspreise in Deutschland von 1792–1934. Sonderheft 37 des Instituts für Konjunkturforschung, Hamburg 1935.

Jäger, E.: Die Handwerkerfrage, Berlin, Germania 1887.

Janoska-Bendl, J.: Methodologische Aspekte des Idealtypus, Berlin 1965.

Jantke, C./Hilger, D.: Die Eigentumslosen, Freiburg und München 1965.

Jantke, K.: Industriegesellschaft und Tradition, Köln 1957.

Jeidels, O.: Die Methoden der Arbeiterentlöhnung in der rheinisch-westfälischen Eisenindustrie, Berlin 1907.

Jörger, F.: Entwicklung und Stellung des Handwerks innerhalb der neueren Volkswirtschaft, Freiburg 1922.

Jonas, E.: Sozialphilosophie der industriellen Arbeitswelt, Stuttgart 1960.

Joos, G.: Statistische Untersuchungen über den Nachwuchsbedarf einiger württembergischer Handwerkszweige. Dissertation Tübingen 1936.

Joseph, S.: Die Buchführungspflicht der Minderkaufleute und Handwerker, Berlin 1909.

Jüngst, F.: Arbeitslohn und Unternehmergewinn im Rheinisch-Westfälischen Steinkohlenbergbau 1886–1909. *In:* Glückauf, 42. Jahrgang, Nr. 40, Essen 1906.

Kätsch, S.: Teilstrukturen sozialer Differenzierung und Nivellierung, in einer westdeutschen Mittelstadt, Köln und Opladen 1965.

Kahl, J.-A.: Soziale Begleiterscheinungen der Industrialisierung und Urbanisierung. *In:* Heintz, P. (Hrsg.): Soziologie der Entwicklungsländer, Köln und Berlin 1962.

Kaiser, W.: Die statistische Erfassung des Handwerks. *In:* Allg. Statist. Archiv, Band 20, Jena 1930.

Kattentidt, G.: Der Einfluß der Handwerksnovelle vom 11. Februar 1929 auf die Organisation des Handwerks sowie auf die Abgrenzung zwischen „Handwerk" und „Nichthandwerk". Inauguraldissertation, Köln 1934.

Kern, R.: Entwicklung der Angebotsformen im Handwerk unter Berücksichtigung der Handwerksgesetzgebung. Dissertation, Freiburg i.B. 1955.

Kersig, H.-J.: Die nivellierte Mittelstandsgesellschaft. Dissertation, Köln 1961.

Kestner, F.: Der Organisationszwang. Eine Untersuchung über die Kämpfe zwischen Kartellen und Außenseitern, Berlin 1912.

Kissenbeck, G.: Die Entwicklung des Handwerks seit dem Ende des 19. Jahrhunderts. Dissertation, Bonn 1957.

Klages, H.: Berufswahl und Berufsschicksal, Köln und Opladen 1959.

Klatt, S.: Zur Theorie der Industrialisierung, Köln und Opladen 1959.

Klement, D.: Strukturwandlungen des Kapitalstocks nach Anlagearten in Deutschland seit der Mitte des 19. Jahrhunderts, Tübingen 1967.

Klimberg, H.: Die Zuordnung des Handwerks in bergbaubestimmte Siedlungen des Vestes Recklinghausen. Inauguraldissertation, Münster 1954.

Klimsch, K.: Adreßbuch der Buch- und Steindruckereien und der damit verwandten Geschäftszweige des Deutschen Reiches, Frankfurt a.M. 1890.

Kluitmann, L.: Der gewerbliche Geld- und Kapitalverkehr im Ruhrgebiet im 19. Jahrhundert, Bonn 1931.

Kluth, H.: Gestaltwandel des Mittelstandes. *In:* Zeitschrift für die gesamte Staatswissenschaft, Jahrgang 1957, Nr. 113, Tübingen 1957.

–: Sozialprestige und sozialer Status, Stuttgart 1957.

Knapmann, K.: Das Eisen- und Stahldrahtgewerbe in Altena bis zur Einführung der Gewerbefreiheit. Leipzig 1907.

Knöpp, H.: Eine statistische Erhebung über Handwerksbetriebe. *In:* Allg. Statist. Archiv, Band 19, 3. Heft, Jena 1929.

Koch, H.: Die deutsche Hausindustrie, M.-Gladbach 1908.

Köllmann, W.: Sozialgeschichte der Stadt Barmen im 19. Jahrhundert, Tübingen 1960.

König, E.: Statistik des Regierungsbezirks Münster 1865.

König, H. (Hrsg.): Wandlungen der Wirtschaftsstruktur in der Bundesrepublik Deutschland. Schriften des Vereins für Socialpolitik, Neue Folge, Band 26, Berlin 1962.

–: Wachstum und Entwicklung der Wirtschaft, Köln und Berlin 1968.

König, H.: Zur Geschichte der Nationalerziehung in Deutschland. *In:* Monumenta Paedagogica, Band I, Berlin 1960.

König, R. (Hrsg.): Handbuch der empirischen Sozialforschung, Band 1, Stuttgart 1962.

–: Kölner Zeitschrift für Soziologie und Sozialpsychologie, 19. Jahrgang 1967, Köln und Opladen 1967.

König, R.: Soziologie, Frankfurt a.M. 1958.

Köpper, G.: Vorwärts im Handwerk und Gewerbe. *In:* Kultur und Fortschritt, Nr. 429/30, Leipzig 1912.

Kollmann, P.: Die deutsche Gewerbeaufnahme von 1875 in ihren Hauptergebnissen. Das Herzogthum Oldenburg in seiner wirtschaftlichen Entwicklung. Oldenburg 1893.

–: Die gewerbliche Entfaltung im Deutschen Reich nach der Aufnahme vom 5. Juni 1882. *In:* Schmollers Jahrbuch, Jahrgang XII, 1888.

Konkurs-Statistik. Vierteljahreshefte zur Statistik des Deutschen Reiches. 10. Jahrgang, Heft 4. Weitere Statistiken: Vierteljahreshefte 1897, Heft 4, 5, 1; 1896, Heft 4, 6, 1; 1895, in 1896; Heft 4.

Koselleck, R.: Preußen zwischen Reform und Revolution, Stuttgart 1967.

Kostuch, B.: Die Entwicklung des Handwerks seit der Jahrhundertwende, dargestellt an Hand der deutschen Verhältnisse. Dissertation, Bonn 1948.

Krafft, E.: Die Haltung des wirtschaftenden Bürgertums im 19. Jahrhundert, dargestellt an Handwerker, Kaufmann und Unternehmer. Eine kulturgeschichtliche Betrachtung, Halle 1941.

Kraft, H.: Die Entwicklung des Zunftwesens und die geistesgeschichtlichen Grundlagen der Gewerbefreiheit. *In:* Zeitschrift für die gesamte Staatswissenschaft, Band 106, Heft 1, Tübingen 1950.

Kral, F.: Geldwert und Preisbewegung im Deutschen Reich 1871–1884. Jena 1887.

Kraus, A.: Die Unterschichten Hamburgs in der ersten Hälfte des 19. Jahrhunderts, Stuttgart 1965.

Krause, E.: Der Niedergang des Stellmacherhandwerks als Produktionsgewerbe, Bleicherode am Harz 1936.

Kretzschmar, F.: Handbuch des Preußischen Schulrechts, Leipzig 1899.

Krings, E.: Verwandte Handwerke. Dissertation, Köln 1937.

Krisam, R.: Der Mittelstand im hochindustrialisierten Wirtschaftsraum. *In:* Forschungsberichte des Landes Nordrhein-Westfalen, Köln und Opladen 1965.

Kroos, F.: Die Zeitungen im Vest Recklinghausen. Dissertation, Münster 1931.

Krünitz, J. G.: Ökonomisch-technologische Enzyklopädie, Berlin 1773.

Kruse, A.: Lieferantenkredit und gewerblicher Mittelstand. *In:* Zeitschrift für handelswissenschaftliche Forschung 1938.

Kuczynski, J.: Die Geschichte der Lage der Arbeiter in Deutschland. Band 1: 1789–1870. Band 2: 1871–1932. Berlin (Ost) 1954.

Kummer, M,: Entwicklung und gegenwärtige Lage des Gelsenkirchener Handwerks, Dissertation, Münster 1921.

Kuske, B.: Die Wirtschaftsentwicklung Westfalens, Münster 1943.

Kuznets, S.: Bevölkerung, Einkommen und Kapital. *In:* Zeitschrift für Nationalökonomie (und Statistik), Band 15, Wien 1955.

Lamers, J.: Die Industrieschulen des Herzogtums Westfalen um die Wende des 18. Jahrhunderts in ihrer geschichtlichen Entwicklung und Bedeutung, Paderborn 1918.

Lammers, A.: Handbildung und Hausfleiß, Berlin 1881.

Lamprecht, H.: Das soziale Lebensbild des Handwerks. Band 10 der Reihe „Soziale Forschung und Praxis", hrsg. von der Sozialforschungsstelle an der Universität Münster in Dortmund 1952.

Der Landkreis Coesfeld 1816–1966, Coesfeld 1966.

Lansburgh, A.: Das deutsche Bankwesen, mit einer vergleichenden Statistik der Bilanzen aller deutschen Aktienbanken in den Jahren 1857–1872–1907/08. Berlin 1909.

Lautmann, R.: Wert und Norm, Köln und Opladen 1969.

Leers, J. von: Das Lebensbild des deutschen Handwerks, München 1938.

Lehmkühler, M.-L.: Die wirtschaftliche Entwicklung des Kreises Lüdinghausen seit 1800, Recklinghausen 1948.

Die Reform des Lehrlingswesens. Sechzehn Gutachten und Berichte. *In:* Schriften des Vereins für Socialpolitik, Band 10, Leipzig 1875.

Lempert, W. und Ebel, H.: Lehrzeitdauer, Ausbildungssystem und Ausbildungserfolg, Freiburg i.B. 1965.

Lerner, F.: Geschichte des deutschen Glaserhandwerks, Schorndorf 1950.

Lessmann, A.: Die Entwicklung des deutschen Handwerks und seine Eingliederung in den Ständestaat. Dissertation, Bergisch-Gladbach 1935.

Lexis, W.: Das Unterrichtswesen im Deutschen Reich. Band I: Die Universitäten. Band II: Die höheren Lehranstalten und das Mädchenschulwesen. Band III: Das Volksschulwesen und das Lehrerbildungswesen. Berlin 1904.

–: Groß- und Kleinbetrieb. *In:* Wörterbuch der Volkswirtschaft, 1. Band, Jena 1911.

Liefmann, R.: Über Wesen und Formen des Verlages, Freiburg i.B. 1899.

Linde, H.: Materialien über quantifizierbare Zusammenhänge zwischen persönlicher Lebensführung und industrieller Arbeitswelt, 2 Bände, 2. Auflage, Dortmund 1961.

Lindner, A.: Die königliche Fachschule für die Eisen- und Stahlindustrie des Siegener Landes zu Siegen. *In:* Siegerländer Heimatbuch, Siegen 1914.

Lohn- und Arbeitsverhältnisse der Bäckereiarbeiter Kiels und Umgegend, Kiel 1895.

Lohn- und Arbeitsverhältnisse der Bäckereiarbeiter Leipzigs, Leipzig 1894.

Lohn- und Arbeitsbedingungen im Maurergewerbe. Statistik 1905 und Tarifverträge von 1891 bis 1905. *In:* Veröffentlichungen des Zentralverbandes der Maurer und des Bauarbeiterverbandes, Hamburg 1906.

Lokale Statistik über sanitäre Verhältnisse in den Hamburg-Altonaer Bäckereien, Hamburg 1894.

Lorenz, K. und Delventhal, B.: Ein Beitrag zum Ansatz von Handwerksbetrieben in neuen Wohnsiedlungen. *In:* Arbeitsberichte des Heinz-Piest-Instituts für Handwerkstechnik. Als Manuskript gedruckt. Hannover 1961.

Losch, H.: Nationale Produktion und nationale Berufsgliederung, Leipzig 1892.

–: Volksvermögen, Volkseinkommen und ihre Verteilung. *In:* Staats- und socialwissenschaftliche Forschungen, Band VII, Heft 1, Leipzig 1887.

Lucadou, E. v.: Struktur und Probleme des Bauhauptgewerbes, Berlin 1960.

Luecke, W.: Betriebs- und Unternehmungsgröße. Stuttgart 1967.

Lückert, H.-R.: Konfliktpsychologie, Basel 1957.

Lüders/Simon: Denkschrift über die Entwicklung der gewerblichen Fortbildungsschulen und der gewerblichen Fachschulen in Preußen während der Jahre 1891–1895. Berlin 1896.

Lüscher, K.: Der Prozeß der beruflichen Sozialisation, Stuttgart 1968.

Lütge, F.: Deutsche Sozial- und Wirtschaftsgeschichte, Berlin 1952.

Luhmann, N.: Funktionen und Folgen formaler Organisation, Berlin 1964.

Luther, G.: Die technische und wirtschaftliche Entwicklung des deutschen Mühlengewerbes im 19. Jahrhundert. *In:* Staats- und sozialwissenschaftliche Forschungen. Hrsg. G. Schmoller und M. Sering, Band XXIV, Heft 4, Leipzig 1909.

Maas, F.: Über die Herkunftsbedingungen der geistigen Führer, Tübingen 1915.

Maas, W.: Probleme der Sozialgeographie, Berlin 1961.

Maass, L.: Der Einfluß der Maschine auf das Schreinergewerbe in Deutschland, Stuttgart 1901.

Magdeburg, E.: Die ständische Form der Handwerkererziehung, ihre Entwicklung und Theorie, Stuttgart 1938.

Malinowski, B.: The Dynamics of Cultural Change, New Haven 1945.

Mann, F.-K.: Steuerpolitische Ideale. *In:* Finanzwirtschaftliche Forschungen, Heft 5, Jena 1937.

Mantel, G.: Die geschichtliche Entwicklung des deutschen Handwerks, Breslau–Oppeln 1928.

Marbach, F.: Die Theorie des Mittelstandes, Bern 1942.

Markow, A.: Das Wachstum der Bevölkerung und die Entwicklung der Aus- und Einwanderungen 1824–1885. Tübingen 1889.

Martin, F.: Geschichte der Lohnkämpfe der Buchdrucker von 1848 bis auf die heutigen Tage. Ein Beitrag zur Achtstundenbewegung. Typograph, Basel 1890.

Marx, D.: Wachstumsorientierte Regionalpolitik, Göttingen 1966.

Mascher, H. A.: Das deutsche Gewerbewesen von der frühesten Zeit bis auf die Gegenwart, Potsdam 1866.

Mass, H.: Der Niedergang des Bau- und Möbeltischlerhandwerks als Produktionsgewerbe. Dissertation, Halle–Wittenberg 1932.

Mayer, J.: Geschichte des deutschen Handwerks, Regensburg 1914.

Mayntz, R.: Soziale Schichtung und sozialer Wandel in einer Industriegemeinde. Stuttgart 1958.

Mehner, M.: Fortbildungsschulkunde. Handbuch für Fortbildungsschullehrer. 2. Auflage, Leipzig 1912.

Meier, E.: Die Reform der Verwaltungsorganisation unter Stein und Hardenberg, Leipzig 1881.

Mendelson, M.: Die Stellung des Handwerks in den hauptsächlichsten der ehemals zünftigen Gewerbe, Jena 1899.

Menges, G.: Umsatz, Betriebsgröße und Betriebsdichte des deutschen Handwerks in der Gegenwart. Erhebung 1956. *In:* Studien und Berichte des Instituts für Handwerkswirtschaft an der Universität Frankfurt, April 1958. Studie 41 und Studie 44.

Mendel, H. H.: Der Einfluß der Maschine auf die Entwicklung der gewerblichen Betriebsformen in der deutschen Buchbinderei, Erlangen 1908.

Mertig, J.: Des Handwerks goldener Boden, 3 Bände, Leipzig o.J.

Mertsch, F.: Die bisherigen Betriebsgrößenzählungen und ihr Erkenntniswert. *In:* Nürnberger Abhandlungen, Heft 10, Berlin 1959.

Meurer, A.: Das deutsche Tischlergewerbe. Erhebungen von 1882, 1895, 1907. M.-Gladbach 1920.

Michel, E.: Barzahlung und Kreditverkehr in Handel und Gewerbe in der Provinz Posen, Stuttgart und Berlin 1915.

Michel, E.: Sozialgeschichte der industriellen Arbeitswelt, Frankfurt 1953.

Michels, R.: Umschichtungen in den herrschenden Klassen nach dem Kriege, Stuttgart und Berlin 1934.

Mieck, J.: Preußische Gewerbepolitik in Berlin 1806–1844, Berlin 1965.

Mirgen, W.: Das Handwerk im Kampf ums Dasein. Dissertation, Würzburg 1923.

Mitgau, H.: Berufsvererbung und Berufswechsel im Handwerk, Berlin 1952.

Mitteilungen des Vereins zur Förderung des Fortbildungsschulwesens in der Provinz Westfalen, Münster 1902.

Die Situation mittelständischer Unternehmen im Lande Nordrhein-Westfalen. *In:* Untersuchung, durchgeführt für das Ministerium für Wirtschaft, Mittelstand und Verkehr des Landes Nordrhein-Westfalen, Düsseldorf 1965/66.

Molitor, E.: Vom Wesen des Handwerks, Marburg/Lahn 1939.

Mombert, P.: Studien zur Bevölkerungsbewegung in Deutschland. 1907.

Moore, W. E.: Strukturwandel und Gesellschaft, München 1967.
Moltek, H.: Wirtschaftsgeschichte Deutschlands, 2 Bände, Berlin 1968.
Müllensiefen, Th.: Die Lage der industriellen Arbeiter im Regierungsbezirk Arnsberg, Tübingen 1901.
Müller, G.: Handwerkszeug und Handwerksmaschine. Dissertation, Leipzig 1905.
Müller, H.: Die Organisationen der Lithographen, Steindrucker und verwandter Berufe. Berlin 1917.
Mueller, W.: Die Organisation des Kredit- und Zahlungswesens in Deutschland. *In:* Bankarchiv, 1. 2. 1909.
Müller-Armack, A.: Genealogie der Wirtschaftsstile. Stuttgart 1944.
Müllers, R.: Bevölkerungsentwicklung des rheinisch-westfälischen Industriegebietes von 1895 bis 1919. Dissertation, Münster 1925.
Müssiggang, A.: Die soziale Frage in der historischen Schule der deutschen Nationalökonomie, Tübingen 1968.
Muller, Ph.: Berufswahl in der rationalisierten Arbeitswelt, Reinbek bei Hamburg 1961.
Muser, G.: Statistische Untersuchungen über die Zeitungen Deutschlands 1885–1914, Abhandlungen aus dem Institut für Zeitungskunde an der Universität Leipzig, Band 1, Heft 1, Leipzig 1918.
Nagel, R.: Die gewerblichen Fortbildungsschulen Deutschlands 1877/78. *In:* Schriften des Vereins für Socialpolitik, Band XV.
Negt, O.: Soziologische Phantasie und exemplarisches Lernen. Zur Theorie der Arbeiterbildung, Frankfurt a.M. 1968.
Neidigk, K.: Die Berufskombinationen der selbständigen und freien Berufe mit der Landwirtschaft. Dissertation, Leipzig 1934.
Nerschmann, O.: Gewerbliche Produktionsstatistik, Leipzig 1916.
Neubohm, H. J.: Die Entwicklungstendenzen im westdeutschen Handwerk, Stuttgart 1963.
Neuerungen in der Technik des Handwerks. Sonderabdruck aus „Badische Gewerbezeitung“, Karlsruhe 1905.
Neuloh, O./Kurucz, J.: Vom Kirchdorf zur Industriegemeinde, Köln und Berlin 1967.
Neumann, A.: Das Gutshandwerk. Dissertation, T. H. München 1942.
Neumann, Fr. A.: Industrielle Gestaltung im Eschweiler–Stolberger Bezirk seit Anfang des 19. Jahrhunderts. Inaugural-Dissertation, Köln 1933.
Neumann, G.: Das Deutsche Reich in geographischer, statistischer und topographischer Beziehung, 2 Bände, Berlin 1874.
Nieschlag, R.: Klein- und Mittelbetriebe in den Vereinigten Staaten. *In:* Vierteljahreshefte zur Wirtschaftsforschung 1949.
Nitz, H.: Aus einem reichen Buchbinderleben. o. A.
Nothaas, J.: Sozialer Auf- und Abstieg im deutschen Volke. *In:* Beiträge zur Statistik Bayerns, München 1930.
Nübel, O.: Das Landhandwerk des Münsterlandes um die Wende des 19. Jahrhunderts. Dissertation, Münster 1913.
Oberschelp, R.: Die Bibliographien zur deutschen Landesgeschichte und Landkunde im 19. und 20. Jahrhundert, Frankfurt 1967.
Oberschall, A.: Empirical Social Research in Germany, Paris 1964.
Oehler, W.: Strukturzüge der niedersächsischen Handwerkswirtschaft nach den Ergebnissen der Handwerkszählung vom 30. 9. 1949. *In:* Schriften der wirtschaftswissenschaftlichen Gesellschaft zum Studium Niedersachsens e.V., Neue Folge, Band 45, Bremen-Horn 1953.
Oermann, H.: Barzahlung und Kreditverkehr in Handel und Gewerbe, Stuttgart und Berlin 1906.
Ogburn, W. F.: On culture and social change, Chicago 1964.
Oldenburg, K.: Das deutsche Bauhandwerk der Gegenwart. Inaugural-Disseration, Berlin 1888.
Oldenburg, K.: Der Maximalarbeitstag im Bäcker- und Konditorengewerbe. *In:* Schmollers Jahrbuch, N.F. XVIII, 1894.
Oldenburg, G.: Handbuch für das ländliche Fortbildungsschulwesen in Preußen, 1. Auflage, Berlin 1913.

Oltinger, E.: Die Psyche des deutschen Industriearbeiters um die Mitte des 19. Jahrhunderts. Dissertation, Breslau 1930.
Otto, E.: Der Niedergang des alten deutschen Handwerks, München 1907.
Overmann, A.: Entwicklung der Leinen-, Woll- und Baumwollindustrie in der ehemaligen Grafschaft Mark. Münstersche Beiträge zur Geschichtsforschung, Heft 31, 1909.
Pache, O.: Die Deutsche Fortbildungsschule, Wittenberg 1903.
Pache, O.: Handbuch des deutschen Fortbildungsschulwesens, Band 1–7, Berlin 1896–1905.
–: Handbuch des deutschen Fortbildungsschulwesens, Wittenberg 1909.
Paech, E.: Die wirtschaftliche Bedeutung des kleingewerblichen Genossenschaftswesens, Halle/Saale 1912.
Pape, R.: Beiträge zur Lösung der Frage: Fabrik oder Handwerk? Insterburg 1905.
–: Der gewerbliche Kredit, Königsberg 1905.
Pape, R.: Meisterprüfung und Meistertitel, Leipzig 1902.
Parsons, T.: Beiträge zur Soziologischen Theorie, Neuwied und Berlin 1964.
–: Sozialstruktur und Persönlichkeit, Frankfurt 1968.
Passow, R.: Kritische Betrachtung über den Aufbau unserer gewerblichen Betriebsstatistik. *In:* Zeitschrift für Sozialwissenschaft, N.F., II. Band 1911, Heft 4, Leipzig.
Pastler, F.: Die Funktionsteilung zwischen Handwerk und Industrie. Sonderdruck aus: Der österreichische Betriebswirt, Band 4, Heft 3, Jahrgang 1956.
Pelser-Fürnberg, Karl v.: Personalkredit und Wucher, Wien 1904.
Pesl, L.: Der gewerbliche und kaufmännische Mittelstand. *In:* Grundriß der Nationalökonomie. IX. Abt. 1. Teil, Tübingen 1926.
Petereins, H.: Die Verteilung wirtschaftlicher Funktionen auf Industrie und Handwerk als Folge betrieblicher Wesensunterschiede, Stuttgart 1941.
Peters: Zur neuesten Entwicklung des Genossenschaftswesens im Handwerk, Crefeld 1906.
Petersilie: Zur Statistik des Kleingewerbes in Preußen. *In:* Zeitschrift des Preußischen Statistischen Bureaus, Jahrgang 1887.
Petry, E.: Industrielle Struktur und Verflechtung Ost-Westfalens, Dortmund 1948.
Pilz, K.: Das Handwerk in Nürnberg und Mittelfranken. Nürnberg 1954.
Plaut, Th.: Deutsche Handelspolitik. 2. Auflage, Leipzig und Berlin 1929.
Plickat, H.-H.: Die Schule als Instrument des sozialen Aufstiegs, Weinheim 1959.
Popitz, H. u.a.: Technik und Industriearbeit, 2. Auflage, Tübingen 1964.
Potthoff, W.: Die Prognose des Vereins für Socialpolitik über die Lebensfähigkeit des deutschen Handwerks (1897) und die tatsächliche Entwicklung bis zur Gegenwart. Dissertation, Bonn 1952.
Potthoff, O. D.: Kulturgeschichte des deutschen Handwerks, Hamburg 1938.
Preradovich, N. von: Die Führungsschichten in Österreich und Preußen 1804–1915, Wiesbaden 1955.
Pudor, H.: Zur Sozialpolitik des Mittelstandes. *In:* Kultur und Fortschritt, Nr. 438/40, Leipzig 1912.
Pülke, E.: Geschichte der politischen Parteien im Kreise Recklinghausen von ihrer Entstehung bis zum Ende des Kulturkampfes 1848–1889. Dissertation, Münster 1933.
Quarck, M.: Die preußische Bergarbeiterenquete von 1889. *In:* Archiv für soziale Gesetzgebung und Statistik, Band 3. Tübingen 1890.
Quast, W.: Die Entwicklung der Eisenindustrie im Sauerland, Dissertation, Köln 1928.
Rauchberg, H.: Die Berufs- und Gewerbezählung im Deutschen Reich vom 14.6.1895, Berlin 1901.
Reble, A.: Geschichte der Pädagogik. 8. Auflage, Stuttgart 1965.
Reekers, St. und Schulz, J.: Die Bevölkerung in den Gemeinden Westfalens 1818–1950, Dortmund 1952.
Reform des Lehrlingswesens. Sechzehn Gutachten. Schriften des Vereins für Socialpolitik, Band 10, Leipzig 1875.
Reichardt, P.: Steuerbelastung und Belastungsgefühl im Handwerk, Köln und Opladen 1962.
Reichelt, H.: Untersuchungen über die Entlöhnungsmethoden in der deutschen Eisen- und Maschinenindustrie. Die Arbeitsverhältnisse in einem Berliner Großbetrieb der Maschinenindustrie, Heft 4, Berlin 1906.

Reichwein, R.: Funktionswandlungen der betrieblichen Sozialpolitik, Köln und Opladen 1965.

Reiner, H.: Das deutsche Handwerk in der Reichssteuerstatistik. Umsatz, Einkünfte und Betriebsvermögen im Handwerk, Hannover 1932.

Reithinger, A.: Vergleichbarkeit von gewerblichen Betriebszählungen. *In:* Allgemeines Statistisches Archiv, Band 18, Jena 1929.

Retzbach, A.: Die Handwerker und die Kreditgenossenschaften, Freiburg i. B. 1898. Handwerkerbanken. Freiburg i. B., Dissertation 1899.

Richtering, H.: Firmen- und wirtschaftsgeschichtliche Quellen in Staatsarchiven. Berichte des Fabrikenkommissars Eversmann über Grafschaft Mark im StA Münster und Düsseldorf. *In:* Vortragsreihe der Gesellschaft für Westfälische Wirtschaftsgeschichte e.V., Heft 6, Dortmund 1957.

Riedel, Th.: System der Preußischen Handwerksgesetzgebung, Berlin 1861.

Rieker, K.: Die Konzentrationsentwicklung in der gewerblichen Wirtschaft. Eine Auswertung der deutschen Betriebszählungen 1875–1950. *In:* Tradition, Jg. 5, 1960.

Riemer, A.: Der Aufbau der amtlichen Vertretung des Handwerks. Eine Darstellung der parlamentarischen Kämpfe mit ihrem Niederschlag in der Gesetzgebung Preußens und des Reiches. Dissertation, Köln 1930.

Ritter, G.: Die Arbeiterbewegung im Wilhelminischen Reich, Berlin 1963.

Roehl, H.: Beiträge zur Preußischen Handwerkerpolitik vom Allgemeinen Landrecht bis zur Allgemeinen Gewerbeordnung von 1845. *In:* Staats- und sozialwissenschaftliche Forschungen, hrsg. von G. Schmoller, 17. Band, 4. Heft, Leipzig 1900.

Rösli, L.: Die Untervergebung von Industrieaufträgen an das Handwerk, Winterthur 1955.

Röttgermann, H.: Die Geschichte der Industrie des Wirtschaftsraumes Menden/Fröndenberg und seine Probleme seit Beginn des 19. Jahrhunderts. 2. und erweiterte Auflage, Menden/Sauerland 1952.

Rohling, R.: Die Standortentwicklung der Münsterländer Baumwollindustrie. Dissertation, Freiburg 1923.

–: Die rheinisch-westfälische Baumwollindustrie, ihre Bedeutung und die verschiedenen Einflüsse auf ihre Entwicklung. Dissertation, Bonn 1921.

Rohrscheidt, K. von: Vom Zunftzwange zur Gewerbefreiheit, Berlin 1898.

Rolf, H.-G.: Sozialisation und Auslese durch die Schule, Heidelberg 1967.

Romland, W.: Entwicklung und Lage der Metallkurzwarenindustrie in den Städten Lüdenscheid und Iserlohn. Dissertation, Freiburg 1917.

Rosenstock, E.: Werkstattansiedlung, Berlin 1922.

Rostow, W. W.: Stadien wirtschaftlichen Wachstums. Eine Alternative zur marxistischen Entwicklungstheorie, Göttingen 1960.

Rothe, A.: Das deutsche Fleischergewerbe, o. O., 1902.

Rücklin, F.: Kleinfabrikationsgeschäft, Leipzig 1903.

–: Wie wird ein ertragsfähiges Kleinfabrikationsgeschäft mit dem geringsten Kapitalaufwand gegründet und betrieben? Leipzig 1903.

Rumpf, M.: Handwerkerleben, Stuttgart 1955.

Sack, F.: Integration und Anpassung des Handwerks in der industriellen Gesellschaft. Köln und Opladen 1966.

Sackmann, Th.: Die Handwerke der Stadt Münster und ihre gegenwärtige Lage. Dissertation, Münster 1914.

Sauerländer, W.: Kirchen und Schulgeschichte der Stadt und des Kirchspiels Lüdenscheid von den Anfängen bis 1800. Lüdenscheid 1954.

Seidel, F.: Die soziale Frage in der deutschen Geschichte, Wiesbaden 1964.

Seifarth, F.: Die Berufsstatistik des deutschen Reiches nebst der landwirtschaftlichen Betriebs- und Gewerbestatistik. Band I: Die Berufsstatistik. Heidelberg 1892.

Siebert, H.: Zur Theorie des regionalen Wirtschaftswachstums, Tübingen 1967.

Siercks, H.: Das deutsche Fortbildungsschulwesen nach seiner geschichtlichen Entwicklung und seiner gegenwärtigen Gestalt, Leipzig 1908.

Sieveking, H.: Geschichte der gewerblichen Betriebsformen und der zünftigen städtischen und staatlichen Gewerbepolitik. *In:* Grundriß der Sozialökonomik, Band VI, 2. Auflage, Tübingen 1923.

Simmersbach, Br.: Die Entlöhnungsmethoden in der Eisenindustrie Schlesiens und Sachsens, Berlin 1907.

Simon, O.: Die Fachausbildung des preußischen Gewerbe- und Handelsstandes im 18. und 19. Jahrhundert nach den Bestimmungen des Gewerberechts und der Verfassung des gewerblichen Unterrichtswesens, Berlin 1902.

Sinz, H.: Die großen Vorbilder. Aus dem Leben und Schaffen deutscher Handwerker, Dortmund 1955.

–: Volksbuch vom deutschen Handwerk. Erinnerungen eines Buchdruckers in den 70er Jahren des 19. Jahrhunderts, Köln 1958.

Sinzheimer, L.: Über die Grenzen der Weiterbildung des fabrikmäßigen Großbetriebes in Deutschland, Stuttgart 1893.

Die Situation mittelständischer Unternehmen im Lande Nordrhein-Westfalen. Düsseldorf 1965/1966.

Skalweit, A.: Das Dorfhandwerk vor Aufhebung des Städtezwanges. *In:* Abhandlungen des Europäischen Handwerksinstituts, Frankfurt a.M. o. J.

–: Handelndes und verlegtes Handwerk vor Einführung der Gewerbefreiheit. *In:* Studien und Berichte des Instituts für Handwerkswirtschaft an der Universität Frankfurt a.M., Nr. 17/18, 1954.

–: Vom Werdegang des Dorfhandwerks. *In:* Zeitschrift für Agrargeschichte und Agrarsoziologie, Heft 2, 1954.

Smelser, Neil J.: Social Change in the Industrial Revolution, London 1967.

Sombart, W.: Der moderne Kapitalismus, 1. Auflage, Leipzig 1902.

–: Sozialismus und soziale Bewegung im 19. Jahrhundert, Jena 1897.

Soziologie der Schule. Sonderheft 3 der Kölner Zeitschrift für Soziologie und Sozialpsychologie 1959.

Sperling, E.: Arbeitslohnentwicklung in Handwerk und Industrie. Inaugural-Dissertation, Rostock 1907.

Spittler, G.: Norm und Sanktion, Olten 1967.

Spiethoff, A.: Die wirtschaftlichen Wechsellagen, Tübingen 1955.

Supple, Barry, E. (Hrsg.): The Experience of Economic Growth, New York 1963.

Swaine, A.: Die Arbeits- und Wirtschaftsverhältnisse der Einzelsticker in der Nordschweiz und Vorarlberg. *In:* Staatswissenschaftliches Seminar, Heft 14, Straßburg 1895.

Scharmann, Th.: Jugend in Arbeit und Beruf, München 1965.

Scharmann, Th. (Hrsg.): Schule und Beruf als Sozialisationsfaktoren. Der Mensch als soziales und personales Wesen. Band II, Stuttgart 1966.

Scheer, R.: Die Entwicklung der Annaberger Posamentenindustrie im 19. Jahrhundert. Leipzig 1909.

Scheffler, H.: Betheiligung am Gewinn und Nationalversorgung, Braunschweig 1876.

Schelsky, H.: Auf der Suche nach der Wirklichkeit, Gesammelte Aufsätze, Düsseldorf und Köln 1965.

–: Schule und Erziehung in der industriellen Gesellschaft, Würzburg 1957.

Scheven, P.: Die Lehrwerkstätte. o. O. 1894.

Schild, H.: Das Lohn- und Arbeitsverhältnis im deutschen Malergewerbe, Hannover 1922.

Schilling, F.: Das Deutsche Fortbildungsschulwesen, Leipzig 1909.

Schlaghecken, A.: Nahrungsmittelhandwerk und Nahrungsmittelindustrie. Wettbewerb und Partner. Hrsg. vom Rheinisch-Westfälischen Institut für Wirtschaftsforschung, Essen 1960.

Schlieper, Fr.: System und Ordnung in der Handwerkslehre. *In:* Berufserziehung im Handwerk, 5. Folge, Köln 1961.

Schlotter, P.: Die ländliche Arbeiterfrage in der Provinz Westfalen. Dissertation, Münster 1907.

Schlüter, Wilhelm und Willy: Die Mission des Mittelstandes. 99 Thesen für das schaffende Volk, Dresden 1925.

Schmid, K. A.: Encyklopädie des gesamten Erziehungs- und Unterrichtswesens, Leipzig 1885.
Schmidt, A.: Der Einfluß der Industrialisierung auf das Handwerk. Dissertation, Bonn 1952.
Schmidt, K.-H.: Die regionale Verteilung des Handwerks im Ballungsraum Göttingen 1966.
–: Regionales Wirtschaftswachstum und Handwerksentwicklung im Zonenrandgebiet der Bundesrepublik Deutschland, Göttingen 1967.
Schmigalla, H.-U.: Die Entwicklung des beruflichen Ausbildungswesens im Handwerk und ihr Niederschlag im Gewerberecht. Dissertation, Göttingen 1950.
Schmoller, G. und Dannenberg, J. F. H.: Zur Reform der Gewerbeordnung, Leipzig o. J.
Schmoller, G.: Kapital und Arbeit, Einkommen, Krisen, Klassenkämpfe, 2 Bände, Leipzig 1919.
–: Zur Geschichte der deutschen Kleingewerbe im 19. Jahrhundert, Halle 1871.
–: Zur Social- und Gewerbepolitik der Gegenwart, Leipzig 1890.
Schnapper-Arndt, G.: Fünf Dorfgemeinden auf dem Taunus, Leipzig 1883.
Schnapper-Arndt: Sozialstatistik, Leipzig 1908.
Schneider, Chr., Wiedenhöfer, J.: Der Landkreis Recklinghausen 1850–1910. Münster 1911.
Schneider, H.: Das Handwerk und wie kann ihm geholfen werden? Siegen 1896.
Schneider, L.: Der Arbeiterhaushalt im 18. und 19. Jahrhundert, Berlin 1967.
Schneider, O.: Geschichte der Dortmunder Gewerbeschule 1866–1891. Dortmund 1891.
Schneider, R.: Entwicklung des niederrheinisch-westfälischen Bergbaus und der Eisen-Industrie im 19. Jahrhundert mit besonderer Berücksichtigung der Arbeiterverhältnisse. Bochum 1899.
Schnutenhaus, O. R.: Die Wettbewerbschancen der Klein- und Mittelbetriebe. *In:* Gegenwartsfragen der Unternehmensführung, Herne und Berlin 1966.
Schöber, P.: Die Wirtschaftsmentalität der westdeutschen Handwerker, Köln und Opladen 1968.
Schöne, M.: Die moderne Entwicklung des Schuhmachergewerbes in historischer, statistischer und technischer Hinsicht. *In:* Sammlung nationalökonomischer und statistischer Abhandlungen. Hrsg. Johannes Conrad, Jena o. J.
Schönitz, H.: Der kleingewerbliche Kredit in Deutschland unter besonderer Berücksichtigung des Großherzogtums Baden. Karlsruhe 1912.
Schreiber, G.: Das technische Zeichnen, Leipzig 1871.
Schreiber, H.-E.: Die Methodik der gewerblichen Betriebszählung in Deutschland. Dissertation, München 1953.
Schrepfer, K.: Das Handwerk in der neuen Wirtschaft. Erhebungen 1895 und 1907. Leipzig 1920.
Schröder, C.: Beiträge zur Geschichte der Stadt Castop, Dortmund 1913.
Das Verfahren bei Enqueten über sociale Verhältnisse. Schriften des Vereins für Socialpolitik, Band XIII, Leipzig 1877.
Schröder, C.: Die gewerbliche Fortbildungsschule, Berlin 1872.
Schulenburg, W.: Pädagogische Maßnahmen zur Intensivierung der Handwerkslehre. *In:* Praxis der Berufserziehung, Heft 1, Köln 1957.
Schulte, F.: Die Entwicklung des Sparkassenwesens im Großherzogtum Baden. *In:* Volkswirtschaftliche Abhandlungen der Badischen Hochschulen, Band 5, Erstes Heft. Tübingen und Leipzig 1901.
Schulte, F.: Die Entlöhnungsmethoden in der Berliner Maschinenindustrie, Berlin 1906.
Schulte, W.: Iserlohn, 2 Bände. Iserlohn 1937/38.
Schulze, J.: Das heutige gewerbliche Lehrlingswesen, seine Mängel und die Mittel zu deren Beseitigung. Leipzig o. J.
Schulze-Delitzsch: Vorschuß- und Creditvereine als Volksbanken, 4. Auflage, Leipzig 1867.
Schumpeter, J.: Aufsätze zur Soziologie, Tübingen 1953.
–: Konjunkturzyklen, 2 Bände, Göttingen 1961.
Schurig, A.: Versuch einer deutschen Handwerkerstatistik. Dissertation, Leipzig 1919.
Schuster, D.: Die Stellung der Frau in der Zunftverfassung, Berlin 1927.
Schweighoffer: Entwicklung und Förderung des Handwerks auf Kosten der Industrie? Berlin 1912.

Schwiedland, E.: Der Wettkampf der gewerblichen Betriebsformen. *In:* Grundriß der Sozialökonomik, Band VI, Tübingen 1914.
Die Staats- und Wirtschaftskrise des deutschen Reichs 1929/33. Stuttgart 1967.
Stade, R.: Der Niedergang des Schuhmacherhandwerks als Produktionsgewerbe. Dissertation, Halle 1932.
125 Jahre Stadtsparkasse Dortmund, Jubiläumsschrift, Dortmund 1966.
Stahl, W.: Das deutsche Handwerk, Gießen 1874.
Statistik der Deutschen Buchdrucker-Berufsgenossenschaft über die Betriebsverhältnisse des Jahres 1887. Herausgegeben vom Vorstande der Deutschen Buchdrucker-Berufsgenossenschaft, Leipzig 1889.
Statistik des Kreises Hamm, Hamm 1870.
Statistik des Kreises Soest, Soest 1881.
Statistische Nachrichten über den Kreis Coesfeld 1862ff. Auswanderung nach Grafschaft Mark.
Stavenhagen, G. und Schmidt, K.-H.: Der selbständige gewerbliche Mittelstand in Niedersachsen, Göttingen 1967.
Steinberg, H. G.: Die Entwicklung des Ruhrgebietes. Eine wirtschafts- und sozialgeographische Studie, Düsseldorf 1967.
Funktionswandel und räumliche Entwicklung der Städte im mittleren Saaletal bis zum Anfang des 19. Jahrhunderts. *In:* Berichte zur deutschen Landeskunde, Band 30, Remagen 1963.
Methoden der Sozialgeographie und ihre Bedeutung für die Regionalplanung, Köln, Berlin, Bonn, München 1967.
Steindl, J.: Small and Big Business, Institute of Statistics, Monograph Nr. 1, Oxford 1947.
Stendenbach, F. J.: Soziale Interaktion und Lernprozesse. Köln und Berlin 1963.
Stieda, W.: Die Lebensfähigkeit des deutschen Handwerks, Rostock 1897.
–: Ergebnisse der Erhebungen über die Verhältnisse der Lehrlinge, Gesellen und Fabrikarbeiter 1895. Innungsenquete. Jahrbuch für Nationalökonomie, 3. Folge 12.
Straube, H. J.: Die Gewerbeförderung Preußens in der ersten Hälfte des 19. Jahrhunderts, Berlin 1933.
Strauss, R.: Die Lage und die Bewegung der Chemnitzer Arbeiter in der ersten Hälfte des 19. Jahrhunderts. Berlin 1960.
Strümpel, B.: Steuermoral und Steuerwiderstand der deutschen Selbständigen. Köln 1966.
Strzelewicz, W., u.a.: Bildung und gesellschaftliches Bewußtsein. Stuttgart 1966.
Tägtmeyer, Fr.: Die Hauptergebnisse der Berufszählungen im Deutschen Reich. *In:* Kultur und Fortschritt, Nr. 449/50. Leipzig 1912.
Tessenow, H.: Handwerk und Kleinstadt. Berlin 1919.
Teuteberg, H. J.: Geschichte der industriellen Mitbestimmung in Deutschland. Tübingen 1961.
Tews, J.: Ein Jahrhundert preußischer Schulgeschichte. Leipzig 1914.
Thiedeke, H.: Lagerung und Strukturgliederung des Handwerks in der münsterländischen Bucht. Lengerich 1941.
Thienenkamp, A.: Die wirtschaftsgeographischen Grundlagen des Baugewerbes in Westfalen. o. O. 1930.
Thissen, O.: Beiträge zur Geschichte des Handwerks in Preußen. Tübingen 1901.
Thom, R.: Bergische Unternehmer in der Selbstverwaltung. Remscheid 1965.
Thurneyssen, F.: Das Münchener Schreinergewerbe. *In:* Münchener Volkswirtschaftliche Studien, Band 21. Stuttgart 1897.
Tiemann, R.: Das lippische Gewerbe im Lichte der Gewerbepolitik des 19. Jahrhunderts. Detmold 1929.
Timmermann, W.: Die Entlöhnungsmethoden in der Hannoverschen Eisenindustrie. Berlin 1907.
Tobis, H.: Das Mittelstandsproblem der Nachkriegszeit und seine statistische Erfassung. Grimmen 1930.
Tobisch, Ed.: Das Kleingewerbe und der gewerbliche Unterricht. Reichenberg 1872.
Tönnies, F.: Die Entwicklung der sozialen Frage bis zum Weltkrieg. Berlin und Leipzig 1919.
Treise, B.: Der Niedergang des Buchbinder-Handwerks als Produktionsgewerbe 1875–1925. Dissertation, Halle–Wittenberg 1931.

Tuchtfeld, E.: Gewerbefreiheit als wirtschaftspolitisches Problem. Berlin 1955.

Türmer, G.: Die Entwicklung von Kapital und Einkommen im gesamtwirtschaftlichen Wachstumsprozeß. Dissertation, Münster 1954.

Tyszka, C. von: Löhne und Lebenshaltungskosten in Westeuropa im 19. Jahrhundert. *In:* Schriften des Vereins für Socialpolitik, Leipzig 1914.

Uebe, W.: Industriestruktur und Standort. *In:* Prognos Studien 1. Stuttgart, Berlin, Köln, Mainz 1967.

Übersicht der Verhältnisse des Kreises Lüdinghausen für 1862. Lüdinghausen 1862.

Uekötter, H.: Die Bevölkerungsbewegung in Westfalen und Lippe 1818–1933. Inaugural-Dissertation, Münster 1941.

Uhlig, F.: Geschichte des Buches und des Buchhandels. Stuttgart 1953.

Untersuchung des Einflusses der Entwicklung der Technik auf strukturelle Veränderungen im Metallhandwerk. Veröffentlichung des Instituts für Technische Betriebsführung im Handwerk. Stuttgart und Karlsruhe.

Untersuchungen über die Lage des Handwerks in Deutschland mit besonderer Rücksicht auf seine Konkurrenzfähigkeit gegenüber der Großindustrie. *In:* Schriften des Vereins für Socialpolitik. Band 62–70, Leipzig 1895–1897. Band 76, Leipzig 1897.

Die Verhandlungen des achten Evangelisch-sozialen Kongresses, abgehalten zu Leipzig am 10. und 11. Juni 1897. Göttingen 1897.

Verhandlungen des Vereins für Socialpolitik 10.–12. October 1875. Leipzig 1876.

Verwaltungsbericht des königlich preußischen Landesgewerbeamtes, Berlin 1906–1910.

Verzeichnis der Schüler der Siegener Bergschule. Siegen 1903.

Viebahn, G.: Statistik des zollvereinten und nördlichen Deutschland. III. Teil. Berlin 1868.

Vischer, L.: Die industrielle Entwicklung im Königreich Württemberg und das Wirken seiner Centralstelle für Gewerbe und Handel in ihren ersten 25 Jahren. Stuttgart 1875.

Vockel, H.: Das Handwerk im Wirtschaftsleben Paderborns. Dissertation, Münster 1920.

Vogel, C.: Das Einkommen der Handwerker im Stadtkreis Hannover. Jena 1912.

Vogelstein, Th.: Die Industrie der Rheinprovinz 1888–1900. 47. Stück der Münchener volkswirtschaftlichen Studien. Hrsg. Lujo Brentano und Walther Lotz. München 1903.

Voigt, B.: Probleme einer Gewerblichen Betriebszählung. *In:* Allgemeines Statistisches Archiv. Band 23. Jena 1933/34.

Voigt, P.: Die Hauptergebnisse der neuesten Handwerkerstatistik von 1895. Leipzig 1897.

Volger, B.: Das goldene Buch des Handwerks, 2 Bände, Leipzig 1906.

Vollmann, W.: Die Handwerkerforderungen der Gegenwart. Dissertation, Köln 1930.

Voye, E.: Geschichte der Industrie im märkischen Sauerland. Band 1: Kreis Hagen. Band 2: Kreis Altena. Band 3: Iserlohn.

Waentig, H.: Gewerbepolitische Anschauungen in Wissenschaft und Gesetzgebung des 19. Jahrhunderts. *In:* Festschrift für G. Schmoller, Band II, Leipzig 1908.

Wagenknecht, M.: Zur Entwicklung der Städtischen Gewerblichen Berufs- und Berufsfachschule zu Duisburg 1832–1945. *In:* Duisburger Forschung, Band 5.

Walle, B.: Das Lehrlingsrecht in der Bundesrepublik Deutschland und seine Vereinheitlichung. Bad Wörishofen 1965.

Wallther, A. H. V.: Höhere Schulen in Westfalen vom Ende des 15. bis zur Mitte des 19. Jahrhunderts. *In:* Westfälische Zeitschrift, Band 107. Münster 1957.

Walter, E. J.: Das Landhandwerk in der alten Schweiz. *In:* Wirtschaftstheorie und Wirtschaftspolitik. Bern 1953.

Walter, F.: Regionale Wirtschaftsstatistik nach Betrieben, ihre kartographische Auswertung und deren Bedeutung. 1965.

Weber, E.: Literaturgeschichte der Handelsbetriebslehre. *In:* Zeitschrift f. ges. Staatsw. Ergänzungsheft XLIX, Tübingen 1914.

Wehler, H.-U.: Moderne deutsche Sozialgeschichte. Köln und Berlin 1966.

Weinbrenner, E.: Die Abgrenzung des Handwerks vom Nichthandwerk im Rechte der Berufsvertretungen. Inaugural-Dissertation, Münster 1934.

Weise, W.: Der Haushalt der Handwerkswirtschaft 1928–33. Hannover o. J.

Weiß, K.: Die gewerkliche Ausbildung durch Fortbildungs- und Fachschulen, Lehrwerkstätten und Kunstgewerbeschulen. Leipzig 1903.

Welp, H.: Das Wirtschaftsleben der Stadt Münster in seiner räumlichen Struktur. Dissertation Münster 1963.

Wentzel, A. E.: Lehrpläne für die gewerblichen Fortbildungsschulen in den größeren, mittleren und kleinen Städten unseres Vaterlandes. Leipzig 1886.

Wenzlawski: Möglichkeiten und Grenzen der technischen Rationalisierung im Handwerk. *In:* Gewerbliche Dokumentationen. Hrsg. vom Schweizerischen Institut für gewerbliche Wirtschaft an der Handelshochschule St. Gallen. 3. Jahrgang, Heft 2, 1950.

Wernet, K. Fr.: Handwerksgeschichtliche Perspektiven. Münster 1963.

–: Wettbewerbs- und Absatzverhältnisse des Handwerks in historischer Sicht. Band I. Berlin 1967.

Wernet, W.: Das Handwerk im Lichte der deutschen Parteiprogramme. *In:* Das deutsche Handwerksblatt. 22. Jahrgang, Heft 8, 15. 4. 1928.

–: Der Mittel- und Kleinbetrieb in Handwerk und Handel. *In:* Internationales Gewerbearchiv. 1. Jahrgang, Heft August 1953.

–: Die Existenzfrage des Handwerks. Dissertation, Heidelberg 1929.

–: Die neue Handwerksordnung. Zum Gesetz über die Ordnung des Handwerks vom 17. 9. 1953. Aachen 1953.

–: Handwerkspolitik. Göttingen 1952.

–: Handwerks- und Industriegeschichte. Sammlung Poeschel. Stuttgart 1963.

–: Personales und instrumentales Wirtschaften. Problementfaltung und Problemdiskussion in der Gewerbeforschung, speziell im Handwerksbereich. *In:* Schmollers Jahrbuch für Gesetzgebung, Verwaltung und Volkswirtschaft. 76. Jahrgang. Berlin.

–: Statistik des Handwerks. Stuttgart 1934.

–: Über die Standesgemeinschaft im Handwerk. Vortrag vor der Vollversammlung der Handwerkskammer Arnsberg am 22. 3. 1960. Arnsberg/W. 1961.

–: Über die Stellung der Meisterkinder im Handwerk. Sozialökonomisches Gutachten. Münster 1958.

–: Was sagt die heutige Wissenschaft zum Wesen der Handwerkswirtschaft und Handwerkerpersönlichkeit? *In:* Studienhefte der Evangelischen Akademie Rheinland-Westfalen. Nr. 5/6. Iserlohn 1956.

Wernet, W. und Petersen, B.: Wettbewerbsvorgänge im Handwerk. *In:* Schriften der wirtschaftswissenschaftlichen Gesellschaft zum Studium Niedersachsens e.V. Neue Folge, Band 44. Bremen-Horn 1953.

Der Raum Westfalen: Hrsg. Aubin, Kuske u.a. 3 Bände, Berlin 1931.

Wilden J.: Artikel: Handwerk. *In:* Handwörterbuch der Staatswissenschaften. 4. Auflage. Jena 1923.

–: Aufgaben der Innungen zur Pflege des Lehrlingswesens. Berlin 1913.

–: Das Handwerk im Regierungsbezirk Düsseldorf. Düsseldorf 1911.

–: Handwerk und Industrie. *In:* Volkswirtschaftliche Zeitfragen. Heft 270. Berlin 1912.

–: Zur wirtschaftlichen Förderung des Handwerks. Krefeld 1914.

Will, H.: Die Deutschen Sparkassen. Entwicklung, Organisation, Bedeutung. Stuttgart und Berlin 1935.

Willenbücher: Das allgemeine Deutsche Handelsgesetzbuch mit Ausschluß des Seerechts. Berlin 1891.

Winterfeldt, L. von: 100 Jahre Stadtsparkasse zu Dortmund. Dortmund 1941.

Wissel, R.: Des alten Handwerks Recht und Gewohnheit im Wandel der Zeit. Berlin 1931.

Witteborg, J.: Entwicklung und gegenwärtiger Stand der Berufsausbildung in Handwerk und Industrie. Inaugural-Dissertation, Köln 1937.

Wittfogel, K. A.: Die natürlichen Ursachen der Wirtschaftsgeschichte. *In:* Archiv für Sozialwissenschaft und Sozialpolitik. 67. Band. Tübingen 1932.

Wurzbacher, G./Pflaum, R.: Das Dorf im Spannungsfeld industrieller Entwicklung. Stuttgart 1961.

Wuttke, H.: Die deutschen Zeitschriften und die Entstehung der öffentlichen Meinung. Hamburg 1866.

Zach, L.: Die Lohnstatistik. *In:* Kultur und Fortschritt, Nr. 470. Leipzig 1913.

Zapf, W.: Wandlungen der deutschen Elite. Ein Zirkulationsmodell deutscher Führungsgruppen 1919–1961. München 1966.

Zelle, A.: Die Klein- und Mittelbetriebe in der gewerblichen Wirtschaft. *In:* Sonderdruck aus der Zeitschrift Deutsches Handwerksblatt. 1. Jahrgang, Heft 1–3.

Ziegler, F.: Die königliche Fachschule für Metallindustrie zu Iserlohn. Remscheid 1901.

–: Wesen und Wert kleinindustrieller Arbeit. Berlin 1901.

Ziekursch, J.: 100 Jahre schlesischer Agrargeschichte. 2. Auflage. Breslau 1927.

Zoepfl, G.: Nationalökonomie der technischen Betriebskraft. Jena 1902.

Zschweigert, W.: Das Leben und Weben der Arbeit und die Grundsätze des rationellen Gewerbebetriebes. Plauen 1863.

Zwiedineck-Südenhorst, v.: Die Bedeutung des Bedarfs für die Entwicklung der gewerblichen Betriebssysteme. *In:* Zeitschrift für Volkswirtschaft, Sozialpolitik und Verwaltung, Band 7. Schriften des Vereins für Sozialpolitik. Band 62–71, Band 35–42.

4. Zeitschriftenverzeichnis

Allgemeine Bäcker- und Konditorzeitung, o. O. 1891ff.

Allgemeine Deutsche Lehrerzeitung. Hrsg. A. Berthelt, Leipzig 1848ff.

Amtsblatt, Kirchliches, für die Diözese Münster, Münster 1857–1914.

Amtsblatt der königlichen Regierung in Arnsberg, Arnsberg 1875–1914.

Amtsblatt der königlichen Regierung zu Münster, Münster 1875–1914.

Amtsblatt der Reichsbahndirektion Münster, Münster 1895–1914.

Annalen des Deutschen Reiches für Gesetzgebung, Verwaltung und Volkswirtschaft, Leipzig 1860–1914.

Archiv für Sozialwissenschaft, Tübingen 1888–1930.

Arnsberger Zeitung. Amtliches Kreis-Blatt für den Kreis Arnsberg, seit 1880.

Beiträge zur Geschichte Dortmunds und der Grafschaft Mark, Dortmund 1875ff.

Billerbecker Anzeiger, Billerbeck 1883ff.

Centralblatt für die gesamte Unterrichtsverwaltung in Preußen, Berlin 1873–1913.

Der Correspondent für Deutschlands Buchdrucker und Schriftgießer, Leipzig 1863.

Die deutsche Fortbildungsschule, Berlin 1903.

Deutsche Zeit- und Streitfragen. Hrsg. Holtzendorf und Oncken, Jahrgang III, Heft 33–48, Berlin 1874.

Gewerbe-Anzeiger, zugleich Nachrichtenblatt des Verbandes deutscher Gewerbevereine, Köln 1892.

Die Innung, Handwerkerzeitung. 1. Okt. 1881, o. O., o. J.

Jahrbücher für die Preußische Gesetzgebung, Rechtswissenschaft und Rechtsverwaltung. Hrsg. von Kamptz, ab 1820.

Jahr- und Adreßbuch der Erwerbs- und Wirtschaftsgenossenschaften, Band 1–Schluß, Berlin ab 1903.

Kultur und Fortschritt. Neue Folge der Sammlung „Sozialer Fortschritt", Leipzig 1912ff.

Märkischer Gewerbefreund, Hagen 1840ff.

Ministerialblatt der Handels- und Gewerbevermittlung, Berlin 1900ff.

Preußisches Ministerialblatt der Handels- und Gewerbeverwaltung, 1908.

Recklinghäuser Zeitung. Wochenblatt für den Kreis Recklinghausen 1860–1910.

Reichsarbeitsblatt, Hrsg. Stat. Reichsamt, Berlin 1900ff.

Rheinische Vierteljahresblätter, Jahrgang 30, Bonn 1965.

Rheinische Volksblätter für Haus, Familie und Handwerk, Köln 1863ff.

Der Schneider, Zeitschrift für die Interessen des gesammten Schneider-Gewerbes. 1. Jahrgang. Hamburg 1887.

„Dat Schohus". Zeitschrift für das münstersche Handwerk. Organ der Gesamtgilde Münster. Innungsausschuß, Münster 1912.

Siegerland. Blätter des Vereins für Heimatkunde und Heimatschutz im Siegerland. Band 1–27, Siegen 1911–1950.

Sonntagsblatt für katholische Christen, Münster 1843–1876.

Das Tischlergewerbe. Fachzeitschrift für die gesamten Interessen des Tischlergewerbes. Organ der rhein.-westf.-lipp. Tischlerinnungsverbände und seiner Hauptvereinigung. Essen seit 1907.

Vierteljahreshefte zur Deutschen Justizstatistik. Hrsg. vom Reichsjustizamt, Berlin 1875.

Vierteljahresschrift für Sozial- und Wirtschaftsgeschichte. Hrsg. H. Aubin, Wiesbaden und Stuttgart 1903–1969.

Der Vorbote. Politische und sozial-ökonomische Zeitschrift, Genf 1866–71.

Westdeutsche Malerzeitung. Jahrgänge 1–8, Aachen 1904ff.

Westfälisches Handwerkerblatt, Münster 1881ff.

Zeitschrift des Vereins für die Geschichte von Soest und der Börde, Soest 1881–1906.

Zeitschrift für das ländliche Fortbildungsschulwesen in Preußen, Berlin 1909ff.

Zeitschrift für Lehrmittelwesen und pädagogische Literatur. Hrsg. Franz Frisch, Wien 1904ff.

Zeitschrift für vaterländische Geschichte und Alterthumskunde. Hrsg. von dem Verein für Geschichte und Alterthumskunde Westfalens. Bd. 1, Münster 1838.

VII. Anhang

1. Exemplarische Beispiele von Einstellungsmustern im handwerklichen Selbstverständnis

a) Handwerk und Wertorientierung

Aufrechterhaltung und Stärkung der Standesehre ist gesunken unter vielen Handwerksmeistern.

Zum letzten Übelstand, das ist die Zwangsaufbürdung der sozialen Gesetze respektive die Beitragsleistungen zu deren Ausführung ... da läßt es sich nicht wundern, wenn der Selbständige ausgemergelt ist und die Not bei manchen an die Türe klopft. Wenn aber das Elend da ist ... hören Moral und gute Sitten vielfach auf. Wenn man unverschuldet ist, nicht etwa durch Trunk oder Faulenzerei in die Armut kommt, und an dessen Stelle tritt Ingrimm und Verlassenheit gegen alles Herrschende und Bestehende.

In dem ... Bestreben, wieder andere Zustände, Treue und Glauben, ehrliche und gute Arbeit, bessere soziale Verhältnisse im Handwerk zu schaffen, ist man dazu gekommen die Handwerksverhältnisse des Mittelalters auch für die jetzige Zeit als Norm und nachahmenswert hinzustellen, indem man auf die Veränderung der allgemeinen Zeiten keine Rücksicht nahm.

Der Handwerker hat Freiheit und Unabhängigkeit eingetauscht gegen früher sehr weit gehende Bevormundung. Mit Gott für Kaiser und Reich und unser heiliges Recht.

Das Maaß persönlicher Verantwortung für die eigene Tätigkeit ... ist selten so groß und wohl nirgends größer als beim Handwerksmeister.

Der leistungsfähige, fleißige Handwerksmeister ist in der Regel auch immer reell und ehrenhaft und hat es nicht nötig, anders zu sein.

Die „Aufrechterhaltung und stetige Stärkung der Standesehre" hat nicht nur eine ideale, sondern auch ganz gewiß eine durchaus praktische Bedeutung.

Es muß das Wort des alten braven deutschen Mannes wieder zur Geltung gebracht werden.

Bringen sie dem Lehrling die Achtung gegen seinen Vorgesetzten bei und legen sich besonders die Worte unseres allergnädigsten Kaisers und Königs ans Herz, daß seit dem Tode Kaiser Wilhelm I. die Achtung vor den Autoritäten im Volke abgenommen habe, besonders bei der Jugend.

Helfen sie damit auch weiterhin, daß der Handwerkerstand die sicherste Stütze für Thron und Kirche ist.

Wir brauchen Männer von altem Schrot und Korn, die mit einem offenen Wort nicht zurückhalten. Denn die Innung leiste den Eltern Garantie dafür, daß für die weitere Erziehung ihrer Kinder Sorge getragen würde, damit die letzteren in christlichem und moralischem Wandel erhalten blieben.

Dem väterlichen Recht des Lehrherrn zur Züchtigung des Lehrlings steht die Pflicht gegenüber, während der Dauer der Lehrzeit Vaterstelle an dem Lehrlinge zu vertreten.

Vertrauen erfüllen und sie in Treue und Anhänglichkeit um den Thron scharen.

Die Handwerker sind die besten Stützen des Thrones und des Altars.

Jeder Stand hat seinen Frieden, jeder Stand hat seine Last, und ein reger Schaffensdrang, werden ehrbar Handwerk halten, bis zum Weltuntergang.

Der Lehrling und Geselle spreche nicht mit Hochachtung von seinem Meister, der ... nur noch der Ausbeuter, der elende Krauter ist.

Nicht Hoffnungslosigkeit, Gleichgültigkeit, Selbstsucht dürfen herrschen, vielmehr Selbstzucht und selbstlose Unterordnung unter gemeinsame Zwecke. Namentlich der Handwerkerstand als eine der treuesten Stützen des Thrones seine Ehre darin erblickt, treu und monarchisch zu sein bis ins innerste Mark. Der Vorsitzende ermahnte die Prüflinge, Religion und Tugend hoch-zu-halten und damit dem Handwerk Ehre zu machen.

Das Handwerk ist Träger eines köstlichen Nationalgutes, der Handwerkerkunst, Ausgangspunkt für alle und jegliche Kulturarbeit unseres Volkes gewesen und wird es bleiben müssen. Gänzlich unauskömmliche Verkaufspreise setzen unsere Handwerker nicht in die Lage, dieses köstliche Nationalgut so auszubauen und zu veredeln, wie es den von unseren Vorvätern uns überkommenen Idealen entsprechen würde.

Verschiedene Beispiele, wonach man in fremden Büchern Titulaturen wie Fabrikant vorfindet und sich nachher herausstellt, daß der Namensinhaber nichts weiter als Handwerksmeister ist, solches ist kein Standesbewußtsein.

Handwerker – Trutzlied:

Melodie: Ich bin ein Deutscher, kennt Ihr meine Farben? ... wo Ehrenfahnen wehen, soll auch das Handwerk stehen ... Handwerker sind wir, wollens ewig sein ... auch unser Handwerk schmachtet vom Feindverfall umnachtet ... es lebe hoch das teure Vaterland, und in ihm dreimal-hoch der Handwerkerstand.

Der Handwerkerstand habe sich stets von jedem Parteizwist ferngehalten. In der Handwerkerbewegung sei Platz für Angehörige aller Parteien, welche es ehrlich mit dem deutschen Volke, dem Staat, dem Handwerk meinen; mit Ausnahme einer Partei, welche direkt den Untergang des Handwerks wünsche, um darauf ihren Zukunftsstaat aufzubauen.

So laßt Euch nicht auf Irrwege führen, folget nicht den Verlockungen gewissenloser und religionsloser Verführer. Wenn ihr Euch ernsthaft auf den Meisterstand vorbereitet, dann kann ich Euch versprechen, daß Eure Zukunft gesichert und das

Handwerk für Euch wieder goldenen Boden haben wird. Das walte Gott! Eigentums-Interesse ist die stärkste Triebfeder zur Anspannung aller Kräfte und Fähigkeiten. Hohes Selbstgefühl stärkt Charakter und Verantwortung, große Strebsamkeit, Ernst, großen Bürger- und Gemeinsinn.

b) Handwerk – Staat – Thron

Der Handwerker ist eins der wertvollsten Glieder des modernen Staates.

Der Handwerker, dessen Interesse wir hier zu vertreten haben, hat sich stets und gern als eine der festesten Stützen der staatlichen Ordnung bezeichnet, und es kann ihm daher nicht gleichgültig sein, wenn eine Partei, deren Ziele eingestandenermaßen auf den Umsturz der bestehenden Gesellschaftsordnung gerichtet sind, eine vaterlandslose, undeutsche Partei mit siegreichen Bannern und mit Erfolgen, welche die kühnsten Erwartungen weit übertreffen, aus dem Wahlkampf mit den reichstreuen Parteien hervorgeht.

Zwei Gefühle leben in der Brust des Handwerkers, die Liebe zum Vaterland und die bittere Sorge um die eigene Zukunft.

Alsdann gedachte er des Landesherren, der von warmer Fürsorge für das deutsche Volk und den Handwerkerstand erfüllt sei, der Hoffnung Ausdruck gebend, daß das Handwerk unter der Regierung seiner Majestät des Königs und Kaisers wieder neu erstehen und einer besseren Zukunft entgegengeführt werden möchte.

c) Handwerk – Proletariat – Kapitalismus

Im Allgemeinen jedoch ist ihre Stellung (der Arbeiter) eine solide, so daß sie wohl bei gehöriger Eintheilung und Sparsamkeit ihr Auskommen finden können.

Die Arbeiter selbst sind nicht sparsam genug, um sich einen Notpfennig zurückzulegen und sind nicht mäßig genug.

Ihre Lebensweise ist oft derart unordentlich, daß ihre Kräfte vorzeitig abnehmen.

Ein Geist der Verwilderung, der Entsittlichung, der Störrigkeit, der ein gütiges und friedliches Übereinkommen mit ihnen den Fabrikbesitzern außerordentlich erschwert.

Sie verlangen immer höhere Löhne, immer kürzere Arbeitszeit, doch stets weniger, unwilliger und schlenderhafter wird gearbeitet. Fleißige, ordentliche Arbeiter werden immer seltener; alles dies ist die Regel.

Die Arbeiter greifen dann nicht selten zu dem verwerflichen Mittel der Arbeitseinstellung (Strikes).

Diese (Strikes) treten gegenwärtig epidemisch auf, bringen nur Unglück, nützen gar nichts; ein Übel, gegen das nur Aufklärung, Bildung und richtigeres Verständnis helfen kann.

Der Organisation des Kapitals muß die Organisation des Handwerks gegenübergestellt werden.

Das deutsche Handwerk in Stadt und Land braucht tatkräftigen Schutz gegen die Erdrückung durch die rücksichtslose Anwendung des Großkapitals einerseits und auf der anderen Seite gegen die alles zersetzenden Bestrebungen der Sozialdemokratie.

Nicht genug also damit, daß die Warenhäuser mit ihrer Schleuderkonkurrenz zahlreiche Existenzen des Mittelstandes ins Proletariat hinabstoßen; dieser Umstand (der Rückgang des Handwerks) erfüllt jeden Freund des Mittelstandes, der vornehmlich in dem Handwerkerstande bisher stets einen konservativen, wichtigen Bestandteil unseres wirtschaftlichen und nationalen Lebens gesehen hat, mit großer Besorgnis.

In allen Fällen bildet der Mittelstand einen notwendigen Ausgleich zwischen Aristokratie und Proletariat. Eine starke, breite Mittelschicht ist für die soziale Struktur, für die nationale Wohlfahrt unentbehrlich. Der Mittelstand bildet im Volkskörper das Rückgrat, und wenn der Mittelstand schwindet, so führt das zu einer sozialen Volkskrankheit, zu einer Art Rückenmarckschwindsucht. Der Industrialismus mit seinem kapitalistischem Saugrüssel verzehrt die Mittel- und Kleinbetriebe. Von oben und von unten droht der Umsturz, die Sozialdemokratie fühlt sich schon als lachende Erbin am Totenbett des Mittelstandes. Nein, die Natur tut's mit ihren Gesetzen dem Mittelstand nicht an, sondern die Menschen, manchesterliche Menschen, haben mit hyperliberalen Gesetzen dem Handwerk tödliche Wunden beigebracht.

Die Entwicklung der Großindustrie und des Großkapitals auf der einen und die der Sozialdemokratie auf der anderen Seite hat den Mittelstand, vor allem die produktiven Schichten desselben, mehr und mehr in eine schwierige Lage gebracht.

Wenn ein Kapitalist, gleichgültig ob Tischler oder nicht, es unternimmt, Tischlerwerke nur unter dem alleinigen Gesichtspunkt des Gelderwerbes herzustellen, ohne Rücksicht zu tragen, daß die Regeln der Handwerkerkunst dabei gewahrt werden und ohne Pflichtgefühl, die Handwerkerkunst zu fördern, so nenne ich das kapitalistische Produktionsmethode. Der Einfluß der sozialen Frage zerrüttet den Stand. Denn ohne Treu und Glauben kann kein Geschäftsleben auskommen, am allerwenigsten das Tischlerhandwerk. Aber dann bleibt noch die Millionen zählende Schicht übrig, die weder zur Kapitalistenklasse, noch zum Proletariat gezählt werden kann.

d) Handwerk – Parteien

Wahlanzeige: Wohl aber müssen wir die Handwerker auffordern, entschiedene Stellung zu nehmen gegen den gemeinsamen Feind, den gefährlichsten, den das Kleingewerbe hat: gegen die Sozialdemokratie! Nichts kann verderblicher sein, als diese Partei noch mehr zu stärken.

Die Mittelstandsbewegung ist der Feind, an dem die immer höher gehenden Wogen der Sozialdemokratie zerschellen müssen.

Daß der Einfluß des Handwerkerstandes trotz der hohen Zahl seiner Standesangehörigen in so verschwindend geringem Maße zur Geltung kommt, daran ist freilich das Handwerk selbst am meisten Schuld, weil es stets zu viel den Parteien und zu wenig seiner eigenen Kraft vertraut und darum bei den Parteien nicht tatkräftig auf die Wahrung seiner Interessen gedrungen hat.

Das ist echt sozialdemokratisch. Hier kommt die vielgepriesene sozialdemokratische „Freiheit" und „Duldsamkeit" in einer Weise zum Ausdruck, die dem Recht, der Sitte und Moral direkt ins Gesicht schlägt. Der Eintritt der Sozialdemokratie in den Wahlkampf macht es jedem Handwerker zur Pflicht, diesmal seine Stimme für eine bürgerliche Partei abzugeben. Die Sozialdemokratie hat mit den Mittelstandsparteien absolut nichts gemein und wird sich niemals dazu hergeben, die Interessen des Mittelstandes zu vertreten, da auch dieser zur Klasse der Ausbeuter gehört. Auf irgend welche Hilfe gegen die Pressionen des Großkapitals, der Großindustrie, der Konsumbasare, der Konsumvereine usw. hat der Mittelstand seitens der Sozialdemokraten nicht zu hoffen, sondern es wird gerade das Bestreben der Sozialdemokraten sein, solche Basare, Großindustrie usw. im Kampf gegen den Mittelstand zu unterstützen.

Daß durch derartige „Warenhaus Konditionen" schließlich auch die Löhne der Arbeiter ungünstig beeinflußt werden, ist von sozialdemokratischer Seite selbst eingeräumt worden, trotzdem stehen die Genossen Schulter an Schulter bei Verteidigung dieser Art „Intelligenz".

Daß die Herren Genossen mit ihren Reden und ihrer neuen Terrorisierung erreicht haben dürften, daß nun mehr auch den letzten christlichen Bauhandwerkern die Augen aufgehen werden, was für sie in der heutigen Zeit nottut.

Die Sozialdemokratie fördert die materialistische Weltanschauung, den demokratischen Freisinn, das moderne Judentum, und den Mittelstand?

Die Sozialdemokratie als eine reine Klassenkampfpartei ist lediglich die „Partei der zur Erkenntnis ihrer Klassenlage" – gelangten Arbeiterschaft. Für die Vertreter der Interessen sonstiger Unterdrückter, zum Beispiel des unter der heutigen Entwicklung leidenden Mittelstandes, ist in ihr folgerichtig kein Platz.

e) Handwerk – Wettbewerb

Die Warenhausintelligenz vernichtet den gesamten übrigen Gewerbestand, bringt die Industrie herunter, schwächt ihre Konkurrenz gegenüber dem Ausland und muß wahrscheinlich die Restwohlfahrt des Landes zerstören.

Die Mitglieder der „Freien Mittelstandsvereinigung" haben ferner die bindende Verpflichtung ihren gesamten Bedarf privater Natur nur bei Mitgliedern zu dekken. Man hofft im Laufe der Zeit zu einer Isolierung der Warenhäuser zu gelangen.

Die Sehnsucht der Handwerker sind solide Spezialgeschäfte, so daß die Beseitigung der Warenhäuser weiten Platz für zahllose solide Existenzen schaffen würde.

Seit der Einführung der Gewerbefreiheit ist dem spekulativen Groß-Kapital Gelegenheit geboten, in alle Gewerbe einzudringen. Sie bieten das Mehl zu einem Preise an, bei dem ein ehrlicher Müller nicht bestehen kann. Ein Prozeß der wirtschaftlichen Unterjochung des Volkes durch das Groß-Kapital, der planmäßigen Aufreibung des Mittelstandes und der Proletarisierung der Massen.

Die Fabriken machen die jungen Leute heimatlos, sie ersticken die Liebe zur engeren Heimat, zum Staat und untergraben den Patriotismus. Sie demoralisieren die Jugend. Wenn man dem Menschen die Freiheit nimmt, fleißig zu sein, so halte ich dies für ein soziales Verbrechen.

f) Handwerk – wirtschaftliche Lage

Trotz aller, oft der größten Entbehrungen kann der Handwerker nicht mehr seinen Lebensunterhalt bei diesem Gewerbe finden. Sein Gewerbe ist verfallen. Die Zahl derjenigen Handwerker, welche durch den Betrieb eines eigenen Geschäftes sich ernähren, ist entschieden im Abnehmen.

Wird man ein Verständnis dafür haben, was es heißt, wenn diejenigen Bevölkerungsklassen, welche bis jetzt innerhalb des Arbeiterstandes den Ausschreitungen der Ultras ein kräftiges Gegengewicht geboten hat?

Die meisten anderen Berufsklassen sehen auf den Handwerker stolz herab: Vorwurf der Beschränktheit, des Mangels an Bildung und der ärmlichen, unzureichenden Verhältnisse: den (unbegabten) Sohn müssen wir wohl Handwerker werden lassen.

Der Lärm der ersten Maschine wird zum Grabgeläute, der erste Fabrikschornstein zum Leichenstein des alten Handwerkerbetriebes.

Wenn aber solchen Gewerbetreibenden noch ein gutes Stück alten Zunftdünkels anhaftet und sie aus diesem Grunde sich anderen lohnenderen Erwerbsquellen nicht zuwenden wollen, dann ist ihre Lage eine doppelt traurige. Und noch thörichter wäre es, von einer Gesetzgebung zu verlangen, dem Aussterben verfallender Gewerbe vor ihrem Schicksal zu bewahren. Der weitaus größte Theil unserer Gewerbe ist lebensfähig, wenn diese ebenfalls in größte Bedrängnis gekommen sind, so liegt dies in anderen Ursachen.

Die Handwerkergesellen haben die ihnen gewährte Coalitionsfreiheit zu benützen verstanden, eine neue Organisation geschaffen, die die alte bei Weitem an Energie und Wirkung übertrifft. Nicht der wirtschaftliche Nachteil allein ist zu beklagen, sondern die untrennbaren Verbindungen von wirtschaftlichen Nachteilen mit offenbarer Ungerechtigkeit und Geringschätzung gerade dem Handwerkerstand gegenüber.

Es ist heutzutage ein derartiger Neid und Mißtrauen unter den Handwerkern, daß der eine dem anderem nichts gönnt und so viel befeindet, als eben möglich ist. Brächten unsere Handwerker ihrer Presse das gebührende Interesse entgegen, dann wäre es um ihre Sache besser, sehr viel besser bestellt. Warum sollten sich die Handwerker nicht an das Beispiel der Partei des Umsturzes halten, wenn sie etwas von ihr lernen können?

Das eigene Ich wird zu stark poussiert.

Dem Handwerk unserer Tage ist der „goldene Boden“ schon längst unter dem Fuße verschwunden.

Da der Handwerkerstand eine der elementaren Grundlagen des Staates darstellt und auch in Zukunft noch ein großes Gebiet des gewerblichen Lebens beherrschen wird, hat er die Pflicht, bestimmte gesetzliche Formen zu schaffen, innerhalb deren sich das Handwerk zu gesunderen Zuständen emporringen kann.

g) Handwerk – Ausbildung

Sehr viele Handwerksmeister nehmen entweder gar keine Lehrlinge mehr an, oder nur, wenn ihnen ein erhebliches Lehrgeld gezahlt werden kann.

Von einer wirklichen gewerblichen Ausbildung ist nicht die Rede.

Ohne irgend welche genügende Vorbildung für das Geschäft geht der Lehrling davon und der Proletarier ist fertig.

Die Anwendung des Prinzips der Arbeitstheilung auf das Lehrlingswesen ist ein Irrtum, dem gegenüberzutreten im Interesse der Arbeiter eine Pflicht ist.

Eine Hauptursache des traurigen Zustandes des Kleingewerbes ist also ganz entschieden der Mangel genügender Ausbildung.

Diese mangelhafte oder gänzlich fehlende Ausbildung unserer Gewerbetreibenden ist die größte Ursache des Verfalls unseres Kleingewerbes.

Zu einem der wichtigsten Krebsschäden unter den Handwerkern muß auch die mangelhafte Ausbildung der Lehrlinge gerechnet werden.

Wie viele Meister sind wohl noch, die die technische und sittliche Ausbildung der Lehrlinge überwachen? Sie vermögen kein Vorbild zu geben für ihre Lehrlinge, den Beruf auf die Zukunft zu übertragen, sowohl mit den technischen Erneuerungen der Zeit, wie auch mit den ehrwürdigen Überlieferungen der Geschichte, mit dem lebhaften Gefühl für Collegialität und Standesehre.

Das Handwerk knüpfe hiermit (Gesellenplanung) an die Überlieferungen aus seinen besten Tagen wieder an, daß der Handwerkerstand Ordnung schaffen werde, im Kreise der anderen Berufsstände und die gleiche hochgeachtete und angesehene Stellung wie früher einnehmen werde.

Wer seine Verpflichtungen gegen die ihm anvertrauten Lehrlinge vernachlässige, dem könne die Befugnis zum Halten und Anleiten von Lehrlingen entzogen werden.

Die Innungen pflegten dieses Standesbewußtsein und nährten es bereits im Lehrling und legten auf eine sittliche und christliche Erziehung der Lehrlinge großes Gewicht.

So müsse es ihm (dem Handwerksmeister) eine große Beruhigung sein, zu wissen, daß von der Innung über den ordentlichen Lebenswandel seines Sohnes gewacht werde und alles geschehe, um den jungen Menschen zu einem sittlichen und gewerblich-tüchtigen Mitglied der menschlichen Gesellschaft heranzubilden. Aufgabe aller einsichtigen und verständigen Handwerker muß es sein, nach Kräften dahin zu wirken, daß die Innungen nicht aufgelöst, sondern ausgebaut und vervollkommt werden kann, zum Segen des gesamten Handwerkerstandes.

Die heutige Innung ist eine moderne Einrichtung, die sich den Organisationsformen anderer Berufsstände würdig an die Seite stellen kann. Eine gewaltige Macht in der Einigkeit steckt.

Des Meisters zehn Gebote: ... lerne dein Geschäft so, daß du stets in der Lage bist, den Befähigungsnachweis zu erbringen, sei bestrebt, bis an den Lebensabend weiterzulernen, lerne das Kalkulieren.

Pflichten des Lehrlings: Die erste und vorzüglichste Pflicht eines Lehrlings ist die Treue zu seinem Lehrmeister; aus Treue entspringt die Ehrlichkeit. Die technischen Errungenschaften in der Maschinenindustrie müssen dem handwerklichen Betriebe dienstbar gemacht werden und dies, wenn nicht anders, auf genossenschaftlichem Wege.

Er (der junge Lehrling) muß gehegt und gepflegt, vorsichtig zu einem brauchbaren, würdigen Gliede der besseren Gesellschaft erzogen werden, veredelt werden zur Erkenntnis seiner Würde als Mensch. Lehrlinge müssen so ausgebildet werden, daß sie auch das werden, was der Inbegriff unseres Berufs ist: Kunsthandwerker.

h) Handwerk – Zukunft

Dem Handwerk muß geholfen werden, den goldenen Boden wiederzuhaben und zu seiner früheren geachteten Stellung wieder emporgehoben zu werden.

Es gilt heute noch, daß die eigene Hilfe und namentlich die Anpassung an die Formen der modernen Technik und des modernen Verkehrs das Handwerk am besten vorwärts bringen.

In der Regel sind es nur Intelligenz und Energie, die ihn zum jungen Meister machen. Da mag es dem jungen Meister Anfangs an Geschäftsroutine und Buchführung fehlen, wenn er zwei oder drei Jahre sein Geschäft führt, dann ist die Reife von selbst da.

Wie anders könnte er wirken, wenn alle einig wären; keine Konfession, keine Partei dürfte die Handwerker trennen, nur als geschlossene Macht hätten sie eine Zukunft.

Durch das westfälische Handwerk zieht Frühling, zieht Frühlingsduft; es regt sich überall und die Zukunft verheißt viel. Die so sprachen (mit dem Handwerk ist es vorbei; Großkapital und Großindustrie verschlingen den kleinen Mann) sind heute anderer Meinung, denn das wieder organisierte Handwerk lebt noch und es wird, wenn sich jeder dem mächtigen Ganzen als förderndes Glied unterordnet, blühen und gedeihen. Vielleicht schöner als je. Gerade das lebende Geschlecht aber strebe wieder nach der Kunst im Handwerk.

Der Konkurrenzkampf des Handwerks muß mit den Waffen des Geistes, unter Benutzung der neuesten technischen Hilfsmittel und der Vorteile der kaufmännischen Betriebsweise geführt werden.

Wir müssen in Einigkeit eine geschlossene Masse bilden, dann würde im Staate keine wirtschaftliche Frage ohne Mithilfe des Handwerkerstandes gelöst werden können.

Ein praktisch und theoretisch sehr befähigter, ein sittlich hochstehender Nachwuchs muß herangezogen werden, damit er das Handwerk, das ehemals einen goldenen Boden hatte, wieder zu Ehren bringt. Das Handwerk muß ein Auge für seine Umgebung haben, mit der Zeit mitgehen und „modern" werden wie Großkaufmann und Fabrikant.

Niemand ist zu „schade" Handwerker zu werden. Wer darum ewig an seiner Scholle kleben bleibt, wird niemals darauf rechnen können, als Meister großes zu leisten.

Lehrlinge aus dem Mittelstande für das Handwerk zu gewinnen – nicht wie bisher für manche Berufe fast durchweg aus den untersten Volksschichten – muß bei der Lehrlingsvermittlung vordringlich sein. Handwerkskunst, das ist das kostbare Stück Land, das die Nation dem Tischler anvertraut hat, damit es Blüten und Früchte wachsen lasse, die nirgends in der Welt gedeihen, um die alle Völker der Erde unsere Nation beneiden.

Nicht die moderne Produktionsmethode ist letzte Ursache zu der heute bestehenden Zerrüttung. Zusammenschluß der Handwerker, um sinnlose Konkurrenz unter ihnen zu beenden, denn die genialen Werke des Kaufmannstandes, die Syndikate und Trusts seien leuchtende Vorbilder. Laßt uns ein Handwerk schaffen, das wieder tausend gute Kräfte in Tätigkeit setzt, um die alte deutsche Handwerkskunst auszubauen und zu veredeln.

Lernt Buchführung und wendet sie an: Versäume niemand in der heutigen Zeit der starken Konkurrenz förderliche Buchführung anzurichten, da sich der Nutzen bald zeigen wird.

Handwerk geht nicht zurück aus Mangel an technischen Fähigkeiten, sondern aus Mangel an gewissenhafter Kalkulation. Es mangelt dem Handwerk an kaufmännischer Ein- und Umsicht.

Im Handwerk trete nunmehr das Individuelle, die Einzelleistung hervor, das werde auch die Zukunft des Handwerks sein. Man muß alles ausnutzen, was die neuzeitliche Technik bietet.

Man hat nach allem den Eindruck, daß in den Handwerkskammern, wo es gilt praktische Arbeiten zu leisten und neue Mittel zur Hebung des Handwerks ausfindig zu machen, schon mancher einsichtiger Handwerker manche liebgewordene hergebrachte Versammlungsredensart beiseite gestellt und statt dessen gelernt hat, nüchtern und ernstliche Fragen zu prüfen. Noch ist das Handwerk aus seiner Lethargie nicht völlig aufgerüttelt.

Der allgemeine deutsche Innungs- und Handwerkertag erkennt die Notwendigkeit eines politischen Zusammenschlusses des Mittelstandes und empfiehlt den Anschluß an die deutsche Mittelstandsvereinigung.

Handwerk kalkuliert: sonst wird der Kleingewerbebetreibende stets eine unsichere Existenz haben und keine gesetzliche Staatshilfe kann ihn vor dem schließlichen Zusammenbruch bewahren.

2. Tabellen

Für die tabellarische Zusammenfassung der Wirtschaftsdaten wurden folgende Akten, Berichte, Protokolle und Zeitungen ausgewertet:

1. Akten der verschiedenen Bauämter.
2. Sitzungsprotokolle der Bauausschüsse, in denen über die Genehmigung der Bauanträge entschieden wurde.
3. Semesterberichte der Städte – jeweils April und Oktober über den „Zustand der örtlichen Industrie“[1].
4. Konzessionierungsakten.
5. Akten über Gewerbeanlagen und Gewerbepolizei.
6. Die bereits erwähnten örtlichen Gewerbetabellen.
7. Aus den örtlichen Polizeiregistraturen Akten bezüglich der „Unterbindung von Mißbräuchen bei Handwerksgehilfen und Lehrlingen“.
8. Gewerbesteuerlisten (Zu- und Abgänge).
9. Akten betr. der „Regelung der Tagelohnsätze“ für verschiedene Handwerke.
10. Akten betr. der Marktordnung.
11. Revisionsakten der verschiedenen Versicherungen.
12. Akten betr. der Gewerbeordnung (Innungswesen und Handwerkskammern etc.).
13. Verschiedene Sparkassenakten.
14. Akten der Volksbanken und deren Revisionsverbände.
15. Sämtliche Akten der Landratsämter einschließlich der Berichte der Fabrikinspektoren.
16. Petitionen und Versammlungsberichte der Handwerker.
17. Die in den Regierungsbezirken erschienenen Handwerker- und Lokalzeitungen.
18. Heimatgeschichtliche – insbesondere auf Lokalgeschichte abgestellte – Sekundärliteratur mit Auswertung der darin enthaltenen Quellen (s. Literaturverzeichnis).
19. Sonstige im bibliographischen Anhang genannte Sekundärliteratur.
20. Konkursakten.
21. Verschiedene Adreßbücher.

---

[1] Leider waren diese wertvollen Berichte nur in wenigen Archiven und dann auch nur für einige Jahre vorhanden. Diese Akten geben wertvollen Aufschluß über die Wanderung der Handwerker in die Industrie.

Tabelle Nr. 1.1

ENTWICKLUNG DES HANDWERKBESTANDES IN BEIDEN REGIERUNGSBEZIRKEN

		RG. ARNSBERG			RG. MUENSTER		
HANDWERK	JAHR	SELBST.	UNSELB.	BESATZ	SELBST.	UNSELB.	BESATZ
BAECKER	1875	2551	1624	0.64	959	600	0.63
	1895	2906	4061	1.40	965	1488	1.54
	1907	3844	6348	1.65	1308	2357	1.80
BARBIERE	1875	290	101	0.35	181	27	0.15
	1895	631	648	1.03	225	162	0.72
	1907	1247	1318	1.06	404	420	1.04
BOETTCHER	1875	372	208	0.56	498	164	0.33
	1895	207	642	3.10	281	176	0.63
	1907	133	608	4.57	174	153	0.88
BUCHBINDER	1875	324	183	0.56	152	67	0.44
	1895	296	640	2.16	128	288	2.25
	1907	309	1040	3.37	140	308	2.20
BUCHDRUCKER	1875	99	539	5.44	35	220	6.29
	1895	138	1185	8.59	38	402	10.58
	1907	266	2166	8.14	61	693	11.36
BUERSTENMACHER	1875	73	71	0.97	48	47	0.98
	1895	77	186	2.42	31	48	1.55
	1907	75	258	3.44	26	30	1.15
DACHDECKER	1875	434	281	0.65	54	23	0.43
	1895	443	760	1.72	80	165	2.06
	1907	491	1194	2.43	116	300	2.59
DRECHSLER	1875	466	220	0.47	378	174	0.46
	1895	305	472	1.55	185	136	0.74
	1907	244	555	2.27	136	195	1.43

Tabelle Nr. 1.2

ENTWICKLUNG DES HANDWERKBESTANDES
IN BEIDEN REGIERUNGSBEZIRKEN

HANDWERK	JAHR	RG. ARNSBERG SELBST.	UNSELB.	BESATZ	RG. MUENSTER SELBST.	UNSELB.	BESATZ
FLEISCHER	1875	1156	654	0.57	637	236	0.37
	1895	1493	2156	1.44	505	593	1.17
	1907	1923	3368	1.75	677	1008	1.49
GLASER	1875	90	60	0.67	121	81	0.67
	1895	17	17	1.00	9	23	2.56
	1907	31	85	2.74	13	24	1.85
GOLDSCHMIEDE	1875	62	62	1.00	77	45	0.58
	1895	59	114	1.93	60	48	0.80
	1907	39	111	2.85	36	46	1.28
GRAVEURE	1875	66	105	1.59	40	101	2.52
	1895	207	614	2.97	22	34	1.55
	1907	235	830	3.53	23	52	2.26
INSTRUMENTENMACHER	1875	18	2	0.11	3	4	1.33
	1895	78	115	1.47	28	33	1.18
	1907	45	203	4.51	25	58	2.32
KLEMPNER	1875	394	406	1.03	113	168	1.49
	1895	543	1481	2.73	158	283	1.79
	1907	687	2486	3.62	233	593	2.55
KORBMACHER	1875	240	22	0.09	205	99	0.48
	1895	199	90	0.45	86	45	0.52
	1907	143	114	0.80	69	51	0.74
KUERSCHNER	1875	77	84	1.09	20	13	0.65
	1895	88	86	0.98	32	26	0.81
	1907	81	123	1.52	35	47	1.34

Tabelle Nr. 1.3

ENTWICKLUNG DES HANDWERKBESTANDES
IN BEIDEN REGIERUNGSBEZIRKEN

		RG. ARNSBERG			RG. MUENSTER		
HANDWERK	JAHR	SELBST.	UNSELB.	BESATZ	SELBST.	UNSELB.	BESATZ
MALER	1875	918	834	0.91	416	168	0.40
	1895	1534	3383	2.21	700	1196	1.71
	1907	2138	6306	2.95	1011	2297	2.27
MAURER	1875	2584	4132	1.60	1372	738	0.54
	1895	2156	24825	11.51	1284	9090	7.08
	1907	2626	46463	17.69	1309	16045	12.26
MECHANIKER	1875	305	5562	18.24	104	604	5.81
	1895	250	4165	16.66	57	233	4.09
	1907	537	18508	34.47	98	1564	15.96
METALLGIESSER	1875	221	5243	23.72	11	15	1.36
	1895	85	1237	14.55	15	20	1.33
	1907	57	651	11.42	10	20	2.00
OFENSETZER	1875	4	0	0.0	6	1	0.17
	1895	14	28	2.00	14	7	0.50
	1907	11	59	5.36	20	16	0.80
PHOTOGRAPHEN	1875	52	19	0.37	16	12	0.75
	1895	81	79	0.98	23	30	1.30
	1907	148	141	0.95	55	45	0.82
SATTLER	1875	500	341	0.68	200	121	0.60
	1895	615	965	1.57	247	229	0.93
	1907	672	1282	1.91	293	333	1.14
SCHLOSSER	1875	1349	2583	1.91	114	152	1.33
	1895	1014	16755	16.52	170	1281	7.54
	1907	985	23512	23.87	206	2890	14.03
SCHMIEDE	1875	1797	5110	2.84	904	755	0.84
	1895	1379	5967	4.33	743	1498	2.02
	1907	1219	7300	5.99	653	2036	3.12

Tabelle Nr. 1.4

ENTWICKLUNG DES HANDWERKBESTANDES IN BEIDEN REGIERUNGSBEZIRKEN

HANDWERK	JAHR	RG. ARNSBERG SELBST.	RG. ARNSBERG UNSELB.	RG. ARNSBERG BESATZ	RG. MUENSTER SELBST.	RG. MUENSTER UNSELB.	RG. MUENSTER BESATZ
SCHNEIDER	1875	3907	1721	0.44	2352	903	0.38
	1895	4470	4610	1.03	2403	2345	0.98
	1907	6413	7627	1.19	3122	3230	1.03
SCHORNSTEINFEGER	1875	88	39	0.44	68	16	0.24
	1895	103	106	1.03	58	54	0.93
	1907	115	125	1.09	70	56	0.80
SCHUHMACHER	1875	4851	2346	0.48	1946	988	0.51
	1895	5235	3790	0.72	1908	1597	0.84
	1907	4759	3325	0.70	1950	1639	0.84
STELLMACHER	1875	861	1770	2.06	331	200	0.60
	1895	809	841	1.04	237	232	0.98
	1907	690	1396	2.02	201	269	1.34
TAPEZIERER	1875	55	115	2.09	23	30	1.30
	1895	74	238	3.22	19	52	2.74
	1907	197	627	3.18	55	122	2.22
TISCHLER	1875	3908	2647	0.68	1903	1101	0.58
	1895	3199	7490	2.34	1926	3008	1.56
	1907	2952	10172	3.45	1731	4804	2.78
UHRMACHER	1875	297	188	0.63	155	70	0.45
	1895	390	305	0.78	211	121	0.57
	1907	465	350	0.75	245	162	0.66
XYLOGRAPHEN	1875	2	2	1.00	1	2	2.00
	1895	1	5	5.00	1	4	4.00
	1907	3	3	1.00	2	3	1.50
ZIMMERER	1875	1352	1158	0.86	1622	657	0.41
	1895	608	2500	4.11	838	1355	1.62
	1907	513	3152	6.14	576	1731	3.01

Tabelle Nr. 2

KAPITALINTENSITAET						
	RG. ARNSBERG			RG. MUENSTER		
HANDWERK	1875	1895	1907	1875	1895	1907
BAECKER	1772.	1800.	5319.	1772.	1547.	3213.
BARBIERE	190.	538.	574.	244.	562.	489.
BOETTCHER	128.	119.	244.	143.	277.	367.
BUCHBINDER	952.	1616.	2520.	1083.	1335.	2559.
BUCHDRUCKER	614.	767.	2613.	601.	801.	1818.
BUERSTENMACHER	207.	323.	2629.	182.	318.	952.
DACHDECKER	510.	1119.	1221.	435.	820.	881.
DRECHSLER	340.	369.	338.	294.	359.	376.
FLEISCHER	4624.	3809.	6488.	5318.	4050.	6255.
GLASER	426.	452.	631.	413.	251.	689.
GOLDSCHMIEDE	478.	480.	764.	603.	729.	926.
GRAVEURE	440.	527.	686.	264.	495.	507.
INSTRUMENTENMACHER	819.	1010.	660.	384.	1111.	938.
KLEMPNER	446.	708.	866.	346.	767.	905.
KORBMACHER	174.	624.	1892.	142.	647.	1460.
KUERSCHNER	191.	406.	496.	187.	434.	531.
MALER	210.	222.	313.	301.	255.	301.
MAURER	2309.	756.	1220.	1879.	858.	936.
MECHANIKER	50.	176.	325.	145.	494.	431.
METALLGIESSER	46.	104.	242.	398.	519.	779.
OFENSETZER	412.	505.	287.	309.	476.	668.
PHOTOGRAPHEN	513.	486.	671.	394.	381.	718.
SATTLER	505.	1284.	3418.	419.	934.	2983.
SCHLOSSER	1444.	514.	958.	1800.	1019.	1195.
SCHMIEDE	531.	593.	1361.	1133.	1409.	1851.
SCHNEIDER	90.	143.	233.	108.	152.	236.
SCHORNSTEINFEGER	83.	103.	168.	97.	109.	192.
SCHUHMACHER	81.	522.	1548.	73.	435.	715.
STELLMACHER	314.	765.	1393.	555.	695.	1480.
TAPEZIERER	52.	76.	129.	65.	85.	159.
TISCHLER	1732.	1888.	3574.	1831.	1952.	3258.
UHRMACHER	545.	673.	1375.	654.	864.	1171.
XYLOGRAPHEN	400.	227.	1360.	271.	302.	769.
ZIMMERER	3399.	4069.	3212.	4492.	4700.	4654.

Tabelle Nr. 3

KAPITALKOEFFIZIENT						
	RG. ARNSBERG			RG. MUENSTER		
HANDWERK	1875	1895	1907	1875	1895	1907
BAECKER	1.91	1.02	2.60	1.73	1.01	1.86
BARBIERE	0.26	0.45	0.35	0.30	0.37	0.37
BOETTCHER	0.17	0.11	0.17	0.19	0.19	0.26
BUCHBINDER	1.08	1.40	1.97	1.16	1.22	2.00
BUCHDRUCKER	0.78	0.64	1.48	0.77	0.75	1.11
BUERSTENMACHER	0.29	0.36	1.92	0.23	0.30	0.81
DACHDECKER	0.60	0.80	0.69	0.44	0.63	0.59
DRECHSLER	0.38	0.30	0.24	0.43	0.31	0.31
FLEISCHER	4.52	2.57	2.86	4.89	2.42	3.30
GLASER	0.48	0.35	0.35	0.76	0.23	0.43
GOLDSCHMIEDE	0.48	0.38	0.42	0.54	0.51	0.62
GRAVEURE	0.48	0.45	0.44	0.35	0.45	0.35
INSTRUMENTENMACHER	0.70	0.70	0.37	0.38	0.82	0.59
KLEMPNER	0.47	0.65	0.57	0.40	0.74	0.60
KORBMACHER	0.22	0.58	1.45	0.23	0.60	1.02
KUERSCHNER	0.23	0.34	0.30	0.22	0.33	0.32
MALER	0.27	0.22	0.20	0.35	0.19	0.22
MAURER	2.66	0.66	0.67	1.73	0.80	0.67
MECHANIKER	0.07	0.15	0.19	0.19	0.46	0.30
METALLGIESSER	0.06	0.10	0.15	0.43	0.49	0.47
OFENSETZER	0.28	0.42	0.19	0.28	0.37	0.38
PHOTOGRAPHEN	0.56	0.35	0.36	0.61	0.34	0.36
SATTLER	0.60	1.26	1.93	0.55	0.92	2.25
SCHLOSSER	1.64	0.45	0.56	2.25	1.01	0.91
SCHMIEDE	0.85	0.57	0.95	1.72	1.47	1.39
SCHNEIDER	0.10	0.13	0.16	0.17	0.14	0.17
SCHORNSTEINFEGER	0.07	0.07	0.06	0.09	0.06	0.07
SCHUHMACHER	0.09	0.48	0.87	0.13	0.45	0.56
STELLMACHER	0.47	0.85	0.99	0.77	0.74	1.07
TAPEZIERER	0.06	0.08	0.09	0.09	0.10	0.11
TISCHLER	1.42	1.29	1.95	1.89	1.33	1.97
UHRMACHER	0.45	0.52	0.65	0.54	0.60	0.57
XYLOGRAPHEN	0.35	0.26	0.68	0.36	0.37	-0.45
ZIMMERER	2.53	4.03	1.71	3.82	4.86	2.69

Tabelle Nr. 4.1

Arnsberg 1875

Tabelle Nr. 1

Gruppe	Einkommensklassen	Bäcker	Barbiere	Böttcher	Buchbinder	Buchdrucker	Bürstenmacher	Dachdecker	Drechsler	Fleischer	Glaser	Goldschmiede	Graveure	Instrumentenmacher	Klempner	Korbmacher
1	Verlust															
2	o -42o		4	6	3		1		2							4
3	42o -66o	17	15	16	5	5	27	16	7		2		2		3	11
4	66o -9oo	24	19	23	-	12	1	27	8	1	7	3	1	1	6	2o
5	9oo -1o5o	35	5	8	18	9	2	19	9	15	9	1	1	2	17	7
6	1o5o -12oo	23	3	7	23	8	1	8	11	23	21	1	2	3	22	3
7	12oo -135o	19	1	5	1	1	1	3	4	7	5	2	3	1	19	8
8	135o - 15oo	7	1	3	2	1	1	5	3	8	3	2	1	1	14	2
9	15oo -165o	5	2	1	1	2	5	1	3	3	2	1	6	1	5	
1o	165o -18oo	2	1	1		1	1	1	2	2		1	5	1	3	
11	18oo -21oo	1					1			1		1			2	
12	21oo -24oo											1				
13	24oo - 27oo															
14	27oo -3ooo															
15	3ooo -33oo															
16	33oo -36oo															
17	36oo -39oo															
18	39oo -42oo															
19	42oo -45oo															
2o	45oo -5ooo															
21	5ooo -55oo															
22	55oo -6ooo															
23	6ooo -65oo															
24	65oo -7ooo															
25	7ooo -75oo															
26	75oo -8ooo															
27	8ooo -85oo															
28	85oo -9ooo															
29	9ooo -11ooo															
3o	11ooo-15ooo															
31	15ooo-2oooo															
32	2oooo-3oooo															
33	3oooo-4oooo															
34	4oooo-5oooo															
35	über 5oooo															
		133	51	7o	53	39	41	8o	49	6o	49	13	21	1o	91	55

Gruppe	Einkommensklassen	Kürschner	Maler	Maurer	Mechaniker	Metallgießer	Ofensetzer	Photographen	Sattler	Schlosser	Schmiede	Schneider	Schornsteinfeger	Schuhmacher	Stellmacher	Tapezierer	Tischler	Uhrmacher	Xylographen	Zimmerer
1	Verlust																			
2	o -42o																			
3	42o -66o	5	4	1o	12				2		2	4		5	2	1	1			
4	66o -9oo	-	3	17	13	3		1	3	11	11	7		9	7	-	-	4		1
5	9oo -1o5o	3	6	23	8	2	1	2	5	23	13	19		11	19	3	2	3	1	2
6	1o5o -12oo	1	8	26	9	1	2	2	7	16	9	23	1	25	26	6	5	2	-	5
7	12oo -135o	1	5	19	1o	1	3	1	3	9	2	5	1	8	1o	5	8	1	2	-
8	135o - 15oo	2	2	8	7	2	2	1	2	8	1	3	2	3	7	8	9	2	1	3
9	15oo -165o	1	1	5	3	1	2	2	1	3	1	2	3	1	5	-	11	1	-	8
1o	165o -18oo	1		3	3	1	1	1		2		1	1	1	3	2	4	1	2	18
11	18oo -21oo			2	2		1			5					1	1	5	1	1	12
12	21oo -24oo			1	1		1			1					-	-	2	1	1	6
13	24oo - 27oo									1					1	1	1	2		5
14	27oo -3ooo																	1		2
15	3ooo -33oo																			2
16	33oo -36oo																			-
17	36oo -39oo																			1
18	39oo -42oo																			
19	42oo -45oo																			
2o	45oo -5ooo																			
21	5ooo -55oo																			
22	55oo -6ooo																			
23	6ooo -65oo																			
24	65oo -7ooo																			
25	7ooo -75oo																			
26	75oo -8ooo																			
27	8ooo -85oo																			
28	85oo -9ooo																			
29	9ooo -11ooo																			
3o	11ooo-15ooo																			
31	15ooo-2oooo																			
32	2oooo-3oooo																			
33	3oooo-4oooo																			
34	4oooo-5oooo																			
35	über 5oooo																			
		14	29	114	68	11	13	1o	23	79	39	64	8	63	81	27	48	19	8	65

Tabelle Nr. 4.2

Arnsberg 1895
Tabelle Nr. 2

Gruppe	Einkommensklasse	Bäcker	Barbiere	Böttcher	Buchbinder	Buchdrucker	Bürstenmachr	Dachdecker	Drechsler	Fleischer	Glaser	Goldschmiede	Graveure	Instrumentenmacher	Klempner	Korbmacher	Kürschner	Maler	Maurer	Mechaniker	Metallgießer	Ofensetzer	Photographen	Sattler	Schlosser	Schmiede	Schneider	Schornsteinfeger	Schuhmacher	Stellmacher	Tapezierer	Tischler	Uhrmacher	Xylographen	Zimmerer
1	Verlust																												2						
2	0 -420		3	3	4		17		2	1	3	3				4	3								2	15	3		18	10	1	11		1	4
3	420 -660		12	4	11	7	13	3	2	1	7	1			11	3	1	18		4	15	4	2	4	16	27	17		12	10	2	33	3	1	27
4	660 -900	1	23	11	18	5	24	5	7	3	-	1	5	2	7	2	1	37	17	4	-	-	-	16	11	36	28		16	7	3	32	2	2	32
5	900 -1050	2	36	15	23	2	7	8	15	16	1	4	2	1	37	1	2	45	37	7	13	2	3	33	4	45	33		27	7	4	45	11	2	16
6	1050 -1200	-	13	16	23	3	5	16	27	37	8	7	3	1	11	16	4	56	18	16	11	2	-	11	15	51	40		54	6	2	76	16	1	17
7	1200 1350	3	12	27	11	1	6	17	22	33	-	6	1	3	34	7	5	37	46	27	14	1	-	10	38	50	19		47	6	2	87	2	1	8
8	1350 -1500	17	12	33	17	1	3	37	15	46	1	1	1	8	15	5	3	16	33	55	16	1	2	7	12	65	73		28	5	4	86	3	-	9
9	1500 -1650	23	11	22	19	11	2	45	17	18	3	1	6	-	27	3	1	11	12	44	10	-	-	6	10	88	22	9	22	3	5	95	3	-	6
10	1650 -1800	19	10	7	9	7	1	22	8	12	6	5	7	-	11	1	8	10	21	39	9	-	-	6	9	43	7	11	12	1	1	101	5	1	5
11	1800 -2100	36	9	6	10	5		17	9	11	6	8	4	2	8	1	1	10	16	41	6	1	4	4	7	17	6	4	7	1	1	98	8	-	3
12	2100 2400	37	7	6	7	2		19	7	17	5	-	3	11	8	2		7	5	16	5	-	-	3	6	16	5	3	6	2	3	63	1	1	3
13	2400 -2700	43	6	5	5	2		11	7	14	2	3	2	-	3			7	4	7	2	1	-	4	6	5	4	2	5	2	6	55	1		1
14	2700 -3000	21	6	2	5	1		5	4	10	1	2	1	3	2			4	3	5	2	2	5	2	7	2	2	-	2	1	1	46			1
15	3000 -3300	29	2	1	2	1		5	4	7	1	-	1	-	1			4	3	2	1	2	-	1		2	2					37			1
16	3300 3600	13	2		-	1		2	2	5	1	-		-	1				1			1	-	1		2	1					22			
17	3600 -3900	7	1		1	1		1	1	3		1		1					1	1			1	-		1	-					18			
18	3900 -4200	7			1	2		3	2	1									-					1			1					3			
19	4200 -4500	3			-	1		-	1	1									-													2			
20	4500 -5000	3			1	-		1		1									-													1			
21	5000 -5500	3				1				2									-													-			
22	5500 6000	2								2									1													-			
23	6000 -6500	3								1																						1			
24	6500 7000	1								1																									
25	7000 -7500	1								1																						1			
26	7500 -8000	2																																	
27	8000 8500	2																																	
28	8500 -9000	1																																	
29	9000 -11000																																		
30	11000-15000																																		
31	15000-20000																																		
32	20000-30000																																		
33	30000-40000																																		
34	40000 50000																																		
35	über 50000																																		
		279	165	158	167	54	78	217	152	244	45	43	41	32	181	45	29	242	218	268	104	17	17	109	143	465	265	29	258	61	35	913	66	10	133

Tabelle Nr. 4.3

Arnsberg 1907
Tabelle Nr. 3

Gruppe	Einkommensklassen	Bäcker	Barbiere	Böttcher	Buchbinder	Buchdrucker	Bürstenmacher	Dachdecker	Drechsler	Fleischer	Glaser	Goldschmiede
1	Verlust											
2	0 420											
3	420 -660						1		2			
4	660 -900	3		4	1		1	1	1			1
5	900 -1050	5	2	6	2	1	1	-	-		2	-
6	1050 -1200	17	4	9	4			2	2	7	1	2
7	1200 -1350	19	9	7	6	1	2	2	3	12	2	-
8	1350 -1500	23	13	8	12	2	3	3	1	6	-	3
9	1500 -1650	44	12	11	19	3	1	6	4	5	3	-
10	1650 -1800	22	36	14	18	9	3	9	2	8	4	2
11	1800 2100	19	48	22	12	12	2	12	2	2	7	1
12	2100 -2400	21	10	6	7	23	7	10	1	11	-	1
13	2400 -2700	36	18	3	3	9	2	9	1	19	2	3
14	2700 3000	33	9		2	7	1	7	-	22	-	-
15	3000 3300	111	11	1	1	2		-	2	47	1	2
16	3300 -3600	63	3	2		1		1	1	33	1	-
17	3600 3900	98	1	-						28	-	1
18	3900 -4200	76	2	1		1				14	-	1
19	4200 4500	13	-			1				3	1	-
20	4500 -5000	12	1							2	-	2
21	5000 -5500	9								1	1	3
22	5500 -6000	7								1	2	
23	6000 -6500	1								-	1	1
24	6500 -7000	1								1		
25	7000 -7500	2								2		
26	7500 -8000	2								1		
27	8000 -8500	3								2		
28	8500 -9000	1								-		
29	9000 -11000	1								1		
30	11000-15000	2								1		
31	15000-20000	1										
32	20000-30000	-								1		
33	30000 40000	1								1		
34	40000 50000	-										
35	über 50000	-										
		641	179	94	87	72	25	62	22	231	28	23

Gruppe	Einkommensklassen	Graveure	Instrumentenmacher	Klempner	Korbmacher	Kürschner	Maler	Maurer	Mechaniker	Metallgießer	Ofensetzer	Photographen
1	Verlust											
2	0 420											
3	420 -660											
4	660 -900				7		4					
5	900 -1050	2	2	4	11		12	5	5		3	
6	1050 -1200	1	-	7	22		-	15	3		2	
7	1200 -1350	-	1	18	16	5	33	16	2	7	1	1
8	1350 -1500	3	-	7	3	-	-	7	-	4	3	2
9	1500 -1650	2	3	8	-	7	14	4	10	3	-	3
10	1650 -1800	-	-	4	2	6	46	17	17	8	1	5
11	1800 2100	1	3	12	1	3	18	21	20	3	1	8
12	2100 -2400	1	5	11	4	8	22	36	17	2	2	10
13	2400 -2700	2	4	15	1	-	19	45	14	4	1	10
14	2700 3000	1	7	33	2	-	53	47	10	5	1	3
15	3000 3300	1	1	21	3	4	43	86	33	17	1	4
16	3300 -3600	3	7	14	1	2	21	99	10	10	-	2
17	3600 3900	-	-	16	-	-	20	88	19	9	-	1
18	3900 -4200	-	11	7	1	1		33	10	-	1	
19	4200 4500	-	-	2		3	12	22	7	3	-	1
20	4500 -5000	1	2	3		-	8	19	3	2	[illegible]	-
21	5000 -5500		1	-		1		11	-	1	-	1
22	5500 -6000		1	1				22	1		1	
23	6000 -6500							10	-			
24	6500 -7000							7	1			
25	7000 -7500							6				
26	7500 -8000							3				
27	8000 -8500							2				
28	8500 -9000							3				
29	9000 -11000							2				
30	11000-15000							1				
31	15000-20000							1				
32	20000-30000							-				
33	30000 40000							2				
34	40000 50000							1				
35	über 50000							1				
		18	48	183	74	40	325	632	182	78	19	51

Gruppe	Einkommensklassen	Sattler	Schlosser	Schmiede	Schneider	Schuhmacher	Schornsteinfeger	Stellmacher	Tapezierer	Tischler	Uhrmacher	Xylographen	Zimmerer
1	Verlust												
2	0 420												
3	420 -660												
4	660 -900			3	3	3		4	3				7
5	900 -1050	4	7	-	6	-		4	2		3		-
6	1050 -1200	3	13	2	12	12		3	3	5	6	4	3
7	1200 -1350	2	23	8	17	33		2	1	7	7	1	6
8	1350 -1500	2	12	19	21	64		12	8	27	4	1	5
9	1500 -1650	-	14	23	19	67		12	9	11	5	2	7
10	1650 -1800	2	23	17	23	108		10	9	30	3	3	9
11	1800 2100	3	20	35	10	203		9	7	16	4	7	10
12	2100 -2400	17	19	44	3	193		3	4	79	7	5	18
13	2400 -2700	11	44	22	6	147		2	3	88	9	7	55
14	2700 3000	10	49	14	2	105		1	2	35	9	5	29
15	3000 3300	9	85	8	1	22		6	1	37	10	3	19
16	3300 -3600	24	107	9	1	16		2	2	105	17	8	74
17	3600 3900	3	58	2	3	2	1	1	2	94	6	2	38
18	3900 -4200	7	22	1	2	3	2	1	1	33	6	1	39
19	4200 4500	4	3	1	1	4	1		1	12	2	1	40
20	4500 -5000	2	2	-	1	1	2			6	1	1	25
21	5000 -5500	1	11	1			3			2	1	2	22
22	5500 -6000		1							1			11
23	6000 -6500		1							-		1	9
24	6500 -7000		2							1			7
25	7000 -7500		4										3
26	7500 -8000		5										2
27	8000 -8500		3										-
28	8500 -9000		2										1
29	9000 -11000		1										
30	11000-15000												
31	15000-20000												
32	20000-30000												
33	30000 40000												
34	40000 50000												
35	über 50000												
		104	531	209	131	983	9	72	58	598	94	54	421

Tabelle Nr. 4.4

Münster 1875
Tabelle Nr. 4

Gruppe	Einkommensklassen	Bäcker	Barbiere	Böttcher	Buchbinder	Buchdrucker	Bürstenmacher	Dachdecker	Drechsler	Fleischer	Glaser	Goldschmiede	Graveure
1	Verlust												
2	0 -420		3	.15			4		14		17		
3	420 -660	3	17	33	3	10	22	17	33	1	33		3
4	660 -900	2	38	28	11	7	16	33	18	11	11	2	17
5	900 -1050	15	15	30	18	4	37	40	19	22	2	11	34
6	1050 -1200	36	3	17	11	3	10	29	2	13	3	2	22
7	1200 -1350	44	2	5	2	2	10	26	3	17	2	4	14
8	1350 -1500	11	1	2	2	1	9	12	2	36	1	7	11
9	1500 -1650	2	6	1	1	1	3	9	1	24	1	1	9
10	1650 -1800	1	-		1	-	2	8		1		1	3
11	1800 -2100	1	1		1	1	1	3				1	7
12	2100 -2400	1			1	1		1				1	1
13	2400 -2700	1				1		1				1	1
14	2700 -3000	1										1	
15	3000 -3300											1	
16	3300 -3600												
17	3600 -3900												
18	3900 -4200												
19	4200 -4500												
20	4500 -5000												
21	5000 -5500												
22	5500 -6000												
23	6000 -6500												
24	6500 -7000												
25	7000 -7500												
26	7500 -8000												
27	8000 -8500												
28	8500 -9000												
29	9000 -11000												
30	11000-15000												
31	15000-20000												
32	20000-30000												
33	30000-40000												
34	40000-50000												
35	über 50000												
		118	86	131	51	31	114	179	92	125	70	33	122

Gruppe	Einkommensklassen	Instrumentenmacher	Klempner	Korbmacher	Kürschner	Maler	Maurer	Mechaniker	Metallgießer	Ofensetzer	*) Sattler	Schlosser	Schmiede	Schneider
1	Verlust													7
2	0 -420			17		2	1				1	1	21	29
3	420 -660			33		3	2	2	1	1	33	4	45	27
4	660 -900	1	37	28	12	18	-	4	1	1	20	16	19	36
5	900 -1050	2	15	9	1	23	2	5	2	2	19	23	12	19
6	1050 -1200	3	22	6	4	10	16	8	-	-	17	14	17	7
7	1200 -1350	5	1	4	2	7	8	9	-	-	3	7	9	4
8	1350 -1500	2	16	1	1	5	1	13	1	1	3	3	8	5
9	1500 -1650	1	13	1	1	3	1	-	3	1	2	1	5	2
10	1650 -1800	1	2			1	1	1	-	-	1	1	1	1
11	1800 -2100	1	4				1		1	1				
12	2100 -2400		3				2							
13	2400 -2700						1							
14	2700 -3000						1							
15	3000 -3300													
16	3300 -3600													
17	3600 -3900													
18	3900 -4200													
19	4200 -4500													
20	4500 -5000													
21	5000 -5500													
22	5500 -6000													
23	6000 -6500													
24	6500 -7000													
25	7000 -7500													
26	7500 -8000													
27	8000 -8500													
28	8500 -9000													
29	9000 -11000													
30	11000-15000													
31	15000-20000													
32	20000-30000													
33	30000-40000													
34	40000-50000													
35	über 50000													
		16	113	99	21	72	37	42	9	7	99	70	137	137

Gruppe	Einkommensklassen	Schornsteinfeger	Schuhmacher	Stellmacher	Tapezierer	Tischler	Uhrmacher	Xylographen	Zimmerer	*) Photographen
1	Verlust									
2	0 -420		15	3	5					
3	420 -660		66	9	6	5		1	2	2
4	660 -900	3	14	36	8	17	5	1	17	1
5	900 -1050	-	8	9	9	29	3	1	-	13
6	1050 -1200	1	7	5	9	13	8	-	-	17
7	1200 -1350	1	4	3	4	8	9	1	38	9
8	1350 -1500	1	1	3	5	7	1	-	17	4
9	1500 -1650	-	1	1	3	9	1	-	6	1
10	1650 -1800	1		1	1	3	1	1	6	1
11	1800 -2100	1		1	1	2	1		3	
12	2100 -2400			1		1	1		7	
13	2400 -2700			1			2		1	
14	2700 -3000						1		1	
15	3000 -3300						1			
16	3300 -3600									
17	3600 -3900									
18	3900 -4200									
19	4200 -4500									
20	4500 -5000									
21	5000 -5500									
22	5500 -6000									
23	6000 -6500									
24	6500 -7000									
25	7000 -7500									
26	7500 -8000									
27	8000 -8500									
28	8500 -9000									
29	9000 -11000									
30	11000-15000									
31	15000-20000									
32	20000-30000									
33	30000-40000									
34	40000-50000									
35	über 50000									
		8	116	73	51	94	34	5	98	48

Tabelle Nr. 4.5

Münster 1895
Tabelle Nr. 5

Gruppe	Einkommensklasse	Bäcker	Barbiere	Böttcher	Buchbinder	Buchdrucker	Bürstenmacher	Dachdecker	Drechsler	Fleischer	Glaser	Goldschmiede	Graveure	Instrumentenmacher	Klempner	Korbmacher	Kürschner	Maler	Maurer	Mechaniker	Metallgießer	Ofensetzer	Photographen	Sattler	Schlosser	Schmiede	Schneider	Schornsteinfeger	Schuhmacher	Stellmacher	Tapezierer	Tischler	Uhrmacher	Xylographen	Zimmerer
1	Verlust																																		
2	0 -420		5																								1		4						
3	420 -660		6	5	11		4	2	3	1	2				3	2		5	1				3	1	1	4	12		8	3	3	3	3	2	11
4	660 -900		12	12	13	3	5	2	7	2	1		5	3	17	3		6	1	1	3	1	2	16	7	17	28		37	8	2	10	5	1	19
5	900 -1050	7	18	27	17	4	4	4	15	3	7	1	3	1	11	1	4	8	2	2	3	1	1	37	18	11	37		56	11	1	17	6	1	38
6	1050 -1200	15	23	38	27	7	3	3	17	17	4	3	8	1	11	11	1	11	15	12	2	2	1	19	9	16	105		18	9	1	63	17	1	16
7	1200 -1350	38	28	29	15	8	2	7	11	28	3	3	11	2	22	9	2	23	38	17	1	2	2	18	16	13	118		9	6	2	46	8	1	11
8	1350 -1500	49	45	22	7	7	1	11	19	49	1	2	4	1	16	1	1	36	49	13	1	1	3	11	11	9	96		7	5	1	80	9		4
9	1500 -1650	66	36	17	6	5	1	16	11	55	1	1	6	1	9	1	1	45	56	4	1	1	1	9	15	8	37		11	4	-	49	11		4
10	1650 -1800	88	20	11	4	4	1	17	9	43	2	1	1	1	5	2	1	38	17	7	-	-	1	7	1	7	15		5	2	1	50	9		2
11	1800 -2100	93	13	16	3	2	-	12	7	27	1	-	1	2	3	1	1	32	22	8	-	-	-	5	1	5	8		3	2	1	51	9		1
12	2100 -2400	84	12	12	2	2	-	9	5	22	-	1	2	1	1	1	1	22	18	1	1	-	-	3	3	3	7	2	1	2		36	4		2
13	2400 -2700	76	10	18	1	2	1	-	1	18	-	2	1	1	1		-	17	15	1		1	-	1	1	1	6	3	1			12	1		2
14	2700 -3000	55	9	15	-	1	-	1	-	19	1	1		1			-	19	11	1		1	1	1			1	2				18	1		
15	3000 -3300	23	6	9	1	1	-	-	-	11		-		1			1	11	9								-	1				10	2		
16	3300 -3600	17	5	5	-		-	-	-	10		1						8	6								1					7	1		
17	3600 -3900	16	2	3	-		1	-	-	9								7	5								3					6	1		
18	3900 -4200	13	2	1	1			-	-	7								2	2								-					1	1		
19	4200 -4500	12	1	1				1	1	5								1	1								-					7	-		
20	4500 -5000	8	1							4								1									1					8	1		
21	5000 -5500	5								4								-									1					1	-		
22	5500 -6000	3								-								1														-	-		
23	6000 -6500	3								2																						3	1		
24	6500 -7000	1								7																						-			
25	7000 -7500	1								1																						1			
26	7500 -8000	1																																	
27	8000 -8500																																		
28	8500 -9000																																		
29	9000 -11000																																		
30	11000-15000																																		
31	15000-20000																																		
32	20000-30000																																		
33	30000-40000																																		
34	40000-50000																																		
35	über 50000																																		
		674	254	311	113	46	23	84	105	344	23	16	42	16	99	32	13	298	268	67	12	10	15	128	83	94	467	8	160	52	12	479	90	6	110

Tabelle Nr. 4.6

Münster 19o7
Tabelle Nr. 6

Gruppe	Einkommensklassen	Bäcker	Barbiere	Böttcher	Buchbinder	Buchdrucker	Bürstenmacher	Dachdecker	Drechsler	Fleischer	Glaser	Goldschmiede
1	Verlust											
2	o -42o		1									
3	42o -66o		3		1		1				1	
4	66o -9oo		5	3	2		3	4	3	3	2	5
5	9oo -1o5o	2	7	2	2	2	4	11	4	17	3	3
6	1o5o -12oo	5	29	2	3	2	2	9	7	14	5	2
7	12oo -135o	7	45	1	3	5	1	4	9	12	4	7
8	135o -15oo	19	36	1	2	7	1	17	9	9	3	4
9	15oo -165o	29	19	1	1	4	1	29	11	7	2	3
1o	165o -18oo	34	8	2	1	3	2	14	3	6	1	1
11	18oo -21oo	32	7	3	2	2	1	3	2	5	2	6
12	21oo -24oo	19	3	1	3	2		3	1	8	1	6
13	24oo -27oo	16	2		2	1		2	1	7	1	2
14	27oo -3ooo	9	-		1	2		1		3	-	1
15	3ooo -33oo	7	1		1	1		1		3	1	1
16	33oo -36oo	4								2	-	1
17	36oo -39oo	3								1	2	2
18	39oo -42oo	2								-	1	2
19	42oo -45oo	1								-	1	-
2o	45oo -5ooo	7								1		1
21	5ooo -55oo	6								2		
22	55oo -6ooo	5								1		
23	6ooo -65oo	-								-		
24	65oo -7ooo	1								1		
25	7ooo -75oo	3								-		
26	75oo -8ooo	2								1		
27	8ooo -85oo	-								1		
28	85oo -9ooo	1								1		
29	9ooo -11ooo	-								2		
3o	11ooo-15ooo	1								2		
31	15ooo-2oooo									-		
32	2oooo-3oooo									1		
33	3oooo-4oooo											
34	4oooo-5oooo											
35	über 5oooo											
		215	166	16	29	31	16	98	5o	11o	3o	47

Gruppe	Einkommensklassen	Graveure	Instrumentenmacher	Klempner	Korbmacher	Kürschner	Maler	Maurer	Mechaniker	Metallgießer	Ofensetzer	Photographen
1	Verlust											
2	o -42o											
3	42o -66o				3							
4	66o -9oo			2	4	4						
5	9oo -1o5o	2	2	-	7	2			3	2	1	
6	1o5o -12oo	2	3	3	9	-	2	3	2	1	-	2
7	12oo -135o	1	6	5	3	1	17	3	1	2	-	1
8	135o -15oo	1	1	7	4	1	23	3	1	1	-	1
9	15oo -165o	2	1	11	9	3	31	4	17	3	1	3
1o	165o -18oo	-	2	17	2	2	21	17	8	1	2	2
11	18oo -21oo	3	3	11	9	1	16	29	9	1	-	1
12	21oo -24oo	-	1	22	7	1	12	38	9	2	1	1
13	24oo -27oo	-	1	36	8	2	1	22	7	1	-	17
14	27oo -3ooo	1	1	55	8	1	1	19	6	1	2	16
15	3ooo -33oo	1	1	32	2	1	1	16	6	2	1	2
16	33oo -36oo	-	2	2o	1	1	2	3	5	2	1	2
17	36oo -39oo	1	3	9		2	1	5	2	1		1
18	39oo -42oo		1	1		1		8	1	-		3
19	42oo -45oo			2		3		7	1	1		
2o	45oo -5ooo			3				2				
21	5ooo -55oo			-				1				
22	55oo -6ooo			1				1				
23	6ooo -65oo							1				
24	65oo -7ooo							3				
25	7ooo -75oo							1				
26	75oo -8ooo							1				
27	8ooo -85oo							-				
28	85oo -9ooo							1				
29	9ooo -11ooo											
3o	11ooo-15ooo											
31	15ooo-2oooo											
32	2oooo-3oooo											
33	3oooo-4oooo											
34	4oooo-5oooo											
35	über 5oooo											
		14	28	237	76	26	128	188	78	21	1o	52

Gruppe	Einkommensklassen	Sattler	Schlosser	Schmiede	Schneider	Schornsteinfeger	Schuhmacher	Stellmacher	Tapezierer	Tischler	Uhrmacher	Xylographen	Zimmerer
1	Verlust												
2	o -42o												
3	42o -66o			1									
4	66o -9oo	2	2	2	3		41	1		3	3		
5	9oo -1o5o	7	5	19	7		39	3	3	9	6		1
6	1o5o -12oo	5	17	22	8		88	5	7	6	5	2	-
7	12oo -135o	16	22	33	15		7o	6	12	3	3	2	2
8	135o -15oo	32	28	17	27		19	6	22	19	2	1	7
9	15oo -165o	24	39	18	13		22	7	16	28	-	-	9
1o	165o -18oo	29	45	36	16		8	6	14	22	1	2	13
11	18oo -21oo	14	33	22	9		7	4	22	19	11	-	14
12	21oo -24oo	3	18	17	8		19	3	18	16	-	2	19
13	24oo -27oo	5	17	12	7		13	2	19	23	17	-	23
14	27oo -3ooo	2	12	6	6		17	2	23	19	22	3	16
15	3ooo -33oo	1	9	7	2	3	12	1	6	4o	1o	-	2o
16	33oo -36oo		3	5	1	1	-	-	6	18	7	1	14
17	36oo -39oo		2	3	1	1	2	1	5	2	3	1	8
18	39oo -42oo		1	2	-	2	-	-	3	3	2	1	7
19	42oo -45oo		1	1	1	-	1	1	2	-	1	-	2
2o	45oo -5ooo			1	-	1			1	2	1	1	2
21	5ooo -55oo			-	1					-			1
22	55oo -6ooo			1						1			1
23	6ooo -65oo												-
24	65oo -7ooo												1
25	7ooo -75oo												-
26	75oo -8ooo												1
27	8ooo -85oo												2
28	85oo -9ooo												1
29	9ooo -11ooo												-
3o	11ooo-15ooo												1
31	15ooo-2oooo												
32	2oooo-3oooo												
33	3oooo-4oooo												
34	4oooo-5oooo												
35	über 5oooo												
		14o	254	22o	125	8	358	48	179	233	94	16	165

Tabelle Nr. 5

EINKOMMEN DER SELBSTSTÄNDIGEN [1]

Branchen	Regierungsbezirk Arnsberg 1875	Regierungsbezirk Arnsberg 1895	Regierungsbezirk Arnsberg 1907	Regierungsbezirk Münster 1875	Regierungsbezirk Münster 1895	Regierungsbezirk Münster 1907
Bäcker	1017	2657	3217	1225	2279	2503
Barbiere	776	1360	2048	846	1623	1362
Böttcher	820	1385	1691	778	1748	1397
Buchbinder	989	1400	1708	1039	1214	1543
Buchdrucker	959	1765	2243	981	1490	1761
Bürstenmacher	802	750	1990	949	1170	1169
Dachdecker	893	1732	2049	1091	1613	1498
Drechsler	1002	1580	1707	693	1354	1392
Fleischer	1195	1831	3371	1261	2188	2562
Glaser	1076	1519	2498	583	1228	1755
Goldschmiede	1333	1527	2965	1383	1748	1920
Graveure	1352	1679	2272	1181	1326	1832
Instrumentenmacher	1210	1869	3073	1286	1650	2081
Klempner	1195	1359	2601	1157	1235	2631
Korbmacher	829	1154	1421	675	1215	1777
Kürschner	1012	1285	2336	970	1511	2280
Maler	1039	1258	2509	1003	2074	1712
Maurer	1097	1440	3709	1297	1825	2726
Mechaniker	1078	1632	2773	1185	1463	2221
Metallgießer	1167	1365	2991	1263	1170	2221
Ofensetzer	1459	1706	2210	1174	1495	2182
Photographen	1255	1744	2401	1127	1217	2603
Sattler	1061	1310	2881	851	1228	1596
Schlosser	1197	1382	3074	993	1281	1848
Schmiede	974	1334	2143	779	1247	1816
Schneider	1055	1279	1719	673	1328	1739
Schornsteinfeger	1462	1820	4605	1230	2625	3687
Schuhmacher	1053	1203	2147	633	1043	1456
Stellmacher	1167	1019	1833	905	1185	1739
Tapezierer	1331	1556	1930	981	1077	2168
Tischler	1503	1790	2926	1112	1831	2316
Uhrmacher	1466	1391	2600	1391	1631	2487
Xylographen	1575	1063	2721	1059	872	2420
Zimmerer	1872	1230	3629	1365	1062	2884

[1] Bei diesem Durchschnittseinkommen handelt es sich um ein, mit den Klassenmitten, gewichtetes Durchschnittseinkommen eines Selbständigen pro Branche, berechnet nach der Formel:

$$\sum_{0}^{\text{ü. } 50\,000} \left[(\text{Klassenmitte } X \text{ Häufigkeit pro Einkommensklasse}) : (\text{Gesamtzahl der Erfaßten pro Branche})\right].$$

*Tabelle Nr. 6.1**

EINKOMMEN DER SELBSTAENDIGEN						
HANDWERK: BAECKER						
JAHR	RG. ARNSBERG			RG. MUENSTER		
	NOMINAL	REAL	% Y-REAL	NOMINAL	REAL	% Y-REAL
1875	1017.00	983.56	0.0	1225.00	1184.72	0.0
1876	1089.00	1076.72	9.47	1266.07	1251.80	5.66
1877	1159.91	1173.05	8.95	1306.64	1321.44	5.56
1878	1229.79	1272.81	8.50	1346.73	1393.84	5.48
1879	1298.69	1376.32	8.13	1386.37	1469.23	5.41
1880	1366.68	1483.90	7.82	1425.58	1547.86	5.35
1881	1433.79	1591.68	7.26	1464.38	1625.64	5.03
1882	1500.06	1703.46	7.02	1502.80	1706.56	4.98
1883	1565.56	1819.57	6.82	1540.85	1790.86	4.94
1884	1630.30	1940.37	6.64	1578.56	1878.79	4.91
1885	1694.33	2066.26	6.49	1615.94	1970.65	4.89
1886	1757.69	2147.19	3.92	1653.00	2019.30	2.47
1887	1893.81	2317.43	7.93	1757.90	2151.12	6.53
1888	1998.39	2449.61	5.70	1832.52	2246.28	4.42
1889	2174.98	2670.65	9.02	1971.85	2421.23	7.79
1890	2349.90	2890.41	8.23	2107.80	2592.62	7.08
1891	2485.66	3065.69	6.06	2207.32	2722.40	5.01
1892	2460.25	3042.60	-0.75	2164.22	2676.50	-1.69
1893	2686.36	3331.30	9.49	2342.19	2904.50	8.52
1894	2670.18	3320.30	-0.33	2308.59	2870.67	-1.16
1895	2657.00	3312.97	-0.22	2279.00	2841.65	-1.01
1896	2723.59	3402.79	2.71	2314.60	2891.81	1.77
1897	2710.38	3393.06	-0.29	2282.68	2857.64	-1.18
1898	2817.02	3533.64	4.14	2351.71	2949.97	3.23
1899	2810.21	3532.19	-0.04	2325.98	2923.55	-0.90
1900	2816.57	3547.31	0.43	2311.79	2911.57	-0.41
1901	3078.14	3783.35	6.65	2505.90	3080.01	5.79
1902	3044.28	3653.72	-3.43	2458.62	2950.81	-4.19
1903	2881.85	3379.28	-7.51	2309.35	2707.96	-8.23
1904	3056.71	3503.80	3.68	2430.87	2786.41	2.90
1905	3110.12	3486.68	-0.49	2454.97	2752.21	-1.23
1906	3163.54	3520.53	0.97	2479.01	2758.75	0.24
1907	3217.00	3553.91	0.95	2503.00	2765.13	0.23

* Die Realeinkommen der Handwerker wurden mit folgendem Preisindex berechnet:

1913	= 100	1886/90	= 81,3
1875	= 103,4	1891/95	= 80,2
1876/80	= 92,1	1896/1900	= 79,4
1881/85	= 82,0	1901/05	= 89,2

Vgl. Hoffmann, W. G.: u. Müller, J. H.: Das deutsche Volkseinkommen, 1851–1957, Tübingen 1959, S. 14.

Tabelle Nr. 6.2

EINKOMMEN DER SELBSTAENDIGEN						
HANDWERK: BARBIERE						
JAHR	RG. ARNSBERG			RG. MUENSTER		
	NOMINAL	REAL	% Y-REAL	NOMINAL	REAL	% Y-REAL
1875	776.00	750.48	0.0	846.00	818.18	0.0
1876	797.87	788.88	5.12	876.80	866.91	5.96
1877	819.50	828.78	5.06	907.20	917.48	5.83
1878	840.89	870.31	5.01	937.24	970.02	5.73
1879	862.06	913.59	4.97	966.92	1024.72	5.64
1880	883.02	958.77	4.95	996.28	1081.73	5.56
1881	903.79	1003.32	4.65	1025.31	1138.22	5.22
1882	924.36	1049.70	4.62	1054.05	1196.97	5.16
1883	944.76	1098.05	4.61	1082.51	1258.15	5.11
1884	964.99	1148.52	4.60	1110.70	1321.94	5.07
1885	985.06	1201.29	4.59	1138.63	1388.57	5.04
1886	1004.97	1227.67	2.20	1166.31	1424.77	2.61
1887	1066.06	1304.53	6.26	1241.91	1519.71	6.66
1888	1108.66	1358.99	4.17	1296.17	1588.84	4.55
1889	1190.26	1461.52	7.54	1396.31	1714.52	7.91
1890	1269.59	1561.62	6.85	1494.18	1837.86	7.19
1891	1326.82	1636.44	4.79	1566.32	1931.82	5.11
1892	1298.39	1605.73	-1.88	1537.22	1901.09	-1.59
1893	1402.55	1739.28	8.32	1665.16	2064.92	8.62
1894	1379.99	1715.98	-1.34	1642.71	2042.66	-1.08
1895	1360.00	1695.76	-1.18	1623.00	2023.69	-0.93
1896	1427.78	1783.83	5.19	1613.05	2015.31	-0.41
1897	1453.24	1819.28	1.99	1556.55	1948.61	-3.31
1898	1542.97	1935.48	6.39	1568.90	1968.01	1.00
1899	1570.63	1974.15	2.00	1517.93	1907.90	-3.05
1900	1604.64	2020.96	2.37	1475.60	1858.44	-2.59
1901	1785.88	2195.04	8.61	1564.22	1922.59	3.45
1902	1797.11	2156.88	-1.74	1500.63	1801.04	-6.32
1903	1729.56	2028.09	-5.97	1378.00	1615.85	-10.28
1904	1863.63	2136.21	5.33	1417.84	1625.22	0.58
1905	1924.95	2158.01	1.02	1399.40	1568.84	-3.47
1906	1986.40	2210.55	2.43	1380.79	1536.60	-2.05
1907	2048.00	2262.48	2.35	1362.00	1504.64	-2.08

Tabelle Nr. 6.3

EINKOMMEN DER SELBSTAENDIGEN

HANDWERK: BOETTCHER

JAHR	RG. ARNSBERG NOMINAL	RG. ARNSBERG REAL	RG. ARNSBERG % Y-REAL	RG. MUENSTER NOMINAL	RG. MUENSTER REAL	RG. MUENSTER % Y-REAL
1875	820.00	793.04	0.0	778.00	752.42	0.0
1876	840.53	831.06	4.79	818.98	809.75	7.62
1877	860.85	870.60	4.76	859.37	869.11	7.33
1878	880.96	911.78	4.73	899.22	930.67	7.08
1879	900.88	954.72	4.71	938.53	994.63	6.87
1880	920.61	999.58	4.70	977.36	1061.19	6.69
1881	940.18	1043.72	4.42	1015.72	1127.57	6.25
1882	959.58	1089.69	4.40	1053.63	1196.49	6.11
1883	978.82	1137.64	4.40	1091.12	1268.15	5.99
1884	997.92	1187.72	4.40	1128.21	1342.78	5.88
1885	1016.88	1240.09	4.41	1164.91	1420.63	5.80
1886	1035.70	1265.21	2.03	1201.26	1467.45	3.30
1887	1096.91	1342.28	6.09	1287.14	1575.07	7.33
1888	1139.03	1396.21	4.02	1351.29	1656.40	5.16
1889	1221.10	1499.39	7.39	1463.72	1797.29	8.51
1890	1300.71	1599.88	6.70	1574.44	1936.58	7.75
1891	1357.56	1674.35	4.65	1658.53	2045.55	5.63
1892	1326.81	1640.87	-2.00	1635.23	2022.30	-1.14
1893	1431.54	1775.22	8.19	1779.05	2206.17	9.09
1894	1406.90	1749.44	-1.45	1762.32	2191.40	-0.67
1895	1385.00	1726.93	-1.29	1748.00	2179.55	-0.54
1896	1420.90	1775.23	2.80	1731.42	2163.19	-0.75
1897	1415.14	1771.58	-0.21	1664.95	2084.32	-3.65
1898	1471.96	1846.41	4.22	1672.13	2097.51	0.63
1899	1469.51	1847.04	0.03	1611.81	2025.91	-3.41
1900	1473.90	1856.29	0.50	1560.87	1965.83	-2.97
1901	1611.91	1981.20	6.73	1648.07	2025.65	3.04
1902	1595.26	1914.62	-3.36	1574.60	1889.82	-6.71
1903	1511.14	1771.98	-7.45	1439.82	1688.34	-10.66
1904	1603.86	1838.44	3.75	1474.96	1690.69	0.14
1905	1632.89	1830.59	-0.43	1449.19	1624.65	-3.91
1906	1661.93	1849.47	1.03	1423.20	1583.79	-2.51
1907	1691.00	1868.10	1.01	1397.00	1543.31	-2.56

Tabelle Nr. 6.4

EINKOMMEN DER SELBSTAENDIGEN

HANDWERK: BUCHBINDER

JAHR	RG. ARNSBERG			RG. MUENSTER		
	NOMINAL	REAL	% Y-REAL	NOMINAL	REAL	% Y-REAL
1875	989.00	956.48	0.0	1039.00	1004.84	0.0
1876	1000.36	989.09	3.41	1038.22	1026.51	2.16
1877	1011.70	1023.16	3.45	1037.63	1049.38	2.23
1878	1023.02	1058.81	3.48	1037.24	1073.52	2.30
1879	1034.32	1096.14	3.53	1037.02	1099.01	2.37
1880	1045.60	1135.29	3.57	1036.98	1125.93	2.45
1881	1056.86	1173.24	3.34	1037.10	1151.30	2.25
1882	1068.10	1212.92	3.38	1037.36	1178.02	2.32
1883	1079.33	1254.45	3.42	1037.78	1206.16	2.39
1884	1090.54	1297.95	3.47	1038.33	1235.81	2.46
1885	1101.73	1343.58	3.52	1039.01	1267.09	2.53
1886	1112.91	1359.53	1.19	1039.82	1270.24	0.25
1887	1169.41	1430.99	5.26	1082.72	1324.91	4.30
1888	1205.13	1477.23	3.23	1105.93	1355.64	2.32
1889	1282.59	1574.88	6.61	1166.85	1432.78	5.69
1890	1356.66	1668.70	5.96	1223.84	1505.34	5.06
1891	1406.44	1734.64	3.95	1258.31	1551.93	3.10
1892	1365.69	1688.95	-2.63	1212.01	1498.90	-3.42
1893	1464.30	1815.84	7.51	1289.30	1598.84	6.67
1894	1430.44	1778.71	-2.04	1249.80	1554.09	-2.80
1895	1400.00	1745.64	-1.86	1214.00	1513.72	-2.60
1896	1436.17	1794.32	2.79	1250.57	1562.43	3.22
1897	1430.25	1790.50	-0.21	1250.40	1565.35	0.19
1898	1487.57	1866.00	4.22	1305.53	1637.64	4.62
1899	1484.99	1866.50	0.03	1308.09	1644.16	0.40
1900	1489.33	1875.73	0.49	1316.60	1658.19	0.85
1901	1628.68	2001.81	6.72	1444.74	1775.74	7.09
1902	1611.76	1934.42	-3.37	1434.48	1721.65	-3.05
1903	1526.67	1790.19	-7.46	1363.10	1598.38	-7.16
1904	1620.25	1857.23	3.74	1451.12	1663.36	4.07
1905	1649.48	1849.19	-0.43	1481.71	1661.11	-0.14
1906	1678.73	1868.16	1.03	1512.34	1682.99	1.32
1907	1708.00	1886.88	1.00	1543.00	1704.59	1.28

Tabelle Nr. 6.5

EINKOMMEN DER SELBSTAENDIGEN

HANDWERK: BUCHDRUCKER

JAHR	RG. ARNSBERG NOMINAL	RG. ARNSBERG REAL	RG. ARNSBERG % Y-REAL	RG. MUENSTER NOMINAL	RG. MUENSTER REAL	RG. MUENSTER % Y-REAL
1875	959.00	927.47	0.0	981.00	948.74	0.0
1876	990.21	979.04	5.56	997.29	986.05	3.93
1877	1021.03	1032.60	5.47	1013.47	1024.95	3.95
1878	1051.50	1088.29	5.39	1029.55	1065.56	3.96
1879	1081.63	1146.28	5.33	1045.52	1108.01	3.98
1880	1111.44	1206.78	5.28	1061.40	1152.44	4.01
1881	1140.95	1266.59	4.96	1077.19	1195.82	3.76
1882	1170.16	1328.82	4.91	1092.90	1241.08	3.79
1883	1199.11	1393.66	4.88	1108.52	1288.38	3.81
1884	1227.79	1461.31	4.85	1124.07	1337.86	3.84
1885	1256.22	1531.98	4.84	1139.55	1389.69	3.87
1886	1284.42	1569.05	2.42	1154.96	1410.89	1.53
1887	1365.32	1670.73	6.48	1217.49	1489.83	5.59
1888	1422.67	1743.89	4.38	1258.57	1542.74	3.55
1889	1530.22	1878.96	7.74	1343.46	1649.64	6.93
1890	1635.10	2011.19	7.04	1425.16	1752.96	6.26
1891	1711.68	2111.10	4.97	1481.58	1827.30	4.24
1892	1677.68	2074.80	-1.72	1442.52	1783.98	-2.37
1893	1815.04	2250.80	8.48	1550.72	1923.01	7.79
1894	1788.45	2223.89	-1.20	1518.69	1888.44	-1.80
1895	1765.00	2200.75	-1.04	1490.00	1857.85	-1.62
1896	1818.14	2271.53	3.22	1516.18	1894.27	1.96
1897	1817.87	2275.75	0.19	1498.08	1875.41	-1.00
1898	1897.99	2380.82	4.62	1546.24	1939.59	3.42
1899	1901.69	2390.26	0.40	1532.09	1925.71	-0.72
1900	1914.04	2410.63	0.85	1525.46	1921.24	-0.23
1901	2100.30	2581.49	7.09	1656.45	2035.95	5.97
1902	2085.35	2502.82	-3.05	1628.00	1953.91	-4.03
1903	1981.57	2323.61	-7.16	1531.75	1796.14	-8.07
1904	2109.50	2418.04	4.06	1615.03	1851.25	3.07
1905	2153.95	2414.74	-0.14	1633.72	1831.52	-1.07
1906	2198.45	2446.53	1.32	1652.37	1838.83	0.40
1907	2243.00	2477.91	1.28	1671.00	1846.00	0.39

Tabelle Nr. 6.6

EINKOMMEN DER SELBSTAENDIGEN

HANDWERK: BUERSTENMACHER

JAHR	RG. ARNSBERG			RG. MUENSTER		
	NOMINAL	REAL	% Y-REAL	NOMINAL	REAL	% Y-REAL
1875	802.00	775.63	0.0	949.00	917.79	0.0
1876	792.13	783.20	0.98	951.31	940.59	2.48
1877	782.57	791.43	1.05	953.76	964.56	2.55
1878	773.32	800.37	1.13	956.32	989.78	2.61
1879	764.35	810.03	1.21	959.00	1016.33	2.68
1880	755.65	820.46	1.29	961.80	1044.30	2.75
1881	747.20	829.49	1.10	964.69	1070.93	2.55
1882	739.00	839.20	1.17	967.69	1098.90	2.61
1883	731.03	849.64	1.24	970.78	1128.28	2.67
1884	723.28	860.84	1.32	973.95	1159.19	2.74
1885	715.73	872.85	1.39	977.22	1191.73	2.81
1886	708.39	865.37	-0.86	980.56	1197.85	0.51
1887	729.51	892.69	3.16	1023.66	1252.64	4.57
1888	737.00	903.40	1.20	1048.27	1284.96	2.58
1889	769.13	944.41	4.54	1108.79	1361.48	5.95
1890	797.94	981.48	3.92	1165.80	1433.95	5.32
1891	811.55	1000.92	1.98	1201.53	1481.90	3.34
1892	773.28	956.32	-4.46	1160.07	1434.67	-3.19
1893	813.77	1009.14	5.52	1236.93	1533.89	6.92
1894	780.42	970.43	-3.84	1201.79	1494.39	-2.58
1895	750.00	935.16	-3.63	1170.00	1458.85	-2.38
1896	859.62	1073.99	14.85	1178.54	1472.44	0.93
1897	942.77	1180.23	9.89	1152.84	1443.21	-1.98
1898	1067.59	1339.17	13.47	1178.12	1477.83	2.40
1899	1149.65	1445.01	7.90	1155.91	1452.87	-1.69
1900	1234.34	1554.58	7.58	1139.73	1435.43	-1.20
1901	1435.83	1764.79	13.52	1225.70	1506.51	4.95
1902	1503.26	1804.20	2.23	1193.17	1432.04	-4.94
1903	1499.41	1758.22	-2.55	1112.04	1303.98	-8.94
1904	1668.92	1913.03	8.80	1161.54	1331.43	2.10
1905	1775.60	1990.58	4.05	1164.09	1305.04	-1.98
1906	1882.63	2095.07	5.25	1166.58	1298.22	-0.52
1907	1990.00	2198.41	4.93	1169.00	1291.43	-0.52

Tabelle Nr. 6.7

EINKOMMEN DER SELBSTAENDIGEN

HANDWERK: DACHDECKER

JAHR	RG. ARNSBERG			RG. MUENSTER		
	NOMINAL	REAL	% Y-REAL	NOMINAL	REAL	% Y-REAL
1875	893.00	863.64	0.0	1091.00	1055.13	0.0
1876	926.44	916.00	6.06	1106.93	1094.46	3.73
1877	959.45	970.32	5.93	1122.78	1135.50	3.75
1878	992.06	1026.76	5.82	1138.55	1178.38	3.78
1879	1024.28	1085.50	5.72	1154.24	1223.23	3.81
1880	1056.13	1146.72	5.64	1169.86	1270.21	3.84
1881	1087.64	1207.42	5.29	1185.41	1315.96	3.60
1882	1118.83	1270.53	5.23	1200.90	1363.73	3.63
1883	1149.70	1336.24	5.17	1216.33	1413.67	3.66
1884	1180.27	1404.75	5.13	1231.69	1465.95	3.70
1885	1210.57	1476.30	5.09	1247.00	1520.73	3.74
1886	1240.60	1515.51	2.66	1262.26	1541.97	1.40
1887	1321.59	1617.22	6.71	1328.98	1626.26	5.47
1888	1379.93	1691.50	4.59	1372.21	1682.04	3.43
1889	1487.12	1826.04	7.95	1463.11	1796.55	6.81
1890	1591.96	1958.13	7.23	1550.39	1907.00	6.15
1891	1669.42	2058.97	5.15	1610.08	1985.79	4.13
1892	1638.96	2026.91	-1.56	1566.05	1936.74	-2.47
1893	1775.93	2202.29	8.65	1681.86	2085.64	7.69
1894	1752.52	2179.21	-1.05	1645.56	2046.21	-1.89
1895	1732.00	2159.60	-0.90	1613.00	2011.22	-1.71
1896	1771.38	2213.12	2.48	1615.24	2018.03	0.34
1897	1758.90	2201.93	-0.51	1570.68	1966.30	-2.56
1898	1824.22	2288.28	3.92	1595.59	2001.49	1.79
1899	1816.05	2282.61	-0.25	1556.14	1955.93	-2.28
1900	1816.51	2287.79	0.23	1525.14	1920.83	-1.79
1901	1981.35	2435.28	6.45	1630.25	2003.75	4.32
1902	1955.86	2347.40	-3.61	1577.32	1893.09	-5.52
1903	1848.11	2167.11	-7.68	1461.06	1713.25	-9.50
1904	1956.76	2242.96	3.50	1516.68	1738.52	1.48
1905	1987.51	2228.15	-0.66	1510.58	1693.48	-2.59
1906	2018.25	2246.00	0.80	1504.36	1674.11	-1.14
1907	2049.00	2263.59	0.78	1498.00	1654.88	-1.15

Tabelle Nr. 6.8

EINKOMMEN DER SELBSTAENDIGEN						
HANDWERK: DRECHSLER						
JAHR	RG. ARNSBERG			RG. MUENSTER		
	NOMINAL	REAL	% Y-REAL	NOMINAL	REAL	% Y-REAL
1875	1002.00	969.05	0.0	693.00	670.21	0.0
1876	1021.52	1010.00	4.23	719.44	711.33	6.14
1877	1040.87	1052.66	4.22	745.54	753.99	6.00
1878	1060.07	1097.16	4.23	771.32	798.30	5.88
1879	1079.12	1143.62	4.24	796.79	844.41	5.78
1880	1098.03	1192.22	4.25	821.97	892.47	5.69
1881	1116.81	1239.80	3.99	846.87	940.14	5.34
1882	1135.47	1289.42	4.00	871.52	989.69	5.27
1883	1154.00	1341.24	4.02	895.91	1041.28	5.21
1884	1172.42	1395.41	4.04	920.08	1095.07	5.17
1885	1190.74	1452.12	4.06	944.01	1151.23	5.13
1886	1208.95	1476.85	1.70	967.74	1182.19	2.69
1887	1276.54	1562.10	5.77	1031.23	1261.91	6.74
1888	1321.74	1620.18	3.72	1077.05	1320.24	4.62
1889	1413.08	1735.12	7.09	1161.03	1425.62	7.98
1890	1501.24	1846.54	6.42	1243.19	1529.14	7.26
1891	1562.90	1927.61	4.39	1303.98	1608.27	5.18
1892	1523.80	1884.49	-2.24	1280.48	1583.58	-1.54
1893	1640.26	2034.06	7.94	1387.79	1720.97	8.68
1894	1608.44	2000.04	-1.67	1369.78	1703.28	-1.03
1895	1580.00	1970.07	-1.50	1354.00	1688.28	-0.88
1896	1602.31	2001.88	1.61	1367.17	1708.11	1.17
1897	1577.90	1975.34	-1.33	1340.57	1678.23	-1.75
1898	1623.29	2036.24	3.08	1373.26	1722.60	2.64
1899	1603.25	2015.14	-1.04	1350.59	1697.57	-1.45
1900	1591.24	2004.08	-0.55	1334.87	1681.20	-0.96
1901	1722.48	2117.11	5.64	1438.98	1768.66	5.20
1902	1687.68	2025.55	-4.32	1404.12	1685.22	-4.72
1903	1583.10	1856.36	-8.35	1311.75	1538.17	-8.73
1904	1664.20	1907.62	2.76	1373.38	1574.26	2.35
1905	1678.52	1881.75	-1.36	1379.66	1546.70	-1.75
1906	1692.78	1883.80	0.11	1385.86	1542.24	-0.29
1907	1707.00	1885.77	0.10	1392.00	1537.78	-0.29

Tabelle Nr. 6.9

EINKOMMEN DER SELBSTAENDIGEN

HANDWERK: FLEISCHER

JAHR	RG. ARNSBERG			RG. MUENSTER		
	NOMINAL	REAL	% Y-REAL	NOMINAL	REAL	% Y-REAL
1875	1195.00	1155.71	0.0	1261.00	1219.54	0.0
1876	1215.64	1201.93	4.00	1295.45	1280.85	5.03
1877	1236.12	1250.12	4.01	1329.52	1344.58	4.98
1878	1256.47	1300.42	4.02	1363.23	1410.92	4.93
1879	1276.68	1352.99	4.04	1396.60	1480.08	4.90
1880	1296.76	1407.99	4.07	1429.65	1552.28	4.88
1881	1316.73	1461.73	3.82	1462.38	1623.43	4.58
1882	1336.58	1517.80	3.84	1494.83	1697.51	4.56
1883	1356.32	1576.38	3.86	1527.00	1774.76	4.55
1884	1375.96	1637.65	3.89	1558.91	1855.41	4.54
1885	1395.50	1701.83	3.92	1590.57	1939.72	4.54
1886	1414.95	1728.49	1.57	1621.99	1981.42	2.15
1887	1492.14	1825.92	5.64	1719.85	2104.57	6.21
1888	1543.07	1891.48	3.59	1787.86	2191.54	4.13
1889	1647.76	2023.28	6.97	1918.70	2355.97	7.50
1890	1748.57	2150.76	6.30	2045.84	2516.40	6.81
1891	1818.41	2242.73	4.28	2137.31	2636.05	4.75
1892	1771.05	2190.27	-2.34	2090.80	2585.70	-1.91
1893	1904.48	2361.71	7.83	2257.81	2799.87	8.28
1894	1865.71	2319.95	-1.77	2220.81	2761.52	-1.37
1895	1831.00	2283.04	-1.59	2188.00	2728.18	-1.21
1896	1973.78	2465.99	8.01	2235.52	2793.01	2.38
1897	2057.34	2575.53	4.44	2217.64	2776.21	-0.60
1898	2231.86	2799.63	8.70	2297.83	2882.38	3.82
1899	2316.75	2911.96	4.01	2285.46	2872.62	-0.34
1900	2409.56	3034.71	4.22	2284.01	2876.59	0.14
1901	2725.99	3350.53	10.41	2489.13	3059.40	6.36
1902	2784.78	3342.27	-0.25	2455.05	2946.53	-3.69
1903	2717.65	3186.73	-4.65	2317.91	2718.00	-7.76
1904	2966.31	3400.18	6.70	2452.22	2810.89	3.42
1905	3100.82	3476.26	2.24	2488.82	2790.16	-0.74
1906	3235.72	3600.85	3.58	2525.41	2810.39	0.72
1907	3371.00	3724.04	3.42	2562.00	2830.31	0.71

Tabelle Nr. 6.10

EINKOMMEN DER SELBSTAENDIGEN

HANDWERK: GLASER

JAHR	RG. ARNSBERG NOMINAL	RG. ARNSBERG REAL	RG. ARNSBERG % Y-REAL	RG. MUENSTER NOMINAL	RG. MUENSTER REAL	RG. MUENSTER % Y-REAL
1875	1076.00	1040.62	0.0	583.00	563.83	0.0
1876	1088.16	1075.89	3.39	609.65	602.78	6.91
1877	1100.29	1112.75	3.43	635.94	643.14	6.70
1878	1112.41	1151.32	3.47	661.88	685.03	6.51
1879	1124.50	1191.72	3.51	687.49	728.58	6.36
1880	1136.58	1234.07	3.55	712.79	773.93	6.22
1881	1148.64	1275.14	3.33	737.80	819.04	5.83
1882	1160.69	1318.06	3.37	762.52	865.91	5.72
1883	1172.72	1362.99	3.41	786.99	914.68	5.63
1884	1184.73	1410.06	3.45	811.20	965.49	5.55
1885	1196.73	1459.43	3.50	835.18	1018.51	5.49
1886	1208.72	1476.57	1.17	858.92	1049.26	3.02
1887	1269.92	1553.99	5.24	918.04	1123.39	7.07
1888	1308.55	1604.01	3.22	961.54	1178.65	4.92
1889	1392.49	1709.83	6.60	1039.27	1276.12	8.27
1890	1472.74	1811.49	5.95	1115.60	1372.20	7.53
1891	1526.62	1882.85	3.94	1172.92	1446.63	5.42
1892	1482.22	1833.07	-2.64	1154.36	1427.60	-1.32
1893	1589.08	1970.58	7.50	1253.74	1554.74	8.91
1894	1552.18	1930.09	-2.05	1239.95	1541.84	-0.83
1895	1519.00	1894.01	-1.87	1228.00	1531.17	-0.69
1896	1612.38	2014.47	6.36	1281.29	1600.81	4.55
1897	1657.73	2075.27	3.02	1296.72	1623.33	1.41
1898	1776.37	2228.27	7.37	1369.48	1717.87	5.82
1899	1823.62	2292.13	2.87	1387.15	1743.53	1.49
1900	1877.74	2364.91	3.17	1410.64	1776.62	1.90
1901	2105.02	2587.29	9.40	1563.17	1921.30	8.14
1902	2132.54	2559.46	-1.08	1566.61	1880.23	-2.14
1903	2065.26	2421.74	-5.38	1501.95	1761.20	-6.33
1904	2238.39	2565.79	5.95	1612.55	1848.40	4.95
1905	2324.70	2606.17	1.57	1659.93	1860.91	0.68
1906	2411.24	2683.33	2.96	1707.42	1900.09	2.11
1907	2498.00	2759.61	2.84	1755.00	1938.80	2.04

Tabelle Nr. 6.11

EINKOMMEN DER SELBSTAENDIGEN

HANDWERK: GOLDSCHMIEDE

JAHR	RG. ARNSBERG NOMINAL	RG. ARNSBERG REAL	RG. ARNSBERG % Y-REAL	RG. MUENSTER NOMINAL	RG. MUENSTER REAL	RG. MUENSTER % Y-REAL
1875	1333.00	1289.17	0.0	1383.00	1337.52	0.0
1876	1330.48	1315.48	2.04	1388.50	1372.85	2.64
1877	1328.25	1343.29	2.11	1394.15	1409.94	2.70
1878	1326.28	1372.68	2.19	1399.94	1448.92	2.76
1879	1324.57	1403.74	2.26	1405.87	1489.90	2.83
1880	1323.10	1436.59	2.34	1411.93	1533.04	2.90
1881	1321.86	1467.43	2.15	1418.11	1574.28	2.69
1882	1320.83	1499.92	2.21	1424.40	1617.53	2.75
1883	1320.01	1534.18	2.28	1430.81	1662.95	2.81
1884	1319.38	1570.32	2.36	1437.31	1710.68	2.87
1885	1318.94	1608.47	2.43	1443.92	1760.88	2.93
1886	1318.68	1610.90	0.15	1450.62	1772.08	0.64
1887	1371.76	1678.60	4.20	1516.18	1855.34	4.70
1888	1399.84	1715.90	2.22	1554.44	1905.42	2.70
1889	1475.57	1811.85	5.59	1646.05	2021.19	6.08
1890	1546.21	1901.85	4.97	1732.62	2131.14	5.44
1891	1588.30	1958.94	3.00	1787.67	2204.82	3.46
1892	1528.50	1890.30	-3.50	1727.84	2136.82	-3.08
1893	1624.53	2014.55	6.57	1844.25	2287.01	7.03
1894	1573.39	1956.46	-2.88	1793.69	2230.40	-2.48
1895	1527.00	1903.99	-2.68	1748.00	2179.55	-2.28
1896	1658.97	2072.68	8.86	1775.32	2218.04	1.77
1897	1741.00	2179.52	5.15	1750.85	2191.86	-1.18
1898	1900.00	2383.35	9.35	1803.82	2262.69	3.23
1899	1982.73	2492.12	4.56	1784.09	2242.45	-0.89
1900	2071.90	2609.45	4.71	1773.22	2233.28	-0.41
1901	2353.93	2893.23	10.88	1922.13	2362.50	5.79
1902	2413.89	2897.13	0.14	1885.88	2263.42	-4.19
1903	2363.87	2771.90	-4.32	1771.40	2077.16	-8.23
1904	2588.32	2966.90	7.03	1864.62	2137.35	2.90
1905	2713.51	3042.05	2.53	1883.13	2111.13	-1.23
1906	2839.07	3159.44	3.86	1901.59	2116.17	0.24
1907	2965.00	3275.52	3.67	1920.00	2121.08	0.23

Tabelle Nr. 6.12

EINKOMMEN DER SELBSTAENDIGEN						
HANDWERK: GRAVEURE						
JAHR	RG. ARNSBERG			RG. MUENSTER		
	NOMINAL	REAL	% Y-REAL	NOMINAL	REAL	% Y-REAL
1875	1352.00	1307.54	0.0	1181.00	1142.17	0.0
1876	1355.90	1340.61	2.53	1177.44	1164.16	1.93
1877	1359.97	1375.37	2.59	1174.15	1187.45	2.00
1878	1364.21	1411.93	2.66	1171.12	1212.09	2.08
1879	1368.60	1450.40	2.72	1168.34	1238.17	2.15
1880	1373.14	1490.92	2.79	1165.79	1265.79	2.23
1881	1377.82	1529.55	2.59	1163.47	1291.59	2.04
1882	1382.63	1570.10	2.65	1161.35	1318.81	2.11
1883	1387.57	1612.71	2.71	1159.43	1347.55	2.18
1884	1392.63	1657.50	2.78	1157.70	1377.89	2.25
1885	1397.80	1704.64	2.84	1156.15	1409.94	2.33
1886	1403.08	1714.00	0.55	1154.77	1410.67	0.05
1887	1465.26	1793.03	4.61	1200.07	1468.52	4.10
1888	1501.00	1839.91	2.61	1223.45	1499.70	2.12
1889	1588.19	1950.13	5.99	1288.41	1582.04	5.49
1890	1670.39	2054.61	5.36	1348.81	1659.06	4.87
1891	1722.14	2124.00	3.38	1384.24	1707.26	2.91
1892	1663.24	2056.94	-3.16	1330.89	1645.92	-3.59
1893	1773.99	2199.89	6.95	1413.22	1752.51	6.48
1894	1724.11	2143.88	-2.55	1367.50	1700.44	-2.97
1895	1679.00	2093.52	-2.35	1326.00	1653.37	-2.77
1896	1741.16	2175.36	3.91	1378.25	1721.95	4.15
1897	1752.00	2193.30	0.82	1389.84	1739.91	1.04
1898	1840.33	2308.49	5.25	1462.90	1835.04	5.47
1899	1854.59	2331.05	0.98	1477.08	1856.56	1.17
1900	1876.93	2363.89	1.41	1497.61	1886.16	1.59
1901	2070.43	2544.78	7.65	1654.88	2034.02	7.84
1902	2066.05	2479.66	-2.56	1654.10	1985.24	-2.40
1903	1972.69	2313.20	-6.71	1581.83	1854.87	-6.57
1904	2109.75	2418.33	4.54	1694.26	1942.06	4.70
1905	2163.74	2425.72	0.31	1740.08	1950.77	0.45
1906	2217.82	2468.09	1.75	1786.00	1987.54	1.88
1907	2272.00	2509.94	1.70	1832.00	2023.86	1.83

Tabelle Nr. 6.13

EINKOMMEN DER SELBSTAENDIGEN

HANDWERK: INSTRUMENTENMACHER

JAHR	RG. ARNSBERG			RG. MUENSTER		
	NOMINAL	REAL	% Y-REAL	NOMINAL	REAL	% Y-REAL
1875	1210.00	1170.21	0.0	1286.00	1243.71	0.0
1876	1231.64	1217.76	4.06	1292.33	1277.76	2.74
1877	1253.11	1267.31	4.07	1298.78	1313.49	2.80
1878	1274.43	1319.01	4.08	1305.35	1351.01	2.86
1879	1295.60	1373.04	4.10	1312.02	1390.44	2.92
1880	1316.63	1429.57	4.12	1318.79	1431.91	2.98
1881	1337.53	1484.83	3.87	1325.66	1471.64	2.77
1882	1358.31	1542.48	3.88	1332.62	1513.30	2.83
1883	1378.96	1602.70	3.90	1339.66	1557.02	2.89
1884	1399.50	1665.68	3.93	1346.79	1602.94	2.95
1885	1419.94	1731.63	3.96	1353.99	1651.21	3.01
1886	1440.27	1759.43	1.61	1361.27	1662.93	0.71
1887	1519.40	1859.27	5.67	1423.81	1742.30	4.77
1888	1571.80	1926.70	3.63	1460.76	1790.58	2.77
1889	1679.00	2061.65	7.00	1547.90	1900.67	6.15
1890	1782.29	2192.24	6.33	1630.39	2005.40	5.51
1891	1854.05	2286.70	4.31	1683.29	2076.09	3.52
1892	1806.31	2233.87	-2.31	1627.99	2013.34	-3.02
1893	1942.95	2409.41	7.86	1738.75	2156.19	7.10
1894	1903.92	2367.47	-1.74	1692.12	2104.10	-2.42
1895	1869.00	2330.42	-1.56	1650.00	2057.36	-2.22
1896	1983.85	2478.57	6.36	1698.34	2121.87	3.14
1897	2039.60	2553.33	3.02	1696.82	2124.21	0.11
1898	2185.53	2741.51	7.37	1770.33	2220.69	4.54
1899	2243.62	2820.04	2.86	1772.56	2227.96	0.33
1900	2310.16	2909.52	3.17	1782.89	2245.45	0.79
1901	2589.74	3183.07	9.40	1955.15	2403.08	7.02
1902	2623.57	3148.78	-1.08	1940.04	2328.42	-3.11
1903	2540.76	2979.32	-5.38	1842.41	2160.42	-7.22
1904	2753.72	3156.49	5.95	1960.24	2246.95	4.01
1905	2859.87	3206.14	1.57	2000.45	2242.66	-0.19
1906	2966.30	3301.03	2.96	2040.70	2270.98	1.26
1907	3073.00	3394.83	2.84	2081.00	2298.94	1.23

Tabelle Nr. 6.14

EINKOMMEN DER SELBSTAENDIGEN

HANDWERK: KLEMPNER

JAHR	RG. ARNSBERG NOMINAL	RG. ARNSBERG REAL	RG. ARNSBERG % Y-REAL	RG. MUENSTER NOMINAL	RG. MUENSTER REAL	RG. MUENSTER % Y-REAL
1875	1195.00	1155.71	0.0	1157.00	1118.96	0.0
1876	1192.25	1178.81	2.00	1150.34	1137.37	1.65
1877	1189.77	1203.24	2.07	1144.00	1156.96	1.72
1878	1187.53	1229.07	2.15	1137.97	1177.78	1.80
1879	1185.53	1256.39	2.22	1132.23	1199.90	1.88
1880	1183.75	1285.29	2.30	1126.77	1223.41	1.96
1881	1182.18	1312.37	2.11	1121.56	1245.08	1.77
1882	1180.82	1340.92	2.18	1116.61	1268.01	1.84
1883	1179.64	1371.04	2.25	1111.89	1292.30	1.92
1884	1178.65	1402.82	2.32	1107.40	1318.02	1.99
1885	1177.83	1436.37	2.39	1103.12	1345.26	2.07
1886	1177.17	1438.02	0.12	1099.04	1342.58	-0.20
1887	1224.11	1497.93	4.17	1139.31	1394.17	3.84
1888	1248.73	1530.68	2.19	1158.65	1420.26	1.87
1889	1315.84	1615.71	5.55	1217.19	1494.58	5.23
1890	1378.36	1695.40	4.93	1271.16	1563.55	4.61
1891	1415.41	1745.69	2.97	1301.42	1605.11	2.66
1892	1361.66	1683.97	-3.54	1248.29	1543.76	-3.82
1893	1446.73	1794.06	6.54	1322.38	1639.86	6.22
1894	1400.73	1741.77	-2.91	1276.61	1587.42	-3.20
1895	1359.00	1694.51	-2.71	1235.00	1539.90	-2.99
1896	1473.28	1840.68	8.63	1361.29	1700.77	10.45
1897	1543.25	1931.96	4.96	1446.34	1810.65	6.46
1898	1681.45	2109.20	9.17	1595.34	2001.18	10.52
1899	1752.14	2202.29	4.41	1680.33	2112.03	5.54
1900	1828.61	2303.03	4.57	1770.30	2229.60	5.57
1901	2075.15	2550.58	10.75	2025.89	2490.03	11.68
1902	2125.82	2551.40	0.03	2090.96	2509.56	0.78
1903	2079.84	2438.84	-4.41	2059.55	2415.05	-3.77
1904	2275.40	2608.21	6.94	2266.95	2598.53	7.60
1905	2383.61	2672.21	2.45	2387.93	2677.05	3.02
1906	2492.15	2773.37	3.79	2509.28	2792.44	4.31
1907	2601.00	2873.40	3.61	2631.00	2906.54	4.09

Tabelle Nr. 6.15

EINKOMMEN DER SELBSTAENDIGEN

HANDWERK: KORBMACHER

JAHR	RG. ARNSBERG NOMINAL	REAL	% Y-REAL	RG. MUENSTER NOMINAL	REAL	% Y-REAL
1875	829.00	801.74	0.0	675.00	652.80	0.0
1876	837.56	828.12	3.29	695.61	687.77	5.36
1877	846.11	855.70	3.33	715.98	724.09	5.28
1878	854.67	884.57	3.37	736.12	761.87	5.22
1879	863.22	914.82	3.42	756.04	801.23	5.17
1880	871.77	946.55	3.47	775.76	842.30	5.13
1881	880.32	977.26	3.24	795.28	882.86	4.82
1882	888.87	1009.39	3.29	814.62	925.07	4.78
1883	897.41	1043.02	3.33	833.78	969.06	4.76
1884	905.96	1078.26	3.38	852.77	1014.96	4.74
1885	914.50	1115.24	3.43	871.61	1062.94	4.73
1886	923.04	1127.58	1.11	890.29	1087.58	2.32
1887	969.14	1185.93	5.17	945.48	1156.98	6.38
1888	998.00	1223.34	3.15	984.33	1206.58	4.29
1889	1061.37	1303.25	6.53	1057.85	1298.94	7.65
1890	1121.88	1379.92	5.88	1129.46	1389.25	6.95
1891	1162.25	1433.46	3.88	1181.46	1457.16	4.89
1892	1127.83	1394.79	-2.70	1157.16	1431.07	-1.79
1893	1208.48	1498.62	7.44	1251.05	1551.40	8.41
1894	1179.81	1467.05	-2.11	1231.91	1531.85	-1.26
1895	1154.00	1438.90	-1.92	1215.00	1514.96	-1.10
1896	1184.92	1480.41	2.88	1271.13	1588.12	4.83
1897	1181.09	1478.58	-0.12	1289.65	1614.49	1.66
1898	1229.49	1542.26	4.31	1365.20	1712.50	6.07
1899	1228.38	1543.96	0.11	1385.83	1741.87	1.72
1900	1232.96	1552.84	0.58	1412.18	1778.56	2.11
1901	1349.37	1658.52	6.81	1567.89	1927.10	8.35
1902	1336.36	1603.88	-3.29	1574.17	1889.31	-1.96
1903	1266.73	1485.38	-7.39	1511.78	1772.72	-6.17
1904	1345.32	1542.09	3.82	1625.71	1863.49	5.12
1905	1370.53	1536.47	-0.36	1676.03	1878.96	0.83
1906	1395.76	1553.26	1.09	1726.46	1921.28	2.25
1907	1421.00	1569.82	1.07	1777.00	1963.10	2.18

Tabelle Nr. 6.16

EINKOMMEN DER SELBSTAENDIGEN

HANDWERK: KUERSCHNER

JAHR	RG. ARNSBERG			RG. MUENSTER		
	NOMINAL	REAL	% Y-REAL	NOMINAL	REAL	% Y-REAL
1875	1012.00	978.72	0.0	970.00	938.10	0.0
1876	1016.32	1004.86	2.67	987.98	976.84	4.13
1877	1020.74	1032.30	2.73	1005.81	1017.20	4.13
1878	1025.26	1061.13	2.79	1023.51	1059.31	4.14
1879	1029.88	1091.43	2.86	1041.08	1103.30	4.15
1880	1034.58	1123.33	2.92	1058.53	1149.32	4.17
1881	1039.38	1153.84	2.72	1075.86	1194.34	3.92
1882	1044.25	1185.83	2.77	1093.09	1241.30	3.93
1883	1049.20	1219.43	2.83	1110.21	1290.34	3.95
1884	1054.22	1254.72	2.89	1127.23	1341.62	3.97
1885	1059.30	1291.83	2.96	1144.16	1395.32	4.00
1886	1064.46	1300.34	0.66	1161.00	1418.28	1.65
1887	1112.81	1361.74	4.72	1225.25	1499.32	5.71
1888	1141.14	1398.80	2.72	1267.97	1554.26	3.66
1889	1208.65	1484.09	6.10	1354.92	1663.70	7.04
1890	1272.47	1565.15	5.46	1438.75	1769.68	6.37
1891	1313.16	1619.59	3.48	1497.16	1846.52	4.34
1892	1269.46	1569.95	-3.07	1459.06	1804.42	-2.28
1893	1355.25	1680.62	7.05	1569.90	1946.80	7.89
1894	1318.34	1639.32	-2.46	1538.80	1913.46	-1.71
1895	1285.00	1602.24	-2.26	1511.00	1884.04	-1.54
1896	1382.70	1727.51	7.82	1586.69	1982.37	5.22
1897	1438.95	1801.39	4.28	1615.35	2022.22	2.01
1898	1558.83	1955.38	8.55	1715.44	2151.83	6.41
1899	1616.09	2031.29	3.88	1746.54	2195.25	2.02
1900	1678.94	2114.54	4.10	1784.67	2247.70	2.39
1901	1897.50	2332.23	10.29	1986.59	2441.72	8.63
1902	1936.64	2324.34	-0.34	1999.39	2399.65	-1.72
1903	1888.37	2214.32	-4.73	1924.51	2256.70	-5.96
1904	2059.58	2360.82	6.62	2073.99	2377.33	5.35
1905	2151.46	2411.95	2.17	2142.50	2401.90	1.03
1906	2243.60	2496.78	3.52	2211.17	2460.69	2.45
1907	2336.00	2580.64	3.36	2280.00	2518.78	2.36

Tabelle Nr. 6.17

EINKOMMEN DER SELBSTAENDIGEN						
HANDWERK:		MALER				
JAHR	RG. ARNSBERG			RG. MUENSTER		
	NOMINAL	REAL	% Y-REAL	NOMINAL	REAL	% Y-REAL
1875	1039.00	1004.84	0.0	1003.00	970.02	0.0
1876	1040.40	1028.67	2.37	1046.94	1035.13	6.71
1877	1041.95	1053.76	2.44	1090.27	1102.62	6.52
1878	1043.66	1080.17	2.51	1133.05	1172.69	6.35
1879	1045.52	1108.01	2.58	1175.29	1245.54	6.21
1880	1047.51	1137.36	2.65	1217.03	1321.42	6.09
1881	1049.64	1165.23	2.45	1258.29	1396.86	5.71
1882	1051.88	1194.51	2.51	1299.10	1475.24	5.61
1883	1054.25	1225.30	2.58	1339.47	1556.80	5.53
1884	1056.72	1257.70	2.64	1379.44	1641.80	5.46
1885	1059.30	1291.83	2.71	1419.02	1730.51	5.40
1886	1061.99	1297.32	0.42	1458.22	1781.36	2.94
1887	1107.70	1355.48	4.48	1557.44	1905.83	6.99
1888	1133.37	1389.27	2.49	1630.14	1998.20	4.85
1889	1197.80	1470.77	5.87	1760.78	2162.06	8.20
1890	1258.35	1547.79	5.24	1888.97	2323.45	7.46
1891	1295.87	1598.26	3.26	1984.90	2448.08	5.36
1892	1250.17	1546.10	-3.26	1952.43	2414.58	-1.37
1893	1331.97	1651.75	6.83	2119.46	2628.29	8.85
1894	1293.15	1607.99	-2.65	2095.13	2605.24	-0.88
1895	1258.00	1568.58	-2.45	2074.00	2586.03	-0.74
1896	1372.29	1714.51	9.30	2058.90	2572.34	-0.53
1897	1445.19	1809.21	5.52	1984.41	2484.24	-3.42
1898	1581.99	1984.44	9.69	1997.70	2505.89	0.87
1899	1655.29	2080.56	4.84	1930.35	2426.28	-3.18
1900	1733.84	2183.68	4.96	1874.08	2360.31	-2.72
1901	1974.01	2426.27	11.11	1983.97	2438.51	3.31
1902	2028.13	2434.14	0.32	1900.68	2281.18	-6.45
1903	1989.50	2332.90	-4.16	1742.87	2043.70	-10.41
1904	2181.77	2500.88	7.20	1790.62	2052.52	0.43
1905	2290.52	2567.85	2.68	1764.65	1978.30	-3.62
1906	2399.60	2670.38	3.99	1738.44	1934.61	-2.21
1907	2509.00	2771.76	3.80	1712.00	1891.29	-2.24

Tabelle Nr. 6.18

EINKOMMEN DER SELBSTAENDIGEN						
HANDWERK: MAURER						
JAHR	RG. ARNSBERG			RG. MUENSTER		
	NOMINAL	REAL	% Y-REAL	NOMINAL	REAL	% Y-REAL
1875	1097.00	1060.93	0.0	1297.00	1254.35	0.0
1876	1104.01	1091.57	2.89	1311.36	1296.58	3.37
1877	1111.10	1123.68	2.94	1325.69	1340.71	3.40
1878	1118.25	1157.37	3.00	1340.01	1386.89	3.44
1879	1125.47	1192.74	3.06	1354.31	1435.26	3.49
1880	1132.75	1229.91	3.12	1368.59	1485.98	3.53
1881	1140.09	1265.64	2.91	1382.86	1535.14	3.31
1882	1147.49	1303.07	2.96	1397.11	1586.54	3.35
1883	1154.94	1342.33	3.01	1411.34	1640.33	3.39
1884	1162.44	1383.52	3.07	1425.56	1696.69	3.44
1885	1169.99	1426.81	3.13	1439.77	1755.82	3.48
1886	1177.58	1438.53	0.82	1453.96	1776.16	1.16
1887	1233.01	1508.82	4.89	1527.35	1869.00	5.23
1888	1266.34	1552.26	2.88	1573.58	1928.88	3.20
1889	1343.26	1649.39	6.26	1674.28	2055.85	6.58
1890	1416.27	1742.03	5.62	1770.53	2177.77	5.93
1891	1463.65	1805.19	3.63	1835.06	2263.27	3.93
1892	1416.91	1752.30	-2.93	1781.46	2203.14	-2.66
1893	1514.73	1878.38	7.20	1909.65	2368.12	7.49
1894	1475.44	1834.67	-2.33	1865.08	2319.18	-2.07
1895	1440.00	1795.51	-2.13	1825.00	2275.56	-1.88
1896	1641.09	2050.34	14.19	1914.09	2391.41	5.09
1897	1791.75	2243.05	9.40	1946.47	2436.74	1.90
1898	2021.62	2535.90	13.06	2064.93	2590.22	6.30
1899	2170.49	2728.12	7.58	2100.33	2639.93	1.92
1900	2324.54	2927.63	7.31	2144.26	2700.58	2.30
1901	2698.22	3316.39	13.28	2384.85	2931.23	8.54
1902	2819.72	3384.21	2.04	2398.33	2878.46	-1.80
1903	2807.99	3292.67	-2.70	2306.81	2704.99	-6.03
1904	3121.04	3577.53	8.65	2484.26	2847.62	5.27
1905	3316.38	3717.92	3.92	2564.66	2875.18	0.97
1906	3512.38	3908.73	5.13	2645.24	2943.74	2.38
1907	3709.00	4097.43	4.83	2726.00	3011.49	2.30

Tabelle Nr. 6.19

EINKOMMEN DER SELBSTAENDIGEN

HANDWERK: MECHANIKER

JAHR	RG. ARNSBERG			RG. MUENSTER		
	NOMINAL	REAL	% Y-REAL	NOMINAL	REAL	% Y-REAL
1875	1078.00	1042.55	0.0	1185.00	1146.03	0.0
1876	1095.64	1083.29	3.91	1187.99	1174.60	2.49
1877	1113.16	1125.77	3.92	1191.14	1204.63	2.56
1878	1130.57	1170.12	3.94	1194.44	1236.23	2.62
1879	1147.87	1216.48	3.96	1197.89	1269.49	2.69
1880	1165.07	1265.01	3.99	1201.47	1304.52	2.76
1881	1182.18	1312.37	3.74	1205.18	1337.90	2.56
1882	1199.20	1361.80	3.77	1209.01	1372.94	2.62
1883	1216.14	1413.46	3.79	1212.96	1409.76	2.68
1884	1232.99	1467.50	3.82	1217.01	1448.48	2.75
1885	1249.77	1524.11	3.86	1221.18	1489.24	2.81
1886	1266.47	1547.12	1.51	1225.44	1496.99	0.52
1887	1334.84	1633.44	5.58	1279.38	1565.57	4.58
1888	1379.69	1691.21	3.54	1310.23	1606.07	2.59
1889	1472.56	1808.15	6.91	1385.96	1701.82	5.96
1890	1561.89	1921.15	6.25	1457.31	1792.51	5.33
1891	1623.52	2002.37	4.23	1502.07	1852.58	3.35
1892	1580.54	1954.66	-2.38	1450.33	1793.63	-3.18
1893	1698.88	2106.75	7.78	1546.52	1917.80	6.92
1894	1663.60	2068.64	-1.81	1502.66	1868.52	-2.57
1895	1632.00	2034.91	-1.63	1463.00	1824.19	-2.37
1896	1739.81	2173.68	6.82	1537.42	1920.81	5.30
1897	1795.69	2247.99	3.42	1566.24	1960.75	2.08
1898	1930.97	2422.20	7.75	1664.33	2087.72	6.48
1899	1988.66	2499.57	3.19	1695.48	2131.07	2.08
1900	2053.63	2586.44	3.48	1733.43	2183.17	2.44
1901	2308.34	2837.19	9.70	1930.52	2372.81	8.69
1902	2344.26	2813.56	-0.83	1943.87	2333.02	-1.68
1903	2275.43	2668.19	-5.17	1871.89	2194.99	-5.92
1904	2471.35	2832.81	6.17	2018.11	2313.28	5.39
1905	2571.63	2882.99	1.77	2085.58	2338.09	1.07
1906	2672.18	2973.72	3.15	2153.21	2396.19	2.48
1907	2773.00	3063.41	3.02	2221.00	2453.60	2.40

Tabelle Nr. 6.20

EINKOMMEN DER SELBSTAENDIGEN						
HANDWERK: METALLGIESSER						
JAHR	RG. ARNSBERG			RG. MUENSTER		
	NOMINAL	REAL	% Y-REAL	NOMINAL	REAL	% Y-REAL
1875	1167.00	1128.63	0.0	1263.00	1221.47	0.0
1876	1166.19	1153.04	2.16	1246.90	1232.84	0.93
1877	1165.60	1178.81	2.23	1231.31	1245.26	1.01
1878	1165.23	1205.99	2.31	1216.20	1258.75	1.08
1879	1165.06	1234.69	2.38	1201.56	1273.37	1.16
1880	1165.07	1265.01	2.46	1187.34	1289.19	1.24
1881	1165.27	1293.60	2.26	1173.54	1302.77	1.05
1882	1165.64	1323.69	2.33	1160.12	1317.42	1.12
1883	1166.17	1355.38	2.39	1147.08	1333.19	1.20
1884	1166.85	1388.78	2.46	1134.38	1350.13	1.27
1885	1167.68	1424.00	2.54	1122.02	1368.32	1.35
1886	1168.65	1427.62	0.25	1109.98	1355.95	-0.90
1887	1216.92	1489.13	4.31	1142.53	1398.10	3.11
1888	1243.07	1523.75	2.32	1153.71	1414.20	1.15
1889	1311.62	1610.53	5.70	1203.42	1477.68	4.49
1890	1375.74	1692.18	5.07	1247.89	1534.92	3.87
1891	1414.55	1744.64	3.10	1268.55	1564.57	1.93
1892	1362.57	1685.10	-3.41	1208.13	1494.10	-4.50
1893	1449.54	1797.54	6.67	1270.77	1575.85	5.47
1894	1405.19	1747.31	-2.79	1218.07	1514.64	-3.88
1895	1365.00	1701.99	-2.59	1170.00	1458.85	-3.68
1896	1511.56	1888.51	10.96	1266.85	1582.77	8.49
1897	1612.23	2018.32	6.87	1325.62	1659.52	4.85
1898	1784.18	2238.06	10.89	1443.01	1810.09	9.07
1899	1884.56	2368.73	5.84	1502.45	1888.44	4.33
1900	1990.37	2506.76	5.83	1566.88	1973.40	4.50
1901	2282.66	2805.63	11.92	1776.98	2184.09	10.68
1902	2360.50	2833.05	0.98	1819.31	2183.52	-0.03
1903	2329.00	2731.01	-3.60	1779.01	2086.08	-4.46
1904	2567.46	2942.99	7.76	1945.34	2229.87	6.89
1905	2708.20	3036.10	3.16	2036.96	2283.59	2.41
1906	2849.39	3170.92	4.44	2128.85	2369.07	3.74
1907	2991.00	3304.24	4.20	2221.00	2453.60	3.57

Tabelle Nr. 6.21

EINKOMMEN DER SELBSTAENDIGEN

HANDWERK: OFENSETZER

JAHR	RG. ARNSBERG			RG. MUENSTER		
	NOMINAL	REAL	% Y-REAL	NOMINAL	REAL	% Y-REAL
1875	1459.00	1411.03	0.0	1174.00	1135.40	0.0
1876	1457.96	1441.53	2.16	1179.22	1165.93	2.69
1877	1457.20	1473.71	2.23	1184.56	1197.98	2.75
1878	1456.71	1507.67	2.30	1190.01	1231.64	2.81
1879	1456.47	1543.52	2.38	1195.57	1267.03	2.87
1880	1456.46	1581.39	2.45	1201.23	1304.27	2.94
1881	1456.68	1617.10	2.26	1206.98	1339.90	2.73
1882	1457.12	1654.69	2.32	1212.83	1377.27	2.79
1883	1457.76	1694.28	2.39	1218.76	1416.50	2.85
1884	1458.59	1736.00	2.46	1224.77	1457.71	2.91
1885	1459.60	1780.00	2.53	1230.86	1501.05	2.97
1886	1460.79	1784.50	0.25	1237.02	1511.15	0.67
1887	1521.10	1861.36	4.31	1293.39	1582.71	4.74
1888	1553.77	1904.59	2.32	1326.49	1626.00	2.74
1889	1639.42	2013.04	5.69	1405.15	1725.38	6.11
1890	1719.55	2115.06	5.07	1479.54	1819.85	5.48
1891	1768.03	2180.60	3.10	1527.04	1883.38	3.49
1892	1703.04	2106.16	-3.41	1476.40	1825.88	-3.05
1893	1811.70	2246.66	6.67	1576.36	1954.82	7.06
1894	1756.25	2183.85	-2.80	1533.62	1907.01	-2.45
1895	1706.00	2127.18	-2.60	1495.00	1864.09	-2.25
1896	1760.88	2200.00	3.42	1563.69	1953.64	4.80
1897	1763.99	2208.31	0.38	1586.12	1985.62	1.64
1898	1845.11	2314.49	4.81	1678.68	2105.72	6.05
1899	1851.95	2327.74	0.57	1703.72	2141.42	1.70
1900	1867.10	2351.51	1.02	1735.79	2186.13	2.09
1901	2052.09	2522.24	7.26	1926.85	2368.30	8.33
1902	2040.63	2449.15	-2.90	1934.26	2321.48	-1.98
1903	1941.95	2277.14	-7.02	1857.31	2177.89	-6.19
1904	2070.26	2373.06	4.21	1997.00	2289.08	5.11
1905	2116.78	2373.07	0.00	2058.53	2307.77	0.82
1906	2163.36	2407.48	1.45	2120.20	2359.45	2.24
1907	2210.00	2441.45	1.41	2182.00	2410.52	2.16

Tabelle Nr. 6.22

EINKOMMEN DER SELBSTAENDIGEN						
HANDWERK: PHOTOGRAPHEN						
JAHR	RG. ARNSBERG			RG. MUENSTER		
	NOMINAL	REAL	% Y-REAL	NOMINAL	REAL	% Y-REAL
1875	1255.00	1213.73	0.0	1127.00	1089.94	0.0
1876	1267.81	1253.52	3.28	1121.20	1108.57	1.71
1877	1280.61	1295.12	3.32	1115.71	1128.35	1.78
1878	1293.42	1338.67	3.36	1110.51	1149.36	1.86
1879	1306.22	1384.30	3.41	1105.58	1171.66	1.94
1880	1319.03	1432.17	3.46	1100.91	1195.34	2.02
1881	1331.83	1478.50	3.23	1096.48	1217.23	1.83
1882	1344.64	1526.95	3.28	1092.28	1240.39	1.90
1883	1357.44	1577.69	3.32	1088.31	1264.89	1.98
1884	1370.24	1630.85	3.37	1084.55	1290.82	2.05
1885	1383.05	1686.64	3.42	1080.98	1318.27	2.13
1886	1395.85	1705.17	1.10	1077.60	1316.40	-0.14
1887	1465.45	1793.26	5.17	1117.73	1367.76	3.90
1888	1508.97	1849.68	3.15	1137.35	1394.15	1.93
1889	1604.66	1970.36	6.52	1195.49	1467.93	5.29
1890	1696.02	2086.12	5.87	1249.20	1536.53	4.67
1891	1756.93	2166.91	3.87	1279.65	1578.26	2.72
1892	1704.77	2108.30	-2.70	1228.08	1518.78	-3.77
1893	1826.57	2265.10	7.44	1301.69	1614.20	6.28
1894	1783.11	2217.25	-2.11	1257.32	1563.44	-3.14
1895	1744.00	2174.56	-1.93	1217.00	1517.46	-2.94
1896	1812.01	2263.88	4.11	1342.32	1677.06	10.52
1897	1826.57	2286.65	1.01	1426.96	1786.38	6.52
1898	1921.91	2410.82	5.43	1574.69	1975.28	10.57
1899	1939.91	2438.29	1.14	1659.25	2085.53	5.58
1900	1966.25	2476.39	1.56	1748.70	2202.39	5.60
1901	2172.89	2669.73	7.81	2001.78	2460.40	11.72
1902	2170.46	2604.97	-2.43	2066.65	2480.37	0.81
1903	2075.09	2433.26	-6.59	2036.09	2387.54	-3.74
1904	2222.00	2547.00	4.67	2241.62	2569.49	7.62
1905	2281.56	2557.80	0.42	2361.71	2647.65	3.04
1906	2341.23	2605.42	1.86	2482.17	2762.27	4.33
1907	2401.00	2652.45	1.81	2603.00	2875.61	4.10

Tabelle Nr. 6.23

EINKOMMEN DER SELBSTAENDIGEN

HANDWERK: SATTLER

JAHR	RG. ARNSBERG NOMINAL	REAL	% Y-REAL	RG. MUENSTER NOMINAL	REAL	% Y-REAL
1875	1061.00	1026.11	0.0	851.00	823.02	0.0
1876	1063.68	1051.69	2.49	861.93	852.22	3.55
1877	1066.51	1078.59	2.56	872.83	882.71	3.58
1878	1069.47	1106.88	2.62	883.68	914.60	3.61
1879	1072.56	1136.66	2.69	894.50	947.97	3.65
1880	1075.77	1168.04	2.76	905.29	982.94	3.69
1881	1079.09	1197.93	2.56	916.05	1016.92	3.46
1882	1082.53	1229.30	2.62	926.77	1052.43	3.49
1883	1086.06	1262.28	2.68	937.46	1089.57	3.53
1884	1089.70	1296.95	2.75	948.13	1128.46	3.57
1885	1093.43	1333.45	2.81	958.77	1169.23	3.61
1886	1097.25	1340.40	0.52	969.39	1184.20	1.28
1887	1145.56	1401.81	4.58	1019.49	1247.55	5.35
1888	1173.18	1438.07	2.59	1051.53	1288.96	3.32
1889	1240.99	1523.81	5.96	1120.04	1375.29	6.70
1890	1304.89	1605.03	5.33	1185.67	1458.39	6.04
1891	1344.97	1658.82	3.35	1230.13	1517.18	4.03
1892	1298.64	1606.04	-3.18	1195.38	1478.33	-2.56
1893	1384.77	1717.23	6.92	1282.62	1590.55	7.59
1894	1345.51	1673.11	-2.57	1253.84	1559.12	-1.98
1895	1310.00	1633.42	-2.37	1228.00	1531.17	-1.79
1896	1451.54	1813.51	11.03	1267.94	1584.14	3.46
1897	1549.00	1939.16	6.93	1270.60	1590.64	0.41
1898	1714.94	2151.20	10.93	1329.45	1667.65	4.84
1899	1812.09	2277.64	5.88	1334.78	1677.70	0.60
1900	1914.44	2411.14	5.86	1346.08	1695.31	1.05
1901	2196.20	2699.36	11.95	1479.85	1818.89	7.29
1902	2271.64	2726.41	1.00	1471.97	1766.65	-2.87
1903	2241.83	2628.79	-3.58	1401.14	1642.99	-7.00
1904	2471.84	2833.38	7.78	1494.08	1712.61	4.24
1905	2607.80	2923.55	3.18	1528.01	1713.01	0.02
1906	2744.19	3053.86	4.46	1561.98	1738.24	1.47
1907	2881.00	3182.72	4.22	1596.00	1763.15	1.43

Tabelle Nr. 6.24

EINKOMMEN DER SELBSTAENDIGEN

HANDWERK: SCHLOSSER

JAHR	RG. ARNSBERG NOMINAL	RG. ARNSBERG REAL	RG. ARNSBERG % Y-REAL	RG. MUENSTER NOMINAL	RG. MUENSTER REAL	RG. MUENSTER % Y-REAL
1875	1197.00	1157.64	0.0	993.00	960.35	0.0
1876	1195.27	1181.80	2.09	998.23	986.98	2.77
1877	1193.79	1207.31	2.16	1003.55	1014.92	2.83
1878	1192.54	1234.26	2.23	1008.95	1044.25	2.89
1879	1191.51	1262.73	2.31	1014.43	1075.06	2.95
1880	1190.69	1292.83	2.38	1019.98	1107.47	3.01
1881	1190.07	1321.13	2.19	1025.60	1138.54	2.81
1882	1189.63	1350.93	2.26	1031.28	1171.11	2.86
1883	1189.37	1382.35	2.33	1037.03	1205.29	2.92
1884	1189.28	1415.48	2.40	1042.84	1241.18	2.98
1885	1189.35	1450.43	2.47	1048.70	1278.90	3.04
1886	1189.58	1453.19	0.19	1054.61	1288.31	0.74
1887	1237.93	1514.84	4.24	1103.35	1350.16	4.80
1888	1263.75	1549.09	2.26	1132.26	1387.92	2.80
1889	1332.62	1636.32	5.63	1200.11	1473.61	6.17
1890	1396.92	1718.23	5.01	1264.37	1555.18	5.54
1891	1435.47	1770.44	3.04	1305.69	1610.37	3.55
1892	1381.91	1709.02	-3.47	1263.08	1562.06	-3.00
1893	1469.25	1821.99	6.61	1349.32	1673.27	7.12
1894	1423.49	1770.07	-2.85	1313.42	1633.20	-2.39
1895	1382.00	1723.19	-2.65	1281.00	1597.26	-2.20
1896	1534.23	1916.82	11.24	1338.04	1671.71	4.66
1897	1639.83	2052.86	7.10	1355.52	1696.94	1.51
1898	1817.92	2280.38	11.08	1432.93	1797.46	5.92
1899	1923.11	2417.18	6.00	1452.71	1825.92	1.58
1900	2033.74	2561.38	5.97	1478.53	1862.12	1.98
1901	2335.07	2870.04	12.05	1639.68	2015.34	8.23
1902	2417.12	2901.01	1.08	1644.49	1973.70	-2.07
1903	2387.01	2799.03	-3.52	1577.71	1850.04	-6.27
1904	2633.52	3018.71	7.85	1695.00	1942.92	5.02
1905	2779.89	3116.47	3.24	1745.89	1957.28	0.74
1906	2926.72	3256.98	4.51	1796.89	1999.66	2.17
1907	3074.00	3395.93	4.27	1848.00	2041.54	2.09

Tabelle Nr. 6.25

EINKOMMEN DER SELBSTAENDIGEN

HANDWERK: SCHMIEDE

JAHR	RG. ARNSBERG NOMINAL	RG. ARNSBERG REAL	RG. ARNSBERG % Y-REAL	RG. MUENSTER NOMINAL	RG. MUENSTER REAL	RG. MUENSTER % Y-REAL
1875	974.00	941.97	0.0	779.00	753.38	0.0
1876	982.97	971.89	3.18	795.10	786.14	4.35
1877	991.96	1003.20	3.22	811.05	820.24	4.34
1878	1000.97	1035.98	3.27	826.87	855.79	4.33
1879	1009.99	1070.35	3.32	842.56	892.92	4.34
1880	1019.02	1106.43	3.37	858.12	931.73	4.35
1881	1028.07	1141.28	3.15	873.57	969.77	4.08
1882	1037.13	1177.75	3.20	888.91	1009.44	4.09
1883	1046.20	1215.95	3.24	904.15	1050.85	4.10
1884	1055.28	1255.99	3.29	919.29	1094.13	4.12
1885	1064.38	1298.02	3.35	934.33	1139.42	4.14
1886	1073.48	1311.36	1.03	949.28	1159.64	1.77
1887	1126.25	1378.18	5.10	1003.03	1227.39	5.84
1888	1158.93	1420.61	3.08	1039.20	1273.85	3.78
1889	1231.65	1512.34	6.46	1111.70	1365.05	7.16
1890	1300.97	1600.21	5.81	1181.75	1453.56	6.48
1891	1346.89	1661.19	3.81	1230.98	1518.23	4.45
1892	1306.15	1615.32	-2.76	1200.84	1485.08	-2.18
1893	1398.67	1734.47	7.38	1293.29	1603.78	7.99
1894	1364.65	1696.90	-2.17	1268.83	1577.75	-1.62
1895	1334.00	1663.34	-1.98	1247.00	1554.86	-1.45
1896	1411.75	1763.80	6.04	1303.96	1629.13	4.78
1897	1447.49	1812.09	2.74	1322.34	1655.41	1.61
1898	1547.25	1940.85	7.11	1399.19	1755.14	6.02
1899	1584.80	1991.95	2.63	1419.76	1784.52	1.67
1900	1628.43	2050.92	2.96	1446.21	1821.42	2.07
1901	1822.04	2239.48	9.19	1665.10	1972.83	8.31
1902	1842.60	2211.48	-1.25	1610.99	1933.58	-1.99
1903	1781.54	2089.05	-5.54	1546.65	1813.61	-6.20
1904	1927.95	2209.94	5.79	1662.71	1905.91	5.09
1905	1999.45	2241.54	1.43	1713.70	1921.19	0.80
1906	2071.14	2304.85	2.82	1764.80	1963.94	2.23
1907	2143.00	2367.43	2.72	1816.00	2006.19	2.15

Tabelle Nr. 6.26

EINKOMMEN DER SELBSTAENDIGEN

HANDWERK: SCHNEIDER

JAHR	RG. ARNSBERG			RG. MUENSTER		
	NOMINAL	REAL	% Y-REAL	NOMINAL	REAL	% Y-REAL
1875	1055.00	1020.31	0.0	673.00	650.87	0.0
1876	1056.50	1044.59	2.38	699.33	691.44	6.23
1877	1058.16	1070.14	2.45	725.31	733.53	6.09
1878	1059.97	1097.05	2.51	750.97	777.24	5.96
1879	1061.93	1125.41	2.58	776.32	822.72	5.85
1880	1064.03	1155.30	2.66	801.38	870.12	5.76
1881	1066.26	1183.69	2.46	826.16	917.14	5.40
1882	1068.62	1213.51	2.52	850.68	966.02	5.33
1883	1071.09	1244.88	2.58	874.95	1016.91	5.27
1884	1073.68	1277.88	2.65	898.99	1069.97	5.22
1885	1076.37	1312.64	2.72	922.80	1125.36	5.18
1886	1079.15	1318.30	0.43	946.40	1156.11	2.73
1887	1125.68	1377.49	4.49	1008.89	1234.57	6.79
1888	1151.83	1411.91	2.50	1054.12	1292.13	4.66
1889	1217.39	1494.83	5.87	1136.72	1395.77	8.02
1890	1279.01	1573.19	5.24	1217.57	1497.62	7.30
1891	1317.22	1624.59	3.27	1277.52	1575.62	5.21
1892	1270.84	1571.65	-3.26	1254.87	1551.90	-1.51
1893	1354.06	1679.15	6.84	1360.42	1687.03	8.71
1894	1314.66	1634.75	-2.64	1343.13	1670.14	-1.00
1895	1279.00	1594.76	-2.45	1328.00	1655.86	-0.86
1896	1325.36	1655.88	3.83	1372.29	1714.51	3.54
1897	1332.69	1668.36	0.75	1376.21	1722.85	0.49
1898	1398.94	1754.82	5.18	1440.99	1807.57	4.92
1899	1408.89	1770.86	0.91	1447.76	1819.71	0.67
1900	1425.01	1794.72	1.35	1460.99	1840.03	1.12
1901	1571.03	1930.97	7.59	1607.19	1975.41	7.36
1902	1566.86	1880.54	-2.61	1599.60	1919.82	-2.81
1903	1495.29	1753.39	-6.76	1523.55	1786.47	-6.95
1904	1598.39	1832.18	4.49	1625.46	1863.21	4.30
1905	1638.53	1836.91	0.26	1663.25	1864.63	0.08
1906	1678.73	1868.16	1.70	1701.10	1893.06	1.52
1907	1719.00	1899.03	1.65	1739.00	1921.12	1.48

Tabelle Nr. 6.27

EINKOMMEN DER SELBSTAENDIGEN

HANDWERK: SCHORNSTEINFEGER

JAHR	RG. ARNSBERG NOMINAL	REAL	% Y-REAL	RG. MUENSTER NOMINAL	REAL	% Y-REAL
1875	1462.00	1413.93	0.0	1230.00	1189.56	0.0
1876	1466.43	1449.90	2.54	1287.92	1273.41	7.05
1877	1471.05	1487.71	2.61	1345.04	1360.28	6.82
1878	1475.84	1527.47	2.67	1401.40	1450.43	6.63
1879	1480.80	1569.31	2.74	1457.05	1544.14	6.46
1880	1485.91	1613.37	2.81	1512.01	1641.71	6.32
1881	1491.17	1655.39	2.60	1566.33	1739.82	5.92
1882	1496.58	1699.50	2.66	1620.04	1839.70	5.80
1883	1502.11	1745.83	2.73	1673.17	1944.65	5.70
1884	1507.77	1794.54	2.79	1725.75	2053.98	5.62
1885	1513.56	1845.80	2.86	1777.81	2168.06	5.55
1886	1519.45	1856.16	0.56	1829.36	2234.75	3.08
1887	1586.97	1941.96	4.62	1956.27	2393.87	7.12
1888	1625.87	1992.97	2.63	2049.96	2512.82	4.97
1889	1720.49	2112.59	6.00	2216.67	2721.85	8.32
1890	1839.75	2226.01	5.37	2380.49	2928.03	7.58
1891	1866.01	2301.44	3.39	2503.80	3088.07	5.47
1892	1802.38	2229.01	-3.15	2465.09	3048.59	-1.28
1893	1922.58	2384.16	6.96	2678.28	3321.28	8.94
1894	1868.71	2323.69	-2.54	2649.70	3294.83	-0.80
1895	1820.00	2269.33	-2.34	2625.00	3273.07	-0.66
1896	2067.21	2582.72	13.81	2733.50	3415.17	4.34
1897	2250.98	2817.95	9.11	2761.29	3456.80	1.22
1898	2534.26	3178.95	12.81	2911.19	3651.77	5.64
1899	2716.00	3413.77	7.39	2943.95	3700.29	1.33
1900	2904.35	3657.87	7.15	2989.21	3764.75	1.74
1901	3366.88	4138.24	13.13	3307.66	4065.46	7.99
1902	3514.56	4218.14	1.93	3310.41	3973.13	-2.27
1903	3496.52	4100.04	-2.80	3169.69	3716.80	-6.45
1904	3882.98	4450.91	8.56	3398.94	3896.08	4.82
1905	4122.87	4622.05	3.84	3494.77	3917.91	0.56
1906	4363.55	4855.94	5.06	3590.80	3995.99	1.99
1907	4605.00	5087.27	4.76	3687.00	4073.13	1.93

Tabelle Nr. 6.28

EINKOMMEN DER SELBSTAENDIGEN

HANDWERK: SCHUHMACHER

JAHR	RG. ARNSBERG			RG. MUENSTER		
	NOMINAL	REAL	% Y-REAL	NOMINAL	REAL	% Y-REAL
1875	1053.00	1018.38	0.0	633.00	612.19	0.0
1876	1050.85	1039.00	2.03	647.55	640.25	4.58
1877	1048.93	1060.81	2.10	661.96	669.46	4.56
1878	1047.22	1083.85	2.17	676.24	699.89	4.55
1879	1045.71	1108.22	2.25	690.38	731.65	4.54
1880	1044.40	1133.99	2.33	704.41	764.83	4.54
1881	1043.27	1158.16	2.13	718.32	797.42	4.26
1882	1042.31	1183.64	2.20	732.12	831.39	4.26
1883	1041.52	1210.51	2.27	745.82	866.82	4.26
1884	1040.89	1238.85	2.34	759.41	903.85	4.27
1885	1040.40	1268.78	2.42	772.92	942.58	4.29
1886	1040.05	1270.52	0.14	786.34	960.59	1.91
1887	1081.77	1323.75	4.19	831.91	1018.00	5.98
1888	1103.77	1352.99	2.21	862.96	1057.81	3.91
1889	1163.34	1428.46	5.58	924.24	1134.87	7.28
1890	1218.87	1499.23	4.95	983.57	1209.80	6.60
1891	1251.90	1544.03	2.99	1025.64	1264.98	4.56
1892	1204.61	1489.75	-3.52	1001.55	1238.62	-2.08
1893	1280.14	1587.48	6.56	1079.72	1338.93	8.10
1894	1239.69	1541.52	-2.90	1060.30	1318.45	-1.53
1895	1203.00	1500.00	-2.69	1043.00	1300.50	-1.36
1896	1291.11	1613.08	7.54	1085.36	1356.02	4.27
1897	1340.57	1678.23	4.04	1095.68	1371.66	1.15
1898	1449.30	1817.99	8.33	1154.45	1448.14	5.58
1899	1499.81	1885.13	3.69	1166.78	1466.54	1.27
1900	1555.59	1959.18	3.93	1184.07	1491.27	1.69
1901	1755.49	2157.68	10.13	1309.54	1609.57	7.93
1902	1789.29	2147.49	-0.47	1310.00	1572.25	-2.32
1903	1742.55	2043.33	-4.85	1253.74	1470.14	-6.49
1904	1898.40	2176.07	6.50	1343.83	1540.38	4.78
1905	1981.04	2220.89	2.06	1381.15	1548.37	0.52
1906	2063.90	2296.80	3.42	1418.54	1578.61	1.95
1907	2147.00	2371.85	3.27	1456.00	1608.48	1.89

Tabelle Nr. 6.29

EINKOMMEN DER SELBSTAENDIGEN						
HANDWERK: STELLMACHER						
JAHR	RG. ARNSBERG			RG. MUENSTER		
	NOMINAL	REAL	% Y-REAL	NOMINAL	REAL	% Y-REAL
1875	1167.00	1128.63	0.0	905.00	875.24	0.0
1876	1149.05	1136.10	0.66	910.64	900.37	2.87
1877	1131.62	1144.44	0.73	916.34	926.72	2.93
1878	1114.70	1153.69	0.81	922.10	954.35	2.98
1879	1098.24	1163.88	0.88	927.91	983.38	3.04
1880	1082.23	1175.06	0.96	933.78	1013.88	3.10
1881	1066.64	1184.11	0.77	939.70	1043.19	2.89
1882	1051.46	1194.03	0.84	945.67	1073.89	2.94
1883	1036.66	1204.85	0.91	951.69	1106.10	3.00
1884	1022.21	1216.63	0.98	957.74	1139.90	3.06
1885	1008.12	1229.41	1.05	963.84	1175.42	3.12
1886	994.35	1214.69	-1.20	969.98	1184.93	0.81
1887	1020.44	1248.70	2.80	1015.52	1242.68	4.87
1888	1027.31	1259.26	0.85	1042.85	1278.31	2.87
1889	1068.30	1311.77	4.17	1106.08	1358.15	6.25
1890	1104.36	1358.37	3.55	1166.06	1434.27	5.60
1891	1119.13	1380.28	1.61	1204.94	1486.12	3.61
1892	1062.47	1313.96	-4.81	1166.35	1442.43	-2.94
1893	1113.98	1381.43	5.13	1246.74	1546.05	7.18
1894	1064.34	1323.48	-4.19	1214.29	1509.93	-2.34
1895	1019.00	1270.57	-4.00	1185.00	1477.56	-2.14
1896	1094.84	1367.87	7.66	1240.24	1549.53	4.87
1897	1137.89	1424.50	4.14	1258.78	1575.83	1.70
1898	1231.25	1544.47	8.42	1332.97	1672.07	6.11
1899	1275.15	1602.75	3.77	1353.55	1701.30	1.75
1900	1323.50	1666.88	4.00	1379.70	1737.66	2.14
1901	1494.53	1836.93	10.20	1532.26	1883.30	8.38
1902	1524.18	1829.31	-0.41	1538.80	1846.36	-1.94
1903	1485.15	1741.50	-4.80	1478.17	1733.32	-6.15
1904	1618.76	1855.52	6.55	1589.95	1822.50	5.15
1905	1689.97	1894.58	2.11	1639.52	1838.03	0.85
1906	1761.39	1960.15	3.46	1689.21	1879.82	2.27
1907	1833.00	2024.97	3.31	1739.00	1921.12	2.20

Tabelle Nr. 6.30

EINKOMMEN DER SELBSTAENDIGEN						
HANDWERK: TAPEZIERER						
JAHR	RG. ARNSBERG			RG. MUENSTER		
	NOMINAL	REAL	% Y-REAL	NOMINAL	REAL	% Y-REAL
1875	1331.00	1287.23	0.0	981.00	948.74	0.0
1876	1330.04	1315.04	2.16	976.83	965.82	1.80
1877	1329.33	1344.38	2.23	972.91	983.93	1.88
1878	1328.86	1375.35	2.30	969.22	1003.13	1.95
1879	1328.63	1408.04	2.38	965.76	1023.49	2.03
1880	1328.61	1442.57	2.45	962.52	1045.08	2.11
1881	1328.79	1475.12	2.26	959.47	1065.13	1.92
1882	1329.17	1509.40	2.32	956.61	1086.31	1.99
1883	1329.74	1545.49	2.39	953.93	1108.71	2.06
1884	1330.48	1583.53	2.46	951.43	1132.38	2.14
1885	1331.39	1623.65	2.53	949.09	1157.42	2.21
1886	1332.47	1627.74	0.25	946.90	1156.73	-0.06
1887	1387.47	1697.83	4.31	982.96	1202.84	3.99
1888	1417.25	1737.25	2.32	1001.02	1227.04	2.01
1889	1495.36	1836.15	5.69	1053.03	1293.02	5.38
1890	1568.43	1929.19	5.07	1101.22	1354.51	4.76
1891	1612.64	1988.95	3.10	1128.95	1392.39	2.80
1892	1553.34	1921.03	-3.41	1084.30	1340.96	-3.69
1893	1652.44	2049.16	6.67	1150.19	1426.32	6.37
1894	1601.85	1991.86	-2.80	1111.83	1382.53	-3.07
1895	1556.00	1940.15	-2.60	1077.00	1342.89	-2.87
1896	1598.87	1997.58	2.96	1176.53	1469.92	9.46
1897	1594.82	1996.52	-0.05	1240.54	1553.01	5.65
1898	1661.31	2083.93	4.38	1359.41	1705.23	9.80
1899	1660.89	2087.60	0.18	1423.72	1789.49	4.94
1900	1668.14	2100.94	0.64	1492.49	1879.72	5.04
1901	1826.76	2245.28	6.87	1700.47	2090.05	11.19
1902	1810.21	2172.60	-3.24	1748.22	2098.20	0.39
1903	1716.88	2013.22	-7.34	1715.92	2012.11	-4.10
1904	1824.39	2091.23	3.87	1882.75	2158.13	7.26
1905	1859.56	2084.71	-0.31	1977.55	2216.98	2.73
1906	1894.77	2108.58	1.14	2072.64	2306.52	4.04
1907	1930.00	2132.12	1.12	2168.00	2395.05	3.84

Tabelle Nr. 6.31

EINKOMMEN DER SELBSTAENDIGEN						
HANDWERK: TISCHLER						
JAHR	RG. ARNSBERG			RG. MUENSTER		
	NOMINAL	REAL	% Y-REAL	NOMINAL	REAL	% Y-REAL
1875	1503.00	1453.58	0.0	1112.00	1075.44	0.0
1876	1503.54	1486.59	2.27	1137.50	1124.68	4.58
1877	1504.35	1521.38	2.34	1162.76	1175.93	4.56
1878	1505.39	1558.06	2.41	1187.77	1229.32	4.54
1879	1506.68	1596.73	2.48	1212.56	1285.04	4.53
1880	1508.18	1637.55	2.56	1237.14	1343.26	4.53
1881	1509.89	1676.17	2.36	1261.52	1400.45	4.26
1882	1511.80	1716.79	2.42	1285.71	1460.04	4.26
1883	1513.90	1759.53	2.49	1309.72	1522.22	4.26
1884	1516.18	1804.55	2.56	1333.55	1587.18	4.27
1885	1518.63	1851.99	2.63	1357.22	1655.15	4.28
1886	1521.24	1858.34	0.34	1380.74	1686.70	1.91
1887	1585.46	1940.11	4.40	1460.72	1787.47	5.97
1888	1620.93	1986.91	2.41	1515.20	1857.32	3.91
1889	1711.75	2101.86	5.79	1622.75	1992.57	7.28
1890	1796.94	2210.25	5.16	1726.87	2124.07	6.60
1891	1849.14	2280.64	3.18	1800.69	2220.88	4.56
1892	1782.63	2204.59	-3.33	1758.35	2174.56	-2.09
1893	1897.91	2353.56	6.76	1895.54	2350.62	8.10
1894	1841.29	2289.59	-2.72	1861.40	2314.60	-1.53
1895	1790.00	2231.92	-2.52	1831.00	2283.04	-1.36
1896	1898.56	2372.01	6.28	1885.21	2355.33	3.17
1897	1950.58	2441.88	2.95	1884.06	2358.61	0.14
1898	2088.85	2620.23	7.30	1966.22	2466.41	4.57
1899	2143.15	2693.76	2.81	1969.22	2475.14	0.35
1900	2205.57	2777.79	3.12	1981.19	2495.21	0.81
1901	2471.31	3037.50	9.35	2173.14	2671.02	7.05
1902	2502.49	3003.47	-1.12	2156.86	2588.64	-3.08
1903	2422.52	2840.66	-5.42	2048.77	2402.41	-7.19
1904	2624.58	3008.46	5.91	2180.28	2499.17	4.03
1905	2724.79	3054.70	1.54	2225.47	2494.92	-0.17
1906	2825.27	3144.08	2.93	2270.71	2526.94	1.28
1907	2926.00	3232.43	2.81	2316.00	2558.55	1.25

Tabelle Nr. 6.32

EINKOMMEN DER SELBSTAENDIGEN

HANDWERK: UHRMACHER

JAHR	RG. ARNSBERG NOMINAL	REAL	% Y-REAL	RG. MUENSTER NOMINAL	REAL	% Y-REAL
1875	1466.00	1417.79	0.0	1391.00	1345.26	0.0
1876	1448.94	1432.61	1.05	1390.23	1374.56	2.18
1877	1432.45	1448.68	1.12	1389.73	1405.47	2.25
1878	1416.50	1466.05	1.20	1389.48	1438.08	2.32
1879	1401.04	1484.79	1.28	1389.46	1472.51	2.39
1880	1386.07	1504.96	1.36	1389.66	1508.86	2.47
1881	1371.55	1522.59	1.17	1390.08	1543.16	2.27
1882	1357.46	1541.52	1.24	1390.69	1579.26	2.34
1883	1343.78	1561.81	1.32	1391.50	1617.27	2.41
1884	1330.48	1583.53	1.39	1392.49	1657.33	2.48
1885	1317.56	1606.78	1.47	1393.65	1699.58	2.55
1886	1304.99	1594.17	-0.78	1394.98	1704.10	0.27
1887	1344.88	1645.71	3.23	1452.77	1777.74	4.32
1888	1359.69	1666.69	1.27	1484.17	1819.28	2.34
1889	1420.02	1743.63	4.62	1566.19	1923.12	5.71
1890	1474.31	1813.42	4.00	1642.94	2020.84	5.08
1891	1500.58	1850.73	2.06	1689.48	2083.72	3.11
1892	1430.89	1769.59	-4.38	1627.58	2012.84	-3.40
1893	1506.97	1868.76	5.60	1731.64	2147.37	6.68
1894	1446.31	1798.44	-3.76	1678.85	2087.60	-2.78
1895	1391.00	1734.41	-3.56	1631.00	2033.67	-2.58
1896	1502.75	1877.49	8.25	1714.88	2142.53	5.35
1897	1569.36	1964.65	4.64	1747.90	2188.16	2.13
1898	1705.37	2139.20	8.88	1858.21	2330.92	6.52
1899	1772.89	2228.37	4.17	1893.79	2380.33	2.12
1900	1846.39	2325.43	4.36	1936.94	2439.47	2.48
1901	2091.39	2570.54	10.54	2157.94	2652.34	8.73
1902	2138.83	2567.01	-0.14	2173.61	2608.75	-1.64
1903	2089.35	2449.99	-4.56	2093.79	2455.19	-5.89
1904	2282.60	2616.46	6.79	2258.01	2588.28	5.42
1905	2388.10	2677.24	2.32	2334.16	2616.77	1.10
1906	2493.90	2775.32	3.66	2410.49	2682.50	2.51
1907	2600.00	2872.29	3.49	2487.00	2747.46	2.42

Tabelle Nr. 6.33

EINKOMMEN DER SELBSTAENDIGEN

HANDWERK: XYLOGRAPHEN

JAHR	RG. ARNSBERG NOMINAL	RG. ARNSBERG REAL	RG. ARNSBERG % Y-REAL	RG. MUENSTER NOMINAL	RG. MUENSTER REAL	RG. MUENSTER % Y-REAL
1875	1575.00	1523.21	0.0	1059.00	1024.18	0.0
1876	1535.30	1517.99	-0.34	1040.10	1028.37	0.41
1877	1496.59	1513.54	-0.29	1021.72	1033.29	0.48
1878	1458.80	1509.84	-0.24	1003.84	1038.96	0.55
1879	1421.90	1506.89	-0.20	986.43	1045.39	0.62
1880	1385.83	1504.70	-0.15	969.46	1052.62	0.69
1881	1350.55	1499.28	-0.36	952.91	1057.85	0.50
1882	1316.02	1494.46	-0.32	936.76	1063.78	0.56
1883	1282.20	1490.24	-0.28	920.99	1070.42	0.62
1884	1249.06	1486.62	-0.24	905.58	1077.82	0.69
1885	1216.56	1483.61	-0.20	890.52	1086.00	0.76
1886	1184.68	1447.20	-2.45	875.78	1069.85	-1.49
1887	1199.89	1468.29	1.46	896.08	1096.52	2.49
1888	1191.75	1460.83	-0.51	899.37	1102.44	0.54
1889	1222.21	1500.75	2.73	932.38	1144.87	3.85
1890	1245.54	1532.03	2.08	960.82	1181.82	3.23
1891	1243.79	1534.03	0.13	970.57	1197.05	1.29
1892	1163.08	1438.39	-6.23	918.43	1135.83	-5.11
1893	1200.62	1488.86	3.51	959.78	1190.21	4.79
1894	1128.84	1403.68	-5.72	913.93	1136.44	-4.52
1895	1063.00	1325.44	-5.57	872.00	1087.28	-4.33
1896	1210.02	1511.77	14.06	1008.38	1259.94	15.87
1897	1319.88	1652.32	9.30	1113.58	1394.07	10.65
1898	1488.08	1866.63	12.97	1268.01	1590.58	14.10
1899	1596.66	2006.86	7.51	1371.67	1724.07	8.39
1900	1709.07	2152.48	7.26	1478.28	1861.82	7.99
1901	1982.92	2437.22	13.23	1725.10	2120.33	13.88
1902	2071.41	2486.09	2.01	1811.06	2173.62	2.51
1903	2062.09	2418.02	-2.74	1810.71	2123.25	-2.32
1904	2291.29	2626.42	8.62	2019.60	2314.99	9.03
1905	2434.06	2728.77	3.90	2152.62	2413.25	4.24
1906	2577.30	2868.13	5.11	2286.09	2544.06	5.42
1907	2721.00	3005.97	4.81	2420.00	2673.44	5.09

Tabelle Nr. 6.34

EINKOMMEN DER SELBSTAENDIGEN

HANDWERK: ZIMMERER

JAHR	RG. ARNSBERG			RG. MUENSTER		
	NOMINAL	REAL	% Y-REAL	NOMINAL	REAL	% Y-REAL
1875	1872.00	1810.44	0.0	1365.00	1320.12	0.0
1876	1823.16	1802.61	-0.43	1337.57	1322.49	0.18
1877	1775.51	1795.62	-0.39	1310.86	1325.71	0.24
1878	1729.01	1789.49	-0.34	1284.85	1329.80	0.31
1879	1683.57	1784.20	-0.30	1259.49	1334.77	0.37
1880	1639.15	1779.75	-0.25	1234.75	1340.66	0.44
1881	1595.69	1771.42	-0.47	1210.59	1343.91	0.24
1882	1553.15	1763.74	-0.43	1186.99	1347.94	0.30
1883	1511.47	1756.71	-0.40	1163.92	1352.77	0.36
1884	1470.62	1750.32	-0.36	1141.35	1358.43	0.42
1885	1430.55	1744.57	-0.33	1119.26	1364.95	0.48
1886	1391.22	1699.51	-2.58	1097.62	1340.85	-1.77
1887	1407.15	1721.92	1.32	1119.82	1370.31	2.20
1888	1395.61	1710.73	-0.65	1120.61	1373.63	0.24
1889	1429.16	1754.86	2.58	1158.21	1422.17	3.53
1890	1454.18	1788.66	1.93	1189.85	1463.53	2.91
1891	1449.77	1788.08	-0.03	1198.11	1477.69	0.97
1892	1353.39	1673.75	-6.39	1130.07	1397.56	-5.42
1893	1394.58	1729.39	3.32	1177.02	1459.60	4.44
1894	1308.75	1627.40	-5.90	1116.97	1388.92	-4.84
1895	1230.00	1533.67	-5.76	1062.00	1324.19	-4.66
1896	1440.46	1799.67	17.34	1222.78	1527.71	15.37
1897	1606.15	2010.71	11.73	1345.83	1684.81	10.28
1898	1842.85	2311.65	14.97	1528.36	1917.16	13.79
1899	2005.79	2521.10	9.06	1649.69	2073.52	8.16
1900	2172.68	2736.37	8.54	1774.69	2235.12	7.79
1901	2546.25	3129.61	14.37	2067.81	2541.56	13.71
1902	2682.83	3219.91	2.89	2168.00	2602.01	2.38
1903	2690.70	3155.14	-2.01	2165.11	2538.83	-2.43
1904	3009.28	3449.42	9.33	2412.49	2765.35	8.92
1905	3215.16	3604.44	4.49	2569.14	2880.20	4.15
1906	3421.74	3807.86	5.64	2726.32	3033.96	5.34
1907	3629.00	4009.06	5.28	2884.00	3186.04	5.01

Tabelle Nr. 7

DIE INTERBRANCHENMAESSIGE ENTWICKLUNG DER EINKOMMENSSTRUKTUR DER SELBSTAENDIGEN

HANDWERK	RG. ARNSBERG 1875-1895	RG. ARNSBERG 1895-1907	RG. MUENSTER 1875-1895	RG. MUENSTER 1895-1907
BAECKER	47.9595	11.0498	15.9856	11.3871
BARBIERE	5.9225	4.0339	3.3088	1.9610
BOETTCHER	-0.1716	-0.1470	1.6188	-2.6289
BUCHBINDER	0.8790	0.2697	-0.0396	0.6424
BUCHDRUCKER	1.3904	0.8399	0.3477	0.4801
BUERSTENMACHER	-0.0074	0.2177	-0.1448	-0.0623
DACHDECKER	3.5520	0.5680	1.0942	0.4739
DRECHSLER	0.1400	-0.1556	-0.1789	-0.6482
FLEISCHER	12.6498	8.9180	4.7075	6.6703
GLASER	-0.6643	0.1228	-0.9283	0.1246
GOLDSCHMIEDE	0.0697	0.0608	-0.0251	-0.3789
GRAVEURE	2.4165	0.4434	-0.2819	0.1374
INSTRUMENTENMACHER	1.1600	-0.0178	0.6607	0.0617
KLEMPNER	2.4987	2.4954	1.0047	4.4279
KORBMACHER	0.2871	-0.0629	-0.5287	0.1920
KUERSCHNER	0.3289	0.1811	0.4518	0.3332
MALER	9.1297	8.1703	16.1431	2.9565
MAURER	2.5256	15.7846	8.7978	12.9801
MECHANIKER	0.7410	2.5718	-0.6218	1.4227
METALLGIESSER	-1.3272	0.1296	0.0571	0.0494
OFENSETZER	0.1688	0.0010	0.2167	0.2406
PHOTOGRAPHEN	0.7110	0.5093	0.1554	1.2203
SATTLER	2.5739	2.6891	2.0771	1.7410
SCHLOSSER	-1.9963	3.8694	1.6317	1.7262
SCHMIEDE	0.8354	1.8383	3.4688	2.7478
SCHNEIDER	14.9228	12.6245	25.0957	23.7129
SCHORNSTEINFEGER	0.5501	0.8139	1.0706	1.1214
SCHUHMACHER	11.1282	9.3250	11.8313	8.9974
STELLMACHER	-1.6877	1.0477	-0.2920	0.7279
TAPEZIERER	0.3923	0.6306	-0.0328	1.0466
TISCHLER	-1.3799	6.9258	22.0074	5.1123
UHRMACHER	1.0018	1.5856	2.0057	2.3097
XYLOGRAPHEN	-0.0195	0.0169	-0.0029	0.0420
ZIMMERER	-16.6801	2.6497	-20.6608	8.1717

*Tabelle Nr. 8**

JAHRESEINKOMMEN DER UNSELBSTAENDIGEN						
	RG. ARNSBERG			RG. MUENSTER		
HANDWERK	1875	1895	1907	1875	1895	1907
BAECKER	793.	1120.	1340.	698.	1040.	1298.
BARBIERE	612.	1060.	1280.	609.	1350.	1260.
BOETTCHER	693.	1020.	1400.	691.	988.	1390.
BUCHBINDER	701.	1040.	1150.	700.	1040.	1160.
BUCHDRUCKER	753.	1125.	1710.	750.	1025.	1636.
BUERSTENMACHER	602.	970.	1190.	612.	960.	1190.
DACHDECKER	794.	1210.	1650.	714.	1150.	1480.
DRECHSLER	693.	996.	1240.	654.	936.	1090.
FLEISCHER	718.	1236.	1640.	623.	1230.	1450.
GLASER	598.	1092.	1520.	492.	1050.	1490.
GOLDSCHMIEDE	654.	1120.	1390.	654.	1040.	1160.
GRAVEURE	651.	990.	1340.	595.	950.	1260.
INSTRUMENTENMACHER	816.	1160.	1500.	809.	1096.	1360.
KLEMPNER	692.	980.	1210.	684.	920.	1060.
KORBMACHER	513.	912.	1160.	495.	816.	980.
KUERSCHNER	673.	1080.	1250.	673.	1080.	1240.
MALER	503.	912.	1210.	509.	875.	1180.
MAURER	726.	1120.	1712.	698.	960.	1290.
MECHANIKER	753.	1136.	1694.	705.	973.	1380.
METALLGIESSER	702.	1036.	1544.	695.	985.	1370.
OFENSETZER	654.	960.	1350.	630.	837.	1240.
PHOTOGRAPHEN	0.0	1040.	1293.	0.0	1040.	1259.
SATTLER	519.	834.	1195.	602.	790.	1090.
SCHLOSSER	712.	1132.	1653.	654.	978.	1280.
SCHMIEDE	503.	984.	1311.	512.	812.	1180.
SCHNEIDER	498.	978.	1216.	508.	870.	1070.
SCHORNSTEINFEGER	737.	1110.	1375.	700.	996.	1320.
SCHUHMACHER	456.	940.	1259.	423.	900.	1054.
STELLMACHER	418.	783.	1195.	423.	680.	1120.
TAPEZIERER	669.	816.	1275.	596.	780.	1160.
TISCHLER	793.	1323.	1518.	721.	1230.	1420.
UHRMACHER	812.	1200.	1450.	816.	1110.	1370.
XYLOGRAPHEN	693.	829.	1300.	614.	795.	1240.
ZIMMERER	723.	956.	1598.	711.	910.	1350.

* S. Tab. 6 (S. 240).

*Tabelle Nr. 9.1**

EINKOMMEN DER UNSELBSTAENDIGEN

HANDWERK: BAECKER

JAHR	RG. ARNSBERG NOMINAL	RG. ARNSBERG REAL	RG. ARNSBERG % Y-REAL	RG. MUENSTER NOMINAL	RG. MUENSTER REAL	RG. MUENSTER % Y-REAL
1875	793.00	766.92	0.0	698.00	675.05	0.0
1876	801.98	792.94	3.39	708.59	700.60	3.79
1877	810.95	820.14	3.43	719.12	727.27	3.81
1878	819.91	848.59	3.47	729.60	755.12	3.83
1879	828.85	878.39	3.51	740.01	784.24	3.86
1880	837.77	909.63	3.56	750.38	814.74	3.89
1881	846.68	939.92	3.33	760.69	844.47	3.65
1882	855.58	971.59	3.37	770.96	875.50	3.67
1883	864.47	1004.73	3.41	781.19	907.94	3.71
1884	873.35	1039.45	3.46	791.37	941.88	3.74
1885	882.22	1075.87	3.50	801.51	977.45	3.78
1886	891.07	1088.53	1.18	811.61	991.47	1.43
1887	936.21	1145.63	5.25	854.82	1046.03	5.50
1888	964.71	1182.53	3.22	882.92	1082.27	3.47
1889	1026.61	1260.57	6.60	941.72	1156.34	6.84
1890	1085.80	1335.54	5.95	998.21	1227.81	6.18
1891	1125.54	1388.18	3.94	1036.95	1278.93	4.16
1892	1092.82	1351.50	-2.64	1008.89	1247.71	-2.44
1893	1171.63	1452.92	7.50	1083.81	1344.01	7.72
1894	1144.45	1423.08	-2.05	1060.71	1318.96	-1.86
1895	1120.00	1396.51	-1.87	1040.00	1296.76	-1.68
1896	1146.72	1432.69	2.59	1069.32	1335.99	3.03
1897	1139.86	1426.97	-0.40	1067.27	1336.09	0.01
1898	1183.41	1484.46	4.03	1112.41	1395.39	4.44
1899	1179.29	1482.27	-0.15	1112.75	1398.63	0.23
1900	1180.74	1487.08	0.32	1118.21	1408.33	0.69
1901	1289.11	1584.45	6.55	1225.18	1505.87	6.93
1902	1273.69	1528.67	-3.52	1214.68	1457.85	-3.19
1903	1204.60	1412.53	-7.60	1152.61	1351.56	-7.29
1904	1276.53	1463.24	3.59	1225.37	1404.59	3.92
1905	1297.68	1454.80	-0.58	1249.56	1400.85	-0.27
1906	1318.84	1467.66	0.88	1273.77	1417.50	1.19
1907	1340.00	1480.34	0.86	1298.00	1433.94	1.16

* S. Tab. 6 (S. 240).

Tabelle Nr. 9.2

EINKOMMEN DER UNSELBSTAENDIGEN

HANDWERK: BARBIERE

JAHR	RG. ARNSBERG			RG. MUENSTER		
	NOMINAL	REAL	% Y-REAL	NOMINAL	REAL	% Y-REAL
1875	612.00	591.88	0.0	609.00	588.97	0.0
1876	628.63	621.54	5.01	640.17	632.95	7.47
1877	645.07	652.38	4.96	670.90	678.50	7.20
1878	661.34	684.47	4.92	701.21	725.74	6.96
1879	677.44	717.94	4.89	731.13	774.83	6.76
1880	693.39	752.87	4.87	760.67	825.92	6.59
1881	709.20	787.30	4.57	789.86	876.85	6.17
1882	724.86	823.14	4.55	818.72	929.73	6.03
1883	740.39	860.52	4.54	847.25	984.72	5.91
1884	755.79	899.54	4.53	875.49	1042.00	5.82
1885	771.07	940.33	4.54	903.43	1101.74	5.73
1886	786.24	960.47	2.14	931.10	1137.43	3.24
1887	833.62	1020.09	6.21	997.16	1220.21	7.28
1888	866.51	1062.16	4.12	1046.35	1282.61	5.11
1889	929.87	1141.78	7.50	1132.90	1391.08	8.46
1890	991.41	1219.45	6.80	1218.09	1498.26	7.70
1891	1035.67	1277.35	4.75	1282.64	1581.94	5.59
1892	1013.08	1252.88	-1.92	1264.15	1563.39	-1.17
1893	1093.94	1356.57	8.28	1374.86	1704.94	9.05
1894	1075.95	1337.92	-1.38	1361.48	1692.96	-0.70
1895	1060.00	1321.69	-1.21	1350.00	1683.29	-0.57
1896	1086.28	1357.17	2.68	1352.40	1689.65	0.38
1897	1080.73	1352.95	-0.31	1315.60	1646.98	-2.53
1898	1122.98	1408.66	4.12	1337.00	1677.12	1.83
1899	1120.00	1407.74	-0.06	1304.47	1639.60	-2.24
1900	1122.27	1413.44	0.40	1279.00	1610.83	-1.75
1901	1226.22	1507.16	6.63	1367.71	1681.06	4.36
1902	1212.47	1455.20	-3.45	1323.86	1588.88	-5.48
1903	1147.54	1345.62	-7.53	1226.79	1438.55	-9.46
1904	1216.92	1394.91	3.66	1274.04	1460.39	1.52
1905	1237.94	1387.82	-0.51	1269.47	1423.17	-2.55
1906	1258.97	1401.03	0.95	1264.79	1407.51	-1.10
1907	1280.00	1414.05	0.93	1260.00	1391.96	-1.10

Tabelle Nr. 9.3

EINKOMMEN DER UNSELBSTAENDIGEN						
HANDWERK: BOETTCHER						
JAHR	RG. ARNSBERG			RG. MUENSTER		
	NOMINAL	REAL	% Y-REAL	NOMINAL	REAL	% Y-REAL
1875	693.00	670.21	0.0	691.00	668.28	0.0
1876	702.89	694.97	3.69	699.43	691.54	3.48
1877	712.74	720.81	3.72	707.83	715.85	3.51
1878	722.54	747.81	3.75	716.21	741.26	3.55
1879	732.29	776.06	3.78	724.56	767.87	3.59
1880	742.00	805.64	3.81	732.90	795.77	3.63
1881	751.67	834.45	3.57	741.22	822.84	3.40
1882	761.30	864.52	3.60	749.51	851.14	3.44
1883	770.89	895.97	3.64	757.79	880.75	3.48
1884	780.45	928.89	3.67	766.06	911.75	3.52
1885	789.98	963.39	3.71	774.30	944.27	3.57
1886	799.48	976.64	1.38	782.53	955.94	1.24
1887	841.57	1029.82	5.44	822.64	1006.65	5.30
1888	868.77	1064.93	3.41	848.14	1039.64	3.28
1889	926.15	1137.22	6.79	903.04	1108.84	6.66
1890	981.22	1206.91	6.13	955.59	1175.39	6.00
1891	1018.81	1256.55	4.11	991.06	1222.33	3.99
1892	990.78	1225.31	-2.49	962.72	1190.60	-2.60
1893	1063.88	1319.29	7.67	1032.63	1280.54	7.55
1894	1040.75	1294.14	-1.91	1009.12	1254.81	-2.01
1895	1020.00	1271.82	-1.72	988.00	1231.92	-1.82
1896	1059.42	1323.61	4.07	1029.03	1285.64	4.36
1897	1067.59	1336.50	0.97	1039.67	1301.54	1.24
1898	1122.98	1408.66	5.40	1096.29	1375.18	5.66
1899	1133.18	1424.30	1.11	1108.80	1393.66	1.34
1900	1148.26	1446.17	1.54	1126.01	1418.15	1.76
1901	1268.15	1558.68	7.78	1246.14	1531.63	8.00
1902	1266.89	1520.51	-2.45	1247.33	1497.04	-2.26
1903	1210.94	1419.96	-6.61	1194.46	1400.63	-6.44
1904	1296.40	1486.01	4.65	1281.00	1468.36	4.84
1905	1330.87	1492.00	0.40	1317.26	1476.75	0.57
1906	1365.40	1519.48	1.84	1353.60	1506.34	2.00
1907	1400.00	1546.62	1.79	1390.00	1535.57	1.94

Tabelle Nr. 9.4

EINKOMMEN DER UNSELBSTAENDIGEN						
HANDWERK: BUCHBINDER						
JAHR	RG. ARNSBERG			RG. MUENSTER		
	NOMINAL	REAL	% Y-REAL	NOMINAL	REAL	% Y-REAL
1875	701.00	677.95	0.0	700.00	676.98	0.0
1876	711.42	703.40	3.75	710.48	702.47	3.76
1877	721.78	729.95	3.77	720.89	729.06	3.79
1878	732.08	757.69	3.80	731.25	756.83	3.81
1879	742.33	786.70	3.83	741.56	785.88	3.84
1880	752.53	817.08	3.86	751.82	816.30	3.87
1881	762.69	846.68	3.62	762.02	845.94	3.63
1882	772.80	877.58	3.65	772.19	876.89	3.66
1883	782.87	909.89	3.68	782.31	909.24	3.69
1884	792.90	943.71	3.72	792.39	943.10	3.72
1885	802.89	979.14	3.75	802.43	978.58	3.76
1886	812.85	992.98	1.41	812.44	992.47	1.42
1887	855.95	1047.42	5.48	855.57	1046.96	5.49
1888	883.93	1083.51	3.45	883.59	1083.10	3.45
1889	942.63	1157.45	6.82	942.32	1157.08	6.83
1890	998.99	1228.78	6.16	998.73	1228.45	6.17
1891	1037.60	1279.72	4.15	1037.38	1279.45	4.15
1892	1009.35	1248.27	-2.46	1009.20	1248.08	-2.45
1893	1084.13	1344.41	7.70	1084.03	1344.28	7.71
1894	1060.87	1319.16	-1.88	1060.81	1319.09	-1.87
1895	1040.00	1296.76	-1.70	1040.00	1296.76	-1.69
1896	1056.90	1320.46	1.83	1057.74	1321.51	1.91
1897	1042.96	1305.66	-1.12	1044.60	1307.71	-1.04
1898	1075.14	1348.65	3.29	1077.66	1351.80	3.37
1899	1064.00	1337.35	-0.84	1067.29	1341.49	-0.76
1900	1058.12	1332.64	-0.35	1062.18	1337.76	-0.28
1901	1147.62	1410.55	5.85	1152.86	1416.99	5.92
1902	1126.60	1352.13	-4.14	1132.55	1359.28	-4.07
1903	1058.78	1241.54	-8.18	1065.12	1248.97	-8.11
1904	1115.10	1278.20	2.95	1122.55	1286.74	3.02
1905	1126.76	1263.18	-1.17	1135.05	1272.48	-1.11
1906	1138.39	1266.85	0.29	1147.54	1277.03	0.36
1907	1150.00	1270.44	0.28	1160.00	1281.48	0.35

Tabelle Nr. 9.5

EINKOMMEN DER UNSELBSTAENDIGEN

HANDWERK: BUCHDRUCKER

JAHR	RG. ARNSBERG			RG. MUENSTER		
	NOMINAL	REAL	% Y-REAL	NOMINAL	REAL	% Y-REAL
1875	753.00	728.24	0.0	750.00	725.34	0.0
1876	764.58	755.96	3.81	756.80	748.27	3.16
1877	776.09	784.88	3.83	763.61	772.26	3.21
1878	787.53	815.08	3.85	770.44	797.39	3.25
1879	798.91	846.67	3.87	777.28	823.74	3.30
1880	810.24	879.74	3.91	784.14	851.40	3.36
1881	821.50	911.97	3.66	791.00	878.11	3.14
1882	832.72	945.63	3.69	797.88	906.07	3.18
1883	843.89	980.81	3.72	804.77	935.34	3.23
1884	855.00	1017.62	3.75	811.67	966.04	3.28
1885	866.07	1056.19	3.79	818.57	998.26	3.34
1886	877.10	1071.47	1.45	825.49	1008.42	1.02
1887	923.90	1130.57	5.52	865.98	1059.70	5.08
1888	954.39	1169.89	3.48	891.03	1092.21	3.07
1889	1018.07	1250.09	6.86	946.84	1162.63	6.45
1890	1079.26	1327.50	6.19	1000.04	1230.06	5.80
1891	1121.27	1382.92	4.17	1035.25	1276.82	3.80
1892	1091.04	1349.29	-2.43	1003.84	1241.46	-2.77
1893	1172.17	1453.58	7.73	1074.87	1332.92	7.37
1894	1147.30	1426.63	-1.85	1048.63	1303.94	-2.17
1895	1125.00	1402.74	-1.67	1025.00	1278.05	-1.99
1896	1182.40	1477.26	5.31	1083.85	1354.13	5.95
1897	1204.74	1508.19	2.09	1110.46	1390.16	2.66
1898	1280.35	1606.06	6.49	1186.18	1487.93	7.03
1899	1304.47	1639.60	2.09	1214.21	1526.16	2.57
1900	1333.82	1679.87	2.46	1246.93	1570.43	2.90
1901	1485.62	1825.98	8.70	1394.44	1713.91	9.14
1902	1496.04	1795.53	-1.67	1409.48	1691.65	-1.30
1903	1440.77	1689.46	-5.91	1362.15	1597.27	-5.58
1904	1553.44	1780.65	5.40	1473.47	1688.98	5.74
1905	1605.50	1799.89	1.08	1527.51	1712.46	1.39
1906	1657.69	1844.75	2.49	1581.69	1760.17	2.79
1907	1710.00	1889.09	2.40	1636.00	1807.33	2.68

Tabelle Nr. 9.6

EINKOMMEN DER UNSELBSTAENDIGEN

HANDWERK: BUERSTENMACHER

JAHR	RG. ARNSBERG			RG. MUENSTER		
	NOMINAL	REAL	% Y-REAL	NOMINAL	REAL	% Y-REAL
1875	602.00	582.20	0.0	612.00	591.88	0.0
1876	614.75	607.82	4.40	623.67	616.64	4.18
1877	627.39	634.50	4.39	635.25	642.44	4.18
1878	639.92	662.30	4.38	646.73	669.36	4.19
1879	652.34	691.33	4.38	658.13	697.47	4.20
1880	664.66	721.67	4.39	669.45	726.87	4.22
1881	676.89	751.43	4.12	680.69	755.65	3.96
1882	689.03	782.46	4.13	691.86	785.67	3.97
1883	701.09	814.84	4.14	702.96	817.01	3.99
1884	713.06	848.68	4.15	713.99	849.78	4.01
1885	724.96	884.09	4.17	724.96	884.09	4.04
1886	736.78	900.05	1.81	735.87	898.93	1.68
1887	778.72	952.91	5.87	776.83	950.60	5.75
1888	807.03	989.25	3.81	804.15	985.72	3.70
1889	863.56	1060.37	7.19	859.54	1055.43	7.07
1890	918.21	1129.41	6.51	912.98	1122.97	6.40
1891	956.70	1179.94	4.47	950.29	1172.04	4.37
1892	933.49	1154.45	-2.16	926.34	1145.61	-2.26
1893	1005.58	1247.00	8.02	996.96	1236.31	7.92
1894	986.78	1227.03	-1.60	977.44	1215.42	-1.69
1895	970.00	1209.48	-1.43	960.00	1197.01	-1.52
1896	995.62	1243.90	2.85	986.38	1232.36	2.95
1897	992.04	1241.91	-0.16	983.83	1231.63	-0.06
1898	1032.34	1294.95	4.27	1024.78	1285.48	4.37
1899	1031.06	1295.95	0.08	1024.47	1287.67	0.17
1900	1034.57	1302.98	0.54	1028.89	1295.83	0.63
1901	1131.90	1391.22	6.77	1126.66	1384.78	6.86
1902	1120.65	1344.99	-3.32	1116.39	1339.89	-3.24
1903	1061.95	1245.25	-7.42	1058.78	1241.54	-7.34
1904	1127.52	1292.43	3.79	1125.03	1289.58	3.87
1905	1148.33	1287.36	-0.39	1146.67	1285.50	-0.32
1906	1169.16	1301.09	1.07	1168.33	1300.16	1.14
1907	1190.00	1314.63	1.04	1190.00	1314.63	1.11

Tabelle Nr. 9.7

EINKOMMEN DER UNSELBSTAENDIGEN

HANDWERK: DACHDECKER

JAHR	RG. ARNSBERG NOMINAL	RG. ARNSBERG REAL	RG. ARNSBERG % Y-REAL	RG. MUENSTER NOMINAL	RG. MUENSTER REAL	RG. MUENSTER % Y-REAL
1875	794.00	767.89	0.0	714.00	690.52	0.0
1876	807.39	798.28	3.96	729.10	720.89	4.40
1877	820.68	829.97	3.97	744.07	752.50	4.39
1878	833.88	863.05	3.99	758.90	785.45	4.38
1879	847.00	897.62	4.01	773.62	819.85	4.38
1880	860.04	933.81	4.03	788.21	855.82	4.39
1881	873.00	969.14	3.78	802.69	891.09	4.12
1882	885.90	1006.01	3.80	817.07	927.85	4.13
1883	898.72	1044.54	3.83	831.35	966.23	4.14
1884	911.48	1084.84	3.86	845.53	1006.34	4.15
1885	924.18	1127.05	3.89	859.62	1048.31	4.17
1886	936.82	1144.42	1.54	873.62	1067.22	1.80
1887	987.69	1208.63	5.61	923.34	1129.88	5.87
1888	1021.17	1251.74	3.57	956.89	1172.94	3.81
1889	1090.20	1338.66	6.94	1023.90	1257.24	7.19
1890	1156.65	1422.69	6.28	1088.67	1339.08	6.51
1891	1202.59	1483.22	4.25	1134.29	1398.98	4.47
1892	1171.04	1448.23	-2.36	1106.75	1368.73	-2.16
1893	1259.02	1561.29	7.81	1192.21	1478.44	8.02
1894	1233.16	1533.40	-1.79	1169.90	1454.74	-1.60
1895	1210.00	1508.73	-1.61	1150.00	1433.91	-1.43
1896	1255.86	1569.03	4.00	1186.18	1481.98	3.35
1897	1264.69	1583.24	0.91	1187.49	1486.60	0.31
1898	1329.45	1667.65	5.33	1241.32	1557.10	4.74
1899	1340.71	1685.15	1.05	1245.18	1565.08	0.51
1900	1357.77	1710.04	1.48	1254.64	1580.15	0.96
1901	1498.72	1842.08	7.72	1378.19	1693.94	7.20
1902	1496.46	1796.04	-2.50	1369.77	1643.99	-2.95
1903	1429.67	1676.45	-6.66	1302.87	1527.76	-7.07
1904	1529.85	1753.61	4.60	1388.29	1591.34	4.16
1905	1569.83	1759.89	0.36	1418.82	1590.60	-0.05
1906	1609.88	1791.54	1.80	1449.39	1612.94	1.40
1907	1650.00	1822.80	1.74	1480.00	1635.00	1.37

Tabelle Nr. 9.8

EINKOMMEN DER UNSELBSTAENDIGEN

HANDWERK: DRECHSLER

JAHR	RG. ARNSBERG NOMINAL	RG. ARNSBERG REAL	RG. ARNSBERG % Y-REAL	RG. MUENSTER NOMINAL	RG. MUENSTER REAL	RG. MUENSTER % Y-REAL
1875	693.00	670.21	0.0	654.00	632.50	0.0
1876	701.71	693.80	3.52	662.02	654.56	3.49
1877	710.38	718.43	3.55	670.02	677.61	3.52
1878	719.03	744.18	3.59	677.99	701.71	3.56
1879	727.65	771.15	3.62	685.94	726.94	3.60
1880	736.25	799.40	3.66	693.87	753.39	3.64
1881	744.83	826.85	3.43	701.78	779.07	3.41
1882	753.38	855.53	3.47	709.68	805.90	3.44
1883	761.91	885.53	3.51	717.55	833.98	3.48
1884	770.42	916.95	3.55	725.41	863.38	3.53
1885	778.91	949.89	3.59	733.26	894.22	3.57
1886	787.39	961.87	1.26	741.09	905.31	1.24
1887	827.94	1013.14	5.33	779.10	953.38	5.31
1888	853.80	1046.58	3.30	803.29	984.67	3.28
1889	909.27	1116.49	6.68	855.32	1050.25	6.66
1890	962.39	1183.75	6.02	905.13	1113.33	6.01
1891	998.32	1231.28	4.01	938.77	1157.83	4.00
1892	969.97	1199.56	-2.58	911.95	1127.82	-2.59
1893	1040.60	1290.43	7.57	978.21	1213.06	7.56
1894	1017.11	1264.74	-1.99	955.98	1188.73	-2.01
1895	996.00	1241.89	-1.81	936.00	1167.08	-1.82
1896	1023.82	1279.14	3.00	955.83	1194.19	2.32
1897	1021.61	1278.93	-0.02	947.70	1186.40	-0.65
1898	1064.57	1335.38	4.41	981.48	1231.15	3.77
1899	1064.66	1338.18	0.21	975.72	1226.39	-0.39
1900	1069.65	1347.17	0.67	974.64	1227.51	0.09
1901	1171.72	1440.17	6.90	1061.68	1304.92	6.31
1902	1161.46	1393.97	-3.21	1046.67	1256.21	-3.73
1903	1101.89	1292.09	-7.31	987.77	1158.27	-7.80
1904	1171.23	1342.53	3.90	1044.57	1197.35	3.37
1905	1194.13	1338.71	-0.28	1059.72	1188.02	-0.78
1906	1217.05	1354.39	1.17	1074.86	1196.15	0.68
1907	1240.00	1369.86	1.14	1090.00	1204.15	0.67

Tabelle Nr. 9.9

EINKOMMEN DER UNSELBSTAENDIGEN

HANDWERK: FLEISCHER

JAHR	RG. ARNSBERG			RG. MUENSTER		
	NOMINAL	REAL	% Y-REAL	NOMINAL	REAL	% Y-REAL
1875	718.00	694.39	0.0	623.00	602.51	0.0
1876	737.13	728.82	4.96	647.40	640.11	6.24
1877	756.05	764.61	4.91	671.49	679.10	6.09
1878	774.78	801.88	4.87	695.27	719.59	5.96
1879	793.31	840.73	4.84	718.77	761.73	5.86
1880	811.67	881.30	4.83	742.00	805.64	5.76
1881	829.87	921.25	4.53	764.97	849.21	5.41
1882	847.90	962.86	4.52	787.70	894.50	5.33
1883	865.78	1006.26	4.51	810.20	941.65	5.27
1884	883.52	1051.56	4.50	832.48	990.81	5.22
1885	901.12	1098.93	4.50	854.55	1042.13	5.18
1886	918.60	1122.16	2.11	876.42	1070.63	2.73
1887	973.69	1191.49	6.18	934.32	1143.31	6.79
1888	1011.86	1240.33	4.10	976.22	1196.64	4.66
1889	1085.58	1332.98	7.47	1052.73	1292.65	8.02
1890	1157.17	1423.33	6.78	1127.63	1387.00	7.30
1891	1208.57	1490.59	4.73	1183.17	1459.26	5.21
1892	1181.96	1461.73	-1.94	1162.21	1437.32	-1.50
1893	1276.05	1582.40	8.25	1259.99	1562.49	8.71
1894	1254.83	1560.35	-1.39	1243.99	1546.87	-1.00
1895	1236.00	1541.15	-1.23	1230.00	1533.67	-0.85
1896	1279.03	1597.98	3.69	1257.53	1571.13	2.44
1897	1284.40	1607.91	0.62	1248.26	1562.67	-0.54
1898	1346.57	1689.12	5.05	1294.20	1623.43	3.89
1899	1354.54	1702.54	0.79	1288.00	1618.90	-0.28
1900	1368.49	1723.54	1.23	1287.93	1622.08	0.20
1901	1507.10	1852.39	7.48	1404.39	1726.15	6.42
1902	1501.56	1802.16	-2.71	1385.93	1663.38	-3.64
1903	1431.57	1678.68	-6.85	1309.21	1535.19	-7.71
1904	1528.85	1752.47	4.40	1385.80	1588.49	3.47
1905	1565.84	1755.43	0.17	1407.20	1577.58	-0.69
1906	1602.89	1783.77	1.61	1428.60	1589.81	0.78
1907	1640.00	1811.75	1.57	1450.00	1601.86	0.76

Tabelle Nr. 9.10

EINKOMMEN DER UNSELBSTAENDIGEN						
HANDWERK:		GLASER				
JAHR	RG. ARNSBERG			RG. MUENSTER		
	NOMINAL	REAL	% Y-REAL	NOMINAL	REAL	% Y-REAL
1875	598.00	578.34	0.0	492.00	475.82	0.0
1876	617.03	610.08	5.49	515.17	509.36	7.05
1877	635.84	643.04	5.40	538.02	544.11	6.82
1878	654.43	677.32	5.33	560.56	580.17	6.63
1879	672.81	713.02	5.27	582.82	617.65	6.46
1880	691.00	750.27	5.22	604.80	656.68	6.32
1881	709.01	787.08	4.91	626.53	695.53	5.92
1882	726.84	825.39	4.87	648.02	735.88	5.80
1883	744.51	865.30	4.84	669.27	777.86	5.70
1884	762.01	906.94	4.81	690.30	821.59	5.62
1885	779.38	950.46	4.80	711.12	867.22	5.55
1886	796.59	973.12	2.38	731.75	893.90	3.08
1887	846.49	1035.84	6.45	782.51	957.55	7.12
1888	881.77	1080.86	4.35	819.98	1005.13	4.97
1889	948.15	1164.23	7.71	886.67	1088.74	8.32
1890	1012.85	1245.82	7.01	952.20	1171.21	7.58
1891	1060.01	1307.36	4.94	1001.52	1235.23	5.47
1892	1038.69	1284.55	-1.74	986.04	1219.44	-1.28
1893	1123.47	1393.19	8.46	1071.31	1328.51	8.94
1894	1106.75	1376.21	-1.22	1059.88	1317.93	-0.80
1895	1092.00	1361.60	-1.06	1050.00	1309.23	-0.66
1896	1135.98	1419.26	4.24	1094.68	1367.66	4.46
1897	1146.43	1435.19	1.12	1107.01	1385.85	1.33
1898	1207.58	1514.78	5.55	1168.30	1465.51	5.75
1899	1220.14	1533.61	1.24	1182.59	1486.41	1.43
1900	1237.91	1559.08	1.66	1201.86	1513.67	1.83
1901	1368.76	1682.35	7.91	1331.03	1635.97	8.08
1902	1368.92	1642.97	-2.34	1333.21	1600.11	-2.19
1903	1309.85	1535.94	-6.51	1277.51	1498.02	-6.38
1904	1403.68	1608.99	4.76	1370.90	1571.41	4.90
1905	1442.38	1617.02	0.50	1410.52	1581.30	0.63
1906	1481.15	1648.29	1.93	1450.22	1613.87	2.06
1907	1520.00	1679.19	1.87	1490.00	1646.04	1.99

Tabelle Nr. 9.11

EINKOMMEN DER UNSELBSTAENDIGEN

HANDWERK: GOLDSCHMIEDE

JAHR	RG. ARNSBERG NOMINAL	RG. ARNSBERG REAL	RG. ARNSBERG % Y-REAL	RG. MUENSTER NOMINAL	RG. MUENSTER REAL	RG. MUENSTER % Y-REAL
1875	654.00	632.50	0.0	654.00	632.50	0.0
1876	671.14	663.57	4.91	667.17	659.65	4.29
1877	688.09	695.88	4.87	680.23	687.93	4.29
1878	704.86	729.52	4.83	693.18	717.43	4.29
1879	721.47	764.60	4.81	706.03	748.22	4.29
1880	737.93	801.22	4.79	718.77	780.43	4.30
1881	754.23	837.29	4.50	731.43	811.98	4.04
1882	770.40	874.85	4.49	744.00	844.88	4.05
1883	786.43	914.03	4.48	756.48	879.22	4.07
1884	802.33	954.93	4.47	768.89	915.13	4.08
1885	818.11	997.70	4.48	781.22	952.71	4.11
1886	833.78	1018.54	2.09	793.48	969.31	1.74
1887	883.59	1081.24	6.16	838.16	1025.65	5.81
1888	918.03	1125.32	4.08	868.15	1064.16	3.76
1889	984.72	1209.13	7.45	928.46	1140.05	7.13
1890	1049.45	1290.84	6.76	986.71	1213.66	6.46
1891	1095.87	1351.59	4.71	1027.56	1267.34	4.42
1892	1071.55	1325.19	-1.95	1002.16	1239.38	-2.21
1893	1156.65	1434.34	8.24	1079.07	1338.13	7.97
1894	1137.24	1414.12	-1.41	1058.43	1316.13	-1.64
1895	1120.00	1396.51	-1.25	1040.00	1296.76	-1.47
1896	1150.92	1437.93	2.97	1057.74	1321.51	1.91
1897	1148.07	1437.25	-0.05	1044.60	1307.71	-1.04
1898	1196.00	1500.25	4.38	1077.66	1351.80	3.37
1899	1195.76	1502.97	0.18	1067.29	1341.49	-0.76
1900	1201.04	1512.65	0.64	1062.18	1337.76	-0.28
1901	1315.31	1616.65	6.88	1152.86	1416.99	5.92
1902	1303.45	1564.39	-3.23	1132.55	1359.28	-4.07
1903	1236.30	1449.70	-7.33	1065.12	1248.97	-8.11
1904	1313.78	1505.94	3.88	1122.55	1286.74	3.02
1905	1339.17	1501.31	-0.31	1135.05	1272.48	-1.11
1906	1364.57	1518.55	1.15	1147.54	1277.03	0.36
1907	1390.00	1535.57	1.12	1160.00	1281.48	0.35

Tabelle Nr. 9.12

EINKOMMEN DER UNSELBSTAENDIGEN

HANDWERK: GRAVEURE

JAHR	RG. ARNSBERG NOMINAL	REAL	% Y-REAL	RG. MUENSTER NOMINAL	REAL	% Y-REAL
1875	651.00	629.59	0.0	595.00	575.44	0.0
1876	661.87	654.41	3.94	607.17	600.33	4.33
1877	672.67	680.29	3.95	619.24	626.25	4.32
1878	683.39	707.30	3.97	631.20	653.28	4.32
1879	694.05	735.54	3.99	643.07	681.51	4.32
1880	704.65	765.09	4.02	654.85	711.02	4.33
1881	715.18	793.94	3.77	666.53	739.94	4.07
1882	725.66	824.05	3.79	678.14	770.09	4.08
1883	736.08	855.51	3.82	689.67	801.57	4.09
1884	746.46	888.43	3.85	701.12	834.47	4.10
1885	756.78	922.90	3.88	712.51	868.91	4.13
1886	767.05	937.03	1.53	723.82	884.22	1.76
1887	808.63	989.51	5.60	764.72	935.77	5.83
1888	835.96	1024.71	3.56	792.21	971.08	3.77
1889	892.39	1095.77	6.93	847.39	1040.51	7.15
1890	946.71	1164.46	6.27	900.69	1107.86	6.47
1891	984.23	1213.90	4.25	938.13	1157.04	4.44
1892	958.33	1185.18	-2.37	915.07	1131.67	-2.19
1893	1030.26	1277.60	7.80	985.43	1222.01	7.98
1894	1009.02	1254.68	-1.79	966.71	1202.08	-1.63
1895	990.00	1234.41	-1.62	950.00	1184.54	-1.46
1896	1026.68	1282.71	3.91	983.03	1228.17	3.68
1897	1033.10	1293.32	0.83	987.11	1235.75	0.62
1898	1085.21	1361.28	5.25	1034.85	1298.11	5.05
1899	1093.65	1374.62	0.98	1040.94	1308.37	0.79
1900	1106.84	1394.01	1.41	1051.62	1324.46	1.23
1901	1220.98	1500.72	7.65	1158.10	1423.43	7.47
1902	1218.43	1462.34	-2.56	1153.81	1384.79	-2.71
1903	1163.39	1364.20	-6.71	1099.99	1289.86	-6.86
1904	1244.24	1426.23	4.55	1174.70	1346.52	4.39
1905	1276.11	1430.61	0.31	1203.09	1348.76	0.17
1906	1308.03	1455.63	1.75	1231.52	1370.49	1.61
1907	1340.00	1480.34	1.70	1260.00	1391.96	1.57

Tabelle Nr. 9.13

EINKOMMEN DER UNSELBSTAENDIGEN

HANDWERK: INSTRUMENTENMACHER

JAHR	RG. ARNSBERG			RG. MUENSTER		
	NOMINAL	REAL	% Y-REAL	NOMINAL	REAL	% Y-REAL
1875	816.00	789.17	0.0	809.00	782.40	0.0
1876	825.62	816.31	3.44	815.86	806.66	3.10
1877	835.21	844.67	3.47	822.74	832.06	3.15
1878	844.79	874.34	3.51	829.64	858.67	3.20
1879	854.34	905.40	3.55	836.57	886.57	3.25
1880	863.87	937.97	3.60	843.52	915.87	3.30
1881	873.38	969.56	3.37	850.48	944.14	3.09
1882	882.88	1002.59	3.41	857.47	973.73	3.13
1883	892.36	1037.14	3.45	864.47	1004.73	3.18
1884	901.82	1073.34	3.49	871.49	1037.24	3.24
1885	911.27	1111.30	3.54	878.53	1071.37	3.29
1886	920.70	1124.73	1.21	885.58	1081.82	0.97
1887	967.63	1184.08	5.28	928.64	1136.36	5.04
1888	997.37	1222.57	3.25	955.11	1170.77	3.03
1889	1061.67	1303.62	6.63	1014.56	1245.77	6.41
1890	1123.18	1381.53	5.98	1071.15	1317.53	5.76
1891	1164.60	1436.36	3.97	1108.46	1367.12	3.76
1892	1131.04	1398.76	-2.62	1074.46	1328.79	-2.80
1893	1212.90	1504.10	7.53	1150.08	1426.19	7.33
1894	1185.04	1473.57	-2.03	1121.63	1394.72	-2.21
1895	1160.00	1446.38	-1.84	1096.00	1366.58	-2.02
1896	1197.09	1495.62	3.40	1126.24	1407.10	2.96
1897	1198.99	1500.99	0.36	1123.44	1406.41	-0.05
1898	1253.91	1572.89	4.79	1170.32	1468.04	4.38
1899	1258.35	1581.64	0.56	1170.07	1470.68	0.18
1900	1268.45	1597.54	1.01	1175.22	1480.13	0.64
1901	1393.91	1713.26	7.24	1287.01	1581.87	6.87
1902	1385.93	1663.38	-2.91	1275.39	1530.72	-3.23
1903	1318.72	1546.34	-7.04	1209.67	1418.47	-7.33
1904	1405.67	1611.27	4.20	1285.47	1473.48	3.88
1905	1437.07	1611.07	-0.01	1310.29	1468.94	-0.31
1906	1468.52	1634.23	1.44	1335.14	1485.79	1.15
1907	1500.00	1657.09	1.40	1360.00	1502.43	1.12

Tabelle Nr. 9.14

EINKOMMEN DER UNSELBSTAENDIGEN

HANDWERK: KLEMPNER

JAHR	RG. ARNSBERG NOMINAL	RG. ARNSBERG REAL	RG. ARNSBERG % Y-REAL	RG. MUENSTER NOMINAL	RG. MUENSTER REAL	RG. MUENSTER % Y-REAL
1875	692.00	669.25	0.0	684.00	661.51	0.0
1876	699.97	692.08	3.41	689.47	681.70	3.05
1877	707.93	715.95	3.45	694.96	702.83	3.10
1878	715.87	740.91	3.49	700.48	724.99	3.15
1879	723.79	767.05	3.53	706.03	748.22	3.21
1880	731.70	794.47	3.57	711.59	772.63	3.26
1881	739.60	821.05	3.35	717.18	796.16	3.05
1882	747.49	848.84	3.38	722.78	820.79	3.09
1883	755.36	877.92	3.43	728.41	846.59	3.14
1884	763.22	908.38	3.47	734.05	873.66	3.20
1885	771.07	940.33	3.52	739.71	902.09	3.25
1886	778.92	951.52	1.19	745.39	910.57	0.94
1887	818.47	1001.56	5.26	781.37	956.16	5.01
1888	843.49	1033.94	3.23	803.39	984.78	2.99
1889	897.72	1102.31	6.61	853.11	1047.54	6.37
1890	949.58	1168.00	5.96	900.43	1107.54	5.73
1891	984.45	1214.17	3.95	931.51	1148.88	3.73
1892	955.93	1182.21	-2.63	902.67	1116.33	-2.83
1893	1024.98	1271.05	7.51	965.93	1197.82	7.30
1894	1001.29	1245.08	-2.04	941.77	1171.07	-2.23
1895	980.00	1221.94	-1.86	920.00	1147.13	-2.04
1896	1006.53	1257.54	2.91	938.53	1172.58	2.22
1897	1003.54	1256.31	-0.10	929.63	1163.78	-0.75
1898	1044.93	1310.75	4.33	961.84	1206.52	3.67
1899	1044.23	1312.51	0.13	955.29	1200.72	-0.48
1900	1048.38	1320.37	0.60	953.36	1200.71	-0.00
1901	1147.62	1410.55	6.83	1037.57	1275.29	6.21
1902	1136.80	1364.38	-3.27	1022.01	1226.61	-3.82
1903	1077.80	1263.84	-7.37	963.68	1130.02	-7.87
1904	1144.90	1312.36	3.84	1018.24	1167.17	3.29
1905	1166.58	1307.83	-0.35	1032.17	1157.14	-0.86
1906	1188.28	1322.37	1.11	1046.09	1164.13	0.60
1907	1210.00	1336.72	1.09	1060.00	1171.01	0.59

Tabelle Nr. 9.15

EINKOMMEN DER UNSELBSTAENDIGEN

HANDWERK: KORBMACHER

JAHR	RG. ARNSBERG			RG. MUENSTER		
	NOMINAL	REAL	% Y-REAL	NOMINAL	REAL	% Y-REAL
1875	513.00	496.13	0.0	495.00	478.72	0.0
1876	528.10	522.15	5.24	506.40	500.69	4.59
1877	543.03	549.18	5.18	517.69	523.55	4.57
1878	557.79	577.30	5.12	528.87	547.37	4.55
1879	572.39	606.60	5.08	539.95	572.22	4.54
1880	586.85	637.18	5.04	550.93	598.19	4.54
1881	601.16	667.37	4.74	561.83	623.70	4.26
1882	615.35	698.78	4.71	572.64	650.28	4.26
1883	629.40	731.53	4.69	583.36	678.02	4.27
1884	643.34	765.70	4.67	594.01	706.99	4.27
1885	657.17	801.42	4.66	604.59	737.31	4.29
1886	670.88	819.55	2.26	615.10	751.40	1.91
1887	712.09	871.39	6.32	650.76	796.33	5.98
1888	740.98	908.28	4.23	675.07	827.49	3.91
1889	795.95	977.35	7.60	723.02	887.79	7.29
1890	849.45	1044.83	6.90	769.44	946.42	6.60
1891	888.18	1095.43	4.84	802.37	989.60	4.56
1892	869.56	1075.38	-1.83	783.53	969.00	-2.08
1893	939.74	1165.35	8.37	844.70	1047.49	8.10
1894	925.02	1150.24	-1.30	829.52	1031.48	-1.53
1895	912.00	1137.16	-1.14	816.00	1017.46	-1.36
1896	939.54	1173.84	3.23	835.78	1044.20	2.63
1897	939.48	1176.12	0.19	831.08	1040.41	-0.36
1898	980.97	1230.52	4.63	863.13	1082.71	4.07
1899	982.96	1235.50	0.40	860.42	1081.48	-0.11
1900	989.42	1246.12	0.86	861.76	1085.34	0.36
1901	1085.78	1334.54	7.10	941.15	1156.78	6.58
1902	1078.13	1293.96	-3.04	930.19	1116.40	-3.49
1903	1024.55	1201.39	-7.15	879.99	1031.89	-7.57
1904	1090.76	1250.30	4.07	932.81	1069.24	3.62
1905	1113.81	1248.67	-0.13	948.53	1063.38	-0.55
1906	1136.89	1265.18	1.32	964.26	1073.07	0.91
1907	1160.00	1281.48	1.29	980.00	1082.63	0.89

Tabelle Nr. 9.16

EINKOMMEN DER UNSELBSTAENDIGEN						
HANDWERK: KUERSCHNER						
JAHR	RG. ARNSBERG			RG. MUENSTER		
	NOMINAL	REAL	% Y-REAL	NOMINAL	REAL	% Y-REAL
1875	673.00	650.87	0.0	673.00	650.87	0.0
1876	687.04	679.30	4.37	687.04	679.30	4.37
1877	700.95	708.89	4.36	700.95	708.89	4.36
1878	714.75	739.75	4.35	714.75	739.75	4.35
1879	728.43	771.97	4.35	728.43	771.97	4.35
1880	742.00	805.64	4.36	742.00	805.64	4.36
1881	755.47	838.66	4.10	755.47	838.66	4.10
1882	768.84	873.09	4.10	768.84	873.09	4.10
1883	782.12	909.02	4.12	782.12	909.02	4.12
1884	795.32	946.58	4.13	795.32	946.58	4.13
1885	808.43	985.89	4.15	808.43	985.89	4.15
1886	821.46	1003.50	1.79	821.46	1003.50	1.79
1887	868.07	1062.24	5.85	868.07	1062.24	5.85
1888	899.47	1102.56	3.80	899.47	1102.56	3.80
1889	962.32	1181.62	7.17	962.32	1181.62	7.17
1890	1023.05	1258.36	6.49	1023.05	1258.36	6.49
1891	1065.77	1314.47	4.46	1065.77	1314.47	4.46
1892	1039.76	1285.88	-2.17	1039.76	1285.88	-2.17
1893	1119.91	1388.78	8.00	1119.91	1388.78	8.00
1894	1098.82	1366.35	-1.61	1098.82	1366.35	-1.61
1895	1080.00	1346.63	-1.44	1080.00	1346.63	-1.44
1896	1102.23	1377.10	2.26	1101.39	1376.05	2.18
1897	1092.23	1367.34	-0.71	1090.59	1365.28	-0.78
1898	1130.53	1418.13	3.71	1128.02	1414.97	3.64
1899	1123.29	1411.88	-0.44	1120.00	1407.74	-0.51
1900	1121.46	1412.42	0.04	1117.40	1407.31	-0.03
1901	1220.98	1500.72	6.25	1215.74	1494.28	6.18
1902	1203.12	1443.98	-3.78	1197.17	1436.83	-3.84
1903	1134.86	1330.75	-7.84	1128.52	1323.31	-7.90
1904	1199.54	1374.99	3.32	1192.09	1366.45	3.26
1905	1216.37	1363.64	-0.83	1208.07	1354.34	-0.89
1906	1233.19	1372.34	0.64	1224.04	1362.16	0.58
1907	1250.00	1380.91	0.62	1240.00	1369.86	0.57

Tabelle Nr. 9.17

EINKOMMEN DER UNSELBSTAENDIGEN						
HANDWERK: MALER						
JAHR	RG. ARNSBERG			RG. MUENSTER		
	NOMINAL	REAL	% Y-REAL	NOMINAL	REAL	% Y-REAL
1875	503.00	486.46	0.0	509.00	492.26	0.0
1876	518.69	512.84	5.42	522.50	516.61	4.95
1877	534.19	540.24	5.34	535.86	541.93	4.90
1878	549.51	568.73	5.27	549.07	568.28	4.86
1879	564.67	598.42	5.22	562.16	595.76	4.84
1880	579.66	629.39	5.18	575.11	624.45	4.82
1881	594.51	659.98	4.86	587.96	652.70	4.53
1882	609.22	691.82	4.82	600.69	682.13	4.51
1883	623.79	725.00	4.80	613.31	712.82	4.50
1884	638.23	759.62	4.78	625.83	744.86	4.49
1885	652.55	795.80	4.76	638.26	778.36	4.50
1886	666.76	814.51	2.35	650.59	794.76	2.11
1887	708.31	866.75	6.41	689.57	843.82	6.17
1888	737.62	904.17	4.32	716.56	878.36	4.09
1889	792.94	973.65	7.68	768.73	943.92	7.46
1890	846.83	1041.61	6.98	819.38	1007.85	6.77
1891	886.04	1092.80	4.91	855.73	1055.42	4.72
1892	868.02	1073.49	-1.77	836.85	1034.94	-1.94
1893	938.66	1164.02	8.43	903.43	1120.32	8.25
1894	924.51	1149.60	-1.24	888.37	1104.66	-1.40
1895	912.00	1137.16	-1.08	875.00	1091.02	-1.23
1896	943.74	1179.08	3.69	907.05	1133.25	3.87
1897	947.70	1186.40	0.62	912.38	1142.19	0.79
1898	993.56	1246.31	5.05	958.06	1201.78	5.22
1899	999.43	1256.20	0.79	965.18	1213.14	0.95
1900	1009.72	1271.69	1.23	976.51	1229.86	1.38
1901	1111.99	1366.75	7.47	1076.88	1323.59	7.62
1902	1107.89	1329.68	-2.71	1074.31	1289.37	-2.59
1903	1056.25	1238.56	-6.85	1025.50	1202.50	-6.74
1904	1128.01	1293.00	4.40	1096.47	1256.85	4.52
1905	1155.30	1295.18	0.17	1124.27	1260.39	0.28
1906	1182.63	1316.08	1.61	1152.11	1282.12	1.72
1907	1210.00	1336.72	1.57	1180.00	1303.58	1.67

Tabelle Nr. 9.18

EINKOMMEN DER UNSELBSTAENDIGEN

HANDWERK: MAURER

JAHR	RG. ARNSBERG NOMINAL	REAL	% Y-REAL	RG. MUENSTER NOMINAL	REAL	% Y-REAL
1875	726.00	702.13	0.0	698.00	675.05	0.0
1876	738.91	730.58	4.05	704.63	696.69	3.21
1877	751.73	760.24	4.06	711.27	719.32	3.25
1878	764.45	791.20	4.07	717.91	743.03	3.30
1879	777.09	823.54	4.09	724.56	767.87	3.34
1880	789.65	857.38	4.11	731.22	793.95	3.40
1881	802.12	890.45	3.86	737.89	819.15	3.17
1882	814.52	924.96	3.88	744.56	845.52	3.22
1883	826.85	961.01	3.90	751.24	873.13	3.27
1884	839.12	998.71	3.92	757.93	902.08	3.32
1885	851.32	1038.19	3.95	764.62	932.46	3.37
1886	863.46	1054.80	1.60	771.31	942.23	1.05
1887	910.84	1114.59	5.67	809.39	990.44	5.12
1888	942.21	1154.95	3.62	833.03	1021.12	3.10
1889	1006.42	1235.78	7.00	885.46	1087.26	6.48
1890	1068.28	1314.00	6.33	935.46	1150.63	5.83
1891	1111.24	1370.54	4.30	968.65	1194.68	3.83
1892	1082.57	1338.82	-2.31	939.51	1161.89	-2.74
1893	1164.41	1443.96	7.85	1006.23	1247.80	7.39
1894	1140.97	1418.77	-1.75	981.90	1220.97	-2.15
1895	1120.00	1396.51	-1.57	960.00	1197.01	-1.96
1896	1177.95	1471.70	5.38	994.78	1242.85	3.83
1897	1200.96	1503.46	2.16	1000.25	1252.20	0.75
1898	1277.08	1601.95	6.55	1049.96	1317.06	5.18
1899	1301.83	1636.29	2.14	1057.41	1329.07	0.91
1900	1331.79	1677.31	2.51	1069.49	1346.96	1.35
1901	1484.05	1824.05	8.75	1179.06	1449.19	7.59
1902	1495.10	1794.41	-1.62	1175.91	1411.32	-2.61
1903	1440.45	1689.08	-5.87	1122.18	1315.88	-6.76
1904	1553.69	1780.93	5.44	1199.54	1374.99	4.49
1905	1606.33	1800.82	1.12	1229.64	1378.52	0.26
1906	1659.11	1846.32	2.53	1259.80	1401.96	1.70
1907	1712.00	1891.29	2.44	1290.00	1425.10	1.65

Tabelle Nr. 9.19

EINKOMMEN DER UNSELBSTAENDIGEN						
HANDWERK: MECHANIKER						
JAHR	RG. ARNSBERG			RG. MUENSTER		
	NOMINAL	REAL	% Y-REAL	NOMINAL	REAL	% Y-REAL
1875	753.00	728.24	0.0	705.00	681.82	0.0
1876	765.12	756.50	3.88	711.86	703.84	3.23
1877	777.17	785.97	3.90	718.73	726.87	3.27
1878	789.14	816.74	3.92	725.60	750.99	3.32
1879	801.04	848.92	3.94	732.48	776.26	3.37
1880	812.87	882.59	3.97	739.36	802.78	3.42
1881	824.64	915.45	3.72	746.25	828.43	3.19
1882	836.35	949.75	3.75	753.14	855.26	3.24
1883	848.00	985.59	3.77	760.04	883.36	3.28
1884	859.60	1023.09	3.80	766.94	912.80	3.33
1885	871.15	1062.37	3.84	773.84	943.71	3.39
1886	882.65	1078.24	1.49	780.75	953.76	1.07
1887	930.15	1138.22	5.56	819.42	1002.71	5.13
1888	961.25	1178.30	3.52	843.49	1033.94	3.11
1889	1025.81	1259.59	6.90	896.71	1101.07	6.49
1890	1087.89	1338.11	6.23	947.49	1165.42	5.84
1891	1130.66	1394.50	4.21	981.24	1210.22	3.84
1892	1100.58	1361.09	-2.40	951.85	1177.16	-2.73
1893	1182.84	1466.81	7.77	1019.59	1264.37	7.41
1894	1158.13	1440.11	-1.82	995.07	1237.34	-2.14
1895	1136.00	1416.46	-1.64	973.00	1213.22	-1.95
1896	1191.22	1488.28	5.07	1014.34	1267.29	4.46
1897	1211.15	1516.21	1.88	1025.71	1284.07	1.32
1898	1284.63	1611.43	6.28	1082.44	1357.81	5.74
1899	1306.45	1642.09	1.90	1095.62	1377.10	1.42
1900	1333.57	1679.56	2.28	1113.42	1402.29	1.83
1901	1483.00	1822.76	8.53	1233.04	1515.53	8.08
1902	1491.19	1789.71	-1.81	1235.01	1482.24	-2.20
1903	1434.11	1681.65	-6.04	1183.36	1387.62	-6.38
1904	1544.25	1770.12	5.26	1269.82	1455.55	4.90
1905	1594.05	1787.06	0.96	1306.47	1464.66	0.63
1906	1643.97	1829.48	2.37	1343.20	1494.77	2.06
1907	1694.00	1871.41	2.29	1380.00	1524.52	1.99

Tabelle Nr. 9.20

EINKOMMEN DER UNSELBSTAENDIGEN

HANDWERK: METALLGIESSER

JAHR	RG. ARNSBERG			RG. MUENSTER		
	NOMINAL	REAL	% Y-REAL	NOMINAL	REAL	% Y-REAL
1875	702.00	678.92	0.0	695.00	672.15	0.0
1876	712.16	704.13	3.71	703.04	695.12	3.42
1877	722.27	730.45	3.74	711.07	719.12	3.45
1878	732.32	757.94	3.76	719.08	744.24	3.49
1879	742.33	786.70	3.79	727.07	770.53	3.53
1880	752.29	816.82	3.83	735.06	798.11	3.58
1881	762.21	846.15	3.59	743.02	824.85	3.35
1882	772.09	876.78	3.62	750.98	852.80	3.39
1883	781.94	908.81	3.65	758.92	882.05	3.43
1884	791.74	942.32	3.69	766.85	912.69	3.47
1885	801.51	977.45	3.73	774.76	944.83	3.52
1886	811.25	991.02	1.39	782.67	956.11	1.19
1887	854.06	1045.10	5.46	822.45	1006.42	5.26
1888	881.77	1080.86	3.42	847.61	1039.00	3.24
1889	940.11	1154.36	6.80	902.14	1107.74	6.62
1890	996.12	1225.24	6.14	954.29	1173.78	5.96
1891	1034.39	1275.77	4.12	989.35	1220.22	3.96
1892	1006.04	1244.17	-2.48	960.73	1188.14	-2.63
1893	1080.36	1339.74	7.68	1030.15	1277.47	7.52
1894	1056.98	1314.32	-1.90	1006.37	1251.40	-2.04
1895	1036.00	1291.77	-1.72	985.00	1228.18	-1.86
1896	1086.28	1357.17	5.06	1024.58	1280.08	4.23
1897	1104.39	1382.56	1.87	1033.92	1294.35	1.11
1898	1171.32	1469.30	6.27	1088.99	1366.02	5.54
1899	1191.15	1497.17	1.90	1100.23	1382.90	1.24
1900	1215.82	1531.26	2.28	1116.18	1405.77	1.65
1901	1351.99	1661.74	8.52	1234.08	1516.82	7.90
1902	1359.40	1631.54	-1.82	1234.15	1481.22	-2.35
1903	1307.31	1532.96	-6.04	1180.83	1384.65	-6.52
1904	1407.66	1613.55	5.26	1265.35	1450.43	4.75
1905	1453.00	1628.93	0.95	1300.17	1457.59	0.49
1906	1498.45	1667.54	2.37	1335.05	1485.70	1.93
1907	1544.00	1705.70	2.29	1370.00	1513.48	1.87

Tabelle Nr. 9.21

EINKOMMEN DER UNSELBSTAENDIGEN						
HANDWERK: CFENSETZER						
JAHR	RG. ARNSBERG			RG. MUENSTER		
	NOMINAL	REAL	% Y-REAL	NOMINAL	REAL	% Y-REAL
1875	654.00	632.50	0.0	630.00	609.28	0.0
1876	663.21	655.73	3.67	634.52	627.37	2.97
1877	672.37	679.99	3.70	639.08	646.32	3.02
1878	681.50	705.34	3.73	643.67	666.18	3.07
1879	690.58	731.85	3.76	648.28	687.03	3.13
1880	699.62	759.63	3.80	652.93	708.94	3.19
1881	708.63	786.66	3.56	657.60	730.02	2.97
1882	717.60	814.90	3.59	662.30	752.10	3.02
1883	726.54	844.42	3.62	667.02	775.25	3.08
1884	735.45	875.32	3.66	671.77	799.53	3.13
1885	744.33	907.71	3.70	676.53	825.04	3.19
1886	753.18	920.08	1.36	681.32	832.30	0.88
1887	792.73	970.06	5.43	713.80	873.47	4.95
1888	818.26	1003.01	3.40	733.50	899.11	2.94
1889	872.20	1070.97	6.78	778.47	955.88	6.31
1890	923.96	1136.48	6.12	821.21	1010.10	5.67
1891	959.26	1183.10	4.10	849.12	1047.26	3.68
1892	932.77	1153.56	-2.50	822.41	1017.08	-2.88
1893	1001.49	1241.92	7.66	879.61	1090.79	7.25
1894	979.62	1218.13	-1.92	857.21	1065.91	-2.28
1895	960.00	1197.01	-1.73	837.00	1043.64	-2.09
1896	999.82	1249.14	4.36	877.00	1095.70	4.99
1897	1010.11	1264.53	1.23	891.03	1115.46	1.80
1898	1065.07	1336.01	5.65	944.46	1184.72	6.21
1899	1077.18	1353.92	1.34	959.91	1206.52	1.84
1900	1093.85	1377.65	1.75	979.27	1233.34	2.22
1901	1210.50	1487.83	8.00	1088.40	1337.76	8.47
1902	1211.62	1454.18	-2.26	1093.86	1312.84	-1.86
1903	1160.22	1360.49	-6.44	1051.49	1232.99	-6.08
1904	1244.24	1426.23	4.83	1131.74	1297.27	5.21
1905	1279.43	1434.33	0.57	1167.75	1309.13	0.91
1906	1314.68	1463.03	2.00	1203.83	1339.68	2.33
1907	1350.00	1491.38	1.94	1240.00	1369.86	2.25

Tabelle Nr. 9.22

EINKOMMEN DER UNSELBSTAENDIGEN						
HANDWERK: PHOTOGRAPHEN						
JAHR	RG. ARNSBERG			RG. MUENSTER		
	NOMINAL	REAL	% Y-REAL	NOMINAL	REAL	% Y-REAL
1875	0.0	0.0	0.0	0.0	0.0	0.0
1876	0.0	0.0	0.0	0.0	0.0	0.0
1877	0.0	0.0	0.0	0.0	0.0	0.0
1878	0.0	0.0	0.0	0.0	0.0	0.0
1879	0.0	0.0	0.0	0.0	0.0	0.0
1880	0.0	0.0	0.0	0.0	0.0	0.0
1881	0.0	0.0	0.0	0.0	0.0	0.0
1882	0.0	0.0	0.0	0.0	0.0	0.0
1883	0.0	0.0	0.0	0.0	0.0	0.0
1884	0.0	0.0	0.0	0.0	0.0	0.0
1885	0.0	0.0	0.0	0.0	0.0	0.0
1886	0.0	0.0	0.0	0.0	0.0	0.0
1887	0.0	0.0	0.0	0.0	0.0	0.0
1888	0.0	0.0	0.0	0.0	0.0	0.0
1889	0.0	0.0	0.0	0.0	0.0	0.0
1890	0.0	0.0	0.0	0.0	0.0	0.0
1891	0.0	0.0	0.0	0.0	0.0	0.0
1892	0.0	0.0	0.0	0.0	0.0	0.0
1893	0.0	0.0	0.0	0.0	0.0	0.0
1894	0.0	0.0	0.0	0.0	0.0	0.0
1895	1040.00	1296.76	0.0	1040.00	1296.76	0.0
1896	1068.90	1335.46	2.98	1066.05	1331.90	2.71
1897	1066.44	1335.06	-0.03	1060.86	1328.07	-0.29
1898	1111.15	1393.81	4.40	1102.59	1383.07	4.14
1899	1111.11	1396.56	0.20	1099.91	1382.48	-0.04
1900	1116.18	1405.77	0.66	1102.38	1388.39	0.43
1901	1222.56	1502.65	6.89	1204.74	1480.75	6.65
1902	1211.71	1454.28	-3.22	1191.47	1430.00	-3.43
1903	1149.44	1347.85	-7.32	1127.89	1322.57	-7.51
1904	1221.64	1400.32	3.89	1196.31	1371.29	3.68
1905	1245.41	1396.20	-0.29	1217.20	1364.57	-0.49
1906	1269.19	1412.41	1.16	1238.09	1377.80	0.97
1907	1293.00	1428.41	1.13	1259.00	1390.85	0.95

Tabelle Nr. 9.23

EINKOMMEN DER UNSELBSTAENDIGEN

HANDWERK: SATTLER

JAHR	RG. ARNSBERG NOMINAL	REAL	% Y-REAL	RG. MUENSTER NOMINAL	REAL	% Y-REAL
1875	519.00	501.93	0.0	602.00	582.20	0.0
1876	529.88	523.91	4.38	605.84	599.01	2.89
1877	540.67	546.79	4.37	609.71	616.62	2.94
1878	551.36	570.65	4.36	613.63	635.09	3.00
1879	561.96	595.55	4.36	617.58	654.49	3.05
1880	572.48	621.59	4.37	621.56	674.88	3.12
1881	582.92	647.11	4.11	625.58	694.47	2.90
1882	593.28	673.73	4.11	629.63	715.00	2.96
1883	603.58	701.51	4.12	633.71	736.53	3.01
1884	613.80	730.54	4.14	637.81	759.12	3.07
1885	623.96	760.93	4.16	641.95	782.86	3.13
1886	634.06	774.57	1.79	646.10	789.28	0.82
1887	670.07	819.96	5.86	676.51	827.84	4.88
1888	694.35	851.13	3.80	694.78	851.66	2.88
1889	742.91	912.22	7.18	736.98	904.94	6.26
1890	789.84	971.51	6.50	777.02	955.75	5.61
1891	822.86	1014.88	4.46	803.01	990.39	3.62
1892	802.82	992.85	-2.17	777.36	961.37	-2.93
1893	864.74	1072.35	8.01	831.02	1030.52	7.19
1894	848.50	1055.08	-1.61	809.45	1006.53	-2.33
1895	834.00	1039.90	-1.44	790.00	985.04	-2.14
1896	870.45	1087.52	4.58	821.01	1025.75	4.13
1897	881.18	1103.12	1.43	827.80	1036.30	1.03
1898	930.87	1167.67	5.85	871.19	1092.81	5.45
1899	943.11	1185.40	1.52	879.53	1105.49	1.16
1900	959.29	1208.18	1.92	891.65	1122.98	1.58
1901	1063.25	1306.85	8.17	985.17	1210.88	7.83
1902	1065.80	1279.17	-2.12	984.60	1181.71	-2.41
1903	1022.01	1198.42	-6.31	941.49	1104.00	-6.58
1904	1097.47	1257.98	4.97	1008.31	1155.79	4.69
1905	1129.91	1266.72	0.69	1035.49	1160.86	0.44
1906	1162.42	1293.59	2.12	1062.72	1182.64	1.88
1907	1195.00	1320.15	2.05	1090.00	1204.15	1.82

Tabelle Nr. 9.24

EINKOMMEN DER UNSELBSTAENDIGEN

HANDWERK: SCHLOSSER

JAHR	RG. ARNSBERG			RG. MUENSTER		
	NOMINAL	REAL	% Y-REAL	NOMINAL	REAL	% Y-REAL
1875	712.00	688.59	0.0	654.00	632.50	0.0
1876	726.33	718.14	4.29	664.10	656.61	3.81
1877	740.53	748.92	4.29	674.14	681.78	3.83
1878	754.62	781.02	4.29	684.12	708.06	3.85
1879	768.59	814.53	4.29	694.05	735.54	3.88
1880	782.46	849.58	4.30	703.93	764.31	3.91
1881	796.23	883.91	4.04	713.76	792.36	3.67
1882	809.90	919.72	4.05	723.54	821.64	3.70
1883	823.49	957.10	4.06	733.28	852.25	3.73
1884	836.98	996.17	4.08	742.97	884.28	3.76
1885	850.40	1037.07	4.11	752.63	917.84	3.80
1886	863.73	1055.13	1.74	762.25	931.16	1.45
1887	912.36	1116.44	5.81	802.95	982.56	5.52
1888	944.99	1158.36	3.75	829.48	1016.77	3.48
1889	1010.64	1240.96	7.13	884.86	1086.52	6.86
1890	1074.03	1321.07	6.46	938.08	1153.85	6.20
1891	1118.49	1379.49	4.42	974.63	1202.06	4.18
1892	1090.83	1349.04	-2.21	948.38	1172.87	-2.43
1893	1174.54	1456.52	7.97	1018.94	1263.57	7.73
1894	1152.07	1432.56	-1.65	997.35	1240.18	-1.85
1895	1132.00	1411.47	-1.47	978.00	1219.45	-1.67
1896	1184.08	1479.36	4.81	1010.56	1262.57	3.54
1897	1201.13	1503.66	1.64	1013.39	1268.64	0.48
1898	1271.29	1594.69	6.05	1061.04	1330.96	4.91
1899	1290.31	1621.80	1.70	1065.98	1339.84	0.67
1900	1314.65	1655.73	2.09	1075.66	1354.74	1.11
1901	1459.42	1793.78	8.34	1183.25	1454.34	7.35
1902	1465.09	1758.38	-1.97	1177.61	1413.36	-2.82
1903	1406.85	1649.68	-6.18	1121.55	1315.14	-6.95
1904	1512.71	1733.96	5.11	1196.56	1371.57	4.29
1905	1559.37	1748.17	0.82	1224.33	1372.57	0.07
1906	1606.14	1787.38	2.24	1252.15	1393.44	1.52
1907	1653.00	1826.12	2.17	1280.00	1414.05	1.48

Tabelle Nr. 9.25

EINKOMMEN DER UNSELBSTAENDIGEN

HANDWERK: SCHMIEDE

JAHR	RG. ARNSBERG			RG. MUENSTER		
	NOMINAL	REAL	% Y-REAL	NOMINAL	REAL	% Y-REAL
1875	503.00	486.46	0.0	512.00	495.16	0.0
1876	522.25	516.37	6.15	522.20	516.32	4.27
1877	541.26	547.39	6.01	532.32	538.35	4.27
1878	560.03	579.62	5.89	542.35	561.33	4.27
1879	578.57	613.15	5.79	552.31	585.32	4.27
1880	596.90	648.10	5.70	562.19	610.41	4.29
1881	615.04	682.77	5.35	571.99	634.98	4.03
1882	632.98	718.80	5.28	581.73	660.61	4.04
1883	650.74	756.32	5.22	591.41	687.37	4.05
1884	668.33	795.44	5.17	601.03	715.34	4.07
1885	685.76	836.29	5.14	610.59	744.62	4.09
1886	703.03	858.82	2.69	620.09	757.50	1.73
1887	749.19	916.78	6.75	654.93	801.43	5.80
1888	782.52	959.21	4.63	678.28	831.43	3.74
1889	843.57	1035.82	7.99	725.33	890.63	7.12
1890	903.30	1111.08	7.27	770.75	948.03	6.45
1891	947.52	1168.62	5.18	802.58	989.87	4.41
1892	930.47	1150.72	-1.53	782.67	967.93	-2.22
1893	1008.49	1250.61	8.68	842.65	1044.96	7.96
1894	995.43	1237.79	-1.02	826.46	1027.68	-1.65
1895	984.00	1226.93	-0.88	812.00	1012.47	-1.48
1896	1018.70	1272.74	3.73	848.88	1060.57	4.75
1897	1023.41	1281.19	0.66	860.65	1077.42	1.59
1898	1073.38	1346.44	5.09	910.47	1142.09	6.00
1899	1080.14	1357.64	0.83	923.67	1160.97	1.65
1900	1091.66	1374.88	1.27	940.70	1184.76	2.05
1901	1202.64	1478.17	7.51	1043.86	1283.02	8.29
1902	1198.61	1438.57	-2.68	1047.52	1257.23	-2.01
1903	1143.10	1340.41	-6.82	1005.53	1179.09	-6.22
1904	1221.15	1399.75	4.43	1080.83	1238.91	5.07
1905	1251.05	1402.52	0.20	1113.81	1248.67	0.79
1906	1281.00	1425.55	1.64	1146.87	1276.29	2.21
1907	1311.00	1448.30	1.60	1180.00	1303.58	2.14

Tabelle Nr. 9.26

EINKOMMEN DER UNSELBSTAENDIGEN

HANDWERK: SCHORNSTEINFEGER

JAHR	RG. ARNSBERG NOMINAL	RG. ARNSBERG REAL	RG. ARNSBERG % Y-REAL	RG. MUENSTER NOMINAL	RG. MUENSTER REAL	RG. MUENSTER % Y-REAL
1875	737.00	712.77	0.0	700.00	676.98	0.0
1876	748.77	740.33	3.87	708.29	700.31	3.45
1877	760.47	769.08	3.88	716.57	724.69	3.48
1878	772.10	799.11	3.90	724.82	750.18	3.52
1879	783.66	830.50	3.93	733.06	776.88	3.56
1880	795.15	863.36	3.96	741.28	804.86	3.60
1881	806.59	895.41	3.71	749.48	832.02	3.37
1882	817.96	928.87	3.74	757.67	860.40	3.41
1883	829.29	963.84	3.76	765.84	890.10	3.45
1884	840.56	1000.42	3.80	774.00	921.21	3.49
1885	851.78	1038.75	3.83	782.14	953.83	3.54
1886	862.95	1054.18	1.49	790.27	965.40	1.21
1887	909.33	1112.74	5.55	830.59	1016.38	5.28
1888	939.67	1151.83	3.51	856.15	1049.46	3.26
1889	1002.70	1231.21	6.89	911.38	1119.08	6.63
1890	1063.31	1307.89	6.23	964.22	1186.00	5.98
1891	1105.05	1362.91	4.21	999.81	1233.12	3.97
1892	1075.58	1330.18	-2.40	971.04	1200.89	-2.61
1893	1155.90	1433.41	7.76	1041.35	1291.36	7.53
1894	1131.69	1407.23	-1.83	1017.47	1265.19	-2.03
1895	1110.00	1384.04	-1.65	996.00	1241.89	-1.84
1896	1140.43	1424.82	2.95	1030.54	1287.53	3.67
1897	1137.40	1423.88	-0.07	1034.75	1295.37	0.61
1898	1184.67	1486.04	4.37	1084.71	1360.65	5.04
1899	1184.23	1488.48	0.16	1091.01	1371.31	0.78
1900	1189.27	1497.82	0.63	1102.13	1388.08	1.22
1901	1302.21	1600.55	6.86	1213.65	1491.70	7.47
1902	1290.27	1548.57	-3.25	1209.07	1451.12	-2.72
1903	1223.62	1434.83	-7.35	1152.61	1351.56	-6.86
1904	1300.12	1490.28	3.86	1230.83	1410.86	4.39
1905	1325.06	1485.49	-0.32	1260.51	1413.12	0.16
1906	1350.02	1502.36	1.14	1290.23	1435.82	1.61
1907	1375.00	1519.00	1.11	1320.00	1458.24	1.56

Tabelle Nr. 9.27

EINKOMMEN DER UNSELBSTAENDIGEN

HANDWERK: SCHNEIDER

JAHR	RG. ARNSBERG			RG. MUENSTER		
	NOMINAL	REAL	% Y-REAL	NOMINAL	REAL	% Y-REAL
1875	498.00	481.62	0.0	508.00	491.30	0.0
1876	517.25	511.42	6.19	521.31	515.44	4.91
1877	536.25	542.32	6.04	534.48	540.53	4.87
1878	555.01	574.43	5.92	547.51	566.67	4.83
1879	573.55	607.83	5.82	560.42	593.91	4.81
1880	591.88	642.64	5.73	573.20	622.37	4.79
1881	610.00	677.18	5.37	585.87	650.38	4.50
1882	627.93	713.08	5.30	598.42	679.56	4.49
1883	645.69	750.45	5.24	610.88	709.99	4.48
1884	663.27	789.42	5.19	623.23	741.76	4.48
1885	680.69	830.10	5.15	635.49	774.99	4.48
1886	697.95	852.61	2.71	647.66	791.18	2.09
1887	743.89	910.30	6.77	686.35	839.88	6.16
1888	777.10	952.56	4.64	713.11	874.12	4.08
1889	837.84	1028.79	8.00	764.91	939.23	7.45
1890	897.29	1103.68	7.28	815.20	1002.70	6.76
1891	941.33	1160.99	5.19	851.25	1049.89	4.71
1892	924.51	1143.34	-1.52	832.36	1029.39	-1.95
1893	1002.13	1242.72	8.69	898.47	1114.17	8.24
1894	989.26	1230.12	-1.01	883.39	1098.47	-1.41
1895	978.00	1219.45	-0.87	870.00	1084.79	-1.25
1896	1005.19	1255.86	2.99	893.20	1115.94	2.87
1897	1002.88	1255.48	-0.03	890.21	1114.43	-0.14
1898	1044.93	1310.75	4.40	926.59	1162.30	4.30
1899	1044.89	1313.34	0.20	925.65	1163.46	0.10
1900	1049.67	1322.01	0.66	929.00	1170.03	0.56
1901	1149.72	1413.12	6.89	1016.61	1249.52	6.79
1902	1139.52	1367.64	-3.22	1006.71	1208.24	-3.30
1903	1080.97	1267.56	-7.32	954.17	1118.87	-7.40
1904	1148.87	1316.91	3.89	1013.27	1161.48	3.81
1905	1171.23	1313.04	-0.29	1032.17	1157.14	-0.37
1906	1193.61	1328.29	1.16	1051.08	1169.68	1.08
1907	1216.00	1343.35	1.13	1070.00	1182.06	1.06

Tabelle Nr. 9.28

EINKOMMEN DER UNSELBSTAENDIGEN						
HANDWERK: SCHUHMACHER						
JAHR	RG. ARNSBERG			RG. MUENSTER		
	NOMINAL	REAL	% Y-REAL	NOMINAL	REAL	% Y-REAL
1875	456.00	441.01	0.0	423.00	409.09	0.0
1876	475.83	470.47	6.68	442.78	437.79	7.02
1877	495.39	501.00	6.49	462.29	467.53	6.79
1878	514.70	532.71	6.33	481.54	498.39	6.60
1879	533.77	565.67	6.19	500.55	530.47	6.44
1880	552.61	600.01	6.07	519.33	563.87	6.30
1881	571.23	634.14	5.69	537.88	597.12	5.90
1882	589.65	669.60	5.59	556.23	631.65	5.78
1883	607.88	706.51	5.51	574.38	667.57	5.69
1884	625.92	744.97	5.44	592.34	705.00	5.61
1885	643.79	785.11	5.39	610.13	744.06	5.54
1886	661.49	808.08	2.93	627.74	766.85	3.06
1887	706.42	864.43	6.97	671.21	821.35	7.11
1888	739.30	906.23	4.83	703.28	862.07	4.96
1889	798.46	980.43	8.19	760.39	933.68	8.31
1890	856.51	1053.51	7.45	816.50	1004.31	7.56
1891	899.92	1109.91	5.35	858.72	1059.10	5.46
1892	885.12	1094.63	-1.38	845.37	1045.48	-1.29
1893	960.75	1191.41	8.84	918.41	1138.90	8.94
1894	949.65	1180.86	-0.89	908.54	1129.74	-0.80
1895	940.00	1172.07	-0.74	900.00	1122.19	-0.67
1896	973.71	1216.53	3.79	919.56	1148.88	2.38
1897	978.74	1225.26	0.72	912.22	1141.99	-0.60
1898	1027.05	1288.32	5.15	945.22	1185.67	3.83
1899	1034.02	1299.68	0.88	940.14	1181.67	-0.34
1900	1045.53	1316.79	1.32	939.56	1183.32	0.14
1901	1152.34	1416.34	7.56	1023.95	1258.54	6.36
1902	1148.96	1378.97	-2.64	1009.94	1212.12	-3.69
1903	1096.19	1285.40	-6.79	953.54	1118.13	-7.75
1904	1171.47	1342.82	4.47	1008.80	1156.36	3.42
1905	1200.60	1345.97	0.23	1023.87	1147.84	-0.74
1906	1229.78	1368.55	1.68	1038.94	1156.17	0.73
1907	1259.00	1390.85	1.63	1054.00	1164.38	0.71

Tabelle Nr. 9.29

EINKOMMEN DER UNSELBSTAENDIGEN

HANDWERK: STELLMACHER

JAHR	RG. ARNSBERG NOMINAL	RG. ARNSBERG REAL	RG. ARNSBERG % Y-REAL	RG. MUENSTER NOMINAL	RG. MUENSTER REAL	RG. MUENSTER % Y-REAL
1875	418.00	404.26	0.0	423.00	409.09	0.0
1876	432.28	427.41	5.73	431.88	427.02	4.38
1877	446.38	451.44	5.62	440.69	445.68	4.37
1878	460.32	476.42	5.53	449.41	465.13	4.37
1879	474.10	502.43	5.46	458.07	485.45	4.37
1880	487.72	529.56	5.40	466.65	506.68	4.37
1881	501.21	556.40	5.07	475.17	527.50	4.11
1882	514.56	584.33	5.02	483.63	549.21	4.11
1883	527.78	613.41	4.98	492.03	571.86	4.13
1884	540.88	643.75	4.95	500.38	595.54	4.14
1885	553.86	675.44	4.92	508.67	620.33	4.16
1886	566.74	692.33	2.50	516.91	631.46	1.79
1887	602.88	737.73	6.56	546.28	668.48	5.86
1888	628.64	770.58	4.45	566.08	693.90	3.80
1889	676.60	830.80	7.82	605.68	743.71	7.18
1890	723.43	889.83	7.10	643.95	792.06	6.50
1891	757.76	934.58	5.03	670.88	827.43	4.47
1892	743.12	919.03	-1.66	654.55	809.49	-2.17
1893	804.40	997.52	8.54	705.05	874.31	8.01
1894	793.02	986.10	-1.15	691.81	860.25	-1.61
1895	783.00	976.31	-0.99	680.00	847.88	-1.44
1896	823.36	1028.68	5.36	721.95	901.98	6.38
1897	839.29	1050.69	2.14	742.39	929.38	3.04
1898	892.34	1119.34	6.53	795.65	998.06	7.39
1899	909.51	1143.17	2.13	816.94	1026.82	2.88
1900	930.30	1171.66	2.49	841.30	1059.57	3.19
1901	1036.53	1274.00	8.73	943.25	1159.35	9.42
1902	1044.12	1253.15	-1.64	955.69	1147.02	-1.06
1903	1005.84	1179.46	-5.88	925.64	1085.41	-5.37
1904	1084.80	1243.47	5.43	1003.34	1150.09	5.96
1905	1121.45	1257.23	1.11	1042.13	1168.30	1.58
1906	1158.18	1288.87	2.52	1081.01	1203.00	2.97
1907	1195.00	1320.15	2.43	1120.00	1237.29	2.85

Tabelle Nr. 9.30

EINKOMMEN DER UNSELBSTAENDIGEN

HANDWERK: TAPEZIERER

JAHR	RG. ARNSBERG			RG. MUENSTER		
	NOMINAL	REAL	% Y-REAL	NOMINAL	REAL	% Y-REAL
1875	669.00	647.00	0.0	596.00	576.40	0.0
1876	670.19	662.64	2.42	599.69	592.93	2.87
1877	671.49	679.10	2.48	603.43	610.26	2.92
1878	672.88	696.42	2.55	607.20	628.44	2.98
1879	674.35	714.66	2.62	611.01	647.53	3.04
1880	675.92	733.89	2.69	614.86	667.60	3.10
1881	677.56	752.17	2.49	618.74	686.88	2.89
1882	679.27	771.37	2.55	622.65	707.08	2.94
1883	681.06	791.56	2.62	626.60	728.26	3.00
1884	682.92	812.80	2.68	630.57	750.50	3.05
1885	684.84	835.17	2.75	634.57	773.86	3.11
1886	686.82	839.01	0.46	638.59	780.10	0.81
1887	716.64	876.94	4.52	668.56	818.11	4.87
1888	733.50	899.11	2.53	686.53	841.55	2.87
1889	775.46	952.18	5.90	728.14	894.08	6.24
1890	814.94	1002.38	5.27	767.61	944.17	5.60
1891	839.51	1035.41	3.30	793.19	978.28	3.61
1892	810.17	1001.94	-3.23	767.77	949.50	-2.94
1893	863.45	1070.75	6.87	820.67	1017.70	7.18
1894	838.54	1042.70	-2.62	799.29	993.90	-2.34
1895	816.00	1017.46	-2.42	780.00	972.57	-2.15
1896	860.55	1075.15	5.67	817.65	1021.55	5.04
1897	879.53	1101.07	2.41	831.08	1040.41	1.85
1898	937.41	1175.88	6.79	881.26	1105.45	6.25
1899	957.60	1203.62	2.36	896.00	1126.19	1.88
1900	981.54	1236.20	2.71	914.39	1151.62	2.26
1901	1095.74	1346.78	8.95	1016.61	1249.52	8.50
1902	1105.77	1327.13	-1.46	1022.01	1226.61	-1.83
1903	1067.02	1251.20	-5.72	982.70	1152.32	-6.06
1904	1152.60	1321.18	5.59	1057.98	1212.72	5.24
1905	1193.30	1337.78	1.26	1091.91	1224.11	0.94
1906	1234.10	1373.36	2.66	1125.92	1252.97	2.36
1907	1275.00	1408.53	2.56	1160.00	1281.48	2.28

Tabelle Nr. 9.31

EINKOMMEN DER UNSELBSTAENDIGEN

HANDWERK: TISCHLER

JAHR	RG. ARNSBERG NOMINAL	RG. ARNSBERG REAL	RG. ARNSBERG % Y-REAL	RG. MUENSTER NOMINAL	RG. MUENSTER REAL	RG. MUENSTER % Y-REAL
1875	793.00	766.92	0.0	721.00	697.29	0.0
1876	812.04	802.89	4.69	739.66	731.32	4.88
1877	830.89	840.30	4.66	758.11	766.70	4.84
1878	849.56	879.28	4.64	776.38	803.54	4.81
1879	868.05	919.93	4.62	794.47	841.96	4.78
1880	886.38	962.41	4.62	812.39	882.08	4.76
1881	904.55	1004.16	4.34	830.15	921.57	4.48
1882	922.57	1047.66	4.33	847.76	962.70	4.46
1883	940.46	1093.05	4.33	865.22	1005.60	4.46
1884	958.21	1140.45	4.34	882.55	1050.40	4.45
1885	975.83	1190.04	4.35	899.74	1097.24	4.46
1886	993.34	1213.46	1.97	916.81	1119.97	2.07
1887	1051.48	1286.69	6.03	971.42	1188.71	6.14
1888	1091.30	1337.70	3.96	1009.13	1236.98	4.06
1889	1169.37	1435.86	7.34	1082.27	1328.91	7.43
1890	1245.02	1531.39	6.65	1153.25	1418.51	6.74
1891	1298.86	1601.95	4.61	1204.09	1485.06	4.69
1892	1268.90	1569.25	-2.04	1177.21	1455.87	-1.97
1893	1368.50	1697.05	8.14	1270.55	1575.58	8.22
1894	1344.42	1671.75	-1.49	1249.08	1553.19	-1.42
1895	1323.00	1649.63	-1.32	1230.00	1533.67	-1.26
1896	1349.12	1685.56	2.18	1255.02	1567.99	2.24
1897	1335.81	1672.27	-0.79	1243.34	1556.51	-0.73
1898	1381.57	1733.03	3.63	1286.64	1613.95	3.69
1899	1371.67	1724.07	-0.52	1278.12	1606.48	-0.46
1900	1368.41	1723.44	-0.04	1275.75	1606.74	0.02
1901	1488.76	1829.84	6.17	1388.67	1706.82	6.23
1902	1465.94	1759.41	-3.85	1368.07	1641.95	-3.80
1903	1381.81	1620.32	-7.91	1290.19	1512.89	-7.86
1904	1459.56	1673.04	3.25	1363.45	1562.87	3.30
1905	1479.06	1658.13	-0.89	1382.31	1549.67	-0.84
1906	1498.53	1667.63	0.57	1401.16	1559.27	0.62
1907	1518.00	1676.98	0.56	1420.00	1568.71	0.61

Tabelle Nr. 9.32

EINKOMMEN DER UNSELBSTAENDIGEN

HANDWERK: UHRMACHER

JAHR	RG. ARNSBERG NOMINAL	RG. ARNSBERG REAL	RG. ARNSBERG % Y-REAL	RG. MUENSTER NOMINAL	RG. MUENSTER REAL	RG. MUENSTER % Y-REAL
1875	812.00	785.30	0.0	816.00	789.17	0.0
1876	823.83	814.55	3.72	823.14	813.86	3.13
1877	835.61	845.07	3.75	830.30	839.71	3.18
1878	847.32	876.96	3.77	837.48	866.78	3.22
1879	858.97	910.31	3.80	844.68	895.17	3.28
1880	870.57	945.25	3.84	851.90	924.97	3.33
1881	882.12	979.27	3.60	859.13	953.74	3.11
1882	893.63	1014.79	3.63	866.38	983.85	3.16
1883	905.09	1051.94	3.66	873.64	1015.39	3.21
1884	916.50	1090.81	3.70	880.92	1048.46	3.26
1885	927.87	1131.55	3.73	888.21	1083.18	3.31
1886	939.21	1147.33	1.39	895.52	1093.96	0.99
1887	988.83	1210.02	5.46	939.24	1149.33	5.06
1888	1020.97	1251.50	3.43	966.19	1184.35	3.05
1889	1088.60	1336.68	6.81	1026.51	1260.45	6.43
1890	1153.51	1418.83	6.15	1083.97	1333.29	5.78
1891	1197.90	1477.43	4.13	1121.91	1383.71	3.78
1892	1165.12	1440.91	-2.47	1087.67	1345.13	-2.79
1893	1251.26	1551.67	7.69	1164.41	1443.96	7.35
1894	1224.24	1522.31	-1.89	1135.79	1412.32	-2.19
1895	1200.00	1496.26	-1.71	1110.00	1384.04	-2.00
1896	1229.83	1536.52	2.69	1140.01	1424.30	2.91
1897	1223.63	1531.83	-0.31	1136.58	1422.86	-0.10
1898	1271.54	1595.00	4.12	1183.41	1484.46	4.33
1899	1268.23	1594.06	-0.06	1182.59	1486.41	0.13
1900	1270.88	1600.61	0.41	1187.24	1495.26	0.60
1901	1388.67	1706.82	6.64	1299.59	1597.33	6.83
1902	1373.17	1648.07	-3.44	1287.30	1545.00	-3.28
1903	1299.70	1524.04	-7.53	1220.45	1431.11	-7.37
1904	1378.35	1579.95	3.67	1296.40	1486.01	3.84
1905	1402.22	1572.00	-0.50	1320.91	1480.84	-0.35
1906	1426.11	1587.03	0.96	1345.45	1497.27	1.11
1907	1450.00	1601.86	0.93	1370.00	1513.48	1.08

Tabelle Nr. 9.33

EINKOMMEN DER UNSELBSTAENDIGEN

HANDWERK: XYLOGRAPHEN

JAHR	RG. ARNSBERG NOMINAL	REAL	% Y-REAL	RG. MUENSTER NOMINAL	REAL	% Y-REAL
1875	693.00	670.21	0.0	614.00	593.81	0.0
1876	693.43	685.62	2.30	617.38	610.42	2.80
1877	693.98	701.84	2.37	620.81	627.84	2.85
1878	694.64	718.94	2.44	624.29	646.13	2.91
1879	695.40	736.97	2.51	627.81	665.34	2.97
1880	696.27	755.99	2.58	631.38	685.54	3.04
1881	697.22	774.01	2.38	634.99	704.92	2.83
1882	698.27	792.95	2.45	638.64	725.23	2.88
1883	699.40	812.88	2.51	642.32	746.53	2.94
1884	700.61	833.86	2.58	646.04	768.91	3.00
1885	701.90	855.97	2.65	649.79	792.42	3.06
1886	703.26	859.10	0.37	653.57	798.40	0.75
1887	733.10	897.09	4.42	683.89	836.87	4.82
1888	749.66	918.93	2.43	701.93	860.42	2.81
1889	791.83	972.29	5.81	744.11	913.70	6.19
1890	831.41	1022.64	5.18	784.08	964.43	5.55
1891	855.73	1055.42	3.21	809.84	998.82	3.57
1892	825.12	1020.43	-3.32	783.53	969.00	-2.99
1893	878.64	1089.59	6.78	837.16	1038.14	7.14
1894	852.59	1060.17	-2.70	815.00	1013.43	-2.38
1895	829.00	1033.67	-2.50	795.00	991.27	-2.19
1896	874.65	1092.77	5.72	838.22	1047.25	5.65
1897	894.32	1119.57	2.45	856.54	1072.28	2.39
1898	953.53	1196.09	6.83	912.74	1144.93	6.77
1899	974.40	1224.74	2.39	932.23	1171.74	2.34
1900	999.08	1258.29	2.74	955.39	1203.27	2.69
1901	1115.65	1371.26	8.98	1066.40	1310.71	8.93
1902	1126.17	1351.62	-1.43	1076.01	1291.41	-1.47
1903	1087.00	1274.62	-5.70	1038.18	1217.37	-5.73
1904	1174.46	1346.23	5.62	1121.31	1285.31	5.58
1905	1216.20	1363.45	1.28	1160.78	1301.32	1.25
1906	1258.05	1400.01	2.68	1200.34	1335.79	2.65
1907	1300.00	1436.15	2.58	1240.00	1369.86	2.55

Tabelle Nr. 9.34

EINKOMMEN DER UNSELBSTAENDIGEN						
HANDWERK: ZIMMERER						
	RG. ARNSBERG			RG. MUENSTER		
JAHR	NOMINAL	REAL	% Y-REAL	NOMINAL	REAL	% Y-REAL
1875	723.00	699.23	0.0	711.00	687.62	0.0
1876	727.96	719.76	2.94	714.39	706.34	2.72
1877	732.97	741.27	2.99	717.85	725.98	2.78
1878	738.02	763.84	3.04	721.37	746.60	2.84
1879	743.10	787.52	3.10	724.95	768.28	2.90
1880	748.22	812.40	3.16	728.59	791.09	2.97
1881	753.38	836.34	2.95	732.29	812.93	2.76
1882	758.56	861.42	3.00	736.03	835.83	2.82
1883	763.78	887.71	3.05	739.83	859.86	2.88
1884	769.03	915.29	3.11	743.67	885.11	2.94
1885	774.30	944.27	3.17	747.55	911.65	3.00
1886	779.60	952.36	0.86	751.48	918.01	0.70
1887	816.58	999.24	4.92	785.92	961.72	4.76
1888	838.93	1028.35	2.91	806.22	988.25	2.76
1889	890.18	1093.06	6.29	854.22	1048.89	6.14
1890	938.86	1154.81	5.65	899.64	1106.57	5.50
1891	970.57	1197.05	3.66	928.73	1145.45	3.51
1892	939.86	1162.33	-2.90	898.13	1110.72	-3.03
1893	1005.04	1246.33	7.23	959.14	1189.41	7.08
1894	979.26	1217.68	-2.30	933.32	1160.56	-2.43
1895	956.00	1192.02	-2.11	910.00	1134.66	-2.23
1896	1016.94	1270.54	6.59	953.64	1191.46	5.01
1897	1047.56	1311.41	3.22	969.05	1213.13	1.82
1898	1124.49	1410.55	7.56	1027.30	1288.64	6.22
1899	1156.23	1453.29	3.03	1044.23	1312.51	1.85
1900	1192.27	1501.60	3.32	1065.43	1341.85	2.24
1901	1338.37	1644.99	9.55	1184.30	1455.63	8.48
1902	1357.53	1629.29	-0.95	1190.37	1428.67	-1.85
1903	1316.19	1543.37	-5.27	1144.37	1341.90	-6.07
1904	1428.02	1636.89	6.06	1231.82	1411.99	5.22
1905	1484.53	1664.27	1.67	1271.13	1425.03	0.92
1906	1541.19	1715.10	3.05	1310.52	1458.40	2.34
1907	1598.00	1765.36	2.93	1350.00	1491.38	2.26

Tabelle Nr. 10

DER RELATIVE ABSTAND DER EINKOMMEN
DER SELBSTAENDIGEN UND ABHAENGIGEN

HANDWERK	RG. ARNSBERG 1875	RG. ARNSBERG 1895	RG. ARNSBERG 1907	RG. MUENSTER 1875	RG. MUENSTER 1895	RG. MUENSTER 1907
BAECKER	22.03	57.85	58.35	43.02	54.37	48.14
BARBIERE	21.13	22.06	37.50	28.01	16.82	7.49
BOETTCHER	15.49	26.35	17.21	11.18	43.48	0.52
BUCHBINDER	29.12	25.71	32.67	32.63	14.33	24.82
BUCHDRUCKER	21.48	36.26	23.76	23.55	31.21	2.09
BUERSTENMACHER	24.94	-29.33	40.20	35.51	17.95	-1.80
DACHDECKER	11.09	30.14	19.47	34.56	28.70	1.20
DRECHSLER	30.84	36.96	27.36	5.63	30.87	21.70
FLEISCHER	39.92	32.50	51.35	50.59	43.78	43.40
GLASER	44.42	28.11	39.15	15.61	14.50	15.10
GOLDSCHMIEDE	50.94	26.65	53.12	52.71	40.50	39.58
GRAVEURE	51.85	41.04	41.02	49.62	28.36	31.22
INSTRUMENTENMACHER	32.56	37.93	51.19	37.09	33.58	34.65
KLEMPNER	42.09	27.89	53.48	40.88	25.51	59.71
KORBMACHER	38.12	20.97	18.37	26.67	32.84	44.85
KUERSCHNER	33.50	15.95	46.49	30.62	28.52	45.61
MALER	51.59	27.50	51.77	49.25	57.81	31.07
MAURER	33.82	22.22	53.84	46.18	47.40	52.68
MECHANIKER	30.15	30.39	38.91	40.51	33.49	37.87
METALLGIESSER	39.85	24.10	48.38	44.97	15.81	38.32
OFENSETZER	55.17	43.73	38.91	46.34	44.01	43.17
PHOTOGRAPHEN	100.00	40.37	46.15	100.00	14.54	51.63
SATTLER	51.08	36.34	58.52	29.26	35.67	31.76
SCHLOSSER	40.52	18.09	46.23	34.14	23.65	30.74
SCHMIEDE	48.36	26.24	38.82	34.27	34.88	35.02
SCHNEIDER	52.80	23.53	29.26	24.52	34.49	38.47
SCHORNSTEINFEGER	49.59	39.01	70.14	43.09	62.06	64.20
SCHUHMACHER	56.70	21.86	41.36	33.18	13.71	27.61
STELLMACHER	64.18	23.16	34.81	53.26	42.62	35.60
TAPEZIERER	49.74	47.56	33.94	39.25	27.58	46.49
TISCHLER	47.24	26.09	48.12	35.16	32.82	38.69
UHRMACHER	44.61	13.73	44.23	41.34	31.94	44.91
XYLOGRAPHEN	56.00	22.01	52.22	42.02	8.83	48.76
ZIMMERER	61.38	22.28	55.97	47.91	14.31	53.19

Tabelle Nr. 11.1

EINKOMMEN DER SELBSTAENDIGEN UND DER UNSELBSTAENDIGEN

HANDWERK: BAECKER

JAHR	RG. ARNSBERG			RG. MUENSTER		
	NOMINAL	REAL	% Y-REAL	NOMINAL	REAL	% Y-REAL
1875	929.87	899.29	0.0	1022.18	988.57	0.0
1876	962.59	951.74	5.83	1037.91	1026.21	3.81
1877	994.90	1006.17	5.72	1053.54	1065.48	3.83
1878	1026.82	1062.74	5.62	1069.09	1106.49	3.85
1879	1058.38	1121.64	5.54	1084.55	1149.38	3.88
1880	1089.58	1183.04	5.47	1099.94	1194.29	3.91
1881	1120.46	1243.85	5.14	1115.24	1238.06	3.67
1882	1151.02	1307.09	5.08	1130.48	1283.76	3.69
1883	1181.29	1372.95	5.04	1145.65	1331.53	3.72
1884	1211.27	1441.65	5.00	1160.75	1381.52	3.75
1885	1240.99	1513.40	4.98	1175.79	1433.89	3.79
1886	1270.45	1551.98	2.55	1190.78	1454.65	1.45
1887	1352.07	1654.52	6.61	1254.32	1534.90	5.52
1888	1410.45	1728.92	4.50	1295.73	1588.29	3.48
1889	1518.70	1864.80	7.86	1382.19	1697.19	6.86
1890	1624.42	1998.06	7.15	1465.27	1802.30	6.19
1891	1702.13	2099.32	5.07	1522.31	1877.55	4.18
1892	1669.84	2065.10	-1.63	1481.28	1831.91	-2.43
1893	1808.12	2242.21	8.58	1591.44	1973.51	7.73
1894	1783.10	2217.23	-1.11	1557.68	1936.93	-1.85
1895	1761.10	2195.88	-0.96	1527.42	1904.51	-1.67
1896	1798.16	2246.57	2.31	1555.52	1943.43	2.04
1897	1782.62	2231.62	-0.67	1538.18	1925.61	-0.92
1898	1845.92	2315.51	3.76	1588.87	1993.06	3.50
1899	1834.86	2306.26	-0.40	1575.54	1980.31	-0.64
1900	1832.61	2308.07	0.08	1569.90	1977.20	-0.16
1901	1996.03	2453.33	6.29	1705.95	2096.80	6.05
1902	1967.59	2361.48	-3.74	1677.86	2013.75	-3.96
1903	1856.66	2177.13	-7.81	1579.78	1852.46	-8.01
1904	1963.19	2250.33	3.36	1666.83	1910.63	3.14
1905	1991.44	2232.56	-0.79	1687.26	1891.55	-1.00
1906	2019.69	2247.60	0.67	1707.67	1900.36	0.47
1907	2047.93	2262.40	0.66	1728.05	1909.03	0.46

Tabelle Nr. 11.2

EINKOMMEN DER SELBSTAENDIGEN UND DER UNSELBSTAENDIGEN

HANDWERK: BARBIERE

JAHR	RG. ARNSBERG			RG. MUENSTER		
	NOMINAL	REAL	% Y-REAL	NOMINAL	REAL	% Y-REAL
1875	733.64	709.51	0.0	815.24	788.43	0.0
1876	750.46	742.00	4.58	842.18	832.68	5.61
1877	767.12	775.81	4.56	868.79	878.63	5.52
1878	783.63	811.04	4.54	895.09	926.40	5.44
1879	799.99	847.80	4.53	921.09	976.14	5.37
1880	816.20	886.21	4.53	946.81	1028.03	5.32
1881	832.29	923.94	4.26	972.28	1079.35	4.99
1882	848.24	963.26	4.26	997.49	1132.73	4.95
1883	864.08	1004.28	4.26	1022.46	1188.35	4.91
1884	879.81	1047.14	4.27	1047.21	1246.38	4.88
1885	895.43	1091.98	4.28	1071.74	1306.99	4.86
1886	910.94	1112.80	1.91	1096.06	1338.95	2.44
1887	963.71	1179.28	5.97	1165.36	1426.04	6.50
1888	999.65	1225.37	3.91	1214.58	1488.82	4.40
1889	1070.61	1314.60	7.28	1306.67	1604.46	7.77
1890	1139.30	1401.36	6.60	1396.50	1717.71	7.06
1891	1188.01	1465.23	4.56	1462.18	1803.38	4.99
1892	1160.07	1434.67	-2.09	1433.39	1772.68	-1.70
1893	1250.58	1550.82	8.10	1551.01	1923.38	8.50
1894	1228.06	1527.06	-1.53	1528.53	1900.69	-1.18
1895	1208.01	1506.24	-1.36	1508.72	1881.20	-1.03
1896	1254.30	1567.09	4.04	1503.16	1878.01	-0.17
1897	1263.60	1581.88	0.94	1454.16	1820.44	-3.07
1898	1328.79	1666.82	5.37	1469.49	1843.31	1.26
1899	1340.50	1684.89	1.08	1425.51	1791.75	-2.80
1900	1358.01	1710.34	1.51	1389.53	1750.04	-2.33
1901	1499.44	1842.97	7.75	1477.09	1815.50	3.74
1902	1497.62	1797.43	-2.47	1421.10	1705.59	-6.05
1903	1431.18	1678.21	-6.63	1308.81	1534.72	-10.02
1904	1531.86	1755.92	4.63	1350.72	1548.28	0.88
1905	1572.29	1762.66	0.38	1337.30	1499.22	-3.17
1906	1612.80	1794.79	1.82	1323.73	1473.10	-1.74
1907	1653.37	1826.52	1.77	1310.01	1447.20	-1.76

Tabelle Nr. 11.3

EINKOMMEN DER SELBSTAENDIGEN UND DER UNSELBSTAENDIGEN

HANDWERK: BOETTCHER

JAHR	RG. ARNSBERG			RG. MUENSTER		
	NOMINAL	REAL	% Y-REAL	NOMINAL	REAL	% Y-REAL
1875	774.46	748.99	0.0	756.45	731.57	0.0
1876	783.98	775.15	3.49	784.19	775.35	5.98
1877	793.48	802.47	3.52	811.58	820.77	5.86
1878	802.95	831.04	3.56	838.63	867.96	5.75
1879	812.40	860.95	3.60	865.36	917.09	5.66
1880	821.82	892.31	3.64	891.80	968.29	5.58
1881	831.21	922.75	3.41	917.95	1019.04	5.24
1882	840.59	954.56	3.45	943.83	1071.81	5.18
1883	849.94	987.84	3.49	969.46	1126.75	5.13
1884	859.27	1022.70	3.53	994.84	1184.05	5.09
1885	868.59	1059.25	3.57	1019.99	1243.89	5.05
1886	877.88	1072.42	1.24	1044.92	1276.48	2.62
1887	922.94	1129.39	5.31	1112.78	1361.70	6.68
1888	951.62	1166.48	3.28	1161.53	1423.79	4.56
1889	1013.28	1244.21	6.66	1251.39	1536.58	7.92
1890	1072.31	1318.96	6.01	1339.24	1647.28	7.20
1891	1112.18	1371.71	4.00	1404.03	1731.65	5.12
1892	1080.44	1336.18	-2.59	1378.06	1704.26	-1.58
1893	1158.96	1437.20	7.56	1492.88	1851.29	8.63
1894	1132.64	1408.41	-2.00	1472.87	1831.47	-1.07
1895	1108.99	1382.78	-1.82	1455.31	1814.60	-0.92
1896	1145.98	1431.76	3.54	1460.87	1825.17	0.58
1897	1149.26	1438.73	0.49	1424.05	1782.74	-2.32
1898	1203.35	1509.48	4.92	1450.22	1819.14	2.04
1899	1209.01	1519.62	0.67	1417.90	1782.18	-2.03
1900	1220.05	1536.59	1.12	1393.16	1754.61	-1.55
1901	1342.15	1649.64	7.36	1492.97	1835.02	4.58
1902	1335.81	1603.23	-2.81	1448.22	1738.14	-5.28
1903	1272.27	1491.87	-6.95	1344.96	1577.11	-9.26
1904	1357.41	1555.95	4.30	1399.83	1604.57	1.74
1905	1388.97	1557.14	0.08	1397.90	1567.15	-2.33
1906	1420.58	1580.88	1.52	1395.86	1553.37	-0.88
1907	1452.23	1604.32	1.48	1393.72	1539.69	-0.88

Tabelle Nr. 11.4

EINKOMMEN DER SELBSTAENDIGEN UND DER UNSELBSTAENDIGEN

HANDWERK: BUCHBINDER

JAHR	RG. ARNSBERG			RG. MUENSTER		
	NOMINAL	REAL	% Y-REAL	NOMINAL	REAL	% Y-REAL
1875	885.05	855.94	0.0	935.29	904.53	0.0
1876	890.31	880.28	2.84	934.62	924.08	2.16
1877	895.64	905.79	2.90	934.13	944.71	2.23
1878	901.03	932.55	2.96	933.81	966.47	2.30
1879	906.48	960.67	3.01	933.65	989.45	2.38
1880	911.99	990.22	3.08	933.64	1013.72	2.45
1881	917.55	1018.60	2.87	933.78	1036.61	2.26
1882	923.16	1048.33	2.92	934.05	1060.70	2.32
1883	928.82	1079.52	2.98	934.46	1086.07	2.39
1884	934.53	1112.27	3.03	934.99	1112.81	2.46
1885	940.27	1146.68	3.09	935.63	1141.01	2.53
1886	946.06	1155.71	0.79	936.39	1143.89	0.25
1887	990.27	1211.79	4.85	975.05	1193.16	4.31
1888	1016.72	1246.29	2.85	995.98	1220.87	2.32
1889	1078.15	1323.86	6.22	1050.89	1290.38	5.69
1890	1136.41	1397.80	5.58	1102.24	1355.77	5.07
1891	1174.08	1448.06	3.60	1133.32	1397.78	3.10
1892	1136.27	1405.23	-2.96	1091.65	1350.05	-3.41
1893	1214.37	1505.92	7.17	1161.30	1440.11	6.67
1894	1182.56	1470.48	-2.35	1125.76	1399.84	-2.80
1895	1153.85	1438.71	-2.16	1093.54	1363.51	-2.60
1896	1172.76	1465.21	1.84	1117.23	1395.83	2.37
1897	1157.44	1448.98	-1.11	1108.23	1387.36	-0.61
1898	1193.32	1496.89	3.31	1148.24	1440.34	3.82
1899	1181.11	1484.55	-0.82	1141.99	1435.38	-0.34
1900	1174.73	1479.51	-0.34	1141.21	1437.29	0.13
1901	1274.26	1566.20	5.86	1243.64	1528.56	6.35
1902	1251.07	1501.52	-4.13	1226.55	1472.09	-3.69
1903	1175.91	1378.88	-8.17	1157.98	1357.85	-7.76
1904	1238.60	1419.76	2.97	1225.02	1404.19	3.41
1905	1251.70	1403.25	-1.16	1243.25	1393.77	-0.74
1906	1264.77	1407.49	0.30	1261.47	1403.82	0.72
1907	1277.81	1411.64	0.29	1279.69	1413.71	0.70

Tabelle Nr. 11.5

EINKOMMEN DER SELBSTAENDIGEN UND DER UNSELBSTAENDIGEN

HANDWERK: BUCHDRUCKER

JAHR	RG. ARNSBERG			RG. MUENSTER		
	NOMINAL	REAL	% Y-REAL	NOMINAL	REAL	% Y-REAL
1875	784.97	759.15	0.0	781.71	756.00	0.0
1876	797.98	788.98	3.93	788.64	779.75	3.14
1877	810.90	820.08	3.94	795.58	804.60	3.19
1878	823.74	852.55	3.96	802.55	830.62	3.24
1879	836.50	886.49	3.98	809.53	857.92	3.29
1880	849.18	922.02	4.01	816.53	886.57	3.34
1881	861.79	956.70	3.76	823.54	914.23	3.12
1882	874.34	992.89	3.78	830.56	943.18	3.17
1883	886.82	1030.71	3.81	837.60	973.50	3.22
1884	899.24	1070.27	3.84	844.65	1005.30	3.27
1885	911.60	1111.71	3.87	851.72	1038.68	3.32
1886	923.91	1128.65	1.52	858.79	1049.10	1.00
1887	973.91	1191.77	5.59	900.79	1102.29	5.07
1888	1006.76	1234.07	3.55	926.72	1135.96	3.05
1889	1074.65	1319.56	6.93	984.64	1209.04	6.43
1890	1139.98	1402.19	6.26	1039.83	1279.00	5.79
1891	1185.09	1461.63	4.24	1076.30	1327.46	3.79
1892	1153.83	1426.95	-2.37	1043.53	1290.54	-2.78
1893	1240.36	1538.14	7.79	1117.23	1385.45	7.35
1894	1214.72	1510.47	-1.80	1089.83	1355.18	-2.19
1895	1191.76	1485.98	-1.62	1065.16	1328.13	-2.00
1896	1248.94	1560.40	5.01	1121.17	1400.76	5.47
1897	1269.14	1588.80	1.82	1143.91	1432.03	2.23
1898	1345.45	1687.73	6.23	1217.23	1526.88	6.62
1899	1367.65	1719.02	1.85	1241.60	1560.58	2.21
1900	1395.43	1757.47	2.24	1270.90	1600.63	2.57
1901	1551.15	1906.53	8.48	1416.96	1741.60	8.81
1902	1559.11	1871.24	-1.85	1428.24	1714.16	-1.58
1903	1498.89	1757.61	-6.07	1376.68	1614.30	-5.83
1904	1613.45	1849.44	5.22	1485.55	1702.84	5.48
1905	1664.95	1866.54	0.92	1536.52	1722.56	1.16
1906	1716.57	1910.27	2.34	1587.62	1766.77	2.57
1907	1768.30	1953.49	2.26	1638.83	1810.46	2.47

Tabelle Nr. 11.6

EINKOMMEN DER SELBSTAENDIGEN UND DER UNSELBSTAENDIGEN

HANDWERK: BUERSTENMACHER

JAHR	RG. ARNSBERG			RG. MUENSTER		
	NOMINAL	REAL	% Y-REAL	NOMINAL	REAL	% Y-REAL
1875	703.39	680.26	0.0	782.27	756.55	0.0
1876	707.01	699.04	2.76	788.04	779.16	2.99
1877	710.69	718.73	2.82	793.85	802.84	3.04
1878	714.42	739.42	2.88	799.70	827.67	3.09
1879	718.22	761.15	2.94	805.58	853.73	3.15
1880	722.07	784.00	3.00	811.49	881.09	3.21
1881	725.97	805.91	2.79	817.43	907.45	2.99
1882	729.91	828.88	2.85	823.40	935.05	3.04
1883	733.90	852.98	2.91	829.41	963.98	3.09
1884	737.94	878.28	2.97	835.43	994.32	3.15
1885	742.01	904.89	3.03	841.48	1026.20	3.21
1886	746.12	911.46	0.73	847.56	1035.38	0.89
1887	780.53	955.13	4.79	888.08	1086.74	4.96
1888	800.91	981.75	2.79	912.72	1118.80	2.95
1889	848.82	1042.27	6.16	968.81	1189.60	6.33
1890	894.19	1099.87	5.53	1022.13	1257.23	5.69
1891	923.34	1138.81	3.54	1057.00	1303.65	3.69
1892	893.14	1104.55	-3.01	1023.88	1266.24	-2.87
1893	954.04	1183.08	7.11	1095.22	1358.16	7.26
1894	928.58	1154.66	-2.40	1067.45	1327.34	-2.27
1895	905.59	1129.16	-2.21	1042.40	1299.76	-2.08
1896	951.27	1188.49	5.25	1061.66	1326.41	2.05
1897	968.74	1212.74	2.04	1049.90	1314.35	-0.91
1898	1029.05	1290.83	6.44	1084.57	1360.48	3.51
1899	1047.98	1317.21	2.04	1075.55	1351.87	-0.63
1900	1071.12	1349.01	2.41	1071.77	1349.84	-0.15
1901	1192.57	1465.79	8.66	1164.73	1431.58	6.06
1902	1200.50	1440.83	-1.70	1145.62	1374.97	-3.95
1903	1155.77	1355.26	-5.94	1078.72	1264.92	-8.00
1904	1245.76	1427.97	5.37	1138.23	1304.72	3.15
1905	1287.14	1442.98	1.05	1152.26	1291.77	-0.99
1906	1328.61	1478.54	2.46	1166.26	1297.86	0.47
1907	1370.18	1513.68	2.38	1180.25	1303.85	0.46

Tabelle Nr. 11.7

EINKOMMEN DER SELBSTAENDIGEN UND DER UNSELBSTAENDIGEN

HANDWERK: DACHDECKER

JAHR	RG. ARNSBERG			RG. MUENSTER		
	NOMINAL	REAL	% Y-REAL	NOMINAL	REAL	% Y-REAL
1875	854.09	826.01	0.0	978.39	946.22	0.0
1876	873.48	863.63	4.55	985.48	974.37	2.98
1877	892.67	902.78	4.53	992.62	1003.86	3.03
1878	911.69	943.58	4.52	999.81	1034.78	3.08
1879	930.54	986.16	4.51	1007.04	1067.23	3.14
1880	949.23	1030.65	4.51	1014.32	1101.32	3.19
1881	967.76	1074.34	4.24	1021.63	1134.14	2.98
1882	986.16	1119.87	4.24	1028.99	1168.51	3.03
1883	1004.41	1167.38	4.24	1036.38	1204.53	3.08
1884	1022.54	1217.02	4.25	1043.81	1242.33	3.14
1885	1040.54	1268.95	4.27	1051.27	1282.03	3.20
1886	1058.43	1292.97	1.89	1058.76	1293.38	0.88
1887	1119.60	1370.04	5.96	1109.28	1357.41	4.95
1888	1161.22	1423.41	3.90	1139.94	1397.33	2.94
1889	1243.49	1526.88	7.27	1209.90	1485.63	6.32
1890	1323.13	1627.47	6.59	1276.38	1569.96	5.68
1891	1379.54	1701.46	4.55	1319.81	1627.78	3.68
1892	1346.97	1665.80	-2.10	1278.35	1580.95	-2.88
1893	1451.92	1800.49	8.09	1367.32	1695.59	7.25
1894	1425.64	1772.74	-1.54	1332.54	1656.98	-2.28
1895	1402.22	1748.41	-1.37	1301.18	1622.42	-2.09
1896	1443.12	1803.00	3.12	1326.21	1656.93	2.13
1897	1441.64	1804.76	0.10	1312.47	1643.06	-0.84
1898	1503.92	1886.51	4.53	1356.79	1701.94	3.58
1899	1505.65	1892.47	0.32	1346.43	1692.35	-0.56
1900	1514.25	1907.11	0.77	1342.62	1690.95	-0.08
1901	1660.38	2040.78	7.01	1460.05	1794.55	6.13
1902	1647.38	1977.17	-3.12	1437.03	1724.71	-3.89
1903	1564.32	1834.33	-7.22	1353.98	1587.69	-7.94
1904	1664.21	1907.62	4.00	1429.57	1638.67	3.21
1905	1698.19	1903.80	-0.20	1448.07	1623.40	-0.93
1906	1732.21	1927.68	1.25	1466.55	1632.04	0.53
1907	1766.27	1951.24	1.22	1485.02	1640.54	0.52

Tabelle Nr. 11.8

EINKOMMEN DER SELBSTAENDIGEN UND DER UNSELBSTAENDIGEN

HANDWERK: DRECHSLER

JAHR	RG. ARNSBERG NOMINAL	RG. ARNSBERG REAL	RG. ARNSBERG % Y-REAL	RG. MUENSTER NOMINAL	RG. MUENSTER REAL	RG. MUENSTER % Y-REAL
1875	902.90	873.21	0.0	680.71	658.32	0.0
1876	910.66	900.39	3.11	699.10	691.22	5.00
1877	918.44	928.84	3.16	717.28	725.41	4.95
1878	926.24	958.64	3.21	735.28	761.00	4.91
1879	934.07	989.90	3.26	753.09	798.11	4.88
1880	941.91	1022.71	3.31	770.74	836.85	4.85
1881	949.78	1054.37	3.10	788.22	875.02	4.56
1882	957.67	1087.52	3.14	805.54	914.76	4.54
1883	965.57	1122.24	3.19	822.72	956.21	4.53
1884	973.49	1158.65	3.24	839.76	999.48	4.53
1885	981.43	1196.87	3.30	856.67	1044.72	4.53
1886	989.39	1208.64	0.98	873.45	1067.01	2.13
1887	1037.58	1269.67	5.05	926.01	1133.15	6.20
1888	1067.24	1308.21	3.04	962.49	1179.81	4.12
1889	1133.74	1392.12	6.41	1032.78	1268.15	7.49
1890	1197.07	1472.42	5.77	1101.07	1354.33	6.80
1891	1238.85	1527.94	3.77	1150.15	1418.54	4.74
1892	1200.93	1485.19	-2.80	1124.99	1391.28	-1.92
1893	1285.54	1594.17	7.34	1214.72	1506.35	8.27
1894	1253.82	1559.09	-2.20	1194.68	1485.55	-1.38
1895	1225.24	1527.73	-2.01	1176.90	1467.46	-1.22
1896	1247.48	1558.57	2.02	1188.70	1485.13	1.20
1897	1233.29	1543.93	-0.94	1165.91	1459.58	-1.72
1898	1273.64	1597.64	3.48	1194.69	1498.61	2.67
1899	1262.67	1587.06	-0.66	1175.30	1477.26	-1.42
1900	1257.87	1584.22	-0.18	1161.96	1463.43	-0.94
1901	1366.59	1679.68	6.03	1252.94	1540.00	5.23
1902	1343.80	1612.81	-3.98	1222.94	1467.76	-4.69
1903	1264.98	1483.33	-8.03	1142.81	1340.07	-8.70
1904	1334.41	1529.59	3.12	1196.85	1371.90	2.38
1905	1350.50	1514.01	-1.02	1202.65	1348.26	-1.72
1906	1366.57	1520.77	0.45	1208.39	1344.75	-0.26
1907	1382.61	1527.41	0.44	1214.08	1341.23	-0.26

Tabelle Nr. 11.9

EINKOMMEN DER SELBSTAENDIGEN UND DER UNSELBSTAENDIGEN						
HANDWERK: FLEISCHER						
JAHR	RG. ARNSBERG			RG. MUENSTER		
	NOMINAL	REAL	% Y-REAL	NOMINAL	REAL	% Y-REAL
1875	1022.65	989.02	0.0	1088.53	1052.73	0.0
1876	1035.97	1024.30	3.57	1107.46	1094.98	4.01
1877	1049.25	1061.13	3.60	1126.26	1139.01	4.02
1878	1062.47	1099.64	3.63	1144.92	1184.97	4.04
1879	1075.65	1139.95	3.67	1163.46	1233.00	4.05
1880	1088.79	1182.18	3.71	1181.88	1283.26	4.08
1881	1101.88	1223.23	3.47	1200.19	1332.36	3.83
1882	1114.94	1266.11	3.51	1218.40	1383.60	3.85
1883	1127.96	1310.97	3.54	1236.50	1437.12	3.87
1884	1140.94	1357.94	3.58	1254.51	1493.11	3.90
1885	1153.89	1407.18	3.63	1272.43	1551.74	3.93
1886	1166.80	1425.37	1.29	1290.26	1576.18	1.57
1887	1227.26	1501.79	5.36	1360.76	1665.14	5.64
1888	1265.97	1551.81	3.33	1407.30	1725.06	3.60
1889	1348.59	1655.94	6.71	1502.88	1845.38	6.98
1890	1427.77	1756.17	6.05	1594.93	1961.78	6.31
1891	1481.46	1827.15	4.04	1658.74	2045.80	4.28
1892	1439.75	1780.54	-2.55	1615.64	1998.07	-2.33
1893	1544.97	1915.89	7.60	1737.46	2154.59	7.83
1894	1510.45	1878.20	-1.97	1702.18	2116.62	-1.76
1895	1479.45	1844.70	-1.78	1670.61	2083.05	-1.59
1896	1556.64	1944.83	5.43	1701.91	2126.32	2.08
1897	1587.65	1987.55	2.20	1683.49	2107.52	-0.88
1898	1688.87	2118.50	6.59	1739.52	2182.03	3.54
1899	1722.17	2164.62	2.18	1725.46	2168.75	-0.61
1900	1762.32	2219.55	2.54	1719.80	2166.00	-0.13
1901	1964.35	2414.40	8.78	1869.41	2297.70	6.08
1902	1979.50	2375.79	-1.60	1839.16	2207.34	-3.93
1903	1907.61	2236.88	-5.85	1732.15	2031.13	-7.98
1904	2058.05	2359.06	5.46	1828.10	2095.49	3.17
1905	2128.24	2385.92	1.14	1851.02	2075.13	-0.97
1906	2198.60	2446.70	2.55	1873.91	2085.37	0.49
1907	2269.13	2506.77	2.46	1896.78	2095.43	0.48

Tabelle Nr. 11.10

EINKOMMEN DER SELBSTAENDIGEN UND DER UNSELBSTAENDIGEN

HANDWERK: GLASER

JAHR	RG. ARNSBERG			RG. MUENSTER		
	NOMINAL	REAL	% Y-REAL	NOMINAL	REAL	% Y-REAL
1875	884.80	855.71	0.0	546.51	528.54	0.0
1876	897.59	887.47	3.71	568.96	562.55	6.43
1877	910.32	920.63	3.74	591.12	597.81	6.27
1878	922.98	955.27	3.76	612.99	634.43	6.13
1879	935.58	991.50	3.79	634.59	672.52	6.00
1880	948.13	1029.45	3.83	655.94	712.21	5.90
1881	960.62	1066.40	3.59	677.06	751.62	5.53
1882	973.06	1104.99	3.62	697.94	792.58	5.45
1883	985.45	1145.34	3.65	718.61	835.21	5.38
1884	997.80	1187.57	3.69	739.08	879.64	5.32
1885	1010.10	1231.83	3.73	759.35	926.03	5.27
1886	1022.36	1248.91	1.39	779.43	952.15	2.82
1887	1076.30	1317.06	5.46	831.57	1017.59	6.87
1888	1111.21	1362.11	3.42	869.51	1065.83	4.74
1889	1184.73	1454.72	6.80	938.30	1152.14	8.10
1890	1255.29	1544.03	6.14	1005.71	1237.04	7.37
1891	1303.52	1607.69	4.12	1055.90	1302.29	5.28
1892	1267.77	1567.86	-2.48	1037.80	1283.46	-1.45
1893	1361.42	1688.27	7.68	1125.74	1396.00	8.77
1894	1331.94	1656.23	-1.90	1112.02	1382.77	-0.95
1895	1305.50	1627.80	-1.72	1100.06	1371.65	-0.80
1896	1355.07	1692.99	4.00	1148.72	1435.18	4.63
1897	1364.69	1708.43	0.91	1163.42	1456.46	1.48
1898	1434.66	1799.63	5.34	1229.56	1542.35	5.90
1899	1446.90	1818.62	1.06	1246.24	1566.42	1.56
1900	1465.40	1845.59	1.48	1268.12	1597.13	1.96
1901	1617.60	1988.20	7.73	1406.05	1728.19	8.21
1902	1615.24	1938.60	-2.49	1409.91	1692.16	-2.08
1903	1543.23	1809.60	-6.65	1352.41	1585.85	-6.28
1904	1651.44	1892.98	4.61	1452.71	1665.18	5.00
1905	1694.67	1899.85	0.36	1496.08	1677.22	0.72
1906	1737.98	1934.09	1.80	1539.55	1713.28	2.15
1907	1781.36	1967.92	1.75	1583.11	1748.90	2.08

Tabelle Nr. 11.11

EINKOMMEN DER SELBSTAENDIGEN UND DER UNSELBSTAENDIGEN

HANDWERK: GOLDSCHMIEDE

JAHR	RG. ARNSBERG			RG. MUENSTER		
	NOMINAL	REAL	% Y-REAL	NOMINAL	REAL	% Y-REAL
1875	993.50	960.83	0.0	1114.11	1077.47	0.0
1876	997.60	986.36	2.66	1119.78	1107.16	2.76
1877	1001.81	1013.16	2.72	1125.56	1138.31	2.81
1878	1006.12	1041.32	2.78	1131.43	1171.01	2.87
1879	1010.53	1070.93	2.84	1137.40	1205.38	2.93
1880	1015.02	1102.09	2.91	1143.44	1241.52	3.00
1881	1019.60	1131.89	2.70	1149.57	1276.16	2.79
1882	1024.26	1163.14	2.76	1155.77	1312.48	2.85
1883	1029.00	1195.96	2.82	1162.05	1350.59	2.90
1884	1033.81	1230.44	2.88	1168.39	1390.61	2.96
1885	1038.69	1266.70	2.95	1174.80	1432.68	3.03
1886	1043.64	1274.91	0.65	1181.27	1443.04	0.72
1887	1090.93	1334.96	4.71	1235.70	1512.11	4.79
1888	1118.59	1371.16	2.71	1267.92	1554.21	2.78
1889	1184.65	1454.63	6.09	1343.73	1649.96	6.16
1890	1247.09	1533.93	5.45	1415.51	1741.09	5.52
1891	1286.85	1587.13	3.47	1461.61	1802.67	3.54
1892	1243.91	1538.35	-3.07	1413.75	1748.39	-3.01
1893	1327.85	1646.64	7.04	1510.11	1872.65	7.11
1894	1291.58	1606.04	-2.47	1469.76	1827.61	-2.41
1895	1258.80	1569.58	-2.27	1433.33	1787.20	-2.21
1896	1313.47	1641.02	4.55	1448.96	1810.30	1.29
1897	1329.32	1664.15	1.41	1422.42	1780.69	-1.64
1898	1403.96	1761.11	5.83	1458.78	1829.88	2.76
1899	1422.11	1787.46	1.50	1436.34	1805.36	-1.34
1900	1446.22	1821.43	1.90	1421.25	1789.98	-0.85
1901	1602.63	1969.81	8.15	1533.82	1885.23	5.32
1902	1606.19	1927.73	-2.14	1498.35	1798.31	-4.61
1903	1539.93	1805.73	-6.33	1401.35	1643.23	-8.62
1904	1653.35	1895.18	4.95	1468.83	1683.66	2.46
1905	1701.97	1908.04	0.68	1477.17	1656.02	-1.64
1906	1750.69	1948.24	2.11	1485.44	1653.06	-0.18
1907	1799.50	1987.96	2.04	1493.66	1650.09	-0.18

Tabelle Nr. 11.12

EINKOMMEN DER SELBSTAENDIGEN UND DER UNSELBSTAENDIGEN

HANDWERK: GRAVEURE

JAHR	RG. ARNSBERG			RG. MUENSTER		
	NOMINAL	REAL	% Y-REAL	NOMINAL	REAL	% Y-REAL
1875	921.56	891.26	0.0	761.24	736.21	0.0
1876	925.17	914.74	2.64	770.98	762.29	3.54
1877	928.89	939.41	2.70	780.69	789.53	3.57
1878	932.70	965.32	2.76	790.37	818.02	3.61
1879	936.60	992.58	2.82	800.01	847.83	3.64
1880	940.58	1021.26	2.89	809.62	879.07	3.68
1881	944.65	1048.68	2.68	819.21	909.42	3.45
1882	948.80	1077.45	2.74	828.77	941.14	3.49
1883	953.02	1107.65	2.80	838.30	974.31	3.53
1884	957.31	1139.38	2.87	847.81	1009.05	3.57
1885	961.67	1172.76	2.93	857.29	1045.48	3.61
1886	966.09	1180.17	0.63	866.76	1058.83	1.28
1887	1009.70	1235.57	4.69	911.53	1115.43	5.35
1888	1035.14	1268.86	2.69	940.15	1152.42	3.32
1889	1096.10	1345.90	6.07	1001.37	1229.58	6.70
1890	1153.70	1419.06	5.44	1060.01	1303.83	6.04
1891	1190.31	1468.06	3.45	1099.73	1356.35	4.03
1892	1150.42	1422.73	-3.09	1068.63	1321.58	-2.56
1893	1227.88	1522.67	7.02	1146.60	1421.87	7.59
1894	1194.18	1484.93	-2.48	1120.84	1393.74	-1.98
1895	1163.72	1451.02	-2.28	1097.71	1368.72	-1.80
1896	1204.36	1504.70	3.70	1134.15	1416.98	3.53
1897	1209.54	1514.20	0.63	1137.23	1423.68	0.47
1898	1268.22	1590.84	5.06	1190.60	1493.48	4.90
1899	1275.84	1603.62	0.80	1196.04	1503.32	0.66
1900	1289.10	1623.55	1.24	1206.81	1519.92	1.10
1901	1419.78	1745.06	7.48	1327.43	1631.55	7.34
1902	1414.68	1697.89	-2.70	1321.01	1585.46	-2.82
1903	1348.84	1581.67	-6.85	1258.03	1475.18	-6.96
1904	1440.61	1651.32	4.40	1342.08	1538.38	4.28
1905	1475.57	1654.22	0.18	1373.15	1539.40	0.07
1906	1510.58	1681.04	1.62	1404.26	1562.72	1.51
1907	1545.65	1707.53	1.58	1435.41	1585.74	1.47

Tabelle Nr. 11.13

EINKOMMEN DER SELBSTAENDIGEN UND DER UNSELBSTAENDIGEN

HANDWERK: INSTRUMENTENMACHER

JAHR	RG. ARNSBERG			RG. MUENSTER		
	NOMINAL	REAL	% Y-REAL	NOMINAL	REAL	% Y-REAL
1875	1170.60	1132.11	0.0	1013.43	980.10	0.0
1876	1173.62	1160.39	2.50	1020.90	1009.39	2.99
1877	1176.79	1190.12	2.56	1028.41	1040.06	3.04
1878	1180.12	1221.40	2.63	1035.98	1072.22	3.09
1879	1183.58	1254.33	2.70	1043.59	1105.97	3.15
1880	1187.18	1289.02	2.77	1051.24	1141.42	3.21
1881	1190.91	1322.06	2.56	1058.94	1175.55	2.99
1882	1194.75	1356.75	2.62	1066.67	1211.30	3.04
1883	1198.71	1393.20	2.69	1074.44	1248.77	3.09
1884	1202.77	1431.53	2.75	1082.24	1288.07	3.15
1885	1206.94	1471.88	2.82	1090.08	1329.36	3.21
1886	1211.21	1479.61	0.53	1097.94	1341.24	0.89
1887	1264.58	1547.46	4.59	1150.43	1407.77	4.96
1888	1295.13	1587.56	2.59	1182.34	1449.30	2.95
1889	1370.04	1682.27	5.97	1254.99	1541.00	6.33
1890	1440.64	1772.00	5.33	1324.06	1628.61	5.68
1891	1484.94	1831.45	3.35	1369.22	1688.72	3.69
1892	1433.85	1773.25	-3.18	1326.31	1640.26	-2.87
1893	1529.00	1896.08	6.93	1418.73	1759.33	7.26
1894	1485.70	1847.43	-2.57	1382.74	1719.40	-2.27
1895	1446.54	1803.66	-2.37	1350.29	1683.66	-2.08
1896	1485.65	1856.13	2.91	1379.29	1723.25	2.35
1897	1481.18	1854.26	-0.10	1367.94	1712.49	-0.62
1898	1542.22	1934.55	4.33	1417.08	1777.58	3.80
1899	1541.15	1937.09	0.13	1409.14	1771.17	-0.36
1900	1547.22	1948.64	0.60	1407.95	1773.24	0.12
1901	1693.64	2081.66	6.83	1534.07	1885.53	6.33
1902	1677.62	2013.47	-3.28	1512.76	1815.60	-3.71
1903	1590.51	1865.05	-7.37	1427.97	1674.45	-7.77
1904	1689.49	1936.60	3.84	1510.43	1731.34	3.40
1905	1721.44	1929.87	-0.35	1532.68	1718.25	-0.76
1906	1753.42	1951.28	1.11	1554.93	1730.39	0.71
1907	1785.42	1972.41	1.08	1577.17	1742.34	0.69

Tabelle Nr. 11.14

EINKOMMEN DER SELBSTAENDIGEN UND DER UNSELBSTAENDIGEN

HANDWERK: KLEMPNER

JAHR	RG. ARNSBERG			RG. MUENSTER		
	NOMINAL	REAL	% Y-REAL	NOMINAL	REAL	% Y-REAL
1875	939.73	908.83	0.0	874.21	845.46	0.0
1876	938.21	927.63	2.07	874.11	864.26	2.22
1877	936.89	947.50	2.14	874.18	884.08	2.29
1878	935.75	968.48	2.21	874.39	904.98	2.36
1879	934.79	990.66	2.29	874.75	927.03	2.44
1880	933.99	1014.10	2.37	875.24	950.31	2.51
1881	933.35	1036.13	2.17	875.86	972.31	2.31
1882	932.86	1059.34	2.24	876.60	995.45	2.38
1883	932.51	1083.81	2.31	877.45	1019.82	2.45
1884	932.30	1109.61	2.38	878.41	1045.48	2.52
1885	932.21	1136.84	2.45	879.48	1072.54	2.59
1886	932.24	1138.83	0.17	880.65	1075.79	0.30
1887	969.99	1186.97	4.23	917.47	1122.70	4.36
1888	990.08	1213.63	2.25	937.63	1149.34	2.37
1889	1043.88	1281.78	5.62	989.80	1215.38	5.75
1890	1094.10	1345.76	4.99	1038.68	1277.59	5.12
1891	1124.14	1386.45	3.02	1068.47	1317.80	3.15
1892	1082.04	1338.17	-3.48	1029.67	1273.40	-3.37
1893	1150.28	1426.44	6.60	1095.87	1358.97	6.72
1894	1114.30	1385.60	-2.86	1062.81	1321.57	-2.75
1895	1081.68	1348.73	-2.66	1032.86	1287.85	-2.55
1896	1125.71	1406.43	4.28	1079.95	1349.26	4.77
1897	1136.51	1422.77	1.16	1095.09	1370.92	1.61
1898	1197.56	1502.21	5.58	1158.67	1453.42	6.02
1899	1210.43	1521.41	1.28	1175.63	1477.66	1.67
1900	1228.46	1547.18	1.69	1197.45	1508.12	2.06
1901	1358.72	1670.01	7.94	1328.94	1633.40	8.31
1902	1359.28	1631.39	-2.31	1333.75	1600.76	-2.00
1903	1300.98	1525.54	-6.49	1280.42	1501.43	-6.21
1904	1394.54	1598.51	4.78	1376.44	1577.76	5.08
1905	1433.34	1606.89	0.52	1418.59	1590.34	0.80
1906	1472.22	1638.35	1.96	1460.83	1625.67	2.22
1907	1511.17	1669.43	1.90	1503.15	1660.57	2.15

Tabelle Nr. 11.15

EINKOMMEN DER SELBSTAENDIGEN UND DER UNSELBSTAENDIGEN

HANDWERK: KORBMACHER

JAHR	RG. ARNSBERG			RG. MUENSTER		
	NOMINAL	REAL	% Y-REAL	NOMINAL	REAL	% Y-REAL
1875	802.47	776.08	0.0	616.38	596.11	0.0
1876	808.85	799.73	3.05	633.64	626.50	5.10
1877	815.26	824.49	3.10	650.70	658.07	5.04
1878	821.70	850.44	3.15	667.59	690.94	4.99
1879	828.17	877.67	3.20	684.29	725.19	4.96
1880	834.67	906.26	3.26	700.84	760.95	4.93
1881	841.19	933.82	3.04	717.22	796.21	4.63
1882	847.73	962.68	3.09	733.46	832.91	4.61
1883	854.30	992.91	3.14	749.56	871.18	4.59
1884	860.89	1024.63	3.19	765.53	911.13	4.59
1885	867.51	1057.93	3.25	781.37	952.89	4.58
1886	874.14	1067.84	0.94	797.09	973.72	2.19
1887	916.30	1121.27	5.00	845.46	1034.58	6.25
1888	942.09	1154.81	2.99	879.17	1077.68	4.17
1889	1000.38	1228.36	6.37	943.80	1158.89	7.54
1890	1055.83	1298.68	5.72	1006.63	1238.17	6.84
1891	1092.24	1347.12	3.73	1051.93	1297.39	4.78
1892	1058.40	1308.92	-2.84	1029.31	1272.95	-1.88
1893	1132.54	1404.44	7.30	1111.81	1378.73	8.31
1894	1104.19	1373.03	-2.24	1093.85	1360.17	-1.35
1895	1078.64	1344.93	-2.05	1077.94	1344.06	-1.18
1896	1105.61	1381.32	2.71	1116.13	1394.47	3.75
1897	1100.18	1377.29	-0.29	1121.46	1403.93	0.68
1898	1143.41	1434.28	4.14	1176.38	1475.64	5.11
1899	1140.59	1433.62	-0.05	1183.96	1488.13	0.85
1900	1143.11	1439.68	0.42	1196.74	1507.22	1.28
1901	1249.21	1535.41	6.65	1318.56	1620.65	7.53
1902	1235.41	1482.73	-3.43	1314.30	1577.41	-2.67
1903	1169.44	1371.30	-7.52	1253.58	1469.95	-6.81
1904	1240.35	1421.76	3.68	1339.30	1535.19	4.44
1905	1261.96	1414.76	-0.49	1372.24	1538.38	0.21
1906	1283.59	1428.43	0.97	1405.23	1563.80	1.65
1907	1305.23	1441.92	0.94	1438.27	1588.90	1.61

Tabelle Nr. 11.16

EINKOMMEN DER SELBSTAENDIGEN UND DER UNSELBSTAENDIGEN

HANDWERK: KUERSCHNER

JAHR	RG. ARNSBERG			RG. MUENSTER		
	NOMINAL	REAL	% Y-REAL	NOMINAL	REAL	% Y-REAL
1875	835.13	807.67	0.0	853.00	824.95	0.0
1876	844.80	835.28	3.42	868.27	858.48	4.06
1877	854.45	864.13	3.45	883.42	893.42	4.07
1878	864.08	894.30	3.49	898.45	929.88	4.08
1879	873.69	925.91	3.53	913.39	967.98	4.10
1880	883.28	959.04	3.58	928.23	1007.85	4.12
1881	892.86	991.18	3.35	942.97	1046.81	3.87
1882	902.42	1024.77	3.39	957.62	1087.47	3.88
1883	911.96	1059.93	3.43	972.20	1129.94	3.91
1884	921.49	1096.75	3.47	986.69	1174.35	3.93
1885	931.01	1135.38	3.52	1001.10	1220.86	3.96
1886	940.52	1148.93	1.19	1015.45	1240.47	1.61
1887	988.32	1209.40	5.26	1071.24	1310.87	5.68
1888	1018.56	1248.55	3.24	1108.20	1358.42	3.63
1889	1084.09	1331.15	6.62	1183.79	1453.57	7.00
1890	1146.76	1410.52	5.96	1256.62	1545.66	6.34
1891	1188.90	1466.33	3.96	1307.22	1612.26	4.31
1892	1154.51	1427.78	-2.63	1273.57	1575.03	-2.31
1893	1237.93	1535.13	7.52	1369.92	1698.81	7.86
1894	1209.36	1503.80	-2.04	1342.41	1669.24	-1.74
1895	1183.68	1475.91	-1.86	1317.79	1643.13	-1.56
1896	1234.17	1541.94	4.47	1358.24	1696.95	3.28
1897	1248.20	1562.59	1.34	1358.78	1701.03	0.24
1898	1317.42	1652.56	5.76	1419.41	1780.49	4.67
1899	1333.64	1676.27	1.43	1422.89	1788.45	0.45
1900	1355.48	1707.15	1.84	1432.81	1804.55	0.90
1901	1501.28	1845.23	8.09	1572.97	1933.34	7.14
1902	1503.84	1804.90	-2.19	1562.46	1875.26	-3.00
1903	1441.11	1689.86	-6.37	1485.34	1741.72	-7.12
1904	1546.56	1772.76	4.91	1581.88	1813.25	4.11
1905	1591.35	1784.03	0.64	1615.84	1811.48	-0.10
1906	1636.23	1820.87	2.07	1649.85	1836.03	1.35
1907	1681.21	1857.27	2.00	1683.90	1860.25	1.32

Tabelle Nr. 11.17

EINKOMMEN DER SELBSTAENDIGEN UND DER UNSELBSTAENDIGEN

HANDWERK: MALER

JAHR	RG. ARNSBERG			RG. MUENSTER		
	NOMINAL	REAL	% Y-REAL	NOMINAL	REAL	% Y-REAL
1875	783.85	758.07	0.0	860.89	832.58	0.0
1876	788.41	779.53	2.83	875.69	865.82	3.99
1877	793.04	802.02	2.89	890.38	900.46	4.00
1878	797.72	825.63	2.94	904.97	936.62	4.02
1879	802.46	850.42	3.00	919.46	974.42	4.04
1880	807.24	876.48	3.07	933.86	1013.97	4.06
1881	812.08	901.51	2.85	948.18	1052.60	3.81
1882	816.96	927.73	2.91	962.42	1092.91	3.83
1883	821.88	955.23	2.96	976.58	1135.03	3.85
1884	826.85	984.11	3.02	990.67	1179.08	3.88
1885	831.85	1014.45	3.08	1004.68	1225.22	3.91
1886	836.90	1022.35	0.78	1018.63	1244.36	1.56
1887	875.93	1071.86	4.84	1074.16	1314.44	5.63
1888	899.24	1102.28	2.84	1110.77	1361.57	3.59
1889	953.49	1170.79	6.22	1186.08	1456.38	6.96
1890	1004.93	1236.07	5.58	1258.59	1548.08	6.30
1891	1038.16	1280.41	3.59	1308.80	1614.21	4.27
1892	1004.64	1242.44	-2.97	1274.67	1576.39	-2.34
1893	1073.61	1331.36	7.16	1370.65	1699.71	7.82
1894	1045.40	1299.93	-2.36	1342.69	1669.60	-1.77
1895	1019.94	1271.75	-2.17	1317.67	1642.98	-1.59
1896	1071.03	1338.12	5.22	1329.47	1661.01	1.10
1897	1090.36	1365.00	2.01	1302.62	1630.72	-1.82
1898	1157.91	1452.48	6.41	1333.38	1672.57	2.57
1899	1178.90	1481.77	2.02	1310.38	1647.03	-1.53
1900	1204.63	1517.16	2.39	1294.16	1629.92	-1.04
1901	1340.91	1648.11	8.63	1394.05	1713.43	5.12
1902	1349.54	1619.71	-1.72	1359.27	1631.38	-4.79
1903	1298.99	1523.21	-5.96	1268.91	1487.93	-8.79
1904	1399.87	1604.62	5.35	1327.55	1521.72	2.27
1905	1446.11	1621.20	1.03	1332.63	1493.98	-1.82
1906	1492.45	1660.87	2.45	1337.64	1488.59	-0.36
1907	1538.90	1700.07	2.36	1342.59	1483.20	-0.36

Tabelle Nr. 11.18

EINKOMMEN DER SELBSTAENDIGEN UND DER UNSELBSTAENDIGEN

HANDWERK: MAURER

JAHR	RG. ARNSBERG NOMINAL	RG. ARNSBERG REAL	RG. ARNSBERG % Y-REAL	RG. MUENSTER NOMINAL	RG. MUENSTER REAL	RG. MUENSTER % Y-REAL
1875	956.13	924.69	0.0	1139.14	1101.69	0.0
1876	956.92	946.14	2.32	1127.69	1114.98	1.21
1877	957.87	968.72	2.39	1116.64	1129.29	1.28
1878	958.98	992.52	2.46	1105.98	1144.66	1.36
1879	960.22	1017.61	2.53	1095.68	1161.17	1.44
1880	961.60	1044.08	2.60	1085.72	1178.85	1.52
1881	963.10	1069.16	2.40	1076.09	1194.60	1.34
1882	964.72	1095.53	2.47	1066.77	1211.42	1.41
1883	966.46	1123.27	2.53	1057.75	1229.37	1.48
1884	968.31	1152.47	2.60	1049.01	1248.52	1.56
1885	970.26	1183.24	2.67	1040.53	1268.94	1.64
1886	972.30	1187.77	0.38	1032.30	1261.06	-0.62
1887	1013.74	1240.50	4.44	1065.63	1304.00	3.40
1888	1036.81	1270.91	2.45	1079.16	1322.82	1.44
1889	1095.31	1344.93	5.82	1128.92	1386.20	4.79
1890	1150.23	1414.80	5.20	1174.05	1444.10	4.18
1891	1184.08	1460.38	3.22	1196.98	1476.30	2.23
1892	1141.89	1412.18	-3.30	1143.33	1413.96	-4.22
1893	1216.15	1508.12	6.79	1206.16	1495.73	5.78
1894	1180.27	1467.63	-2.68	1159.58	1441.90	-3.60
1895	1147.78	1431.15	-2.49	1117.14	1392.95	-3.40
1896	1209.92	1511.64	5.62	1147.71	1433.92	2.94
1897	1236.13	1547.48	2.37	1144.60	1432.90	-0.07
1898	1317.00	1652.03	6.76	1192.11	1495.38	4.36
1899	1344.91	1690.43	2.32	1191.62	1497.76	0.16
1900	1378.11	1735.66	2.68	1196.63	1507.09	0.62
1901	1538.01	1890.38	8.91	1310.21	1610.39	6.85
1902	1551.67	1862.30	-1.49	1298.15	1558.03	-3.25
1903	1496.93	1755.32	-5.74	1231.04	1443.53	-7.35
1904	1616.62	1853.07	5.57	1307.96	1499.26	3.86
1905	1673.34	1875.94	1.23	1332.99	1494.39	-0.33
1906	1730.20	1925.44	2.64	1358.05	1511.30	1.13
1907	1787.20	1974.37	2.54	1383.13	1527.99	1.10

Tabelle Nr. 11.19

EINKOMMEN DER SELBSTAENDIGEN UND DER UNSELBSTAENDIGEN

HANDWERK: MECHANIKER

JAHR	RG. ARNSBERG			RG. MUENSTER		
	NOMINAL	REAL	% Y-REAL	NOMINAL	REAL	% Y-REAL
1875	769.90	744.58	0.0	775.51	750.01	0.0
1876	782.42	773.60	3.90	783.01	774.18	3.22
1877	794.86	803.86	3.91	790.51	799.47	3.27
1878	807.22	835.46	3.93	798.03	825.94	3.31
1879	819.51	868.50	3.95	805.55	853.69	3.36
1880	831.73	903.07	3.98	813.07	882.81	3.41
1881	843.88	936.81	3.74	820.60	910.97	3.19
1882	855.97	972.03	3.76	828.14	940.42	3.23
1883	868.00	1008.83	3.79	835.68	971.27	3.28
1884	879.97	1047.34	3.82	843.22	1003.60	3.33
1885	891.89	1087.67	3.85	850.77	1037.53	3.38
1886	903.76	1104.03	1.50	858.33	1048.53	1.06
1887	952.50	1165.56	5.57	900.80	1102.30	5.13
1888	984.44	1206.72	3.53	927.22	1136.58	3.11
1889	1050.65	1290.09	6.91	985.69	1210.33	6.49
1890	1114.33	1370.64	6.24	1041.46	1281.01	5.84
1891	1158.25	1428.52	4.22	1078.52	1330.20	3.84
1892	1127.53	1394.42	-2.39	1046.18	1293.82	-2.73
1893	1211.90	1502.85	7.78	1120.59	1389.62	7.40
1894	1186.68	1475.60	-1.81	1093.60	1359.86	-2.14
1895	1164.09	1451.48	-1.63	1069.31	1333.30	-1.95
1896	1219.71	1523.87	4.99	1107.44	1383.60	3.77
1897	1239.21	1551.33	1.80	1112.95	1393.28	0.70
1898	1313.51	1647.65	6.21	1167.68	1464.73	5.13
1899	1334.97	1677.94	1.84	1175.41	1477.39	0.86
1900	1361.89	1715.23	2.22	1188.30	1496.60	1.30
1901	1513.66	1860.44	8.47	1309.49	1609.50	7.54
1902	1521.24	1825.77	-1.86	1305.46	1566.81	-2.65
1903	1462.30	1714.71	-6.08	1245.33	1460.29	-6.80
1904	1573.89	1804.10	5.21	1330.69	1525.32	4.45
1905	1623.96	1820.58	0.91	1363.60	1528.70	0.22
1906	1674.14	1863.05	2.33	1396.57	1554.16	1.67
1907	1724.42	1905.02	2.25	1429.59	1579.31	1.62

Tabelle Nr. 11.20

EINKOMMEN DER SELBSTAENDIGEN UND DER UNSELBSTAENDIGEN

HANDWERK: METALLGIESSER

JAHR	RG. ARNSBERG			RG. MUENSTER		
	NOMINAL	REAL	% Y-REAL	NOMINAL	REAL	% Y-REAL
1875	720.81	697.11	0.0	935.31	904.55	0.0
1876	730.91	722.67	3.67	933.19	922.67	2.00
1877	740.97	749.36	3.69	931.27	941.82	2.08
1878	750.98	777.25	3.72	929.55	962.07	2.15
1879	760.94	806.43	3.75	928.01	983.48	2.23
1880	770.87	836.99	3.79	926.65	1006.13	2.30
1881	780.75	866.73	3.55	925.45	1027.37	2.11
1882	790.60	897.80	3.58	924.41	1049.75	2.18
1883	800.41	930.28	3.62	923.52	1073.36	2.25
1884	810.19	964.29	3.66	922.77	1098.27	2.32
1885	819.94	999.93	3.70	922.15	1124.57	2.39
1886	829.66	1013.51	1.36	921.66	1125.90	0.12
1887	873.19	1068.51	5.43	958.44	1172.84	4.17
1888	901.28	1104.77	3.39	977.75	1198.51	2.19
1889	960.66	1179.59	6.77	1030.32	1265.13	5.56
1890	1017.63	1251.69	6.11	1079.30	1327.56	4.93
1891	1056.47	1303.00	4.10	1108.34	1366.98	2.97
1892	1027.26	1270.42	-2.50	1066.28	1318.68	-3.53
1893	1102.90	1367.69	7.66	1132.93	1404.93	6.54
1894	1078.79	1341.45	-1.92	1096.94	1364.01	-2.91
1895	1057.15	1318.15	-1.74	1064.29	1327.04	-2.71
1896	1115.59	1393.80	5.74	1121.61	1401.31	5.60
1897	1140.89	1428.26	2.47	1145.63	1434.18	2.35
1898	1216.64	1526.14	6.85	1220.30	1530.74	6.73
1899	1243.46	1562.92	2.41	1245.91	1566.00	2.30
1900	1275.15	1605.98	2.75	1276.43	1607.59	2.66
1901	1424.12	1750.40	8.99	1424.28	1750.59	8.90
1902	1437.73	1725.55	-1.42	1436.70	1724.31	-1.50
1903	1387.87	1627.43	-5.69	1385.81	1625.01	-5.76
1904	1499.71	1719.06	5.63	1496.39	1715.26	5.55
1905	1553.17	1741.22	1.29	1548.69	1736.20	1.22
1906	1606.77	1788.08	2.69	1601.12	1781.79	2.63
1907	1660.50	1834.40	2.59	1653.67	1826.85	2.53

Tabelle Nr. 11.21

EINKOMMEN DER SELBSTAENDIGEN UND DER UNSELBSTAENDIGEN

HANDWERK: OFENSETZER

JAHR	RG. ARNSBERG			RG. MUENSTER		
	NOMINAL	REAL	% Y-REAL	NOMINAL	REAL	% Y-REAL
1875	1459.00	1411.03	0.0	1096.29	1060.24	0.0
1876	1433.32	1417.16	0.44	1095.20	1082.85	2.13
1877	1408.36	1424.31	0.50	1094.32	1106.72	2.20
1878	1384.07	1432.49	0.57	1093.66	1131.92	2.28
1879	1360.42	1441.74	0.65	1093.18	1158.52	2.35
1880	1337.39	1452.10	0.72	1092.89	1186.64	2.43
1881	1314.92	1459.73	0.53	1092.77	1213.11	2.23
1882	1293.00	1468.32	0.59	1092.82	1241.00	2.30
1883	1271.60	1477.92	0.65	1093.03	1270.37	2.37
1884	1250.69	1488.56	0.72	1093.38	1301.33	2.44
1885	1230.24	1500.30	0.79	1093.87	1333.99	2.51
1886	1210.25	1478.44	-1.46	1094.50	1337.04	0.23
1887	1238.69	1515.77	2.53	1139.42	1394.30	4.28
1888	1243.63	1524.43	0.57	1163.62	1426.35	2.30
1889	1289.68	1583.60	3.88	1227.48	1507.23	5.67
1890	1329.47	1635.26	3.26	1287.19	1583.25	5.04
1891	1343.40	1656.88	1.32	1323.19	1631.95	3.08
1892	1271.67	1572.68	-5.08	1274.27	1575.89	-3.44
1893	1329.39	1648.55	4.82	1355.28	1680.65	6.65
1894	1266.32	1574.64	-4.48	1313.52	1633.32	-2.82
1895	1208.67	1507.07	-4.29	1275.67	1590.61	-2.62
1896	1240.78	1550.21	2.86	1326.01	1656.68	4.15
1897	1236.52	1547.97	-0.14	1337.23	1674.05	1.05
1898	1286.93	1614.32	4.29	1407.59	1765.66	5.47
1899	1285.52	1615.79	0.09	1421.30	1786.45	1.18
1900	1290.08	1624.78	0.56	1441.12	1815.01	1.60
1901	1411.63	1735.04	6.79	1592.52	1957.37	7.84
1902	1397.77	1677.60	-3.31	1591.83	1910.50	-2.39
1903	1324.73	1553.39	-7.40	1522.34	1785.11	-6.56
1904	1406.69	1612.43	3.80	1630.59	1869.09	4.70
1905	1432.82	1606.30	-0.38	1674.76	1877.53	0.45
1906	1458.97	1623.61	1.08	1719.01	1912.98	1.89
1907	1485.14	1640.68	1.05	1763.33	1948.00	1.83

Tabelle Nr. 11.22

EINKOMMEN DER SELBSTAENDIGEN UND DER UNSELBSTAENDIGEN

HANDWERK: PHOTOGRAPHEN

JAHR	RG. ARNSBERG			RG. MUENSTER		
	NOMINAL	REAL	% Y-REAL	NOMINAL	REAL	% Y-REAL
1875	0.0	0.0	0.0	0.0	0.0	0.0
1876	0.0	0.0	0.0	0.0	0.0	0.0
1877	0.0	0.0	0.0	0.0	0.0	0.0
1878	0.0	0.0	0.0	0.0	0.0	0.0
1879	0.0	0.0	0.0	0.0	0.0	0.0
1880	0.0	0.0	0.0	0.0	0.0	0.0
1881	0.0	0.0	0.0	0.0	0.0	0.0
1882	0.0	0.0	0.0	0.0	0.0	0.0
1883	0.0	0.0	0.0	0.0	0.0	0.0
1884	0.0	0.0	0.0	0.0	0.0	0.0
1885	0.0	0.0	0.0	0.0	0.0	0.0
1886	0.0	0.0	0.0	0.0	0.0	0.0
1887	0.0	0.0	0.0	0.0	0.0	0.0
1888	0.0	0.0	0.0	0.0	0.0	0.0
1889	0.0	0.0	0.0	0.0	0.0	0.0
1890	0.0	0.0	0.0	0.0	0.0	0.0
1891	0.0	0.0	0.0	0.0	0.0	0.0
1892	0.0	0.0	0.0	0.0	0.0	0.0
1893	0.0	0.0	0.0	0.0	0.0	0.0
1894	0.0	0.0	0.0	0.0	0.0	0.0
1895	1396.40	1741.15	0.0	1116.81	1392.53	0.0
1896	1445.65	1806.15	3.73	1199.03	1498.04	7.58
1897	1452.33	1818.13	0.66	1245.35	1559.03	4.07
1898	1523.23	1910.73	5.09	1346.73	1689.32	8.36
1899	1532.82	1926.63	0.83	1394.01	1752.15	3.72
1900	1549.17	1951.09	1.27	1446.18	1821.39	3.95
1901	1706.66	2097.67	7.51	1632.35	2006.33	10.15
1902	1700.94	2041.46	-2.68	1664.09	1997.22	-0.45
1903	1622.17	1902.17	-6.82	1620.89	1900.67	-4.83
1904	1732.91	1986.37	4.43	1766.13	2024.45	6.51
1905	1775.35	1990.30	0.20	1843.27	2066.45	2.07
1906	1817.85	2022.98	1.64	1920.63	2137.36	3.43
1907	1860.42	2055.26	1.60	1998.20	2207.47	3.28

Tabelle Nr. 11.23

EINKOMMEN DER SELBSTAENDIGEN UND DER UNSELBSTAENDIGEN

HANDWERK: SATTLER

JAHR	RG. ARNSBERG			RG. MUENSTER		
	NOMINAL	REAL	% Y-REAL	NOMINAL	REAL	% Y-REAL
1875	841.24	813.57	0.0	757.14	732.24	0.0
1876	842.40	832.91	2.38	763.14	754.54	3.04
1877	843.70	853.25	2.44	769.17	777.88	3.09
1878	845.12	874.68	2.51	775.23	802.34	3.15
1879	846.65	897.26	2.58	781.31	828.01	3.20
1880	848.30	921.07	2.65	787.42	854.96	3.26
1881	850.06	943.67	2.45	793.55	880.94	3.04
1882	851.91	967.42	2.52	799.71	908.14	3.09
1883	853.85	992.39	2.58	805.89	936.65	3.14
1884	855.89	1018.67	2.65	812.09	966.54	3.19
1885	858.01	1046.35	2.72	818.31	997.94	3.25
1886	860.21	1050.84	0.43	824.55	1007.26	0.93
1887	897.27	1097.98	4.49	864.30	1057.64	5.00
1888	918.09	1125.39	2.50	888.61	1089.25	2.99
1889	970.32	1191.45	5.87	943.57	1158.61	6.37
1890	1019.41	1253.88	5.24	995.85	1224.91	5.72
1891	1049.84	1294.82	3.26	1030.18	1270.57	3.73
1892	1012.85	1252.59	-3.26	998.24	1234.53	-2.84
1893	1079.15	1338.23	6.84	1068.15	1324.59	7.30
1894	1047.72	1302.81	-2.65	1041.40	1294.95	-2.24
1895	1019.28	1270.92	-2.45	1017.28	1268.43	-2.05
1896	1090.22	1362.09	7.17	1050.77	1312.80	3.50
1897	1128.57	1412.83	3.72	1053.34	1318.66	0.45
1898	1216.81	1526.36	8.04	1102.51	1382.97	4.88
1899	1256.17	1578.90	3.44	1107.28	1391.76	0.64
1900	1300.04	1637.33	3.70	1117.01	1406.81	1.08
1901	1464.19	1799.64	9.91	1228.38	1509.81	7.32
1902	1489.68	1787.90	-0.65	1222.19	1466.86	-2.84
1903	1448.36	1698.35	-5.01	1163.69	1364.55	-6.97
1904	1575.49	1805.92	6.33	1241.21	1422.75	4.26
1905	1641.75	1840.53	1.92	1269.71	1423.44	0.05
1906	1708.20	1900.96	3.28	1298.25	1444.75	1.50
1907	1774.83	1960.71	3.14	1326.83	1465.79	1.46

Tabelle Nr. 11.24

EINKOMMEN DER SELBSTAENDIGEN UND DER UNSELBSTAENDIGEN

HANDWERK: SCHLOSSER

JAHR	RG. ARNSBERG			RG. MUENSTER		
	NOMINAL	REAL	% Y-REAL	NOMINAL	REAL	% Y-REAL
1875	878.39	849.51	0.0	799.29	773.00	0.0
1876	883.67	873.71	2.85	802.63	793.58	2.66
1877	889.02	899.09	2.90	806.05	815.18	2.72
1878	894.42	925.71	2.96	809.55	837.87	2.78
1879	899.88	953.67	3.02	813.13	861.74	2.85
1880	905.40	983.06	3.08	816.79	886.85	2.91
1881	910.97	1011.29	2.87	820.51	910.86	2.71
1882	916.59	1040.86	2.92	824.29	936.06	2.77
1883	922.25	1071.89	2.98	828.14	962.50	2.83
1884	927.96	1104.45	3.04	832.04	990.29	2.89
1885	933.71	1138.67	3.10	836.00	1019.51	2.95
1886	939.50	1147.69	0.79	840.01	1026.16	0.65
1887	983.45	1203.44	4.86	878.11	1074.54	4.71
1888	1009.76	1237.76	2.85	900.40	1103.71	2.71
1889	1070.82	1314.86	6.23	953.61	1170.94	6.09
1890	1128.72	1388.34	5.59	1003.91	1234.82	5.46
1891	1166.19	1438.32	3.60	1035.95	1277.69	3.47
1892	1128.68	1395.84	-2.95	1001.41	1238.45	-3.07
1893	1206.31	1495.92	7.17	1069.02	1325.68	7.04
1894	1174.75	1460.77	-2.35	1039.86	1293.03	-2.46
1895	1146.27	1429.26	-2.16	1013.50	1263.71	-2.27
1896	1202.05	1501.81	5.08	1046.51	1307.49	3.46
1897	1222.23	1530.08	1.88	1048.75	1312.91	0.41
1898	1296.45	1626.25	6.29	1097.37	1376.53	4.85
1899	1318.53	1657.27	1.91	1101.81	1384.88	0.61
1900	1345.96	1695.16	2.29	1111.19	1399.48	1.05
1901	1496.83	1839.76	8.53	1221.66	1501.55	7.29
1902	1505.16	1806.48	-1.81	1215.20	1458.47	-2.87
1903	1447.60	1697.46	-6.03	1156.76	1356.43	-7.00
1904	1558.82	1786.82	5.26	1233.53	1413.95	4.24
1905	1609.15	1803.98	0.96	1261.58	1414.33	0.03
1906	1659.59	1846.86	2.38	1289.67	1435.20	1.48
1907	1710.14	1889.24	2.29	1317.79	1455.80	1.44

Tabelle Nr. 11.25

EINKOMMEN DER SELBSTAENDIGEN UND DER UNSELBSTAENDIGEN

HANDWERK: SCHMIEDE

JAHR	RG. ARNSBERG			RG. MUENSTER		
	NOMINAL	REAL	% Y-REAL	NOMINAL	REAL	% Y-REAL
1875	625.54	604.97	0.0	657.49	635.87	0.0
1876	640.86	633.64	4.74	666.31	658.80	3.61
1877	656.03	663.46	4.71	675.09	682.73	3.63
1878	671.04	694.52	4.68	683.83	707.75	3.66
1879	685.92	726.91	4.66	692.54	733.94	3.70
1880	700.65	760.75	4.66	701.22	761.37	3.74
1881	715.27	794.03	4.37	709.87	788.04	3.50
1882	729.76	828.70	4.37	718.49	815.91	3.54
1883	744.14	864.87	4.36	727.08	845.05	3.57
1884	758.40	902.65	4.37	735.65	875.57	3.61
1885	772.57	942.16	4.38	744.19	907.55	3.65
1886	786.64	960.95	2.00	752.71	919.51	1.32
1887	832.89	1019.20	6.06	791.91	969.05	5.39
1888	864.64	1059.87	3.99	817.07	1001.56	3.36
1889	926.71	1137.90	7.36	870.60	1069.01	6.73
1890	986.88	1213.87	6.68	921.91	1133.96	6.08
1891	1029.77	1270.07	4.63	956.78	1180.04	4.06
1892	1006.22	1244.40	-2.02	930.03	1150.17	-2.53
1893	1085.41	1346.00	8.16	998.20	1237.84	7.62
1894	1066.51	1326.18	-1.47	976.08	1213.73	-1.95
1895	1049.70	1308.86	-1.31	956.22	1192.30	-1.77
1896	1089.37	1361.03	3.99	995.02	1243.16	4.27
1897	1096.92	1373.21	0.90	1004.45	1257.45	1.15
1898	1152.98	1446.29	5.32	1058.30	1327.52	5.57
1899	1162.64	1461.34	1.04	1069.56	1344.35	1.27
1900	1177.35	1482.80	1.47	1085.39	1366.99	1.68
1901	1299.46	1597.17	7.71	1200.37	1475.39	7.93
1902	1297.40	1557.13	-2.51	1200.76	1441.14	-2.32
1903	1239.41	1453.34	-6.67	1149.16	1347.52	-6.50
1904	1326.16	1520.13	4.60	1231.72	1411.87	4.78
1905	1360.73	1525.48	0.35	1265.89	1419.16	0.52
1906	1395.36	1552.82	1.79	1300.14	1446.85	1.95
1907	1430.05	1579.82	1.74	1334.45	1474.20	1.89

Tabelle Nr. 11.26

EINKOMMEN DER SELBSTAENDIGEN UND DER UNSELBSTAENDIGEN						
HANDWERK: SCHNEIDER						
JAHR	RG. ARNSBERG			RG. MUENSTER		
	NOMINAL	REAL	% Y-REAL	NOMINAL	REAL	% Y-REAL
1875	884.67	855.58	0.0	627.23	606.60	0.0
1876	888.59	878.57	2.69	645.03	637.76	5.14
1877	892.59	902.70	2.75	662.63	670.14	5.08
1878	896.68	928.05	2.81	680.05	703.84	5.03
1879	900.85	954.70	2.87	697.28	738.95	4.99
1880	905.10	982.74	2.94	714.34	775.61	4.96
1881	909.42	1009.57	2.73	731.24	811.76	4.66
1882	913.80	1037.71	2.79	747.98	849.40	4.64
1883	918.26	1067.24	2.85	764.58	888.64	4.62
1884	922.77	1098.27	2.91	781.04	929.59	4.61
1885	927.34	1130.91	2.97	797.37	972.40	4.61
1886	931.97	1138.49	0.67	813.58	993.86	2.21
1887	974.42	1192.39	4.73	863.11	1056.18	6.27
1888	999.34	1224.99	2.73	897.69	1100.38	4.18
1889	1058.59	1299.83	6.11	963.85	1183.51	7.55
1890	1114.61	1370.98	5.47	1028.18	1264.67	6.86
1891	1150.38	1418.82	3.49	1074.61	1325.37	4.80
1892	1112.22	1375.48	-3.05	1051.66	1300.60	-1.87
1893	1187.50	1472.60	7.06	1136.12	1408.87	8.33
1894	1155.29	1436.56	-2.45	1117.92	1390.10	-1.33
1895	1126.18	1404.21	-2.25	1101.80	1373.81	-1.17
1896	1161.31	1450.91	3.33	1134.85	1417.86	3.21
1897	1162.31	1455.07	0.29	1134.57	1420.35	0.18
1898	1214.71	1523.72	4.72	1184.47	1485.79	4.61
1899	1218.20	1531.17	0.49	1186.67	1491.55	0.39
1900	1227.19	1545.58	0.94	1194.27	1504.12	0.84
1901	1347.76	1656.54	7.18	1310.39	1610.60	7.08
1902	1339.26	1607.37	-2.97	1300.96	1561.40	-3.06
1903	1273.61	1493.44	-7.09	1236.12	1449.48	-7.17
1904	1356.85	1555.31	4.14	1315.83	1508.28	4.06
1905	1386.45	1554.32	-0.06	1343.46	1506.12	-0.14
1906	1416.08	1575.88	1.39	1371.12	1525.84	1.31
1907	1445.75	1597.16	1.35	1398.81	1545.31	1.28

Tabelle Nr. 11.27

EINKOMMEN DER SELBSTAENDIGEN UND DER UNSELBSTAENDIGEN

HANDWERK: SCHORNSTEINFEGER

JAHR	RG. ARNSBERG			RG. MUENSTER		
	NOMINAL	REAL	% Y-REAL	NOMINAL	REAL	% Y-REAL
1875	1239.36	1198.61	0.0	1129.05	1091.92	0.0
1876	1239.01	1225.04	2.21	1153.98	1140.97	4.49
1877	1238.89	1252.92	2.28	1178.67	1192.02	4.47
1878	1238.98	1282.33	2.35	1203.14	1245.22	4.46
1879	1239.28	1313.35	2.42	1227.39	1300.75	4.46
1880	1239.78	1346.12	2.49	1251.45	1358.79	4.46
1881	1240.45	1377.06	2.30	1275.31	1415.75	4.19
1882	1241.30	1409.61	2.36	1298.99	1475.12	4.19
1883	1242.32	1443.89	2.43	1322.50	1537.08	4.20
1884	1243.49	1480.00	2.50	1345.85	1601.82	4.21
1885	1244.82	1518.07	2.57	1369.04	1669.56	4.23
1886	1246.28	1522.46	0.29	1392.09	1700.57	1.86
1887	1298.21	1588.60	4.34	1472.05	1801.33	5.93
1888	1326.55	1626.07	2.36	1526.28	1870.90	3.86
1889	1400.17	1719.26	5.73	1633.92	2006.29	7.24
1890	1469.10	1807.01	5.10	1738.06	2137.84	6.56
1891	1511.03	1863.63	3.13	1811.66	2234.41	4.52
1892	1455.97	1800.60	-3.38	1768.41	2187.00	-2.12
1893	1549.37	1921.34	6.71	1905.70	2363.22	8.06
1894	1502.43	1868.23	-2.76	1870.75	2326.22	-1.57
1895	1459.90	1820.33	-2.56	1839.59	2293.75	-1.40
1896	1593.46	1990.83	9.37	1919.92	2398.70	4.58
1897	1678.95	2101.84	5.58	1943.51	2433.03	1.43
1898	1838.67	2306.41	9.73	2053.03	2575.31	5.85
1899	1924.59	2419.05	4.88	2079.96	2614.33	1.52
1900	2016.59	2539.79	4.99	2115.60	2664.49	1.92
1901	2296.61	2822.77	11.14	2344.81	2882.01	8.16
1902	2360.20	2832.69	0.35	2350.37	2820.90	-2.12
1903	2315.79	2715.51	-4.14	2253.74	2642.76	-6.32
1904	2540.15	2911.68	7.22	2420.09	2774.05	4.97
1905	2667.29	2990.23	2.70	2491.58	2793.25	0.69
1906	2794.81	3110.18	4.01	2563.22	2852.45	2.12
1907	2922.71	3228.80	3.81	2635.00	2910.96	2.05

Tabelle Nr. 11.28

EINKOMMEN DER SELBSTAENDIGEN UND DER UNSELBSTAENDIGEN

HANDWERK: SCHUHMACHER

JAHR	RG. ARNSBERG			RG. MUENSTER		
	NOMINAL	REAL	% Y-REAL	NOMINAL	REAL	% Y-REAL
1875	858.40	830.17	0.0	562.28	543.80	0.0
1876	862.19	852.47	2.69	577.76	571.24	5.05
1877	866.06	875.87	2.75	593.06	599.77	4.99
1878	870.02	900.46	2.81	608.19	629.47	4.95
1879	874.06	926.30	2.87	623.18	660.42	4.92
1880	878.17	953.50	2.94	638.01	692.74	4.89
1881	882.36	979.52	2.73	652.71	724.59	4.60
1882	886.60	1006.82	2.79	667.28	757.75	4.58
1883	890.92	1035.47	2.85	681.72	792.33	4.56
1884	895.29	1065.57	2.91	696.05	828.43	4.56
1885	899.72	1097.22	2.97	710.26	866.17	4.56
1886	904.20	1104.57	0.67	724.36	884.88	2.16
1887	945.38	1156.85	4.73	768.14	939.97	6.23
1888	969.55	1188.47	2.73	798.59	978.90	4.14
1889	1027.02	1261.07	6.11	857.11	1052.44	7.51
1890	1081.37	1330.09	5.47	913.98	1124.20	6.82
1891	1116.06	1376.50	3.49	954.92	1177.75	4.76
1892	1079.03	1334.44	-3.06	934.21	1155.34	-1.90
1893	1152.06	1428.65	7.06	1008.91	1251.12	8.29
1894	1120.80	1393.68	-2.45	992.44	1234.07	-1.36
1895	1092.55	1362.29	-2.25	977.84	1219.26	-1.20
1896	1158.46	1447.36	6.24	1009.78	1261.59	3.47
1897	1189.88	1489.58	2.92	1012.02	1266.93	0.42
1898	1273.91	1597.98	7.28	1059.01	1328.42	4.85
1899	1306.73	1642.45	2.78	1063.38	1336.57	0.61
1900	1344.51	1693.34	3.10	1072.49	1350.75	1.06
1901	1506.22	1851.30	9.33	1179.20	1449.36	7.30
1902	1524.95	1830.24	-1.14	1173.03	1407.86	-2.86
1903	1475.98	1730.74	-5.44	1116.69	1309.44	-6.99
1904	1598.85	1832.70	5.89	1190.87	1365.05	4.25
1905	1659.66	1860.61	1.52	1218.01	1365.49	0.03
1906	1720.63	1914.79	2.91	1245.20	1385.71	1.48
1907	1781.76	1968.36	2.80	1272.42	1405.67	1.44

Tabelle Nr. 11.29

EINKOMMEN DER SELBSTAENDIGEN UND DER UNSELBSTAENDIGEN

HANDWERK: STELLMACHER

JAHR	RG. ARNSBERG NOMINAL	RG. ARNSBERG REAL	RG. ARNSBERG % Y-REAL	RG. MUENSTER NOMINAL	RG. MUENSTER REAL	RG. MUENSTER % Y-REAL
1875	663.11	641.31	0.0	723.46	699.67	0.0
1876	668.75	661.21	3.10	727.36	719.16	2.79
1877	674.41	682.05	3.15	731.33	739.61	2.84
1878	680.08	703.88	3.20	735.36	761.08	2.90
1879	685.78	726.77	3.25	739.44	783.63	2.96
1880	691.49	750.80	3.31	743.57	807.35	3.03
1881	697.22	774.00	3.09	747.75	830.10	2.82
1882	702.96	798.27	3.14	751.98	853.94	2.87
1883	708.71	823.70	3.19	756.25	878.95	2.93
1884	714.48	850.37	3.24	760.56	905.22	2.99
1885	720.26	878.37	3.29	764.92	932.82	3.05
1886	726.06	886.95	0.98	769.31	939.79	0.75
1887	761.38	931.69	5.04	804.94	984.99	4.81
1888	783.10	959.91	3.03	826.11	1012.64	2.81
1889	831.85	1021.42	6.41	875.69	1075.26	6.18
1890	878.27	1080.28	5.76	922.66	1134.88	5.55
1891	908.87	1120.96	3.77	952.90	1175.26	3.56
1892	881.01	1089.55	-2.80	921.88	1140.10	-2.99
1893	943.03	1169.43	7.33	984.91	1221.37	7.13
1894	919.72	1143.64	-2.21	958.78	1192.22	-2.39
1895	898.71	1120.59	-2.02	935.19	1166.07	-2.19
1896	947.92	1184.31	5.69	979.82	1224.16	4.98
1897	968.98	1213.04	2.43	995.44	1246.17	1.80
1898	1032.88	1295.64	6.81	1055.07	1323.47	6.20
1899	1055.26	1326.37	2.37	1072.27	1347.75	1.83
1900	1081.76	1362.42	2.72	1093.85	1377.64	2.22
1901	1207.75	1484.45	8.96	1215.70	1494.22	8.46
1902	1218.92	1462.94	-1.45	1221.74	1466.32	-1.87
1903	1176.32	1379.36	-5.71	1174.37	1377.08	-6.09
1904	1270.77	1456.64	5.60	1263.95	1448.82	5.21
1905	1315.75	1475.05	1.26	1304.12	1462.01	0.91
1906	1360.84	1514.40	2.67	1344.38	1496.08	2.33
1907	1406.04	1553.29	2.57	1384.72	1529.74	2.25

Tabelle Nr. 11.30

EINKOMMEN DER SELBSTAENDIGEN UND DER UNSELBSTAENDIGEN

HANDWERK: TAPEZIERER

JAHR	RG. ARNSBERG			RG. MUENSTER		
	NOMINAL	REAL	% Y-REAL	NOMINAL	REAL	% Y-REAL
1875	883.18	854.14	0.0	763.08	737.98	0.0
1876	880.51	870.58	1.93	760.91	752.33	1.94
1877	878.04	887.99	2.00	758.92	767.51	2.02
1878	875.78	906.41	2.07	757.09	783.57	2.09
1879	873.69	925.91	2.15	755.42	800.57	2.17
1880	871.78	946.56	2.23	753.90	818.57	2.25
1881	870.04	965.85	2.04	752.52	835.39	2.06
1882	868.45	986.20	2.11	751.27	853.14	2.12
1883	867.01	1007.68	2.18	750.15	871.87	2.20
1884	865.71	1030.36	2.25	749.16	891.64	2.27
1885	864.55	1054.33	2.33	748.27	912.53	2.34
1886	863.51	1054.87	0.05	747.50	913.14	0.07
1887	897.38	1098.12	4.10	776.94	950.73	4.12
1888	914.86	1121.43	2.12	792.20	971.07	2.14
1889	963.43	1183.00	5.49	834.39	1024.54	5.51
1890	1008.59	1240.58	4.87	873.63	1074.58	4.88
1891	1035.08	1276.62	2.90	896.71	1105.96	2.92
1892	995.18	1230.75	-3.59	862.28	1066.38	-3.58
1893	1056.74	1310.44	6.48	915.75	1135.61	6.49
1894	1022.55	1271.51	-2.97	886.25	1102.03	-2.96
1895	991.51	1236.30	-2.77	859.48	1071.67	-2.75
1896	1035.76	1294.06	4.67	917.34	1146.10	6.95
1897	1049.39	1313.71	1.52	947.80	1186.52	3.53
1898	1109.42	1391.64	5.93	1020.16	1279.68	7.85
1899	1124.82	1413.80	1.59	1051.54	1321.69	3.28
1900	1144.90	1441.93	1.99	1086.74	1368.69	3.56
1901	1269.77	1560.69	8.24	1222.40	1502.46	9.77
1902	1273.58	1528.55	-2.06	1242.23	1490.91	-0.77
1903	1221.94	1432.86	-6.26	1206.48	1414.73	-5.11
1904	1312.86	1504.88	5.03	1311.08	1502.85	6.23
1905	1352.36	1516.09	0.74	1364.98	1530.25	1.82
1906	1391.94	1549.00	2.17	1419.03	1579.16	3.20
1907	1431.60	1581.52	2.10	1473.22	1627.51	3.06

Tabelle Nr. 11.31

EINKOMMEN DER SELBSTAENDIGEN UND DER UNSELBSTAENDIGEN

HANDWERK: TISCHLER

JAHR	RG. ARNSBERG			RG. MUENSTER		
	NOMINAL	REAL	% Y-REAL	NOMINAL	REAL	% Y-REAL
1875	1216.29	1176.30	0.0	968.69	936.84	0.0
1876	1217.43	1203.71	2.33	984.45	973.35	3.90
1877	1218.78	1232.58	2.40	1000.10	1011.43	3.91
1878	1220.31	1263.00	2.47	1015.65	1051.18	3.93
1879	1222.01	1295.05	2.54	1031.11	1092.74	3.95
1880	1223.89	1328.87	2.61	1046.48	1136.24	3.98
1881	1225.92	1360.93	2.41	1061.77	1178.69	3.74
1882	1228.11	1394.63	2.48	1076.97	1223.00	3.76
1883	1230.44	1430.08	2.54	1092.11	1269.30	3.79
1884	1232.90	1467.39	2.61	1107.17	1317.74	3.82
1885	1235.50	1506.70	2.68	1122.16	1368.49	3.85
1886	1238.22	1512.60	0.39	1137.09	1389.06	1.50
1887	1291.10	1579.90	4.45	1198.41	1466.48	5.57
1888	1320.59	1618.77	2.46	1238.60	1518.26	3.53
1889	1395.22	1713.19	5.83	1321.90	1623.15	6.91
1890	1465.31	1802.35	5.20	1402.02	1724.50	6.24
1891	1508.55	1860.57	3.23	1457.27	1797.32	4.22
1892	1454.92	1799.30	-3.29	1418.61	1754.40	-2.39
1893	1549.66	1921.70	6.80	1524.76	1890.82	7.78
1894	1504.05	1870.25	-2.68	1493.03	1856.54	-1.81
1895	1462.76	1823.89	-2.48	1464.60	1826.19	-1.63
1896	1504.77	1880.02	3.08	1491.58	1863.54	2.05
1897	1502.60	1881.07	0.06	1474.98	1846.49	-0.91
1898	1566.88	1965.48	4.49	1523.61	1911.21	3.50
1899	1568.07	1970.93	0.28	1510.86	1899.02	-0.64
1900	1576.45	1985.45	0.74	1505.48	1896.07	-0.16
1901	1727.96	2123.85	6.97	1635.98	2010.79	6.05
1902	1713.85	2056.95	-3.15	1609.06	1931.19	-3.96
1903	1626.90	1907.72	-7.26	1515.03	1776.54	-8.01
1904	1730.23	1983.30	3.96	1598.54	1832.35	3.14
1905	1765.02	1978.72	-0.23	1618.16	1814.08	-1.00
1906	1799.85	2002.94	1.22	1637.76	1822.57	0.47
1907	1834.70	2026.85	1.19	1657.33	1830.90	0.46

Tabelle Nr. 11.32

EINKOMMEN DER SELBSTAENDIGEN UND DER UNSELBSTAENDIGEN

HANDWERK: UHRMACHER

JAHR	RG. ARNSBERG			RG. MUENSTER		
	NOMINAL	REAL	% Y-REAL	NOMINAL	REAL	% Y-REAL
1875	1212.49	1172.62	0.0	1212.11	1172.25	0.0
1876	1206.15	1192.55	1.70	1212.43	1198.76	2.26
1877	1200.14	1213.73	1.78	1212.96	1226.69	2.33
1878	1194.44	1236.22	1.85	1213.68	1256.14	2.40
1879	1189.03	1260.10	1.93	1214.60	1287.20	2.47
1880	1183.91	1285.46	2.01	1215.70	1319.98	2.55
1881	1179.05	1308.89	1.82	1216.97	1350.99	2.35
1882	1174.44	1333.68	1.89	1218.40	1383.60	2.41
1883	1170.07	1359.91	1.97	1219.99	1417.93	2.48
1884	1165.92	1387.67	2.04	1221.72	1454.08	2.55
1885	1161.99	1417.06	2.12	1223.59	1492.18	2.62
1886	1158.27	1414.94	-0.15	1225.59	1497.18	0.33
1887	1201.31	1470.03	3.89	1277.22	1562.92	4.39
1888	1222.29	1498.27	1.92	1305.69	1600.50	2.40
1889	1284.67	1577.44	5.28	1378.74	1692.95	5.78
1890	1342.28	1651.03	4.66	1447.24	1780.12	5.15
1891	1374.90	1695.73	2.71	1489.17	1836.67	3.18
1892	1319.39	1631.69	-3.78	1435.50	1775.29	-3.34
1893	1398.36	1734.08	6.28	1528.22	1895.11	6.75
1894	1350.59	1679.42	-3.15	1482.51	1843.46	-2.73
1895	1307.18	1629.90	-2.95	1441.12	1796.90	-2.53
1896	1383.89	1728.99	6.08	1502.22	1876.83	4.45
1897	1419.41	1776.93	2.77	1518.94	1901.52	1.32
1898	1517.71	1903.79	7.14	1602.83	2010.57	5.73
1899	1554.99	1954.48	2.66	1622.23	2039.00	1.41
1900	1598.22	2012.87	2.99	1648.48	2076.17	1.82
1901	1788.67	2198.46	9.22	1825.46	2243.68	8.07
1902	1809.26	2171.46	-1.23	1828.26	2194.27	-2.20
1903	1749.67	2051.68	-5.52	1751.72	2054.08	-6.39
1904	1893.83	2170.82	5.81	1879.60	2154.52	4.89
1905	1964.42	2202.26	1.45	1933.76	2167.89	0.62
1906	2035.19	2264.84	2.84	1988.02	2212.36	2.05
1907	2106.13	2326.71	2.73	2042.40	2256.29	1.99

Tabelle Nr. 11.33

EINKOMMEN DER SELBSTAENDIGEN UND DER UNSELBSTAENDIGEN						
HANDWERK: ZIMMERER						
JAHR	RG. ARNSBERG			RG. MUENSTER		
	NOMINAL	REAL	% Y-REAL	NOMINAL	REAL	% Y-REAL
1875	1341.90	1297.78	0.0	1176.46	1137.78	0.0
1876	1313.23	1298.43	0.05	1155.43	1142.41	0.41
1877	1285.30	1299.86	0.11	1134.99	1147.84	0.48
1878	1258.08	1302.09	0.17	1115.09	1154.10	0.55
1879	1231.53	1305.14	0.23	1095.72	1161.21	0.62
1880	1205.61	1309.03	0.30	1076.84	1169.20	0.69
1881	1180.30	1310.27	0.10	1058.42	1174.98	0.49
1882	1155.55	1312.23	0.15	1040.46	1181.53	0.56
1883	1131.34	1314.90	0.20	1022.91	1188.88	0.62
1884	1107.65	1318.31	0.26	1005.76	1197.05	0.69
1885	1084.44	1322.49	0.32	989.00	1206.09	0.76
1886	1061.70	1296.97	-1.93	972.59	1188.12	-1.49
1887	1081.32	1323.20	2.02	995.11	1217.71	2.49
1888	1080.18	1324.07	0.07	998.73	1224.24	0.54
1889	1114.41	1368.38	3.35	1035.35	1271.30	3.84
1890	1142.71	1405.55	2.72	1066.90	1312.29	3.22
1891	1148.44	1416.43	0.77	1077.68	1329.16	1.28
1892	1081.09	1336.99	-5.61	1019.75	1261.13	-5.12
1893	1123.71	1393.49	4.23	1065.62	1321.46	4.78
1894	1064.15	1323.24	-5.04	1014.67	1261.71	-4.52
1895	1009.60	1258.85	-4.87	968.08	1207.09	-4.33
1896	1090.30	1362.20	8.21	1039.43	1298.64	7.58
1897	1138.27	1424.97	4.61	1079.65	1351.59	4.08
1898	1236.56	1551.13	8.85	1167.61	1464.64	8.36
1899	1285.19	1615.38	4.14	1208.67	1519.19	3.72
1900	1338.17	1685.35	4.33	1253.96	1579.29	3.96
1901	1515.43	1862.62	10.52	1415.44	1739.73	10.16
1902	1549.52	1859.72	-0.16	1443.01	1731.89	-0.45
1903	1513.41	1774.64	-4.57	1405.61	1648.23	-4.83
1904	1653.14	1894.94	6.78	1531.61	1755.62	6.52
1905	1729.30	1938.68	2.31	1598.55	1792.10	2.08
1906	1805.69	2009.44	3.65	1665.68	1853.64	3.43
1907	1882.28	2079.41	3.48	1733.00	1914.49	3.28

Tabelle Nr. 11.34

EINKOMMEN DER SELBSTAENDIGEN UND DER UNSELBSTAENDIGEN

HANDWERK: XYLOGRAPHEN

JAHR	RG. ARNSBERG			RG. MUENSTER		
	NOMINAL	REAL	% Y-REAL	NOMINAL	REAL	% Y-REAL
1875	1134.00	1096.71	0.0	762.33	737.27	0.0
1876	1110.50	1097.98	0.12	757.78	749.24	1.62
1877	1087.62	1099.94	0.18	753.44	761.97	1.70
1878	1065.33	1102.60	0.24	749.31	775.52	1.78
1879	1043.59	1105.97	0.31	745.37	789.92	1.86
1880	1022.37	1110.07	0.37	741.62	805.23	1.94
1881	1001.65	1111.96	0.17	738.04	819.31	1.75
1882	981.41	1114.47	0.23	734.62	834.23	1.82
1883	961.61	1117.63	0.28	731.37	850.03	1.89
1884	942.23	1121.44	0.34	728.26	866.77	1.97
1885	923.26	1125.93	0.40	725.30	884.51	2.05
1886	904.67	1105.15	-1.85	722.47	882.56	-0.22
1887	922.20	1128.49	2.11	748.79	916.29	3.82
1888	922.06	1130.26	0.16	761.34	933.25	1.85
1889	952.17	1169.17	3.44	799.65	981.89	5.21
1890	977.29	1202.08	2.82	834.94	1026.99	4.59
1891	983.16	1212.59	0.87	854.65	1054.08	2.64
1892	926.44	1145.74	-5.51	819.60	1013.60	-3.84
1893	963.99	1195.42	4.34	868.08	1076.48	6.20
1894	913.88	1136.38	-4.94	837.86	1041.86	-3.22
1895	868.60	1082.29	-4.76	810.40	1010.47	-3.01
1896	970.31	1212.28	12.01	892.06	1114.52	10.30
1897	1043.04	1305.76	7.71	946.71	1185.16	6.34
1898	1161.88	1457.45	11.62	1043.21	1308.60	10.41
1899	1234.14	1551.21	6.43	1097.86	1379.92	5.45
1900	1309.74	1649.54	6.34	1155.80	1455.66	5.49
1901	1508.41	1854.00	12.39	1321.81	1624.64	11.61
1902	1565.63	1879.06	1.35	1363.48	1636.44	0.73
1903	1549.82	1817.33	-3.29	1342.31	1574.00	-3.82
1904	1713.50	1964.12	8.08	1476.80	1692.80	7.55
1905	1812.19	2031.60	3.44	1554.96	1743.23	2.98
1906	1911.19	2126.85	4.69	1633.36	1817.67	4.27
1907	2010.50	2221.06	4.43	1712.00	1891.29	4.05

Tabelle Nr. 12.1

UMSATZENTWICKLUNG

HANDWERK: BAECKER

JAHR	RG. ARNSBERG NOMINAL	RG. ARNSBERG REAL	RG. ARNSBERG % U-REAL	RG. MUENSTER NOMINAL	RG. MUENSTER REAL	RG. MUENSTER % U-REAL
1875	3351.85	3241.63	0.0	3561.11	3444.01	0.0
1876	3571.13	3530.88	8.92	3717.69	3675.79	6.73
1877	3787.13	3830.03	8.47	3872.14	3916.00	6.54
1878	4000.04	4139.97	8.09	4024.58	4165.37	6.37
1879	4210.03	4461.66	7.77	4175.12	4424.68	6.23
1880	4417.25	4796.14	7.50	4323.87	4694.75	6.10
1881	4621.83	5130.81	6.98	4470.90	4963.25	5.72
1882	4823.93	5478.00	6.77	4616.31	5242.23	5.62
1883	5023.67	5838.76	6.59	4760.20	5532.54	5.54
1884	5221.16	6214.18	6.43	4902.61	5835.05	5.47
1885	5416.51	6605.50	6.30	5043.64	6150.79	5.41
1886	5609.82	6852.95	3.75	5183.35	6331.97	2.95
1887	6035.13	7385.13	7.77	5536.39	6774.83	6.99
1888	6359.56	7795.49	5.56	5795.14	7103.63	4.85
1889	6912.60	8487.97	8.88	6259.94	7686.56	8.21
1890	7459.61	9175.41	8.10	6716.02	8260.79	7.47
1891	7881.78	9720.99	5.95	7057.46	8704.31	5.37
1892	7793.09	9637.76	-0.86	6942.34	8585.63	-1.36
1893	8501.07	10542.00	9.38	7536.57	9345.94	8.86
1894	8442.18	10497.61	-0.42	7450.41	9264.37	-0.87
1895	8393.32	10465.48	-0.31	7375.54	9196.43	-0.73
1896	8909.83	11131.72	6.37	7777.67	9717.23	5.66
1897	9160.90	11468.32	3.02	7948.80	9950.93	2.40
1898	9817.04	12314.40	7.38	8471.41	10626.45	6.79
1899	10078.59	12667.91	2.87	8653.40	10876.57	2.35
1900	10378.09	13070.64	3.18	8869.35	11170.46	2.70
1901	11634.67	14300.23	9.41	9900.82	12169.16	8.94
1902	11787.20	14146.89	-1.07	9991.00	11991.11	-1.46
1903	11415.67	13386.09	-5.38	9640.59	11304.63	-5.72
1904	12373.03	14182.74	5.95	10413.41	11936.50	5.59
1905	12850.47	14406.34	1.58	10780.77	12086.05	1.25
1906	13329.17	14833.26	2.96	11149.03	12407.11	2.66
1907	13809.09	15255.28	2.85	11518.18	12724.45	2.56

Tabelle Nr. 12.2

JAHR	UMSATZENTWICKLUNG – HANDWERK: BARBIERE – RG. ARNSBERG NOMINAL	REAL	% U-REAL	RG. MUENSTER NOMINAL	REAL	% U-REAL
1875	1595.40	1542.94	0.0	1672.41	1617.42	0.0
1876	1642.89	1624.38	5.28	1747.62	1727.92	6.83
1877	1689.84	1708.98	5.21	1821.81	1842.44	6.63
1878	1736.26	1797.00	5.15	1895.02	1961.31	6.45
1879	1782.18	1888.71	5.10	1967.31	2084.90	6.30
1880	1827.64	1984.41	5.07	2038.73	2213.61	6.17
1881	1872.66	2078.89	4.76	2109.33	2341.62	5.78
1882	1917.25	2177.21	4.73	2179.14	2474.61	5.68
1883	1961.45	2279.70	4.71	2248.21	2612.99	5.59
1884	2005.27	2386.66	4.69	2316.58	2757.17	5.52
1885	2048.72	2498.44	4.68	2384.27	2907.65	5.46
1886	2091.84	2555.38	2.28	2451.33	2994.53	2.99
1887	2220.70	2717.45	6.34	2619.30	3205.21	7.04
1888	2311.13	2832.96	4.25	2742.70	3361.97	4.89
1889	2482.96	3048.82	7.62	2963.68	3639.09	8.24
1890	2650.19	3259.77	6.92	3180.62	3912.20	7.50
1891	2771.40	3418.10	4.86	3343.32	4123.48	5.40
1892	2713.63	3355.96	-1.82	3289.71	4068.41	-1.34
1893	2933.01	3637.16	8.38	3572.25	4429.87	8.88
1894	2887.40	3590.40	-1.29	3532.30	4392.32	-0.85
1895	2847.06	3549.95	-1.13	3497.65	4361.16	-0.71
1896	2982.68	3726.49	4.97	3508.43	4383.35	0.51
1897	3029.99	3793.18	1.79	3417.49	4278.28	-2.40
1898	3211.28	4028.20	6.20	3477.70	4362.39	1.97
1899	3263.41	4101.82	1.83	3397.65	4270.54	-2.11
1900	3328.87	4192.53	2.21	3335.84	4201.31	-1.62
1901	3699.48	4547.05	8.46	3572.11	4390.49	4.50
1902	3717.68	4461.92	-1.87	3462.37	4155.50	-5.35
1903	3573.35	4190.14	-6.09	3213.00	3767.59	-9.33
1904	3845.73	4408.22	5.20	3341.48	3830.21	1.66
1905	3967.77	4448.17	0.91	3334.24	3737.94	-2.41
1906	4090.08	4551.61	2.33	3326.74	3702.14	-0.96
1907	4212.65	4653.84	2.25	3318.99	3666.58	-0.96

Tabelle Nr. 12.3

UMSATZENTWICKLUNG						
HANDWERK: BOETTCHER						
JAHR	RG. ARNSBERG			RG. MUENSTER		
	NOMINAL	REAL	% U-REAL	NOMINAL	REAL	% U-REAL
1875	1891.25	1829.06	0.0	1836.25	1775.87	0.0
1876	1941.36	1919.48	4.94	1911.75	1890.20	6.44
1877	1990.92	2013.47	4.90	1986.24	2008.74	6.27
1878	2039.97	2111.33	4.86	2059.78	2131.84	6.13
1879	2088.53	2213.36	4.83	2132.42	2259.88	6.01
1880	2136.63	2319.90	4.81	2204.22	2393.29	5.90
1881	2184.29	2424.83	4.52	2275.21	2525.77	5.54
1882	2231.53	2534.11	4.51	2345.44	2663.45	5.45
1883	2278.39	2648.06	4.50	2414.94	2806.76	5.38
1884	2324.86	2767.04	4.49	2483.75	2956.14	5.32
1885	2370.98	2891.44	4.50	2551.90	3112.07	5.28
1886	2416.77	2952.32	2.11	2619.43	3199.89	2.82
1887	2561.51	3134.50	6.17	2794.69	3419.84	6.87
1888	2661.75	3262.75	4.09	2922.22	3582.02	4.74
1889	2855.48	3506.24	7.46	3153.46	3872.12	8.10
1890	3043.59	3743.65	6.77	3380.05	4157.50	7.37
1891	3178.58	3920.31	4.72	3548.75	4376.85	5.28
1892	3108.41	3844.19	-1.94	3487.96	4313.58	-1.45
1893	3355.66	4161.29	8.25	3783.53	4691.87	8.77
1894	3299.69	4103.06	-1.40	3737.48	4647.45	-0.95
1895	3250.00	4052.37	-1.24	3697.30	4610.10	-0.80
1896	3371.81	4212.66	3.96	3748.40	4683.16	1.58
1897	3394.25	4249.18	0.87	3690.25	4619.74	-1.35
1898	3566.78	4474.13	5.29	3795.31	4760.80	3.05
1899	3595.76	4519.55	1.02	3747.40	4710.15	-1.06
1900	3640.37	4584.84	1.44	3718.30	4683.00	-0.58
1901	4017.04	4937.36	7.69	4023.86	4945.75	5.61
1902	4009.83	4812.57	-2.53	3941.52	4730.57	-4.35
1903	3829.82	4490.87	-6.68	3696.28	4334.28	-8.38
1904	4097.08	4696.33	4.58	3884.62	4452.79	2.73
1905	4203.11	4712.00	0.33	3917.01	4391.26	-1.38
1906	4309.31	4795.58	1.77	3949.28	4394.92	0.08
1907	4415.70	4878.15	1.72	3981.43	4398.39	0.08

Tabelle Nr. 12.4

UMSATZENTWICKLUNG

HANDWERK: BUCHBINDER

JAHR	RG. ARNSBERG			RG. MUENSTER		
	NOMINAL	REAL	% U-REAL	NOMINAL	REAL	% U-REAL
1875	2347.22	2270.04	0.0	2415.28	2335.86	0.0
1876	2387.35	2360.44	3.98	2437.86	2410.38	3.19
1877	2427.19	2454.68	3.99	2460.48	2488.35	3.23
1878	2466.75	2553.05	4.01	2483.13	2570.00	3.28
1879	2506.06	2655.85	4.03	2505.81	2655.59	3.33
1880	2545.13	2763.44	4.05	2528.53	2745.42	3.38
1881	2583.97	2868.53	3.80	2551.27	2832.23	3.16
1882	2622.59	2978.18	3.82	2574.04	2923.05	3.21
1883	2661.00	3092.75	3.85	2596.83	3018.17	3.25
1884	2699.22	3212.59	3.87	2619.65	3117.89	3.30
1885	2737.25	3338.10	3.91	2642.49	3222.55	3.36
1886	2775.10	3390.05	1.56	2665.35	3255.99	1.04
1887	2926.20	3580.76	5.63	2796.64	3422.22	5.11
1888	3025.77	3708.97	3.58	2878.06	3527.89	3.09
1889	3230.75	3967.03	6.96	3058.91	3756.03	6.47
1890	3428.09	4216.59	6.29	3231.34	3974.59	5.82
1891	3564.70	4396.52	4.27	3345.68	4126.39	3.82
1892	3471.57	4293.30	-2.35	3244.74	4012.78	-2.75
1893	3732.81	4628.98	7.82	3474.87	4309.12	7.38
1894	3656.52	4546.78	-1.78	3390.59	4216.10	-2.16
1895	3588.23	4474.10	-1.60	3314.70	4133.04	-1.97
1896	3706.77	4631.14	3.51	3432.85	4288.92	3.77
1897	3716.28	4652.32	0.46	3449.91	4318.87	0.70
1898	3890.13	4879.74	4.89	3619.53	4540.31	5.13
1899	3907.38	4911.24	0.65	3643.47	4579.52	0.86
1900	3942.07	4964.82	1.09	3683.41	4639.05	1.30
1901	4335.52	5328.81	7.33	4059.03	4988.97	7.54
1902	4314.04	5177.67	-2.84	4046.52	4856.60	-2.65
1903	4107.91	4816.97	-6.97	3860.11	4526.39	-6.80
1904	4381.90	5022.81	4.27	4124.65	4727.93	4.45
1905	4482.87	5025.63	0.06	4226.64	4738.39	0.22
1906	4583.98	5101.25	1.50	4328.81	4817.28	1.66
1907	4685.24	5175.91	1.46	4431.13	4895.20	1.62

Tabelle Nr. 12.5

UMSATZENTWICKLUNG

HANDWERK: BUCHDRUCKER

JAHR	RG. ARNSBERG			RG. MUENSTER		
	NOMINAL	REAL	% U-REAL	NOMINAL	REAL	% U-REAL
1875	2853.33	2759.51	0.0	2885.00	2790.14	0.0
1876	3004.18	2970.32	7.64	2992.71	2958.98	6.05
1877	3152.89	3188.60	7.35	3099.04	3134.14	5.92
1878	3299.55	3414.98	7.10	3204.05	3316.14	5.81
1879	3444.30	3650.16	6.89	3307.83	3505.54	5.71
1880	3587.22	3894.91	6.71	3410.44	3702.97	5.63
1881	3728.41	4139.00	6.27	3511.93	3898.68	5.29
1882	3867.96	4392.41	6.12	3612.37	4102.17	5.22
1883	4005.96	4655.93	6.00	3711.82	4314.06	5.17
1884	4142.48	4930.34	5.89	3810.30	4535.00	5.12
1885	4277.59	5216.57	5.81	3907.89	4765.72	5.09
1886	4411.37	5388.91	3.30	4004.62	4892.03	2.65
1887	4727.09	5784.50	7.34	4265.87	5220.11	6.71
1888	4962.99	6083.58	5.17	4453.96	5459.62	4.59
1889	5376.22	6601.45	8.51	4799.74	5893.59	7.95
1890	5783.24	7113.45	7.76	5137.90	6319.68	7.23
1891	6092.42	7514.08	5.63	5387.67	6644.88	5.15
1892	6007.13	7429.04	-1.13	5289.17	6541.15	-1.56
1893	6535.76	8104.86	9.10	5731.00	7106.90	8.65
1894	6474.57	8050.94	-0.67	5655.28	7032.18	-1.05
1895	6422.21	8007.75	-0.54	5588.89	6968.68	-0.90
1896	6936.02	8665.68	8.22	6002.16	7498.95	7.61
1897	7241.55	9065.54	4.61	6235.68	7806.30	4.10
1898	7867.27	9868.63	8.86	6744.90	8460.74	8.38
1899	8177.05	10277.84	4.15	6983.19	8777.26	3.74
1900	8514.45	10723.49	4.34	7245.91	9125.82	3.97
1901	9642.62	11851.80	10.52	8180.11	10054.21	10.17
1902	9859.85	11833.71	-0.15	8340.46	10010.15	-0.44
1903	9630.41	11292.69	-4.57	8125.14	9527.60	-4.82
1904	10519.82	12058.48	6.78	8854.36	10149.43	6.53
1905	11004.74	12337.15	2.31	9242.21	10361.23	2.09
1906	11491.08	12787.76	3.65	9631.18	10717.98	3.44
1907	11978.79	13233.30	3.48	10021.20	11070.71	3.29

Tabelle Nr. 12.6

UMSATZENTWICKLUNG

HANDWERK: BUERSTENMACHER

JAHR	RG. ARNSBERG NOMINAL	RG. ARNSBERG REAL	RG. ARNSBERG % U-REAL	RG. MUENSTER NOMINAL	RG. MUENSTER REAL	RG. MUENSTER % U-REAL
1875	1800.00	1740.81	0.0	2001.28	1935.47	0.0
1876	1814.46	1794.01	3.06	2032.55	2009.64	3.83
1877	1828.99	1849.71	3.10	2063.63	2087.00	3.85
1878	1843.59	1908.08	3.16	2094.52	2167.79	3.87
1879	1858.25	1969.32	3.21	2125.24	2252.27	3.90
1880	1872.96	2033.62	3.27	2155.80	2340.72	3.93
1881	1887.73	2095.62	3.05	2186.21	2426.96	3.68
1882	1902.55	2160.52	3.10	2216.47	2517.00	3.71
1883	1917.42	2228.52	3.15	2246.59	2611.10	3.74
1884	1932.34	2299.85	3.20	2276.57	2709.56	3.77
1885	1947.30	2374.75	3.26	2306.43	2812.72	3.81
1886	1962.30	2397.15	0.94	2336.18	2853.87	1.46
1887	2057.08	2517.23	5.01	2461.20	3011.75	5.53
1888	2115.10	2592.67	3.00	2542.79	3116.93	3.49
1889	2246.08	2757.95	6.38	2712.83	3331.08	6.87
1890	2370.71	2916.00	5.73	2876.27	3537.85	6.21
1891	2452.60	3024.92	3.74	2988.62	3686.01	4.19
1892	2376.72	2939.31	-2.83	2908.41	3596.85	-2.42
1893	2543.34	3153.95	7.30	3125.07	3875.33	7.74
1894	2479.80	3083.56	-2.23	3059.11	3803.92	-1.84
1895	2422.53	3020.61	-2.04	3000.00	3740.65	-1.66
1896	2647.72	3307.99	9.51	3074.94	3841.75	2.70
1897	2792.98	3496.47	5.70	3059.76	3830.45	-0.29
1898	3061.73	3840.61	9.84	3179.91	3988.85	4.14
1899	3207.60	4031.67	4.97	3171.98	3986.90	-0.05
1900	3363.51	4236.15	5.07	3178.92	4003.68	0.42
1901	3833.17	4711.37	11.22	3473.90	4269.79	6.65
1902	3941.71	4730.80	0.41	3435.45	4123.20	-3.43
1903	3869.67	4537.60	-4.08	3251.94	3813.25	-7.52
1904	4246.66	4867.79	7.28	3449.03	3953.50	3.68
1905	4461.23	5001.38	2.74	3509.07	3933.93	-0.49
1906	4676.45	5204.14	4.05	3569.14	3971.89	0.96
1907	4892.29	5404.65	3.85	3629.23	4009.31	0.94

Tabelle Nr. 12.7

UMSATZENTWICKLUNG						
HANDWERK: DACHDECKER						
JAHR	RG. ARNSBERG			RG. MUENSTER		
	NOMINAL	REAL	% U-REAL	NOMINAL	REAL	% U-REAL
1875	2720.97	2631.50	0.0	2911.29	2815.56	0.0
1876	2847.20	2815.11	6.98	3008.97	2975.06	5.66
1877	2971.79	3095.36	6.76	3105.46	3140.63	5.57
1878	3094.54	3202.80	6.57	3200.80	3312.77	5.48
1879	3215.83	3408.05	6.41	3295.07	3492.02	5.41
1880	3335.65	3621.77	6.27	3388.32	3678.96	5.35
1881	3454.07	3834.44	5.87	3480.61	3863.90	5.03
1882	3571.16	4055.37	5.76	3571.97	4056.39	4.98
1883	3687.00	4285.21	5.67	3662.48	4256.71	4.94
1884	3801.63	4524.68	5.59	3752.15	4465.78	4.91
1885	3915.13	4774.55	5.52	3841.04	4684.19	4.89
1886	4027.55	4920.05	3.05	3929.18	4799.88	2.47
1887	4365.83	5269.00	7.09	4178.58	5113.29	6.53
1888	4510.96	5529.49	4.94	4355.99	5339.53	4.42
1889	4876.70	5988.08	8.29	4687.24	5755.45	7.79
1890	5235.98	6440.32	7.55	5010.45	6162.91	7.08
1891	5506.11	6790.96	5.44	5247.07	6471.47	5.01
1892	5419.96	6702.89	-1.30	5144.66	6362.43	-1.68
1893	5887.63	7301.13	8.93	5567.76	6904.46	8.52
1894	5823.83	7241.77	-0.81	5487.94	6824.10	-1.16
1895	5768.61	7192.78	-0.68	5417.63	6755.15	-1.01
1896	6103.18	7625.16	6.01	5627.76	7031.18	4.09
1897	6256.20	7832.00	2.71	5671.91	7100.54	0.99
1898	6685.85	8386.67	7.08	5966.88	7484.80	5.41
1899	6846.73	8605.74	2.61	6021.73	7568.79	1.12
1900	7033.93	8858.85	2.94	6102.54	7685.82	1.55
1901	7868.85	9671.64	9.17	6740.37	8284.62	7.79
1902	7956.37	9549.17	-1.27	6734.34	8082.50	-2.44
1903	7691.58	9019.20	-5.55	6437.53	7548.70	-6.60
1904	8322.54	9539.82	5.77	6892.41	7900.52	4.66
1905	8630.68	9674.98	1.42	7076.27	7933.04	0.41
1906	8938.41	9947.04	2.81	7260.47	8079.75	1.85
1907	9247.50	10215.97	2.70	7445.00	8224.70	1.79

Tabelle Nr. 12.8

UMSATZENTWICKLUNG						
HANDWERK: DRECHSLER						
JAHR	RG. ARNSBERG			RG. MUENSTER		
	NOMINAL	REAL	% U-REAL	NOMINAL	REAL	% U-REAL
1875	2354.17	2276.76	0.0	1870.83	1809.31	0.0
1876	2428.82	2401.45	5.48	1950.21	1928.23	6.57
1877	2502.58	2530.93	5.39	2028.53	2051.50	6.39
1878	2575.49	2665.59	5.32	2105.84	2179.50	6.24
1879	2647.60	2805.85	5.26	2182.19	2312.62	6.11
1880	2718.95	2952.17	5.21	2257.64	2451.29	6.00
1881	2789.58	3096.78	4.90	2332.24	2589.07	5.62
1882	2859.53	3247.25	4.86	2406.02	2732.25	5.53
1883	2928.83	3404.03	4.83	2479.03	2881.26	5.45
1884	2997.52	3567.62	4.81	2551.31	3036.55	5.39
1885	3065.62	3738.56	4.79	2622.90	3198.66	5.34
1886	3133.17	3827.47	2.38	2693.82	3290.77	2.88
1887	3329.22	4073.94	6.44	2875.57	3518.81	6.93
1888	3467.81	4250.80	4.34	3008.27	3687.50	4.79
1889	3728.69	4578.45	7.71	3247.82	3987.99	8.15
1890	3982.95	4899.07	7.00	3482.71	4283.78	7.42
1891	4168.20	5140.85	4.94	3658.05	4511.66	5.32
1892	4084.21	5050.96	-1.75	3596.79	4448.17	-1.41
1893	4417.36	5477.88	8.45	3903.02	4840.05	8.81
1894	4351.48	5410.94	-1.22	3856.86	4795.90	-0.91
1895	4293.32	5353.27	-1.07	3816.67	4758.94	-0.77
1896	4469.44	5584.00	4.31	3949.62	4934.56	3.69
1897	4513.61	5650.48	1.19	3966.30	4965.32	0.62
1898	4757.38	5967.61	5.61	4158.38	5216.23	5.05
1899	4809.72	6045.39	1.30	4183.08	5257.76	0.80
1900	4882.52	6149.26	1.72	4226.24	5322.72	1.24
1901	5401.47	6638.97	7.96	4654.39	5720.73	7.48
1902	5404.82	6486.82	-2.29	4637.36	5565.73	-2.71
1903	5174.05	6067.13	-6.47	4421.29	5184.44	-6.85
1904	5547.23	6358.59	4.80	4721.80	5412.42	4.40
1905	5702.61	6393.06	0.54	4836.12	5421.65	0.17
1906	5858.30	6519.37	1.98	4950.62	5509.25	1.62
1907	6014.29	6644.15	1.91	5065.30	5595.77	1.57

Tabelle Nr. 12.9

UMSATZENTWICKLUNG

HANDWERK: FLEISCHER

JAHR	RG. ARNSBERG			RG. MUENSTER		
	NOMINAL	REAL	% U-REAL	NOMINAL	REAL	% U-REAL
1875	3904.08	3775.71	0.0	3844.90	3718.47	0.0
1876	4028.51	3983.10	5.49	4013.24	3968.00	6.71
1877	4151.43	4198.45	5.41	4179.29	4226.63	6.52
1878	4272.95	4422.43	5.33	4343.19	4495.13	6.35
1879	4393.12	4655.71	5.27	4505.05	4774.32	6.21
1880	4512.04	4899.06	5.23	4664.97	5065.11	6.09
1881	4629.75	5139.59	4.91	4823.06	5354.19	5.71
1882	4746.32	5389.86	4.87	4979.41	5654.57	5.61
1883	4861.80	5650.63	4.84	5134.12	5967.13	5.53
1884	4976.26	5922.71	4.82	5287.25	6292.85	5.46
1885	5089.75	6207.00	4.80	5438.89	6632.80	5.40
1886	5202.30	6355.12	2.39	5589.12	6827.66	2.94
1887	5528.24	6764.86	6.45	5969.37	7304.66	6.99
1888	5758.77	7059.05	4.35	6247.93	7658.65	4.85
1889	6192.42	7603.66	7.71	6748.61	8286.61	8.20
1890	6615.10	8136.65	7.01	7239.87	8905.13	7.46
1891	6923.19	8538.71	4.94	7607.51	9382.72	5.36
1892	6784.07	8389.89	-1.74	7483.02	9254.29	-1.37
1893	7337.87	9099.54	8.46	8123.12	10073.31	8.85
1894	7228.80	8988.81	-1.22	8029.87	9984.91	-0.88
1895	7132.54	8893.44	-1.06	7948.82	9911.25	-0.74
1896	7900.92	9871.21	10.99	8392.62	10485.53	5.79
1897	8429.41	10552.59	6.90	8587.01	10749.89	2.52
1898	9330.56	11704.17	10.91	9161.10	11491.60	6.90
1899	9857.46	12389.97	5.86	9366.87	11773.34	2.45
1900	10412.67	13114.20	5.85	9609.11	12102.14	2.79
1901	11943.59	14679.92	11.94	10735.39	13194.93	9.03
1902	12352.46	14825.31	0.99	10841.40	13011.75	-1.39
1903	12189.08	14293.00	-3.59	10468.57	12275.53	-5.66
1904	13438.47	15404.01	7.77	11315.23	12970.23	5.66
1905	14176.46	15892.89	3.17	11721.64	13140.85	1.32
1906	14916.79	16600.02	4.45	12129.08	13497.74	2.72
1907	15659.37	17299.34	4.21	12537.50	13850.52	2.61

Tabelle Nr. 12.10

UMSATZENTWICKLUNG

HANDWERK: GLASER

JAHR	RG. ARNSBERG			RG. MUENSTER		
	NOMINAL	REAL	% U-REAL	NOMINAL	REAL	% U-REAL
1875	2391.43	2312.79	0.0	1535.71	1485.21	0.0
1876	2466.79	2438.98	5.46	1633.75	1615.34	8.76
1877	2541.24	2570.03	5.37	1730.34	1749.94	8.33
1878	2614.85	2706.32	5.30	1825.55	1889.41	7.97
1879	2687.64	2848.29	5.25	1919.46	2034.19	7.66
1880	2759.68	2996.39	5.20	2012.14	2184.73	7.40
1881	2830.99	3142.75	4.88	2103.64	2335.30	6.89
1882	2901.61	3295.04	4.85	2194.04	2491.53	6.69
1883	2971.58	3453.72	4.82	2283.39	2653.87	6.52
1884	3040.94	3619.30	4.79	2371.73	2822.82	6.37
1885	3109.70	3792.32	4.78	2459.13	2998.94	6.24
1886	3177.91	3882.12	2.37	2545.62	3109.72	3.69
1887	3376.45	4131.73	6.43	2737.35	3349.66	7.72
1888	3516.69	4310.73	4.33	2883.27	3534.28	5.51
1889	3780.94	4642.61	7.70	3132.76	3846.71	8.84
1890	4038.44	4967.33	6.99	3379.41	4156.71	8.06
1891	4225.95	5212.08	4.93	3569.45	4402.37	5.91
1892	4140.50	5120.58	-1.76	3528.15	4363.28	-0.89
1893	4477.95	5553.01	8.45	3847.51	4771.22	9.35
1894	4410.87	5484.80	-1.23	3819.78	4749.79	-0.45
1895	4351.65	5426.00	-1.07	3796.67	4734.00	-0.33
1896	4751.68	5936.63	9.41	4098.12	5120.09	8.16
1897	5008.34	6269.83	5.61	4276.57	5353.74	4.56
1898	5486.43	6882.12	9.77	4644.09	5825.50	8.81
1899	5744.31	7220.09	4.91	4825.11	6064.75	4.11
1900	6020.28	7582.21	5.02	5022.49	6325.55	4.30
1901	6857.64	8428.77	11.17	5686.22	6988.96	10.49
1902	7048.81	8459.93	0.37	5812.70	6976.36	-0.18
1903	6917.33	8111.32	-4.12	5676.00	6655.73	-4.60
1904	7588.63	8698.57	7.24	6198.78	7105.43	6.76
1905	7969.53	8934.45	2.71	6483.14	7268.09	2.29
1906	8351.59	9294.00	4.02	6768.34	7532.09	3.63
1907	8734.77	9649.55	3.83	7054.34	7793.12	3.47

Tabelle Nr. 12.11

UMSATZENTWICKLUNG

HANDWERK: GOLDSCHMIEDE

JAHR	RG. ARNSBERG NOMINAL	RG. ARNSBERG REAL	RG. ARNSBERG % U-REAL	RG. MUENSTER NOMINAL	RG. MUENSTER REAL	RG. MUENSTER % U-REAL
1875	4055.10	3921.76	0.0	4157.14	4020.44	0.0
1876	4162.41	4115.49	4.94	4276.84	4228.64	5.18
1877	4268.55	4316.89	4.89	4395.18	4444.96	5.12
1878	4373.59	4526.58	4.86	4512.23	4670.08	5.06
1879	4477.58	4745.21	4.83	4628.05	4904.67	5.02
1880	4580.59	4973.49	4.81	4742.72	5149.53	4.99
1881	4682.66	5198.33	4.52	4856.29	5391.08	4.69
1882	4783.84	5432.47	4.50	4968.82	5642.53	4.66
1883	4884.18	5676.64	4.49	5080.36	5904.64	4.65
1884	4983.71	5931.57	4.49	5190.95	6178.23	4.63
1885	5082.49	6198.16	4.49	5300.66	6464.22	4.63
1886	5180.54	6328.54	2.10	5409.52	6608.26	2.23
1887	5490.72	6718.95	6.17	5740.05	7024.05	6.29
1888	5705.49	6993.74	4.09	5971.14	7319.37	4.20
1889	6120.67	7515.55	7.46	6412.35	7873.71	7.57
1890	6523.78	8024.33	6.77	6841.49	8415.12	6.88
1891	6813.05	8402.87	4.72	7151.64	8820.47	4.82
1892	6662.55	8239.61	-1.94	7000.00	8656.94	-1.85
1893	7192.42	8919.17	8.25	7563.26	9379.04	8.34
1894	7072.36	8794.28	-1.40	7443.18	9255.38	-1.32
1895	6965.79	8685.52	-1.24	7336.84	9148.17	-1.16
1896	7651.01	9558.98	10.06	7636.87	9541.31	4.30
1897	8104.78	10146.20	6.14	7711.45	9653.80	1.18
1898	8916.88	11185.25	10.24	8127.05	10194.50	5.60
1899	9371.18	11778.75	5.31	8215.64	10326.34	1.29
1900	9853.90	12410.45	5.36	8339.18	10592.75	1.71
1901	11257.38	13836.50	11.49	9224.71	11338.14	7.95
1902	11601.44	13923.94	0.63	9229.66	11077.36	-2.30
1903	11411.73	13381.48	-3.90	8834.86	10359.82	-6.48
1904	12545.67	14386.64	7.47	9471.34	10856.64	4.80
1905	13200.66	14798.95	2.91	9735.93	10914.72	0.53
1906	13857.68	15421.40	4.21	10001.04	11129.58	1.97
1907	14516.65	16036.95	3.99	10266.66	11341.86	1.91

Tabelle Nr. 12.12

UMSATZENTWICKLUNG						
HANDWERK: GRAVEURE						
JAHR	RG. ARNSBERG			RG. MUENSTER		
	NOMINAL	REAL	% U-REAL	NOMINAL	REAL	% U-REAL
1875	3283.61	3175.64	0.0	2911.47	2815.73	0.0
1876	3355.51	3317.69	4.47	2966.26	2932.82	4.16
1877	3426.74	3465.55	4.46	3020.60	3054.81	4.16
1878	3497.32	3619.66	4.45	3074.52	3182.07	4.17
1879	3567.29	3780.51	4.44	3128.04	3315.01	4.18
1880	3636.69	3948.63	4.45	3181.19	3454.06	4.19
1881	3705.54	4113.61	4.18	3233.98	3590.12	3.94
1882	3773.87	4285.57	4.18	3286.43	3732.03	3.95
1883	3841.71	4465.03	4.19	3338.56	3880.24	3.97
1884	3909.08	4652.56	4.20	3390.39	4035.21	3.99
1885	3976.02	4848.80	4.22	3441.92	4197.46	4.02
1886	4042.53	4938.34	1.85	3493.18	4267.26	1.66
1887	4274.30	5230.43	5.91	3687.09	4511.86	5.73
1888	4431.35	5431.91	3.85	3816.25	4677.92	3.68
1889	4743.45	5824.46	7.23	4078.56	5008.05	7.06
1890	5045.33	6205.82	6.55	4331.54	5327.84	6.39
1891	5258.54	6485.62	4.51	4508.01	5559.95	4.36
1892	5132.58	6347.49	-2.13	4393.87	5433.92	-2.27
1893	5530.64	6858.44	8.05	4728.28	5863.44	7.90
1894	5428.79	6750.55	-1.57	4635.20	5763.74	-1.70
1895	5338.00	6655.85	-1.40	4552.00	5675.80	-1.53
1896	5687.28	7105.54	6.76	4852.34	6062.39	6.81
1897	5866.84	7344.57	3.36	5007.84	6269.20	3.41
1898	6305.81	7909.95	7.70	5384.77	6754.60	7.74
1899	6491.38	8159.10	3.15	5545.31	6969.97	3.19
1900	6700.83	8439.33	3.43	5726.19	7211.83	3.47
1901	7529.22	9254.20	9.66	6436.10	7910.64	9.69
1902	7643.85	9174.08	-0.87	6535.96	7844.41	-0.84
1903	7417.18	8697.44	-5.20	6343.81	7438.80	-5.17
1904	8053.54	9231.48	6.14	6889.77	7897.49	6.17
1905	8378.16	9392.55	1.74	7169.09	8037.10	1.77
1906	8703.65	9685.79	3.12	7449.18	8289.76	3.14
1907	9030.00	9975.69	2.99	7730.00	8539.54	3.01

Tabelle Nr. 12.13

UMSATZENTWICKLUNG

HANDWERK: INSTRUMENTENMACHER

JAHR	RG. ARNSBERG			RG. MUENSTER		
	NOMINAL	REAL	% U-REAL	NOMINAL	REAL	% U-REAL
1875	3376.67	3265.64	0.0	3491.67	3376.86	0.0
1876	3484.91	3445.63	5.51	3564.55	3524.38	4.37
1877	3591.85	3632.54	5.42	3636.78	3677.97	4.36
1878	3697.56	3826.91	5.35	3708.38	3838.11	4.35
1879	3802.09	4029.35	5.29	3779.39	4005.29	4.36
1880	3905.52	4240.52	5.24	3849.84	4180.07	4.36
1881	4007.91	4449.27	4.92	3919.76	4351.43	4.10
1882	4109.29	4666.47	4.88	3989.18	4530.07	4.11
1883	4209.74	4892.77	4.85	4058.13	4716.56	4.12
1884	4309.29	5128.88	4.83	4126.61	4911.46	4.13
1885	4407.99	5375.59	4.81	4194.67	5115.45	4.15
1886	4505.87	5504.37	2.40	4262.32	5206.84	1.79
1887	4788.60	5859.76	6.46	4504.16	5511.70	5.85
1888	4988.68	6115.08	4.36	4667.14	5720.94	3.80
1889	5364.76	6587.38	7.72	4993.27	6131.22	7.17
1890	5731.36	7049.64	7.02	5308.42	6529.42	6.49
1891	5998.71	7398.51	4.95	5530.13	6820.59	4.46
1892	5878.55	7270.04	-1.74	5395.21	6672.28	-2.17
1893	6358.83	7885.45	8.47	5811.11	7206.23	8.00
1894	6264.69	7789.96	-1.21	5701.70	7089.91	-1.61
1895	6181.62	7707.76	-1.06	5604.07	6987.62	-1.44
1896	6718.50	8393.93	8.90	5935.10	7415.17	6.12
1897	7053.08	8829.59	5.19	6089.50	7623.31	2.81
1898	7699.50	9658.17	9.38	6513.16	8170.04	7.17
1899	8036.81	10101.57	4.59	6675.00	8389.89	2.69
1900	8400.20	10579.59	4.73	6862.34	8642.74	3.01
1901	9545.59	11732.54	10.90	7681.89	9441.85	9.25
1902	9790.56	11750.55	0.15	7772.00	9327.89	-1.21
1903	9589.28	11244.46	-4.31	7517.54	8815.12	-5.50
1904	10501.36	12037.32	7.05	8138.45	9328.80	5.83
1905	11010.80	12343.95	2.55	8443.27	9465.55	1.47
1906	11521.77	12821.90	3.87	8748.88	9736.12	2.86
1907	12034.21	13294.52	3.69	9055.25	10003.59	2.75

Tabelle Nr. 12.14

UMSATZENTWICKLUNG						
HANDWERK: KLEMPNER						
JAHR	RG. ARNSBERG			RG. MUENSTER		
	NOMINAL	REAL	% U-REAL	NOMINAL	REAL	% U-REAL
1875	3774.00	3649.90	0.0	3682.00	3560.93	0.0
1876	3835.32	3792.09	3.90	3726.48	3684.48	3.47
1877	3896.24	3940.37	3.91	3770.84	3813.55	3.50
1878	3956.77	4095.19	3.93	3815.08	3948.54	3.54
1879	4016.94	4257.04	3.95	3859.21	4089.88	3.58
1880	4076.77	4426.46	3.98	3903.24	4238.04	3.62
1881	4136.27	4591.78	3.73	3947.16	4381.84	3.39
1882	4195.46	4764.32	3.76	3990.99	4532.12	3.43
1883	4254.37	4944.64	3.78	4034.74	4689.37	3.47
1884	4312.99	5133.29	3.82	4078.39	4854.07	3.51
1885	4371.36	5330.92	3.85	4121.96	5026.79	3.56
1886	4429.47	5411.03	1.50	4165.46	5088.52	1.23
1887	4668.28	5712.53	5.57	4378.61	5358.07	5.30
1888	4824.79	5914.18	3.53	4514.04	5533.27	3.27
1889	5149.23	6322.73	6.91	4805.91	5901.16	6.65
1890	5461.29	6717.46	6.24	5085.24	6254.91	5.99
1891	5676.45	7001.05	4.22	5273.64	6504.25	3.99
1892	5525.84	6833.84	-2.39	5122.51	6335.03	-2.60
1893	5939.28	7365.17	7.78	5494.14	6813.16	7.55
1894	5815.63	7231.56	-1.81	5368.76	6675.90	-2.01
1895	5704.86	7113.29	-1.64	5256.09	6553.72	-1.83
1896	6334.42	7914.06	11.26	5886.43	7354.36	12.22
1897	6771.45	8477.03	7.11	6337.20	7933.40	7.87
1898	7507.84	9417.76	11.10	7068.13	8866.20	11.76
1899	7943.12	9983.81	6.01	7515.69	9446.57	6.55
1900	8400.87	10580.44	5.98	7983.35	10054.59	6.44
1901	9646.39	11856.43	12.06	9201.61	11309.75	12.48
1902	9986.12	11985.26	1.09	9557.26	11470.54	1.42
1903	9862.37	11564.69	-3.51	9466.50	11100.50	-3.23
1904	10881.49	12473.05	7.85	10472.01	12003.68	8.14
1905	11486.87	12877.64	3.24	11080.51	12422.08	3.49
1906	12094.17	13458.89	4.51	11690.97	13010.20	4.73
1907	12703.33	14033.71	4.27	12303.32	13591.82	4.47

Tabelle Nr. 12.15

UMSATZENTWICKLUNG						
HANDWERK: KORBMACHER						
JAHR	RG. ARNSBERG			RG. MUENSTER		
	NOMINAL	REAL	% U-REAL	NOMINAL	REAL	% U-REAL
1875	1677.50	1622.34	0.0	1462.50	1414.41	0.0
1876	1717.45	1698.09	4.67	1512.71	1495.66	5.74
1877	1756.99	1776.89	4.64	1562.30	1580.00	5.64
1878	1796.15	1858.98	4.62	1611.30	1667.67	5.55
1879	1834.95	1944.63	4.61	1659.74	1758.94	5.47
1880	1873.41	2034.10	4.60	1707.65	1854.12	5.41
1881	1911.54	2122.05	4.32	1755.06	1948.33	5.08
1882	1949.36	2213.68	4.32	1801.99	2046.32	5.03
1883	1986.90	2309.27	4.32	1848.48	2148.39	4.99
1884	2024.15	2409.13	4.32	1894.53	2254.86	4.96
1885	2061.14	2513.59	4.34	1940.18	2366.07	4.93
1886	2097.88	2562.77	1.96	1985.44	2425.41	2.51
1887	2220.45	2717.15	6.02	2112.20	2584.68	6.57
1888	2304.30	2824.59	3.95	2202.61	2699.94	4.46
1889	2468.90	3031.56	7.33	2370.84	2911.15	7.82
1890	2628.39	3232.95	6.64	2535.08	3118.17	7.11
1891	2741.82	3381.62	4.60	2655.54	3275.21	5.04
1892	2678.34	3312.32	-2.05	2604.41	3220.89	-1.66
1893	2888.35	3581.78	8.14	2819.31	3496.17	8.55
1894	2837.31	3528.12	-1.50	2779.57	3456.31	-1.14
1895	2791.89	3481.16	-1.33	2744.59	3422.18	-0.99
1896	2922.01	3650.69	4.87	2901.79	3625.42	5.94
1897	2965.66	3712.64	1.70	2972.70	3721.46	2.65
1898	3140.44	3939.34	6.11	3175.06	3982.76	7.02
1899	3188.90	4008.17	1.75	3249.77	4084.67	2.56
1900	3250.48	4093.80	2.14	3337.02	4202.80	2.89
1901	3609.87	4436.91	8.38	3731.48	4586.38	9.13
1902	3625.28	4351.02	-1.94	3771.44	4526.45	-1.31
1903	3482.42	4083.51	-6.15	3644.55	4273.62	-5.59
1904	3745.72	4293.59	5.14	3942.12	4518.71	5.73
1905	3862.50	4330.16	0.85	4086.45	4581.22	1.38
1906	3979.53	4428.59	2.27	4231.14	4708.59	2.78
1907	4096.81	4525.86	2.20	4376.18	4834.49	2.67

Tabelle Nr. 12.16

UMSATZENTWICKLUNG

HANDWERK: KUERSCHNER

JAHR	RG. ARNSBERG NOMINAL	RG. ARNSBERG REAL	RG. ARNSBERG % U-REAL	RG. MUENSTER NOMINAL	RG. MUENSTER REAL	RG. MUENSTER % U-REAL
1875	2855.93	2762.02	0.0	2784.74	2693.17	0.0
1876	2922.79	2889.85	4.63	2878.17	2845.73	5.66
1877	2988.99	3022.84	4.60	2970.45	3004.10	5.57
1878	3054.55	3161.40	4.58	3061.65	3168.75	5.48
1879	3119.51	3305.97	4.57	3151.81	3340.20	5.41
1880	3183.91	3457.02	4.57	3241.00	3519.00	5.35
1881	3247.78	3605.44	4.29	3329.27	3695.90	5.03
1882	3311.13	3760.08	4.29	3416.66	3879.92	4.98
1883	3374.01	3921.44	4.29	3503.22	4071.62	4.94
1884	3436.42	4090.00	4.30	3588.99	4271.59	4.91
1885	3498.40	4266.33	4.31	3674.01	4480.50	4.89
1886	3559.96	4348.84	1.93	3758.32	4591.15	2.47
1887	3767.14	4609.82	6.00	3996.86	4890.92	6.53
1888	3908.60	4791.12	3.93	4166.56	5107.33	4.42
1889	4186.99	5141.19	7.31	4483.39	5505.14	7.79
1890	4456.63	5481.71	6.62	4792.54	5894.89	7.08
1891	4648.14	5732.78	4.58	5018.86	6190.01	5.01
1892	4539.76	5614.34	-2.07	4920.91	6085.71	-1.68
1893	4894.92	6070.09	8.12	5325.60	6604.17	8.52
1894	4807.67	5978.20	-1.51	5249.25	6527.30	-1.16
1895	4730.00	5897.75	-1.35	5182.00	6461.34	-1.01
1896	5139.68	6421.38	8.88	5542.86	6925.11	7.18
1897	5394.61	6753.39	5.17	5738.01	7183.29	3.73
1898	5888.06	7385.93	9.37	6186.87	7760.75	8.04
1899	6145.13	7723.89	4.58	6387.17	8028.11	3.45
1900	6422.16	8088.36	4.72	6610.38	8325.41	3.70
1901	7297.01	8968.79	10.89	7445.19	9150.92	9.92
1902	7483.50	8981.63	0.14	7574.93	9091.37	-0.65
1903	7328.97	8594.00	-4.32	7364.96	8636.20	-5.01
1904	8025.38	9199.20	7.04	8011.55	9183.35	6.34
1905	8414.06	9432.80	2.54	8348.65	9359.47	1.92
1906	8803.90	9797.35	3.86	8686.69	9666.92	3.28
1907	9194.87	10157.83	3.68	9025.63	9970.87	3.14

Tabelle Nr. 12.17

UMSATZENTWICKLUNG

HANDWERK: MALER

JAHR	RG. ARNSBERG			RG. MUENSTER		
	NOMINAL	REAL	% U-REAL	NOMINAL	REAL	% U-REAL
1875	2202.86	2130.43	0.0	2160.00	2088.97	0.0
1876	2252.86	2227.47	4.56	2276.84	2251.18	7.76
1877	2302.37	2328.45	4.53	2392.00	2419.10	7.46
1878	2351.43	2433.69	4.52	2505.58	2593.23	7.20
1879	2400.04	2543.50	4.51	2617.66	2774.12	6.98
1880	2448.25	2658.25	4.51	2728.32	2962.35	6.79
1881	2496.06	2770.94	4.24	2837.64	3150.13	6.34
1882	2543.50	2888.37	4.24	2945.68	3345.08	6.19
1883	2590.60	3010.92	4.24	3052.51	3547.78	6.06
1884	2637.35	3138.95	4.25	3158.19	3758.85	5.95
1885	2683.79	3272.91	4.27	3262.77	3978.99	5.86
1886	2729.92	3334.87	1.89	3366.31	4112.28	3.35
1887	2887.70	3533.65	5.96	3608.74	4415.98	7.39
1888	2995.04	3671.29	3.90	3790.28	4646.09	5.21
1889	3207.24	3938.17	7.27	4107.35	5043.40	8.55
1890	3412.65	4197.61	6.59	4419.79	5436.39	7.79
1891	3558.16	4388.46	4.55	4657.54	5744.38	5.67
1892	3474.14	4296.48	-2.10	4593.70	5681.05	-1.10
1893	3744.84	4643.89	8.09	4999.34	6199.58	9.13
1894	3677.05	4572.31	-1.54	4953.84	6159.95	-0.64
1895	3616.67	4509.56	-1.37	4915.00	6128.43	-0.51
1896	3897.22	4869.09	7.97	4972.15	6212.08	1.37
1897	4060.87	5083.71	4.41	4884.54	6114.84	-1.57
1898	4404.07	5524.42	8.67	5012.95	6288.20	2.83
1899	4570.39	5744.58	3.99	4939.29	6208.25	-1.27
1900	4752.36	5985.34	4.19	4890.77	6159.66	-0.78
1901	5375.33	6606.85	10.38	5281.82	6491.91	5.39
1902	5490.21	6589.30	-0.27	5163.21	6196.85	-4.55
1903	5356.93	6281.57	-4.67	4832.22	5666.30	-8.56
1904	5846.16	6701.24	6.68	5068.32	5809.63	2.53
1905	6110.37	6850.20	2.22	5100.52	5718.07	-1.58
1906	6375.35	7094.76	3.57	5132.50	5711.66	-0.11
1907	6641.06	7336.57	3.41	5164.29	5705.13	-0.11

Tabelle Nr. 12.18

UMSATZENTWICKLUNG						
HANDWERK: MAURER						
JAHR	RG. ARNSBERG			RG. MUENSTER		
	NOMINAL	REAL	% U-REAL	NOMINAL	REAL	% U-REAL
1875	3255.36	3148.32	0.0	3562.50	3445.36	0.0
1876	3346.30	3308.59	5.09	3660.21	3618.95	5.04
1877	3436.23	3475.15	5.03	3756.83	3799.38	4.99
1878	3525.19	3648.51	4.99	3852.42	3987.19	4.94
1879	3613.23	3829.20	4.95	3947.04	4182.96	4.91
1880	3700.41	4017.82	4.93	4040.74	4387.34	4.89
1881	3786.77	4203.78	4.63	4133.57	4588.77	4.59
1882	3872.35	4397.39	4.61	4225.57	4798.52	4.57
1883	3957.19	4599.25	4.59	4316.80	5017.20	4.56
1884	4041.33	4809.96	4.58	4407.27	5245.50	4.55
1885	4124.80	5030.25	4.58	4497.04	5484.19	4.55
1886	4207.64	5140.05	2.18	4586.12	5602.40	2.16
1887	4462.86	5461.16	6.25	4863.07	5950.89	6.22
1888	4640.68	5688.50	4.16	5055.61	6197.12	4.14
1889	4981.69	6117.00	7.53	5425.87	6662.41	7.51
1890	5313.16	6535.25	6.84	5785.64	7116.40	6.81
1891	5552.11	6847.69	4.78	6044.57	7455.07	4.76
1892	5432.60	6718.52	-1.89	5913.29	7313.00	-1.91
1893	5867.89	7276.65	8.31	6385.89	7919.01	8.29
1894	5772.99	7178.55	-1.35	6281.48	7810.84	-1.37
1895	5688.88	7093.37	-1.19	6188.89	7716.81	-1.20
1896	6591.72	8235.53	16.10	6706.53	8378.97	8.58
1897	7290.61	9126.95	10.82	7022.50	8791.32	4.92
1898	8311.77	10426.20	14.24	7648.96	9594.79	9.14
1899	9000.14	11312.40	8.50	7968.31	10015.47	4.38
1900	9707.64	12226.25	8.08	8314.00	10471.03	4.55
1901	11336.28	13933.47	13.96	9432.82	11593.93	10.72
1902	11908.18	14292.10	2.57	9661.24	11595.34	0.01
1903	11911.96	13968.05	-2.27	9450.55	11081.79	-4.43
1904	13292.08	15236.22	9.08	10337.43	11849.41	6.93
1905	14173.15	15889.17	4.29	10827.43	12138.37	2.44
1906	15057.20	16756.28	5.46	11318.89	12596.14	3.77
1907	15944.11	17613.90	5.12	11811.75	13048.77	3.59

Tabelle Nr. 12.19

UMSATZENTWICKLUNG

HANDWERK: MECHANIKER

JAHR	RG. ARNSBERG NOMINAL	REAL	% U-REAL	RG. MUENSTER NOMINAL	REAL	% U-REAL
1875	3590.19	3472.14	0.0	3705.88	3584.02	0.0
1876	3698.57	3656.89	5.32	3769.23	3726.74	3.98
1877	3805.69	3848.80	5.25	3832.12	3875.53	3.99
1878	3911.60	4048.44	5.19	3894.59	4030.83	4.01
1879	4016.38	4256.44	5.14	3956.64	4193.13	4.03
1880	4120.08	4473.48	5.10	4018.32	4362.99	4.05
1881	4222.77	4687.80	4.79	4079.64	4528.90	3.80
1882	4324.49	4910.84	4.76	4140.60	4702.02	3.82
1883	4425.29	5143.30	4.73	4201.24	4882.89	3.85
1884	4525.22	5385.88	4.72	4261.57	5072.09	3.87
1885	4624.32	5639.41	4.71	4321.61	5270.25	3.91
1886	4722.63	5769.16	2.30	4381.36	5352.26	1.56
1887	5014.56	6136.27	6.36	4619.91	5653.34	5.63
1888	5219.76	6398.33	4.27	4777.13	5855.76	3.58
1889	5608.84	6887.08	7.64	5100.75	6263.20	6.96
1890	5987.64	7364.87	6.94	5412.30	6657.20	6.29
1891	6262.50	7723.85	4.87	5627.97	6941.25	4.27
1892	6132.91	7584.61	-1.80	5480.93	6778.30	-2.35
1893	6629.70	8221.35	8.40	5893.38	7308.25	7.82
1894	6527.54	8116.81	-1.27	5772.93	7178.47	-1.78
1895	6437.20	8026.44	-1.11	5665.11	7063.72	-1.60
1896	7153.92	8937.93	11.36	6206.43	7754.16	9.77
1897	7653.12	9580.78	7.19	6560.23	8212.60	5.91
1898	8490.67	10650.61	11.17	7204.06	9036.70	10.03
1899	8987.70	11296.75	6.07	7558.79	9500.74	5.14
1900	9509.99	11977.32	6.02	7936.82	9996.00	5.21
1901	10924.34	13427.15	12.10	9055.83	11130.57	11.35
1902	11313.05	13577.83	1.12	9322.12	11188.34	0.52
1903	11176.35	13105.47	-3.48	9160.47	10741.64	-3.99
1904	12334.70	14138.80	7.88	10061.59	11533.22	7.37
1905	13024.18	14601.10	3.27	10578.19	11858.96	2.82
1906	13715.87	15263.60	4.54	11096.38	12348.52	4.13
1907	14409.68	15918.77	4.29	11616.11	12832.64	3.92

Tabelle Nr. 12.20

UMSATZENTWICKLUNG

HANDWERK: METALLGIESSER

JAHR	RG. ARNSBERG NOMINAL	RG. ARNSBERG REAL	RG. ARNSBERG % U-REAL	RG. MUENSTER NOMINAL	RG. MUENSTER REAL	RG. MUENSTER % U-REAL
1875	3115.00	3012.57	0.0	3263.33	3156.02	0.0
1876	3175.09	3139.30	4.21	3289.85	3252.77	3.07
1877	3234.68	3271.32	4.21	3316.49	3354.05	3.11
1878	3293.80	3409.02	4.21	3343.24	3460.19	3.16
1879	3352.46	3552.84	4.22	3370.09	3571.52	3.22
1880	3410.71	3703.26	4.23	3397.04	3688.43	3.27
1881	3468.54	3850.52	3.98	3424.09	3801.17	3.06
1882	3526.00	4004.09	3.99	3451.23	3919.18	3.10
1883	3583.10	4164.45	4.01	3478.46	4042.84	3.16
1884	3639.85	4332.12	4.03	3505.76	4172.54	3.21
1885	3696.27	4507.64	4.05	3533.15	4308.71	3.26
1886	3752.38	4583.90	1.69	3560.61	4349.62	0.95
1887	3961.76	4847.96	5.76	3732.82	4567.82	5.02
1888	4101.60	5027.70	3.71	3838.33	4704.99	3.00
1889	4384.62	5383.86	7.08	4076.27	5005.25	6.38
1890	4657.71	5729.04	6.41	4302.71	5292.38	5.74
1891	4848.59	5980.00	4.38	4451.60	5490.37	3.74
1892	4726.87	5845.74	-2.25	4314.11	5335.29	-2.82
1893	5087.70	6309.15	7.93	4616.80	5725.20	7.31
1894	4988.57	6203.15	-1.68	4501.69	5597.72	-2.23
1895	4900.00	6109.72	-1.51	4397.95	5483.73	-2.04
1896	5714.46	7139.51	16.85	5003.22	6250.90	13.99
1897	6351.67	7951.51	11.37	5454.86	6828.81	9.25
1898	7269.63	9118.96	14.68	6147.62	7711.52	12.93
1899	7896.61	9925.35	8.84	6594.09	8288.20	7.48
1900	8539.62	10755.18	8.36	7056.44	8887.20	7.23
1901	9994.18	12283.89	14.21	8185.21	10060.48	13.20
1902	10518.00	12623.61	2.77	8548.77	10260.17	1.98
1903	10538.28	12357.27	-2.11	8508.83	9977.52	-2.75
1904	11775.74	13498.10	9.23	9453.14	10835.79	8.60
1905	12571.78	14093.91	4.41	10040.80	11256.50	3.88
1906	13370.52	14879.27	5.57	10630.39	11829.95	5.09
1907	14171.86	15656.05	5.22	11221.87	12397.11	4.79

Tabelle Nr. 12.21

UMSATZENTWICKLUNG

HANDWERK: OFENSETZER

JAHR	RG. ARNSBERG			RG. MUENSTER		
	NOMINAL	REAL	% U-REAL	NOMINAL	REAL	% U-REAL
1875	3408.06	3296.00	0.0	2909.68	2814.00	0.0
1876	3501.72	3462.25	5.04	2995.79	2962.03	5.26
1877	3594.34	3635.05	4.99	3080.91	3115.81	5.19
1878	3685.97	3814.92	4.95	3165.08	3275.81	5.14
1879	3776.67	4002.41	4.91	3248.36	3442.52	5.09
1880	3866.49	4198.14	4.89	3330.80	3616.50	5.05
1881	3955.47	4391.07	4.60	3412.43	3788.22	4.75
1882	4043.66	4591.93	4.57	3493.30	3966.96	4.72
1883	4131.10	4801.37	4.56	3573.45	4153.25	4.70
1884	4217.82	5020.01	4.55	3652.92	4347.68	4.68
1885	4303.86	5248.60	4.55	3731.73	4550.89	4.67
1886	4389.25	5361.90	2.16	3809.92	4654.20	2.27
1887	4654.43	5695.58	6.22	4044.29	4948.95	6.33
1888	4838.84	5931.40	4.14	4208.64	5158.91	4.24
1889	5193.35	6376.90	7.51	4521.20	5551.57	7.61
1890	5537.84	6811.61	6.82	4825.38	5935.27	6.91
1891	5785.82	7135.93	4.76	5045.72	6223.14	4.85
1892	5660.28	7000.10	-1.90	4940.22	6109.60	-1.82
1893	6112.79	7580.34	8.29	5339.27	6621.12	8.37
1894	6012.96	7476.94	-1.36	5255.95	6535.62	-1.29
1895	5924.43	7387.07	-1.20	5182.21	6461.61	-1.13
1896	6300.91	7872.20	6.57	5583.35	6975.70	7.96
1897	6489.50	8124.07	3.20	5817.02	7282.19	4.39
1898	6965.05	8736.89	7.54	6307.88	7912.55	8.66
1899	7160.67	9000.34	3.02	6545.40	8227.00	3.97
1900	7382.93	9298.39	3.31	6805.37	8570.99	4.18
1901	8286.61	10185.11	9.54	7696.79	9460.16	10.37
1902	8404.36	10086.84	-0.96	7860.66	9434.30	-0.27
1903	8147.61	9553.95	-5.28	7669.29	8993.07	-4.68
1904	8839.11	10131.94	6.05	8369.17	9593.27	6.67
1905	9188.11	10300.57	1.66	8746.88	9805.92	2.22
1906	9538.04	10614.34	3.05	9125.69	10155.45	3.56
1907	9888.88	10924.53	2.92	9505.55	10501.05	3.40

Tabelle Nr. 12.22

UMSATZENTWICKLUNG

HANDWERK: PHOTOGRAPHEN

JAHR	RG. ARNSBERG NOMINAL	RG. ARNSBERG REAL	RG. ARNSBERG % U-REAL	RG. MUENSTER NOMINAL	RG. MUENSTER REAL	RG. MUENSTER % U-REAL
1875	2091.67	2022.89	0.0	1878.33	1816.57	0.0
1876	2244.87	2219.57	9.72	1991.82	1969.37	8.41
1877	2395.74	2422.87	9.16	2103.64	2127.47	8.03
1878	2544.40	2633.41	8.69	2213.89	2291.34	7.70
1879	2690.98	2851.83	8.29	2322.65	2461.47	7.43
1880	2835.59	3078.82	7.96	2429.99	2638.43	7.19
1881	2978.33	3306.32	7.39	2536.00	2815.27	6.70
1882	3119.29	3542.23	7.14	2640.73	2998.79	6.52
1883	3258.57	3787.27	6.92	2744.26	3189.52	6.36
1884	3396.25	4042.19	6.73	2846.65	3388.06	6.22
1885	3532.40	4307.80	6.57	2947.94	3595.05	6.11
1886	3667.11	4479.73	3.99	3048.20	3723.68	3.58
1887	3953.68	4838.08	8.00	3274.39	4006.85	7.60
1888	4174.54	5117.11	5.77	3445.64	4223.63	5.41
1889	4545.96	5581.97	9.08	3740.46	4592.91	8.74
1890	4914.10	6044.40	8.28	4031.62	4958.95	7.97
1891	5200.50	6414.03	6.12	4255.04	5247.95	5.83
1892	5149.63	6368.57	-0.71	4202.77	5197.59	-0.96
1893	5625.26	6975.77	9.53	4580.10	5679.68	9.28
1894	5593.57	6955.45	-0.29	4544.20	5650.58	-0.51
1895	5568.00	6942.64	-0.18	4514.00	5628.43	-0.39
1896	5897.96	7368.77	6.14	4959.07	6195.74	10.08
1897	6052.40	7576.86	2.82	5254.12	6577.52	6.16
1898	6474.45	8121.49	7.19	5781.46	7252.21	10.26
1899	6636.24	8341.18	2.70	6076.82	7638.03	5.32
1900	6823.36	8593.64	3.03	6390.59	8048.59	5.38
1901	7639.14	9389.30	9.26	7301.53	8974.35	11.50
1902	7729.58	9276.98	-1.20	7525.37	9031.89	0.64
1903	7477.25	8767.88	-5.49	7402.92	8680.72	-3.89
1904	8095.58	9279.67	5.84	8139.11	9329.56	7.47
1905	8399.53	9416.51	1.47	8564.61	9601.57	2.92
1906	8704.26	9686.46	2.87	8991.42	10006.03	4.21
1907	9009.75	9953.32	2.75	9419.50	10405.99	4.00

Tabelle Nr. 12.23

UMSATZENTWICKLUNG

HANDWERK: SATTLER

JAHR	RG. ARNSBERG			RG. MUENSTER		
	NOMINAL	REAL	% U-REAL	NOMINAL	REAL	% U-REAL
1875	2677.96	2589.90	0.0	2462.71	2381.73	0.0
1876	2729.19	2698.43	4.19	2514.33	2485.99	4.38
1877	2780.00	2811.49	4.19	2565.47	2594.53	4.37
1878	2830.41	2929.43	4.19	2616.18	2707.70	4.36
1879	2880.44	3052.61	4.20	2666.46	2825.84	4.36
1880	2930.12	3181.45	4.22	2716.35	2949.35	4.37
1881	2979.45	3307.56	3.96	2765.86	3070.45	4.11
1882	3028.46	3439.08	3.98	2815.01	3196.70	4.11
1883	3077.16	3576.43	3.99	2863.83	3328.49	4.12
1884	3125.57	3720.03	4.02	2912.32	3466.22	4.14
1885	3173.71	3870.38	4.04	2960.51	3610.37	4.16
1886	3221.58	3935.48	1.68	3008.40	3675.06	1.79
1887	3401.03	4161.80	5.75	3179.25	3890.42	5.86
1888	3520.77	4315.73	3.70	3294.43	4038.28	3.83
1889	3763.40	4621.07	7.08	3524.79	4328.08	7.18
1890	3997.47	4916.94	6.40	3747.42	4609.37	6.53
1891	4160.97	5131.93	4.37	3904.09	4815.11	4.46
1892	4056.22	5016.34	-2.25	3808.98	4710.59	-2.17
1893	4365.55	5413.62	7.92	4102.75	5087.74	8.01
1894	4280.19	5322.30	-1.69	4025.65	5005.79	-1.61
1895	4203.91	5241.79	-1.51	3956.86	4933.74	-1.44
1896	4677.74	5844.25	11.49	4178.23	5220.18	5.81
1897	5009.26	6270.98	7.30	4275.43	5352.32	2.53
1898	5562.23	6977.21	11.26	4561.69	5722.14	6.91
1899	5892.15	7405.92	6.14	4664.54	5862.92	2.46
1900	6238.50	7857.05	6.09	4785.54	6027.13	2.80
1901	7170.26	8813.00	12.17	5346.84	6571.83	9.04
1902	7428.99	8916.21	1.17	5400.00	6481.03	-1.38
1903	7342.38	8609.73	-3.44	5214.62	6114.70	-5.65
1904	8106.47	9292.15	7.93	5636.68	6461.12	5.67
1905	8562.57	9599.29	3.31	5839.45	6546.47	1.32
1906	9020.11	10037.96	4.57	6042.73	6724.61	2.72
1907	9479.07	10471.79	4.32	6246.50	6900.69	2.62

Tabelle Nr. 12.24

UMSATZENTWICKLUNG

HANDWERK: SCHLOSSER

JAHR	RG. ARNSBERG			RG. MUENSTER		
	NOMINAL	REAL	% U-REAL	NOMINAL	REAL	% U-REAL
1875	3895.92	3767.81	0.0	3361.22	3250.70	0.0
1876	3978.83	3933.99	4.41	3443.91	3405.09	4.75
1877	4060.98	4106.98	4.40	3525.74	3565.67	4.72
1878	4142.41	4287.32	4.39	3606.76	3732.93	4.69
1879	4223.15	4475.57	4.39	3687.01	3907.39	4.67
1880	4303.25	4672.36	4.40	3766.54	4089.62	4.66
1881	4382.73	4865.37	4.13	3845.38	4268.85	4.38
1882	4461.63	5066.58	4.14	3923.56	4455.55	4.37
1883	4539.98	5276.59	4.14	4001.14	4650.32	4.37
1884	4617.80	5496.07	4.16	4078.12	4853.74	4.37
1885	4695.12	5725.75	4.18	4154.54	5066.51	4.38
1886	4771.97	5829.43	1.81	4230.43	5167.88	2.00
1887	5043.87	6172.14	5.88	4479.44	5481.45	6.07
1888	5227.50	6407.82	3.82	4650.41	5700.43	4.00
1889	5593.94	6868.79	7.19	4984.48	6120.44	7.37
1890	5948.19	7316.35	6.52	5308.38	6529.37	6.68
1891	6197.80	7644.06	4.48	5539.36	6831.97	4.63
1892	6047.69	7479.21	-2.16	5412.90	6694.16	-2.02
1893	6515.03	8079.15	8.02	5839.16	7241.02	8.17
1894	6393.45	7950.07	-1.60	5737.71	7134.68	-1.47
1895	6285.00	7836.65	-1.43	5647.50	7041.76	-1.30
1896	7126.45	8903.60	13.61	6090.32	7609.10	8.06
1897	7749.36	9701.25	8.96	6350.40	7949.93	4.48
1898	8714.85	10931.82	12.68	6891.26	8644.33	8.73
1899	9331.13	11728.41	7.29	7155.36	8993.67	4.04
1900	9970.39	12557.17	7.07	7443.85	9375.13	4.24
1901	11550.43	14196.68	13.06	8423.29	10353.11	10.43
1902	12050.04	14462.36	1.87	8606.70	10329.69	-0.23
1903	11982.09	14050.28	-2.85	8400.77	9850.80	-4.64
1904	13300.47	15245.83	8.51	9171.00	10512.39	6.72
1905	14116.54	15825.70	3.80	9588.35	10749.27	2.25
1906	14935.30	16620.63	5.02	10006.92	11136.12	3.60
1907	15756.66	17406.82	4.73	10426.65	11518.62	3.43

Tabelle Nr. 12.25

UMSATZENTWICKLUNG						
HANDWERK: SCHMIEDE						
JAHR	RG. ARNSBERG			RG. MUENSTER		
	NOMINAL	REAL	% U-REAL	NOMINAL	REAL	% U-REAL
1875	2421.31	2341.69	0.0	2116.39	2046.80	0.0
1876	2523.66	2495.22	6.56	2209.32	2184.42	6.72
1877	2624.64	2654.37	6.38	2300.99	2327.06	6.53
1878	2724.33	2819.63	6.23	2391.47	2475.13	6.36
1879	2822.78	2991.50	6.10	2480.82	2629.10	6.22
1880	2920.07	3170.54	5.99	2569.11	2789.47	6.10
1881	3016.26	3348.42	5.61	2656.38	2948.91	5.72
1882	3111.40	3533.27	5.52	2742.69	3114.56	5.62
1883	3205.56	3725.66	5.44	2828.09	3286.94	5.53
1884	3298.76	3926.16	5.38	2912.62	3466.57	5.47
1885	3391.07	4135.45	5.33	2996.32	3654.05	5.41
1886	3482.53	4254.25	2.87	3079.25	3761.60	2.94
1887	3717.26	4548.78	6.92	3288.91	4024.60	6.99
1888	3888.57	4766.57	4.79	3442.54	4219.83	4.85
1889	4197.99	5154.70	8.14	3718.57	4566.03	8.20
1890	4501.36	5536.73	7.41	3989.43	4907.04	7.47
1891	4727.75	5830.97	5.31	4192.17	5170.41	5.37
1892	4648.36	5748.65	-1.41	4123.72	5099.83	-1.37
1893	5043.89	6254.83	8.81	4476.62	5551.36	8.85
1894	4984.04	6197.51	-0.92	4425.37	5502.82	-0.87
1895	4931.90	6149.50	-0.77	4380.84	5462.40	-0.73
1896	5279.12	6595.60	7.25	4674.14	5839.75	6.91
1897	5468.46	6845.85	3.79	4827.86	6043.89	3.50
1898	5899.61	7400.41	8.10	5195.05	6516.62	7.82
1899	6093.72	7659.28	3.50	5353.50	6728.87	3.26
1900	6309.61	7946.61	3.75	5531.45	6966.56	3.53
1901	7109.43	8738.23	9.96	6220.64	7645.82	9.75
1902	7236.11	8684.72	-0.61	6320.35	7585.63	-0.79
1903	7038.02	8252.83	-4.97	6137.40	7196.76	-5.13
1904	7658.39	8778.54	6.37	6668.45	7643.80	6.21
1905	7983.03	8949.59	1.95	6941.56	7782.02	1.81
1906	8308.58	9246.14	3.31	7215.42	8029.62	3.18
1907	8635.00	9539.32	3.17	7490.00	8274.41	3.05

Tabelle Nr. 12.26

UMSATZENTWICKLUNG						
HANDWERK: SCHNEIDER						
JAHR	RG. ARNSBERG			RG. MUENSTER		
	NOMINAL	REAL	% U-REAL	NOMINAL	REAL	% U-REAL
1875	3045.10	2944.97	0.0	2315.69	2239.54	0.0
1876	3099.48	3064.55	4.06	2406.76	2379.63	6.26
1877	3153.46	3189.17	4.07	2496.64	2524.92	6.11
1878	3207.04	3319.23	4.08	2585.39	2675.83	5.98
1879	3260.25	3455.11	4.09	2673.07	2832.84	5.87
1880	3313.11	3597.29	4.12	2759.74	2996.46	5.78
1881	3365.64	3736.27	3.86	2845.46	3158.81	5.42
1882	3417.85	3881.27	3.88	2930.27	3327.58	5.34
1883	3469.77	4032.74	3.90	3014.22	3503.27	5.28
1884	3521.40	4191.14	3.93	3097.34	3686.43	5.23
1885	3572.76	4357.02	3.96	3179.69	3877.67	5.19
1886	3623.86	4426.90	1.60	3261.30	3983.99	2.74
1887	3822.90	4678.05	5.67	3476.97	4254.73	6.80
1888	3954.70	4847.64	3.63	3633.13	4453.45	4.67
1889	4224.37	5187.09	7.00	3918.10	4811.02	8.03
1890	4484.19	5515.61	6.33	4197.07	5162.45	7.30
1891	4664.67	5753.17	4.31	4404.03	5431.70	5.22
1892	4544.50	5620.20	-2.31	4326.23	5350.27	-1.50
1893	4888.23	6061.79	7.86	4690.42	5816.49	8.71
1894	4789.97	5956.20	-1.74	4631.06	5758.59	-1.00
1895	4702.07	5862.93	-1.57	4579.15	5709.66	-0.85
1896	4973.76	6214.09	5.99	4833.13	6038.39	5.76
1897	5097.52	6381.46	2.69	4943.51	6188.67	2.49
1898	5446.68	6832.26	7.06	5272.48	6613.74	6.87
1899	5576.87	7009.64	2.60	5389.46	6774.08	2.42
1900	5728.52	7214.76	2.93	5527.47	6961.55	2.77
1901	6407.65	7875.68	9.16	6173.94	7588.42	9.00
1902	6478.13	7775.00	-1.28	6233.58	7481.49	-1.41
1903	6261.82	7342.66	-5.56	6018.02	7056.78	-5.68
1904	6774.78	7765.68	5.76	6503.54	7454.77	5.64
1905	7024.44	7874.93	1.41	6735.97	7551.54	1.30
1906	7274.73	8095.63	2.80	6968.99	7755.38	2.70
1907	7525.63	8313.78	2.69	7202.55	7956.86	2.60

Tabelle Nr. 12.27

UMSATZENTWICKLUNG

HANDWERK: SCHORNSTEINFEGER

JAHR	RG. ARNSBERG NOMINAL	RG. ARNSBERG REAL	RG. ARNSBERG % U-REAL	RG. MUENSTER NOMINAL	RG. MUENSTER REAL	RG. MUENSTER % U-REAL
1875	2470.79	2389.54	0.0	2168.54	2097.23	0.0
1876	2492.75	2464.65	3.14	2247.58	2222.24	5.96
1877	2514.76	2543.25	3.19	2325.60	2351.95	5.84
1878	2536.83	2625.58	3.24	2402.68	2486.73	5.73
1879	2558.95	2711.90	3.29	2478.86	2627.02	5.64
1880	2581.12	2802.52	3.34	2554.18	2773.27	5.57
1881	2603.33	2890.02	3.12	2628.70	2918.18	5.23
1882	2625.58	2981.58	3.17	2702.45	3068.87	5.16
1883	2647.88	3077.50	3.22	2775.47	3225.79	5.11
1884	2670.21	3178.06	3.27	2847.80	3389.44	5.07
1885	2692.58	3283.63	3.32	2919.48	3560.34	5.04
1886	2714.99	3316.62	1.00	2990.53	3653.22	2.61
1887	2847.81	3484.84	5.07	3184.41	3896.73	6.67
1888	2929.81	3591.34	3.06	3323.62	4074.06	4.55
1889	3112.99	3822.43	6.43	3580.44	4396.41	7.91
1890	3287.51	4043.68	5.79	3831.46	4712.74	7.20
1891	3402.88	4196.93	3.79	4016.51	4953.75	5.11
1892	3299.30	4080.26	-2.78	3941.94	4875.02	-1.59
1893	3532.36	4380.41	7.36	4270.07	5295.22	8.62
1894	3445.79	4284.74	-2.18	4212.55	5238.19	-1.08
1895	3367.81	4199.26	-1.99	4162.07	5189.61	-0.93
1896	3707.54	4632.11	10.31	4343.73	5426.95	4.57
1897	3935.01	4926.14	6.35	4397.02	5504.52	1.43
1898	4336.44	5439.59	10.42	4644.74	5826.31	5.85
1899	4563.88	5736.40	5.46	4705.59	5914.52	1.51
1900	4804.98	6051.61	5.49	4786.14	6027.89	1.92
1901	5495.39	6754.42	11.61	5304.61	6519.92	8.16
1902	5668.89	6803.76	0.73	5317.13	6381.58	-2.12
1903	5581.08	6544.41	-3.81	5098.47	5978.51	-6.32
1904	6140.48	7038.61	7.55	5474.71	6275.46	4.97
1905	6465.67	7248.50	2.98	5636.37	6318.80	0.69
1906	6791.87	7558.27	4.27	5798.38	6452.68	2.12
1907	7119.04	7864.61	4.05	5960.71	6584.96	2.05

Tabelle Nr. 12.28

UMSATZENTWICKLUNG						
HANDWERK: SCHUHMACHER						
JAHR	RG. ARNSBERG			RG. MUENSTER		
	NOMINAL	REAL	% U-REAL	NOMINAL	REAL	% U-REAL
1875	2694.64	2606.03	0.0	1885.71	1823.70	0.0
1876	2757.81	2726.73	4.63	1975.68	1953.41	7.11
1877	2820.35	2852.29	4.61	2064.39	2087.78	6.88
1878	2882.29	2983.12	4.59	2151.93	2227.21	6.69
1879	2943.67	3119.61	4.58	2238.34	2372.13	6.51
1880	3004.51	3262.22	4.57	2323.70	2523.01	6.36
1881	3064.84	3402.36	4.30	2408.05	2673.23	5.95
1882	3124.70	3548.37	4.29	2491.45	2829.26	5.84
1883	3184.10	3700.71	4.29	2573.95	2991.57	5.74
1884	3243.06	3859.86	4.30	2655.58	3160.66	5.65
1885	3301.61	4026.35	4.31	2736.41	3337.08	5.53
1886	3359.77	4104.29	1.94	2816.45	3440.57	3.10
1887	3555.36	4350.66	6.00	3012.52	3686.39	7.14
1888	3688.92	4521.84	3.93	3157.47	3870.40	4.99
1889	3951.73	4852.32	7.31	3414.93	4193.18	8.34
1890	4206.28	5173.78	6.62	3667.99	4511.66	7.60
1891	4387.09	5410.82	4.58	3858.67	4759.09	5.48
1892	4284.86	5299.10	-2.06	3799.65	4699.04	-1.26
1893	4620.13	5729.32	8.12	4128.89	5120.14	8.96
1894	4537.84	5642.67	-1.51	4085.44	5080.13	-0.78
1895	4464.57	5566.80	-1.34	4047.92	5047.28	-0.65
1896	4837.51	6043.86	8.57	4264.71	5328.22	5.57
1897	5064.98	6340.73	4.91	4354.89	5451.79	2.32
1898	5516.39	6919.71	9.13	4637.65	5817.42	6.71
1899	5746.30	7222.60	4.38	4733.92	5950.12	2.28
1900	5995.23	7550.67	4.54	4848.87	6106.89	2.63
1901	6801.65	8359.95	10.72	5409.49	6648.83	8.87
1902	6966.02	8360.55	0.01	5455.66	6547.84	-1.52
1903	6813.79	7989.91	-4.43	5261.55	6169.73	-5.77
1904	7452.93	8543.02	6.92	5680.52	6511.37	5.54
1905	7805.92	8751.03	2.43	5878.20	6589.91	1.21
1906	8159.95	9080.74	3.77	6076.37	6762.04	2.61
1907	8515.00	9406.76	3.59	6275.00	6932.16	2.52

Tabelle Nr. 12.29

UMSATZENTWICKLUNG

HANDWERK: STELLMACHER

JAHR	RG. ARNSBERG NOMINAL	REAL	% U-REAL	RG. MUENSTER NOMINAL	REAL	% U-REAL
1875	2232.39	2158.98	0.0	1870.42	1808.92	0.0
1876	2250.27	2224.91	3.05	1914.73	1893.15	4.66
1877	2268.24	2293.93	3.10	1958.60	1980.78	4.63
1878	2286.29	2366.27	3.15	2002.04	2072.07	4.61
1879	2304.41	2442.15	3.21	2045.08	2167.32	4.60
1880	2322.61	2521.83	3.26	2087.75	2266.82	4.59
1881	2340.87	2598.66	3.05	2130.05	2364.62	4.31
1882	2359.20	2679.08	3.09	2172.02	2466.52	4.31
1883	2377.60	2763.36	3.15	2213.66	2572.83	4.31
1884	2396.04	2851.76	3.20	2255.00	2683.88	4.32
1885	2414.55	2944.57	3.25	2296.04	2800.05	4.33
1886	2433.11	2972.28	0.94	2336.81	2854.65	1.95
1887	2550.58	3121.13	5.01	2473.18	3026.41	6.02
1888	2622.47	3214.60	2.99	2566.41	3145.88	3.95
1889	2784.83	3419.48	6.37	2749.57	3376.29	7.32
1890	2939.36	3615.38	5.73	2927.02	3600.28	6.64
1891	3040.79	3750.36	3.73	3053.18	3765.64	4.59
1892	2946.67	3644.17	-2.83	2982.34	3688.28	-2.05
1893	3153.20	3910.22	7.30	3216.02	3988.12	8.13
1894	3074.37	3822.90	-2.23	3159.04	3928.18	-1.50
1895	3003.33	3744.80	-2.04	3108.33	3875.72	-1.34
1896	3338.22	4170.69	11.37	3403.65	4252.43	9.72
1897	3571.60	4471.21	7.21	3596.15	4501.93	5.87
1898	3962.88	4971.00	11.18	3947.64	4951.87	9.99
1899	4195.23	5273.04	6.08	4140.70	5204.49	5.10
1900	4439.37	5591.14	6.03	4346.57	5474.27	5.18
1901	5099.94	6268.36	12.11	4958.16	6094.11	11.32
1902	5281.72	6339.08	1.13	5102.84	6124.38	0.50
1903	5218.18	6118.87	-3.47	5013.36	5878.70	-4.01
1904	5759.27	6601.63	7.89	5505.54	6310.79	7.35
1905	6081.46	6817.77	3.27	5787.28	6487.98	2.81
1906	6404.67	7127.39	4.54	6069.88	6754.82	4.11
1907	6728.88	7433.59	4.30	6353.32	7018.70	3.91

Tabelle Nr. 12.30

UMSATZENTWICKLUNG

HANDWERK: TAPEZIERER

JAHR	RG. ARNSBERG			RG. MUENSTER		
	NOMINAL	REAL	% U-REAL	NOMINAL	REAL	% U-REAL
1875	2898.55	2803.24	0.0	2285.51	2210.36	0.0
1876	2931.19	2898.15	3.39	2310.10	2284.07	3.33
1877	2963.77	2997.34	3.42	2334.68	2361.12	3.37
1878	2996.30	3101.11	3.46	2359.23	2441.76	3.42
1879	3028.77	3209.81	3.50	2383.75	2526.23	3.46
1880	3061.21	3323.79	3.55	2408.26	2614.84	3.51
1881	3093.59	3434.27	3.32	2432.75	2700.66	3.28
1882	3125.94	3549.78	3.36	2457.22	2790.40	3.32
1883	3158.24	3670.67	3.41	2481.68	2884.33	3.37
1884	3190.51	3797.32	3.45	2506.12	2982.76	3.41
1885	3222.74	3930.17	3.50	2530.54	3086.02	3.46
1886	3254.94	3976.23	1.17	2554.95	3121.12	1.14
1887	3419.65	4184.59	5.24	2683.35	3283.59	5.21
1888	3523.59	4319.18	3.22	2764.03	3388.12	3.18
1889	3749.53	4604.03	6.60	2940.35	3610.45	6.56
1890	3965.52	4877.64	5.94	3108.80	3823.86	5.91
1891	4110.50	5069.68	3.94	3221.52	3973.26	3.91
1892	3990.87	4935.53	-2.65	3126.88	3867.03	-2.67
1893	4278.50	5305.68	7.50	3351.32	4155.90	7.47
1894	4179.06	5196.54	-2.06	3272.57	4069.34	-2.08
1895	4089.65	5099.31	-1.87	3201.72	3992.17	-1.90
1896	4348.93	5433.44	6.55	3550.96	4436.48	11.13
1897	4478.54	5606.58	3.19	3792.33	4747.54	7.01
1898	4806.18	6028.82	7.53	4201.36	5270.14	11.01
1899	4940.66	6209.97	3.00	4441.88	5583.05	5.94
1900	5093.53	6415.02	3.30	4695.05	5913.16	5.91
1901	5716.50	7026.18	9.53	5388.34	6622.84	12.00
1902	5797.27	6957.84	-0.97	5575.55	6691.73	1.04
1903	5619.76	6589.77	-5.29	5504.21	6454.27	-3.55
1904	6096.30	6987.96	6.04	6070.77	6958.70	7.82
1905	6336.61	7103.82	1.66	6406.41	7182.07	3.21
1906	6577.56	7319.79	3.04	6743.11	7504.02	4.48
1907	6819.13	7533.29	2.92	7080.84	7822.41	4.24

Tabelle Nr. 12.31

UMSATZENTWICKLUNG

HANDWERK: TISCHLER

JAHR	RG. ARNSBERG NOMINAL	RG. ARNSBERG REAL	RG. ARNSBERG % U-REAL	RG. MUENSTER NOMINAL	RG. MUENSTER REAL	RG. MUENSTER % U-REAL
1875	3958.62	3828.45	0.0	3160.34	3056.42	0.0
1876	4047.79	4002.16	4.54	3290.95	3253.86	6.46
1877	4136.09	4182.93	4.52	3419.83	3458.56	6.29
1878	4223.57	4371.32	4.50	3547.06	3671.14	6.15
1879	4310.29	4567.91	4.50	3672.73	3892.25	6.02
1880	4396.27	4773.36	4.50	3796.93	4122.62	5.92
1881	4481.55	4975.08	4.23	3919.73	4351.39	5.55
1882	4566.18	5185.31	4.23	4041.21	4589.16	5.46
1883	4650.20	5404.69	4.23	4161.44	4836.63	5.39
1884	4733.61	5633.90	4.24	4280.46	5094.58	5.33
1885	4816.46	5873.73	4.26	4398.36	5363.85	5.29
1886	4898.77	5984.33	1.88	4515.17	5515.72	2.83
1887	5181.41	6340.44	5.95	4817.69	5895.36	6.88
1888	5373.53	6586.82	3.89	5037.93	6175.45	4.75
1889	5753.77	7065.04	7.26	5437.00	6676.09	8.11
1890	6121.77	7529.86	6.58	5828.10	7168.63	7.38
1891	6382.30	7871.61	4.54	6119.41	7547.37	5.28
1892	6231.11	7706.05	-2.10	6014.96	7438.74	-1.44
1893	6716.14	8328.55	8.08	6525.07	8091.60	8.78
1894	6594.13	8199.61	-1.55	6446.02	8015.44	-0.94
1895	6485.40	8086.54	-1.38	6377.08	7951.47	-0.80
1896	6898.68	8619.04	6.59	6653.69	8312.95	4.55
1897	7106.24	8896.14	3.21	6733.66	8429.72	1.40
1898	7628.02	9568.52	7.56	7111.40	8920.47	5.82
1899	7843.23	9858.26	3.03	7203.03	9053.58	1.49
1900	8087.59	10185.88	3.32	7324.86	9225.27	1.90
1901	9078.47	11158.39	9.55	8116.80	9976.40	8.14
1902	9208.35	11051.79	-0.96	8134.51	9762.97	-2.14
1903	8927.82	10468.84	-5.27	7798.68	9144.79	-6.33
1904	9686.32	11103.07	6.06	8372.84	9597.48	4.95
1905	10069.54	11288.72	1.67	8618.78	9662.31	0.68
1906	10453.78	11633.41	3.05	8865.24	9865.61	2.10
1907	10839.02	11974.16	2.93	9112.19	10066.49	2.04

Tabelle Nr. 12.32

UMSATZENTWICKLUNG

HANDWERK: UHRMACHER

JAHR	RG. ARNSBERG NOMINAL	RG. ARNSBERG REAL	RG. ARNSBERG % U-REAL	RG. MUENSTER NOMINAL	RG. MUENSTER REAL	RG. MUENSTER % U-REAL
1875	3796.67	3671.83	0.0	3678.33	3557.38	0.0
1876	3825.72	3782.60	3.02	3728.89	3686.86	3.64
1877	3854.94	3898.61	3.07	3779.23	3822.03	3.67
1878	3884.33	4020.21	3.12	3829.34	3963.30	3.70
1879	3913.86	4147.79	3.17	3879.24	4111.11	3.73
1880	3943.53	4281.79	3.23	3928.95	4265.96	3.77
1881	3973.34	4410.90	3.02	3978.47	4416.60	3.53
1882	4003.29	4546.09	3.06	4027.82	4573.95	3.56
1883	4033.35	4687.76	3.12	4077.00	4738.50	3.60
1884	4063.53	4836.38	3.17	4126.02	4910.76	3.64
1885	4093.82	4992.46	3.23	4174.89	5091.32	3.68
1886	4124.21	5038.13	0.91	4223.61	5159.55	1.34
1887	4322.25	5289.09	4.98	4444.46	5438.65	5.41
1888	4442.98	5446.16	2.97	4586.66	5622.28	3.38
1889	4716.91	5791.89	6.35	4888.08	6002.06	6.76
1890	4977.41	6122.27	5.70	5177.16	6367.97	6.10
1891	5148.10	6349.41	3.71	5373.97	6627.98	4.08
1892	4987.66	6168.27	-2.85	5224.66	6461.36	-2.51
1893	5336.09	6617.18	7.28	5608.58	6955.09	7.64
1894	5201.62	6468.06	-2.25	5485.22	6820.72	-1.93
1895	5080.38	6334.64	-2.06	5374.51	6701.38	-1.75
1896	5563.11	6950.41	9.72	5793.16	7237.83	8.01
1897	5877.77	7358.25	5.87	6038.03	7558.87	4.44
1898	6452.30	8093.70	9.99	6549.86	8216.09	8.69
1899	6767.89	8506.64	5.10	6798.64	8545.30	4.01
1900	7104.41	8947.61	5.18	7070.66	8905.12	4.21
1901	8104.08	9960.77	11.32	7998.88	9831.46	10.40
1902	8340.57	10010.29	0.50	8171.07	9806.86	-0.25
1903	8194.34	9608.75	-4.01	7973.82	9350.17	-4.66
1904	8998.82	10315.02	7.35	8703.16	9976.12	6.69
1905	9459.36	10604.66	2.81	9097.55	10199.05	2.23
1906	9921.30	11040.84	4.11	9493.09	10564.32	3.58
1907	10384.61	11472.17	3.91	9889.73	10925.47	3.42

Tabelle Nr. 12.33

UMSATZENTWICKLUNG						
HANDWERK: XYLOGRAPHEN						
JAHR	RG. ARNSBERG			RG. MUENSTER		
	NOMINAL	REAL	% U-REAL	NOMINAL	REAL	% U-REAL
1875	0.0	0.0	0.0	0.0	0.0	0.0
1876	0.0	0.0	0.0	0.0	0.0	0.0
1877	0.0	0.0	0.0	0.0	0.0	0.0
1878	0.0	0.0	0.0	0.0	0.0	0.0
1879	0.0	0.0	0.0	0.0	0.0	0.0
1880	0.0	0.0	0.0	0.0	0.0	0.0
1881	0.0	0.0	0.0	0.0	0.0	0.0
1882	0.0	0.0	0.0	0.0	0.0	0.0
1883	0.0	0.0	0.0	0.0	0.0	0.0
1884	0.0	0.0	0.0	0.0	0.0	0.0
1885	0.0	0.0	0.0	0.0	0.0	0.0
1886	0.0	0.0	0.0	0.0	0.0	0.0
1887	0.0	0.0	0.0	0.0	0.0	0.0
1888	0.0	0.0	0.0	0.0	0.0	0.0
1889	0.0	0.0	0.0	0.0	0.0	0.0
1890	0.0	0.0	0.0	0.0	0.0	0.0
1891	0.0	0.0	0.0	0.0	0.0	0.0
1892	0.0	0.0	0.0	0.0	0.0	0.0
1893	0.0	0.0	0.0	0.0	0.0	0.0
1894	0.0	0.0	0.0	0.0	0.0	0.0
1895	3638.46	4536.73	0.0	3205.77	3997.22	0.0
1896	4203.72	5252.02	15.77	3728.40	4658.17	16.54
1897	4639.07	5807.55	10.58	4135.50	5177.14	11.14
1898	5279.49	6622.54	14.03	4725.41	5927.50	14.49
1899	5708.51	7175.10	8.34	5126.15	6443.12	8.70
1900	6149.90	7745.47	7.95	5537.50	6974.18	8.24
1901	7174.43	8818.13	13.85	6474.75	7958.15	14.11
1902	7529.90	9037.32	2.49	6808.79	8171.85	2.69
1903	7526.68	8825.85	-2.34	6817.34	7994.06	-2.18
1904	8393.28	9620.90	9.01	7613.41	8726.96	9.17
1905	8944.52	10027.48	4.23	8123.89	9107.50	4.36
1906	9497.61	10569.34	5.40	8636.11	9610.62	5.52
1907	10052.49	11105.27	5.07	9149.99	10108.25	5.18

Tabelle Nr. 12.34

UMSATZENTWICKLUNG						
HANDWERK: ZIMMERER						
JAHR	RG. ARNSBERG			RG. MUENSTER		
	NOMINAL	REAL	% U-REAL	NOMINAL	REAL	% U-REAL
1875	4633.93	4481.55	0.0	3707.14	3585.24	0.0
1876	4602.85	4550.96	1.55	3706.85	3665.07	2.23
1877	4573.15	4624.95	1.63	3707.24	3749.23	2.30
1878	4544.77	4703.75	1.70	3708.26	3837.98	2.37
1879	4517.61	4787.63	1.78	3709.87	3931.62	2.44
1880	4491.63	4876.91	1.86	3712.06	4030.47	2.51
1881	4466.76	4958.66	1.68	3714.79	4123.87	2.32
1882	4442.94	5045.35	1.75	3718.03	4222.15	2.38
1883	4420.12	5137.29	1.82	3721.75	4325.61	2.45
1884	4398.25	5234.76	1.90	3725.94	4434.58	2.52
1885	4377.28	5338.14	1.97	3730.56	4549.46	2.59
1886	4357.17	5322.71	-0.29	3735.60	4563.41	0.31
1887	4512.80	5522.27	3.75	3891.89	4762.47	4.36
1888	4585.30	5620.62	1.78	3977.54	4875.63	2.38
1889	4812.70	5909.51	5.14	4198.96	5155.89	5.75
1890	5021.71	6176.76	4.52	4406.39	5419.92	5.12
1891	5136.75	6335.41	2.57	4532.89	5590.63	3.15
1892	4922.73	6087.97	-3.91	4368.39	5402.41	-3.37
1893	5216.43	6461.34	6.13	4649.36	5765.57	6.72
1894	5025.73	6249.35	-3.28	4509.20	5607.06	-2.75
1895	4857.78	6057.08	-3.08	4382.21	5464.11	-2.55
1896	5739.48	7170.76	18.39	5062.16	6324.54	15.75
1897	6442.22	8064.87	12.47	5585.69	6992.60	10.56
1898	7429.70	9319.75	15.56	6356.12	7973.05	14.02
1899	8119.94	10206.05	9.51	6872.04	8637.56	8.33
1900	8825.18	11114.84	8.90	7402.88	9323.52	7.94
1901	10371.57	12747.75	14.69	8635.63	10614.10	13.84
1902	10953.82	13146.69	3.13	9063.03	10877.37	2.48
1903	11008.27	12908.37	-1.81	9058.76	10622.37	-2.34
1904	12333.29	14137.20	9.52	10101.36	11578.82	9.00
1905	13197.36	14795.23	4.65	10764.41	12067.72	4.22
1906	14064.39	15651.44	5.79	11429.70	12719.44	5.40
1907	14934.27	16498.31	5.41	12097.13	13364.04	5.07

Tabelle Nr. 13

UMSATZ PRO BESCHAEFTIGTEN

HANDWERK	RG. ARNSBERG 1875	RG. ARNSBERG 1895	RG. ARNSBERG 1907	RG. MUENSTER 1875	RG. MUENSTER 1895	RG. MUENSTER 1907
BAECKER	1721.98	3913.54	6205.83	1892.92	3394.26	5236.51
BARBIERE	843.26	1421.19	2092.87	937.05	1774.96	1658.24
BOETTCHER	968.07	1498.64	2074.61	945.56	1966.63	1991.03
BUCHBINDER	1229.23	1696.83	2094.78	1299.01	1608.14	2097.85
BUCHDRUCKER	1308.28	2648.35	5358.47	1302.84	2367.02	4966.15
BUERSTENMACHER	901.78	1275.48	2107.97	1002.91	1468.18	1815.77
DACHDECKER	1377.57	2749.46	4415.66	1578.05	2551.34	3712.55
DRECHSLER	1254.04	2042.07	2821.66	945.42	1961.51	2477.72
FLEISCHER	2087.03	3440.57	7091.02	2221.49	3885.14	5927.43
GLASER	1264.00	2175.83	3872.52	780.73	1833.44	3441.54
GOLDSCHMIEDE	2027.55	3312.64	5998.33	2273.68	3771.93	4978.86
GRAVEURE	1510.75	2327.44	3864.13	1247.93	2195.43	3588.53
INSTRUMENTENMACHER	1951.00	2952.12	4698.47	1689.05	2755.70	4150.44
KLEMPNER	1879.45	2638.24	5037.23	1748.42	2519.16	5010.50
KORBMACHER	1003.08	1457.62	2071.79	770.48	1456.68	2282.97
KUERSCHNER	1415.48	2367.35	4310.78	1445.76	2635.59	4317.70
MALER	1119.78	1699.91	2748.04	1229.84	2196.11	2397.48
MAURER	1551.33	2545.71	5349.49	1941.95	2371.25	4112.69
MECHANIKER	1509.60	2707.18	5562.65	1520.60	2486.77	4611.57
METALLGIESSER	1201.34	2157.46	5189.04	1558.85	2172.01	5167.70
OFENSETZER	2353.23	2685.92	4125.39	1768.20	2834.81	4898.14
PHOTOGRAPHEN	1531.93	2792.80	4537.60	1073.33	2233.62	4873.66
SATTLER	1425.82	1998.58	4127.51	1283.29	1994.67	3085.66
SCHLOSSER	1792.64	2865.66	5700.45	1631.19	2533.75	4392.64
SCHMIEDE	1025.48	2233.41	3575.13	1077.85	2034.52	3336.12
SCHNEIDER	1734.65	2346.20	3707.06	1229.85	2295.40	3586.70
SCHORNSTEINFEGER	1392.54	1678.05	3479.41	1268.59	2114.47	3136.91
SCHUHMACHER	1532.85	2276.15	4454.39	1004.08	2037.17	3181.04
STELLMACHER	933.96	1497.85	3124.52	1018.95	1558.65	3077.16
TAPEZIERER	1279.97	1709.50	3045.95	1105.90	1481.86	3134.51
TISCHLER	2097.05	3047.42	4474.88	1670.16	3051.25	4042.27
UHRMACHER	2020.82	2563.09	5400.34	2020.19	2825.71	5236.91
XYLOGRAPHEN	0.0	1669.23	5026.25	0.0	1558.46	4280.00
ZIMMERER	2396.25	2243.55	5377.95	2100.83	2151.29	4951.43

Tabelle Nr. 14

ARBEITSPRODUKTIVITAET						
	RG. ARNSBERG			RG. MUENSTER		
HANDWERK	1875	1895	1907	1875	1895	1907
BAECKER	930.	1761.	2048.	1022.	1527.	1728.
BARBIERE	734.	1208.	1653.	815.	1509.	1310.
BOETTCHER	774.	1109.	1452.	756.	1455.	1394.
BUCHBINDER	885.	1154.	1278.	935.	1094.	1280.
BUCHDRUCKER	785.	1192.	1768.	782.	1065.	1639.
BUERSTENMACHER	703.	906.	1370.	782.	1042.	1180.
DACHDECKER	854.	1402.	1766.	978.	1301.	1485.
DRECHSLER	903.	1225.	1383.	681.	1177.	1214.
FLEISCHER	1023.	1479.	2269.	1089.	1671.	1897.
GLASER	885.	1305.	1781.	547.	1100.	1583.
GOLDSCHMIEDE	993.	1259.	1799.	1114.	1433.	1494.
GRAVEURE	922.	1164.	1546.	761.	1098.	1435.
INSTRUMENTENMACHER	1171.	1447.	1785.	1013.	1350.	1577.
KLEMPNER	940.	1082.	1511.	874.	1033.	1503.
KORBMACHER	802.	1079.	1305.	616.	1078.	1438.
KUERSCHNER	835.	1184.	1681.	853.	1318.	1684.
MALER	784.	1020.	1539.	861.	1318.	1343.
MAURER	869.	1146.	1819.	1087.	1067.	1398.
MECHANIKER	770.	1164.	1724.	776.	1069.	1430.
METALLGIESSER	721.	1057.	1660.	935.	1064.	1654.
OFENSETZER	1459.	1209.	1485.	1096.	1276.	1763.
PHOTOGRAPHEN	919.	1396.	1860.	644.	1117.	1998.
SATTLER	841.	1019.	1775.	757.	1017.	1327.
SCHLOSSER	878.	1146.	1710.	799.	1013.	1318.
SCHMIEDE	626.	1050.	1430.	657.	956.	1334.
SCHNEIDER	885.	1126.	1446.	627.	1102.	1399.
SCHORNSTEINFEGER	1239.	1460.	2923.	1129.	1840.	2635.
SCHUHMACHER	858.	1093.	1782.	562.	978.	1272.
STELLMACHER	663.	899.	1406.	723.	935.	1385.
TAPEZIERER	883.	992.	1432.	763.	859.	1473.
TISCHLER	1216.	1463.	1835.	969.	1465.	1657.
UHRMACHER	1212.	1307.	2106.	1212.	1441.	2042.
XYLOGRAPHEN	1134.	868.	2010.	762.	810.	1712.
ZIMMERER	1342.	1010.	1882.	1176.	968.	1733.

Tabelle Nr. 15.1

Umfang des gewerblichen Fortbildungsschulwesens im RG Arnsberg [1]

	Besuch	Träger	Schüler	Schulpflicht	Schulgeld	jährl. Unterricht	Unterrichtsfächer
Altena	obl		149	bis 18 Jahre	ja	43 Wochen	D R G Z
Arnsber	obl		127	bis 17 Jahre		42	D R Z
Alltendorn	obl		46	bis 18 Jahre	ja	42	D R G Z, Buchführung
Berleburg	obl		59	bis 18 Jahre	ja	44	D R Z
Bochum	obl		485	bis 16 Jahre		42	D R G Z, Buchführ., Gewerbekunde, Bau-, Maschinenk., Naturk., Geographie,Gesch.
Bochum	fr	Bergmännische Fortbildungssch.	45	---		40	D R Z, Physik
Böle	obl		60	bis 18 Jahre	ja	48	D R G Z
Breckerfeld	obl		33	bis 17 Jahre	ja	40	D R Z
Bulmke	fr		34	---	ja	40	D R G Z, Physik
Crombach	obl		31	bis 18 Jahre	ja	52	D R Z
Dahl	obl		29	bis 17 Jahre	ja	40	D R
Dahlbach und Gittenhütten	obl		30	bis 18 Jahre	ja	43	D R G Z
Deilinghofen	obl		31	bis 16 Jahre		44	D R G Z
Dortmund	fr		807	---	ja	42	D R G Z, Physik, Buchführ., Zimmerkonstruktion, Statik, Formenlehre, Mauerkonstr., Algebra, Modellieren, Dekorationsmahlen
Dortmund		Schule des Wirtevereins	40	---		40	---------- o. A. --------

Dortmund	fr	Bergmännische Fortbildungssch.	23	---		40	D R Z
Eringsen	obl		20	bis 16 Jahre		44	D R
Ferndorf	obl		40	bis 18 Jahre	ja	52	D R Z
Gelsenkirchen	obl		227	bis 17 Jahre		45	D R G Z
Gelsenkirchen		Fortbildungssch. d. Barbiere und Friseure	29	---	ja	26	Fachunterricht (nur im Sommer)
Gelsenkirchen	fr	Bergmännische Fortbildungssch.	33	---	ja	40	D R Z, Bergpolizei
Geseke	obl		51	bis 17 Jahre		43	D R G Z
Gevelsberg	fr		59	---		42	D R Z
Girkhausen	obl		37	bis 18 Jahre		43	D R Z
Hüsten	obl		70	bis 18 Jahre		45	D R Z
Hagen i. W.	fr		335	---	ja	41 1/2	D R Z, Physik
Hagen i. W.		Barbiere und Friseure	12	---	ja	30	D R, Fachunterricht
Haspe	obl		199	bis 18 Jahre	ja	44	D R Z
Hamm i. W.	obl		383	bis 17 Jahre		44	D R G Z, Buchführung
Hamm i. W.		Barbiere und Friseure	6	---		44	D R, Fachunterricht
Hattinten	obl		57	bis 16 Jahre		43	D R Z
Hemer	obl		46	bis 16 Jahre		44	D R Z
Herne		evangelischer Gesellenverein	16	---	ja	42	D R
Herne	fr	Bermännische Fortbildungssch.	35	---		40	D R Z, Bergpolizei
Hörde	obl		312	bis 17 Jahre	ja	43	D R G Z
Hilchenbach	obl		51	bis 17 Jahre	ja	42	D R Z, Buchf., Wechselre.
Iserlohn	obl		508	bis 18 Jahre		43	D R Z, Mathematik, Naturk.

Tabelle Nr. 15.2

Fortsetzung der Tabelle: Umfang des gewerblichen Fortbildungsschulwesens im RG Arnsberg [1]

	Besuch	Träger	Schüler	Schulpflicht	Schulgeld	jährl. Unterricht	Unterrichtsfächer
Königssteele		Innung	42	---	ja	45 Wochen	D R G Z, Buchführung
Laasphe	obl		21	bis 18 Jahre	ja	45	D R G Z
Lethmathe	obl		44	bis 17 Jahre	ja	45	D R Z
Lippstadt	obl		133	bis 17 Jahre	ja	43	D R G Z, Buchführung
Lüdenscheid	obl		204	bis 18 Jahre	ja	43	D R G Z
Lüdenscheid	obl	Fortbildungsschule f. Graveure und Werkmeisterlehrlinge	78	bis 18 Jahre	ja	43	D R G Z, Modellieren
Lütjendortmund	obl		52	bis 17 Jahre	ja	43	D R Z
Marten		Innung	83	---	ja	52	D R G Z
Menden	obl		30	bis 16 Jahre	ja	52	D R Z
Neheim	obl		65	bis 18 Jahre		46	D R Z
Nieder-Marsberg	obl		73	bis 18 Jahre	ja	46	D R Z
Olpe	obl		60	bis 18 Jahre		40	D R Z
Schalke	obl		80	bis 18 Jahre		41	D R G Z
Schalke	fr	Bergmännische Fortbildungsschule	28	---		40	D R Z, Bergpolizei
Schwelm	obl		179	bis 18 Jahre		43	D R Z
Siegen	obl		379	bis 17 Jahre	ja	44	Buchf., Naturk., Technologie, Geschichte, Geographie, Stereometrie, Volkswirtschaft, D R G Z
Siegen		Innung der Barbiere und Friseure	5	---		45	D R, Fachunterricht, Kleine Chirurgie

Soest	obl		233	bis 17 Jahre		48	D R G Z
Sprockhövel	obl		70	bis 18 Jahre	ja	44	D R Z
Sprockhövel	fr	Bergmännische Fortbildungsschule	19	---		40	D R Z, Fachunterricht
Sundwig	obl		11	bis 16 Jahre		44	D R Z
Suttrop	fr		22	---		42	D R G Z
Unna	fr		43	---		43	D R Z
Volmarstein	obl		48	bis 17 Jahre	ja	40	D R Z
Warstein	obl		92	bis 17 Jahre	ja	40	D R Z
Witten	obl		360	bis 16 Jahre		41 1/2	D R Z, Mathematik, Naturwissenschaft
Witten		Innung der Barbiere und Friseure	18	---	ja	42	Fachunterricht
Witten		Innung der Stellmacher u. Schmiede	42	---		26	(im Sommer),Z, Hufbeschlaglehre
Witten	fr	Bergmännische Fortbildungsschule	34	---		40	D R, Bergpolizei, Physik
Wattenscheid	obl		118	bis 18 Jahre		42	D R Z
Westerbauer	obl		109	bis 18 Jahre		40	D R Z
Wetter	fr		78	---	ja	47	D R Z
Wetter	fr		29	---	ja	52	R Z
Westing	obl		15	bis 16 Jahre		44	D R
Weidenau	obl		98	bis 18 Jahre	ja	46	D R Z
Werl	obl		97	bis 18 Jahre	ja	44	D R G Z

[1] Quellen: Akten der Landratsämter, Akten der Stadtarchive, Kirchen- und Schulregister der Regierung zu Arnsberg. Die Daten beziehen sich auf das Jahr 1895.

Tabelle Nr. 16

Umfang des gewerblichen Fortbildungsschulwesens im RG Münster[1]

	Besuch	Träger	Schüler	Schulpflicht	Schulgeld	jährl. Unterricht	Unterrichtsfächer
Anholt	obligatorisch		34	bis 18 Jahre		43 Wochen	D(eutsch), R(echnen), Z(eichnen)
Ascheberg	freiwillig		47	---	ja	43	DRZ, G(eometrie)
Beelen	fr		11	---		42	D R G Z
Bocholt I	obl		83	bis 17 Jahre	ja	41	D R Z
Bocholt II	fr		49	---		42	D R, Geschichte, Geographie
Borghorst	fr		60	---		22 i.Winter	D R Z, Rundschreiben, Relig
Borken	fr		37	---		44	D R G Z, Naturkunde, Geogr.
Bottrop	obl		111	bis 17 Jahre	ja	43	D R G Z
Buer	obl		73	bis 17 Jahre		43	D R G Z
Burgsteinfurt	obl		53	bis 18 Jahre	ja	43	D R Z
Coesfeld	obl		89	bis 17 Jahre	ja	43	D R G Z
Darfeld		Innung	30	---	ja	30 i.Winter	D R Z
Datteln	obl		49	bis 18 Jahre		44	D R Z
Dorsten	obl		134	bis 18 Jahre	ja	40	D R G Z
Emsdetten	obl		44	bis 18 Jahre		43	D R Z
Everswinkel	obl		33	bis 18 Jahre	ja	44	D R G Z

Gescher	obl	41	bis 17 Jahre	ja	43	D R Z
Gladbeck	obl	44	bis 17 Jahre	ja	43	D R G Z
Haltern	obl	58	bis 18 Jahre	ja	43	D R G Z
Hebern	fr	30	---		42	D R G Z, Buchführung
Herten	obl	40	bis 17 Jahre	ja	43	D R Z
Ibbenbüren	obl	71	bis 17 Jahre	ja	40	D R G Z
Lengerich	obl	51	bis 18 Jahre		43	D R (i.Sommer),Z (i.Winter)
Lüdinghausen	vereinigte Handw.	45	---	ja	42	D R Z
Münster	fr	359	---	ja	40	D R Z, Buchführ.,Kostenan-/schläge
Neuenkirchen	obl	38	bis 18 Jahre	ja	43	D R
Oelde	obl	100	bis 18 Jahre		42	D R Z
Ostenfelde	obl	17	bis 17 Jahre		43	D R Z
Recklinghausen	obl	156	bis 17 Jahre		43	D R Z, Buchführung
Rheine	obl	110	bis 18 Jahre	ja	43	D R G Z
Stadtlohn	obl	32	bis 18 Jahre	ja	43	D R G Z
Telgte	obl	55	bis 18 Jahre		43	D R Z
Vreden	fr	46	---		42	D R Z
Waltrop	obl	40	bis 18 Jahre		43	D R Z
Warendorf	obl	109	bis 18 Jahre	ja	41	D R Z
Werne	obl	49	bis 18 Jahre	ja	43	D R G Z
Westkirchen	obl	13	bis 17 Jahre		44	D R Z

1) Quellen: Akten der Landratsämter, Stadtarchive, Kirchen- und Schulregister der Regierung zu Münster. Die Daten beziehen sich auf das Jahr 1895.

(Fortsetzung nächste Seite)

11. **Manfred Heinemann / Wilhelm Rüter · Landschulreform als Gesellschaftsinitiative.** Philipp von der Reck, Johann Friedrich Wilberg und die Tätigkeit der „Gesellschaft der Freunde der Lehrer und Kinder" in der Grafschaft Mark (1789—1815). *1975. 208 Seiten, Paperback*

12. **Christian Helfer / Mohammed Rassem (Hrsg.) · Student und Hochschule im 19. Jahrhundert.** Studien und Materialien. *1975. 389 Seiten, Paperback*

13. **Herman Freudenberger / Gerhard Mensch · Von der Provinzstadt zur Industrieregion. Brünn-Studie.** Ein Beitrag zur Politökonomie der Sozialinnovation, dargestellt am Innovationsschub der industriellen Revolution im Raum Brünn. *1975. 130 Seiten, Leinen*

14. **Frank R. Pfetsch (Hrsg.) · Innovationsforschung als multidisziplinäre Aufgabe.** Beiträge zur Theorie und Wirklichkeit von Innovationen im 19. Jahrhundert. *1975. 241 Seiten*

Gerhard Stavenhagen · Geschichte der Wirtschaftstheorie. 4., durchgesehene und erweiterte Auflage *1969. 710 Seiten, Leinen und kart. Studienausgabe* (Grundriß der Sozialwissenschaft 2).

Joseph A. Schumpeter · Konjunkturzyklen. Eine theoretische, historische und statistische Analyse des kapitalistischen Prozesses. Berechtigte Übersetzung aus dem Amerikanischen von Klaus Dockhorn, durchgesehen von Erich Theato und Leonhard Männer. *1961. 2 Bände, 1160 Seiten, Leinen* (Grundriß der Sozialwissenschaft 4)

Fritz Redlich · Der Unternehmer. Wirtschafts- und sozialgeschichtliche Studien. Mit einem Nachwort von Edgar Salin. *1964. 397 Seiten, Leinen*

Wilhelm Wernet · Handwerkspolitik. *1952. 325 Seiten, Leinen* (Grundriß der Sozialwissenschaft 13)

Gisela Stütz (Hrsg.) · Das Handwerk als Leitbild der deutschen Berufserziehung. *1979. 279 Seiten, Paperback* (Paedagogica — Daten · Meinungen · Analysen 3)